W0093179

S.F.
V.

PORTRÄT EINER KLASSE

Arno Schmidt zum Gedenken

Herausgegeben
von Ernst Krawehl

S. Fischer

Verzeichnis der Abbildungen mit Quellennachweis: S. 403–405
Umschlagentwurf: Hans O. F. Riebesehl, Hamburg
Herstellung: Alexander Gutfreund in Beratung mit Ernst Krawehl
Satz: Laupp & Göbel, Tübingen · Fotosatz Otto Gutfreund, Darmstadt · Bibliomania GmbH, Frankfurt am Main
Druck: Laupp & Göbel, Tübingen
Buchbinderische Verarbeitung: G. Lachenmaier, Reutlingen
Printed in Germany 1982
ISBN 3-10-070608-0

INHALT

VORWORT DES HERAUSGEBERS

ALBERICH: »Nacht und Nebel,
niemand gleich!«
(Seine Gestalt verschwindet; statt ihrer gewahrt man eine Nebelsäule)
Siehst du mich, Bruder?
MIME: Wo bist du? Ich sehe dich nicht.

Richard Wagner, Das Rheingold, Dritte Szene, Nibelheim.

Ich bin *kein* Mann der scharfen Konturen.
Ich bin Metamorphotiker –
ein *Verwischer* von Konturen.

Arno Schmidt, öftere Äußerung im Gespräch.

Das PORTRÄT EINER KLASSE bedarf zum Verständnis vor allem unvoreingenommener Aufnahme und Anschauung. Was seinen Gehalt an Welt betrifft, beschäftigt es sich mit Erfahrungen, die jedermann gemacht hat. Was seinen Charakter als Schriftwerk angeht, ist's ein Buch mit mehreren Gesichtern, die frei nebeneinander stehen und deren Wechselspiel zum Plan des Ganzen gehört: Arno Schmidts › musivischer ‹ Form nicht fern und den Leser zur synthetisierenden Mitarbeit aufrufend, sie ihm auferlegend.

Und doch aus einer Gesamtauffassung entworfen, die in Arno Schmidts Brief an die Schulgefährten von einst › Liebe alte Klassenkameraden ‹ niedergelegt ist. Hier wird die Regie entwickelt, Szenen einer gemeinsamen Jugend um das Bild der Jugend eines Einzelnen zu gruppieren, das Bild der Jugend eines Einzelnen vor der Hintergrundstaffelung dieser Szenen zu zeichnen.

Die verschiedenen Gesichter sind nicht nur eine Spiegelung der insgesamt zwölf Individualitäten, die hier zu Wort kommen, sondern der beiden Welten, für die sie stehen, der Großhauswelt › Schule ‹ (im Schmidtschen Sinne), vertreten durch neun Schulgenossen und Arno Schmidt selbst, und die Kleinwelt › Familie ‹, von der bei den Gefährten eine halbe Türbreite sich öffnet, jedoch ein Pandämonium von vier in eine Flasche gesperrten Geistern bei der Familie des Schülers Schmidt.

Von diesem Pandämonium spricht der Brief an die Klassengenossen nicht. Es ist die große ausgesparte Stelle darin. Sie bezeichnet den Bereich, in den der Leser tritt, nachdem er die Außenwelt Schule mit den Nachrichten vom Brekelbaumspark, die die erste Hälfte des Buches füllen, verlassen hat. Vom Exempel der Schulklasse zu einem Einzelfall aus der Kleinbürgerklasse.

Es kommt hier eine motivische Dialektik zum Austrag; das gemeinsame Gruppenmotiv der Fixierung der Schulhistorie wird abgelöst vom individuell-persönlichen der Fixierung der eigenbiographischen Historie des einen Arno Schmidt – das zum Movens für die Organisierung der Gruppenarbeit der Beiträger wird.

Wenn es eines Beweises der Empfindung für die Bedeutung der hundertfältig ins Werk verflochtenen eigenen Biographie bedürfte, liegt er in der Grundüberlegung, die Arno Schmidt bewog, ein Buch wie das PORTRÄT EINER KLASSE ins Auge zu fassen und recht eigentlich in Gang zu setzen, nachdem sich die Gelegenheit dafür geboten hatte:

Es ist die lange gehegte, mit den Jahren sich steigernde Sorge, die Ausforschung der biographischen Umstände seiner Jugend und seiner Herkunft nicht der Zeit nach seinem Tode allein zu überlassen. Unerträglich erschien der Gedanke, die Privatheiten des ›Seins in dieser Welt‹ der Willkür fremder Federn oder den Zufällen von Funden überantwortet zu sehen. Wachsender zeitlicher Abstand, Hinwegsterben von Lebenszeugen würden der Spekulation um so breiteren Raum überlassen. Nicht in seinem Sinne.

Daher der Entschluß, so lange er es noch vermochte, selber Daten zu setzen, beizuschaffen was nur er wissen und beurteilen konnte, und die Pflöcke so einzuschlagen, daß die Richtung festgelegt, Gewichte und Wertungen zu Lebzeiten bestimmt waren. Vorsorge dafür wurde früh getroffen; schon anfangs der 50er Jahre, beim Erscheinen seiner ersten Bücher, war er der Mutter angelegen, Erinnerungen an seine Hamburger Kindertage zu Papier zu bringen.

Zwei Ereignisse des Jahres 1973 brachten diese Gedanken der Verwirklichung in einem greifbaren Buchplan näher:

die Arno Schmidts Namen weit über den literarischen Kreis hinaus verbreitende Nachricht von der Zuerkennung des Goethe-Preises der Stadt Frankfurt am 28. August, und die Auffindung jener einst empfohlenen Aufzeichnungen der Mutter, nach ihrem Tode in Quedlinburg am 17. Oktober jenes Jahres, über deren Vorhandensein sie nie etwas hatte verlauten lassen.

Schulgefährten von der Realschule in Hamburg-Hamm erinnerten sich jetzt an ihn, den sie lange aus den Augen verloren hatten, suchten ihn auch an seinem Wohnsitz in der Lüneburger Heide auf. Von den Besuchern erfuhr er, daß die Schulklasse, der er viereinhalb Jahre lang angehört hatte, engen Zusammenhalt pflegte, mit alljährlichen Treffen in Hamburg, regem Erinnerungsaustausch, und mit dem Wunschbild auch, ihre Schuljahre einmal dauerhafter schriftlich festzuhalten.

Es war ein Anklopfen, das nicht überhört wurde. Eine Reise nach Hamburg zwar, zu einem der Treffen, unternahm Arno Schmidt so wenig wie andere Reisen, die Kontakte aber hielt er aufrecht, der Gedanke, mitsammen Schulzeiterinnerungen herauszubringen, wurde im Innern bewegt und hatte Folgen.

Denn nicht zu übersehen war für ihn, wie eng sich hier die eigne ›Selberlebensbeschreibung‹ und alles was mit ihr in Zusammenhang stand, mit den Schulerinnerungen der Klassengenossen an die Realschule am Brekelbaumspark deckte, wieviel jeder der sich überschneidenden Erinnerungsbereiche vom anderen gewinnen konnte. Hier sprang der Funke über – der Gedanke, die Jugend- und Schulzeit aus doppelter Sicht heraufzurufen: weitgefaßte äußere Einkreisung durch die Gedächtnisbilder der anderen Beteiligten, die in Doppelfunktion als ›historischer Ort‹ dienen würden für Erfahrungen, Erleb- und Erleidnisse seiner eignen Kindheit, für die die persönlichen Zeugnisse von seiner Seite beizubringen waren.

Damit war das Porträt einer Klasse im Geiste Arno Schmidts geboren.

Zweierlei Instrumente standen für dies Vorhaben zur Verfügung und wurden von ihm in entschlossener Planung eingesetzt.

Auf der einen Seite ins Detail gehende Schulzeit-Erinnerungen, die neun alte Mitschüler aus seiner Klasse ihm mit dem großzügigsten Verständnis und beispielhaftem Mitmachen bei seinem Plan zur Verfügung stellten, auch Bildmaterial, alte Schulbücher, Schulaufsätze, Zeugnisse, die sich erhalten hatten, liebevoll beisteuerten. Ohne diese Hilfsbereitschaft und tätige Mühe der Schulfreunde von 1924–1928, Ernst Braunschweig, Helmut Frank, Werner Fründt, Paul Kamsties, Kurt Lange, Hans Riebesehl, Wilhelm Schulz, Henri Sellenschlo und Walter Voß hätte das

PORTRÄT EINER KLASSE nicht entstehen können. Wert legte Arno Schmidt auf das Zusammenkommen einer gewissen Anzahl Berichtender, um ein vielseitiges Rundbild zu gewinnen (»Drei oder vier sind zu wenig, dann machen wir es nicht; auch fünf geben noch nicht das plastische Bild, das wir brauchen; sieben müßten es mindestens sein, neun oder zehn wären das Ideal«). Auch dieser Wunsch fand Erfüllung.

Auf der anderen Seite die Stimmen aus der Wohnküche am Rumpffsweg von Mutter und Schwester, und Arno Schmidts selbst. Zunächst die Quedlinburger Notationen der Mutter:

Die von Arno Schmidt erstellte Reinschrift zeigt schon Rang und Funktion an, die er ihnen zuwies: nicht nur folgt sie dem Skript wortgetreu – noch das nebensächlichste Wort wog ihm eine Chronik auf, öffnete Spiegelgalerien von Bildketten –, sie erhielt ihren Platz auf großen gelben DIN-A3-Bogen, als handele es sich um die Nebenspalte eines Typoskriptbuches. Und so mochte es auch gedacht sein.

Ein Herüberholen der bemühten Schreibschrift der Mutter in des Autors typographische Welt. Ein breiter Rand, ein Drittel der Großseite einnehmend, bleibt als Spielfeld der Gedanken frei, Glossen werden erst bei der Korrekturlesung hinzugefügt, neben den auf die linke Seite von Doppelbogen geklebten Fahnen. Darunter auch die akkurat getippte Vorfahren- und Verwandtentafel auf S. 174/175.

Immer ist eine bedeutsame Wechselwirkung zwischen Quedlinburger Stenoblock und autobiographischen Passagen in ABEND MIT GOLDRAND vorauszusetzen. Der Tod der Mutter, die penible Einvernahme (denn darum handelte es sich) ihrer Erinnerungsblätter decken das Jahr der Vorbereitung zur Niederschrift von ABEND MIT GOLDRAND und deren erste Monate. Vom Gehalt her liegen beide Texte (immer auf die Autobiographie in ABEND MIT GOLDRAND bezogen) denkbar eng beieinander, bereit zu osmotischem Austausch. Die Frage wurde denn von Anfang an auch in der Gegenrichtung gestellt, ob diese Aufzeichnung, mit ihrer eigentümlichen Dichte und dem Versuch ordnender Disposition der andrängenden Erinnerungen nicht ihrerseits tragfähig sei für eine selbständige Veröffentlichung? Und bot nicht das PORTRÄT EINER KLASSE diese Möglichkeit?

Auf den Entschluß, so zu verfahren, folgte der zweite, sich den Beiträgen der neun Gefährten mit einem eigenen anzuschließen, der zugleich die Welt der Schule und des Polizistenheims im Rumpffsweg, mit der Drohgestalt des Vaters als steinernem Gast, erfaßte, so den Übergang zu den Stimmen von Mutter und Schwester herstellend.

Dieser ›zehnte Beitrag‹ wurde nach dem Vorschlag Arno Schmidts dem Bild 43 von ABEND MIT GOLDRAND derart entnommen, daß ausschließlich das dort verwendete Wort- und Satzmaterial eingesetzt wird, unverändert, aber mit dem Trennmesser von der Romanhandlung abgelöst – hingegen vermehrt um neu von ihm hinzugefügte Anmerkungen und Ergänzungen.

Die Ko-Autorschaft setzt sich auf andere Weise durchs ganze Buch fort, gelangt gerade im ›familiären‹ Teil zu ausgiebiger Funktion: in annähernd hundert Fußnoten und Glossen, wo Meinungen unterstrichen, zurechtgerückt, verworfen, Widersprüche erhoben und entscheidende Ergänzungen beigetragen werden, bis zum Wagnis, delikate Zusammenhänge einer unlösbaren Zahlensprache anzuvertrauen – oder, in sparsamsten Strichen, Stimmungen weit zurückliegenden Lebens wachgerufen werden, ein Stern am Nachthimmel über einer fahlen Laterne, eine Wanderung durch silbergrüne Mohnfelder in Niederschlesien, ein regloses Verharren in der Unendlichkeit eines Bahnübergangs, eines verlassenen Heidebahnhofs.

Diese Partikel, während der Korrekturlesung im Herbst 1978 spontan entstanden, oder für diesen Zeitpunkt aufgehoben, bilden ein eigenes Glossenkompendium, das seinen Zusammenhang hat, Teil des Gedankenspiels aller Gedankenspiele: jenes mit dem eigenen Leben.

Dementsprechend possessive Zuordnung der drei eigenbiographischen Texte: *Meine* Erinnerungen an Hamburg-Hamm; Erinnerungen *meiner* Mutter; Erinnerungen *meiner* Schwester. Es handelt sich um auktoriale persönliche Hergaben, die durch Bezeichnungen wie ›Erinnerungen von Arno Schmidts Mutter‹, ›Erinnerungen von Arno Schmidts Schwester‹ die Aura unmittelbarer Nähe verlören, die sie besitzen.

Die Beiziehung von Erinnerungen seiner Schwester, Mrs. Lucy Kiesler in New York, erwog Arno Schmidt erst spät. Doch die selbstbezogene Zweiheit der Kinder war ein begründender Bestandteil dieser Jugend gewesen. Und daß ihr noch Erinnerungen daran zur Verfügung standen, hatte er 1969 bei ihren Nachkriegsbesuchen in Bargfeld und Quedlinburg feststellen können, dies auch in einer Fußnote zu den Erinnerungen seiner Mutter ausdrücklich bestätigt, wonach den Geschwistern im Gespräch sehr intime Zusammenhänge sogleich wieder oder immer noch gewärtig waren und sie vormals für sich Behaltenes einander offenlegten.

Arno Schmidt schlug, da schriftliche Auslassungen seiner Schwester kaum zu erhoffen waren, zunächst die Beauftragung der New Yorker Agentin des S. Fischer Verlags zu einer Befragung vor, als ein Zufall anderen Zuschnitts einen Gesprächspartner für Lucy Kiesler anbot, der förderlicher zu sein versprach als die mit Person und Werk des Autors zu wenig vertraute amerikanische Repräsentantin. Im Februar 1977 erreichte den S. Fischer Verlag eine die Typoskriptform wahrende, zeilen- und seitengetreue Übersetzung der beiden ersten Bilder des Typoskriptbuches Abend mit Goldrand ins Amerikanische durch den Anglisten, Theologen und Schriftsteller John E. Woods, mit dem Anerbieten, das ganze Werk zu übertragen.

Der sich entspinnende Briefwechsel – der in der Folge auch zu dieser Übersetzung führte – zeigte bei John Woods glückliches Gespür für Arno Schmidts Sprache und Orientiertheit über die autobiographischen Einschübe in Abend mit Goldrand. Vom einige Autostunden von New York entfernten Amherst/Mass. war er kurzfristig abrufbar, wo seine Frau, Dr. Ulrike Woods-Dorda, für das Goethe-Institut tätig war.

Noch im April 1977 wurde Arno Schmidt dafür gewonnen, beide Woods zu Mrs. Kiesler zu entsenden, mit seiner Hilfe konnte auch die Einwilligung seiner zunächst zögernden, weil die Vergangenheit geflissentlich verdrängenden Schwester erwirkt werden.

Die Eile, die bei der Vorbereitung wegen bevorstehender Übersiedlung des Ehepaars Woods nach Deutschland geboten war, erwies sich als schicksalhaft, da Lucy Kiesler wenige Wochen nach dem Gespräch verstarb, das am 21. und 22. Mai 1977 in ihrem Haus in Neponsit/New York geführt wurde (auf der Landzunge zwischen Jamaica Bay und dem Atlantik auf Long Island gelegen). Über den Verlauf dieses Besuches berichtet John Woods in einem eigenen Beitrag.

Als Niederschlag der zweitägigen Befragung liegen vier Tonbandlängen vor, die von John Woods wenige Wochen nach seiner Aufnahme transkribiert wurden. Dies Transkript wird im Porträt einer Klasse unverändert und im originalen Idiom wiedergegeben, in einer dem wirklichen Gesprächsverlauf folgenden Druckanordnung, um Auge und Ohr des Lesers die Choreographie des Gesprächs vorzuführen.

Bei der lebhaften, oft auch sprunghaften Art, dem häufigen Durcheinander des Diskurses zu dritt, waren mehrere Entschlüsse zu fassen, wenn so viel als möglich vom Temperament, von der Gewichtsnuance in Lucy Kieslers Worten erhalten bleiben und auch das herausgeholt werden sollte, was in der oft grellen Phonetik ihres Jargons beim Abhören selbst für den Gesprächsführer schwierig genug auszumachen war. Nur ein philologisch gebildeter Amerikaner mit zweisprachigem Gehör, der in New York gelebt hatte, war in der Lage, die Wortgemengelage mit Bruchstücken der alten Muttersprache, Einwirkungen des Einwanderer- und jüdisch gefärbten Tones richtig zu definieren.

Die Wiedergabe im PORTRÄT EINER KLASSE mußte englisch erfolgen. Nur dann bleibt Lucy Kieslers Sprechweise, die ja mit ihrem Denken in Zusammenhang steht, in ihrer Mischform erhalten. In jede Übersetzung flösse das Sprachmuster des Übersetzers ein und gäbe den Auslassungen eine geschlossene Oberfläche, die sie genuin nicht besitzen. Das persönliche Ausdrucksbild in all seinem Reiz, seinem spontanen Gehabe wäre dahin gewesen, die Mischsprache untergegangen, die deutschen Einsprengsel eingebunden in ein konformes Medium. Sprachlicher Persönlichkeitsverlust würde zu einem Verlust an historischer Wahrheit der Schilderung.

Wer Lucy reden hören will, muß ihre ›und‹ neben ›and‹, ihr ›or‹ neben ›oder‹, und im selben Satz ›family‹ neben ›Familie‹ vernehmen. ›Familie‹ gehört zu den eingewurzelten Schlüsselwörtern, die offenbar der Umwandlung in ein fremdsprachliches Synonym Widerstand entgegensetzen und sich, hochgradig wertbesetzt, auch aus Bedeutungsgründen durch die Jahre in der deutschen Form neben der englischen erhalten haben, ›mitgeschleppt‹ worden sind, als nicht mehr abzuwerfende Bürde. Die Aura der Familie, Familie als Lebensraum und Instanz, was sie sagt, tut, fordert, ablehnt ist für Lucy mit dem alten Wort verknüpft. Und ›Familie‹ als familiäres Reizwort erster Ordnung wird ihr von den Wänden der Wohnküche von ehedem zeitlebens in den Ohren nachgeklungen haben. – Wozu ein bitterer Beleg die mehrfach gehörte Geschichte vom kleinen Arno, weinend unten auf der Treppe sitzend und auf die Frage, was denn sei, herausstoßend: »Ach, iss all so 'n Schiete mit miene Familje!«

Festzuhalten war auch jedes Zögern, Versprechen, Stottern beim Suchen nach Worten wie Begriffen und Tatbeständen, da Rückschlüsse auf Empfindungen oder Wertungen, auf Gewissensbefragung ermöglichend. So wurden auch, von Arno Schmidt glossiert, die Respirationen wie ›öh‹, ›äh‹ aufgezeichnet (die englische Phonetisierung ›uhh‹ meint keinen Unheilslaut). Es ist immer von Belang, ob Lucy Kiesler nachsinnt oder einen Ausweg sucht oder einen treffenderen Ausdruck, oder, wie aus der Pistole geschossen, ihrem Temperament die Zügel freiläßt, ob sie lachen muß (was sie ungern vermeidet).

Bei der satztechnischen Anordnung des realen Wortwechsels, die einen neuen Weg einzuschlagen sucht, waren zwei Dinge zu erreichen:

Lucy sollte, wie die anderen Erinnernden im ›Porträt‹, als erzählende Hauptperson hervortreten, John und Ulla Woods als Anbieter der Stichworte in der Kulisse bleiben. Wofür eine Form gefunden werden mußte, die den Verhörcharakter vieler Interviews vermeidet, der durch die Sprecherabwechslung im ›Dramensatz‹ sich so leicht einstellt und die Befragung zum Tribunal macht.

Womit nach Möglichkeit ein weiteres zu lösen war: die optisch überzeugende Textdarstellung gleichzeitigen Redens der Gesprächspartner, wie es für längere Unterhaltungen mehrerer Personen charakteristisch ist und die Weiterspinnung des Gesprächsfadens steuert.

Alle Ausführungen Lucy Kieslers wurden deshalb in großem Schriftgrad gesetzt, ihr Text allein am linken Rand der Seite beginnend und über die ganze Breite oder zwei Drittel des Satzspiegels verlaufend. Alles von John und Ulla Woods Gesprochene hingegen in kleinerem Schriftgrad, in ›durchlässige‹ Rahmungen eingezäunt und auf das rechte Drittel der Seite beschränkt. Mit dem entscheidenden Effekt, die Zeilenniveaus beider Textströme in der Synopsis gegeneinander zu versetzen, je nach Bedarf synchroner oder nichtsynchroner Darstellung des Ablaufs.

Die Anregung zu diesem Verfahren hatte John Woods mit seinem Tonband-Transkript gegeben, beeinflußt von den mehrgliedrigen Textblöcken in Arno Schmidts Typoskriptbüchern; insoweit die Fortführung von dessen Methode. Synchron-synoptisches Sprechen, Denken,

Lesen, Sichereignen ist ein Grundvorgang, eine Grundtechnik im schriftstellerischen Gesamtkunstwerk ZETTELS TRAUM.

Ganz so einfach, wie er ausschaut, ist der Ablauf beim Binnenbezug der beiden Spalten indessen nicht. In ZETTELS TRAUM ist noch die komplizierteste Struktur rein künstlich auferbaut, daher lösbar wie eine Schachaufgabe, wenn man die Regeln kennt. Das Interview, auf unvergleichlich schlichterer Ebene, ist die Spiegelung eines Lebensvorgangs, daher einen unauflösbaren Rest bewahrend.

So stößt der Leser auf ein Charakteristikum solcher Darbietung, das sogleich als Unebenheit erscheinen muß: den Phasenverzug in der Reaktion. Gleichzeitiges Sprechen bedeutet nicht Gleichzeitigkeit des teilnehmenden Verhaltens. Ein JA oder NEIN antwortet nicht selten auf eine vorhergehende Frage, indes der Partner schon eine neue ausgesprochen hat, oder auf einen anderen Zusammenhang, der dem Sprecher im Kopf herumgeht. Das geschieht zwar bei den meisten Gesprächen, aber unter leibhaft Anwesenden stellen Mimik, Gebärde, Betonung problemlos den zutreffenden Bezug her, zu schweigen von der Vergewisserung durch prompte Zwischenfrage.

Unterschieden werden muß ein Yes oder No, das des Sprechers Meinung ausdrücken soll, oder nur das diskursive, mechanisch wiederholende, rein affirmierende Echo des eben gehörten Yes oder No des anderen Sprechers ist. Bis selbst zu einer Aneinanderreihung von Yes, Yes und No, No, wo alle Bedeutungsarten abwechselnd gemeint und auseinanderzuhalten sind, aktueller Bezug, verzögerter Bezug, affirmierender Bezug.

Zu verfolgen ist die Änderung der Sinnrichtung eines begonnenen Satzes unter dem Einfluß eines gleichzeitig fallenden Einwurfs des Partners, der eilends aufgenommen und unterm Sprechen mitverarbeitet wird. Wer sich eingelesen hat, wird diesen Rösselsprüngen der Konversation unschwer folgen und auch einen besonderen Reiz darin finden. Bleibt der eine oder andere Bezug unaufgeklärt, so gehört auch dies zur Wirklichkeit solcher Befragung.

Scheinbarer Leerlauf der Befragungsmechanismen darf den Sinn nicht verstellen gegenüber einer Summe ganz grundlegender Informationen, die dies Triebwerk ans Licht bringt. Wer sich der Mühe unterzieht, sie aufzulisten, ist überrascht durch die Fülle charakterologisch bedeutsamer Einzelheiten.

Das konsequente stand-offish, das beide Eltern auszeichnete, das Auf-Abstand-Halten. Der Ehrgeiz zur Leistung und ›to be special‹, etwas Besonderes zu sein oder zu werden. Arnos Tränen beim Unterliegen im Spiel. Spiele später, die zu weit getrieben wurden, wie die scharfen Linealgefechte, von denen Kameraden berichten und deren Austragungsorte von ihm selber »Duellplätze« genannt werden. Die eindrucksvollen, beherrschenden Augen, aber vor allem, wenn sie ›angry‹ waren, Ärger, Widerwillen, Zorn zum Ausdruck brachten, so daß sie zum Fürchten waren.

Zorn, wenn etwas nicht so lief, wie er wollte, als Kehrseite einer äußersten Verletzlichkeit, gesteigert durch den Antrieb zu Methodik, Ordnung, Akkuratesse, die keine Störung erleiden durften, um nicht tief zu verstören – und Lucy versäumt nicht, Ehrgeiz, Verletzlichkeit, Ordnungstrieb mit einem stereotypen ›extremely‹ zu versehen. Ein ungestilltes Bedürfnis nach Selbstbestätigung, das die Fernziele selbstverordneter Bewährung durch Aufsichnehmen einer hohen Last ahnen läßt.

Die ›lesende Familie‹, die Mutter mit Migräne auf dem Küchensofa, endlos Romane verschlingend, wenn's auch ›trash‹, wenn's auch ›shallow‹ war, was sie las; Lucy berichtet es noch vom letzten Besuch bei der Mutter 1969 in Quedlinburg. Der Vater, ständig auf Kurse und Prüfungen aus, den Kollegen ihre Berichte schreibend; seine kräftige gestochene Handschrift.

Das intellektuelle Niveau außer acht gelassen: um Legastheniker kann es sich bei der Schmidtfamilie nicht gehandelt haben. Digestbücher aktueller Literatur, die man ›kennen mußte‹, also offenbar auch gelesen oder angelesen waren, sah John Woods noch 1977 auf Lucys Bücherbord in Neponsit.

Noch etwas weiter gesehen: die »Dichte« der Aufzeichnungen der Mutter, ihre Ansätze zu planendem Textbau und Textreflexion sind, mit welchen Abstrichen auch immer, Zeugnisse des »elaborierten« Code, Arno Schmidts sprachlichen Herkunftskreis der Mittelschicht zuordnend (ganz im Einklang mit dem stand-offishen Wesen), – allen grobianischen Unflätereien des Vaters zum Trotz, der ›Beteigeuze‹ als faszinierendes Wort empfand.

Doch das Lesen war auch, und vielleicht zur Hauptsache, ›escape reading‹, Flucht aus der Wirklichkeit. Lucy bestätigt es auf John Woods' Vorhalt unverzüglich. Ein Affekt des Entkommenwollens, des Distanzierens, Lucys Heirat mit Rudi Kiesler aus dem am Pruth gelegenen Sniatyn. Das Unsichtbarbleiben Arnos beim Schock des nächtlich in die Luft gehenden Einmachglases, keine Furcht, sondern Scheuheit als Lebensstoff Hochsensibler, wie ihn Edward Bulwer-Lytton in seinem Essay ›ON SHYNESS‹ den scheuen Naturen zuschreibt:

»They take liberties with no one; it would be a monstrous impertinence to take liberties with them. These, unquestionably, are safeguards to a nature otherwise helpless. The self-conservation of bold animals is in boldness; of timid in timidity.« (CAXTONIANA I)

Korrespondierend die Kargheit der Gefühlsäußerungen. »Affection was not shown in our family.« Ein Fluchtinstinkt erster Ordnung auch sie, der radikale Rückzug hinter die eignen Mauern.

Bei der Beurteilung von Lucys Auskünften insgesamt ist ein Spiegelreflex-Effekt zu berücksichtigen. Zusammenhängende ›cluster‹ von Fragen, Frageprogramme, legen das Meinungsfeld des Antwortenden fest, je mehr sie einer geschlossenen Konzeption entstammen. Hat er sich aufs Antworten einmal eingelassen, so fließt die Fragekonzeption in seine Auslassungen mit ein.

Dies betrifft nicht so sehr bestimmte Ordnungsvorstellungen bei John und Ulla Woods, so merklich sie hervortreten, sondern die oftmalige Einengung der Antworten auf eine Bestätigung, Nichtbestätigung oder Ergänzung des von Arno Schmidt in ABEND MIT GOLDRAND Berichteten, soweit dem Woods'schen Fragekanon die Schilderungen in Bild 43 von ABEND MIT GOLDRAND als Grundraster dienten.

Doch dieser Raster wiederum ist legitimiert, insofern das Bild 43 in ABEND MIT GOLDRAND mit den Erinnerungen der Mutter unterfüttert ist; je eine Instanz deckt die andere. Nicht nur die enge Verwandtschaft, das gemeinsame Leben in jener Zeit, auch Einflüsse von Darstellungsform und -ziel rücken die drei Berichte von Mutter und beiden Geschwistern nah aneinander, bewirken eine relative Identität der Aussage. Das bedeutet keine Einschränkung von deren Gewicht, nur eine nachdenklichere Wahrheit.

Bilder, die nicht deckungsgleich aber deckungsähnlich sind, gewinnen durch Überlagerung Deckungstiefe. Auch die Beiträge der Klassengenossen besitzen diesen Charakter, geben dem Ganzen an bestimmten Stellen einen geradezu unanimistischen Geist. Es ist auch diese gemeinsame innere Konstellation, die die disparat erscheinenden Teile des PORTRÄT EINER KLASSE vereint und die herbeizuführen Arno Schmidts Absicht war.

*

Die Beigabe von Materialien und Abbildungen in breiter Streuung – Schule, Stadtviertel, Zeitverhältnisse beleuchtend, um die Phantasie des Lesers anzuregen aber auch zu binden – entspricht einem grundsätzlichen Wunsch Arno Schmidts, wobei die Wünschepalette über das im Buch Gebotene noch hinausging. Immer kam es ihm dabei auf den Beispielcharakter, nicht auf Vollständigkeit an.

Manches, das er gern hier gesehen hätte, war objektiv nicht zu beschaffen, manches überschritt nicht nur die Grenzen aufwendbarer Beschaffungsmühen, sondern die Aufnahmemöglichkeit in einem Buch vom Umfang des PORTRÄT EINER KLASSE.

Personalakten von Polizeiwachtmeistern aus der Dienstzeit von Arno Schmidts Vater existieren nicht mehr. Personalakten der Lehrer aus Arno Schmidts Schuljahren in Hamburg sind zumeist nicht zugänglich, da die Betreffenden noch nicht lange genug verstorben, auch in einzelnen Fällen noch am Leben sind.

Schulakten von Volksschulen wurden, außer wenigen Modellfällen, zu denen die Pröbenwegschule nicht gehörte, nicht für dauernd aufbewahrt. Schulakten von Realschulen blieben von jeder vierten oder fünften erhalten; die Realschule in Hamm gehörte nicht dazu. Nur Schulakten von Realgymnasien und Gymnasien wurden regelmäßig archiviert.

Hingegen finden sich in den Akten der Oberschulbehörde – Bauakten, Unterrichtspläne usw. – Informationen, die alle oder bestimmte Realschulen angehen. Soweit für die Realschule in Hamm von Interesse, wurde solches Material im Buch verwertet.

In das Thema des PORTRÄT EINER KLASSE spielt hinein ein nicht geringer Anteil allgemeiner Siedlungs-, Bevölkerungs- und Wirtschaftsgeschichte Hamburgs, die selber nicht Gegenstand des Porträtbuchs sein konnte.

Anders die Stadtviertelbilder zur Vermittlung der urbanen Kulisse jener Jahre. Der größere Teil der zur Verfügung stehenden Vorlagen konnte noch mit Arno Schmidt besprochen werden. Beim Vorzeigen der Bilder schienen sehr unterschiedliche Schichten der Erinnerung angesprochen zu sein – oder auszufallen. Intensiv hafteten die bildhaften Erinnerungen, deren Ursprung früh anzunehmen ist, so für die düsteren Nachkriegs- und Inflationsjahre, die auch die Welt des engräumigen Spielfeldes des kleinen aber hellwachen phantasiebegabten (und wiederum erschreckend kurzsichtigen) Kindes prägten.

Aufnahmen mit ›unterbrochener Bauweise‹, Borstelmannsweg, Hammer Landstraße, Unterführung unter der Güterumgehungsbahn, Rudolfstraße (Weg zum ›Land‹ und zum ›Horner Moor‹), Mittelkanal, auch der Sportplatz gegenüber der Pröbenwegschule wurden sofort angenommen, doch keine Erinnerung bei der Aufnahme des baumbestandenen Pröbenwegs selbst, den er vier Jahre lang täglich gegangen und dessen Begrünung er ausdrücklich erwähnt hatte, oder an lange, geschlossene Häuserfronten der benachbarten Straßen. Die »leeren Gründe«, Müllhalden und Baugruben in Arno Schmidts Erinnerung waren in ihrem vorübergehenden Zustand hingegen kein Archivierungsobjekt für die Baubehörde.

*

Ein dokumentarisches Buch wie das PORTRÄT EINER KLASSE braucht Hilfe und Beistand von vielen Seiten, die immer wieder in der freundschaftlichsten Weise gewährt wurden, schuldet daher auch nach vielen Seiten Dank, der hier abzustatten ist. Dank zuerst an Frau Alice Schmidt, die nach Arno Schmidts Tode alle Vereinbarungen in dem von ihm festgelegten Sinne verständnisvoll aufrechterhielt, wozu vor allem die Verfügung über die Familienbilder und

Dokumente des Privatarchivs gehört; damit Fortführung und Beendigung der Herstellungsarbeiten möglich machend. Das gleiche gilt für die neun Klassenkameraden-Beiträger; unter ihnen sind besonders zu nennen Hans Riebesehl als Graphiker für die Umschlaggestaltung und als unermüdlicher aufgeschlossener Mittler, und Wilhelm Schulz für seine nicht geringe Mühe bei der Aufstellung des Registers.

Zu danken ist auch denjenigen, die Materialien und Bilder zur Verfügung stellten, die nicht aus dem Kreis der Mitwirkenden stammen: Dem Staatsarchiv der Freien und Hansestadt Hamburg und Dr. Hans Wilhelm Eckardt, der Staats- und Universitätsbibliothek der Freien und Hansestadt Hamburg und Dr. Otto-Ernst Krawehl, der Lichtbildnerei der Baubehörde der Freien und Hansestadt Hamburg und Frau Käte Meyer; behilflich bei der Beschaffung weiterer Bilder oder Repro-Vorlagen waren der Arno Schmidt-Bibliograph Hans-Michael Bock, das Bildarchiv Fritz Lachmund und der Hamburg-Autor Hermann Hinrichsen.

Dankend genannt werden muß die großzügige Bereitschaft des S. Fischer Verlages, die zahlreichen aus dem Rahmen fallenden Aufwendungen zu übernehmen, die es auch ermöglichte, durch reiche Bild- und Materialienausstattung das Rundbild der Hammer Schul- und Lebenswelt erstehen zu lassen, das Arno Schmidt für das Buch vorschwebte.

Zu danken hat in besonderer Weise der Herausgeber für die große und langmütige Geduld aller Beteiligten, und nicht zuletzt der wartenden Leser, ob ungewöhnlicher nicht vorauszusehender Verzögerungen, teils im technischen Bereich, teils persönlicher Natur, die die Fertigstellung des Buches immer wieder hinausschoben.

*

Der Herausgeber, der seine Arbeit jetzt verläßt, hält einen Augenblick inne, angesichts der Frage ›Was ist mit dem PORTRÄT EINER KLASSE gewonnen?‹. Nur der Leser kann es entscheiden, nach dem Maß seiner Vorstellung von der Persönlichkeit des Autors. Je umfassender, tiefgreifender diese, um so reicher der Ertrag. Arno Schmidt attestiert dem PORTRÄT EINER KLASSE nekromantischen Charakter (»... etwas Geisterhaftes, ein Rüchlein von Nekromantie«). Nacht und Nebel, niemand gleich! Lucys Schlußworte, nach John Woods' Aufforderung, einen Gruß an den Bruder zu sprechen, lauten: »No. We don't know him.« – Bei einem Gespräch mit Arno Schmidt kam ich auf Jules Vernes in unbekannte Meere vorstoßenden Kapitän Nemo. »Was sagen Sie da?, Nemo, Kapitän Nemo?« Dann fortfahrend: »Ja, richtig, Kapitän Nemo!« Und noch einmal, etwas nachdenklich: »Kapitän Nemo.«

»Man könnte an diesem MosaikBuch, wenn man ernstlich wollte, sämtliche GrundProbleme des Historikers aufzeigen, (ja, sogar noch einiges mehr).«

(Arno Schmidt über das ›Porträt einer Klasse‹, 1978)

ERINNERUNGEN DER KLASSENGENOSSEN

Realschule in Hamm, Brekelbaumspark 6, später Hindenburg-Oberrealschule, erbaut 1904–1906; Ansicht von Südosten. Links die Turnhalle hervorschauend, im Hintergrund Häuser auf dem ansteigenden Geestrand.

Rechte Seite: Luftaufnahme von 1928, Hauptverkehrsadern der Viertel Borgfelde und Hamm, sich im Zuge der Erschließung von Westen nach Osten entwickelnd. ① Arno Schmidts Geburtshaus, ② Volksschule, ③ Realschule.

ERNST BRAUNSCHWEIG

*NICHT FÜR DIE SCHULE, FÜR DAS LEBEN LERNEN WIR!**

1. Luftbild

Wie die Speichen eines Rades streben die Straßen dem Mittelpunkt der Freien und Hansestadt Hamburg zu. Eine dieser Speichen zeigte, südöstlich vom Berliner Tor, nach – wahrscheinlich nach Berlin. So genau weiß man das nicht, wenn man als kleiner Junge an dieser Straße wohnt. Deutlicher ist aber zu sehen, wie diese Straße nach »oben« und »unten« geteilt ist, wobei die Häuser, die am Geestabfall liegen, nicht nur der Lage nach die bessere Situation haben. Die Gründer der Gründerjahre, besorgt um hafennahe Wohngebiete für die Menschenmassen, die in und um den Hafen arbeiten sollten, hatten sicher »oben« gewohnt, als sie »unten« in den Gärten und Wiesen der Marsch eine neue Vorstadt auf dem Reißbrett planten.

Parallel zur alten Landstraße, an der schon Napoleon sich betätigt haben soll, wurden neue Radialstraßen gezogen und miteinander nach dem Prinzip eines Spinnennetzes durch Wege verbunden, die dann in Erinnerung an Vorbesitzer und Spekulanten ihre Namen erhielten. So breitete sich, als sich die Wolken verzogen, das neue Wohngebiet HAMM, nach dem alten Dörfchen oben auf dem Geestrücken benannt, zwischen eben diesem »Berg« und den Kanälen aus, die die Hafennähe signalisierten. Zu unserer Zeit schon fast zwei Generationen alt, hatten sich inzwischen die Verhältnisse gesetzt und das, was in Hamm wohnte, gliederte sich je nach der Entfernung vom Hamburger Mittelpunkt einerseits und den Kanälen andererseits nach Quartieren von unterschiedlichem sozialen

* AS: ›Non vitae sed scholae discimus‹ hieß schon FRANZ WERFEL's Emendation im ›Abituriententag‹, (den ich Allen – nicht bloß unsern Mitarbeitern – zur einschlägigen Lektüre empfohlen haben möchte).

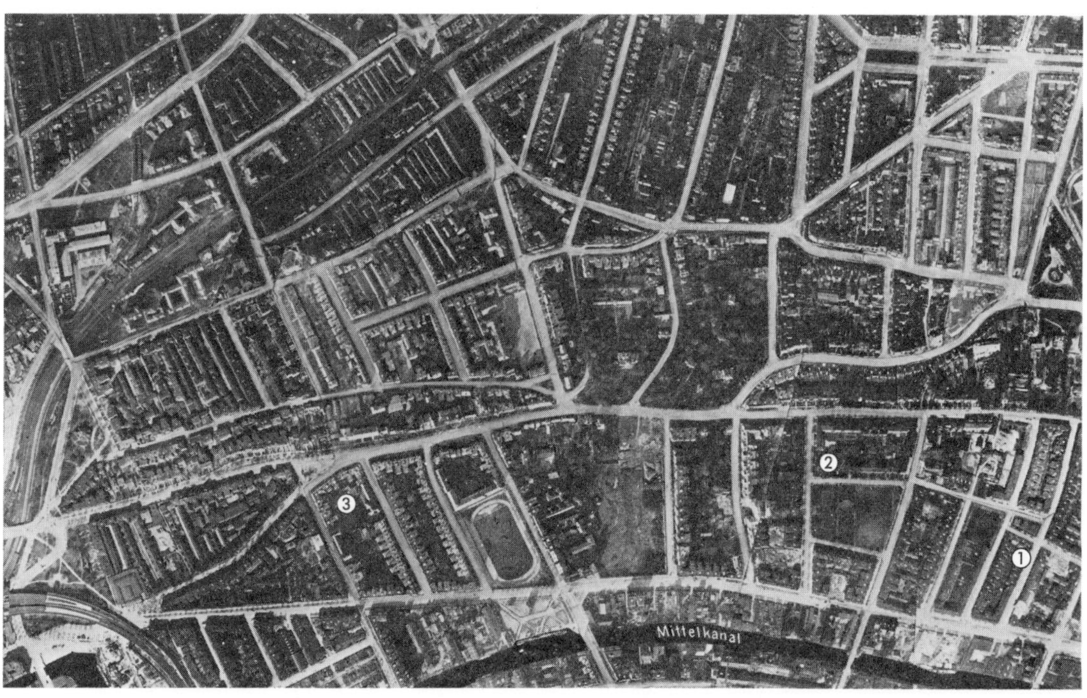

Prestige. Wer wirklich etwas war, wohnte oben im alten Hamm, und wer auf der Leiter weiter unten stand (oder in der auch damals turbulenten Nachkriegszeit billigen Wohnraum suchte), war auf Richtung Horn oder zu den Kanälen hin angesiedelt.

Woher ich das weiß ? Nun, als wir 1920 nach Hamburg zogen, bin ich bei der Einschulung ziemlich herumgekommen, weil die »zuständige« Schule überfüllt war. Ich bin dann schließlich in der Schule Louisenweg gelandet, und die lag da hinten an den Kanälen, wo die Schuten fuhren und die großen Lagerhäuser der »*PRODUKTION*« standen. Und ich bin mir innerlich, auch als Neubürger, als Hammer Junge immer ›besser‹ vorgekommen als die Kinder vom Röhrendamm – nur, man durfte es sie nicht merken lassen, daß der Dimpfelsweg ganz etwas anderes war.

Aber bitte: ich möchte noch etwas von Hamm sagen. Da, wo die große Straße vom Berliner Tor – das längst kein Tor mehr war, sondern eine offene Fläche, die sich vor allem durch die Feuerwache auszeichnete – sich mit vielen Straßenbahnen in Richtung Horn bewegte, hatte es den Stadtplanern gefallen, sie zu einem kleinen Platz auszuweiten. Darauf befand sich eine Verkehrsinsel mit ein paar Bäumen, einem Feuermelder und einer Bedürfnisanstalt, die mir geläufig war, weil dort die Mutter eines Volksschul-Kameraden den guten Geist (I. Klasse) abgab. Hier verband die kleine Straße Brekelbaumspark (die beileibe kein Park mehr war) die größere Borgfelder Straße, wo die Straßenbahnen fuhren, mit der Eiffestraße, auf der – wichtig genug für uns, die wir kriegsbedingt lange auf Süßigkeiten verzichtet hatten – die großen Pferdefuhrwerke mit Süßholz vorbeifuhren.

Brekelbaumspark war eine kurze, ruhige, baumbestandene Straße mit nicht sehr hohen Häusern, mit Balkons und Vorgärten mit schmiedeeisernen Zäunen. Die große Welt hörte mit dem höheren Eckhaus an der Borgfelder Straße auf, in dem übrigens unser Laden für den schnellen Einkauf von Schulbedarf lag. Hieß es nicht: »Ihr bekommt das bei Steffen« ? Die niedrige Welt der Arbeit begann wieder am Ende vom Brekelbaumspark, wo längs des Kanals die großen Lagerplätze waren.

In dieses Idyll hinein hatte der Hamburger Staat zwischen die Wohnhäuser die für

Hamm zuständige Realschule gezwängt, ihr nach rückwärts allerdings für Turnhalle und Hof Raum gebend. Es war ein großes graues Gebäude, einen quasi Renaissance-Stil aufweisend, der wohl der Vorstellung von stattlicher Repräsentation der Kaiserzeit entsprochen haben mochte. Eine große Freitreppe führte von der Straße in das finstere Loch des Eingangs hinein und eigentlich nur die grünen Straßenbäume verbrämten den Machtanspruch, der aus dem Ganzen sprach. Das Feindliche habe ich, wie ich mich gut erinnere, eigentlich jedesmal empfunden, wenn ich Zeit hatte, darauf zu achten – und die Entwicklung hat mir recht gegeben !

Linke Seite: Straße Brekelbaumspark von Süden, Ecke Eiffestraße; Zustand vor dem Ersten Weltkrieg.

Rechts und oben: Aufstieg nach dem »alten Dörfchen [Hamm] oben auf dem Geestrand« zur Alten Hammer Kirche. Fahrweg und Treppen, unweit Rumpffsweg, von der Hammer Landstraße aufwärts führend.

2. Landung

Bevor wir nun in Gedanken die Realschule Hamm betreten – was auch später immer noch früh genug ist – sollten wir der Anamnese noch einen Exkurs widmen. Wie sich das in einem ordentlichen Stadtteil gehört, wurden die Hammer Kinder in die der Wohnung nächst gelegene Volksschule eingewiesen. Als meine Mutter sich bemühte, ein Gleiches zu erreichen, war es eine herbe Enttäuschung für mich, daß das nicht funktionierte. Die Folge war, daß ich nicht mit den anderen Kindern aus unserer Straße zusammenkam und gezwungen wurde, in der Schule Louisenweg den Exoten zu spielen. Ich weise, späteren Aussagen Dritter vorbeugend, auf diesen mildernden Umstand hin !

Damals war für das Bürgertum die Volksschule eigentlich ein zwangsverordnetes Surrogat anstelle der davor üblichen Grundschulklassen der höheren Schulen, wie sie das Kaiserreich gekannt hatte. Deshalb war der alsbaldige Übergang auf eine weiterführende Schule (»Anstalt« hätte ich sagen sollen !) geheiligte Pflicht. Die Klassenlehrer der entsprechenden Jahrgänge an den Volksschulen setzten damals noch ihre Ehre darein, die Aspiranten auf den Übergang zu trainieren, vor den die Schulgötter allerdings eine Prüfung gesetzt hatten. Beim Näherkommen – und ganz verwirrt von Gerüchten, die abwechselnd den Wegfall oder die Verschärfung kolportierten – entdeckte man dann, daß diese Examinierung eigentlich eine Woche Probe-Unterricht war, vermengt mit ein paar Tests, die mich so beeindruckten, daß ich sie z.T. heute noch beschreiben könnte.

Ich habe vor dieser Prüfung nur wenig Angst gehabt: ich hatte ja als Nicht-Hamburger den anderen voraus, im Deutschen blindlings die richtigen Fälle setzen zu können, und wußte das. Die Hürde wurde denn auch genommen und eines Tages fand ich mich folgerichtig, nachdem ich ebenso lautstark wie vergeblich mütterliche Begleitung (» aber nur bis an die Ecke, nicht mit rein !«) abgelehnt hatte, mit Beginn des Schuljahres 1924 in der Quinta der Realschule Brekelbaumspark, Hochparterre rechts, ein, um, wie man so leichtfertig sagt: die Schule zu durchlaufen. Nun, um das auch gleich hier zu sagen: es dauerte länger als wir annahmen und fing kurz darauf damit an, daß wir einer angeordneten Schulzeit-Verlängerung zufolge, die Quinta gleich zweimal durchzumachen hatten.

Ich weiß nicht mehr, ob wir diesen Schicksalsschlag damals gebührend zur Kenntnis genommen haben, aber ich erinnere mich daran, daß meine Eltern sich nach Ablauf des ersten Schuljahres beharrlich weigerten, mir eine neue Schülermütze zu kaufen – wobei allerdings dazu gesagt werden muß, daß meine sparsame Mutter immer darauf drang, die samtene Mütze mit schwarzem Regenbezug zu tragen – was sich dann auch in der Folgezeit als durchaus ökonomisch erwies.

Um den Ereignissen nicht vorzugreifen: da saßen wir heimlichen Sextaner nun mit reinlich gewaschenem Hals in dem zugewiesenen Klassenzimmer, das dank der draußen sichtbaren grünen Zweige der Bäume sich gemäßigt freundlich gab und beäugten einander und den Herrn Dr. Michaelsen, der – in völliger Verkenntnis unterstuflerischer Psyche – vor uns und zu unserem Entsetzen mit dem Charme einer Dampfwalze agierte. Unsere Aktentaschen – nie wieder Schulranzen ! – lagen unter den schwarzen Holzbänken und unsere Herzen – höchst berechtigterweise – in den Hosen. Ich, der ich ja fast aus dem Ausland kam, kannte niemanden von den gut 50 Mitschülern und niemand kannte mich. Ich wäre viel lieber ganz woanders gewesen !

Rechts: Realschule in Hamm am Brekelbaumspark 6 von Nordosten, mit den oft erwähnten Baumkronen vor den Klassenfenstern.

3. Der Feind marschiert auf !

Obschon man 1924 sicherlich ebenso gut wie heute davon überzeugt sein mochte, eine kindgemäße moderne Pädagogik zu zelebrieren, wäre das Kollegium der Realschule Brekelbaumspark doch wohl nur partiell den Modernen zuzurechnen gewesen. Bei Betrachtung vom heutigen Standpunkt, erkennt man, daß damals doch viele Lehrer durch Krieg und – schlimmer noch – durch die dabei angenommenen Offiziersallüren (»Den deutschen Studienrat, den macht uns so leicht keiner nach !«) ihr normales Verhalten verlernt hatten. Da waren diejenigen besser, die erst nach Kriegsende ihre Ausbildung erfahren hatten – aber, ob es nun der Zahl nach weniger oder Stillere waren, im Brekelbaumspark gaben die anderen, die Bannerträger einer untergegangenen Zeit den Ton an. Getreu der preußischen Tradition, daß der Rekrut dumm, faul, frech und zu ducken sei, sahen manche unserer Lehrer gerade in den Hammer Kindern – zeitgemäß – potentielle Revolutionäre, »Kommunisten«, wie Studienrat Dr. Dau, Physiker seines Zeichens, hochrot zu schreien pflegte, wenn er jemanden verdrosch, welchem Geschäft er – obzwar mit unserer Klasse nur bei der Pausenaufsicht kollidierend – gerne und mit dem ganzen Zeremoniell einer standesgemäßen Hinrichtung oblag.

Nun, selbst wir Kleinen merkten bald, daß der Herr Dr. Dau nicht alle Tassen im Schrank hatte und waren nur zu bereit, ihm kriegsbedingte mildernde Umstände zuzubilligen. Aber schlimmer als solche Exzesse waren doch eigentlich jene Protagonisten, die sich als gestandene Männer, die sie waren, nicht entblödeten, vor uns wohlgefällig zu posieren. »Ich bin der Prototyp des besitzenden Bürgers«, pflegte Studienrat Dr. Hoorns zu sagen und sich mit beiden Händen die Haare aus den Schläfen zu streichen, damit man seine Ähnlichkeit mit Goethe erkennen könne. Und jedermann, dem solch Schönes widerfuhr, hörte unausgesprochen : »Ich bin viel zu schade für euch !«. Heute weiß man, daß damals Realschulen über wenige Planstellen für Oberstudienräte verfügten. Vielleicht erklärt das Einiges.

Zu jenen Zeiten war es üblich, Fehler der Schüler ausschließlich dem mangelnden Fleiß derselben zuzuschreiben. Dieses praktische Modell befreite den Lehrer von jeder Selbstkritik und gab ihm recht, wenn er dem, der etwas nicht verstanden hatte, aufmunternd mitteilte, er werde die Dummheit oder Bosheit (denn Unfleiß gerade in diesem Fach war immer persönlich gegen den Lehrer gerichtete Bosheit !) rächen.* Da war es dann geradezu ein Zeichen von milder Gesinnung, wenn Dr. Michaelsen, unser erster Klassenlehrer, einem Schüler, der mal nicht aufgepaßt hatte, zurief : »Schlafe ruhig weiter,

* AS : Man muß beachten, daß wir schließlich erst 10-jährige Kinder waren, denen dieses ganze fremdunartige & -sprachliche Treiben unschwer wie ein böser Traum erscheinen konnte : die meisten der Lehrer (ja, vielleicht alle Erwachsenen überhaupt ?) wirkten denn auch wie gefährliche Verrückte, unberechenbare, bei Denen man immer wie auf dünnem Eis ging. Was zB die Folge hatte, daß ich lange Zeit nicht an Englisch ›geglaubt‹, und es nur für eine Art Gehirn-Gymnastik, ersonnen von einem bösgelenkigen Geist, gehalten habe. Das kann gar nicht so selten sein ; denn R. KATZ hatte auch einen Schulfreund, der ihm anvertraute : ›An Amerika glaube ich nicht.‹ ; und selbst der große SIGMUND FREUD erzählt, (Werke xiv, 347), daß, da er als 48-jähriger Mann zum erstenmal auf der Akropolis stand, das wunderlichste der Gefühle ihn überraschte : ›Also ist das wirklich so, wie wir's in der Schule gelernt hatten ? ! Was für seichten und kraftlosen Glauben an die reale Wahrheit des Gehörten muß ich damals erworben haben, wenn ich heute so erstaunt sein kann ! ‹. Ein immerhin ›Tatbestand‹ also, zu dessen Zustandekommen nicht wenig beiträgt : die unangenehm-neue Umgebung ; die fluchenden oder zuckenden, vom Kriege gezeichneten (Päda)GogenNarren da vorne ; vereint mit dem mühsamen Kauderwelsch aus Fremdsprachen und Gelehrtenesperanto (= Latein), und Unterrichtsgegenständen, die mit dem Leben, wie wir es bis dahin gekannt hatten, in keinerlei Verbindung standen – zumindest ›noch nicht‹.

wenn der Mast auch bricht. Gott ist Dein Begleiter, er verläßt Dich nicht !«.

Ich bin ziemlich sicher, daß der Studienrat Krupp, ein freundlicher kleiner, prälatenhafter Herr, der in der Schülerbibliothek hauste und zu meiner immerwährenden Freude über viele tausend Bücher gebot, als ordinierter Religionslehrer das nicht gebilligt hätte – aber er hat es wohl nicht gehört; denn, wie gesagt, sein Reich war ja nicht von dieser Welt.

Unser Lehrerbild ist aber entscheidender durch die Herren geprägt worden, die längere Zeit unsere Studien leiteten – und man muß nachträglich sagen, daß wir mit diesen durchweg Glück gehabt haben. Der bramarbasierende »Michel« wurde als Klassenlehrer nach einiger Zeit durch einen klareren Mathematiker abgelöst, einen guten Pädagogen, und als Germanist und Historiker erschien Herr Helwig, ein jüngerer Magister, der noch eine Reihe pädagogischer Vorsätze gegen sich zu verwirklichen trachtete.

Am bemerkenswertesten erschien uns aber unser Englischlehrer, weshalb ich einen neuen Absatz mit ihm beginne. Er war ein Mensch, an dem sich die Geister schieden. Damals schon ! Ich bin mir auch bis heute nicht darüber klar geworden, ob ich diesen Dr. Foerster mehr positiv oder mehr negativ einstufen soll. Er war zweifellos ein genialischer Mensch, aber auch ein chaotischer, meine ich heute, damals ist er mir mehr dämonisch vorgekommen. Seine bemerkenswerte pädagogische Spezialität – die ja wohl nur rein zufällig die für ihn bequemste war – war spielendes Sprechen-Lernen, und seine Verachtung jeder Grammatik gegenüber war grenzenlos. Da er keine für uns erkennbare Systematik aufkommen ließ, war es immer mehr oder weniger dem Zufall überlassen, wie bei ihm die Arbeiten ausfielen. Seine Stunden waren zerfahren aber interessant und ich muß auch zugeben, daß er uns zum mündlichen Gebrauch der Sprache brachte – aber es war eine Katastrophe, wenn man, wie ich, später den Lehrer wechseln mußte und Schriftlich die Hauptanforderung wurde. Von heute her beurteilt, wundert man sich, warum das damalige Schulsystem so unflexibel war, diesen hochbegabten Lehrer nicht im Wechsel mit einem Systematiker einzusetzen. So war sein sprunghafter Unterricht mit der permanenten Bereitschaft aus langweiligen Stoffen in interessantere Lebensbereiche – natürlich auf Englisch – umzusteigen, für uns herrlich, bis dann bei der nächsten Klassenarbeit das eigene Heft wieder quer lag, das »Ungenügend« signalisierend. Was halfen da englische Schnäcke und Indian Love Songs !

Worin wir Schüler uns eigentlich alle einig waren, war in der positiven Beurteilung unseres zweiten Klassenlehrers, des Herrn Studienrats Dr. Bade. Seine faire Einstellung uns gegenüber, seine Art und Weise, wie er uns seinen, von uns ungeliebten, Stoff in Mathematik übermittelte, haben uns allen sehr geholfen. Ich weiß nicht mehr genau, wann er uns verließ, aber es hat uns leid getan. Sein Nachfolger, Studienrat Bunge, den wir dann später liebevoll »Bubi« genannt haben, hat uns aber auch nicht enttäuscht. Seine gleichmäßige und sachliche Art habe ich sehr geschätzt. Ich bin später dann auch nie wieder so gut in Mathematik gewesen ! Was ein Lob sein soll.

Bemerkenswert erschien uns – und nicht nur wegen seiner Länge – der bereits vorgestellte Studienrat Helwig aus Bergedorf. Sein Fachgebiet war vorzüglich die Germanistik und seine Leidenschaft das Theaterspielen.* Sein »Ihr Krug-zertrümmerndes Gesindel ihr ...« im Theaterdeutsch gesprochen, läßt

* AS : Wir lasen im Unterricht so manches Stück ›mit verteilten Rollen‹; etwa HEBBEL's ›Nibelungen‹, wo ich, als König Gunther, mir den Witz erlaubte, und die Hände der heiratslustigen Siegfried & Kriemhilt (›cream-hilled‹) ›ineinander legte‹ – da standen Die nun, verlegen, und wußten nicht, was weiter ! (Meine Parodie in ›KAFF‹ geht zT hierauf zurück. (Anekdoten, die, um nicht ganz zu verlöschen, sich verändern müssen.))

Studienrat Walter Helwig mit Henri Sellenschlo, auf einem Schulausflug um 1929.

mich heute noch schmunzeln. Aber, wir mochten ihn – oder sagen wir richtiger: wir lehnten ihn nicht ab.

Die Realschule Brekelbaumspark hatte noch eine Menge mehr oder weniger skurriler Lehrer in den Ecken, die sozusagen dem Schulalltag die Glanzlichter aufsetzten. Musik, Zeichnen, Handfertigkeit waren Fächer, deren Vertreter wir, wie wir sagten, fleißig »ärgerten«, worauf diese erwartungsgemäß und zu unserer Freude, die keine Rücksicht auf Verluste nahm, reagierten. Trotzdem muß ich sagen, daß auch diese Fächer uns eine Menge gegeben haben – natürlich dem einen mehr Kunst und dem anderen mehr Spaß!

Es ist schwer, nachträglich die von diesem Lehrerkollegium ausgehende Atmosphäre zu kennzeichnen. Vielleicht trifft es in etwa, wenn die Unbehaglichkeit, die Spannung, der Zwang, die Kompliziertheit und eine gewisse Trauer um den Verlust kindlicher Freude, zusammen mit dem Geruch des Fußbodenöls für mich die Luft in dieser Schule kennzeichnete. Es war eine Schule ohne Fröhlichkeit, die von den Schülern das Unmögliche verlangte, rundherum und in jedem Fache gut zu sein. Traf das nicht zu – und bei wem war das gegeben? – wurde sie zum Alptraum. Bei dem der Lehrer alle und der Schüler keine Rechte hatte. Man mußte weiß Gott wie robust sein, um so etwas ohne Schaden an seiner Seele mitzumachen! Wer weiß, ob wir es überstanden?

Die Kampfgenossen

Die Unbarmherzigkeit der damaligen Veranstaltung *HÖHERE SCHULE* teilte sich natürlich auch den Schülern mit. Wir waren wie die Rennpferde in den Volksschulen auf Sieg dressiert worden, hatten von zuhause mitbekommen, uns gefälligst durchzusetzen und kamen nun in eine Quinta, in der die versammelte Intelligenz des Stadtviertels in den Startlöchern saß. Zudem machte uns die Schule durch den Mund unseres Klassenlehrers alsbald klar, daß wir in dieser Menge weder erwartet noch auf die Dauer geduldet würden. Die Folge war – und sollte ja wohl auch sein – daß sich innerhalb der Klasse gemeinschaftliche Gefühle in Grenzen hielten. Selbst der Tod eines Mitschülers, der im ersten Schuljahr eintrat, hatte in Bezug auf die Klassengemeinschaft keine Folgen.

Dagegen bildeten sich bald unter uns Schülern Cliquen – von unserer Seite waren es Freundschaften – die teils aus gemeinsamem Schulweg, gleicher Herkunfts-Volksschule, teils aber auch, würden die Lehrer sagen, aus Lust am »heimlichen Wesen« entstanden. Ich möchte da nicht gleich von einer sozialen Hackordnung sprechen, aber so etwas ähnliches war es ja wohl doch. Diese Gruppen waren meistens nicht sehr fest, kaum belastbar und wechselten wohl auch. Sie erreichten eine gewisse Konsistenz eigentlich nur, wenn geteilte schulische Nöte den Kitt dafür abgaben. Solche Cliquen versuchten im Unterricht, hauptsächlich außerhalb des eigenen Klassenzimmers, nebeneinander zu sitzen und zu schwatzen. Während der Pausen standen sie auf dem Schulhof zusammen. Albernheiten und Kalbereien, so will mir nachträglich scheinen, waren die Regel und ich befürchte, daß rüdes Benehmen gegen Dritte ein weiteres Kennzeichen war. Ich meine, daß die Gruppe, zu der ich mich zählte, lange Zeit ihren Stammplatz zwischen dem Fahrradkeller-Niedergang und jenem Belüftungserker für die Heizung hatte, auf diese Weise den Blicken der Pausenaufsicht entzogen. Das wäre weiß Gott nicht nötig gewesen; denn dort geschah nichts, was das Licht der Sonne gescheut hätte – aber besser ist besser (alter Schülergrundsatz).

Trotz dieser Gruppenbildung empfinde ich heute diesen Teil meiner Schulzeit, also besonders die Mittelstufe, als eine Zeit mit nur geringen Bindungen an die Klasse, präziser gesagt: an die Mehrzahl meiner Mitschüler. Ich hatte Mühe, mich anläßlich dieser Rückbesinnung an viele zu erinnern. Vielleicht noch die Namen – Nachnamen natürlich, wie das damals schulisch-preußisch üblich war – wenig mehr. Ich habe mir dann das alte Klassenbild geholt, das wahrscheinlich in Untertertia gemacht wurde, und zähle 35 Schüler in schönem Arrangement. Wir hatten von 1924 bis 1927 immerhin schon mehr als ein Dutzend »verloren«. Die Abschlußzeitung Ostern 1930 weist dann nur noch 19 Namen auf. So gefährlich ist es, Schüler zu sein – oder war es doch mindestens damals ! Auch ich war inzwischen abgetreten.

Aber soweit, was mich dann freilich aus dieser Rückerinnerung an eine, keineswegs besonnte, Vergangenheit erlösen würde, sind wir noch nicht. Ich sollte ja wohl noch der Chronistenpflicht genügen und mich der Veranlassung besinnen, weshalb ich hier meine Erinnerungen ausbreiten darf. Ich bin versucht, meine diesbezüglichen Ausführungen mit dem (ungefähren) Bibelzitat zu beginnen: »Sie hatten da einen Gefangenen, einen sonderlichen vor anderen, der hieß Arno Schmidt.«. Allerdings ist der Glanz, der auf

Aufriß Schulhausfront zum Pausenhof mit dem Schülereingang.

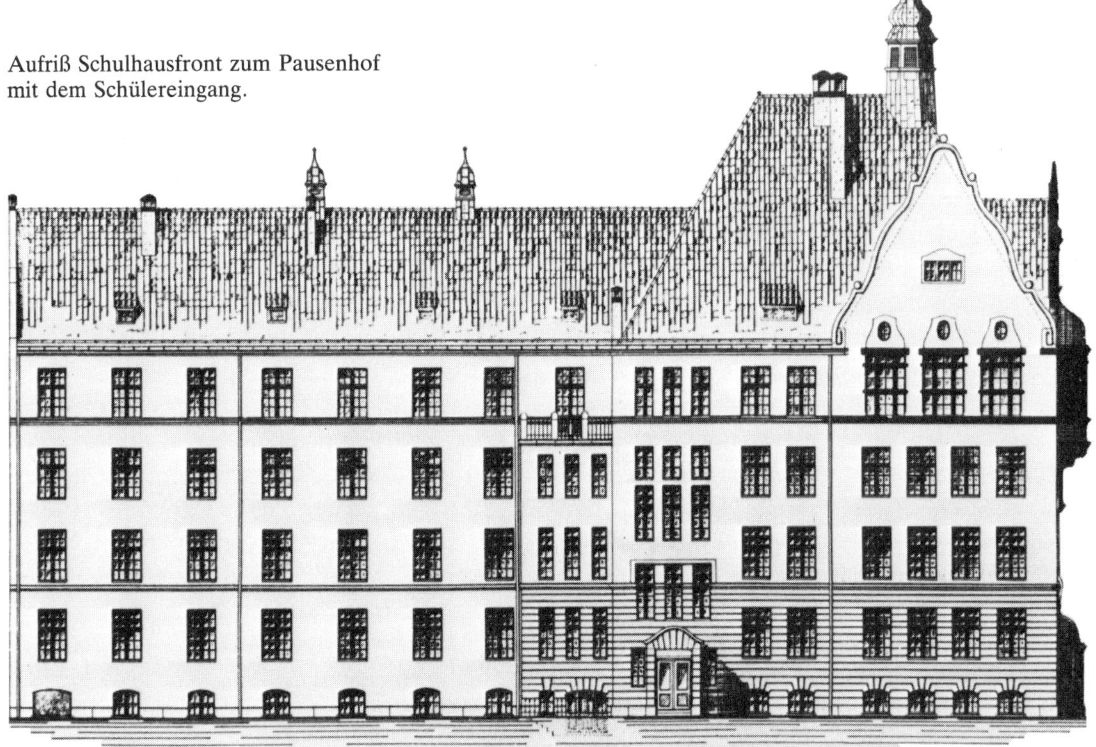

so Ausgezeichneten fällt, früher nach draußen hin nicht so sichtbar gewesen. Schmidt (wie gesagt: immer preußisch-spartanisch) war einer von uns und kaum mehr und kaum weniger. Er gehörte regional in die entfernteren Hammer Bereiche und hatte eigentlich auch dort seinen Anschluß, was sich aus Vorgeschichte und Schulweg so ergeben haben mag. Wenn ich es richtig sehe, gehörte er zu den Sanftmütigeren im Lande, denen ja bekanntlich so viel versprochen worden war. Nun, während der Zeit, an die ich mich erinnere, war das freilich noch nicht fällig geworden. Ich meine, daß er auch zu jenen vielen Namenlosen gehörte, deren schulische Laufbahn Höhen und Tiefen aufwies – mithin ein menschliches Wesen. Vielleicht war sein Leistungsgefälle etwas weniger dramatisch als bei mir – aber da kann man sich manchmal täuschen !

Es sieht so aus, als ob die eben gegebene Charakterisierung von Schmidt als »Sanftmütiger« mindestens stellenweise unzutreffend gewesen sein muß; denn einerseits bin ich, der ich mich selbst als alles andere als so sehe, längere Zeit mit ihm liiert gewesen, andererseits entstand in dieser Zeit zwischen uns eine Art »Schwertbund«, den ich deswegen erinnere, weil wir uns zur Verabredung einer Art Konstitution dafür auch im Hause Schmidt getroffen haben. Wir tüftelten eine schriftliche Regelung aus, was mit dem ZAP-Kavalier geschehen solle, der ohne seinen Degen (d.h. 30 cm Lineal) angetroffen wurde. Ich nehme an, daß uns die drei Musketiere oder der Film von Douglas Fairbanks darüber zu den Linealgefechten in eleganter Manier veranlaßt hat. Und der auch in uns schlummernde deutsche Hang zur Perfektion tat dann das Übrige. Weiß der Himmel, warum ausgerechnet ZAP ?

Diese Harmlosigkeit hatte insofern für mich eine ernsthaftere Komponente, als mein Vater, dem ich von unseren legislativen Bemühungen berichtet hatte, mich ziemlich entsetzt vor solchen »Geheimbündeleien« warnte und mir anvertraute, daß er in seiner Schulzeit aus ähnlichem Anlaß viel Ärger gehabt habe. Mag sein, daß die düsteren Reminiszenzen meines Vaters und die eigene Erfahrung, daß man der Schule nie und nimmer trauen könne, das Ende der ZAP-Epoche herbeiführten. Mag aber auch sein, daß unser Wegzug aus Hamm nach (böswillig ausgedrückt) Barmbeck-Nord oder (freundlicher gesagt) Ohlsdorf, der mich zum Fahrschüler mit entsprechend weniger Freizeit machte, Kontakte über die Schulstunden hinaus unterband.

Schlachten-Panorama

Die Psychologen sagen, daß die Schuljahre der Mittelstufe, wenn man die Schule so um die Untertertia besucht, die angenehmsten sind, weil hier noch nicht die Sturm- und Drangzeit einsetzte und die kindliche Abhängigkeit schon ein Ende erreicht hat. Ich will das als eine generelle menschliche Entwicklungsstufe nicht in Abrede stellen, für einen Schüler der Realschule Hamm stand damals solcher Glückseeligkeit doch ziemlich viel Schulisches entgegen. Einmal war da der tägliche Packen Schulaufgaben, der zu machen war und den eigentlich niemand so erledigen konnte, daß er nicht davor bangen mußte, am nächsten Morgen getadelt zu werden. Da ja kein Lehrer links und rechts guckte, und jeder der Meinung war, daß die ganze Schule sich eigentlich nur um sein Fach zu drehen hatte, gab es ständig zu viel auf. Der andere Punkt, den körperlich zu fühlen ich heute noch in der Lage bin, war die Angst, in jeder Minute einer Schulstunde »abgefragt« zu werden, unter welcher Prozedur man damals als Lehrer offenbar den Triumph seiner Persönlichkeits-Verwirklichung und als Schüler das letzte Wort vor der Hinrichtung verstand.

Als normaler Schüler, d.h. als solcher mit gutem Willen und permanent unzureichendem Wissen (»Eine 1 gebe ich nur, wenn jemand so gut ist wie ich !«), der das Pech hat, angesichts des aufgeschlagenen Notizbuches des Magisters, und dessen erkennbarer Absicht zuzubeißen, beredtes Zeugnis über das Verstehen eines komplizierten Zusammenhangs ablegen zu müssen, durchlebt man Augenblicke, die zu den nachhaltigsten einer schulischen Erziehung gehören. Sie sind angetan, auch den Sanftmütigsten dazu zu bringen, von der Notwendigkeit alsbaldiger blutiger Revolutionen überzeugt zu sein. Ich glaube noch heute, daß es Lehrer gab, die solche Schüler, an denen ihre lichtvollen Ausführungen vom letzten Mal spurlos vorübergegangen waren, am liebsten geteert und gefedert hätten. Ihnen nur ein »Ungenügend« anzukreiden, mag ihnen als bedenkliches Zeichen des Untergangs von Recht und Sitte vorgekommen sein !

Auf diesen permanenten Kriegszustand in der Schule, der ja noch durch die Verpflichtung des Elternhauses zu schulischen Fron- und Spanndiensten zu einem Zwei-Fronten-Krieg wurde, mußte man sich als nur Normalbegabter einstellen. Daß man es irgendwie schaffte, mag als Musterbeispiel für die Belastbarkeit der menschlichen Natur und Training für – durchaus ungewollte – spätere schlimme Zeiten angesehen werden. Ich jedenfalls bin heute noch erstaunt über die Tatsache, daß man an den meisten Tagen gar nicht einmal so ungern zur Schule ging. Das war für uns so etwas wie das Wetter. Man konnte auch als »weiter entfernt wohnender Schüler mit Erlaubnis der Schulleitung, das Fahrrad im Keller abzustellen« sich nicht darüber beschweren, wenn man schon auf dem Hinweg zur Schule naß regnete.

Unsere Reaktionen auf den Druck der Schule waren eigentlich erstaunlich zahm. Wir kannten unsere Grenzen und bauten unsere Aggressionen unter uns ab. Ich weiß nicht, was andere machten, aber ich habe – zugegeben mit nicht geringem Schaden für mich – der Schule bildlich gesprochen bald den Rücken gekehrt und mich meinen Lieblingsbeschäftigungen, dem Photographieren und dem Schreiben, zugewandt. Bei beidem spielte Herr Helwig eine Rolle. Ersteres war die Veranlassung, daß er mich später dann hinausgetan hat, wo Heulen und Zähneklappern ist. Letzteres, das Schreiben, dagegen hat er ermuntert.

Irgendwann, ich schätze, daß es in Quarta anfing, hatte ich Lust und Laune verspürt, »freiwillige Aufsätze«, wie wir sagten, zu schreiben. Deutschlehrer Helwig, diesbezüglich ein echter Förderer der Künste, ließ mich manchmal diese Elaborate in seinen Stunden der Klasse vorlesen. Und die Klasse gewöhnte sich an diese »Dichterlesungen« – wohl weniger um der Schönheit dieser recht unterschiedlich ausfallenden Prosa-Versuche (meistens war ich selbst mit mir gar nicht zufrieden) willen, sondern, weil es Zeit verbrauchte, die zu nichts Üblerem mehr verwendet werden konnte. Wie sehr sich das als Charakteristikum für mich einfraß, kann man an dem Bildchen sehen, welches Hans Riebesehl damals irgendwann als Tischkarte gezeichnet hat.

Vom Mitschüler Hans Riebesehl gezeichnete Tischkarte. Anspielung auf Ernst Braunschweigs Vorlesen.

Geschichtsbuch für die deutsche Jugend

Erster Band

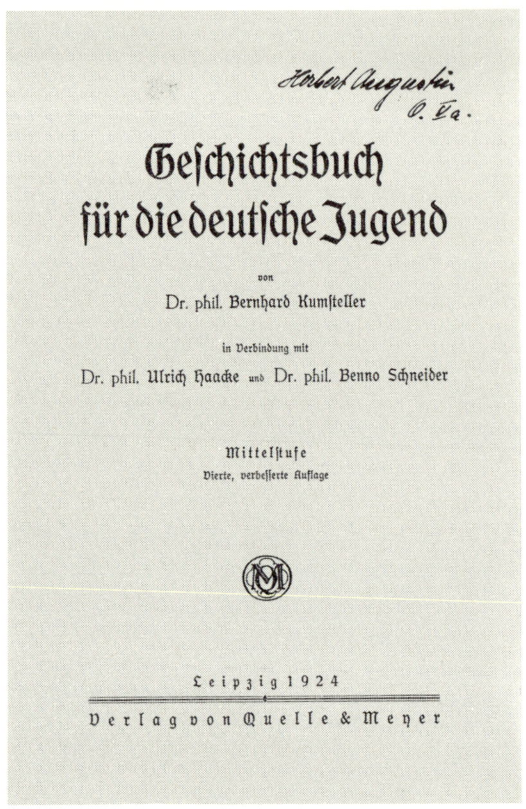

Geschichtsbuch für die deutsche Jugend

von

Dr. phil. Bernhard Kumsteller

in Verbindung mit

Dr. phil. Ulrich Haacke und Dr. phil. Benno Schneider

Mittelstufe

Vierte, verbesserte Auflage

Leipzig 1924

Verlag von Quelle & Meyer

›Geschichtsbuch für die deutsche Jugend‹ von Bernhard Kumsteller, das bei den Klassengenossen lange nachwirkenden Eindruck hinterließ.

Immerhin, mein offenbar ansteckendes Vorbild brachte auch einige meiner Mitschüler dazu, ebenfalls unter die Erzähler zu gehen. Mindestens einmal, so meine ich mich zu erinnern, war auch Arno Schmidt dabei und beeindruckte mich durch die emotionalen Gehalte seines Papiers. Was ich als Gegensatz zu der mir geläufigeren Fakten-Schusterei empfunden habe. *VESTIGIUM LEONIS !*

Wie es später war

Aus der Zeit, da der breitkrempige Herr Dr. Michaelsen unsere Studien leitete, ist unserer Klasse mehr als geläufig, eine Aufsatzgliederung zu erfinden. Wir haben, kein Wunder bei seinem manchmal etwas unsteten Unterricht, das viele Male an »Hamburgs Entwicklung« (mit Eintragung in den KUMSTELLER, unser geschätztes Geschichts-Geschichtenbuch) exemplifiziert, sodaß sich bei uns allen das »Wie es vorher war« und »Wie es später wurde« als Beispiel für eine etwas reichlich formale Gliederung festgesetzt hat. Im Rahmen meiner Ausführungen hier soll es einen Abgang überschreiben, wie ihn eben ein formvollendetes Schlußkapitel nach Meinung unseres Magisters haben muß. Denn, ehrlich gesagt, mir bleibt wenig in der Erinnerung übrig, was ich noch hervorkramen könnte – und möchte.

Sollte ich noch etwas über den Einbruch des Weiblichen in unsere fast klösterliche Sphäre berichten, bei der Reparaturen an irgendeiner Mädchenschule uns fast Koedukation gebracht hätten ? Oder über die Turnstunden, von denen die meisten mit Schlagball-Spielen und für mich mit Treffer-Anschreiben verbracht wurden? Vielleicht von den Zeichenstunden, bei denen uns die Wangen nicht nur vor Freude glühten oder gar von den offiziellen Stockschlägen, bei denen die Perversität der betr. Lehrer so weit ging, daß der Delinquent den Prügel selbst beim Pedell abholen und wieder hinbringen mußte ? Lassen wir es bei dem, was gesagt wurde – und der allgemeinen Erkenntnis, daß er unter uns weilte und wir ihn nicht erkannten !

Wir sind dann später vom Leben ganz schön herangenommen worden. Im Grunde ist uns immer wenig Zeit zum Nachdenken geblieben. Heute fahren wir schon wieder unsere Straßenbahnen Richtung Stall. Vielleicht findet sich dann Muße, darüber nachzudenken, wie alles sich so fügte – wenn man es überhaupt noch wissen will. Dabei spielt vielleicht auch die Frage eine Rolle, welchen Beitrag die Realschule Hamm dabei geleistet hat. Ich möchte sie aber nicht beantworten.

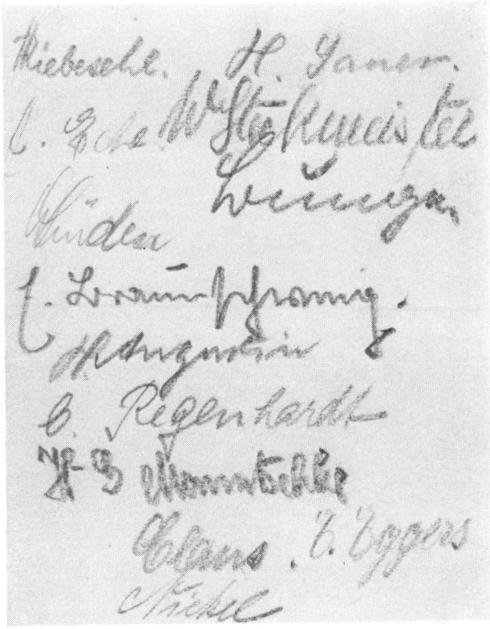

Unterschriften auf der Rückseite von Hans Riebesehls Tischkarte (Abb. S. 13); darunter der Namenszug des Studienrats Bunge (»Bubi«), dem Arno Schmidt bessere Lösungswege für seine Mathematikaufgaben nachwies. Die Zeichnung (1928 oder später) setzt die Erfindung der Micky Maus 1928 voraus. Warenzeichen *BRAUN* bekannt seit 1921.

Die Verbindung botanischer Sachtreue mit künstlerischer Erfassung des Wesentlichen kennzeichnet dies Blatt des Realschul-Zeichenlehrers und wissenschaftlichen Illustrators Ferdinand Bruns, von dem Helmut Frank das Original 1929 als Geschenk erhielt.

HELMUT FRANK

Elternhaus und Umgebung – soziale Herkunft und Milieu – die Schulen, aus denen ich kam

Geboren im tiefsten Frieden (29. 8. 13) in Lockstedter Lager (heutiger Name: Hohenlockstedt). Mein Vater war Schleswig-Holsteiner und entstammte einer Volksschullehrerfamilie mit 11 Kindern. Mutter war Hamburgerin (Rothenburgsort). Mein Vater war aktiver Soldat und diente auf dem Truppenübungsplatz Lockstedter Lager. Er war Unteroffizier. Im 1. Weltkrieg wurde er Feldwebel, später Feldwebel-Leutnant und Offizier-Stellvertreter. Offizier konnte er trotz mehrerer Auszeichnungen an der Front nicht werden, weil er nur Volksschüler war.

Bei Kriegsausbruch zog meine Mutter mit mir nach Schleswig. Unsere Wohnung war in der Straße Herrenstall 15, dem Geburtshaus von Generaloberst von Seeckt. Vater war während des ganzen Krieges an der Front im Westen. So wurde Schleswig meine eigentliche Heimatstadt. Hier wohnten mehrere, wirtschaftlich sehr gut gestellte Verwandte. Die Stadt lag weit ab vom eigentlichen Kriegsgeschehen, Ernährungsschwierigkeiten kannten wir nicht, so daß der Krieg für meine Mutter und für mich wenig spürbar war.

Nach Kriegsende wurde mein Vater als Versorgungsanwärter bei der Reichspost eingestellt und 1920 von Schleswig nach Schiffbek bei Hamburg versetzt. Mit Frau und inzwischen 3 Kindern (Bruder Richard, geb. 1918 und Schwester Lotte, geb. 1920) zog er von Schleswig nach Kirchsteinbek bei Hamburg. Wir wohnten am Heidberg 3, Vater tat als Postassistent und Postsekretär beim Postamt Schiffbek Dienst. Das Leben der Familie war geordnet, wie es einer Soldatenfamilie zukam. Es herrschte Sparsamkeit und Einfachheit, ein Leben, das meiner Mutter nicht sehr behagte. Vater versuchte durch Gartenbau und Schweinezucht (2 Tiere) den Lebensstandard der Familie aufzubessern. Ich hatte Pferdemist zu sammeln und im Garten zu helfen. Aus der Schweinezucht wurde nicht viel, denn von den Essensresten der Familie eines kleinen Postbeamten wurden die Tiere nicht fett. Als sie zu Weihnachten geschlachtet wurden – Lebendgewicht etwa 60 kg – konnte der Hausschlachter vor Lachen kaum mit dem Abstechen der Tiere beginnen.

In Kirchsteinbek besuchte ich von 1920–1922 die Volksschule. Mein Klassenlehrer war Friedrich Leopold Ihnenfeldt, ein junger, zackiger, strenger Lehrer, bei dem man allerdings sehr viel lernen konnte.

Im Frühjahr 1922 zogen wir in den Nachbarort Schiffbek, weil meinem Vater der Weg zum Dienst zu weit war. Wir bezogen eine für die damalige Zeit sehr große Wohnung mit 4 Zimmern, Küche und Badezimmer in der Hamburger Str. 121. Gewohnt wurde allerdings nur in der Küche und im kleinsten Zimmer (Heizkostenersparnis). Die sog. »Gute Stube« wurde nur an hohen Festtagen geheizt. Sie glich im Winter einem Eiskeller, was nicht daran hinderte, daß ich meine täglichen Klavierübungen dort abzuleisten hatte. Meine Klavierlehrerin mußte beim Unterricht ihren Mantel anbehalten, und das alles für 2,– RM die Stunde. Die Ämter innerhalb der Familie waren klar verteilt. Ich hatte für den Nachschub von Heizmaterial zu sorgen, d.h. Kohlen für die Öfen vom Keller in die 3. Etage zu schaffen. Kellerordnung, Gartenarbeit und Pferdemistsammeln gehörte ebenfalls zu meinen Aufgaben.

Von Ostern 1922 bis Ostern 1924 besuchte ich die Volksschule Bauerberg 44. Zuständig wäre für mich die Volksschule in Schiffbek gewesen, aber meine Eltern legten großen Wert darauf, mich in eine Hamburger Schule einzuschulen, was sich später auch sehr vorteilhaft auswirkte. (Unser Wohnort Schiffbek gehörte s.Zt. zu Preußen, zum Kreis Stormarn mit dem Sitz in Wandsbek).

In der 3. Klasse der Schule Bauerberg 44 traf ich auf Werner Fründt und Max Hannemann. Mit Werner Fründt verband mich sehr bald ein freundschaftliches Verhältnis. Wir besuchten uns auch außerhalb der Schulzeit und lernten unsere Familien kennen. Seltener verkehrten wir im Hause Hannemann, weil diese Familie einer sozial besser gestellten Schicht angehörte. Max Hannemanns Stiefvater (Herr Ohlmeyer) besaß eines der besten Herrenmodegeschäfte Hamburgs am Neuen Wall.

Mein Schulweg wurde jetzt erheblich länger. Täglich waren zweimal 5 km zurückzulegen. Für meinen Vater war es selbstverständlich, daß dieser Weg nur durch Fußmarsch zu machen sei. Nur bei sehr schlechtem Wetter wurde Fahrgeld für die Straßenbahn, mit der man einen Teil des Schulweges zurücklegen konnte, genehmigt... So marschierte ich werktäglich durch Schiffbek bis zur preußisch-hamburgischen Grenze, durch die Horner Feldmark zum Bauerberg. Wenn ich Glück hatte, nahm mich ein Bauernfuhrwerk, das morgens zum Hamburger Großmarkt fuhr, für einen Teil des Weges mit.

Unser Klassenlehrer hieß Adolf Diersen. Er war ein klarer, offener und außerordentlich tüchtiger Lehrer, den wir drei – Hannemann, Fründt und ich – niemals vergessen haben. Er führte seine Klasse souverän, war tolerant und fortschrittlich. Schläge gab es bei ihm kaum. Er heiratete nach dem frühen Tod seiner ersten Frau eine nette Kollegin unserer Schule. Es war uns Jungen nicht verborgen geblieben, daß er lange Zeit große Sympathien für diese Kollegin hegte. Sie vertrat oft in unserer Klasse und war bei jedem Schulausflug dabei.

Adolf Diersen hatte den Ehrgeiz, einige Schüler seiner Volksschulklasse in die Realschule zu bringen. Seine Wahl fiel auf Max Hannemann, Werner Fründt und auf mich. Er ließ uns nachmittags in seine Wohnung

Lehrer Adolf Diersen von der Volksschule Bauerberg 44 in Horn, Förderer von Helmut Frank, Werner Fründt und Max Hannemann.

kommen und arbeitete privat mit uns, um uns für die im Winter 1924 stattfindende Ausleseprüfung vorzubereiten*. Geld nahm er für diesen Privatunterricht von unseren Eltern nicht. Alle drei bestanden wir diese Prüfung, die in der Volksschule Hübbesweg abgenommen wurde und 5 Tage dauerte. Der Weg zum Besuch der Realschule in Hamm war frei.

Adolf Diersen wurde später als Heimatforscher bekannt. Seine Heimatgeschichte von Horn ist eine hochinteressante, vorbildliche Arbeit.

* AS : Winter 1923–24. Hier sah ich Helmut Frank zum erstenmal : den etwas vertieft gelegenen Schulhof, in dem Wir stehen, und über den eben ›dran‹ gewesenen Gegenstand debattieren; (man hatte Uns einige ›indische‹ Worte vorgelegt, und am Ende aus ein paar davon einen OberBegriff bilden lassen). Ich sagte, ich hätte ›Gemüse‹ geschrieben; und Frank hob den Arm und rief aufgeregt : »Das hab' ich auch !«. Damals fiel mir gleich sein enorm ausladender ›ägyptischer‹ Hinterkopf auf.

Anweg zur Schule

Es war nicht leicht, eine Hamburger höhere Schule zu besuchen, wenn man Preuße war. Der Wohnort meiner Eltern, das unmittelbar an der Hamburger Grenze gelegene Schiffbek, gehörte ja zu Preußen. Nur die Tatsache, daß ich von 1922 – 1924 die Hamburger Volksschule Bauerberg 44 besucht hatte, ermöglichte den Besuch der Realschule in Hamm. Dafür mußte mein Vater 125,– RM Schulgeld je Vierteljahr an den Hamburger Staat zahlen, eine hohe Belastung für einen Sekretär der Reichspost mit Frau und 3 Kindern.

Aber die Einschulung klappte Ostern 1924, und ich war der einzige Preuße in der Klasse. Ich hatte auch den weitesten Schulweg von allen Klassenkameraden. Eine Stunde vor Schulbeginn marschierte ich los. Nach 10 Minuten Fußweg durch Schiffbek erreichte ich die Endstation der Straßenbahn-Linien 13 und 31. An der Gabelung zweier Hauptstraßen hielten die Straßenbahnzüge und fuhren während der Hauptverkehrszeiten alle 10 Minuten, sonst alle 20 Minuten. Während der Haltezeiten saßen Fahrer und Schaffner – jeder Wagen hatte einen Schaffner – in einer Holzbude und frühstückten oder rauchten. Daß sie Bier tranken, habe ich nie bemerkt. Beliebtester Straßenbahnschaffner und zuweilen auch Fahrer war Herr Fründt, der Vater von Werner Fründt. Er war der Freund aller Mädchen und Jungen, die nach Hamburg fuhren. Ein drahtiger, schicker Mann, in tadellos gepflegter Uniform mit einem gepflegten Kaiser-Wilhelm-Bart, immer fröhlich und vergnügt !

In den Straßenbahnwagen waren die Eckplätze die beliebtesten Plätze. Wir Schüler und Schülerinnen schlugen uns um diese Plätze, wenn nicht Erwachsene, die ihren Arbeitsplatz in Hamburg hatten, ein für uns unbegreifliches aber ungeschriebenes Anrecht auf diese Plätze beanspruchten. An der Station ›Horner Weiche‹ stieg täglich ein Herr ein, der wütend wurde, wenn ihm kein Eckplatz freigemacht wurde, und das nach einer Fahrzeit von 10 Minuten während der Hauptverkehrszeit. Er schoß Blicke, so daß wir von selbst den Eckplatz hinten rechts räumten. Warum taten wir das eigentlich ? Keiner von uns wußte, wer er war, aber wir räumten den Platz. Vielleicht war das schon etwas wie die »Ausstrahlung einer Persönlichkeit« !

Die Straßenbahn zuckelte 20 – 25 Minuten von Schiffbek in Richtung Hamburg bis zu unserer Schule. Alle hundert Meter war eine Haltestelle, man nahm unheimlich Rücksicht auf die Bequemlichkeit der Fahrgäste, vielleicht war es auch Kundendienst. Eine besondere Freude erlebten wir, wenn wir auf dem offenen Perron stehen konnten. Wir versuchten es täglich, bis der Schaffner die vordere Wagentür öffnete und mit Kommandostimme verkündete : »Wer Schülerkarten hat, reinkommen !« Das war hart, aber der Schaffner hatte uneingeschränkte Befehlsgewalt. Kriminell wurde die Sache, wenn wir versuchten, von der fahrenden Straßenbahn abzuspringen. Vorn auf dem Triebwagen der Straßenbahn stand der Fahrer, auf offenem, ungeschützten Perron, jedem Wetter ausgesetzt. Im Winter fror der Mann, daß es einem leid tun konnte. Oft hingen Eiszapfen in seinem Bart. Bei Weichen mußte er halten und die Weichen mit dem Weichensteller (einer langen Eisenstange) umstellen. Bei Glatteis streute er Sand, der aus einem Kasten herausrieselte, der unter dem Wagen angebracht war. An den Endstationen mußte er diesen Kasten wieder mit Sand auffüllen.

Unterwegs stiegen Schulkameraden und andere Freunde zu. Werner Fründt kam an der Station ›Bauerberg‹, Max Hannemann an der ›Horner Weiche‹. Klar war, daß die tägliche Fahrt beste Gelegenheit für Poussagen mit den Mädchen bot, die ebenfalls Hamburger höhere Schulen besuchten. Hier spielte eine private Mädchenschule mit ihren Schülerinnen eine besondere Rolle. Die Schule hieß ›Private Oberschule für Mädchen, Nebel und Sander‹. Die Mädchen

Ohlendorffsches Palais, nördlich Borgfelder Straße und Hammer Landstraße unweit Abzweigung Brekelbaumspark. Spätes, gründerzeitliches Beispiel eines Landsitzes ›vor den Toren‹, wie ihn seit der Barockzeit Kaufleute und Reeder von Rang sich errichteten und dadurch der Landschaft um das alte Dorf Hamm ihr Gepräge gaben.

fuhren bis zur Station ›Hirtenstraße‹, und stiegen zwei Haltestellen vor uns aus. Zeitweilig hatte man seine feste Freundin, und es war selbstverständlich, daß man in der Straßenbahn nebeneinander saß. Nach Beendigung der Schulstunden war das nicht mehr möglich, weil jede Schule andere Schlußzeiten hatte.

Die nächste Station hieß ›Burgstraße‹. Hier lag das große ›Ohlendorffsche Palais‹ in einem großen, wunderschönen Park mit uraltem Baumbestand. Mir flößte dieses Palais immer Ehrfurcht und Bewunderung ein. Zu gern wäre ich einmal dort hineingegangen.

›Ausschlägerweg‹ aussteigen. Die Straßenbahn hielt an einer Verkehrsinsel. Hier konnte man den Wagen in Ruhe verlassen. Auf dieser Insel standen eine Zeitungsbude und ein Pissoir. Beides sehr nützliche Einrichtungen. Die Zeitungsbude, die einem alten, schrulligen Mann gehörte, interessierte wegen der neuesten politischen Nachrichten. Politische Zeitungen waren damals

Hamburger Fremdenblatt (angeblich unpolitisch und weltoffen)
Hamburger Nachrichten (deutschnational – rechts –)
Hamburger Anzeiger (demokratisch. Deutsche Volkspartei – Mitte –)
Hamburger Echo (Sozialdemokraten)
Hamburger Volkszeitung (kommunistisch – links –)

Eine Zeitung der für uns damals noch unbekannten NSDAP war nicht zu bemerken, erst später kam das ›Hamburger Tageblatt‹.

Besonders interessant waren die Montagszeitungen, Boulevardblätter mit gutem Sportteil, ›HF am Montag‹ (Hamburger Fremdenblatt am Montag) und ›HN am Montag‹ (Hamburger Nachrichten am Montag).

Heimlich suchten wir unter den ausgehängten Zeitschriften nach der ersten Zeitschrift der aufkommenden Freikörperkulturbewegung, auf deren Titelblatt nackte Mädchen zu sehen waren.

Von der Insel ging es dann über die Straße Ausschlägerweg, vorbei an einem ›Tante-Emma-Laden‹ mit Lebensmitteln und Kolonialwaren. Falls man Geld hatte, kaufte man sich hier die besten Rahmbonbons, 4 Stück für 10 Pfennig, ›Kanoldt‹ oder ›Stollwerck‹ hießen die Marken.

Auf dem Heimweg von der Schule hatten wir mehr Zeit. Meistens war es gegen 2 Uhr nachmittags oder besser 14 Uhr (die 24-Stunden-Tageszeit war gerade eingeführt worden), wenn keine Spätstunde abgesessen werden mußte. Am Ausschlägerweg bestiegen wir die Straßenbahn. Wir, das waren Max Hannemann, Werner Fründt und ich, zeitweilig auch Jochen Wagner. So erlebten wir nicht den Heimweg, den das Gros der Klasse machte. Der Hauptschwarm ging den Brekelbaumspark hinunter, dann weiter in Richtung Eiffestraße, Wendenstraße usw. Was diese Gruppe unterwegs anstellte und erlebte, erfuhren wir erst am folgenden Tag. Wir Fahrschüler waren Einzelgänger auf unserem Heimweg. Die Straßenbahnen waren oft voll besetzt und hielten dann nicht mehr an jeder Haltestelle. Unangenehm wurde es, wenn am Borstelmannsweg die Arbeiterinnen der Anchovis-Fabrik zustiegen. Diese »Süßen« verbreiteten einen derart penetranten Anchovisgeruch im Straßenbahnwagen, daß wir es oft vorzogen, den Rest der Fahrtstrecke zu Fuß zurückzulegen. Wasch- und Duschräume kannte man wohl damals nicht in der Fabrik oder die Arbeiterinnen benutzten diese nicht.

Das den Klassengenossen immer verschlossen scheinende Tor zu dem weiten Ohlendorffschen Anwesen.

Unsere Schule

Dann bogen wir rechts um die Ecke in die Straße ›Brekelbaumspark‹ ein. Eine Straße, die Respekt einflößte. Auf der linken Seite vornehme Häuser im Stil der Gründerzeit mit großen Wohnungen, 2 – 3 Stockwerke hoch. Die Straße selbst war rechts und links mit großen Bäumen bepflanzt (Linden ?). Zwei Häuser, dann kam unsere Schule. Ein dunkles Gebäude mit zwei hohen Giebeln an der rechten und linken Frontseite, mit kleineren Giebeln an den Breitseiten, mit einem Turm, wie bei einer Kapelle, und mit kleinen Türmchen, wo es nur ging. Für mich ein schwer definierbarer Stil. Am Haupteingang führten zwei Freitreppen zu einer Art Empore. Ein zweiter Eingang führte links am Gebäude vorbei in den Schulhof. Durch diesen Zugang betraten die Schüler die Schule, denn in der Regel kam man über den rückwärtigen Eingang ins Schulhaus. Die Querseite des Gebäudes zierte ein großer Altan, der zur Aula gehörte. Bemerkenswert ein kleiner Vorbau in Erdgeschoßhöhe, der früher als Karzer gedient haben soll, seit 1919 aber außer Betrieb gesetzt worden war.

Wer zu spät zur Schule kam, mußte den Haupteingang benutzen, weil der Eingang über den Schulhof pünktlich geschlossen wurde. Durch die vordere Haupteingangstür kam man in eine Art Vorhalle und stand vor einer zweiten, verschlossenen, Tür, die in die Schule führte. Jetzt mußte man klingeln, damit der Schuldiener öffnete und die Verspä-

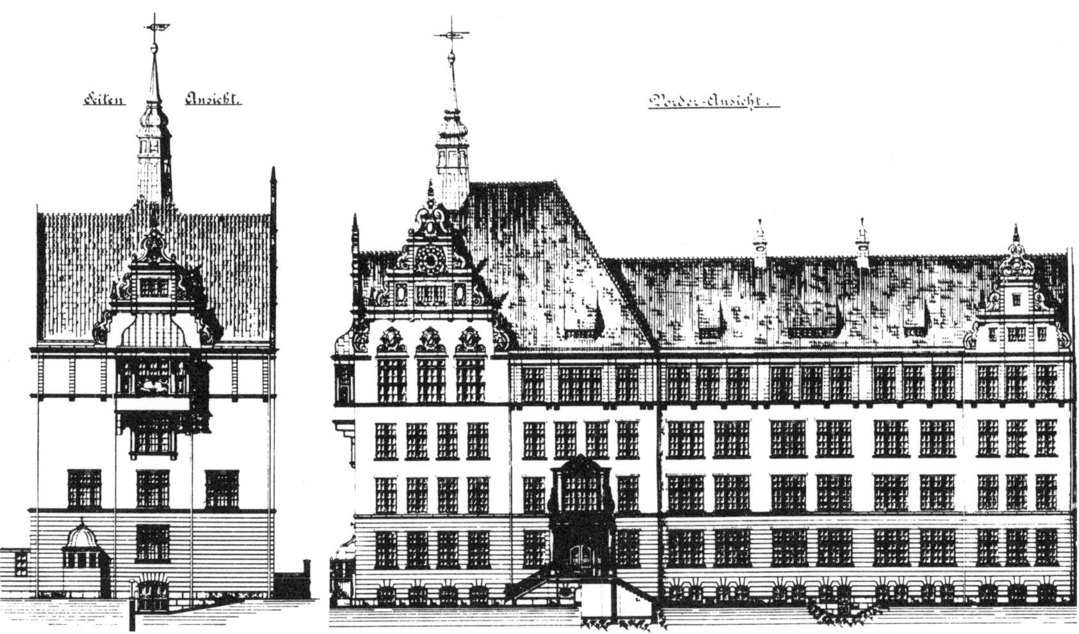

Aufrisse von Quer- und Straßenfront der Realschule am Brekelbaumspark.
Rechte Seite: Grundrisse des 1., 2. und 3. Obergeschosses.

tung notierte. Daß diese Notiz Folgen hatte, versteht sich. Wenn man Glück hatte, hatte ein Leidensgenosse, der vor einem hereingelassen worden war, die Tür nicht ganz zuschlagen lassen. Dann konnte es gelingen, vom Schuldiener unbemerkt in die Schule zu gelangen.

Unsere Schuldiener ! Der vornehme hieß Herr Schmidt. Er war ein kleiner Kugelmann mit ansehnlichem Bäuchlein und einer Glatze. Er war eigentlich kein Schuldiener, er war »Pedell« ! Stets gut gekleidet muß er Angestellter oder sogar Beamter gewesen sein. Er kam fast – so erschien es uns – vor dem Schuldirektor ! Seine Hauptaufgaben waren Telefonbedienung, Unterrichtung der Lehrer bei Veränderungen im Stundenplan, Kontrolle der Schüler, die zu spät kamen oder unbefugterweise die Schule verlassen wollten und die Verwaltung der Rohrstöcke. Für diese Stöcke gab es ein besonderes Gestell, gleich rechts an der Wand, wenn man das Schuldienerzimmer betrat. Da standen sie dann, die Rohrstöcke, kürzere, längere, dicke, dünne. Wer in der Klasse dran war, mußte das Schuldienerzimmer aufsuchen und sich einen Stock holen. Jetzt hing es davon ab, wie man beim Schuldiener angeschrieben war. Stand man gut mit ihm, gab er einen Stock mit, der schon ausgeleiert war und daher nicht so weh tat. Stand man mit ihm auf Kriegsfuß, bekam man einen neuen Stock, der dann nach Inkraftsetzen schöne blutunterlaufene Striemen auf dem Allerwertesten hinterließ.

Der zweite Schuldiener war wirklich ein Schul-Diener. Er hieß Herr Brunkhorst und hatte alle möglichen Arbeiten zu verrichten. Schneefegen, Lokusreinigen, Wege erledigen usw. Er war stets in Arbeitszeug, außer wenn er Herrn Schmidt vertreten durfte (Urlaub, Krankheit). Das war für uns Schüler eine gute Zeit, denn Herr B. war unser Kumpel und hatte immer ein offenes Ohr für uns. Er wohnte in einer Kellerwohnung in der Schule und unterhielt auf der Hofseite des Gebäudes einen kleinen Hühnerhof.

Mitten durch das Schulhaus führte eine breite Treppe in die einzelnen Geschosse. Diese Treppe teilte die Schule in zwei Hälf-

3te Etage.

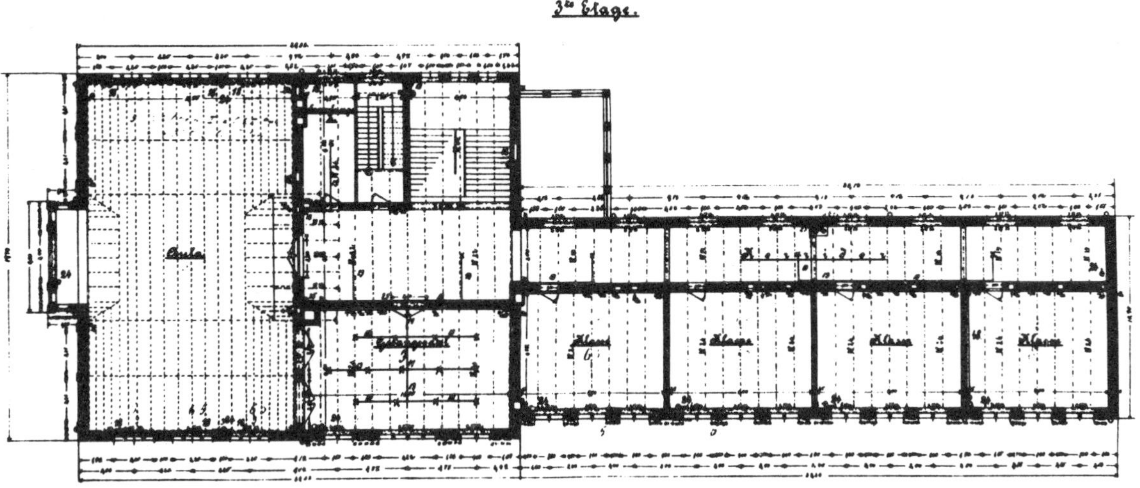

1te Etage.

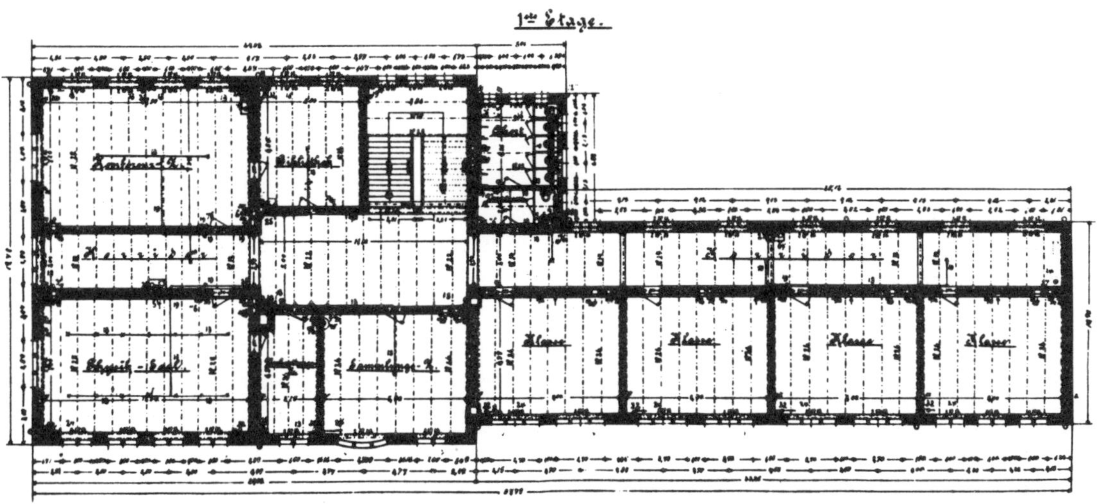

1te Etage.

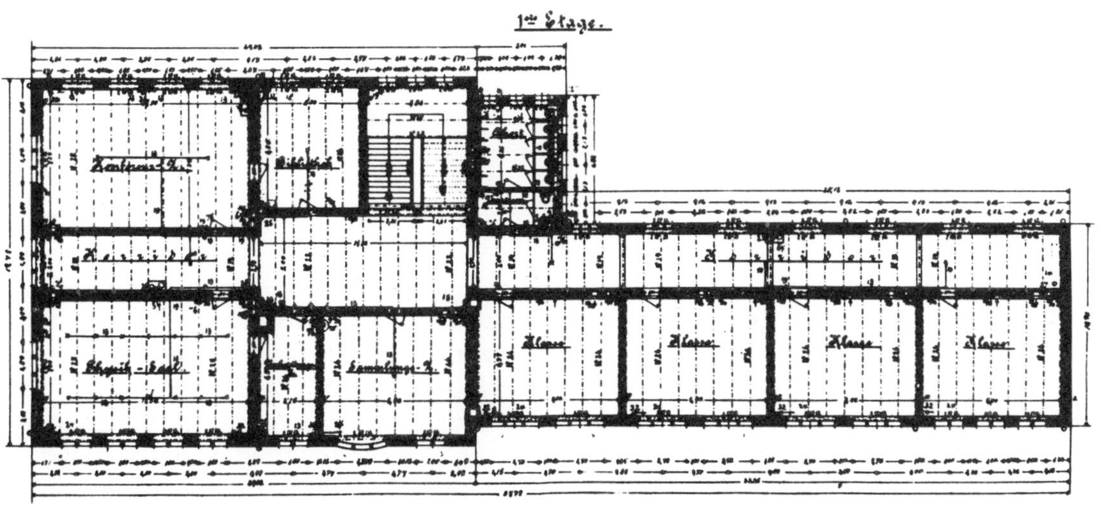

ten. Im linken Flügel des Gebäudes lagen die Sonderräume wie Lehrerzimmer, Bibliothek, Zeichen-, Physik-, Chemie- und Gesangssaal, sowie die Aula. Im rechten Flügel lagen die Klassenzimmer. Zur Hofseite hin lief ein langer Flur, von dem die einzelnen Klassenräume abgingen. Im Erdgeschoß lagen die Klassen der Unterstufe (Sexta, Quinta, Quarta), im Mittelgeschoß die Räume der Mittelstufe (Untertertia, Obertertia und Untersekunda) und im Obergeschoß lagen nach dem Ausbau der Schule zur Vollanstalt die Obersekunda, Unterprima und Oberprima. Alle Klassenfenster lagen zur Straßenseite Brekelbaumspark. Die Straße war sehr ruhig und hatte kaum Fahrzeugverkehr, so daß sie für uns uninteressant war. Max Hannemann reizten die Fenster. Er kletterte aus einem Fenster heraus, kraxelte auf dem Sims entlang und kam durch das andere Fenster wieder hinein. Uns blieb für einen Augenblick das Herz stehen, denn immerhin lag unsere Klasse damals im 3. Geschoß. Max war oft Spezialist für Sonderunternehmungen !

Die Klassenräume waren sehr schlicht und einfach gehalten. Drei Bankgruppen mit je einer Bank in Reihe hintereinander. Links vorn (vom Schüler aus gesehen) stand die Wandtafel, in der Mitte befand sich das Podium mit dem Lehrerschreibtisch und rechts vorn, in der Nähe der Tür, stand der Klassenschrank. Fortschrittlicher waren die Sonderräume eingerichtet. Physik- und Chemiesaal waren Hörsäle mit aufsteigenden Tisch- und Bankreihen. An der Stirnseite des Saales standen große Experimentiertische mit Anschlüssen für Gas, Wasser und Elektrizität. An der Wand befand sich eine lange Tafelreihe. Der Gesangssaal bestand aus breiten Treppen mit Bänken. Vorn (unten) stand der Steinway-Flügel. Der Zeichensaal hatte große breite Tische, vorn eine große Tafel für den Zeichenlehrer. Es gab eine Lehrer- und eine Schülerbücherei. Die Lehrerbücherei war für die Schüler unzugänglich. 1927 kam ich als Bücherordner in die Schülerbücherei, später auch in die Lehrerbücherei. Ich hatte während der Pausen und oft auch nach Unterrichtsschluß Bücher an die Schüler auszugeben oder zurückzunehmen. Einige Bücher lieferte die Schule, d. h. die Schulbehörde. Diese Bücher wurden mit dem Schulstempel versehen (damit sie nicht weiterverkauft wurden !) und für ein Schuljahr oder länger kostenlos ausgeliehen.

Der Schulhof lag hinter und z. T. neben dem Schulgebäude und grenzte an den Schulhof der Volksschule Ausschlägerweg. Getrennt waren beide Höfe durch eine Planke, die zum Überklettern reizte und oft Anlaß zu Reibereien mit den Volksschülern bot. Ein Teil des Hofes diente während der Turnstunden als Schlagball- oder Handballfeld. Der kleinere Teil des Schulhofes lag zur Straße Brekelbaumspark und war durch hohe Eisengitter abgetrennt. Er war für uns interessanter. Man konnte Passanten anöden oder Kontakt mit einem kleineren Bäckerladen auf der gegenüberliegenden Straßenseite aufnehmen. Dort gab es für 10 Pfennig Abfallkuchen, wovon besonders die sog. »Eisenbahner« und »Kokosberger« sehr beliebt waren.

Die Turnhalle lag hinter dem Hauptgebäude und begrenzte den Schulhof an der rechten Seite des Grundstückes. Sie war für die damalige Zeit ein respektabler Bau. Man gelangte in die eigentliche Halle durch den Umkleideraum. Die Halle selbst war mit allen Geräten ausgestattet und konnte als vorbildlich gelten.

Während der Pausen herrschte auf dem Schulhof lebhaftes Treiben. Ein Lehrer führte Aufsicht und schritt würdevoll über den Hof. Das hinderte die Jungen nicht, Schlägereien und im Winter Schneeballschlachten zu veranstalten. Beides war streng verboten. Dr. Dau, genannt »Heini Dau«, konnte vom Physiksaal, der im 2. Stockwerk zur Hofseite hin lag, das Tun auf dem Hof gut beobachten. Oft schrie er aus seinem Fenster auf den Hof

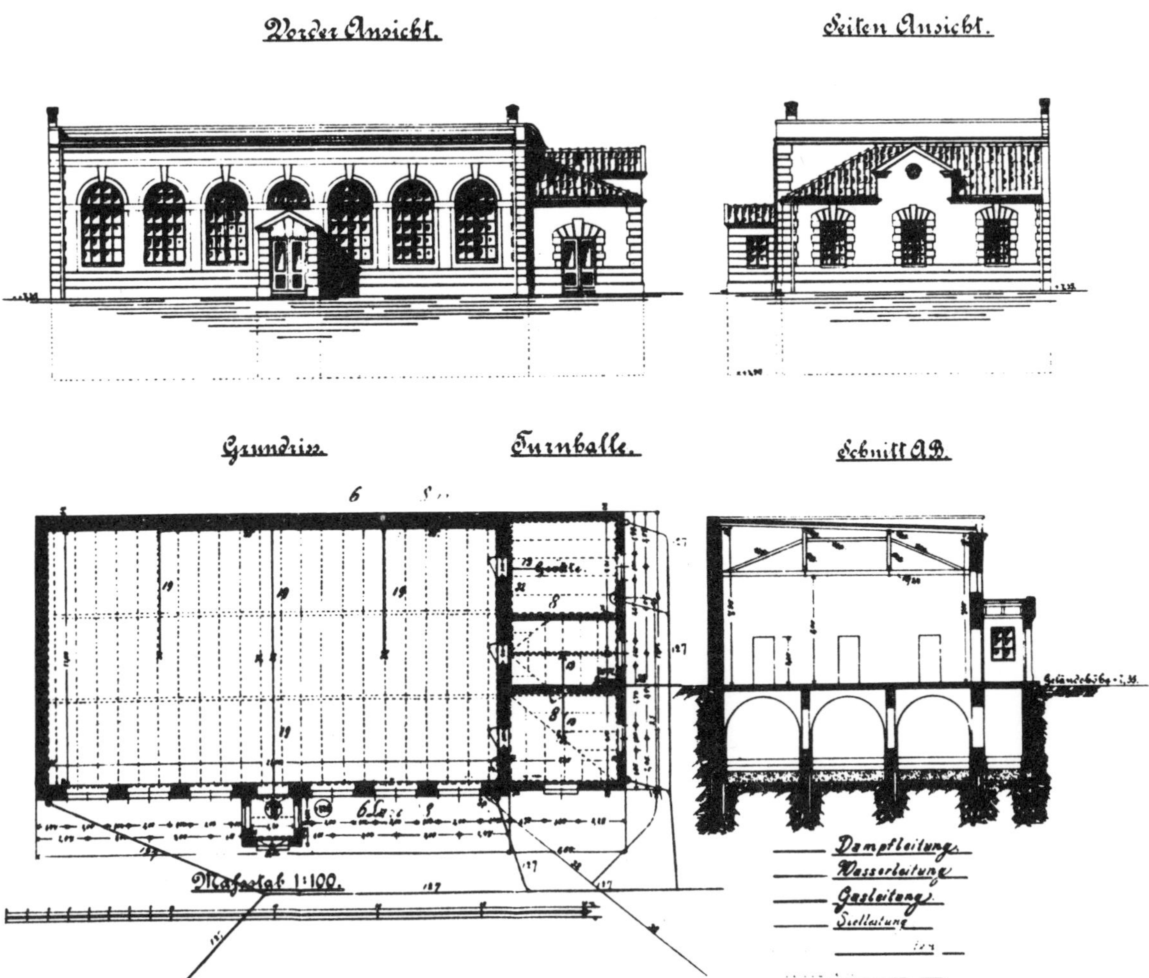

Aufrisse, Grundriß und Querschnitt der den Schulhof nach Norden abschließenden Turnhalle; neben ihrem Eingangsvorbau erfolgte die Aufstellung zum Klassenbild mit Dr. Michaelsen auf S. 33.

hinunter, wobei seine Lieblingsvokabel »Kommunistenpack« war. Auf das Klingelzeichen hin traten alle Schüler vor dem Hühnerhof an. Zuerst die quirlige Schar der »Kleinen« ! Schön alles geordnet: Sexta, Quinta usw. Zuletzt kamen die »Großen«, die dieses Antreten mit einer gewissen Würde ertrugen, gelassen das Schulgebäude betraten und gemessenen Schrittes in die oberen Räume gingen.

Unsere alte Schule ! Ein Gebäude, in dem wir 6 – 9 Jahre unseres Lebens zubrachten. Oft denkt jeder an dieses Haus zurück, ich meine mit Achtung und Ehrfurcht.

Unsere Lehrer

Dr. Ernst Foerster (Englisch)

Eigentlich sollte ich einen Dankesbrief an ihn schreiben. Aber was soll das ? Dr. Foerster ist seit Jahren tot. Er würde ihn doch nicht mehr erhalten.

Wir nannten ihn »Dr. Feu« (»Feu« von franz. Feuer.), denn wenn einer unserer Lehrer »Feuer« hatte, dann war er es. Wenn ein Lehrer uns Jungen geprägt hat, war es Dr. Feu !

Ernst Foerster, was war das für ein Mensch ? Nachdem unsere Zeit auf der Real-

Dr. Ernst Foerster war, als er 1924 die Klasse übernahm, 40 Jahre alt; das Foto datiert aus dem Jahre 1932.

schule Ostern 1924 mit einem Gottesdienst in der Aula eingeleitet worden war und wir in unserer Klasse saßen, nachdem unser Klassenlehrer Dr. Michaelsen uns auf die drei Gruppen von Bänken und Pulten verteilt hatte, sollte die nächste Stunde kommen. In unsere Klasse sauste ein anderer Lehrer. Er schritt nicht, er ging nicht wie die anderen Lehrer, er sauste! Ich glaube, er konnte garnicht langsam gehen!

»Stand up«!!! rief er mit kerniger Stimme. – Damals mußten wir aufstehen, wenn ein Lehrer die Klasse betrat. »Sit down«!! Da merkten wir, daß er wohl unser Englischlehrer sein mußte.

Wer war Dr. Foerster? Ein mittelgroßer Mann, hager, zerfahren in seinen Bewegungen, mit pechschwarzer Tolle, immer im vollständigen Anzug mit Schlips und Kragen, aber alles ein bißchen durcheinander, unruhig in seinen Bewegungen und in seiner Sprache – aber alles irgendwie faszinierend. Da stand er nun vor uns jungen Knaben, die zunächst nicht viel mit ihm anzufangen wußten. Unser Urteil nach der ersten Stunde: »Der spinnt!«

Wer war Dr. Feu? Wir erfuhren sehr bald, daß er eine Familie hatte. Er hat uns seine Frau nie vorgeführt, nie etwas von ihr erzählt. Sie schien in seinem Leben keine entscheidende Rolle gespielt zu haben. Seine Frau hatte ihm einen Sohn geboren, Harold-Douglas hieß der Knabe. Ein schüchterner, etwas gehemmter Junge, der nicht viel vom Vater mitbekommen hatte. Ab und zu brachte Dr. Feu ihn mit in die Schule. Dr. Feu wünschte sich eine Tochter. Das alles erklärte er uns ununterbrochen auf Englisch, – wovon wir Schüler eigentlich nur wußten, daß es ein englisches Weltreich gab mit einem King, wo England lag, daß Hamburg gute Beziehungen zum Kingdom hatte und daß England unser Gegner im Weltkrieg gewesen war. Erst später begriffen wir, was er uns eigentlich in den ersten »Englischstunden« alles erzählt hatte, immer in fließendem Englisch, denn laut Stundenplan waren es unsere Englischstunden. Und Klassenarbeiten sollten wir auch bald schreiben laut Lehrplan. Aber wir hatten ja den »Lincke«, Lehrbuch der englischen Sprache!

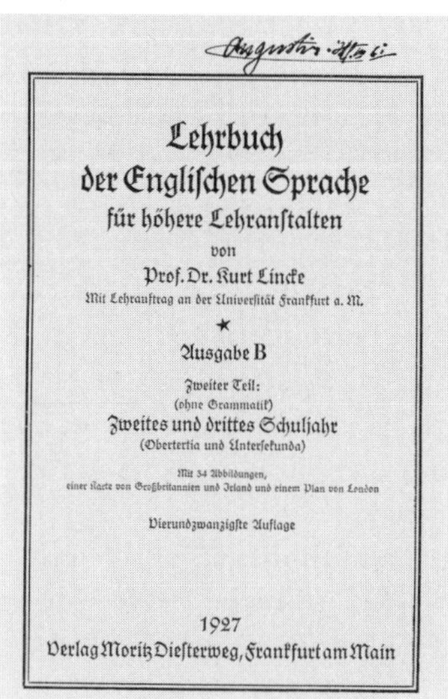

Lehrbuch
der Englischen Sprache
für höhere Lehranstalten
von
Prof. Dr. Kurt Lincke
Mit Lehrauftrag an der Universität Frankfurt a. M.
★
Ausgabe B
Zweiter Teil:
(ohne Grammatik)
Zweites und drittes Schuljahr
(Obertertia und Untersekunda)
Mit 34 Abbildungen,
einer Karte von Großbritannien und Irland und einem Plan von London
Vierundzwanzigste Auflage

1927
Verlag Moritz Diesterweg, Frankfurt am Main

»Boys, sit down !« Wer war dieser Ernst Foerster ? Ernst Foerster war ein Mann der ganz frühen Jugendbewegung in Deutschland. Wesen und Wollen der Nachkriegs- und Nachinflationszeit-Jugend in Deutschland mußten für ihn »von dem einheitlichen Gedanken beherrscht sein, daß Beruf und Freizeitbewegung, das Leben in der Familie und im Jugendbund, Spiel und Leibesübungen, Bildung und gegenseitige Hilfe der Jugend, getragen werden von einem in der Form hundertfach verschiedenen, in seinem Wesen aber einheitlichen, ursprünglichen Kulturwillen der Jugend« (aus einem Vorwort zur Ausstellung : »Das junge Deutschland« vom 1. – 30. 9. 1928 in Altona).

Wandern, Singen, Musizieren, Leibesübungen, Tanzen, die Freude an der Natur beim Wandern durch die deutschen Lande, Zelten in Wald und Flur, und das alles in einer Gemeinschaft junger fröhlicher Menschen. The German Youthmovement – wir hatten ja Englischstunde ! – The European Youthmovement : Wandervögel, Pfadfinder, Boy-Scouts, Spiders, Tcherkess und Éclaireurs. Später durfte ich einen Vortrag – in Englisch – über das Thema »The Romantical Life of the German Youthmovement« halten und mir dabei eine gute Note einhandeln.

Männer wie Fritz Jöde, Dr. Knud Ahlborn, Hermann Hesse waren seine Partner und Freunde. Ernst Foerster mußte Pädagoge werden, aber das genügte ihm nicht. Zusätzlich studierte er Psychologie, damals noch ein junges Lehrfach an der Uni. Uns brachte er in all den gemeinsamen Jahren Psychologie während der Englischstunden bei. Natürlich kam Englisch oft zu kurz. Er gab uns Lebensweisheiten mit auf den Weg, von denen wir unser ganzes Leben profitierten. Schade, daß Ernst Foerster nicht einmal Mäuschen sein kann, wenn wir heute noch unseren Klassenabend abhalten und von ihm sprechen !

»A good advice for everybody ! If you want to start to Southern-Germany (mit der Eisenbahn natürlich, wer hatte schon damals ein Auto !), take the train from Altona (damals preußisch). If you want to start to Northern-Germany, take the train from Hamburg-Central-Station.« Das mußte man eben wissen ! Im Leben hat jeder von uns sicherlich oft gemerkt, daß man immer wissen muß, wohin man will und von wo man starten muß !

Wer war Ernst Foerster ? Ein Mann, der in eine Riesenfreude ausbrach, als seine Frau ihm eine Tochter gebar. Er sauste in unsere Klasse : »Jungs, ich habe heute eine Tochter bekommen ! Lavinia heißt sie, little Lavinia !«[1] Wir haben uns mit ihm gefreut, diesmal alles auf deutsch, obwohl es die Englischstunde war. Wir »unbeschriebenen Blätter« bemühten uns, mit ihm zu fühlen, was es für einen Mann wie Dr. Feu bedeutete, Vater einer Tochter geworden zu sein. Little Lavinia was born. Little Lavinia wurde langsam größer. Die Ereignisse um Lavinia überschlugen sich. Es wurde Winter und little Lavinia sah die ersten Schneeflocken fallen, sicherlich ein schönes Erlebnis für ein kleines Mädchen und für seine Eltern. Für den Romantiker Ernst Foerster ein weltbewegendes Ereignis : »Boys, little Lavinia hat die ersten Schneeflocken gesehen !« Jetzt wurde er wieder einmal englisch. Ein Lied wurde gelernt und gesungen : »There are snowflakes dropping down over there !« Once more : »There are … !« »Übrigens Jungs, die englische Grammatik steht im Lincke, die müßt Ihr Euch selber beibringen ! Grammatik ist wichtig !« Ich schrieb einen Aufsatz mit dem Thema : »Little Lavinia and the Snow-Drops-Story«. Die Story wurde hübsch eingebunden, mit lila Bändchen und einem Schneeglöckchen auf der Titelseite. Wieder eine gute Note !

Wer war Ernst Foerster ? Er hatte viele Freunde, nur nicht im Kollegium seiner Schule. Geliebt und verehrt wurde er von der

[1] *Hrsg.:* Klein-Lavinia zählte damals bereits 4 Jahre, Geburt und schnelles Größerwerden waren eine didaktische Legende Foersters. Lavinia lebt heute als erfolgreiche und angesehene Pädagogin in Süddeutschland.

The Romantical Life of the German Youth-Movement.

Since the beginning of the world people had the desire to live together. The old Germanic tribes lived in clans, the last clans are still to be found in Scotland where up to this time each clan has its proper dress. (The famous Highland-Kilts are different in colour and pattern; special: tartan.) The free Germans lived as nature thought them. This romantical and mystical spirit of our forfathers has passed over to the Wandervögel, Boy-Scouts, Spiders, Tel-Akess and Eclaireurs. They are all very fond of nature and possessed by a strong life to animals and flowers. They love liberty above all and have a great desire to see the beautiful world. In one word I may call this life a romantical one. But what means this little word « romantical »? I will give an explanation of this word. It means - marvellous, mediaeval and mystical. (It) This three words lead us back into past time especially into the middle-ages, not into the classical time. We think of the bold navigators first of all the Vikings and of the old Knight errants. (The Wandervögel of the German Youthmovement have the same impulse which drove the Gothes to the south and the Vikings to America. Every year they (went) go on « Fahrt » with as little money as possible. When (the) spring is (coming) approaching the boys make themselves ready in order to receive the spring far out in the free nature. They enjoy themselves very much about the fresh green leaves and about the young flowers. In summer they make their very great « Fahrt » sometimes out into foreign countries, for instance to Sweden, India, France or England. The boys of our German Youthmovement lead (us) our country into comradeship with, and recognition of, the other nations of the world. Then in autumn and winter when storms are dashing over the land and snow and ice are covering the earth the boys are in their « nest » or they go out into the mountains in order to slide and to skate. They are not afraid of the weather and the bad humours of the nature. They want to become strong, happy, healthy and helpful citizens of their country. In former times the young (people) folk was sitting together and drinking enormous quantities of beer and wine in dark and dingy restaurants nearly choked by terrible clouds of dirty smoke playing cards and telling silly jokes. They did not love liberty above all like their strong and healthy forfathers. But now all has changed. Some of the great champions were Wyneken, Jöde, Ahlbo[illegible] E. Foerster. Now « Back to Nature » is the war-cry of the young folk and the boys become strong and healthy men. Every (year) day the young « Wandervogel » looks at the blue sky and sees the passage birds flying so proudly towards their place of destination and he wishes from all his heart to be like them. Let us hope that in (time) a short time all boys of our country will (whish) have the same desire and thinking this I will finish my composition. Cheerio!!

gesamten Klasse, wenn auch nicht gleich vollbewußt – wir waren zu jung – aber je älter wir wurden, desto mehr begriffen wir ihn, seine Art, seine Lebensanschauung, seine Psychologie. In der Schule unter seinen Kollegen hatte er fast nur Gegner. Er galt als Außenseiter, als Revolutionär, bei einigen sogar als Kommunist. Er galt nicht viel, nur man konnte ihm im Staat von Weimar und dazu noch in Hamburg nichts anhaben.

Ernst Foerster war nichts von dem, was man ihm in der Schule anhängte. Er war ein Mann der Kommunikation, der Toleranz, der persönlichen Freiheit, ein Mann, der mit der Jugend lebte. Er suchte Verbindungen zur Gewerkschaftsjugend, zur sozialistischen Arbeiterjugend, zu den evangelischen Männer- und Jungmännervereinen, zu den Adlern und Falken, zur Jugendhochschulgemeinde, zur jungen deutschen Turnerschaft, zum freideutschen Jugendlager Klappholttal auf Sylt, zu den kirchlichen Jugendämtern in Hamburg, zum Arbeiter-Turn- und Sportbund, zum Wehrlogengau Hamburg, zur Kieler Singschar, zum Bund der Kaufmannsjugend, zum Deutschnationalen Handlungsgehilfenverband, zur Deutschen Freischar, zu den Nord-Schleswigern, usw. usw. Seine besondere Liebe galt Schweden. Fräulein (Fröken) Ragna Norstroem, eine blonde, herbe, bezaubernde Frau, Lehrerin an der schwedischen Schule in Hamburg, lag auf seiner Wellenlänge. Beider Klassen feierten schöne Feste miteinander. Wir sangen schwedische und deutsche Lieder, wir tanzten deutsche und schwedische Volkstänze, wir waren herrlich jung und fröhlich miteinander.

Wir lernten auch Englisch bei unserem Dr. Feu ! Einige mehr, andere weniger ! Wir büffelten englische Grammatik allein zuhause und in kleinen Arbeitskreisen, z.B. Sellenschlo, Neudahl, Schulz und Frank. Die Schulstunden mit Ernst Foerster waren

Die schwedische Lehrerin Ragna Norström, vordere Reihe, von der Svenska Skolan, und Ernst Foerster, links zwischen den Reihen, auf einem der von Foerster veranstalteten ›Übervölkischen Liederabende‹, vorzüglich mit jungen Schweden.

eigentlich zu schade für die trockene Grammatik. Dr. Feu zeichnete Lichtpunkte in unser junges Leben. In jedem Jahr stand die Vorweihnachtszeit im Zeichen der Lucia-Braut. Am 13. 12. war der Tag des schwedischen Lucia-Festes. Wir teilten die Freude der Nordländer, daß der Winter besiegt war. Die Tochter in jeder Familie schmückte ihr schönes Köpfchen mit dem Lichterkranz und brachte den Eltern das Frühstück ans Bett. Ernst Foersters Tochter Lavinia war die Lucia-Braut der Familie und der stolze Vater kam in die Klasse und berichtete begeistert, wie schön das gewesen sei. Jedes Jahr feierte die Klasse den Luciatag. Mit einer Abhandlung »The Legend of the Swedish Lucia-Bride« in besonderem Einband, leicht illustriert, holte ich mir wieder eine gute Note. Man lernte eben auch Englisch bei unserem Dr. Feu ! Eine südliche Parallele fanden wir in der »Santa Lucia« der Italiener. Hier

Linke Seite: Helmut Franks noch erhaltener, in der Klasse vorgetragener Aufsatz ›The Romantical Life of the German Youth Movement‹, treuliches Echo jugendbewegter Impulse Ernst Foersters.

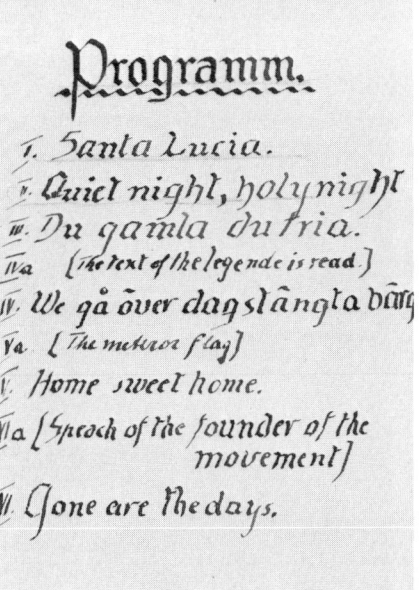

Von Helmut Frank gezeichnetes Programm zum Luciafest 1929 mit blaugelbem Schwedenwimpel (schwedische Lieder, Lesung der Lucialegende, Ansprache Dr. Foersters als ›Founder of the Movement‹, d. h. den Gründern des Wandervogel zugehörig).

führte Dr. Feu uns in die Sonne des Südens und begeistert sangen wir in der Englischstunde: »Sul mare luccica ...« !

Volkslieder aller Länder füllten einen sehr wichtigen Abschnitt in unserem Leben mit Ernst Foerster aus. Jungs, je mehr Sprachen ihr kennt, je besser kennt ihr andere Völker. (Dr. Foerster gab übrigens Französisch in der Parallelklasse). Da wir mit ihm ja nur in der Englischstunde zusammenwaren, lernten wir eben hier die Volkslieder und Nationalhymnen vieler Völker. Anregung von Dr. Feu: »Ihr legt Euch alle ein ›Song-book‹ an, natürlich mit (vorwiegend) englischen Liedern. Es können aber auch bayerische, französische, alt-schottische, schwedische, russische, italienische Lieder, Pfadfinder-, Seemanns- und Soldatenlieder und vertonte deutsche Lyrik aufgenommen werden.«

»My Song-Book« ist für mich bis heute das schönste Liederbuch geblieben und hat immer dann besondere Freude bereitet, wenn mit französischen, englischen oder schwedischen Freunden gesungen wurde.

In einem zweiten Heft wurde das Gebet der Christen, das Vaterunser, in den verschiedenen lebenden Sprachen gesammelt. »Boys, Ihr müßt Euch mehr um die englische Grammatik kümmern ! Ich bin immer noch Euer Englischlehrer und soll Euch durch die Prüfungen bringen. Wichtig ist noch Eines: Ihr müßt ein Wappen haben. Ich bitte um Entwürfe.« Jetzt wurden Wappen entworfen: Farben: grün/gold/rot ![1] Sinnbilder des Wappens: ein Hammer (Realschule in HAMM), eine Tanne (?) und der Gründungstag. Volksliederabende standen künftig unter diesen Farben, die allerdings später Korrekturen unterworfen waren (blau/gold/rot).

»Boys, Ihr müßt bessere Zeitungen lesen ! Was steht in den Zeitungen Eurer Eltern ? Mord, Totschlag, Raubüberfälle, Betrügereien usw. Lest doch einmal Zeitungen, in denen darüber berichtet wird, welche posi-

[1] *Hrsg.:* Die Farben grün-rot-gold symbolisierten für die alten Wandervögel Wald-Herzblut-Sonne und wurden vielfach als gedrehte Schnur im Knopfloch getragen.

tiven und guten Dinge die Menschen an jedem Tag vollbringen.« Er kaufte englische und amerikanische Zeitungen, die wir dann gemeinsam lasen, besonders den Christian Science Monitor.

Ostern 1930 nahmen die meisten von uns Abschied von Dr. Ernst Foerster. Eine kleine Gruppe Mitschüler blieben in der neuen (aufgestockten) »Oberrealschule in Hamm«, die später in »Hindenburg-Oberrealschule« umbenannt wurde. Wir behielten Dr. Feu als Englischlehrer. Die Zeiten für Ernst Foerster wurden schwieriger. Als wir dann 1933 als Abiturienten die Schule verließen, wurde Ernst Foerster als im Dritten Reich untragbar entlassen. Er gründete noch einen Europäischen Briefmarkenverein, weil er Briefmarken für politisch ungefährlich hielt. Sein Sohn Harold-Douglas soll später im KZ umgekommen sein.

Wir wissen nicht, was aus unserem Dr. Feu geworden ist nach 1933. Er war und ist für unsere Klassengemeinschaft ein Mensch, ein Pädagoge, ein Psychologe, der alle anderen Lehrkräfte unserer Schule überragte. Er war ein Mann, der aufbaute, der auch dann, wenn alle zerstritten waren, es fertigbrachte, alle wieder zu einer Gemeinschaftsleistung zusammenzubringen. Er war gegen manche Art von Obrigkeit, wenn er auch oft in einer Art von Verzweiflung über faule oder schwierige Schüler zugeben mußte, daß es ohne den berühmten »Druck von oben« doch nicht ging. Strafen oder Schläge für seine Schüler kannte er jedoch nicht*. Er unterwanderte die »Leitung« stets in einem positiven Sinn, niemals destruktiv, so daß man ihm gern folgte. Die englische Sprache haben wir bei ihm trotzdem gelernt, und zwar gut, zum Teil sehr gut.

Dr. Ernst Foerster hat uns Jungen sehr viel mit ins Leben gegeben. Seine Lebensart, seine Einstellung zur Welt, zum demokratischen Staat, seine Haltung zum Mitmenschen hat uns Hochachtung abgefordert. Seine Psychologie – obwohl er *nur* unser Englischlehrer war – hat das spätere Leben vieler von uns beeinflußt. Wir haben Ernst Foerster viel zu verdanken.

* AS : ›Schläge‹ kannte er sehr wohl, und ich bin ein lebendiges Beispiel dafür. / Wir standen einmal zwischen den Bänken und sangen – Wir mußten immer aufstehen dazu – plötzlich schrie er : »Aufhören !«; rief mich vor, und wies mich wütend zur Tür – ich weiß heute noch nicht das ›Warum‹. Die Sonne schien an jenem Vormittag durch die Bäume herein; ich gewahrte auf einmal neben mir den aufspringenden Schatten eines Wesens, und bekam eine schwere Ohrfeige von hinten, (also auf die rechte Backe). Nun habe ich die, teils unschätzbare teils nachteilige, Eigenschaft, bei ›Gefahr‹ kalt und völlig unpersönlich zu werden – ich weiß noch, daß ich in Sekundenschnelle erwog, ob ich nicht ›ohnmächtig‹ umfallen sollte ?, (was dem Mann damals zumindest eine Strafversetzung eingetragen hätte); entschloß mich dann jedoch, ihn laufen zu lassen – ging also, nach kaum spürbarem Wanken, ruhig weiter; und hörte ihn drinnen aufgeregt den Andern eine kleine pathetische Ansprache halten (die mir hinterher tatsächlich von Einigen verächtliche und angewiderte Blicke eintrug; zumal zeichnete sich ein gewisser Fastert dabei aus) indes ich, am Korridorfenster draußen, mir fleißig das mir immer sehr interessante Flachdach der Turnhalle besah (ich habe viele LG's dorthin verlegt). Nach 10 Minuten war die Stunde zu Ende. Er kam, anscheinend etwas unsicher geworden, heraus, auf mich zu, und versuchte, ein ›psychologisches‹ Gespräch mit mir zu beginnen – ich antwortete ihm höflich und unnahbar gleichgiltig mit ›jaja‹ und ›Neinnein‹, und dachte dabei ›Du kannst mir im Mondschein begegnen‹. / Meinem Gesamturteil nach war Foerster ein geistreicher aber völlig ungebändigter Mensch (also zumindest kein guter Schullehrer); sein Auftreten ein naives (?) Sich-in-Scene-setzen vor Unmündigen; ein bißchen LaienTheatralik und Flunkerei (seine ›Geschichte von der Cicade, die ihm einst in der Sahara das Leben rettete‹ – und bei der Voß mich gleich zweifelnd anstieß – habe ich später in einem Buch wiedergefunden); alles gestützt durch ein, von Uns unkontrollierbares, polyglottes Jägerlatein : bezeichnenderweise haben alle Beiträger, die es erwähnen, in jenem ›Santa Lucia‹-Liede das Wörtlein ›luccica‹, was ja einwandfrei ›lucida‹ heißen muß, (vgl. zB Spielhagen, ›Ital.Reise‹, S. 60 N) : er hatte es Uns also falsch an die Wandtafel geschrieben.) / Immerhin ist Frank's Hommage so schön, wie mein ›Verriß‹ wahrscheinlich einseitig geraten ist – man mißtraue allen Berichten, zumal denen von Augenzeugen.

Dr. Michaelsen (Geschichte / Deutsch)

Mit einem Paukenschlag trat er in unser Leben an der Realschule in Hamm. Er trug einen Totschläger in der Tasche und schlug damit auf das vorderste Pult. Einer erstarrten, totenstillen Klasse 10jähriger Jungen machte er klar, daß

1. er allein zu sagen hätte und als unser Klassenlehrer keinen Widerstand dulden werde,
2. der Weltkrieg nicht verloren gegangen wäre, wenn die Heimat der Front nicht in den Rücken gefallen wäre,
3. daß der heutige Weimarer Staat nichts tauge und es mit der inneren Sicherheit im Staat nicht weit her wäre (deshalb trug er auch den Totschläger in der Tasche),
4. daß die Hoffnung auf einen Wiederaufstieg Deutschlands allein bei der Deutsch-Nationalen-Volkspartei läge,
5. daß er der weitaus beste Richtoffizier seiner Batterie gewesen wäre und
6. daß er sich sofort freiwillig melden würde, wenn wir an den Siegermächten Revanche üben würden.

Wir nannten ihn schlicht und einfach »Michel«. Er war ehemaliger Korpsstudent und das Urbild eines deutschen Akademikers. Groß von Statur, sehr gepflegt in seinem Äußeren, Artillerie-Offizier im Weltkrieg. Breite Schmisse zierten sein Gesicht (erst 1933, als ich selbst Waffenstudent war für 1/4 Jahr, begriff ich, daß gute Fechter nur wenig sichtbare Schmisse haben). Im Krieg hatte er eine schwere Oberschenkelverwundung erlitten, die ihm bei Wetterumschlägen starke Schmerzen bereitete und seine Stimmung sehr beeinflußte.

»Michel« war uns voll gewachsen. Er saß selten am Pult, marschierte durch die Klasse oder saß auf einem Schülerpult der vordersten Bankreihen. War etwas nicht in Ordnung in der Klasse, hatte das die entsprechenden Folgen. Als erste Ordnungsmaßnahme bewarf er den Übeltäter mit Kreide. Dann pfefferte er als schärferes Geschoß seinen Schlüsselbund gegen die Wandtafel, um Ruhe zu schaffen. Volles Feuer gab es, wenn der Totschläger auf das vordere Pult donnerte. Half das alles nichts, erhielt der Missetäter den Befehl, vom Pedell den Rohrstock zu holen. Verdammter Mist! »Michels« Schläge saßen! Da kam der Artillerist ans Licht. Aber unschuldig war eigentlich keiner von uns, wenn er drei Hiebe erhielt!

Geschichte war Michels Lieblingsfach. Für ihn endete die Deutsche Geschichte bei Bismarck. Von Hermann dem Cherusker bis Bismarck trugen alle Figuren der deutschen Geschichte einen Glorienschein, besonders der alte Fritz. Nur Heinrich IV. hätte nicht nach Canossa gehen dürfen, der Feigling!

»Michel« hatte eine schwache Stelle. Einige von uns Schülern hatten ein unglaubliches Geschick, ihn mitten im Unterricht auf das Richten eines Geschützes und auf die ballistische Kurve zu bringen. Dann ging's aber los. Zum x-ten Male folgte ein Vortrag über die deutsche Artillerie im allgemeinen, über die verschiedenen Arten von Geschützen, über die Schwierigkeiten bei Wind und Wetter ein Geschütz zu richten und ganz besonders über seine eigenen, unerreichten Fähigkeiten auf diesem Gebiet. Von 4 Salven saßen 3 voll im Ziel, dazwischen wurden noch einige Flugzeuge heruntergeholt.*

Wir haben viel bei ihm gelernt. Stolz waren wir auf unseren »Michel«, weil er sich von keinem Kollegen, nicht einmal vom Direx, etwas sagen ließ. Er ließ sich keinen Klassenraum zuweisen, er suchte sich diesen selbst aus. Wenn wir für ihn auch eine Rasselbande waren, nach außen vertrat er seine Klasse, sie war die Beste und sein ganzer Stolz. Seine Versetzung an eine andere Hamburger Schule haben wir irgendwie bedauert.

*AS: Ich erinnere mich, daß er Uns erklärte, man könne ein fliegendes Geschoß doch ›sehen‹: wenn man nämlich hinter das Geschütz träte und in die ungefähre Abgangsrichtung spähte. Das habe ich dann, bei meinem ersten Artillerie-Scharfschießen 1937, selbst als richtig erprüft.

Klassenfoto der Michaelsenklasse, um 1925, vor der Turnhalle neben dem Eingangsvorbau – *Obere Reihe von li.:* Henri Sellenschlo, Werner Fründt, Werner Dreyer, Werner Hintze, Harry Hupfeld (?), Werner Steckmeister, Werner Rieken, Werner Boehm, Ernst Neudahl, Paul Kamsties. – *Reihe li. und re. von Dr. Heinrich Michaelsen von li.:* Hans Joachim Wagner, Helmut Frank. – Walter Voß, Werner Erlach, Hermann Pöcker, Klaus Jens. – *Mittlere Reihe von li.:* Willy Traupe, ..., Hans Riebesehl, Fritz Barth, Harald Schütte, Albert Lotz; 2. Gruppe Hermann Schulenburg, Gerhard Ostendorf, Heinz Hinzmann, Otto Kober. – *Vordere Reihe, kniend, von li.:* Hermann Bergmann, ..., Herbert Fastert, Ernst Braunschweig, Willi Schulz, Rudolf Neumann, Kurt Lindenberg, Harald Mantschke, Wilhelm Elfers. – *Vordere Reihe, sitzend, von li.:* Herbert Augustin, Helmut Christen, Helmut Heitmann, Arno Schmidt, Fritz Wilkens.

Oberstudienrat Dr. FRIEDRICH BADE (Mathematik)

»Fiete« Bade war er für uns. Er war nach Dr. Michaelsen unser 2. Klassenlehrer, allerdings nur für kurze Zeit. »Fiete« Bade war eine Persönlichkeit. Klar, ruhig, sachlich, immer korrekt. Vom Heiraten, von der Ehe hielt er nichts. Er wanderte, war glücklich allein zu leben, trank gern einen guten Tropfen, liebte die Geselligkeit, alles andere ging uns nichts an. Mathematik war nicht meine Stärke. Irgendwann hatte ich einmal eine »5« geschrieben und mußte diese Arbeit von meinem Vater unterschreiben lassen. Vater kümmerte sich überhaupt nicht um meine schulischen Leistungen, die Hauptsache war, es war alles in Ordnung. Am späten Sonntagabend mußte ich meinem Vater ja wohl nun doch die Arbeit zeigen und um seine Unterschrift bitten. Er schlug mir das Heft um die Ohren und unterschrieb nicht. Als ich am Montag Dr. Bade beichten mußte, daß ich keine Unterschrift hätte, sagte er, »Helmut, ich verzichte darauf, Du schreibst eben keine ›5‹ mehr.« »Fiete« Bade war ein Mensch, den

Dr. Friedrich (»Fiete«) Bade, März 1927.

man mochte. Damals und später, als Hans Riebesehl ihn zu einem Klassenabend im Sonderzimmer des Hauptbahnhofs 1. Klasse eingeladen hatte, und er war gekommen. Voll des guten Rotweines war er glücklich, unter uns zu sein. Er lebte im Altersheim, war zufrieden, vergaß beim Heimweg seinen Hut und bald darauf starb er.

WALTER HELWIG (Deutsch)

Walter Helwig war unser 3. Klassenlehrer. Wer war er eigentlich ? Er war recht jung und sehr lang. Als er unsere Klasse zum ersten Mal betrat, lachten wir alle. Seine Reaktion: Er haute der ersten Bankreihe ein Paar (oder paar) an die Ohren. Vollendete Pädagogik oder Schwäche ? Wir ließen die Dinge auf uns zukommen.

Einige Jahre haben wir mit ihm gelebt. Walter Helwig hat sich aus eigener Kraft mit Fleiß und Energie emporgearbeitet. Akademiker war er nicht, und was das für einen jungen Mann bedeutete, begriffen wir Jungen doch nicht. Er hat sich sehr um uns bemüht, viele von uns mögen ihn heute noch nicht. Ich meine, er hat uns alles gegeben, was er vermochte zu geben. Er war kein »Michel«, er war kein »Dr. Feu« (Foerster), er hatte in all den Jahren nicht die Wellenlänge zu uns, zu seiner Klasse gefunden. Aber er war bemüht, uns über die Hürden zu bringen. Keiner war glücklicher als Walter Helwig, als wir in der Untersekunda (als sog. Einjährige) die Realschule verließen.

Studienrat POHLMANN (Französisch)

Ab Untertertia war er unser Französischlehrer. In der Klasse hieß er »Charly«, obwohl er garnicht wie ein Charly aussah. Er war mittelgroß und wohlbeleibt, in seiner Art und in seiner Methodik peinlich genau, fast pingelig. Niemand von uns konnte ihn richtig in Fahrt bringen, alles lief von ihm ab wie Wasser von einer Regenhaut. Beim Fußball gibt es heute gelbe und rote Karten. Bei Charly erkannte jeder Schüler seine Fouls im nächsten Zeugnis. Sein kleiner, spitzer Bleistift hatte in seinem klitze-kleinen Taschenbuch alle Minus- und Pluspunkte der Schüler festgehalten.

Charly Pohlmann war in seiner Methodik und Pädagogik das vollendete Gegenstück zu Dr. Foerster. Während Dr. Feu Grammatik als Nebenprodukt des Unterrichts ansah – was ja auch nicht ganz richtig war – (»Grammatik steht im Lincke, die müßt Ihr selber lernen«) – war die französische Grammatik für Charly das A und O. Er bimste Deklination, Konjugation, Satzbau usw. in uns hinein, daß es nur so krachte. Man konnte nur ahnen, wie wohlklingend und wunderschön die französische Sprache wohl sein müßte ! Wir begriffen aber damals auch nicht, welche wichtigen Grundlehren und Grundformen dieser Sprache er in uns hineinpaukte. Viel, viel später, im 2. Weltkrieg, tat mancher sicherlich seinem ungeliebten Französischunterricht Abbitte.

Oberstudienrat Dr. MÖBIUS (Spanisch)

Der Spanischunterricht war fakultativ und begann bereits morgens um 7 Uhr. Die Teilnehmer, die – mit dem Lehrbuch der spanischen Sprache von Dernehl-Laudan bewaffnet – 2–3 mal in der Woche anrückten, waren demgemäß zahlenmäßig recht wenige.

Wir nannten ihn »Möve« ! Er war ein schlanker, seriöser, vornehmer und offener Lehrer, dem aber der Schalk aus den Augen schaute. Das paßte gut zu seinem Spanischunterricht.

Der Möbius war außerdem Leiter der Lehrer- und Schülerbücherei. Zwischen Dr. Möbius und mir [als Bücherordner, s. oben] entstand ein sehr persönliches Verhältnis durch die gemeinsame Arbeit in der Bücherei. Leider verließ er 1930 unsere Schule.

Oberstudienrat Dr. TOEDTMANN (Biologie)

»Onkel Toldy« hieß er bei uns Klassenkameraden. Eigentlich sollten wir uns noch heute schämen darüber, wie wir ihn behandelt haben. Schüler können sehr, sehr grausam sein. Dr. Toedtmann kam als Hirnverletzter aus dem Weltkrieg zurück. Wir haben alles mit ihm aufgestellt, was nur aufzustellen war: Wecker im Schrank, Bindfaden am Stuhlbein auf dem Lehrerpult, Bindfaden am Schwamm, Zwirnsfäden an den Ecken der Bilder, um diese in Schwingungen zu versetzen – – – alle diese blöden Schülertricks, die sich von Jahrgang zu Jahrgang fortpflanzen, und die er eigentlich gekannt haben sollte.

Dr. Toedtmann hatte in der Schule eine vorbildliche Biologiesammlung aufgebaut. Er gab uns im Unterricht sehr viel. Sein biologisches Praktikum hatte ein sehr hohes Niveau.

Dr. FERDINAND BRUNS (Zeichnen)

Wir nannten ihn »Opa«. Ein Mann, der um 1870 geboren war, kam uns uralt vor. Wir achteten ihn, weil er etwas konnte, auch wenn er häufiger einmal grob wurde. Er war ein Zeichenlehrer, der uns die Augen öffnete für die Welt, die uns umgab. Er führte uns ein in die Baukunst und Malerei der Jahrhunderte und plagte uns mit den Regeln der Perspektive. Besonders aber versuchte er, uns die Schönheiten des Feinbaus von Pflanze und Tier zu vermitteln, wie wir sie später bei Dürer in seiner Akelei und in seinen Gräsern bewunderten.

Wie ich zu einer »1« im Zeichnen kam, ist mir noch heute unklar. Ich arbeitete monatelang an einer Pflanzenzeichnung. Dr. Bruns korrigierte laufend mit unendlicher Geduld an meiner Zeichnung herum, so daß bald von meiner Tätigkeit an der Zeichnung nichts mehr zu erkennen war. (»Geh mal weg«, sagte er stets, und schob mich dann mit seinem dicken Hintern vom Hocker). Wäre das Zeichenpapier nicht so durabel gewesen (Kastanienmarke hieß der Zeichenblock) und hätte es dem Radiergummi nicht so starken Widerstand geleistet, wäre aus meiner Zeichnung eine Lochstickerei geworden. Im Zeugnis erhielt ich von Dr. Bruns für den »echten Frank«, der zu 99% von ihm stammte, die bewußte »1«. Ich schämte mich. 1929 schenkte er mir eine Federzeichnung. Selten habe ich mich über ein Geschenk so gefreut.

»DIE PRÖBSTE«

Es gab die Gebrüder Probst, die allerdings keine Akademiker waren, sondern Gewerbelehrer – Turnen: ALBERT PROBST – der »Turnproppen« – Musik: WILHELM PROBST – der »Singproppen«.

Der ältere Bruder, ALBERT PROBST, groß, stattlich, ein Grandseigneur mit einem fröhlichen Bäuchlein, herrschte souverän in seiner Turnhalle auf dem Schulhof. Er verließ sein Revier selten und hatte damit auch wenig Kontakt zu den Akademikern unter seinen Kollegen.

Turnvater Jahn hätte sich im Grabe herumgedreht, wäre er bei einer unserer Turnstunden anwesend gewesen. Nach dem Umziehen im Umkleideraum der Turnhalle betraten wir die wirklich schöne, große Turnhalle, die mit allen modernen Geräten ausgestattet war. Mit markigen Worten teilte Albert Probst uns in Riegen ein. Die besten Turner wurden Riegenführer, und dann überließ er jede Riege ihrem Schicksal.

Trotzdem entstand unter der Schirmherrschaft von Albert Probst und unter der Führung von Helmut Heitmann (mit seinem back-hand-Wurf) eine Handballmannschaft, die zu den besten Schülermannschaften in Hamburg gehörte und beachtliche Erfolge erzielte.

Der jüngere Bruder, WILHELM PROBST, herrschte im Musiksaal. Er war ein bescheidener, musischer, friedlicher und sehr toleranter Lehrer, der sich wie sein Bruder vom übrigen Kollegium fernhielt. Sein Musiksaal lag neben der Aula. Die Bankreihen stiegen stufenweise an, auf jeder Stufenreihe standen Bänke. Unten im Fond stand ein Flügel, den ein Metronom zierte. Zur Aula hin konnten zwei große Flügeltüren geöffnet werden.

Mit viel, viel Mühe versuchte Wilhelm Probst uns in die Regeln und Schönheiten der Musik einzuführen. Wilhelm Elfers war sein Liebling, weil er gut Klavier spielen konnte. Kurt Lange war der Star auf der Geige. Der Versuch, einen guten Chor zu bilden, scheiterte

a) an unserem Unwillen zu singen und
b) am beginnenden Stimmbruch von uns Knaben.

Am Montagmorgen spielte Wilhelm Probst die Orgel in der Aula. Eine Freude und Auszeichnung war es, wenn man auserwählt wurde, die Bälge der Orgel zu treten.

Herr GOELE (Werkunterricht)

Er herrschte im Keller, in einem großen Raum, der durch kleine Fenster zum Hühnerstall auf dem Hof hin nur notdürftig mit Tageslicht versorgt wurde. Eine Wand des Raumes war ausgefüllt durch lange Regale für Pappen, Kartons und Papier aller Sorten. In einer Ecke stand eine große Papierschneidemaschine, die Mitte des Raumes füllten große Arbeitstische aus.

Ziel des Werkunterrichts war es, uns eine Beziehung zu Pappe, Papier, Kleister, Leim und zum Werkzeug zu vermitteln. Ich meine, Herr Goele hat es geschafft. Sicherlich schneiden viele von uns auch heute noch Pappe, Kartonbögen und Papier mit Hilfe eines (Eisen-) Lineals und mit einem scharfen Messer* und nicht wie jeder Laie mit einer Schere. Mancher benutzt heute sicherlich noch ein Falzbein.

Warum nannten wir Herrn Goele, der bei seinen Kollegen der Schule nicht sehr hoch eingestuft war – er war ebenfalls nur Gewerbelehrer –, eigentlich »Eule« ? Vielleicht wegen seiner großen, hageren Gestalt und seinem Gesicht, das etwas Eulenartiges hatte. Dabei war er ein Mensch voller Güte, Toleranz, Geduld und Nachsicht. Nach kurzer »Lehrzeit«, während der die Grundbegriffe und Handgriffe exerziert wurden, konzentrierte sich unsere werkunterrichtliche Erzeugung auf die Herstellung von Fotoalben. Ich arbeitete sogar im Hause in Mutters Küche weiter und erwarb einige Fähigkeiten. Ergebnisse : die gesamte Verwandtschaft und engere Bekanntschaft meiner Eltern kaufte mir die Alben für gutes Geld ab, und der Küchentisch wies erhebliche Einschnitte auf, was mir den Unwillen meiner Mutter einbrachte.

* AS : ich melde mich gleich : auch ich gehöre dazu !

Wir Schüler

Als Schüler der Realschule in Hamm trugen wir Schülermützen. Die Unterstufe trug Stoffmützen, die Mittelstufe Sammetmützen und die spätere Oberstufe trug Seidenmützen (!). Einheitlich für alle Klassen war der etwa 1 cm breite, schlichte, weiße Stoffstreifen. Gekauft wurden die Mützen in dem renommierten Hut- und Mützengeschäft von Carl Kellner am Jungfernstieg oder am Steindamm. Die Hamm-Horner kauften die Mützen auch bei Hut-Bartels an der Horner Landstraße. Die einzelnen Farben für die verschiedenen Klassen fallen mir nicht mehr ein, auf jeden Fall wurden die Mützen von Jahr zu Jahr teurer. Mein Vater hatte für diese Ausgabe nicht viel übrig, außerdem war er gegen solchen Firlefanz. Aber die Mädchen mußten doch sehen, daß man versetzt worden war ! Wo blieb da das Image ? Ich hatte Glück. In der Wendenstraße wohnte eine gutbetuchte Tante von mir, die ich ansonsten gar nicht so gern hatte. Ihr Mann war Oberzollsekretär, die Ehe war kinderlos. Nach jeder Versetzung besuchte ich Tante Alma, erhielt 15,– bis 20,– RM und kaufte mir die neue Mütze. Bedingung für dieses Geschenk war, daß ich bei jedem Besuch bei ihr – und der fand programmgemäß immer dann statt, wenn mein Taschengeld alle war – etwa 10 Minuten auf dem Balkon an der Wendenstraße stehen mußte. In der Wendenstraße mit ihren 4stöckigen Häusern wohnte eine gehobene Arbeiterklasse und eine weniger gehobene Beamtenschicht. Tante Alma gelang es dann, einige Nachbarinnen, deren Männer nicht soviel verdienten wie ihr Zöllner, auf die benachbarten Balkone zu locken, um ihnen dann ausführlich zu erklären, daß ihr Neffe die Realschule besuche und wieder versetzt worden sei. Anschließend kochte sie mir dann mein Lieblingsessen : Mehlsuppe, und Taschengeld erhielt ich auch noch. Dafür bekam sie dann einen Kuß, der mir nicht schmeckte.

Der Tod in unserer Klasse

Es war in der Quinta. Wir waren eine fröhliche Meute um unseren Dr. Michaelsen. Eines Tages mußte ein Mitschüler – August Knobbe – den Unterricht verlassen und nach Hause gebracht werden. Ihm war nicht gut. Nach einigen Tagen erfuhren wir : August Knobbe war tot.

Was war der Tod für uns junge Menschen. Wir wußten nur, August Knobbe war tot, er kam nicht wieder in unseren Kreis 11–12 jähriger Jungen. Aber er war doch vor einigen Tagen noch unter uns gewesen. Wie konnte das alles sein ?

Einige Tage später war die Beerdigung in Ohlsdorf. Dr. Michaelsen nahm mit der gesamten Klasse an der Beerdigung teil. Wir sammelten und bestellten bei Holthusen an der Burgstraße einen Kranz. Ich meine, wir hatten über 50,– RM gesammelt. Es war ein Kranz mit über 50 roten Rosen. Ich sehe ihn heute noch vor mir. Und dann gaben wir August Knobbe, unserem Mitschüler, das letzte Geleit. Dieser Gang hat uns alle sehr beeindruckt. Der Tod hatte einen von uns aus der Klasse gerissen. Noch heute sprechen wir davon, damals meinten wir, so jung darf doch eigentlich keiner sterben.

Montagmorgen-Feier in der Aula

Jede Woche wurde der Montagmorgen mit einem Gottesdienst in der Aula eingeleitet. Dafür mußten wir aber auch eine Viertelstunde früher in der Schule erscheinen. Als Blasebalgtreter konnte man von der Empore der Orgel auf die gesamte »Belegschaft« der Schule herabsehen. Um 7.45 Uhr rückten die Klassen an. Zu Zweien angefaßt kamen die unteren Klassen, artig und schüchtern besetzten sie die vorderen Bänke. Dann folgten die Mittelklassen und zum Schluß, gelassen und erhaben, die Oberklassen. Unter der Jacke manchen Schülers steckte ein Buch oder ein Heft, weil man diese Viertelstunde der Sammlung ausnutzte, um sich noch irgendwie auf die erste Stunde, in der meistens die Klassenarbeiten geschrieben wurden, vorzubereiten.

Würdevoll schritten die Herren – Damen hatten wir nicht – des Kollegiums durch den breiten Mittelgang der Aula und besetzten die für sie reservierten Stammplätze. Wöchentlich wechselnd mußte einer der Lehrer an das Pult. Wilhelm Probst intonierte das Vorspiel und dann erklang ein Choral, mal schön, mal weniger schön, obwohl jeder Schüler ein Gesangbuch auf seinem Platz liegen und Notenlesen gelernt hatte. Der Lehrer am Pult las ein Stück aus der Bibel vor, wieder wurde gesungen und abschließend sprach der Direktor mit kernigen Worten über allgemeine Schulangelegenheiten. Meistens ging es um Leistungen und Benehmen der Schüler, zuweilen auch um die Verabschiedung oder Einführung eines neuen Lehrers, um Schulausflugtage, um schulische Veranstaltungen, um sportliche Wettkämpfe usw. Wir freuten uns, wenn der Direx recht lange sprach, denn diese Zeit ging ja von der ersten Stunde ab. Dann marschierten alle so wie sie die Aula betreten hatten, gesittet hinaus, um dann wie eine Horde Wilder aus dem Busch mit Lärm und Geschrei die Treppen vom 3. Stockwerk hinunterzurennen.

Die Woche war eröffnet, wir hatten Gottes Wort und die oft noch wichtigeren Worte und Ermahnungen unseres Direktors mit auf den Weg bekommen, und nun konnte jeder aus den 6 Schultagen das machen, was er konnte und wollte.

Weihnachtsfeiern

Vor Beginn der Weihnachtsferien fand in jedem Jahr in der Aula eine Weihnachtsfeier statt. Besonders in Erinnerung ist mir die Feier vom 20. 12. 1928 geblieben.

Bedeutsam war, daß alle Lieder und Gedichte in niederdeutscher Mundart gesungen und gesprochen wurden. Zur Aufführung gelangte ein Weihnachtsspiel aus dem bayerischen Wald. Niemand glaubte mehr, daß es zur Aufführung kommen würde, denn bei den Proben in der Turnhalle gab es ständig Putz. Die Besetzung der männlichen Rollen bereitete wenig Schwierigkeiten, aber es kann sich niemand vorstellen, welche Mühe unser Klassenlehrer Walter Helwig hatte, um die »Maria« zu besetzen. Etwas »jungfräulich« sollte sie doch nun mal aussehen. Die Wahl fiel auf unseren »Ente« (Henri) Sellenschlo. Für ihn war es fast eine Beleidigung, daß gerade er die Maria spielen sollte, und dabei hatte er das beste Marienprofil von uns allen. Endlich gab er nach und probte mit. Er war eine prima »Maria«, ich spielte den Joseph. Als dann aber kurz vor dem Aufführungstag das Programm herauskam und hinter »Maria« Henr*y* S*o*llenschlo anstatt Henr*i* S*e*llenschlo stand, wurde er wieder böse und wollte streiken. Wir hatten keine »Reserve-Maria« und waren in großer Verlegenheit. Zuletzt bewies Henri Korpsgeist und spielte. Die Aufführung wurde ein voller Erfolg.

Arno Schmidt

Wir waren nach dem jüngsten Foto 41 Schüler ! 41 unfertige junge Menschen, Jungen, für die die Schule ein Zwang war, weil man lernen mußte und nicht einsah, wofür denn eigentlich. Weil man nach dem Leben im Elternhaus, in dem man irgendwie integriert war, in eine andere Welt versetzt worden war, in die Schule mit ihren Lehrern, mit ihren Regeln, mit ihren Forderungen, in eine neue Institution, die Ansprüche auf den werdenden Menschen erhob. Man war aus dem beschützenden Elternhaus – so beschützend war es nun eigentlich auch wieder nicht, denn die Eltern hatten ja auch schon Forderungen gestellt – in die Leistungs-Gemeinschaft der Realschule gekommen. Und unsere Lehrer wollten, daß aus uns etwas werden sollte.

Und in dieser Gemeinschaft von 41 Jungen im Pubertätsalter sollte jeder jeden kennen ?

Ich glaube, lieber Arno Schmidt, wir haben uns gegenseitig nichts vorzuwerfen. Wir haben uns nicht geschlagen, wir haben uns gegenseitig nie belobhudelt. Du warst da, ich war da, und sonst war nothing.* Nur daß Du so gut in Mathe warst, hat mir mächtig imponiert. Im Rechnen und im logischen Denken warst Du schon damals Klasse und hast die Lehrer oft ganz schön durcheinandergebracht. Schade, daß Du mit Deinen Eltern nach Schlesien umsiedeln mußtest. Vielleicht hätte die Klasse mit Dir noch interessante und wertvolle Jahre erlebt. Umso mehr freuen wir uns, heute wieder Verbindung zu Dir gefunden zu haben !

* AS : Ich wüßte mich noch an mehreres zu erinnern; hier nur eines : Dr. Helwig war irgendwie auf den ›Traum‹ zu sprechen gekommen, und stellte uns Buben plötzlich die kaptiose Frage : »Ja, wenn die Erlebnisse im Traum aber so eindringlich, seine Bilder so deutlich sind – worin besteht denn da noch der Unterschied zum wirklichen Leben ?«. Wir saßen betroffen und halb einverstanden da; bis als Erster Frank sich meldete, und rief : »Darin, daß die Wirklichkeit an jedem Morgen immer wieder genau die gleiche ist !« Und einmal mehr – er saß damals eine Bankreihe links von mir – sah ich den ausladenden Ägypterschädel, und die funkelnde Brille. / Ich möchte hervorheben, daß mir nicht ganz wohl bei seiner doch so schlagenden Erklärung war – heute weiß ich, daß man einen Unterschied zwischen subjektiver und objektiver Realität zu machen hat.

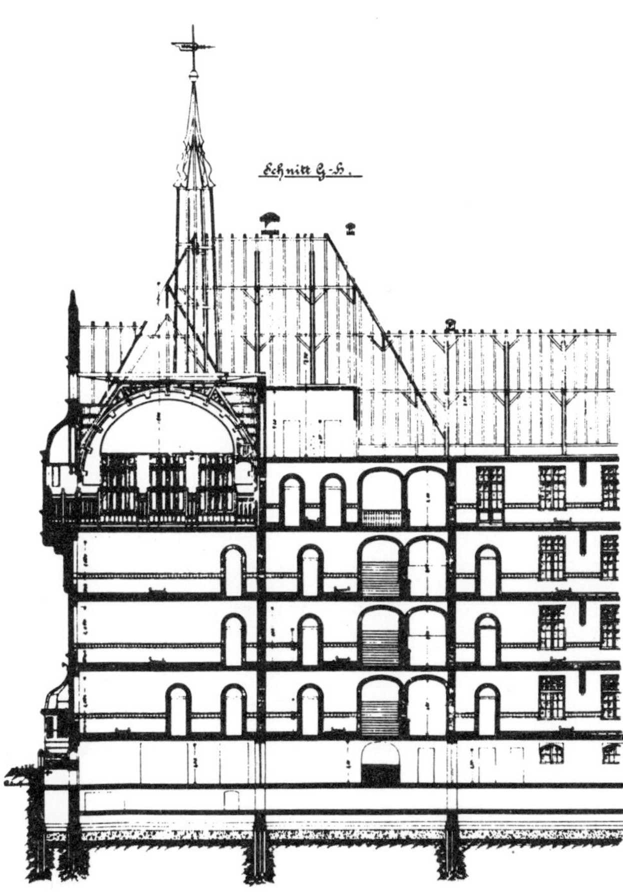

Schulhaus-Längsschnitt, südlicher Teil mit Aulaflügel.

WERNER FRÜNDT

Sie hauchte ihr Leben aus im fast noch jungfräulichen Alter von 37 Jahren. Brutale Gewalt wurde ihr angetan. Ihrer Konstruktion nach hätte sie leicht ein Alter von 200 Jahren oder mehr erreicht ob ihrer starken Mauern. Sie wirkte eigentlich gar nicht wie eine Schule, sie hätte ebensogut ein Kloster sein können mit ihren Türmchen und dem großen Erker im vierten Geschoß der Südseite. Unsere Realschule am Brekelbaums Park lag in unmittelbarer Nähe der alten Heerstraße Hamburg–Berlin. Sprengbomben zerfetzten 1943 ihren massiven Körper. Der Feuersturm, der damals über diesen dicht besiedelten Stadtteil Borgfelde hinwegtoste, hat sicher den Orgelpfeifen in der Aula eine letzte Melodie, ein Klagelied, von niemandem wahrgenommen, abgezwungen.

Ich konnte mich fast der Tränen nicht erwehren, als ich nach dem Kriege, nachdem das total zerstörte Gebiet wieder freigegeben war, vor dem eingefallenen Bauwerk stand. Der rechte Flügel des Gebäudes war noch fast bis zum dritten Geschoß erhalten, mit hohlen, toten Fenstern natürlich, während der linke südliche Teil bis zum Erdgeschoß zerstört war. Die wuchtige Freitreppe war jetzt mit Schutt beladen. Zum ersten Mal habe ich sie am 1. April 1924 betreten, ehrfürchtig, mit Herzklopfen, und mit einem Gefühl, gemischt aus Ängstlichkeit vor dem unbekannten Neuen, und Stolz, die höhere Schule besuchen zu dürfen. Während ich, tief in Gedanken verloren, mich an diesen ersten Schultag zu erinnern versuchte, erfüllte sich plötzlich alles wieder mit Leben, und ich sah mich auf der Freitreppe, der schweren Eingangstür entgegengehend, im neuen Anzug mit Marinekragen, kurzen Hosen, die aber lang genug waren, das Knie zu verdecken, mit Kniestrümpfen, die ihrerseits fast die Hosen erreichten, und die gemeinsam, Hose und Strümpfe, dafür sorgten, daß nicht allzuviel vom nackten Bein zu sehen übrig blieb.

Die Krönung meiner neuen Hülle aber war die noch drückende Klassenmütze mit blankem, festem, schwarzem Schirm und mit stählernem Drahtbügel im oberen Mützenrand. Für diese »Erstausstattung« hatten meine Eltern, die weder damals noch später auf Rosen gebettet waren, erhebliche Opfer gebracht. »Junge, du mußt jetzt anständig im Zeug gehen«, pflegte meine Mutter zu sagen, und dafür hatte sie – mit welcher Sorge, wurde mir erst später klar – all' die Jahre gearbeitet. – –

Man schrieb 1913. Am 4. Dezember, um 11 Uhr 57 Minuten abends, – so steht es in meiner Geburtsurkunde – kam ich zur Welt. Diese Uhrzeit stellte Frau Bosselmann, die gutbeschäftigte und für uns zuständige Hebamme fest. Auf unsere Uhren konnte man sich verlassen, denn meinem Vater waren ungenau gehende Uhren aus Gründen der beruflichen Pflichterfüllung ein Greuel. Mindestens einmal am Tage kontrollierte er in der »guten Stube«, die übrigens nur sonn- und feiertags und an Tagen besonderer Anlässe betreten werden durfte, die Wanduhr, ein recht verschnörkeltes Ding. Auf dem Dach des Holzgehäuses spreizte ein Vogel unbekannter Gattung sein hölzernes Gefieder, den Kopf schräg nach unten geneigt. Vor dem Zifferblatt befand sich ein Rahmen mit Glasscheibe, welcher rechts und links begrenzt war von gedrechselten Säulen. Der Perpendikel, beschwert mit einem angebronzten, metallenen Minidiskus, sei neben der Unruh das Empfindlichste an solch einer Uhr, belehrte mich später mein Vater. Auch die Küchenuhr, ein Wecker in den besten Jahren, mit des Lebens Beulen im Metallgehäuse behaftet, entging nicht der täglichen Inspektion. Mehrfach wechselte der Blick meines Vaters von seiner Taschen-Sprungdeckeluhr

Luftaufnahme 1929: Horner Landstraße nach Osten, rechts Marschweiden, am oberen Rand Billebogen sichtbar, nach links Geestflächen. Beginnende Bebauung mit modernen Großblocks, die sich nach Osten vorschieben.

auf die Zeiger des Weckers, und meistens nickte er befriedigt und klappte den Deckel seiner Nickeltaschenuhr zu, die noch Spuren einer ehemaligen Vergoldung zeigte und als Erbstück von seinem Vater für ihn einen unschätzbaren Wert hatte.

Sein Dienst bei der Hamburger Hochbahn AG und seine Fahrgäste zwangen ihn zu absoluter Pünktlichkeit. Verzögerungen im Straßenbahnbetrieb regten die Gemüter mehr auf als die immer häufiger eintretenden Regierungswechsel in den späten zwanziger Jahren. 1909 kam er von Schwerin in Mecklenburg nach Hamburg, um hier sein Glück zu versuchen, wie bereits vor ihm viele Tausende, die als viertes, fünftes oder sogar zehntes Kind von Kleinbauern oder Tagelöhnern kaum die Möglichkeit hatten, einen richtigen Beruf zu erlernen, es sei denn, sie verdingten sich auf den Großgütern praktisch zu Frondiensten bei einem Tageslohn, der noch unter einer Reichsmark lag.

Meine Eltern lebten damals in Horn, einem Stadtteil Hamburgs nahe der östlichen Stadtgrenze. Horn war bis ins frühe neunzehnte Jahrhundert ein Bauerndorf gewesen mit Kern um den Bauerberg auf dem Geestrücken. Die Weiden befanden sich auf dem Gebiet der Marsch, einem Stück des Urstromtales der Elbe. Viele reetgedeckte Bauernkaten, von denen etliche unter Denkmalschutz gestellt waren, zeugten noch 1943, als der Bombenhagel auch sie hinwegfegte, von der Vergangenheit Horns.

1913 bezogen meine Eltern eine Neubauwohnung in der unmittelbaren Nähe der Horner Rennbahn, auf der das Deutsche Derby gelaufen wird. Nach ihren Erzählungen hat es sich um eine 2-Zimmer-Wohnung gehandelt, deren Wohnfläche höchstens 50 qm betragen hat. Es waren zwar freundliche, helle, aber nur kleine Zimmer, und der eigentliche Komfort bestand in der Wohnküche mit großem Kohlenherd und einem der Küche vorgelagerten Balkon zur Sonnenseite. Es gab weder ein Bad, noch Gas- oder elektrischen Anschluß. Die ersten drei Monate nach Bezug waren mietefrei, bis die Mieter die taufrischen Räume trockengewohnt hatten. Für den Hauswirt war diese Trocknungsmethode billiger als das damals übliche Abbrennen von Koks in eisernen Drahtkörben, wodurch der Abbindungsprozeß beschleunigt werden sollte. Schließlich tat dieses der Atem der Mieter auch.

Eine böse Diphtherie, die man mit einer Salzlake, mit der Heringe in Fässern konserviert wurden, nach überliefertem Rezept behandelte, hätte 1916 fast mein kaum begonnenes Leben beendet. Im gleichen Jahre noch zogen wir beide, meine Mutter und ich, um. Der nicht zu beheizende Schlafraum und das nächtliche Hantieren im Krankheitsfalle mit einer brennenden Kerze oder mit der Petroleumlampe waren lästig; deshalb wurde jetzt eine »moderne« Wohnung bezogen, die an der Horner Landstraße lag. Hier gab es wenigstens Gaslicht.

Mein Vater war 1914 an die Front geeilt. Seine mecklenburgisch-landwirtschaftlichen Kenntnisse von Kartoffeln, Kohl, Schweinen und Pferden machten ihn zu einem Angehörigen des Trosses der Feldküche, und diese Kenntnisse haben ihn möglicherweise davor bewahrt, den Heldentod zu sterben. Das Eiserne Kreuz hat er erhalten, zwar nur 2. Klasse, und vielleicht wegen nur einer leichten Verwundung oder weil er nur Gefreiter war. Und dies wegen eines Teufelsrittes mit Gulaschkanone unter Feindbeschuß, um die seit Tagen hungernden Kameraden im Schützengraben zu versorgen.

1920 wurde ich, kaum zwei Jahre nach Kriegsende, als mageres, unterernährtes Knäblein eingeschult in die Horner Volksschule am Bauerberg 44. Diese Schule wirkte düster und anstaltshaft, so wie man 1887 öffentliche Gebäude eben errichtete.

Bei der ersten schulärztlichen Untersuchung stellte der Arzt fest, daß ich skrofulös sei, eine damals verbreitete Mangelkrankheit, woran die Unterernährung während der Kriegsjahre ihren entscheidenden Anteil hatte. Lebertran in seiner Urform, dessen ekelhafter Geschmack mir heute noch auf der Zunge liegt, und Höhensonne ließen mich allmählich gesunden. – Die Schule am Bauerberg war bereits die dritte in der Geschichte Horns. Die erste entstand 1659, finanziert durch freiwillige Geschenke, die zweite verdankte »milden Gaben« 1779 ihre Existenz und ein langes Leben; 1943 erst, seit Jahrzehnten als Wohnhaus genutzt, sank auch sie in Schutt und Asche.

Adolf Diersen war unser Klassenlehrer, dessen Aufgabe es war, nahezu 60 Kindern Lesen und Schreiben beizubringen. Etliche dieser vielen Mitschüler wohnten in üblen, finsteren Hinterhöfen, und hausten mit zahlreichen Geschwistern in kleinen Wohnungen, die man heute keinem Gastarbeiter offerieren dürfte. Kein Wunder, daß diese Bedauernswerten oft ungewaschen in die Schule kamen, sie selbst und ihre Kleidung fürchterlich rochen.

Unter außerordentlich ungünstigen Umständen lernten wir dennoch viel. Wir begannen mit der Fibel, einem bebilderten Elementarbuch für ABC-Schützen. Lernten EI und OH und MUH und MÄH, schrieben solches auf die Schiefertafel, schön senkrecht und in richtigem Abstand zueinander, begannen im 2. Schuljahr mit Tinte und spitzer Feder auf Papier das gleiche zu tun, worauf die deutsche Schreibschrift folgte: Aufstrich dünn, Abstrich mit Druck. Das sah dann z.B. so aus:

Es folgte im 3. und 4. Jahr die Rechtschreibung, während wir im Rechnen neben dem auswendig gelernten kleinen und großen Einmaleins die Bruchrechnung ansteuerten. Daß die Verhältniswörter ihre Eigenart hatten, lernten wir in Gedichtform, den heutigen Lehrern wärmstens zum Gebrauch empfohlen. Den dritten Fall – daß man dies den Dativ nannte, erfuhren wir erst in der höheren Schule – wandten wir nach dem Vers an:

– Aus und außer, bei und binnen,
mit, entgegen, gegenüber,
nach und nächst, nebst, samt und seit,
von, gemäß, zu und zuwider –
schreibt man mit dem 3. Fall nieder. –

Ähnliche »Gedichte« gab es für den wo- und wohin-Fall, also für solche Verhältniswörter, die mal den dritten, mal den vierten Fall bedingten. In gleicher Form wurden uns jene für den vierten Fall eingebleut.

Die Koryphäen seiner Schüler erkannte Diersen schnell. Das waren Helmut Frank, Max Hannemann und ich. Helmut war Sohn eines Postbeamten, und lebte somit in geordneten Verhältnissen. Max, damals schon von draufgängerischer Natur, war ein guter Zeichner, der uns zeichnerisch aufklärte, was ein Penis ist und wozu man ihn üblicherweise gebrauchte. Er wohnte mit seinen Eltern in einem zweigeschossigen villenartigen Reihenhaus in der Horner Landstraße am Geesthang. Seine Eltern mußten wohlhabend sein, denn sie hatten für meine Begriffe »vornehme« Möbel, sogar ein Klavier. Alles dort war großzügig, und es beeindruckte mich immer maßlos, wenn ich ihn besuchte. Das Wohnzimmer mit Kronleuchter wirkte auf mich wie eine Attraktion. Helles elektrisches Licht erzeugte man durch das Drehen eines Knopfes am Schalter, während wir zuhause aus Gründen der Sparsamkeit gewöhnlich eine Petroleumlampe anzündeten und selten den Glühstrumpf der Gaslampe. Ich erinnere mich noch genau, wie behutsam ich die in einer Pappröhre verpackten Glühstrümpfe vom »Gas-, Licht-, Wasser-Installateur-Geschäft« nach Hause transportieren mußte, um das feine Gespinst nicht zu beschädigen.

Ich schämte mich, wenn Max Hannemann mich einmal besuchte. Denn wir wohnten in einem, wie man das heute nennen würde, Hinterhaus, das aber von Gartenanlagen umgeben und stets gepflegt war. Die Ausstattung der Wohnungen war sehr einfach, während die an der Straßenfront stehenden Vorderhäuser schon äußerlich erkennbar waren als Wohnungen für »Bessergestellte«. Die Wohnungen in den Vorderhäusern hatten gewöhnlich mehr als drei Zimmer und sogar ein Badezimmer mit Badeofen, der heißes Wasser von sich gab, nachdem man ihn gehörig mit Brikett geheizt hatte. Ein derartiges Procedere nahm man gewöhnlich einmal wöchentlich nur vor, weil es immerhin eine Ewigkeit dauerte, bis das Wasser im Kessel heiß war.

Nach fast vier Volksschuljahren wurde ich vom Klassenlehrer für die Prüfung zum Besuch der höheren Schule vorgeschlagen. Auserwählt waren auch Helmut und Max. Wir

Zweigeschossige gehobnere Reihenhäuser auf dem Geestrand an Hammer und Horner Landstraße. Zustand etwa Jahrhundertwende.

drei machten nur etwa 6% der Schüler unserer Klasse aus. Hierfür waren ursächlich zwei Faktoren: erstens die hohen Anforderungen, die die höhere Schule stellte und die strenge Siebung durch die Ausleseprüfung, und zweitens die nahezu bindende Entscheidung des Klassenlehrers, der aufgrund seiner Erfahrung nur die Schüler auswählte, die nach ihrer Begabung mit größter Wahrscheinlichkeit störungsfrei einen Abschluß in der höheren Schule erreichen würden.

Am 1. April 1924 war es soweit: Mein erster Schultag in der höheren Schule, der Realschule am Brekelbaums Park. Obgleich es meinen Eltern schwergefallen war, hatten sie mich von Kopf bis Fuß neu eingekleidet. Die neue Klassenmütze stammte vom Hutmacher Bartels in der Horner Landstraße, nahe der Grenze zu Hamm. Die schwarzen wollenen Kniestrümpfe mit dem Qualitätssiegel »Kugelmarke«, gekauft ab Fabrik von der Firma Bischof & Rodatz, die in Hammerbrook ihren Sitz hatte und von der auch mein »Sweater«, der Vorfahre des Pullovers, stammte. Anzug und Wäsche wurden im Familienkaufhaus am Großen Burstah besorgt, das bei kleiner Anzahlung und kleinen Monatsraten Kredit gewährte. Welcher kleine Angestellte hätte auch, nur kurz nach der verheerenden Inflationszeit, in der auch der unbegabteste Rechner schnell lernte, mit Millionen und Milliarden, Billionen und Billiarden umzugehen, Reserven bilden können?

Mein größter Stolz war die Schüler-Wochenkarte für die Straßenbahn, die fein säuberlich in einem Pappetui verpackt war. Ich genoß die Fahrt auf der etwa 3,5 km langen Strecke mit besonderem Behagen, weil wir, d.h. meine Eltern und ich, solche Strecke gewöhnlich zu Fuß gingen, um insgesamt 50 Pfennige zu sparen. Die Fahrt ging vorbei an Villen und Landhäusern aus dem achtzehnten und neunzehnten Jahrhundert, die damals in den Sommermonaten von reichen Kaufleuten bewohnt wurden. Während Horn noch über riesige Freiflächen, vornehmlich Wiesen, verfügte und nur wenig Geschäfte für den täglichen Bedarf vorhanden waren, war das Leben und Treiben in dem dichter besiedelten Stadtteil Hamm erheblich größer. Auf halber Strecke lag auf der Geest die damals schon alte Hammer Kirche, in der ich später konfirmiert wurde und die Spuren aus der Franzosenzeit aufwies. Die rechte Seite der Hammer Landstraße war teilweise mit hochherrschaftlichen drei- und viergeschossigen Mietwohnungen bebaut, in deren Fluren im Erdgeschoß wandhohe Spiegel beidseitig angebracht waren.

Zehn Stationen hatte ich zu fahren vom ruhigen, noch ländlich wirkenden Horn aus bis zum Stadtteil Borgfelde, wo unsere Realschule in einer hübschen baumbestandenen Seitenstraße lag.

Der erste Tag in der neuen Umgebung war aufregend. Es dauerte eine Ewigkeit, bis man uns, die Neulinge, gelistet, sortiert und auf die Klassen OVa und OVb verteilt hatte. Dieses »O« vor der römischen 5 = Quinta bedeutete »Beginn Ostern«, im Gegensatz zu den M-Klassen, die Michaelis, also im Herbst gestartet waren. Das hatte für Sitzenbleiber den immensen Vorteil, daß sie nur ein halbes Jahr einbüßten. Während der Zeit des Aufrufens und des Aufstellens hielt ich mich, fast ängstlich, bei meinen Schulkameraden Max und Helmut auf, um möglichst mit ihnen in der neuen Klasse zusammen zu bleiben. Sicherlich hätte ich hierdurch wohl kaum das Schicksal beeinflussen können; dennoch war ich ihm dankbar, daß wir zusammenblieben, was mir ein Gefühl der Sicherheit verlieh; wir waren zu dritt, was konnte uns schon passieren!

Wir bezogen im Erdgeschoß das einzige Klassenzimmer der Schule mit Blick auf den Schulhof. Neben uns befand sich das Lehrerzimmer und neben diesem Zimmer wiederum

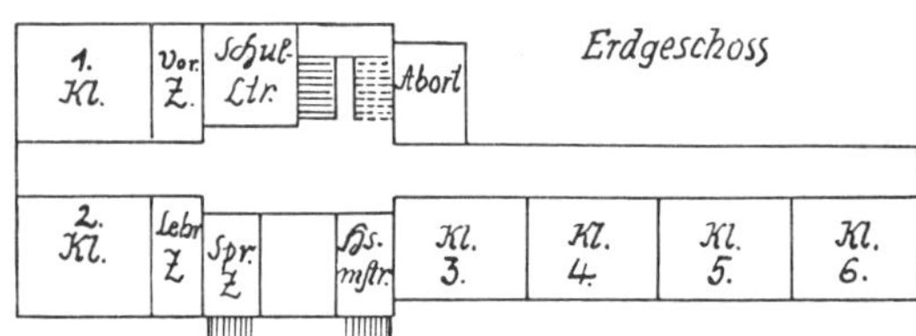

residierte der Schuldirektor. In unserem Klassenzimmer gab es drei Bankreihen mit zwei Gängen, die dem Lehrer genug Raum und Möglichkeit boten, auf seinen Wanderungen durchs Klassenzimmer zu inspizieren und kontrollieren. Im Laufe der Jahre entdeckte ich unter der Lehrerschaft zwei unterschiedliche Typen, nämlich jene, die phlegmatisch, entweder von Natur aus oder bereits abgekämpft, den Unterricht vom Katheder her veranstalteten und sich nur selten die Füße vertraten, sowie jene, die mit offenbar angeborenem Mißtrauen oder mit Komplexen behaftet ständig in Bewegung waren, äußerlich gelassen wirkten und scheinbar auf den Fußboden oder in die Höhe schauten, sich dann aber urplötzlich ruckartig umdrehten und meistens den gewollten Erfolg hatten, einen Sünder zu erspähen, der mit dem Nachbarn flüsterte oder sonst etwas tat, was den Unwillen des von oben Blickenden erregte.

Als Klassenlehrer stellte sich uns Herr Dr. Michaelsen vor, ein Hüne von Gestalt, urgermanisch blond, mit einem frischen, vollen Gesicht, dessen linke Wange eine lange, horizontal verlaufende Narbe aufwies. Daß es sich dabei um einen Schmiß handelte, den er sich in seiner Studentenzeit beibringen ließ, erfuhr und begriff ich erst später.

In Zentimetern gemessen hatte Dr. Michaelsen eher 185 als 180, und aus heutiger Sicht würde ich ihn auf gute 90 bis 100 kg Lebendgewicht schätzen. Dieser Mensch wirkte gewaltig, wuchtig und respekteinflößend, nicht zuletzt durch seinen weißen Kittel, und ich hätte ihn, den Dr. Michaelsen, nach meinem damals zehnjährigen Verstand eher als Arzt eingeordnet.

Vor diesem Mann hatte ich eigentlich mehr Furcht als Respekt, und mein Gefühl gab mir Recht, als er verkündete, was einem alles geschehen würde, wenn man die Ordnung verletze, zu spät käme, die Schularbeiten zu machen vergäße, ihn anlüge usw. Die angedrohte Strafe für solche Fälle war vielfältig:

1. Schläge mit dem Rohrstock, die er »Stripse« nannte.
2. Eintrag ins Klassenbuch.
3. Nachsitzen.
4. Strafarbeit und
5. eine fünf als Zensur.

Zur Bekräftigung dieser Strafandrohung warf er, wie ein Messerwerfer auf dem Jahrmarkt, sein in ein Lederetui verhülltes Schlüsselbund über unsere Köpfe hinweg an die Wand. Zu allem Überfluß zeigte er, der Riese, uns noch einen sogenannten Totschläger, den er, der unsicheren Zeiten wegen, ständig zum Schutz bei sich trug. Gott habe ihn selig! Später entpuppte er sich als verträglicher Mensch, dem wir viel Wissen verdanken.

Dr. Heinrich Michaelsen (»Michel«) mit *(v. li. oben im Uhrzeigersinne)* Hupfeld (?), Steckmeister, Unbekannt, Boehm, Voß, Schulenburg, Neumann, (*rechts unten* Lindenberg), Schulz, Braunschweig, Lotz, Frank.

Wir waren 51 (in Worten: einundfünfzig) Schüler in der Quinta. Das erste Zeugnis gab es im Oktober. Ich errang den 26. Platz. Von nun an wurde die alphabetische Sitzfolge aufgehoben, und die Plätze wurden nach Punkten vergeben, die sich nach einer Bewertung aus den Zensuren ergaben. Hinten rechts saß der Primus, und je näher man der vorderen Reihe kam, um so schlechter waren die Zensuren gewesen.

Mit dem Deutschen haperte es bei mir, und das bezog sich hauptsächlich auf die Grammatik, genauer gesagt auf die lateinischen Ausdrücke, die wir drei aus der Horner Schule dort nicht gelernt hatten, während die meisten unserer Klassenkameraden, die aus den Hammer Schulen stammten, mit den lateinischen Ausdrücken gut umgehen konnten. »Teils drei, teils vier« hieß es deshalb nach sechs Monaten im Herbstzeugnis für das Unterrichtsfach Deutsch. Meine Eltern, die von der Deutschen Grammatik noch weniger verstanden als ich, um nicht zu sagen, daß sie davon überhaupt nichts verstanden, begriffen nicht, daß man ein sooo schlechtes Zeugnis nach Hause bringen konnte, zumal es bisher in der Volksschule nur »Einsen« gegeben hatte.

Auch bei Diktaten, die Dr. Michaelsen gab, hatte ich Schwierigkeiten. Mein Denkvermögen schien oft wie gelähmt, und ich fühlte mein Herz am Halse klopfen, wenn ich ihn, den Mann im weißen Mantel, nur sah. Schier unerträglich war es für mich, wenn er neben mir stand und von oben herab, auch im übertragenen Sinne, eine schlechte Leistung mit geschwollenem Pathos in oft ehrabschneidender Weise kommentierte. Ich fühlte instinktiv, daß er was gegen mich hatte. Damals konnte ich noch nicht ahnen, daß er deutschnational war bis auf die Knochen und deshalb eine Ablehnung gegen alles hatte, was auch nur nach Proletariat zu riechen schien. Von seinem Typ gab es weitere Artgenossen, und sicher nicht nur in unserer Realschule in Hamm. Sechs Jahre nach einem verlorenen Krieg lebte in ihm immer noch das »Deutschland, Deutschland über alles«.

Da fällt mir Heini Dau ein. Ich weiß nicht, ob auch er promoviert hatte. Ein übler, grölender, arroganter Vertreter des Lehrerstandes, der uns erfreulicherweise nie als Pädagoge zugeteilt wurde. Eines Tages trug sich folgendes zu: Es war große Pause. Auf dem Schulhof das übliche Bild des Durcheinanders. Zwei Schüler balgten sich, und aus anfänglichem Spaß wurde Ernst. Die Kampfhähne wurden aggressiv und schlugen sich. Plötzlich übertönte eine Stimme aus dem zweiten Stock die Szene, und man hörte Heini Dau schreien: »He, aufhören, du Kommunistensohn, sofort raufkommen!«

Dr. Michaelsen unterrichtete uns auch in Geschichte und Erdkunde, und er tat es gründlich. Sein Steckenpferd war die Deutsche Grammatik, wobei das Konjugieren von uns gelernt werden mußte wie das große Einmaleins.

Schwerpunkt in der Geschichte waren die Griechen der Antike, deren Götter, ihre Kultur, die unterschiedlichen Staatsformen und die zahlreichen Kriege, die sie führten. Ich hatte Schwierigkeiten, die vielen merkwürdigen, oft unaussprechlichen Namen zu behalten. Daher war meine Zensur in Geschichte, obgleich ich die Materie an sich beherrschte, nicht rosig. Dann kamen die Römer an die Reihe, die auf das Kriegführen genauso lüstern waren wie die Griechen. Gequält haben wir uns mit den Jahreszahlen; denn damals war es wichtig zu wissen, wer wann wen und gegebenenfalls warum schlug oder erschlug. Per Saldo blieb, was durch Mnemotechnik zwangsläufig haftete.

Sein, des Dr. Michaelsens Unterricht war fürwahr nicht trocken. So lernten wir z. B. Deutschland im Rahmen des Erdkundeunterrichts zunächst dadurch kennen, daß wir in D-Zügen durch die Lande fuhren, natürlich nur auf der Landkarte, versteht sich. Wie und auf welchem Wege kommt man mit einem D-Zug am schnellsten nach Berlin? Und an welchen Orten hält der Zug? Wie kommt man nach Köln und welche Möglichkeiten gibt es? Auf diese Weise lernten wir quasi spielend die wichtigsten Knotenpunkte und damit Städte in Deutschland kennen. Wir durchfuhren den polnischen Korridor, von den Urhebern des Versailler Vertrages erfunden, um von Deutschland nach Deutschland zu kommen, z. B. nach Königsberg.

Ein völlig unwichtiges Lehrfach ist das Turnen, jedenfalls aus der Sicht eines nicht gerade mit kräftigen Muskeln ausgestatteten Schülers. Um so gewichtiger aber, nach Kilo gemessen, war unser Albert Probst, der Turnlehrer, ein stattlicher Mann, dessen Gesicht Freundlichkeit ausstrahlte und der Verständnis hatte für die Schwächen der Schwachen. Er wog wohl gute 100 kg und war deshalb alles andere als ein sportliches Vorbild. Physisch wäre er nie in der Lage gewesen, uns Übungen, an welchem Gerät auch immer, vorzuhüpfen, denn sein Bauch, wenn Probst sich auf eine Hausecke zubewegte, kündete einige Dezimeter vorher dem jenseits der Ecke Stehenden sein Kommen an.

Wenn es das Wetter zuließ, wurde auf dem Schulhof Schlagball gespielt, ein Ballspiel, das leider seit Jahrzehnten in der sportlichen Versenkung verschwunden ist. Während wir um Punkte kämpften, beaufsichtigte Probst das Treiben vom Stuhle aus, die Hände auf dem oberen Kugelteil seines Bauches gefaltet, die dort rutschfest lagen, auch wenn die Müdigkeit oder die Langeweile ihn übermannte. Er war ein wohlwollender, gemütlicher, sich uns gegenüber väterlich verhaltender Mensch, ein nordischer Bajuwarentyp ohne Falsch.

In der Hirtenstraße, unweit unserer Schule, gab es eine Privatschule, eine höhere Schule für Mädchen. Weil es dort keine Turnhalle gab, durften die Mädchen an bestimmten Tagen und zu bestimmten Zeiten unsere Turnhalle benutzen, und bei gutem Wetter auch den Schulhof für Ballspiele. Wir waren damals so um die 14 oder 15 Jahre alt, und wenn die Mädchen in ihren Turnanzügen auf dem Gelände waren, dann machte sich bei uns die offenbar beginnende Sturm- und Drangzeit durch eine eigenartige Nervosität bemerkbar. Die Mädchen kamen stets erst nach Pausenende, wenn wir den Schulhof bereits verlassen hatten, womit die besorgte Lehrerschaft irgendwelche Annäherungsversuche lüsterner Knaben vereiteln wollte. Verhindern konnte sie allerdings nicht, daß wir uns an den Flurfenstern drängten unter dem Schutz eines Spähers, dessen Aufgabe es war, das Treppenhaus im Auge zu behalten und das Nahen eines »Paukers« rechtzeitig zu signalisieren. Auf diese Weise konnten wir die hineinflutenden Mädchen gierig begutachten und unsere Glossen machen. Das Drängeln und Schieben am Fenster nahm dann beängstigende Formen an, wenn jemand ein Mädchen erspäht hatte, dessen feminine Erkennungsmerkmale einer besonderen Beachtung und erst recht Betrachtung würdig waren.

Turnlehrer Probst assistierte beim Turnunterricht der Mädchen, und es ging bei uns das Gerücht um, daß er bei Hilfestellungen, wenn also die Mädchen über Böcke oder Kästen sprangen, sich äußerst hilfsbereit verhielt und die Mädchen in seinen Armen auffing. Unsere Phantasie ging mit uns durch. Wir hielten ihn von nun an für einen Sittenstrolch, hätten aber gern an seiner Stelle solche Hilfsdienste übernommen!

Turnlehrer Probst hatte einen jüngeren Bruder, Willi Probst, der als Musiklehrer in derselben Schule tätig war und insoweit wie sein Bruder mangels Konkurrenz eine Monopolstellung einnahm. Die Charaktere dieser Brüder waren so unterschiedlich wie ihre Figuren. Der »Musik-Proppen«, wie wir ihn nannten, war schlank, dunkelhaarig, kleiner als sein Bruder und – wie erwähnt – jünger als jener. Während der Ältere ein Gemütsmensch war, war der Jüngere unduldsam, erregbar, oft ohne einen erkennbaren Anlaß. Seine Verhaltensweise glich jener eines Terriers: er kläffte bei Bedarf, biß um sich und oft schien es, daß er Schaum vor dem Maul – Verzeihung –, vor dem Munde hatte. – Nun, daß er sensibel war als Musiklehrer, hätten wir ihm sicher nicht ankreiden dürfen.

Das Singen von Volksliedern, einstimmig oder zweistimmig, so aus voller Brust, machte Spaß. Wenig spaßig war das Lernen der Noten für etliche von uns, weil damit auch die Identifizierung eines auf dem Klavier angeschlagenen Tones verbunden war. Ich weiß nicht, ob es der Ehrgeiz eines jeden Schulmusiklehrers ist, Schülern die Kunst beizubringen, Tonhöhen zu erkennen und sie treffsicher einzuordnen. Bei Willi Probst jedenfalls schien es sogar ein ausgeprägter Ehrgeiz zu sein, auch jenen die (Flöten-) Töne beizubringen, die als »Brummer« abgestempelt waren und beim Singen den Mund zu halten hatten.

So ein atonales Opfer war Werner Boehm, einer unserer Mitschüler, klein von Gestalt, mit einem wuchtigen Vierkantschädel und stets militärischem Haarschnitt. Dieser paßte exzellent zu ihm; denn er war zackig in seiner ganzen Art, quicklebendig, mit viel Interesse und wachen Augen jedem Unterricht folgend. Aber der Musikunterricht, den »Proppen« im Musiksaal abhielt, der sich im Südflügel des obersten Geschosses direkt bei der Aula befand, bereitete Werner Boehm Qualen, weil er ständig in der Furcht lebte, plötzlich gefragt zu werden, ob der noch im Raume schwingende Ton ein »f« oder ein »fis« sei. Allein diese Angst lähmte offenbar sein Denkvermögen und insbesondere sein Gehör, in dem ohnehin Amboß, Hammer oder Steigbügel sich wehrten, die empfangene Tonhöhe über die Nervenzentrale ans Gehirn richtig weiterzugeben. »f« oder »fis«, das war hier die Frage. Boehm aber traf konstant daneben, was Probst zur Weißglut brachte. Beide waren dann bleich, er, der Probst, vor Wut, sich seinem Opfer mit zusammengebissenen Zähnen nähernd, förmlich fletschend wie ein Hund und er, Boehm, vor Angst, daß man aus ihm die richtige Antwort durch eine Backpfeife herausschlagen könnte.

Ironie des Schicksals: Boehm hat später durch Selbstunterricht ein Instrument sich untertan gemacht. Ich weiß nicht mehr, ob es Flöte, Gitarre oder Laute war. Aber das ist auch gleichgültig. Für die erlittene Schmach, die ihn über viele, viele Jahre im tiefsten Inneren geschmerzt haben muß, hat er sich gerächt und Probst post festum bewiesen, daß auch »Brummer« musikalisch sein können.

Persona grata, ganz besonders in der Erinnerung, war und ist Dr. Ernst Foerster, unser Englischlehrer. Er war ein Mensch, der schwer einzuordnen war. Dies galt nicht nur für seine äußere Erscheinung, sondern ebenso für die recht ungewöhnliche Art seines Unterrichtes, der sich von dem uns bisher bekannten System des »Büffelns« und des widerwärtigen »Einpaukens« merklich und für uns angenehm unterschied.

Gewiß war er ein Sonderling, und ganz bestimmt in den Augen seiner Kollegen, denen er schon deshalb sonderbar vorkommen mußte, weil sein Unterricht von der konservativen Norm deutlich abwich. Und wer Wandervogel gewesen war und einer Freideutschen Jugend angehörte und von dem man nicht wußte, wohin er politisch tendierte, mußte zwangsläufig Verdacht erregen auf einer Anstalt, bei der das Deutschnationale im Vordergrund stand.

Als Foerster zum ersten Mal unsere Klasse betrat, hielt ich ihn für einen Mulatten. Er hatte tiefschwarze, negerkrause Haare, eine superbraune Hautfarbe, und auch die Hände trugen diese Farbe, wobei mir die starke Behaarung seiner Handrücken besonders auffiel. Er trug eine Brille mit Goldbügel, deren dicke Gläser keine Fassung hatten. Regelmäßig reinigte er die Gläser während des Unterrichts mit seinem Taschentuch, und mitunter stellten sich auch die Fenstervorhänge dem optisch-hygienischen Zweck zur Verfügung. Auch wenn ich mein Gedächtnis quäle, sehe ich ihn nur in einem dunkelblauen Anzug mit Nadelstreifen, den er jahrelang trug oder etliche davon besaß. Seinen Unterricht gestaltete er nicht tierisch ernst. »Conversation-English« war bei ihm vorrangig. Nachdem wir uns allmählich als Fortgeschrittene bezeichnen konnten, wurde der Unterricht immer bunter und beschränkte sich nicht nur auf das Englische. Foerster war nebenbei Dozent an der Volkshochschule in Altona und lehrte Psychologie und Philosophie, und oft bot sich ein Anlaß für ihn, uns Grundbegriffe dieser Wissenschaften beizubringen. Er verband geschickt deren Erkenntnisse mit dem Englischen und brachte uns z.B. bei: »Let fat men be around me, denn hagere, wie Brutus, sind zwar ehrenwerte Leute, but dangerous!« Später schleuste er uns, natürlich nur, wer wollte, als angebliche Studenten in die Volkshochschule ein, und man konnte manches dort für das spätere Leben profitieren.

Foerster war darüberhinaus ein Witzbold oder ein Schelm, wobei ich die Qualität des letzteren höher bewerten würde. Bekannte

Dr. Ernst Foerster vor Hörern der Volkshochschule (nach 1945).

Weisheitssprüche wandelte er nach seiner Art ab, wie z. B. »Wo man singt, dort laß dich ruhig nieder, böse Menschen rauchen keine Zigarren.« Nutzanwendung: singende Menschen sind fröhliche Menschen, harmlos und friedfertig, und sie sind ebenso einzustufen wie jene, die genüßlich ihre Zigarre rauchen.

Als er uns damals, aus welchem spontanen Anlaß auch immer, drei Worte mit »Pf« nannte, nämlich »Pferd, Pf-Vogel und Pf-Zigarrenspitze«, verstand ich den Sinn – besser gesagt Blödsinn – nicht. Diese Pf-Geschichte ist mir nie aus dem Sinn gegangen. Aber stellt man einmal jemandem die Frage, ob er drei Worte mit »Pf« nennen könne, in der Art, wie man jemanden fragt, ob er den Vergleich zwischen Ostern und einem Handwerker kenne, wird der Befragte gewöhnlich mit nein antworten in gespannter Erwartung des Kommenden. Nachdem er aber die 3 Pf-Wortbildungen akustisch wahrgenommen hat, sollte man seinen Gesichtsausdruck genüßlich beobachten und Studien treiben und aus seinen Äußerungen Schlüsse ziehen.

Englische Lieder gehören sicher zum Englischunterricht. Lieder, sogar mit Noten, stehen in vielen Lehrbüchern. Mit uns übte und sang Foerster Lieder, die kaum irgendwo standen. Eines der ersten Lieder war ein Seemannslied mit fast anrüchigem Inhalt: »All the nice girls love a sailor (welche »netten« Mädchen waren denn das?), all the nice girls love a tar....«. Und das wenig melodische Lied klang aus mit einem zweimaligen »Ship ahoi«! Foerster sang dieses Lied mit Begeisterung und mit vibrierender Baßstimme, mit beiden Armen den Takt schlagend.

Er war kein Freund vom Abhören von

Vokabeln, und auch die Grammatik, die dem jeweiligen Lesestoff zugeordnet war, wurde im Eiltempo gestreift und zum Lernen im Hause freigegeben. Wohl oder übel wurden dann und wann, um dem Lehrplan Gerechtigkeit widerfahren zu lassen, Klassenarbeiten geschrieben – »unverhopft kommt opft« – über grammatikalische Themen. Und da das Gros der Klasse die Grammatik zu Hause genauso nebensächlich behandelt hatte wie Foerster es im Unterricht tat, waren die Ergebnisse der Klassenarbeiten eine Katastrophe. Das in uns gesetzte Vertrauen, im Hause genauso aktiv zu arbeiten, wie während des Unterrichtes, hatten wir per saldo gröblich verletzt. Die Zeugnis-Konferenz zu Michaelis 1925 muß für Foerster wenig angenehm gewesen sein; denn schließlich wird die Schulleitung in Gestalt des ehrenwerten Professors Dr. W. Homann über den allgemeinen Leistungsabfall Bericht gefordert haben. »Hätte er doch mehr Englisch- als Gesangsunterricht gegeben«, mögen jene von Foersters Kollegen gedacht haben, die ihn und seine Art zu lehren, nicht mochten.

Die eben geschilderte häusliche Faulheit spiegelte sich auch in meinem damaligen Zeugnis wider, von denen ich einige aus der Unterstufe, außerdem auch das Reifezeugnis, in alten verstaubten Koffern, die alle Kriegswirren überstanden, wiederfand, wenn auch vergilbt, teils des Alters wegen, teils wegen der Hitze, der die Koffer in der unterirdischen Stahlkammer einer Filiale der Dresdner Bank ausgesetzt waren, der ich damals als Kassierer angehörte und die durch Bomben zerstört wurde. Die Stahlkammer aber wurde später freigelegt.

Das Zeugnis im Herbst 1924 weist für Englisch eine »2« aus. Ostern 1925 wurden meine Leistungen genauso bewertet. Dagegen im Oktober 1925 hieß es: schriftlich 4, mündlich 3. Dann trat plötzlich eine Wandlung ein: im April 1926 war das Leistungsniveau auf »2 und geringer« gestiegen. »Denen werd' ich's zeigen«, hatte Dr. Michaelsen sich vorgenommen, dessen Prestige als Klassen- und Deutschlehrer sicher auf dem Spiele stand. Gedacht, getan, Michaelsen leitete seinen Deutschunterricht, kaum hatte er die Klasse betreten, dadurch ein, daß er drei Schüler nach vorn rief, die sich, Front zur Klasse, in Reihe aufzustellen hatten. Dem Mittleren dieser Dreiergruppe, ein Grammatikfester, wurde ein Verb in der Infinitivform aufgegeben, und er mußte sodann seinen rechten Nachbarn auffordern, auf Englisch, seinen linken auf Deutsch, »wie aus der Pistole geschossen«, zu antworten, wie beispielsweise die 2. Person Plural, Indikativ, Aktiv, Plusquamperfekt lautet! Man wird sich vorstellen können, welche Qualen wir zu durchleiden hatten. Kommt man heute dran oder nicht? Kam man dran, lähmte die Angst, zumindest bei mir, nicht schnell genug antworten zu können, und zwar richtig, das Denken. Diese Therapie wirkte allerdings Wunder: jeder, der es nötig hatte, büffelte in seinem Kämmerlein, und die Zeugnisse zu Ostern 1926 hatten sich merklich gebessert.

Eine besondere Foerster'sche Erfindung war das »Golden Book«, ein simples Oktavheft, das zum Schutz mit goldfarbenem Papier umhüllt – diesen Vorgang nannte man »einpapieren« – und mit einem Etikett versehen wurde, auf dem mit verschnörkeltverzierten Buchstaben der Name des Buches prangte. Alles was im Unterricht an launiglustigen Schnäcken, an Redewendungen, geflügelten Worten, und überhaupt an des Merkens würdigen Ausdrücken anfiel, wurde hier verewigt. Da erscheint aus dem Lesestoff die »High Hall of Heorod«, in die die Ritter einmarschierten »with flying flags and flashing armours«. Solche und unzählige andere Sätze, Ausdrücke und Weisheiten ließen sich später in Aufsätzen oder Nacherzählungen geschickt placieren, was wir sehr schnell herausfanden. Und wurden wir nach den großen Ferien gefragt, wie wir den Urlaub verbracht hatten, dann fehlte meistens nicht der Satz »I liked to sit beside the sea-side«, der

Anfang eines wortspielartigen Gedichtes, oder es hieß lakonisch »I went to bath«.

Foerster, der aktiver Wandervogel gewesen war, hatte sich mit Leib und Seele der Jugendbewegung verschrieben, und von daher war insbesondere seine Sangesfreudigkeit zu verstehen. »Der Gesang ist völkerverbindend« war seine Überzeugung, und er veranstaltete öffentliche »übervölkische Abende«, an denen Volkslieder der Nationen gesungen wurden.

Contents

1. The Caterpillar
2. The Indian Maid
3. A Christmas Song
4. The Song of the Animals
5. All the Nice Girls.
6. Old Folks at Home
7. The Cabin-boy
8. My Heart's in the Highland
9. Bayrisches Liedl.
10. Berner Lied.
11. An English Canon
12. Ihr Wandervögel in der Luft.
13. Home Sweet Home.
14. Burlaki.
15. Farewell Song
16. Poor old Joe.
17. Schwedische Nationalhymne.
18. Ein lustiger englischer Schlager.
19. Italienisches Lied.
20. Die Reise nach Jütland
21. Ma Normandie.
22. Englands Nationalhymne.
23. Altschwedisches Studentenlied.
24. Sonny Boy.
25.

Inhalt des ›Songbook‹ mit den Standard-Liedtexten, das Dr. Foerster anlegen ließ. *(Exemplar von Helmut Frank).*

Damit wir bei solchen Gelegenheiten auch kräftig mitsingen konnten, wurden die Lieder im Rahmen des Englischunterrichtes mehrfach geübt. Und so beglückten wir unsere engere Schulumwelt mit der schwedischen Nationalhyme »Du gamla, du fria«, mit dem Lied der Wolgaschiffer, natürlich auf russisch, besangen die berühmte Brücke von Avignon, ließen unseren Gesang wehmütig erklingen, wenn es um »Ma Normandie« ging, und im gleichen Genre gedachten wir des gequälten Sklaven »Poor old Joe«, und zur Aufmunterung folgte das lustige Lied von der Raupe »The Caterpillar«, die auf einer Eisenbahnstrecke zu Fuß nach Louisiana wollte. Das aggressive Lied vom »Florian Geyer«, der weiland zum Abbrennen der Klöster aufrief, fehlte ebensowenig wie das die neue Zeit verkündende »Wann wir schreiten Seit' an Seit'«.

Am 8. September 1928 fand z.B. ein derartiger »übervölkischer Gesangsabend« statt, an dem wir teilnehmen durften. Über diesen Abend mußten wir später im Unterricht in englischer Sprache berichten. In meinem Report, den ich in meiner »Souvenir-Map« – auch eine Einrichtung von Foerster – wiederfand, heißt es (in Übersetzung): »Am 8. September 1928 fand ein ›Singabend der Hamburger Jugendhochschulgemeinde‹ in der Ausstellungshalle an der Flottbeker Chaussee statt. Hierzu waren Freunde der deutschen Jugendbewegung eingeladen. Nach und nach füllten die Gäste ›the High Hall of Heorod‹. Dr. F. begrüßte die Anwesenden und sprach über die Entwicklung der Jugendhochschulgemeinde von der Marburger Zeit bis heute.« Der Bericht erwähnt dann die eindrucksvoll gesungenen Lieder und betont besonders das Wolgalied, das italienische »Santa Lucia« und das feierliche Schlußlied »Ade, zur guten Nacht«.

Wenn ich dem Dr. Foerster hier mehr Raum widme als irgendeinem anderen, dann geschieht das einfach aus dem Grunde, weil er auf mich, und sicher nicht nur auf mich, von allen Lehrern den stärksten Eindruck gemacht hat. Foerster akzeptierte uns im Gegensatz zu vielen anderen Lehrern als vollwertige Menschen und unterhielt zu uns ein kameradschaftliches Verhältnis. Er sah seine Aufgabe nicht allein darin, Sprachkenntnisse zu vermitteln; dies war ihm zu wenig und hätte ihn sicher nicht befriedigt. Er war ein all-

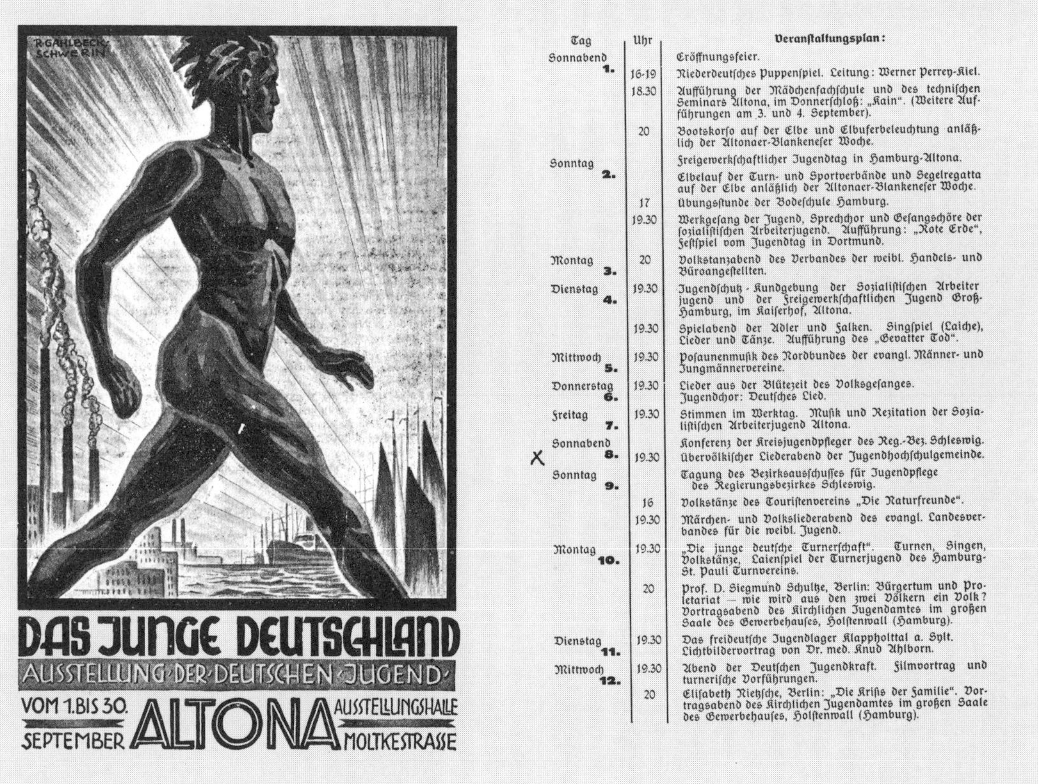

Tag	Uhr	Veranstaltungsplan:
Sonnabend 1.		Eröffnungsfeier.
	16-19	Niederdeutsches Puppenspiel. Leitung: Werner Perrey-Kiel.
	18.30	Aufführung der Mädchenfachschule und des technischen Seminars Altona, im Donnerschloß: „Kain". (Weitere Aufführungen am 3. und 4. September).
	20	Bootskorso auf der Elbe und Elbuferbeleuchtung anläßlich der Altonaer-Blankeneser Woche.
Sonntag 2.		Freigewerkschaftlicher Jugendtag in Hamburg-Altona.
		Elbelauf der Turn- und Sportverbände und Segelregatta auf der Elbe anläßlich der Altonaer-Blankeneser Woche.
	17	Übungsstunde der Bodeschule Hamburg.
	19.30	Werkgesang der Jugend, Sprechchor und Gesangschöre der sozialistischen Arbeiterjugend. Aufführung: „Rote Erde", Festspiel vom Jugendtag in Dortmund.
Montag 3.	20	Volkstanzabend des Verbandes der weibl. Handels- und Büroangestellten.
Dienstag 4.	19.30	Jugendschutz - Kundgebung der Sozialistischen Arbeiter jugend und der Freigewerkschaftlichen Jugend Groß-Hamburg, im Kaiserhof, Altona.
	19.30	Spielabend der Adler und Falken. Singspiel (Laiche), Lieder und Tänze. Aufführung des „Gevatter Tod".
Mittwoch 5.	19.30	Posaunenmusik des Nordbundes der evangl. Männer- und Jungmännervereine.
Donnerstag 6.	19.30	Lieder aus der Blütezeit des Volksgesanges. Jugendchor: Deutsches Lied.
Freitag 7.	19.30	Stimmen im Werktag. Musik und Rezitation der Sozialistischen Arbeiterjugend Altona.
Sonnabend 8.		Konferenz der Kreisjugendpfleger des Reg.-Bez. Schleswig.
	19.30	Übervölkischer Liederabend der Jugendhochschulgemeinde.
Sonntag 9.		Tagung des Bezirksausschusses für Jugendpflege des Regierungsbezirkes Schleswig.
	16	Volkstänze des Touristenvereins „Die Naturfreunde".
	19.30	Märchen- und Volksliederabend des evangl. Landesverbandes für die weibl. Jugend.
Montag 10.	19.30	„Die junge deutsche Turnerschaft". Turnen, Singen, Volkstänze, Laienspiel der Turnerjugend des Hamburg-St. Pauli Turnvereins.
	20	Prof. D. Siegmund Schultze, Berlin: Bürgertum und Proletariat — wie wird aus den zwei Völkern ein Volk? Vortragsabend des Kirchlichen Jugendamtes im großen Saale des Gewerbehauses, Holstenwall (Hamburg).
Dienstag 11.	19.30	Das freideutsche Jugendlager Klappholttal a. Sylt. Lichtbildervortrag von Dr. med. Knud Ahlborn.
Mittwoch 12.	19.30	Abend der Deutschen Jugendkraft. Filmvortrag und turnerische Vorführungen.
	20	Elisabeth Nietzsche, Berlin: „Die Krisis der Familie". Vortragsabend des Kirchlichen Jugendamtes im großen Saale des Gewerbehauses, Holstenwall (Hamburg).

Ausstellung ›Das Junge Deutschland‹ in Altona 1928, eine der umfassendsten Veranstaltungen der Jugendbewegung jener Jahre. – *Rechts:* Programmseite mit Dr. Foersters Übervölkischem Liederabend am 8. 9. 1928.

round-man, quirlig und reich an Ideen, der es verstand, einen an sich trockenen Unterricht zu einem Erlebnis werden zu lassen. Seine Lebensphilosophie, die er uns zu vermitteln suchte, ist sicher für uns alle später nützlich gewesen. Ihm, unserem Dr. Ernst Foerster in memoriam ein dreifaches »un, deux, trois : ha ! «

Ostern 1926 verließ Dr. Michaelsen die Anstalt, und wir erhielten in Fritz Bade einen neuen Klassenlehrer, der uns in den verflossenen Jahren bereits die Bruchrechnung etc. beibrachte. Er war ein sachlicher, ruhiger, Gemütlichkeit ausstrahlender Mann mit rotem Gesicht und einem gestutzten Bart unter der Nase. Stand er in unmittelbarer Nähe, so erkannte man, daß rot-violette Äderchen dicht bei dicht sein Gesicht durchzogen und ihn als Liebhaber des Rotspons auswiesen. Auffällig war sein Lachen; denn er lachte nie lauthals »nach außen«, wie man normaliter lacht, nämlich mit weitgeöffnetem Mund, sondern er zog lediglich die Mundwinkel nach rechts und links, zog die Lippen eine Idee auseinander, so daß man gerade die Zähne sah und gluckste in sich hinein, wobei sich die Gesichtsbacken im Rhythmus des Gegluckses hin und her bewegten, mal prall, mal schlaff.

Nur für ein Jahr war Bade als Klassenlehrer unser väterlicher Freund. Ab Untertertia, nämlich ab Ostern 1927, nahm dessen Position Walter Helwig ein, bei dessen erstmaligem Erscheinen im Klassenzimmer wir uns des Grinsens nicht erwehren konnten. Er war nämlich übergroß, so an die 200 cm, wirkte aber ob seiner schlaksigen Dürre noch länger. Der Spitzname »Large« war ihm sicher, und da wir einen Religionslehrer, Dr. Krupp, hatten, der klein, dafür aber feist und dick war und »Bommel« getauft war, wandelten wir alsbald das Lied »Bub' und Spinne, Bub' und Spinne gingen in den Wald, da wurd'n dem Bub', da wurd'n dem Bub' die Beene kalt..« ab und nannten von nun an die Waldgeher »Large« und »Bommel«. Auf den Klassenwanderungen sangen wir dieses Lied mit Begeisterung und hatten unsere Freude daran, dem Helwig wenigstens auf diese Weise eins auswischen zu können. Wir hatten nämlich schnell gemerkt, daß mit ihm nicht gut Kirschenessen war. Die Angriffspunkte, die er uns bot durch seine dürre Länge und besonders durch seine Zischlaute, mit denen er auf Kriegsfuß stand, konnten wir Schüler nicht nutzen.

Im Grunde seiner Seele war er, wie man es wohl heute formulieren würde, ein dufter Typ. Doch wenn etwas seinen Zorn erregte, dann wurde er aasig. Das Schlimmste war, daß ein derartig plötzlich eintretender Stimmungswandel von uns meistens nicht vorherzusehen war.

Eines Tages war für alle Klassen ein Wandertag angesetzt. Da wir aber in Kürze die seit langem geplante Harzreise antreten wollten, sollten uns bzw. unseren Eltern durch einen Tagesausflug keine besonderen Kosten entstehen. Helwig hatte sich vorgenommen, uns Hamburg »von oben« zu zeigen, also Heimatkunde zu betreiben. In Hamburg waren damals die ersten »Wolkenkratzer«, 11- oder 12-geschossige Rotsteinbauten, das »Chile-Haus« und das »Ballin-Haus« gebaut worden. Wir marschierten gute zwei Kilometer in die Innenstadt, um dem Ballin-Haus »aufs Dach« zu steigen. Dazu benötigte Helwig allerdings die Genehmigung des Hausmeisters, und während er diesen im obersten Geschoß aufsuchte, hatten wir Order erhalten, uns in der großen Eingangshalle ruhig und abwartend zu verhalten. Das taten wir auch, zumindest zunächst. Doch als wir Helwig nach oben entschwinden sahen mit dem »Paternoster«, war das für uns etwas sensationell Neues. Zunächst schickten einige von uns vorsichtig ihre Klassenmütze auf die Reise und nahmen sie nach einigen Minuten im Abwärtsschacht wieder in Empfang. Trotz strikten Verbotes bestiegen etliche auch selbst dieses Nonstop-Vehikel, und das zu weiterem Heldenmut auffordernde Gejohle der übrigen am Boden Verbliebenen nahm erhebliche Lautstärke an. Plötzlich, wie ein Deus ex machina, eigentlich im wahrsten Sinne des Wortes, entstieg mit puterrotem Kopf unser Helwig dem Fahrstuhl, erkannte sofort die Situation, nahm die von oben noch Anschwebenden in Empfang, und im Eilmarsch strebten wir wieder der Schule entgegen. Der Hausmeister hatte seine Genehmigung nicht erteilt, was Helwig geärgert haben mag. Die Zündschnur brannte in ihm, und es kam zur Explosion just in dem Moment, als er uns bei der Erprobung des Paternosters entdeckte. Aus einem fröhlichen Gaudi wurde Ernst: Jeder mußte sich auf einem Bogen Papier selbst anklagen, sofern er an der Paternoster-Sache beteiligt gewesen war und jene Klassenkameraden benennen, die sein ausdrückliches Verbot mißachtet hatten. Mit dieser hundsgemeinen Methode hatte Helwig allerdings wenig Glück; Denunzianten gab es bei uns nicht, und jeder zog sich mit viel Geschick aus der Affäre. Helwig konnte also nur den wenigen das Fell versohlen, die er selbst auf frischer Tat ertappt hatte. Die Schläge mit dem Rohrstock entlockten dem langen, blonden Klaus Jens die Worte: »Uuh, was für'n gemeinen Schlag!«

Es ist natürlich keineswegs so, daß derjenige, über den man Negatives berichtet, im Grunde seiner Seele ein übler Mensch sein muß. Helwig war für Späße, wenn sie im Rahmen blieben, durchaus zu haben, und man konnte ihm auch seine Sorgen und Nöte anvertrauen.

Die Harzreise wäre für mich beinahe ins Wasser gefallen, weil meine Eltern die Summe von 30,— oder 40,— Reichsmark in voller

Höhe einfach nicht aufbringen konnten. Zwar war mir das Schulgeld wegen des kleinen Gehaltes meines Vaters erlassen worden, und ich erhielt einen Teil der Bücher als Leihbücher, die mit dem Stempel der Schule versehen wurden. Dieser Stempel hat mich immer seelisch belastet, weil auf diese Weise dokumentiert wurde, daß man aus sozial schwachen Kreisen kam. Trotz dieser Erleichterung kostete der Besuch der höheren Schule viel Geld. Um Fahrgeld zu sparen, kauften meine Eltern mir ein Fahrrad, das sie mit Kleinstraten wöchentlich abzahlten. Länger als 10 Jahre, bis ich als Banklehrling nach bestandenem Abitur das erste Geld nach Hause brachte, hat meine Mutter meinetwegen hart arbeiten müssen.

Es war für mich ein fürchterlicher Gang, als ich Helwig mit Tränen in den Augen mitteilen mußte, daß ich die Harzreise nicht mitmachen könne, weil meine Eltern nicht mehr als die Hälfte des veranschlagten Reisegeldes aufbringen konnten. Helwig hörte sich meine Erzählung genau an, stellte etliche Fragen, die die soziale Stellung meiner Eltern betrafen und entschied sodann spontan, daß ich selbstverständlich mitfahren könne. Er würde das schon in Ordnung bringen. Auf welche Weise er eine Lösung fand, ist mir nie bekannt geworden.

Ein Typ besonderer Art unter unseren Lehrern war »Opa Bruns«, ein damals schon betagter Pädagoge. Er gab Zeichenunterricht und war in seinem Fach ein wahrer Virtuose. Er brachte uns das Sehen bei, obgleich wir glaubten, mit unseren munteren, hellwachen Augen bestens sehen zu können. Hier erging es uns ähnlich wie einem Rekruten beim Militär, dem man zunächst das richtige Gehen beibringt. Der Zeichensaal befand sich im ersten Obergeschoß im linken Flügel des Gebäudes, und der Blick ging hinaus auf die Straße. Wir saßen dort auf dreibeinigen Hockern mit runder Sitzfläche vor pultartigen Tischen, die vier Schülern reichlich Platz boten, den Zeichenblock und alle erfor-

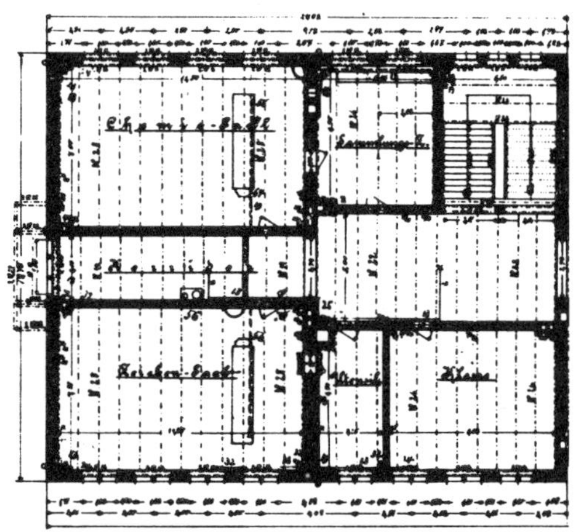

derlichen Malutensilien auszubreiten. Die wenig standfesten Hocker, deren kreisrunde Sitzfläche unserem Hinterteil kaum eine Bewegungsmöglichkeit bot, waren eine Gefahrenquelle besonderer Art. Da ein Hin- und Herrutschen nicht möglich war, bot sich an, den unteren Körperteil mitsamt dem Hocker zu bewegen, wobei dieser zeitweilig nur auf zwei Beinen oder nur auf einem Bein stand. Es passierte dann und wann, daß der Jongleur die Kontrolle über den Hocker verlor und dieser polternd, oft auch zusammen mit dem darauf Sitzenden, zu Boden fiel. Opa Bruns pflegte hinter der Klasse zu sitzen, zeichnete Pflanzen oder Teile davon in der Art eines Albrecht Dürer, und konnte, ohne den Kopf zu erheben, mit einem Blick über den Brillenrand hinweg alles übersehen. Bruns wartete etliche Sekunden, ob der Hockersünder sich wohl von selbst bei ihm melden würde, um sich seine Strafe abzuholen. Kam er nicht, so ertönte sein kaum nachzuahmender Ruf »Komm' mal he-aa!«. Aus dem einsilbigen »her« machte er zwei Silben, hob bei der ersten die Stimme und ließ im tiefen Ton die zweite folgen, nämlich ein langgezogenes, dunkel gefärbtes »a«. Er fragte dann nach der Anzahl der Beine, die der Hocker habe, und auf wievielen dieser im Zeitpunkt des Umfallens gestanden hätte. Die Differenz aus den auf diese Weise zu Tage geförderten Zahlen münzte Bruns in

Ohrfeigen um. Bruns hat später noch promoviert, und wenn man erfährt, daß er das Botaniklehrbuch von »Schmeil« illustrierte, dann glaubt man, daß er ein Könner seines Faches war.

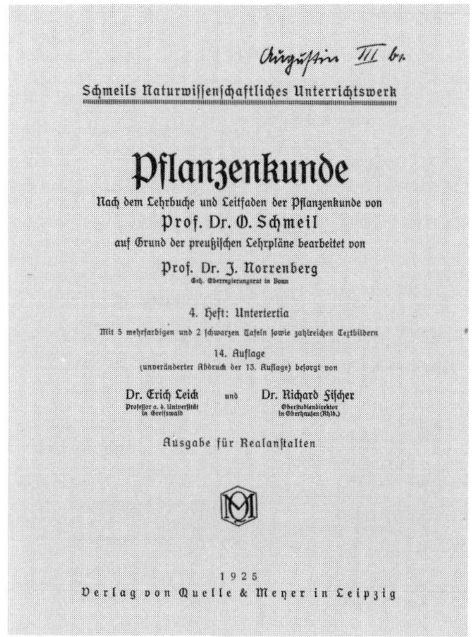

Augustin III b.

Schmeils Naturwissenschaftliches Unterrichtswerk

Pflanzenkunde

Nach dem Lehrbuche und Leitfaden der Pflanzenkunde von

Prof. Dr. O. Schmeil

auf Grund der preußischen Lehrpläne bearbeitet von

Prof. Dr. J. Norrenberg

Geh. Oberregierungsrat in Bonn

4. Heft: Untertertia

Mit 5 mehrfarbigen und 2 schwarzen Tafeln sowie zahlreichen Textbildern

14. Auflage

(unveränderter Abdruck der 13. Auflage) besorgt von

Dr. Erich Leick, Professor a. d. Universität in Greifswald und Dr. Richard Fischer, Oberstudiendirektor in Oberhausen (Rhld.)

Ausgabe für Realanstalten

1925

Verlag von Quelle & Meyer in Leipzig

Die Tertien sind für jeden Schüler die schwierigsten und zugleich schlimmsten Klassen. Etliche neue Fächer kommen hinzu wie z.B. Physik, Chemie und meistens auch eine weitere Fremdsprache. Den höheren Anforderungen steht aber meistens in diesen Jahren der Mannwerdung eine geringe Lern- und damit Fleißbereitschaft gegenüber und viele unserer Klassenkameraden schafften deshalb das Ziel der Klasse nicht. Auch für die Lehrerschaft ist sicher der Unterricht in Klassen dieser Jahrgänge nicht immer eitel Freude. Natürlich neigten auch wir zu Aufsässigkeiten, spielten den Lehrern Streiche, wo immer wir glaubten, es ohne großes Risiko tun zu können.

Eines unserer Hauptopfer war der im ersten Weltkrieg stark blessierte Dr. Toedtmann. Er hatte ein Auge verloren und Gesichtsverletzungen erlitten, wodurch seine Mundpartie durch Narben stark entstellt war. Um die Klasse überblicken zu können, mußte er den Kopf ruckartig bewegen, da sein Blickfeld natürlich nur klein war. Diese ruckartigen Bewegungen übertrugen sich auf den ganzen Körper, so daß Toedtmann sich oft in der Art eines Roboters bewegte. Er war ein erstklassiger Wissenschaftler, aber kein guter Pädagoge. Damals waren die Kleinstlebewesen – er unterrichtete in Naturkunde – an der Reihe. Die einzelligen Amöben waren sein Steckenpferd. Durch seine merkwürdige Art zu sprechen, klang das Wort Amöben ähnlich wie Ameben, und wir brachten das Gespräch immer wieder von neuem auf diese Viecher, insbesondere dann, wenn er im Begriff war, eine Klassenarbeit schreiben zu lassen. Er sprach dann nur von den Amöben und vergaß darüber die geplante Klassenarbeit.

Werner Boehm, persona non grata bei »Musik-Proppen«, wie man sich erinnern wird, war mit Werner Erlach, einem schlanken, flachsblonden Jungen mit blassem Teint, schüchtern und ruhig scheinend, eng befreundet. Erlach wohnte im Hübbesweg 4, der von der Hammer Landstraße abging. Boehm wohnte gute fünf Minuten entfernt von ihm in der Hammer Landstraße 240, fast an der Grenze zum Stadtteil Horn. Sie hatten gemeinsame Interessen, machten ihren Bezirk »unsicher« durch Streiche mancher Art und experimentierten in waghalsiger Weise mit Chemikalien im Hauskeller von Erlach, bis die verängstigten Hausbewohner wegen furchtbarer Knallerei, der üblen Gerüche und besonders des Qualmes wegen die Feuerwehr alarmierten. Erlach und Boehm nannten sich »Firma Erbo«. Erfindungsreich, wie sie waren, bastelten sie einen Summer, ähnlich einer Haustürklingel. Das Gerät gab ein laut vernehmbares schnarrendes Geräusch von sich, wenn man den Batterie-Stromkreis schloß. Ihr Produkt führten sie der Klasse vor, und der Entschluß war schnell gefaßt, das Gerät im Unterricht bei Toedtmann, der den Spitznamen »Toldi« trug, praktisch einzusetzen, was auch geschah. Das die Stille in unregelmäßigen Abständen unterbrechende »rrrrt-rrrrt« machte die Bewegungen von Toedtmann noch eckiger, der sich vergeblich bemühte, den Tatort zu erhorchen. War er der Stelle des Geschehens sehr nahe gekommen, so begab sich das Gerät auf Wanderschaft und ertönte aus einer anderen Ecke.

Ein ähnliches Gespann wie Erbo waren Max Hannemann und Kurt Lindenberg, genannt Kax und Kötel. Beider Eltern waren gutsituiert. Hannemanns Stiefvater unterhielt in bester Geschäftslage der Innenstadt eine Maßschneiderei, und Max ging deshalb nach der neusten Mode gekleidet. Als etwa 1927 die Knickerbocker, halblange Pumphosen, letzter Schrei waren, erschien er eines Tages in dieser auffälligen Montur. Dr. Studt, der damals in Pflanzenkunde unterrichtete, trug wegen einer Gehirnverletzung eine silberne Platte auf dem Kopf und war – sicher wegen dieser Verletzung – leicht erregbar. Eine unpassende Antwort von Hannemann verleitete Studt zu dem Ausruf: »Sei still, du mit deinen Kasperhosen«. Die Folge war ein Beschwerdebrief von Hannemanns Eltern, und Studt sah sich zu einer peinlichen Entschuldigung vor der Klasse genötigt.

Hannemann, den Durchschnitt der Klasse an Größe von Beginn an überragend, konnte nichts aus der Fassung bringen. Er sprach stets sehr bedächtig und mit tiefer Stimme und merkwürdig monoton. Die fehlenden Schwingungen in seiner Sprache ersetzte er durch viele Adjektive, die das Zuhören interessant machten, ferner durch ein dezentes Mienenspiel, das den Hörer auch zum Zusehen zwang und erkennen ließ, ob seine Erzählung ein gutes, lustiges, böses oder trauriges Ende haben würde. Er hatte es nicht nötig, Mut zu beweisen. Mutproben, die ja bekanntlich sinnlos sind, waren bei uns auch nicht üblich. Aber eines Tages ritt ihn offensichtlich der Teufel. Damals hatten wir für ein Jahr ein Klassenzimmer im zweiten Obergeschoß belegt, dessen drei Fenster zur Straßenseite gingen und den Blick in die Baumwipfel freigaben. Zum Entsetzen aller stieg Hannemann auf die Fensterbank eines der geöffneten Fenster, tastete sich zunächst mit einem Fuß auf das leicht abschüssige, mit Zinkblech abgedeckte Sims, zog das andere Bein nach, nachdem er am Rauhputz der Außenmauer mit einer Hand Halt gefunden hatte, umfaßte das etwa meterbreite Mauerwerk bis zum nächsten Fenster und zog sich wie ein Fassadenkletterer Zentimeter für Zentimeter bis zum nächsten Fenster, unter sich etwa eine Tiefe von 10 Meter, erreichte die rettende Fensterbank und sprang ins Klassenzimmer. Sein Gesichtsausdruck signalisierte lediglich »na und?«.

Lindenberg war ein Pfundskerl trotz seiner feminin anmutenden Attitüden. Er war, wie man in unseren Breitengraden sagt, ein bißchen etepetete, also feinfühlig und zimperlich, und der kleinste Windstoß hauchte ihm eine Erkältung an. Er und Hannemann waren lange befreundet, und dieses Duo erweiterte sich später zu einem Trio durch Joachim Wagner, der kurz Jochen gerufen wurde. Wagner wohnte damals noch in der Jordanstraße, die etwa 10 Minuten entfernt war von unserer Schule. Sein Vater war Architekt und mußte durch seine Aufträge gut verdient haben, denn er kaufte alsbald eine großräumige, zweigeschossige Villa in guter Lage in der Alsterdorfer Straße. Ich fahre heute oft an diesem noch unverändert stehenden Gebäude vorbei. Meine Eltern und ich kannten Wagners sehr gut und schon zu einer Zeit, bevor ich mit Jochen im Brekelbaums Park zusammentraf. Wagners besaßen einen Schrebergarten auf der Horner Marsch, unmittelbar neben unserem, und wenn Gartenfreunde so unter sich waren, gab es stets gemeinsame Themen, und wenn es auch nur die Läuse waren, die wieder einmal die dicken Bohnen so fürchterlich befallen hatten. Wagners Mutter war eine gütige Dame, klein von Wuchs, dafür aber etwas rundlich. Sie hatte einen Sprachfehler; denn sie stotterte dann und wann, besonders wenn sie Hochdeutsch sprach. Frau Wagner stammte aus Mecklenburg, wie meine Eltern, und wenn sie frei von der Leber weg redete, dann sprach sie Mecklenburger Platt und das Stottern wurde merklich weniger. Für mich waren das immer Heimatklänge, denn ich verbrachte in jedem Jahr die großen Ferien in einem Dorf in der Nähe von Schwerin und sprach das Mecklenburger Platt besser als das Platt meiner Heimatstadt. Der Jochen machte Frau Wagner große Sorgen. Meinen Eltern gegenüber hat sie ihn einmal sehr treffend beurteilt, als sie ihn mit seinem älteren Bruder verglich. Sie meinte, Jochen sei intelligent und könne gut lernen, wenn er nur wolle, aber er sei eben faul; sein Bruder dagegen täte sich schwer mit dem Begreifen, würde das Ziel aber durch Fleiß schaffen. Der große Bruder erreichte dieses Ziel, Jochen jedoch nicht. Dafür hatte Jochen Wagner andere Ambitionen, die zwar nichts einbrachten, ihm aber Freude und Genuß bereiteten. Jochen war ein Mittelding aus Bonvivant und Lebenskünstler, und obgleich nicht das Abbild eines Adonis, nicht zuletzt wegen seines schon damals schütteren Haares und einer Beinverkürzung als Folge einer durchstandenen »englischen Krankheit«, kam er bei Mädchen gut an. Er ging stets angezogen wie aus dem Ei gepellt, war ständig um seine Fingernägel bemüht und scheute sich nicht, bei jeder Gelegenheit Hautpartikelchen am Rande der Nägel mit den Zähnen zu beseitigen. Das Herumflanieren und Poussieren der Mädchen verstand Jochen perfekt, und da er sehr gute Umgangsformen hatte und außerordentlich redegewandt war, gelang es ihm sehr schnell, ein Mädchen in die nächste Konditorei oder Eisdiele einzuladen. Sorgen mit dem Taschengeld hatte er nicht. Auf seiner Pirsch habe ich ihn oft begleitet, hauptsächlich weil mal ein Eisbecher oder in der Konditorei ein Stück Kuchen für mich abfiel. Was Mädchen anging, war Jochen absolut wählerisch. Bevor er Annäherungsversuche machte, schaute er sich die Mädchen sehr genau an, insbesondere wenn sie vor uns gingen. Einmal stellte er fest, daß ihn die gerade vor uns Gehende nicht interessiere, weil sie ein »gebärfreudiges Becken« hätte. Mit diesem Ausdruck konnte ich, naiv wie ich war, nichts anfangen. Er erklärte mir, daß das Mädchen ein sehr breites Hintergestell habe und deshalb wohl beim Kinderkriegen keine Schwierigkeiten bekommen würde. Woher er seine Kenntnis hatte, wagte ich nicht zu fragen.

Die Möglichkeiten, mit Mädchen anzubändeln, waren besonders günstig in den Tagen des Sportfestes der Hamburger höheren Schulen, welches jeweils im August von Freitag bis Sonntag im Hammer Park durchgeführt wurde. Am Rande dieses gärtnerisch hervorragend gestalteten Parkes, in dessen Mitte sich ein prachtvolles Landhaus aus dem vorigen Jahrhundert befand, lag die Sportanlage in einem Oval mit einer Laufbahn von 500 Metern. Als 3000-Meter-Läufer durfte ich, von Probst trainiert, als Wettkämpfer auch einmal sechs Runden laufen. Leider reichten meine ca. 14 Minuten nur zu einem »guten« zehnten Platz. Nach dem sportlichen Programm boten Dämmerung und Abend reichlich Gelegenheit, Minnesport zu betreiben. Auf diesem Gebiet waren übrigens Kax und Kötel ebenfalls Meister.

Neben Walter Voß saß in der Untertertia Arno Schmidt. Sie saßen auf der zweiten Bank der mittleren Reihe. Von vorn gesehen saß Arno Schmidt links, Voß rechts. Ich saß in der linken Bankreihe, schräg hinter ihnen, und wenn mein Blick auf das Lehrerpult oder die Wandtafel gerichtet war, hatte ich Schmidt zwangsläufig im Blickfeld. Arno Schmidt zählte zu den Unauffälligen in der Klasse, obgleich er von der Figur her durchaus auffällig war. Er überragte an Größe viele unserer Kameraden, war besonders kräftig gebaut und breit in den Schultern. Sein Kopf war wuchtig; er hatte ein volles Gesicht mit hoher Stirn und besonders stark ausgeprägten, dunklen Augenbrauen. Das sehr dunkle

Kopfhaar, das er nach hinten zurückgekämmt trug, hatte natürliche Wellen und sah stets wie frisch onduliert aus. Mit der rechten Hand fuhr er sich oft durchs Haar, als ob er etwas in Ordnung bringen wollte, was nicht in Unordnung war. Diese Bewegung, ob aus Verlegenheit, Eitelkeit oder Nervosität, vollführte er besonders dann, wenn er dem Lehrer antworten mußte und sich deshalb, wie damals selbstverständlich, vom Platz erhob und sich in die Bank stellte oder, besser gesagt, sich vom Sitz hochschob, sich mit dem unteren Rückenteil an der rückwärtigen Bank abstützend. Auffällig war, daß er trotz seiner Brille die Augenlider oft heftig auf und ab bewegte, als könne er auf diese Weise mehr und schneller erfassen, was um ihn vorging.

Auffällig und bemerkenswert war auch seine ungewöhnlich schnelle Auffassungsgabe und sein mathematisch-logisches Denkvermögen. Das wurde mehrfach deutlich, als Lehrer Bunge, ein noch sehr junger und forsch auftretender Mathematiklehrer, uns unterrichtete. Bunge entwickelte einmal an der Wandtafel eine Aufgabe aus einem für uns neuen Gebiet mit zeichnerischer Darstellung. Auf halber Strecke stockte Bunge, überlegte offenbar, welchen Weg er gehen müßte, um zum Ziel, zur Lösung zu kommen. Arno Schmidt meldete sich, stand auf und erklärte kurz und bündig, wie das Problem zu lösen sei.* Bunge folgte der Erklärung und kam zu dem von Schmidt bereits genannten Ergebnis. Schmidt indessen blieb erwartungsvoll in der Bank stehen, bis Bunges Ergebnis mit seinem übereinstimmte. Dann blickte Schmidt nach rechts und links in die Klasse, sicher nicht, um anerkennendes Kopfnicken zu sehen, vielmehr schien sein befriedigtes Lächeln uns kundzutun: »Den hab' ich kleingekriegt«.

Schmidt war innerhalb der Klassengemeinschaft ein angenehmer Zeitgenosse, der auch Späße mitmachte, aber eigentlich nie Initiator oder Anführer war. In jeder Klasse gibt es Gruppen und Grüppchen von Schülern, die miteinander sympathisieren oder sogar eng befreundet sind und sich auch außerhalb der Schule treffen. So war es natürlich auch bei uns. Mir ist aber nie bekannt geworden, mit wem von uns Arno Schmidt eng befreundet gewesen ist. Er war ein ruhiger Mensch, oft sinnierend, mehr mit sich selbst beschäftigt als mit anderen und von daher vielleicht wenig kontaktfreudig. Vielleicht sehe ich das falsch, aber meine Erinnerung gibt nichts anderes her. – In der Obertertia, also 1928, so etwa im Spätherbst, verließ uns Arno Schmidt, weil seine Eltern nach Schlesien zogen.

* AS : es handelte sich jedesmal um Dreiecks-Konstruktionen – was das bedeutet, mag man aus ›Zettels Traum‹ Ss 1178ff entnehmen – und ich muß gestehen, daß ich dies noch heute als eine der besten Schulungsmöglichkeiten für logisches und detektivisches Denken halte. Für mich jedenfalls ist es, zusammen mit dem Zwang, vor jeden unserer Aufsätze eine genau untergliederte Disposition zu setzen, der größte mentale Gewinn jener Schule gewesen. (Wer hierfür ›lateinische Grammatik‹ vorzieht, lasse sich sagen, daß diese nicht entfernt so das ›spurenleserische‹ Talent entwickelt, das aus ein paar weit von einander entlegenen, scheinbar völlig unzusammenhängenden Bruchstückchen, die große geschlossene Figur konstruiert. (Sollte sich Jemand an der scheinbaren Simplizität des kleinen Gebietes stoßen, so empfehle ich Dem, rasch mal ein Dreieck aus den gegebenen 3 Radien seiner Ankreise zu konstruieren.))

Klassenlehrer Walter Helwig mit seinen Einjährigen Ostern 1930. – *Hintere Reihe von li.:* Herbert Fastert, Werner Fründt, Willi Schulz, Harald Schütte, Friedrich Lauer, Ernst Neudahl, Albert Lotz, Hermann Schulenburg, Henri Sellenschlo. – *Vordere Reihe von li.:* Gerhard Ostendorf, Werner Boehm, Werner Erlach, Helmut Heitmann, Kurt Lindenberg, ... Stockhausen, Rudolf Neumann, Heinz Hinzmann, Helmut Frank, Wilhelm Elfers.

Vor uns lag jetzt nur noch die Untersekunda mit dem Abschluß der mittleren Reife, die damals auf der höheren Schule noch »das Einjährige« genannt wurde. Wer nämlich diesen Abschluß hatte, konnte im ehemaligen deutachen Heer zu Kaiser Wilhelms Zeiten als »Einjährig-Freiwilliger« dienen, statt der sonst obligatorischen zwei Jahre.

Wir waren inzwischen reifer, männlicher und ruhiger geworden. Anzüge mit langen Hosen deuteten den Beginn einer gewissen Seriösität an. Helwig war fülliger und breiter geworden und ausgeglichener, denn wir boten ihm keinen Anlaß mehr, sich aufzuregen.

*

Und das waren die »Einjährigen«:

HERBERT FASTERT : er wurde Kaufmann und hatte Zeit seines Lebens eine leitende Position bei einer Elbe-Reederei. Er starb vor einigen Jahren.

WILLI SCHULZ : nur einmal entthronter Primus unserer Klasse, ging nach dem Abitur zur Esso-AG und ist heute, wie mir scheint, ob seiner quecksilbrigen Lebhaftigkeit noch kein glücklicher Pensionär.

HARALD SCHÜTTE : er starb viel zu früh, ein Kenner sämtlicher deutschen Fürstenhäuser, insoweit ein lebendes Lexikon.

FRITZ LAUER : er stieß erst zu uns in der Obertertia, sprach ein perfektes Französisch, weil er in Paris mit seinen Eltern etliche Jahre lebte. Niemand weiß, ob es ihn noch gibt, diesen Pfundskerl.

ERNST NEUDAHL: hochintelligent, superstrebsam, Abitur, Studium, Krieg, tot.

ALBERT LOTZ: eine gute Seele, freundlich, bedächtig. Weiterer Werdegang mir unbekannt.

SCHULENBURG: klein, aber stets oho! gibt es ihn noch?

HENRI SELLENSCHLO: Abitur, Dr. der Meteorologie, später Landwirt (ob er auch auf das Wetter schimpft?).

OSTENDORF: ich weiß nicht, was aus ihm wurde.

WERNER BOEHM: auch heute noch ein Schelm, wie eh und je. Kaufmann, Abitur in der Abendschule, welche Leistung! Lebt heute in Oldenburg, imitiert noch heute Dr. Toedtmann in Bewegung und Sprache perfekt.

WERNER ERLACH: Kaufmann, ging vor dem Kriege nach Süd-Afrika, wurde interniert. Lebt mehr schlecht als recht mit seiner dunkelhäutigen Frau nach wie vor in Afrika; seit damals immer noch in Verbindung mit seinem Freund Werner Boehm.

HELMUT HEITMANN: unser Sport-As als Turner und Schlagballspieler. Leider entzieht er sich – warum eigentlich, Helmut? – der Gemeinschaft der noch Lebenden.

KURT LINDENBERG: Kaufmann, leitende oder mitinhaberische Funktion in einem Werkzeuggroßhandel, inzwischen verstorben.

STOCKHAUSEN: waschechter Sachse, erst später zu uns gestoßen. Ein liebenswerter Mensch. Weiteres unbekannt.

NEUMANN: Werdegang mir nicht bekannt.

HINZMANN: der gutmütig-sanfte; über ihn weiß man nichts.

HELMUT FRANK: Abitur, Postbeamter der oberen Laufbahn.

ELFERS: Abitur, Studium, verstorben.

WERNER FRÜNDT, nun schließlich ich selbst: Abitur, Bankbeamter, Import, Immobilienkaufmann.

Unsere Realschule am Brekelbaums Park lebt noch: etwa zwölf Ehemalige treffen sich noch alle zwei Jahre, sprechen über dies und das und fragen: »Weißt Du noch.... ?«

20-Milliarden-Geldschein vom Höhepunkt der Inflation 1923. Inflationshinweise u.a. bei Werner Fründt (S. 44), Kurt Lange (S. 70), Henri Sellenschlo (S. 120), Arno Schmidt (S. 149).
Die erste Unterschrift auf der Banknote ist noch die des umstrittenen Havenstein, Reichsbankpräsident aus Kriegs- und Nachkriegszeit, der der Inflationsflut gegenüber sich als hilflos erwies. – Erster Name der dritten Reihe der des damals 37jährigen Reichsbankdirektors Vocke, des späteren ersten Präsidenten der Deutschen Bundesbank, als welcher er die strikt antiinflationistische Geld- und Währungspolitik verfolgte, die seither von der Bundesbank eingehalten wird.

PAUL KAMSTIES

Diese Seiten werden geschrieben, um Gedanken und Beispiele festzuhalten, die dartun, daß eine Persönlichkeit, jeder Mensch ist eben eine »Persönlichkeit«, schon durch ihre Kinder- und Jugendzeit, durch ihre damalige Umwelt geformt wird. Ich erhebe keinen Anspruch auf literarische Vollkommenheit. Diese Seiten sind ein Teil unseres Buches, und ich meine, daß meine Mitschüler und Mitverfasser alle ganz verschiedene Eindrücke, hauptsächlich aus der Schulzeit, umgeformt in Lebenspraktiken, mit in die reiferen Lebensjahre übernommen haben.

Es ist der 1. April 1970, ich bin in froher Stimmung; denn heute feiere ich mein 40-jähriges Dienstjubiläum bei der Bank, einer Großbank, die heute das Sechsfache an Mitarbeitern beschäftigt wie damals, – eben damals, als ich anfing, bei ihr zu lernen.

Meine ehemaligen Klassenkameraden gratulierten auch heute. Die Schüler unserer Klasse der Schule Brekelbaums Park wurden nach Bestehen ihrer Realschul-Abschlüsse auseinandergestreut, wie wenn ein Wind die reifen Ähren des Kornfeldes auseinanderwehen läßt. Ich persönlich wechselte die Schule, andere gingen nach der Mittleren Reife in die Lehre, einige gingen weiter zur Schule und machten ihr Abitur. Die Schule Brekelbaums Park war bis 1930 nur eine Realschule; sie wurde dann eine Oberrealschule, der erste Unterricht in der Obersekunda begann. Es gab auch Schüler, die sich zur Erlangung des Abiturs auf ein anderes Hamburger Gymnasium meldeten.

Damals begannen die schrecklichen politischen Wirren. Der Nationalsozialismus hatte, hervorgerufen durch die damalige Not durch Erwerbslosigkeit und Wirtschaftsflaute, auch wohl durch das Aufputschen jener demagogischen Naziführer, voran der österreichische Gefreite, bei den Wahlen große Stimmenerfolge. – Eine furchtbare Zeit. – So verloren wir uns, hin und wieder noch traf man einen auf der Straße, und jeder erzählte dem anderen, wie er es getroffen habe. Dann kam der Krieg.

Ich kann es heute noch nicht verstehen, wie es Hans Riebesehl – es war, glaube ich, im Jahre 1954 – fertigbrachte, die Adressen dieses versprengten Haufens zu Papier zu bringen! Wir trafen uns, nachdem wir furchtbar neugierig aufeinander waren, im Jahre 1954 im Sonderzimmer 1 am Hamburger Hauptbahnhof. Ich persönlich, ich bin ehrlich, kannte keinen wieder. Erst als jeder der reifen Herren irgendwelche besonderen Erlebnisse dem Mitschulgenossen preisgab, dämmerte es. Ich war für sie einfach »Paula«. Am meisten kann ich mich an Max Hannemann erinnern. Die Eltern dieses Jungen hatten an der Horner Landstraße ein Einzelhaus. Der Vater war der zweite Vater unseres Max und hatte in der Innenstadt ein vornehmes Herrenausstatter-Geschäft. Wenn ich morgens in die Bank ging, mußte ich bei diesem Geschäft vorbeigehen. Heute ist das Geschäft in eine andere Straße der Innenstadt verlegt worden, das Geschäftshaus, wie so viele alte traditionsreiche Häuser in der Innenstadt, der Spitzhacke zum Opfer gefallen.

Max wurde mein Schulfreund. Er hatte im Elternhaus – wohl, weil sein zweiter Vater mit Strenge aus ihm einen Musterknaben machen wollte – große Schwierigkeiten. Er durfte dies und das nicht, er mußte immer zu einer vorher bestimmten Zeit zu Hause sein. Das »Herumkötern«, wie die anderen und ich es machten, gab es hier nicht. Und bei all dieser Ordnung war Max ein Schüler voller Hemmungen; er konnte mit den Lehrern nicht klarkommen. Seine Leistungen wurden seitens der Lehrerschaft ständig kritisiert.

Ich selbst habe ihn oft besucht; ich bin zu Fuß gegangen; es war ein weiter Weg. Mein Wohnort war Rothenburgsort, seiner in Horn, ich glaube, es waren an die 8 Kilometer. Aber – ich erinnere – niemals konnte ich seine Wohnung betreten; wir trafen uns immer vor der Haustür des Elternhauses. Warum eigentlich nicht? War das Haus zu vornehm? Ich war Sohn eines Maschinisten; wir hatten eine kleine Mietwohnung in der Niebuhrstraße, eine Straße, die nach der Ausbombung verschwunden ist.

Wenn ich von meinem Nachmittagsausflug nach Hause kam, hatte ich Blasen an den Füßen, und mancher fehlende Sohlennagel mußte von meinem Vater am Abend wieder eingeschlagen werden.

Ja, da legte er großen Wert darauf, daß alle Nägel auf den Schuhsohlen vorhanden waren.

So überlegte ich mir schon damals, wie kannst du schneller und bequemer nach Horn zu deinem Max kommen?

Nun wurde eben dieser Roller im Eigenbau hergestellt. Mein Bruder Bruno, handwerklich etwas begabter als ich, half mir dabei. Materialbeschaffung: Räder von einer alten Kinderkarre, Lenkscharniere und Gabeln für die Räder wurden durch über der Gasflamme glühend gemachte und gebogene Eisenschienen kunstgerecht geschmiedet.

Na, das Holz von alten Kisten ohne Ast. Der Roller fuhr. Durch das ewige Treten wurde jetzt der rechte Schuh besonders strapaziert. So erreichte ich mein Ziel in der halben Zeit, und ich konnte Max jetzt öfter und länger besuchen.

Wir sprachen schon damals über die sozialen Unterschiede in den Klassen der Gymnasien. Da gab es Schüler, die hatten eben schon alles. Sie gingen piko bello in die Schule, hatten eine lederne Schul- oder sogar Aktentasche. Meine Schultasche war aus harter, fester Pappe; dauernd rissen die Trageriemen ab und Vater mußte reparieren. Unsere Hosen waren schnell durchgescheuert. Unsere Mutter, über die dauernden Geldausgaben der schmalen Haushaltskasse unglücklich, ging mit uns zum Billhorner Röhrendamm. Dort war ein kleines Textilgeschäft »P. H. Daltrop«. Wir bekamen jeder eine neue braune Manchester-Hose, damaliger Preis: 12,50.

Stolz marschierten wir damit in die Klasse »Quinta« bzw. »Untertertia« am Brekelbaums Park. Ich sage »wir«, mein Bruder war zwei Jahre älter als ich und ging demzufolge zwei Klassen höher. Nun kam das dicke Ende: mein Bruder und ich mußten zum Schulleiter, der uns erklärte, daß ein Gymnasiast keine Manchesterhose tragen dürfe; wir sollten uns schnellstens Stoffhosen besorgen. Nach dem Schulunterricht legten wir unserer Mutter den Zettel auf den Wohnzimmertisch. Das Schriftstück teilte unseren Eltern mit, daß es wohl besser sei, die Hosen abzulegen – mindestens nicht zur Schule anzuziehen.

Max hatte ein Fahrrad und ich den Roller. Wir fuhren beide zum Löschplatz eines Billkanals. Süd-Hamm war von diesen Seitenkanälen durchzogen. Sie dienten zum Transport von Sand, Baumaterialien, Holz usw., auf Schuten verladen, die von Ewerführern durch die Kanäle mit Haken »gepiekt« wurden. Oft habe ich mir von einer Brücke aus diese Transporte angesehen. Die jungen Ewerführer waren kräftig gebaute junge Männer mit blauen Trägerhosen, wie sie heute von unserer Jugend bei allen Tätigkeiten, Schulbesuch, Theaterbesuch und wohl auch für die eigene Verlobung oder Hochzeit getragen werden.

So machten Max und ich auf einer Bank unsere Schularbeiten. Max hatte wohl von der Schule oder auch vom Elternhaus seine Moralpredigten erhalten, wenn die Leistungen in der Schule absackten. Wir lösten mit Zirkel und Lineal und Winkelmesser unsere Geometrie-Aufgaben.

Nachmittags fuhr ich dann mit meinem Roller in meinen kleinen Garten am Ausschläger Weg. Unmittelbar hinter der Grünen Brücke am Billebogen war eine Holzhandlung. Übrigens stand hier das »Bullenhuser Schleusenhaus«, ein Haus, welches unter Denkmalschutz stand. Es war eine Gaststätte mit Tanzsaal. Hier fanden immer große Maskeraden

Charakteristische Ansicht eines der Gewerbekanäle nördlich der Bille zwischen Hamm und Hammerbrook; mit großer Wahrscheinlichkeit der parallel zur Eiffestraße verlaufende Mittelkanal zwischen Louisen- und Borstelmannsweg.

statt. Ich habe auch hier meine ersten Tanzschritte gemacht, habe hier Walzer und Langsamen Walzer, Tango usw. quer durch den Saal getanzt. Die junge Tanzdame zärtlich angefaßt, alles ordentlich im Takt nach der Musik. Die Musiker saßen in schwarzen Anzügen auf dem Podest und spielten unentwegt.

Na ja, der kleine Garten in der Holzhandlung war vielleicht 5 qm groß; ich hatte hier Bohnen, Erbsen und Wurzeln gesät. Hatte ich doch meine Freude, wenn im Frühjahr die jungen Pflänzchen aus der Erde sprossen.

Pacht oder eine Miete für den kleinen Garten habe ich nicht gezahlt. Ich war eben stillschweigend geduldet. In den späteren Jahren wurde ich durch Neuplanierung des Holzplatzes verjagt.

Müde kam ich dann in den frühen Abendstunden nach Hause. Mein Vater inspizierte meine Schuhe, hin und wieder gab es Schelte, aber das nahmen wir nicht mehr so genau. Insbesondere war es die Mutter, die leicht donnerte und uns, meinen Geschwistern und mir, auch einmal einen Schlag hinter die Ohren versetzte.

Wir hatten keine Badestube; gewaschen wurde sich in einer großen Zinkwanne, Kernseife und grüne Seife waren die besten Reinigungsmittel. Überhaupt, bei Verletzungen wurde die Wunde gern mit grüner Seife ausgewaschen und desinfiziert. Zum Arzt gingen wir ganz wenig. Nur, wenn ich meinen scheußlichen Husten hatte, ging meine Mutter mit mir zum Doktor. Dieser Arzt hieß Dr. Mahlo; er wohnte am Billhorner Deich, gleich hinter der Eisenbahnbrücke, die über den Rangierbahnhof führt und noch heute steht. Der Arzt war ein Jude und wurde nach 1933, als die Braunen die Macht übernahmen, arg verfolgt. Ich weiß es nicht mehr, wo er nachher geblieben ist. Dr. Mahlo hatte schon um die Jahre 1925 eine gut eingerichtete Praxis und war spezialisiert auf die »Lunge«.

So verschrieb er mir wirkungsvolle Hustentropfen und andere Medikamente.

In den Nachkriegsjahren, es war 1920, machte ich nach Ostern meinen ersten Schulweg zur Volksschule Brackdamm. Es war ein neuer Klinkerbau mit damals schon modernen Klassenräumen. Ich erinnere mich, die Klassenlehrerin war eine junge schwarzhaarige Dame, die sehr streng war. Die Klassenstärke betrug damals 40 Schüler, alles nur Knaben, eine Edukation mit Mädchen gab es noch nicht. Ich selbst war sehr ruhig, zurückhaltend und schüchtern. Ich wurde von den Mitschülern sehr gehänselt und wegen meiner Länge und argen Schlankheit viel verspottet. Dazu war ich sportlich nicht so sehr gewandt. In diesen Nachkriegsjahren setzte durch die neue Regierungsform der Demokratie auch eine Art Schulreform ein. Alles sollte freier, gelockerter werden. Die Lehrer jedoch konnten sich nicht an diesen neuen Stil gewöhnen. Kein Wunder, es waren doch wohl alle noch autoritäre Lehrer, sie waren aus dem Felde heimgekehrt, hatten an der Front vielfach die Chargen eines Unteroffiziers oder gar Offiziers.

Dies war wohl auch der Grund, warum mich meine Mutter, auf den Kontakt mit der Schule und meine schulische Entwicklung sehr eingehend, kurzerhand von dieser Schule nahm und zum Ausschläger Weg 98 umschulte. Aber, dies konnte sie nicht wissen, ich kam wohl in eine – an der Zahl der Mitschüler gemessen – kleinere Klasse, aber es waren auch hier wieder harte, kernige Jungen, die dem Lehrer Lendt viel Kummer bereiteten. Der Herr Lendt regierte noch mit dem Rohrstock. Meine Schularbeiten verrichtete ich im Hause mit viel Sorgfalt, die Schreibübungen – wir lernten die »Deutsche Schrift« – wurden im Heft mehrere Male angefertigt, da meine Mutter es für nötig hielt, die Schrift besser auszuführen und nochmals zu wiederholen. Und trotzdem fand der Lehrer am nächsten Tag, daß es immer noch nicht in seinem Sinne war. So gab es dann drei Schläge mit dem Rohrstock, vorne vor der Klasse.

Im Alter von 10 Jahren kam ich nach Ablegung einer Aufnahmeprüfung, die 6 Tage dauerte und in der Schule am Pröbenweg stattfand, auf die Realschule am Brekelbaums Park. Heute ist diese Schule abgerissen; sie wurde während des Krieges stark bombardiert.

Die Klasse hatte eine Stärke von 50 Schülern, von allen Grundschulen aus der Umgebung. Die Eltern der Schüler waren z.T. selbständig; es waren auch Kinder von Beamten dabei, aber verhältnismäßig wenig Handwerker- und Arbeiterkinder. Sie kamen aus Borgfelde, Hamm. Von Hamm-Süd waren fast keine Schüler dabei. Ich kam von der heute nicht mehr existierenden Niebuhrstraße. Sie lief parallel mit der Billstraße; in der damaligen Zeit standen dort große Wohnblocks für Arbeiter, kleine Angestellte und Beamte. Durch den Rangierbahnhof und die vielen Zollämter waren hier die Wohnbezirke vieler Eisenbahner und Zöllner. Kleine Beamte verdienten damals noch nicht viel, lebten in bescheidenen Verhältnissen, trugen aber die Nase höher, als »Beamte« in unkündbarer Position. Die Frauen dieser Beamten legten großen Wert auf eine gute Ausbildung ihrer Kinder; sie durften nicht mit jedem anderen Kind – vielleicht einem Arbeiterkind! – spielen.

So trampten wir, mein Bruder und ich, der schon zwei Jahre eher zum Brekelbaums Park eingeschult worden war, jeden Morgen mit unserem Ränzel auf dem Rücken den langen Schulweg von ca. 30 bis 45 Minuten. Nach der Schulzeit, gegen 13 Uhr, wurde der Heimweg, besonders an heißen Tagen, mühevoll angetreten, und dieser Heimgang dauerte verhältnismäßig länger als gewöhnlich. Eine Verkehrsmöglichkeit gab es noch nicht; eine Straßenbahnlinie von Rothenburgsort nach Barmbek wurde erst Anfang 1930 gelegt, als ich bereits meine Schulzeit hinter mir hatte.

Mein Klassenlehrer: Dr. Michaelsen, ein

richtiger alter Offizier. Adrett angezogen, den Scheitel glatt, im Gesicht die Schmisse, als Beweis, ich war »schlagender Student«. Er wurde nach ganz kurzer Zeit irgendwie mein Vorbild; so wollte ich auch einmal als Mann sein. »Michel«, so nannten wir ihn sehr bald, war aber sehr streng mit uns. Wir sollten bei ihm Rechtschreibung und Grammatik lernen. Wenn er seine Diktathefte zurückgab, dann warf er sie uns förmlich an den Kopf. Alles war beim Aufblättern voller roter Striche, alles Fehler. Gerne erzählte er von seiner Soldatenzeit im Elsaß. Er war aber auch ziemlich eingebildet. Seine Kollegen, die ein Lehramt wie Sport oder Musik hatten, nahm er nicht für voll.*

Ich muß es eingestehen, ich glaube, manchmal habe ich auch diesen Tick von diesem Lehrer, der immer sagte, ein Mensch ist nur dann ein Mensch, wenn er »studiert« hat und »Offizier« gewesen ist, weil dies von mir so oft verlautbart wird, wenn ich mit meinen Kindern über ihre Zukunft spreche.

Es ist eigentümlich, wie ein Eindruck, den man als Kind von gewissen Dingen bekommt, den ganzen Menschen in seiner weiteren Lebensart formt. Warum denn gerade dieser Michaelsen und nicht andere Lehrer oder Erzieher!

Noch heute befasse ich mich mit diesem Lehrer, der unter dem Anzugrevers versteckt das Abzeichen des Frontkämpferbunds »Stahlhelm« trug und der am liebsten, obgleich wir den Weltkrieg mit Pauken und Trompeten verloren hatten, wieder einen neuen Krieg der Wiedergutmachung wollte.

Und deshalb hatte jener »Hitler« auch seinen Zulauf; es waren verletzter Ehrgeiz und Stolz.

* AS: Turnen, Musik, Zeichnen, Religion galten überhaupt nichts bei Bewertung der Zeugnisse; und ich fand (und finde) es in der Ordnung, daß diesen Nebensächlichkeiten auch offiziell bedeutet war, was sie ausbildungsmäßig wert sind. Von der Sport- oder SchlagerVergötzung unserer Tage war man damals erfreulich entfernt, und ein Porträt à la ›Punkt-Punkt-Komma-Strich‹ galt noch nicht als ›kreativ‹.

Michaelsen hatte die Klasse im festen Griff; meine lieben Mitschüler waren kaum in der Lage, ihm ein Schnippchen zu schlagen, ihn zu ärgern. Schnell war er mit Strafarbeiten – er nannte es nicht wie heute »Übungsarbeiten«, sondern dies sollte eine »Strafe« sein – bei der Hand.

Er war auch unser Geschichtslehrer. Von seinem Unterricht aus dem Altertum – die alten Mittelmeerkulturen der Ägypter, Assyrer, Babylonier usw. sowie (»klassisches Altertum«) die Zeit der Griechen und Römer bis zum Beginn der Völkerwanderung oder bis zum Untergang des Weströmischen Reiches – zehre ich noch heute.

II. Geschichte der alten Römer

Kapitelfolge über die römische Antike in Kumstellers ›Geschichtsbuch für die deutsche Jugend‹.

Er wurde also im Laufe der Zeit mein Vorbild, ich schwärmte für ihn, er war für mich der Typ des tadellosen Mannes, der sein Vaterland liebte. Er hatte auch eine Art, uns Jungen irgendwie zu begeistern, wenn er immer wieder auf sein eigenes Leben zu sprechen kam, über seine Kriegserlebnisse. Wir waren auch immer froh, wenn die Stunde Unterricht so im Erzählen lief, ohne daß wir strapaziert worden sind. Na endlich, es läutete!

Ärgerlich war ich jedoch über ihn auch manches Mal, besonders dann, wenn er meine

Aufsätze dick mit roter Tinte versah, und über Rechtschreibfehler und Grammatikschnitzer konnte er sich besonders aufregen. Einmal habe ich meinem Vater so einen rot gefärbten Aufsatz zur Unterschrift vorlegen müssen. Der war sauer, wollte einen Brief an den Schulleiter schreiben. Ich weiß es bis heute nicht, ob er es getan hat. Mein Vater fand die Erteilung einer Zensur mit »vier minus« ungerecht. Jedenfalls hat »Michel« es auch wohl irgendwie bemerkt, daß diese Benotung ungerecht gewesen war: so viel Mut hatte ich aufgebracht; ich hatte ihm in der Pause von der Wut meines Vaters erzählt, hatte wohl auch diese Benotung als ungerecht empfunden. Heute wundere ich mich; es war in der damaligen Zeit schon sehr mutig, gegen den Lehrer zu stimmen, wie es heute gang und gäbe ist.

Ich hatte auch das Gefühl, als ob der Lehrer die anderen Jungen etwas vorziehe, d.h. besser behandele. Mein Nachbar, der dicke Braunschweig, ruhig und behäbig, im braunen Pullover, der bekam in den Aufsätzen immer seine »zwei«.

Überhaupt, die Klassensitzordnung richtete sich nach Leistungen. Ganz hinten in den rechten Sitzen saßen der Primus, dann weiter der 2., der 3. usw. Ich hatte, glaube ich, die Nr. 7, also etwas besser als die Mitte. So saß ich in der zweiten Bankreihe, dies war mir manchmal nicht so recht lieb, denn ich hätte lieber mehr nach vorne an der Tafel gesessen, weil ich nach einer schlimmen Mittelohrentzündung etwas schlecht hören konnte. Aber sagen wollte ich nichts.

Ein anderer Lehrertyp war Dr. Studt, unser Biologie-Lehrer. Das Fach machte auf mich schon in den ersten Schuljahren einen ungeheuren Eindruck. Das Wachstum in der Natur, die Lebensgewohnheiten in unserer Tierwelt, über dies alles konnte ich nicht genug lesen und von Lehrern vorgetragen bekommen. Dr. Studt hatte im Kriege eine Kopfverletzung erlitten, und er trug auf dem Kopfe ein schwarzes, rundliches, etwa 5 cm großes Pflaster. Er konnte sich aber gegenüber seinen Schülern nicht durchsetzen. Wie dieser Mann geärgert und schikaniert wurde, ist kaum zu beschreiben! Die Schüler lärmten; die zum Unterricht aus dem Unterrichtsstoff-Zimmer herbeigeschafften Tiere und Geräte, u.a. auch ein menschliches Skelett, wurden so aufgestellt, daß beim Betreten des Klassenzimmers ihm diese Geräte entgegenfielen. Wieder einmal lautes Gejohle!

Es war schon Tierquälerei, wenn in das Aquarium rote Tinte gegossen wurde und die Tiere im Wasser verendeten. Unser Dr. Studt hat geweint, als er das erleben mußte. Kinder in der Gemeinschaft fühlen sich sehr stark und können ungeheuer rabiat sein.

Viel zum Lachen in unserer Klasse gab es im Musikunterricht. Wie ich erinnere, hatten wir in der Schule zwei »Probst«, die beiden Herren hießen so. Den einen Probst hatten wir in der Musikstunde. Ich selbst war einfach unmusikalisch, ich konnte im Gesangunterricht die Tonleiter nicht halten, wogegen meine lieben Klassenkameraden, viel an der Zahl, Privatmusikunterricht hatten; sie lernten Geige-, einige auch Klavierspielen. Der Probst spielte im Unterricht seine Geige und begleitete uns mit dem Bogen beim Gesang. In einer Unterrichtsstunde, er wollte uns ein Volkslied beibringen, habe ich wohl nicht richtig beim Singen meine Zähne auseinanderbekommen; so wurde mir einfach der Geigenbogen in den Mund geschoben, um besser mit geöffnetem Mund den Gesang zu demonstrieren.

In späteren Jahren aber kaufte unser Vater ein gebrauchtes Klavier. Dieses Instrument wurde mit drei Transportleuten in unsere Wohnung geschleppt; es war fürchterlich verstimmt. Aber das wurde dann von Fachleuten in Ordnung gebracht. Der Vater war musikalisch und konnte ohne Noten auf dem Klavier »Alte Kameraden« und andere Märsche spielen. Wir, meine Schwester und ich, mußten uns bei dem Herrn Seligmann-Ferara, der ein Konservatorium am Graumannsweg leitete, vorstellen und bekamen aufgrund unseres Vorspiels, es waren nur kurze prägnante Melodien, gegen ein ermäßigtes Honorar Unterricht.

So wurden wir eben auch musikalischer; in den folgenden Semestern hatte ich eine »zwei« im Musikunterricht.

Anfangs schrieb ich, daß es viel zum Lachen gab; ja, die Musikstunde fing manchmal so friedlich an, aber sie endete mit dem Donner des Lehrers, weil wir den Unterricht nicht für Ernst genommen hatten und hinter dem Rücken des Unterrichtenden unsere Späße machten.

Das Gegenstück unseres autoritären Lehrers Dr. Michaelsen war Dr. Foerster, unser Englisch-Lehrer. Er war ein temperamentvoller, dunkler Mann mit einer schwarz umrandeten Brille; im Unterricht saß er nie, sondern ging durch die Klassenreihen und motivierte uns ständig. Er erklärte schon früh – obgleich wir als Anfänger im Englischen noch wenig Ahnung hatten – alles in englischer Sprache. So verstand ich manchmal durch sein schnelles fremdsprachliches Sprechen die grammatischen Regeln nicht. Ich bin ehrlich, meine Kenntnisse in dieser uns so verwandten Sprache habe ich mir später durch eigenes Studium angeeignet, da ich erfuhr, wie schwach doch alles war. Meine Mitschüler sind noch heute der Meinung, daß sie bei Foerster doch viel gelernt hätten. Ich meine aber, er hatte außer dem Sprachunterricht so viel anderes im Kopf, womit er die Unterrichtsstunde ausfüllte, so u.a. den Gesang, das Erzählen seiner eigenen Familiengeschichte und sogar die schwedische Sprache; ich glaube, seine Ehefrau war Schwedin. Was ich so schätzte, war seine demokratische Haltung; er war alles andere als ein Militarist wie Dr. Michaelsen. Er ist wohl auch nie ein Anhänger des NS-Staates geworden. In den späteren Jahren habe ich den Kontakt zu ihm verloren, da ich nach vier Jahren auf die Realschule Rothenburgsort umgeschult worden bin; meine Mutter hatte erkannt, daß der Schulweg nach Hamm wohl doch zu weit gewesen war.

Der Dr. Foerster hat nach dem Kriege die Volkshochschule wiederaufgebaut; er hat sich durch seinen Erwachsenenunterricht sehr verdient gemacht. Durch die Klassentreffen in den späteren Jahren erfuhr ich auch, daß er in den 50er Jahren verstorben ist.

Der Sportunterricht auf der Schule Brekelbaums Park war dufte und gefiel mir. Das Schlagballspiel war ein Volkssport geworden, hauptsächlich für die Heranwachsenden. Es passierte auch oft, daß der Ball von einem harten Schlag in eine Fensterscheibe der Schule geschossen wurde. Ich war meistens der Läufer, war sehr flink. Innerhalb der »Höheren Schulen« fanden im Hammer Park Endspiele zur Ermittlung der besten Mannschaft statt. Dort traf sich die ganze Klasse und spornte ihre Mannschaft an. Anschließend war dann ein großes Fest im Landhaus des Hammer Parks mit Tanz und allerlei Belustigungen für die Schüler. Es gab Ausscheidungen nicht nur in den Ballspielen wie Schlagball, Faustball, Handball usw., auch die leichtathletischen Wettkämpfe der Mannschaften wurden von den Schülern mit Begeisterung durchgeführt.

KURT LANGE

ERINNERUNGEN AN MEINE KINDHEIT BIS ZUM SCHULABSCHLUSS

Erinnerungen an eine Zeit, die heute schon fast eine Sage ist

Heute, nach über 23.000 Tagen, sieht die Welt ganz anders aus. Vor 23.665 Tagen erblickte ich nämlich völlig verhunzelt wie alle Neugeborenen – aber sonst scheinbar normal – in Hamburg-Eimsbüttel das Licht der großen weiten Welt: genau am 10. 2. 13, zu der Zeit also, als der damalige Kaiser sich über jedes neugeborene menschliche Wesen freute und ab siebentem Kind in einer Familie die Patenschaft übernahm.

Wie gesagt, ich schien normal zu sein. Und so konnten meine glücklichen Eltern auch im Oktober 1913 den Umzug mit mir von Eimsbüttel nach Wandsbek-Gartenstadt wagen. Das bedeutete damals, daß wir die Hansestadt verließen und nach Preußen zogen. Meine längste Reise bis dahin im Alter von 6 Monaten. Meine Eltern bezogen eine Hälfte eines Zweifamilienhauses: Erikastraße 28, mit Garten. Wenn auch klein und zur Miete, aber schon damals wie auch heute noch der Wunsch vieler Familien.

Mein Vater war gelernter Tischler und Innenarchitekt, meine Mutter gelernte Stickerin. Beide mit amtlichen Prüfungsattesten ausgestattet.

Mein Vater hatte sich 1912 selbständig gemacht, eine Tischlerwerkstatt eingerichtet. Diese wurde, als ich noch in der Dunkelheit wuchs, durch ein Feuer vernichtet. Da mußten reichlich Schulden bezahlt werden. Mein Vater erhielt eine Anstellung bei den Hamburger Gaswerken im Büro. Meine Mutter hatte »nebenbei« Buchführung gelernt. Schon damals gab es derartige Einrichtungen. Sie nahm gleichzeitig in Wandsbek in einem Elektro-Geschäft eine entsprechende Stellung an.

Und ich ? Ich war tagsüber bei meinen Großeltern, ebenfalls in Wandsbek-Gartenstadt, Rosenstraße 57 – wie man sich doch dieser Einzelheiten noch erinnert !

Mein Großvater war selbständiger Schuhmachermeister, Verkauf von neuen Schuhen und Reparaturwerkstatt, und hatte sein Geschäft mit Wohnung nur gute 100 m von unserer Wohnung entfernt. Hier hielt sich während des Krieges auch die Schwester meiner Mutter mit ihrem Töchterlein Anni auf. Der Mann meiner Tante war eingezogen. Anni war ein halbes Jahr vor mir geboren. Wir wuchsen also auf wie 2 Geschwister. Sie, die immer fror wie ein blutarmes unterkühltes Wesen – im Winter immer stark verpackt, stets kalte Finger, kalte Füße, deshalb ewig jammernd. Ich, der Kleine, mit den herrlichen O-Beinen, stramm, stets warme Pfoten und nie jammernd. Mein Vater pflegte uns als Geschwister vorzustellen – mit einem halben Jahr Unterschied, was jedermann zweifelnd aber nachdenklich in sich aufnahm ... damals ! !

1918 kam mein Vater wohlbehalten aus dem 1. Weltkrieg nach Hause. Meine Mutter hatte ihr verdientes Geld gespart. So kauften meine Eltern 1919 die 100 m weiter gelegene Drogerie. Der Inhaber hatte während des Krieges aufgrund der Zeiten Pleite gemacht.

Meine Eltern paukten und paukten (ein herrliches Vorbild für meine spätere Schulzeit), um die Drogisten-Prüfung zu machen. Bei meinem Vater wurde dieses stramme Tagespensum nur dadurch unterbrochen, daß er das Soldaten - Kriegsmittagessen holen mußte. Manchmal aus Eidelstedt, eineinviertel Stunde Fahrtzeit mit der Straßenbahn. Manchmal durfte ich ihn begleiten bei diesen Fahrten auf den alten Vehikeln, die die Nachfolger der Pferdebahn waren. Schließlich legten meine Eltern alle erforderlichen Prüfungen, die für die Führung einer Drogerie erforderlich waren, ab – einschließlich der Giftprüfungen. 1919 !

1919 bekam ich zum Geburtstag einen Schulränzel ! Im gleichen Jahr kam ich in die Schule. Nicht in irgendeine, sondern in das Mathias Claudius Gymnasium in Wandsbek. Eine halbe Stunde Fußmarsch. Nach der Anmeldung, die meine Mutter für ihren minderjährigen Knaben, ihn an der Hand führend, vornahm, gingen wir an der Christus-Kirche direkt neben dem Gymnasium vorbei. Ich fragte: »Und hier werde ich dann konfirmiert ?« ...

Es waren unruhige Zeiten damals, und eingebrochen und gestohlen wurde so häufig, daß die »Heimwehr« eingesetzt wurde. Ehemalige Soldaten bekamen den Karabiner 98 mit entspr. Munition und dann gingen jeweils 2 Mann zusammen nachts Wache.. Alle 2 Stunden wurde abgelöst. So mancher, der vom geraden Weg der Tugend abgekommen war, wurde geschnappt.

1921 bekam ich von meinen Eltern eine Geige zum Weihnachtsfest. Eine halbe Geige. Nicht daß bei ihr die Hälfte fehlte, sondern wegen meiner kindlichen Armlänge eine entsprechend kürzere. Ich bekam, wie es sich »gehörte«, ab Januar 1922 Violinunterricht. 2 mal wöchentlich 1 Stunde (je Stunde 1,50 Reichsmark). Ich hatte viel Spaß daran und außerdem war es chic so mit dem Geigenkasten durch die Straßen zu ziehen, und es stärkte gewaltig das Selbstbewußtsein. Aber man mußte ja jeden Tag pflichtgemäß eine Stunde aktiv üben, was ich gerne tat.

Nach ganz glattem Durchlauf der damaligen Vorstufe: 3., 2. und 1. Vorschulklasse, kam ich in die Sexta. Ach wie änderte sich das Leben !

Hatten wir doch einen Pauker mit dem sehr verständlichen Namen *RUND*. In Schülerkreisen hieß er nur *ECKIG*. In der ersten Unterrichtsstunde bei einer Frage klippten diverse Finger. Waren meine am lautesten oder wie auch immer: ich war dran und antwortete formvollendet – sogar richtig – und ordentlich wie ich es gelernt hatte mit dem Zusatz ».... Herr Eckig«. Und es kam, was bei ihm kommen mußte. Ich hatte schon, wie ich später hörte, einige Vorgänger. Er sagte: »So – so !« Kam zu mir – Stille im Raum – setzte seinen aus der Jackentasche geholten Radiergummi – jetzt fest in seiner rechten Hand – in meinem Nacken an – und zog flugs und stramm damit an meinem Hinterkopf gen Norden..., was bei mir verständlicherweise den lauten Ausruf: »Aua« hervorbrachte. Und Herr Eckig schrie mit 100 Phon: »Wie heiß ich ?« Ängstlich wie ein kleines Kind blickte ich in die Runde: nichts tat sich. »Rund« brüllte er. Wie schön, nun wußten es alle ganz genau. Seinen Radiergummi benutzte er noch des öfteren – wenn er ihn nicht dabei hatte, nahm er zur Abwechslung einen Haustürschlüssel....

Ja, und da war dann auch noch der liebe und gütige Prof. Jachtmann. Soweit ich ihn erinnere, war er eine Figur aus dem Film »die Feuerzangenbowle«, mit dem Kneifer, plattem Hut und Pelerine ! Da aßen wir unter etwas vorgehaltener Hand unser Frühstück während des Unterrichts. Einmal war es dann soweit. Prof. Jachtmann hatte scheinbar einen von uns erwischt. Dieser Schüler mußte »nach vorn« kommen. »Mund auf« sagte der Herr Professor. Der Schüler tat's. »Ach, siehe da ! Er ißt während des Unterrichts ?« Den Mund voller Frühstücksbrot konnte dieser Schüler nur antworten: »Nein, Herr Professor, das ist noch von der Pause«. Die Pause war aber schon vor fünfzehn Minuten beendet. Kommentarlos durfte er sich setzen.

Unser Musiklehrer, Herr Rüther, lang, schmal, nicht nur grau bis weiß sondern auch damals schon langhaarig als äußeres Zeichen eines Wagner-Anhängers, versuchte uns das Singen beizubringen (ich hab's nie gelernt). Aber da passierte es immer so: wenn ein Schüler in irgendeiner Form unangenehm aufgefallen war, und das passierte ja mal, mußte er wie üblich »nach vorn« kommen. Er mußte aufgrund des Befehls des Herrn

Rüther: »Hand auf!« die Hand, welche war egal, etwas vorstrecken, ausstrecken, Handfläche nach oben. Und nun sollte man nicht vermuten wie hart und wie widerstandsfähig so ein Taktstock ist. Der, den er bei unseren Gesängen so zart durch die Luft bewegte, sauste jetzt mit nie dafür vorgesehenem Tempo auf die Hand. Oftmals mehrere Male. Aber wer sagt denn da, daß so ein Taktstock zerbricht? Nie! Ob er wohl aus gebleichtem Ebenholz war?

Eines Tages war es ganz schlimm. Ich weiß nicht mehr, was Meyer ausgefressen hatte. Ein kleiner hübscher Junge, mit krausem, pechschwarzem Haar. Ihn knöpfte sich Herr Rüther besonders vor, legte, nein, versuchte sich den Knaben über's Knie zu legen. Meyer aber zappelte so sehr, daß der Herr Lehrer sich mit ihm im Kreise drehte, erwischte ab und zu mit seinem Taktstock die sogenannten vier Buchstaben des Schülers – aber Meyer tat desgleichen und traf mit der flachen Hand auf das verlängerte Rückgrat des Musikpädagogen. Und das, glaube ich richtig zu erinnern, erforderte dann einen Besuch des Herrn Vaters des Schülers in der Schule, wo diesem betreffs seines so mißratenen Sohnes ein paar Takte gesagt wurden. 1923!

Nun, 1923 gab es auch die ersten Radioapparate! Nicht wie heute mit Lautsprecher! Nein, Detektorapparate. Man saß da mit aufmontiertem Kopfhörer und mußte oft pausenlos umherfummeln bis man einen Sender erwischte. Es gab aber auch damals schon Hausfrauen, die mit übergestülptem Kopfhörer in der Küche Kartoffeln »mit Musik« schälten.

1923 nahm die Zahl der Arbeitslosen zu.

1923 war auch der Putsch. Und da knallte es zeitweilig ganz schön. Am Bahndamm der Walddörferbahn und in Barmbeck (damals noch mit ck geschrieben). Dann passierte es, daß wir morgens von unseren Müttern nicht zur Schule gelassen wurden. Manchmal holte eine Mutter der Schüler, die in »Gartenstadt« wohnten, uns vorzeitig aus der Schule. Mit so sieben oder acht Schülern im Geleit mußte dann auch sie zeitweilig robben.

1923 kam der Höhepunkt der Inflation, die so weit ging, daß wir 1925 einen Schein von einer Billion Reichsmark als »Brief« zu unserem fliegenden Drachen sandten.

1923 fuhr mein Vater nach Nordamerika, im April; gerade als die Inflation fieberte. Auch er wollte in das Land der unbegrenzten Möglichkeiten. Dort ging's allen gut! Und so wollte mein Vater dort erst einmal das Gelände sondieren und dann, wie es damals so üblich war, seine Familie, Frau und Sohn, so nach einem Jahr nachkommen lassen.

Es kam anders. Er litt derartig unter Heimweh, daß er im Herbst 1925 aus den USA zurückkehrte.

Inzwischen aber, 1924, hatte sein Sohn »Schwierigkeiten« in der Schule. In der Quarta. Besonders in Französisch. Ich weiß nicht, lag mir die Sprache nicht, war ich faul oder versagte mein kindlicher Geist bei diesen erhöhten Ansprüchen, beim Pauken der elenden unregelmäßigen Verben?

Es kam dann, was kommen mußte: der so berühmte und berüchtigte blaue Brief. Herbst 1924.

Was sollte meine armselige Mutter nun mit diesem Knaben machen? Furchtbar! Eine Bekannte, eine Lehrerin mußte es wissen. Sie schlug vor, den Herrn Sohn an die Lichtwarkschule zu versetzen. Da wurde ich zunächst einmal ein Jahr zurück versetzt, also in die Quinta. Und dann ging es eigentlich auch ganz gut.

Im Herbst 1925, als mein Vater wiederkam, gab es keine Beanstandungen. Wir freuten uns, daß nun alles wieder normal laufen würde. Selbst unser Hund freute sich über die Rückkehr meines Vaters, allerdings erst nach ausgiebigem Beschnüffeln.

Die Lichtwarkschule war damals etwas Besonderes. Alles war großzügiger. Ich kann mich nicht erinnern, daß jemals ein Schüler geschlagen wurde. Schüler aber waren immer schon erfinderisch und oft auch grausam –

auch gegen die Lehrer. Die Jungs und Mädchen, wir waren eine gemischte Klasse, schienen alle so zu sein wie die Schüler an anderen Schulen.

Am zweiten Schultag: der erste Biologie-Unterricht. Ich glaube bei Dr. Wießner. Da hielten es die lieben Mitschüler für erforderlich, daß ich als Neuling etwas besonderes böte. Ob nun wegen des Lehrers oder meinetwegen, das erinnere ich nicht mehr. Auf alle Fälle steht fest, daß einer von uns beiden auf's Kreuz gelegt werden sollte. Der Schluß: ich sollte vom Hibiskusbaum aus dem Garten der Schule ein Blatt nehmen, es mit der Schere in entgegengesetzten Rundungen ausschneiden und dem Herrn Dr. sagen, daß mein Onkel aus Guatemala mir dieses geschickt habe.

Die erste Stunde bei Dr. Wießner kam. Ich stellte mich vor und hatte gleich eine Frage. Der Herr Lehrer betrachtete das so kunstvoll verformte Blatt genau und ordnete dann an: »Bestimmungsbücher ausgeben«. Und so bestimmten wir oder besser versuchten zu bestimmen. Wir kamen aber zu keinem Ergebnis. Und das war nach Ansicht des Herrn Dr. darauf zurückzuführen, daß das Blatt aus Guatemala stammte.

Arme Pauker, was für Geschichten wurden mit Euch angestellt!

Wir trieben viel Sport und brachten es beim Dauerlauf auf 45 Minuten mit der ganzen Klasse.

Werkunterricht wurde schon damals groß geschrieben.

Großzügig die Schülerbehandlung. 1925 saßen wir an normalen Tischen und auf normalen Stühlen.

1925 machten wir eine vierzehntägige Klassenreise: Wir waren zehn Tage in dem Hamburger Schul-Ferienlager Puan Klent auf der Insel Sylt, anschließend noch drei Tage auf der Insel Neuwerk und einen Tag in Cuxhaven. Das war prima. Auf der Hinfahrt – Cuxhaven eben mit dem Dampfer verlassen – mußten wir uns alle an Deck versammeln. Herr Donand, unser Klassenlehrer, gab uns ein paar Verhaltensregeln mit auf den Weg bzw. auf die Fahrt und meinte abschließend, wenn man in so einer Mannschaft eine derartige Reise mache, dann wäre es richtig, daß wir uns alle duzten. Na schön, ab heute also nicht mehr Herr Donand sondern schlicht »Hans«. 1925! Das war Fortschritt!

Bei diesem »Du« blieb es dann auch als wir längst wieder Grammatik bei ihm paukten.

Aber alles Gute muß einmal ein Ende haben. Ich weiß nicht, woher es kam, ich war jedenfalls vorprogrammiert, Ostern hängen zu bleiben oder die Schule zu verlassen. Am Duzen kann es nicht gelegen haben, am Werkunterricht und am Sport auch nicht. Aber auch an der Lichtwarkschule gab es noch andere Fächer, die wohl lernenswert aber bei mir in den Hintergrund gefallen waren.

Aber immer hat die Penne die Schuld, die Lehrer, für die paukt man doch bloß!

So auch hier und ich! Der blaue Brief kam zielgenau!

Und da stand dann unter anderem zu lesen: »... Ihren Sohn ... an eine andere Schule zu versetzen..«

Die armen Eltern!

Und nun denn nach vielen Rückfragen im Bekanntenkreis: auf zur »Realschule in Hamm.« Da wurde ich dann »Michaelis 1926« unter der Nr. 2847 (laut Abgangszeugnis) in die Quarta eingereiht.

Der erste Tag verlief prima. Die Klassenkameraden waren auch alle prima. Ich hatte die ersten Stunden schon gut überstanden, mich bei jedem Lehrer, der zum Unterrichten in die Klasse kam, ordnungsgemäß vorgestellt.

Da steht die erste Zeichenstunde bei Herrn Dr. Bruns auf dem Stundenplan. Ich melde mich wie immer: »Ich bin neu«. Dr. Bruns: »Wie heißt Du?«, dabei neigt er den Kopf nach unten, um besser über seine Brillengläser hinweg in die Ferne gucken zu können. »Lange, Kurt Lange«, »gut, setz Dich«! Das

Zeichenlehrer Ferdinand Bruns, später Dr. und Stud.-Rat, kam 1924 gleichzeitig mit den Klassengenossen an die Realschule. (Pressebild zum Nachruf).

war im Zeichensaal mit großen Tischen, mit leicht schrägen Tischplatten, an denen jeweils drei Schüler auf dreibeinigen hohen Hockern saßen. Die Sitzfläche dieser Hocker hatte eine seichte Vertiefung. Gut zur Aufnahme von etwas Wasser oder sonstiger »Schweinereien«. Als ich mich setzte, entrang sich meinen Lippen ein lauter Aufschrei: »Aua«. Sofort kam die Frage des Herrn Dr. Bruns: »Wer war das?« Ich meldete mich. »Komm her!« Nach vorne gekommen, faßte er mit seiner linken Hand – ohne noch etwas zu sagen oder zu fragen – an mein rechtes Ohr, zog meinen Kopf nach rechts, legte ihn sich so schön zielgerecht in die Fünfundvierzig-Grad-Schräge – und dann knallte er mir eine so hübsche, tadelfreie, gut sitzende Ohrfeige. Das war die Begrüßung. Ich war aufgenommen. Auf meinen Hocker nämlich hatte mir ein Mitschüler – ich weiß nicht wer – eine Heftzwecke gelegt! Das waren Jungs!

Als mein erster Klassenlehrer an dieser Schule, Herr Dr. Bade, unsere Schule für immer verließ, schenkten wir ihm zum Abschied das Buch von Svend Fleuron »Dackelgeschichten« und dazu noch eine blühende Azalee. Er wurde von uns allen sehr verehrt und ich glaube, daß wir bei ihm niemals etwas ausgefressen haben. Er muß eine herzzerreißende Abschiedsrede gehalten haben, denn dem Herrn Doktor standen die Tränen in den Augen – und auch uns.

Dann bekamen wir einen neuen Klassenlehrer, Herrn Helwig. Wohl so einsneunzig lang. Für unsere Verhältnisse viel zu lang, aber deswegen schon Respektsperson. Er war sowieso ein strammer Pauker. Ich glaube, er hat wohl nur einmal seine Gesichtsmuskeln zu einem Lächeln verzerrt* – ich weiß nicht einmal mehr den Grund und wann es war. Das Gesicht aber mit dem etwas verzogenen Mund sehe ich noch heute vor mir. Mag sein, daß er bei uns auch nichts zu lachen hatte. Vielleicht gar erst auf dem ersten Klassenabend nach dem Schulabschluß.

Er zitierte zum Beispiel in Deutsch: »... und im Zick-Zack zuckt ein Blitz..« und dabei wischte sich Claus Jens auf der ersten Bank ob der feuchten Aussprache des Herrn Vortragenden – sein Gesicht.

Mit Herrn Helwig machten wir aber auch mehrtägige Reisen in die Lüneburger Heide und in den Harz und auch Tagesausflüge. Wunderschön. Herrlich. Bei solchen Tagesausflügen waren wir ausgerüstet mit Frühstücksbrot in der Umhängetasche, ein paar Groschen Sondertaschengeld, und mancher Schüler hatte noch eine Flasche Brause dabei. Wir fuhren auf »Sammelfahrschein« mit der Reichsbahn. Selbstverständlich vierter Klasse. So gereist belegten wir denn mit der ganzen

* AS: Ganz im Gegensatz zu so vielen meiner Klassen-Kameraden möchte ich meinen, daß Herr Helwig sehr viel Sinn für Humor hatte – ich sehe ihn noch, mit vor Lachen gerötetem Gesicht, in der hintersten Bank sitzen, als Braunschweig den Sketch von seinem Kaufhaus-Besuch vorlas!

Ausflug in die Heide, um 1929. – *Hintere Reihe (stehend) von li.:* Fritz Lauer, Rudolf Neumann, Kurt Lindenberg, Helmut Frank, Helmut Heitmann, Heinz Hinzmann; *(davor kniend):* Harald Schütte, Gerhard Ostendorf, Ernst Neudahl. – *Mittlere Reihe (sitzend) von li.:* Herbert Fastert, Werner Erlach, Kurt Lange, Willi Schulz. – *Vordere Reihe (lagernd) von li.:* Henri Sellenschlo, Walter Helwig, Werner Fründt, Hermann Schulenburg, Albert Lotz, Werner Boehm, Wilhelm Elfers.

Klasse ein bis zwei Abteile, waren froh gestimmt, weil kein Unterricht war und sangen viel. So auch einmal auf der Heimfahrt vom Sachsenwald in der Bahn: »Large und Bommel, Large und Bommel gingen in den Wald....« (Wir nannten den Herrn Helwig ja »Large«). Na, wer kannte als Schuljunge nicht dieses Lied mit seinen tausend Strophen – immer neue Variationen ? Auch unserem lieben Klassenlehrer wurde es so nach der vierhundertsiebenundzwanzigsten Strophe zu bunt. Kurz und barsch sagte er: »Nun hört mal endlich auf mit dem Quatsch und singt was anderes!« Wir hatten ja das Ziel erreicht: er reagierte. Aber wie soll man als Erwachsener auch so etwas aushalten ?

Da fällt mir ein: ich habe nie eine Maus bei uns in der Schule gesehen. Aber jetzt glaube ich zu wissen, daß es wohl an Dr. Hoorns lag. Als stellvertretender Schulleiter hatte er ein so herrliches Kasernenhof-Organ alter Art ! Wenn der im Parterre losbrüllte, da bewegten

Ausflug in die Heide, um 1929. – *Hintere Reihe (stehend) von li.:* Henri Sellenschlo, Herbert Fastert, Helmut Frank, Heinz Hinzmann, Walter Helwig. – *Mittlere Reihe (kniend) von li.:* Kurt Lange, Werner Erlach, Rudolf Neumann, Harald Schütte, Ernst Neudahl. – *Vordere Reihe (lagernd) von li.:* Werner Boehm, Fritz Lauer, Helmut Heitmann, Hermann Schulenburg, Albert Lotz, Gerhard Ostendorf, Wilhelm Elfers, Willi Schulz.

sich die Blumen auf dem Fensterbrett im dritten Stock. Wie sollte sich denn da auch eine Maus wohlfühlen ? Ansonsten, glaube ich, hat er mir nicht sehr geschadet.

Weihnachten 1928 bekam ich ein weißes Oberhemd mit zwei weißen Klappkragen und eine Krawatte. Ostern 1929 sollte ich konfirmiert werden, und das ging nur mit Schlips und Kragen. Am zweiten Weihnachtstag wurde nun geübt. Eine furchtbare Quälerei, dieses Mordinstrument, hart wie Sperrholz, um den jungen zarten Hals zu legen, dann mit zwei Kragenknöpfen zu befestigen und noch den Schlips hineinzubringen – und dann soll der Knoten noch sitzen. Erst half mir meine Großmutter, dann mein Vater. Und als ich so nach 2 Stunden dahintergekommen war, sah dieser Trainingskragen so verbeult aus, als hätte ich ihn schon acht Tage getragen.

Aber zurück zu Herrn Helwig: wer sagt denn, daß wir damals rückständiger gewesen wären als die heutige Jugend ? Wir hatten auch Sex-Unterricht. Als wir nämlich während des Religions-Unterrichts einmal auf das Wort »Selbstbefleckung« stießen, sprach der Herr Lehrer sogar das Wort »Onanie« aus ! Wies uns aber ausdrücklich darauf hin, wie schädlich diese sei. Pille Bergmann duckte sich etwas hinter seinem Vordermann und flüsterte: »Na, denn wüllt wi dat nu man sien loten.. !« Der Unterricht auf diesem Gebiet war also mit zwei oder drei Minuten abgetan. 1929.

1929 wurde ich konfirmiert.

Im Geschichtsunterricht hatten wir auch Herrn Helwig. Hauptaufgabe: Geschichtszahlen pauken. Pauken wie die französischen Verben. Aber in der Untersekunda kamen auch politische Tagesfragen dazu. Jeden Tag neu. Und so mußten wir also die Zeitung lesen oder im Radio die Nachrichten hören. Fernsehen gab es ja noch nicht.

Eines Tages, Pauker Helwig saß wie immer auf seinem Podest, um alles besser übersehen zu können, berichtete er, erzählte und versuchte wieder einmal uns die Politik etwas näher zu bringen. Seine Ausführungen endeten mit einer Frage: »Und wer kam dann ? – Und wer kam dann ?« Als Antwort erwartete er von einem seiner Schüler: »Gustav Stresemann !« Aber alles schwieg – während ich hauchte: »Gustav Silberstreifen !« Das war ganz leise geflüstert. Er fragte sofort: »Wer war das ?« Wie konnte er das nur gehört haben ? »Ich !« Ich stand dabei selbstverständlich auf, wie es sich gehörte. Das nützte nichts. Herr Helwig: »Setzen, fünf !« Zu der Zeit wurde nämlich der damalige Reichskanzler Gustav Stresemann von den Nationalsozialisten »Gustav Silberstreifen« genannt, weil er in einer Rede unter anderem gesagt hatte, er sehe schon den Silberstreifen am Horizont. Und das mußte ich wohl irgendwo aufgeschnappt haben.

Erschwerend aber kam noch hinzu, daß Herr Helwig wohl Herrn Stresemann sehr verehrte.

Aber Kinder, Verzeihung, Ihr seid ja jetzt alle Erwachsene, wer denkt denn noch an den kleinen Hans Thiel. Ich glaube er war noch einen Zentimeter kleiner als ich. Als da der liebe Herr Probst* im Musikunterricht so'n bißchen auf dem Klavier klimperte, Verzeihung, auf dem Flügel spielte, da drückte er für ein paar Takte die schwarzen und weißen Tasten, um Mozart oder Beethoven ertönen zu lassen. Er spielte als wäre er Beethoven persönlich, saß auf dem Klavierhocker, mit sachten Bewegungen seinen Oberkörper von links nach rechts und von vorn nach rückwärts drehend. Mit geschlossenen Augen saß er da und hauchte uns gewissermaßen die Töne ins Ohr.

Und dann fragte er: »Von wem ist das ? Von wem könnte das sein ? Wie hört sich das an... ?« Er suchte mit Adleraugen unter seinen gelehrigen Schülern – und – traf den richtigen: Hans Thiel, neben mir. Ich weiß es nicht mehr, aber Thiel fand die Musik wohl etwas ermüdend, er hatte wohl etwas »geschlafen« wie die Herren Lehrer in solchen Situationen zu sagen pflegten. Dummerweise merkten sie das ja auch immer gleich ! Thiel antwortete nach reiflicher Überlegung: »Wie – wenn im Kino die Sonne aufgeht !« Na, was soll ich sagen ? 1928 ! Immer dasselbe: er mußte nach vorn kommen und sich eine Ohrfeige abholen. Das war keine Bringeschuld ! Hatten die Pauker es doch prima.

In Deutsch schrieben wir herrliche Aufsätze: »Die Bedeutung der Zeitung für die Familie«, oder »Rot, gelb, grün«. Mit letzterem Thema war die Einführung der Ampelanlagen im Straßenverkehr gemeint.

Und überhaupt bei Aufsätzen: Einleitung, Hauptteil: a), b), c) und so weiter und dann der Schluß ! Genau aufgegeben konnte eigentlich garnichts dabei schief gehen.

Was der eine Lehrer mit der Ohrfeige erledigte, das besorgte der andere mit einer vier oder sogar einer fünf !

Eines Tages sollte es auch mich in Deutsch erwischen. In der sonst so spannenden Stunde hatte ich wohl etwas besseres zu tun als den Worten unseres Herrn Helwig zu lauschen, der da irgendein Gedicht vortrug. Darin war auch von »Matten« die Rede. Ausgerechnet mich mußte dieser Pädagoge fragen. Wie sollte ich denn das wissen, wo ich mit meinen Gedanken ganz woanders war ? Aber schon hörte ich es flüstern: »Fußmatten«, was ich prompt in eine laute Sprache umwandelte – und mir dann genau so prompt eine fünf einbrachte ! Ja, so wurde da mit den Zensuren

* AS : Dieser ›kleine Probst‹ war gelblichen Teints, mit Adlernase, und ausgesprochen dämonisch anzuschauen. Er war jähzornig – ob nun von Natur, oder erst von seinen Schülern dazu gemacht – und ohrfeigte häufig; wobei er jedesmal zur Einleitung ein Gesicht schnitt, wie der selige ETA Hoffmann in persona.

geaast! Gemeint waren die grünen Matten der Alm.

Wir hatten auch einen netten Chemie-Lehrer, Herrn Dr. Meyer. Stets in gestärktem und gebügeltem weißen Kittel uns mit chemischen Formeln traktierend. Er war recht autoritär. Eines aber habe ich ihm zu verdanken: ich wurde eines Tages Chemie-Ordner. Warum ich es gerade wurde, weiß ich nicht. Vielleicht wollte er mir dieses Spezialthema durch Spezialübungen in den Pausen etwas näher bringen. Auf alle Fälle oblag mir eine grundlegende Arbeit: ich mußte die benutzten Reagenzgläser mit Wasser und einem Schuß Salzsäure reinigen. In Chemie blieb ich trotzdem bei der vier stehen, aber meine Warzen – sechsundfünfzig an beiden Händen – waren innerhalb von sechs Wochen verschwunden. Nachträglich ein lautes Dankeschön!

Ansonsten war der liebe Herr Dr. Meyer recht »geradeaus«, und das Wort autoritär konnte bei ihm wohl nicht groß genug geschrieben werden. Aber er war ehrlich, sagte jedem der Schüler in »Kurzform« seine Meinung. Bevor er Fragen an sein »Publikum« stellte, pflegte er etwa zu sagen: »Wenn einer von Euch vorsagt, weil der Befragte die Frage nicht beantworten kann, bekommt der Befragte eine fünf!«. Er stand da mit todernster Miene, nahm sein superkleines Notizbuch und stellte komischerweise oftmals den Schülern Fragen, die keine Zeit gehabt hatten sich entsprechend vorzubereiten oder die annahmen, sie kämen heute nicht »ran«. Und da passierte es schon mal, daß ein ganz Kluger die Frage leise flüsternd beantwortete. Aus! Vier!! Manchmal: fünf!

Ja, ja, wie hießen sie doch noch? All die Herren, für die wir lernten!

Dr. Möbius, unser Spanisch-Lehrer. Heute lerne ich Spanisch an der Volkshochschule und erinnere mich so gern an ihn, den Mann, der einen Goldring mit einem großen Brillanten auf dem Mittelfinger trug, der Mann, der sich mit uns die größte Mühe gab und schon damals den Unterricht mit Schallplatten bei uns einführte. Er war sehr ernst, nahm den Unterricht sehr ernst – und nahm uns sehr ernst.

Herr Probst, unser Turnlehrer, Bruder des Herrn Musik-Pädagogen Probst. In der heutigen Zeit wohl ein Bild für Götter! Ich habe ihn noch richtig in Erinnerung: gut dickbäuchig konnte er keine auch nur der harmlosesten Freiübungen selbst machen. Er konnte aber jede Übung wenigstens gut erklären – bis hin zum Salto im Freien, im Sandkasten an der Schulhofmauer zu den Mädchen. Ja, da wurden Jungs und Mädchen noch durch Mauern getrennt!*

Dr. Foerster, unser Englisch-Lehrer: über ihn ließe sich wohl ein Sonderbuch schreiben. Man kann nicht immer alles sagen, was man denkt. Aber er war der Mann, der uns in der Schule das Wort »Kameradschaft« näherzubringen versuchte, der mit der Jugend verbunden war. Wie herrlich die Geschichten: »Jimmy and the greenfrog«, »Little Lavinia« und andere. Er gab uns ein Klassenwappen

mit Klassenfarben: green-gold-red! Und unsere Parallelklasse hatte: blue-gold-red! Er: stets mit schwarzer Fliege, möglichst nur

* AS: Nebenan, nach Westen zu, befand sich die Volksschule Ausschlägerweg; ein Block für Jungen, der andere für Mädchen. Was uns ›trennte‹, war übrigens ein hoher Bretterzaun.

Programm zum Ljuset's Fest, der Feier des wiederkehrenden Lichts, am 5.11.1927. Anders als zum Luciatag 1929 (s. S.30) ein reiner übervölkischer Liederabend im Geist Ernst Foersters, an dem mit ziemlicher Sicherheit auch Arno Schmidt (guter Sänger) aktiv teilnahm.
Abbildung links gegenüber:
Klassenwappen in Grün-Gold-Silber auf der Innenseite des Programms.

(Zeichnungen von Helmut Frank)

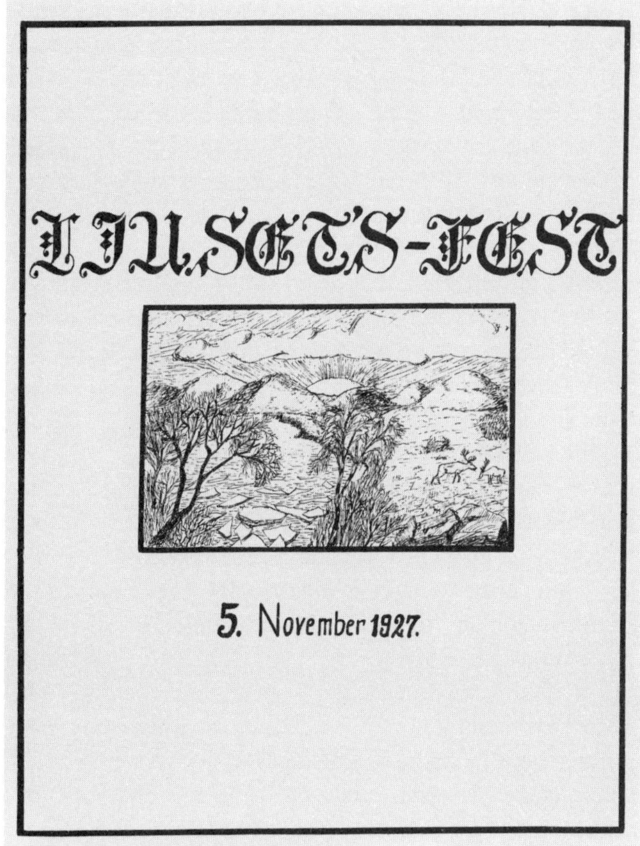

Wann wir schreiten Seit' an Seit'
Du gamla, du fria
La rose solitaire
Meunier tu dors
Sur le pont d'Avignon
The Indian Song
All the nice girls
Home, sweet home
Le petit navire
The Caterpillar
Poor old Joe
Ma Normandie
Alumda visan
Jan Banér
Florian Geyer
Ade zur guten Nacht

englisch sprechend, gab sich viel Mühe, und wir freuten uns, wenn es draußen schneite und wir singen durften: »There are snowflakes falling down overthere, overthere«. Auch ein russisches Lied lernten wir bei ihm und feierten das schwedische Lucia-Fest. Einmal sogar mit Schweden zusammen.

Vor den Ferien saßen wir eines Tages alle mit Kragen und schwarzer Fliege im Unterricht. Welch ein Anblick! Ein anderer Anblick war es für die Herren Lehrer, die beim Blick in's Klassenbuch feststellten, daß die ganze Klasse wegen »groben Unfugs« eingeschrieben war. Ob unsere Erzieher wohl wenigstens im Lehrerzimmer darüber gegrinst haben? Lachen konnten sie wohl alle nicht, zumindest die älteren Herren Pädagogen. Oder sollten sie durch uns das Lachen verlernt haben?

1927 wurde ich von »Kackel« und »Ködel« (Max Hannemann und Kurt Lindenberg) für den »Juna-Bu« gekeilt (angeworben). Eine Jugend-Organisation ähnlich den Pfadfindern. Einmal wöchentlich war »Nestabend«: es wurden Heimatlieder gesungen, der nächste Ausflug besprochen, der oft mit Übernachten im Zelt oder in einer Jugendherberge verbunden war. Aber auch die Schularbeiten mußten gemacht werden. Meinen Geigenunterricht mußte ich im Herbst 1925 nach zweidreiviertel Jahren wieder aufgeben – wegen der Schule! Und nun schon wieder etwas anderes nebenbei!

Die Schularbeiten waren nicht wenige! Die Anforderungen wurden ja immer größer. Doch bei mir klappte das nicht wie es sollte. Manchmal aber nahm ich einen ganz tollen Anlauf. Dann paukte ich zum Beispiel mit

Kurt Lindenberg fünf Stunden an einem Nachmittag für die am nächsten Tag folgende Physik-Arbeit. Das war 'n Ding! Nach fünf Tagen bekamen wir die Arbeit zurück – und ich 'ne fünf! Na, wozu also die Paukerei ?

Wir trugen Klassenmützen: Untertertia: Samt, weinrot mit einem weißen Streifen, Obertertia: Samt, hellgrün mit einem weißen Streifen und in der Untersekunda: hellgelber Samt mit einem weißen Streifen. Gelb. »Die gelbe Gefahr« sagten wir häufig. Nach einem Jahr sollten wir dann die Obersekundareife haben.

Obersekunda, das »Einjährige«, das mußte sein! War man doch vor dem ersten Weltkrieg dann so »reif«, daß man nur ein Jahr für Kaiser, Volk und Vaterland zu dienen brauchte. Man brachte also wohl entsprechende Voraussetzungen mit. Ob ich dann auch so reif sein würde ?

Da fehlte aber sicherlich noch einiges »Außerdienstliches« oder besser »Außerschulisches« bei mir. Es gab Mitschüler gleichen Alters, die sehr viel von »poussieren« sprachen und ab und zu von ihrer »Kleinen«. Bei solchen Redereien konnte ich nicht mithalten. Aber eines Tages sollte wohl auch das noch kommen. Und es kam in Gestalt meiner großen Jugendliebe: Käthe Bahn! Als ich mit eben 16 Jahren mit meiner Mutter im Urlaub auf die Insel Rügen fuhr, lernte ich sie kennen und lieben. Ach welch zarte, erste Knospe der Liebe! Schon nach acht Tagen mußten wir uns leider nach dem damals ersten und letzten Kuß auf die Wange trennen. Sie mußte nach Berlin zurück. Der Liebeskummer quälte sie und mich. Es konnten die zarten Bande nur brieflich aufrecht erhalten werden, wobei jeder Brief mit dem Schwur ewiger Treue endete. Aber so konnte ich doch nun auch auf dem Gebiet etwas mitreden – und etwas mit angeben.

Wieder ein Schritt dem »Einjährigen« näher.

Und es fehlte auch noch die Tanzstunde, die ich Anfang 1930 besuchen durfte. Tanzschule Schwormstedt am Berliner Tor. Dunkler Anzug war vorgeschrieben, auch weiße Handschuhe. Auf der einen Seite des Saales saßen die »Damen«, auf der anderen die »Herren«. Ein Pianist spielte am Flügel die Tanzmelodien. Ach, waren süße Mädchen dabei. Meine liebste Tanzpartnerin – keine Angst – ich war Käthe treu – so groß oder besser so klein wie ich, damals einsachtundfünfzig, hatte entzückende Zöpfe und wohnte »Oben Borgfelde«. Wir waren anständig erzogen! Wir tanzten immer so schön auf Distanz. Eines Abends klatschte der Tanzlehrer dreimal in die Hände, für alle ein Zeichen, den Tanz abzubrechen. Dann hatte er uns irgend etwas zu sagen. »Bitte Halbkreis«. Ausgerechnet meine Dame und mich zog er in die Mitte. »Musik bitte – bitte tanzen Sie«. Wohl nur fünf Takte, dann genügte es. »Sehen Sie, meine Damen und Herren, so nicht! Gehen Sie näher an die Dame heran – noch näher«. Dabei drückte er uns zusammen. Ich bekam einen roten Kopf. »Sie können bei der Dame nichts kaputt drücken«. Teufel! Teufel! Mit fast 17 Jahren spürte ich zum ersten Mal diese aufregende Nähe – und woher sollte ich wissen, daß ich nichts kaputt drükken konnte, – hatte mir doch niemand gesagt! Herrliche Jugend 1930!

Aber wenn ich jetzt auch dem außerschulischen »Einjährigen« etwas näher gekommen war, war ich im Hauptfach »Schule« doch etwas hinten dran.

Ich resignierte aber nicht. Klein und drahtig wie ich war, schon damals oft die Klappe auf, wo's nicht immer ganz angebracht war – aber nur um mich zu behaupten – strengte ich mich ab und zu wirklich noch ganz gut an.

Trotzdem kam, was nicht unbedingt hätte kommen müssen: am 17. 3. 30. Es war der letzte Schultag und Zeugnisse sollten ausgehändigt werden. Als ich am Morgen dieses Tages den mir so bekannten Weg zur Penne antrat – geschniegelt und gebügelt – voller Freude »das ist das letzte Mal«, begegnete ich merkwürdigerweise dem Postboten. Ich hatte wohl schon ein etwas eigenartiges Gefühl, als ich ihn nach Post für uns fragte. Er jedenfalls zeigte mir unter anderem einen so komischen blauen Brief. Mit etwas schlechtem Gewissen drehte ich bei. Der Postbote und ich kamen gemeinsam bei uns zuhause an. Meine Mutter öffnete den Brief, las ihn und sagte kurz: »Zieh den Mantel aus, bleib hier !« Im Zimmer gab sie meinem Vater den Brief. Er las ihn, sagte keinen Ton und gab mir den Brief. O Schande ! Der Herr Sohn hatte auf Beschluß des Lehrerkollegiums die Obersekundareife nicht erreicht. Das war für Eltern und Sohn sehr bedauerlich. Den ganzen Tag über schwieg mein Vater und meine Mutter sagte nichts ! Und ich ? Ich kroch immer nur in die letzten Ecken. Aber, aber ! Da hatte das Lehrerkollegium die »Rechnung ohne den Wirt« gemacht. Ein Bekannter meiner Eltern war Schulleiter an einer Hamburger Schule. Und der stellte fest, daß man mit diesem Zeugnis versetzt werden »mußte« ! Also wurde der Einspruch bei der Oberschulbehörde eingereicht. Mit Erfolg ! Aber warum denn nicht gleich so, meine Herren ? Wenn also auch mit Haken und Ösen: das war nun geschafft.

Am 17. 3. 30 war der letzte Schultag, leider ohne mich. Am 19.3.30 trat ich meine Lehre an. Und komisch: von diesem Tag an habe ich gearbeitet und gepaukt. Ob ich wohl ein »Spätzünder« war ? Nicht vergessen möchte ich aber an dieser Stelle die damalige Einstellung meiner Eltern. Ich wollte ja nach der Schulzeit erst einmal vierzehn Tage ausspannen, faulenzen, Ferien machen, vielleicht zu meiner Großmutter reisen. Aber meine Mutter sagte nur: »Nein, nein, mein Sohn, den Urlaub brauchst Du nicht. Am Tag nach dem Schulabschluß beginnt Deine Lehre. Wer weiß, wie Du später in Deinem Leben diese vierzehn Tage noch einmal brauchst !«

Jetzt brauchte ich sie, um diese Zeilen zu schreiben.

So vergingen also die »sorglosesten« Jahre im menschlichen Dasein, wie unsere Eltern immer zu sagen pflegten. Eines Tages sollte ja der Ernst des Lebens erst beginnen. Aber waren nicht die Schuljahre schon oft ernst genug ? Man kann sie wohl garnicht ernst genug nehmen. Mag sich die Art des Unterrichts wandeln, mögen sich die Lehrer wandeln und die Unterrichtsmethoden, diese Zeit der Kindheit behält immer ihren entsprechenden Ernst. Und so werden die Schüler von heute denn auch nach fünfzig Jahren und mehr über ihre Schulzeit berichten und statt des Lernens des großen »Einmaleins« vom Taschenrechner sprechen, statt von 14 Tagen Puan Klent von drei Wochen Frankreich und statt von Schularbeiten von Stress. Und wie immer verwischen sich im Laufe von fünfzig bis sechzig Jahren alle Dinge etwas. Man erinnert sich nur noch an »Spezifisches«. Es folgten ja inzwischen die Jahre mit dem »Ernst des Lebens«.

Das Leben ist gelaufen. Trotz vielem Negativen erinnere ich mich aber auch heute noch gerne dieser Zeit, die rund ein Sechstel meines Lebens ausgemacht hat.

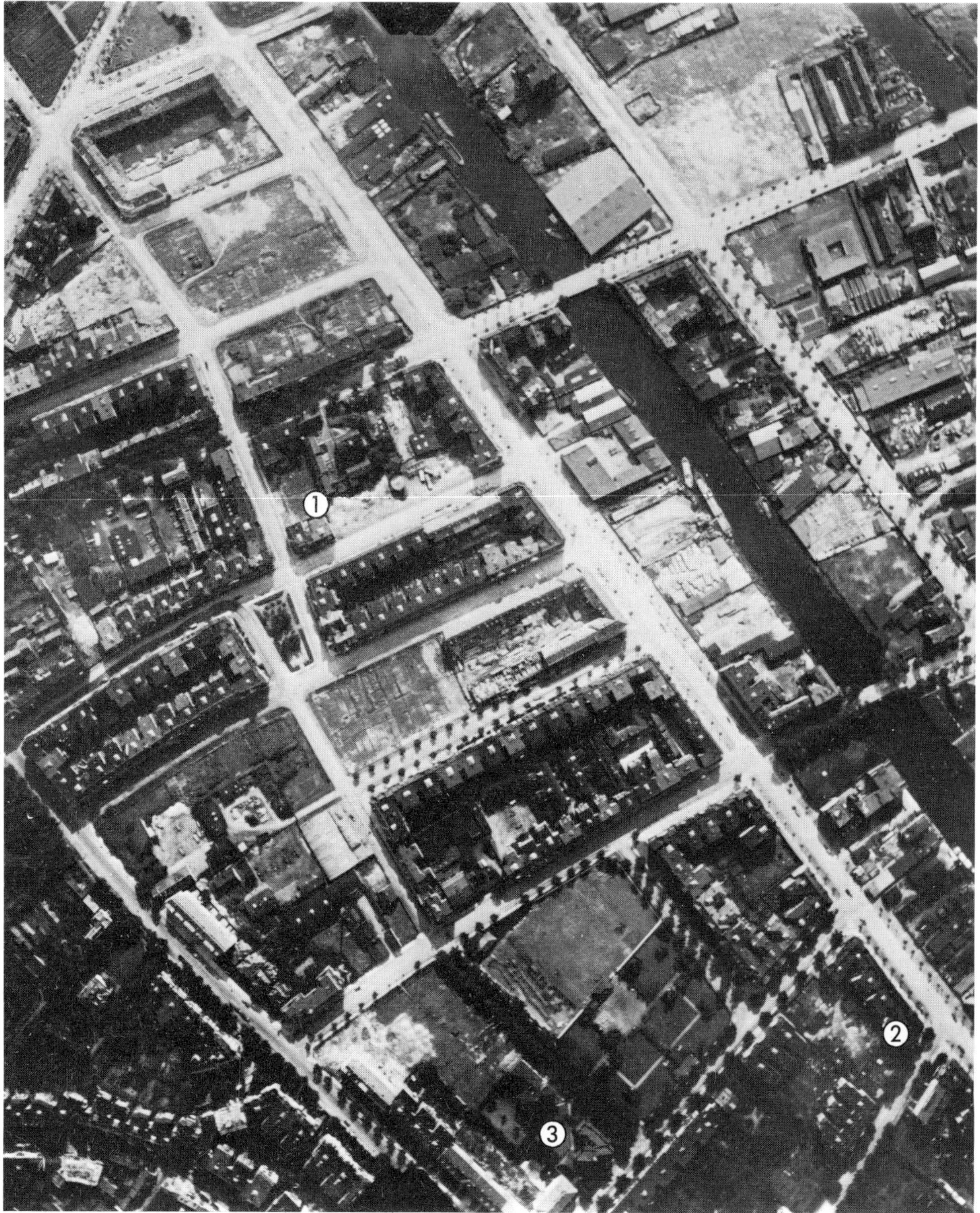

Langgestreckte, parallel zum Mittelkanal angelegte Eiffestraße, mit Lagerplätzen, Werkstätten, Schuten auf dem Kanal (rechts oben der gleichartige Südkanal). Längs dieser halbgewerblichen Szenerie Arno Schmidts, Hermann Pöckers und Hans Riebesehls täglicher Weg zur Realschule. Luftaufnahme 1926.

① – Arno Schmidts Geburts- und Wohnhaus Rumpffsweg 27 (Nr. 27 u. 29 noch alleinstehend).
② – Hans Riebesehls Geburts- und Wohnhaus Eiffestraße 269, Ecke Dimpfelsweg. Schwarzer Punkt vor der Hausecke eine große Litfaßsäule, in Hamburg Ausschlagsäule genannt.
③ – Jungenvolksschule am Pröbenweg. Gut erkennbar der Fußballplatz schräg gegenüber.

HANS RIEBESEHL

Für die meisten von uns war Hamm die Heimat ihrer Kindheit. Natürlich hatten wir Mitschüler aus den benachbarten Stadtteilen Borgfelde, Horn, Schiffbek und Hammerbrook, aber die Hammer waren die überwiegende Mehrheit.

Hamm ist ein geographisch gegliederter Stadtteil. Süd-Hamm liegt im ehemaligen Urstromtal der Elbe, in der Marsch. Die Hammer Landstraße bildet die nördliche Grenze; es folgt ein geologischer Abriß, das Ende der eiszeitlichen Endmoränen, und etwa 20 m höher – auf der Geest – liegt Nord-Hamm.

Ebenso stark gegliedert war die soziologische Struktur der Bevölkerung. In Nord-Hamm wohnte überwiegend die Mittelklasse: Geschäftsleute, »bessere« Angestellte, Beamte des »mittleren, gehobenen Dienstes«. Hamm-Süd dagegen war bevölkert von Arbeitern, »kleinen« Beamten und Angestellten, eben dem Plebs. Noch bescheidenere Verhältnisse gab es eigentlich nur in Hammerbrook und Rothenburgsort im Süden, sowie in Teilen von Eilbek und Barmbek im Norden.

Ich wurde in der Eiffestraße geboren und wuchs dort auf. Eine, wie mir als Kind schien, unheimlich lange Straße, die in nahezu westöstlicher Richtung verläuft, am Berliner Tor beginnt und vor der Umgehungsbahn Wandsbek-Rothenburgsort in einem Schrebergelände, der »Sandwüste«, endete. Die Nordseite der Eiffestraße war durchgehend mit Wohnhäusern bebaut, während auf der Südseite nur vereinzelte Wohnhäuser mit Industriebetrieben, Lagern wechselten.

Wir wohnten Eiffestr. Nr. 269. Das war ein Wohnblock zwischen dem Dimpfelsweg und dem Hammerweg. Der einzige Block in der Eiffestraße, der nicht grau gestrichen war. Der Block 269–273 prangte im satten Gelb, die unteren 2 m waren mit feuerbraunen Kacheln verfliest. Ein erstaunlich schmuckes Haus in dieser Gegend. Ecke Dimpfelsweg/Eiffestraße lag das Eisenwarengeschäft von Carl Lembke, es folgte links von unserem Hauseingang der Laden von Schuhmacher Schütt (»Ich bin kein Schuster!«). Rechts lag »Colonialwaren Paul Schiering«. Dann kamen »Grünwaren«, Obst und Gemüse Ferd. Mattukat. (»Onkel Nante« war ein Onkel meiner Mutter). Das Zigarrengeschäft Schönberg schloß sich an. (Zigaretten wurden einzeln in kleinen Papiertüten verkauft. 4 »Schwarz-weiß« 10 Pfennig). Links von Nr. 273 lag die Schlachterei Hugo Reiber. Reibers hatten einen Hund: »Tell Reiber«, Promenadenmischung, der durch ganz Hamm streunte, wo man ihm überall begegnen konnte, er einen kurz schwanzwedelnd begrüßte, sich aber nicht lange aufhielt. Er hatte es eilig. Es mußte doch irgendwo eine läufige Hündin aufzutreiben sein. – Auf der anderen Seite von Nr. 273 lag E. Picker – Brot und Backwaren – und den Abschluß vor dem Hammerweg bildete mit 5 Schaufenstern wohl das größte Geschäft in der Eiffestraße, »Wilhelm Kahmeyer – Kleider, Weiß- und Kurzwaren«.

Die Geschäfte waren zwischen 7 Uhr morgens und 7 Uhr abends durchgehend geöffnet. Das Verhältnis zu den Geschäftsleuten war aber so gut, daß man auch spät abends noch »hintenherum« ohne Bedenken einkaufen konnte. Bis zum Sommer 1926 hatte der ganze Wohnblock Gasbeleuchtung und im Winter machte das widerliche grün-weiße Gaslicht die Läden abscheulich abstoßend.

Wenn man im Sommer von der Straße ins Treppenhaus kam, war es dort angenehm kühl. Im Winter schön warm. Das verleitete uns Kinder natürlich häufig dazu, dort zu spielen, was Mutter Knust, die »Vice-Frau«, mehrmals wöchentlich auf die Palme brachte. Knusts hatten keine Kinder, dafür eine dick-

Alte Hammer Kirche (Dreifaltigkeits-Kirche). Im Zweiten Weltkrieg total zerstört. Hier wurde Arno Schmidts Schwester Luzie konfirmiert.

liche Glatthaar-Terrierin »Nelli Knust«. Nelli war unsere Warnerin. Jedesmal wenn Mutter Knust ihre Haustür öffnete, schoß der Köter wild kläffend heraus. Irgendjemand hörte es immer und nach dem Ruf: »Mutter Knust kommt!« stürzten alle die Treppen hoch. Meist bis zu uns in den 5. Stock. Unten im Flur erschien Mutter Knust und zeterte hinter uns her. Wenn ich zum Monatsende die Miete bezahlte (1924 = RM 58,50) hatte ich stets ein schlechtes Gewissen.* An das Treppenhaus erinnere ich mich seit frühester Kindheit. Links und rechts im Eingang waren große Spiegel angebracht. Meine Mutter hob mich häufig hoch, um mich hineinsehen zu lassen. Man sah sich unendlich viele Male wiederholt. Später, als ich groß genug war, allein hineinsehen zu können, linste ich ganz kurz, zog den Kopf blitzschnell zurück, schob ihn ebensoschnell wieder vor, um ganz hinten mein Spiegelbild noch zu erwischen. Es ist mir nie gelungen...

Wir wohnten also im 5. Stock, und hatten das, was für junge Leute heute eine »Traumwohnung« wäre. Es war eine gut ausgebaute Dachwohnung. Links und rechts von unserer Haustür waren die Türen zu den Dachböden der anderen Mieter. Unsere Wohnung war sehr groß. Die Küche mit Balkon und das Wohnzimmer lagen zur Eiffestraße hin. In der gerundeten Ecke zum Dimpfelsweg lag das Eßzimmer, das natürlich nur bei Geburtstagen oder Besuchen benutzt wurde. Zum Dimpfelsweg lagen Eltern- und Kinderschlafzimmer. Bad, Speisekammer und Toilette lagen an einem langen winkligen »Korridor«, über den man auch sämtliche Zimmer erreichte, zu einem Lichtschacht hin. Das Besondere an der Wohnung war, daß über allem unser Boden lag, zu dem vom Flur aus eine Treppe nach oben führte. Die Größe des Bodens und der Hang meines Vaters zur

* AS : Unsere Monatsmiete betrug (vom ersten bis zum letzten Jahr) 32.–; und mußte bei der Mutter des Architekten und Hausbesitzers, Frau Dorendorf, abgeliefert werden; sie wohnte ›Hochparterre‹ und gerade über der Gastwirtschaft. Ich habe sie noch im Herbst 1938, als uralte Frau, dort gesehen, (Wir fuhren gerade nach England) / zum letzten Mal sah ich übrigens mein Geburtshaus, wie auch Volks- und RealSchule, im Winter 41, wo ich als Soldat nach Norwegen verfrachtet ward. – Das nächste Mal dann, '48, als mich Rowohlt nach Hamburg berief, um den Vertrag über den ›Leviathan‹ abzuschließen, lag Alles in Trümmern. Ich bin auf den 2–3 m hohen Schutthaufen, der mein Geburtshaus darstellte, geklettert : ringsum, kilometerweit, Alles flach ! Auf der Eiffestraße stand noch die rote Backsteinfront des Kinos; im Norden die Giebelwand der Hammer Kirche (wo Luzie konfirmiert worden war); im Westen halbhoch die Südwand der Volksschule : genau die mit der Treppe, auf der wir gestaffelt stehen (s. Abb. S. 158). Ich hab mich wieder an meinen alten Platz gestellt; und ein paarmal den Kopf geschüttelt.

Sparsamkeit führten dazu, daß er sich von nichts trennen konnte. »Man kann nie wissen, wozu das noch mal zu gebrauchen ist ...«. Alles mögliche lagerte auf dem Boden und so war das für uns ein herrlicher Spielplatz zwischen Schätzen, von denen andere Kinder nur träumen konnten. Es gab ausrangierte Kommoden, Schränke, Stühle, Tische und alles mögliche Geschirr. Dazu Teile von zwei oder drei Fahrrädern, aus denen ich mir mit 12 oder 13 Jahren mein erstes Fahrrad zusammenbaute.

Zur selben Zeit zog ich aus dem Kinderzimmer aus, um mein Bett unter der Bodentreppe aufzubauen. Es war sehr gemütlich. Rechts in der Wand lagen Schornsteine, so daß es im Winter kuschelig warm war, links zum Flur hing ein Vorhang. Ein Bücherbord und Beleuchtung aus einer Taschenlampenbatterie vervollständigten die gemütliche Koje.

Wenn man von unserem Balkon herabsah, lag gegenüber der Schrottplatz von Samuel Gutentag – Alteisen, Metalle –. Kein erfreulicher Anblick, aber wir kannten es nicht anders. Rechts daneben lag die Mühlsteinfabrik Berthold Wachtel. Es folgte die Blechdruckerei Rudolf Moll. Links vom Schrottplatz lag das Kohlenlager Emil Werner. Daneben ein Reparaturbetrieb für Akkumulatoren. Hinter diesen Betrieben verlief der Mittelkanal, an dem jenseits sich das langgestreckte Backsteingebäude der Bäckerei »Produktion« zur Wendenstraße hin erstreckte.

Dieses kleine Gebiet zwischen Dimpfels- und Hammerweg war die Heimat der dort aufwachsenden Kinder. Natürlich kannte man viele Kinder jenseits der beiden Seitenstraßen, grüßte sich auch, aber es gab keine Verbindung zu ihnen. – Unsere Eltern waren nicht mehr Arbeiter, aber noch nicht Mittelklasse. Heute würde man »lower middleclass« sagen, was uns aber ohnehin nichts bedeutet hätte. Das, was uns von den übrigen Kindern unterschied, war, daß wir »Mädchenspieler« waren, d.h. Jungen und Mädchen spielten gemeinsam. Natürlich gab es reine Jungen- wie auch reine Mädchenspiele. Aber es gab vieles, was wir gemeinsam veranstalteten: Tauspringen, Verstecken, Holländer- und Roller-Fahren, Abo-Bibo, Dritten-Abschlagen und vieles mehr.

Diese Besonderheit wurde mir erst klar, als ich mit etwa 11 Jahren bei einer Jungengruppe zwischen Dimpfelsweg und Claudiusstraße stehen blieb, die »Messersteck« spielten. Typisches Jungenspiel. Ich sah nur zu, ohne mich zum Spiel zu äußern. Ole Lübcke war dran und haute entsetzlich daneben. Er richtete sich auf, sah sich um und raunzte mich an: »Hau ab, Du Arschloch, Du Mädchenspieler!« Ich grinste nicht einmal beim Weggehen.

Derartige Reaktionen bzw. Aggressionen gab es bei uns kaum. Wir waren unwahrscheinlich friedlich miteinander und hatten auch niemanden, der als Anführer gegolten hätte.

Aus irgendeinem Grund gab es eine heftige Fehde zwischen den Jungen Dimpfelsweg/Claudiusstraße und Hammerweg/Louisenweg. Um was es ging, haben wir nie erfahren, aber man spürte die Gehässigkeit der beiden Gruppen. Eines Tages kam es plötzlich zum offenen Kampf: Straßenschlacht. Mit Stöcken, Steinen, Latten und Katapulten rückten die verfehdeten Gruppen aufeinander los – auf unser Gebiet. Wir spielten auf der »Gutentag-Seite« mit den Mädchen Tauspringen, als Lieschen Schiering plötzlich schrie: »Sie kommen!« Wir rannten auf die Häuserseite und die ersten Steine flogen hin und her. Der Kampf tobte etwa eine Viertelstunde und es gab einige Leichtverletzte. Die Ruhe war jedoch wieder hergestellt, als kurz darauf ein »Udel« (Polizist) per Fahrrad von der Wache am Borstelmannsweg auftauchte.

Familie

Nachdem ich einigermaßen lesen gelernt hatte, machte ich mir die Mühe, ein Gedicht zu entziffern, das gerahmt bei uns im Wohnzimmer hing. Es hieß: »Mein Junge!« und bestand aus etwa 6 Strophen. In jeder wurde zunächst gesagt, was man schon mal machen dürfe: Sich beim Spielen die Hose zerreißen, versehentlich eine Scheibe zerschlagen und ähnliches. Den Schluß bildete jeweils der Satz: Nur eins, mein Junge, schau mir ins Gesicht. Nur eins, mein Junge, eins darfst du nicht: Nicht lügen! – Das Gedicht hatte mein Vater aufgehängt. Es entsprach seiner Grundhaltung, und er machte es uns leicht, danach zu handeln, denn wir wurden nie bestraft für irgendwelche Mißgeschicke. Wir erzählten davon und der Schaden wurde behoben. Schläge waren ohnehin verpönt.

Mein Vater hatte Küfer gelernt und war während meiner Kindheit Geschäftsführer einer Wein- und Spirituosenfirma. Er muß recht tüchtig gewesen sein, und ich erinnere mich an Gespräche mit seinen Freunden, die ihm immer mal wieder rieten, sich selbständig zu machen. Da er aber sehr auf Sicherheit bedacht war, jedes Risiko scheute, wurde nichts daraus. Wahrscheinlich hätte er einen guten Beamten abgegeben.

Aus dem Weltkrieg war er mit einem zerschossenen Bein zurückgekommen, daher trug er orthopädische Stiefel. Trotzdem war sein Gang immer etwas hinkend, und auf der Straße ging er nur mit Spazierstock, was ihn meiner Meinung nach sehr gut »kleidete«. Im Gegensatz zu den meisten Männern seines Alters sprach er nie über Kriegserlebnisse, behauptete nie, ein Held gewesen zu sein.

Obgleich er keineswegs autoritär war, respektierte ich ihn sehr, hatte aber nie ein besonders inniges Verhältnis zu ihm. Was er anordnete, hatte Hand und Fuß, und er erklärte, weshalb er es anordnete.

Meine Mutter war fast ebenso alt wie mein Vater. Sie war sehr fröhlich und sang viel. Friedl Schütt, Schuhmacherstochter, die mit meiner Schwester in dieselbe Klasse ging, behauptete in einem Aufsatz »Unser Haus«: »Durch den Lichtschacht höre ich Frau Riebesehl. Sie trillert wie eine Lerche ...!«

Da unser Vater tagsüber nicht im Hause war, lag die Erziehung in der Hauptsache bei ihr. Sie hatte eine sehr liberale Einstellung zu allen möglichen Dingen und brachte uns früh bei, kritisch zu sein, die Meinung anderer Menschen zu tolerieren, auch wenn man sie nicht teilte.

Bei uns in der Familie wurde viel geküßt. Erst im Laufe der Jahre durch Vergleiche über das Zusammenleben in anderen Familien fiel mir auf, daß man sich bei uns berührte. Es war die natürliche Fortsetzung kindlicher Schmuserei. Kleine Gesten der Vertrautheit, das sich Einhaken, Streicheln der Hand oder Wange. Ich erinnere mich, daß ich trotz des distanzierten Gefühls, das ich zu meinem Vater hatte, ihm gelegentlich über die Glatze strich, wenn ich neben ihm stand.

Meine Schwester Gretel wurde zwei Jahre nach mir geboren. Sie hatte zu meinem Vater ein sehr viel innigeres Verhältnis als ich. Gretel war ihm sehr ähnlich: Fleißig, pünktlich und gewissenhaft. Wenn sie sich in der Haustür von unserer Mutter für die Schule verabschiedete, überlegte sie laut: »Taschentuch, Tafeltuch, spitzen Griffel, nassen Schwamm, Nägel?«

Da wir von den Eltern nicht geschlagen wurden, prügelten wir uns auch nicht und galten in der Verwandtschaft, wie in der Nachbarschaft als vorbildliches Geschwisterpaar. Gretel hatte unregelmäßige Zähne, die der Dentist Schäfer, Ritterstraße, durch Klammern richten sollte. Die Behandlung erstreckte sich über mehrere Jahre und Gretel mußte alle 3 bis 5 Wochen zu ihm. Ich glaube, sie hat es durch Betteln und Schmusen stets geschafft, daß sie nicht allein gehen mußte. So zottelten wir dann Arm in Arm los.

Volksschule

In der Volksschule Pröbenweg war Fräulein Miriam Cohen meine Klassenlehrerin. Eine schwarzhaarige, sehr liebe Halbjüdin, die etwa das Alter meiner Eltern hatte. Sie brachte uns sehr zielstrebig alles bei, was man wissen mußte, um während des 4. Schuljahres die Prüfung für die Oberschule zu bestehen. Neben den üblichen Grundkenntnissen Lesen, Schreiben, Rechnen nahm »Heimatkunde« einen breiten Raum ein. Wir lernten die in den Straßen an Häusern oder besonderen kleinen Pfosten angebrachten Schilder zu deuten, welche von den Wasser-, Gas- und Elektrizitätswerken zur Bezeichnung irgendwelcher Ventile, Dichtungen oder Abzweigungen angebracht waren.

Irgendwann in der 3. oder 4. Klasse besichtigten wir den Elbtunnel. Im Anschluß an diesen »Ausflug« wurde alles nochmals durchgegangen. Dann diktierte »Milli«, wie wir sie liebevoll nannten, einen Aufsatz darüber. Ein Satz, der sich auf Zierkacheln bezog, lautete: »Sie stellen Wassertiere dar«. Ich hatte »darstellen« bisher immer für da-stellen gehalten und konnte es nicht fassen, daß ich einen dick angestrichenen Fehler gemacht hatte.

Milli Cohen unterrichtete alles, was im 1. bis 4. Schuljahr vorkam, außer Turnen. Turnen hatten wir gemeinsam mit der Nebenklasse bei Herrn Tonn. Er leitete das Turnen und Milli gab Hilfestellung. Es muß in der 4. Klasse gewesen sein, daß ich nach irgendeiner ungeschickt ausgeführten Übung an ihrem Busen landete. Sie trug einen grünen, engen Wollpullover und in dem Moment wurde mir erstmals klar, daß Frauen unterschiedliche Brüste haben. (Meine Mutter war flacher). Mit knallrotem Kopf und einer Entschuldigung rappelte ich mich wieder auf.

Im dritten Schuljahr übernahm Frau Mertens den Zeichenunterricht. Eines Tages sollten wir unsere Mützen zeichnen. Obgleich Volksschulen keine Schul- oder Klassenmützen hatten, gab es in den Hutgeschäften »neutrale« Schülermützen. Jeder legte seine Mütze vor sich hin und begann, sie abzuzeichnen. Frau Mertens ging durch die Bankreihen, erklärte und verbesserte. Nachdem sie zu mir gekommen war, lobte sie meine Zeichnung, ging nach vorn und zeigte sie allen, und ich mußte sie beim Korrigieren der Zeichnungen meiner Mitschüler unterstützen. Ein tolles Erfolgserlebnis.

Die Grundschuljahre waren, was das rein Schulische betraf, eitel Sonnenschein. Die wirtschaftliche Lage dagegen war nach dem verlorenen Krieg, der wachsenden Zahl der Arbeitslosen ziemlich bedrückend. In der großen Pause gab es für alle Schüler eine Kumme warmer Suppe aus der amerikanischen Quäkerstiftung. Es wechselte zwischen Schokoladen-, Erbsen- und Kartoffelsuppe. Die Erbsensuppe war mir am liebsten, obgleich sie nicht so schmeckte. (Das taten die beiden anderen Sorten auch nicht, man konnte sie eigentlich nur farblich unterscheiden: grünlich, bräunlich, gelblich).

Eines Tages bekamen wir einen Zettel für die Eltern, auf dem es hieß, daß bedürftige Kinder ein Paar Holzschuhe in einem Amt in der Straße »Koppel« bekommen könnten. Meine Eltern erklärten mir, daß ich darauf keinen Anspruch hätte. Als aber schon mehr als die Hälfte der Mitschüler Holzschuhe trug, war es mir peinlich, immer noch in Lederstiefeln zu laufen; ich konnte sie breitschlagen und mir doch noch ein Paar holen. Die Freude währte nicht lange, ich knickte dauernd um, konnte nicht damit laufen und die harten Lederriemen rieben mir die Füße wund.

In einem Winter war die Schule besonders schlecht geheizt. Schon halb durchgefroren gingen wir während der Pausen auf den Hof. Eines Tages, Herr Tonn hatte die Aufsicht, ließ er eine ältere Klasse antreten und mit dem Lied: »Kartüffelsupp – Kartüffelsupp – den ganzen Dag Kartüffelsupp, Haas – Haas – Haas«, zu einem Dauerlauf um den Schulhof starten. Schnell schlossen sich die jüngeren Schüler an. Bald lief die ganze Schule singend um den Hof herum. Angenehm aufgewärmt kamen wir in die unterkühlte Klasse zurück.

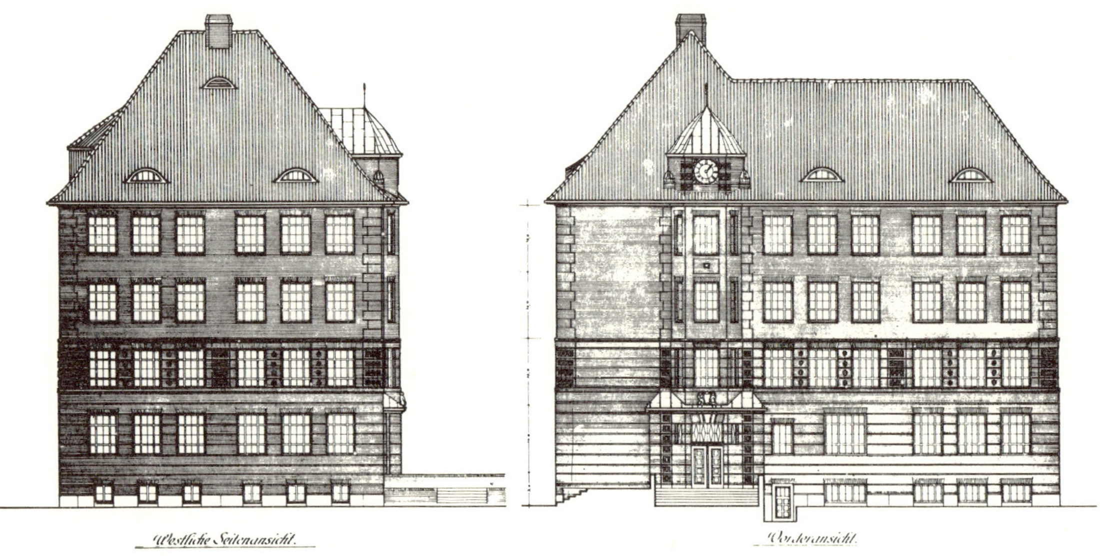

Die Pröbenwegschule, 1910–1912 erbaut, war ein anspruchsvoller Schulbau im besten (sog. »Darmstädter«) Stil der Zeit. Anschauliche Einzelheiten zur Baugeschichte im Hamburger Staatsarchiv; die Klinker für die Außenverblendung wurden z. B. aus dem Havelland herbeigeschafft. Ausgesuchte Farbgebung im Inneren, Keramikbrunnen in

Es muß im Oktober, November 1923 gewesen sein, als meine Schwester mit einem Schrieb aus der Schule nach Hause kam, worin die Eltern aufgefordert wurden, denjenigen Mitschülerinnen zu helfen, deren Väter arbeitslos waren. Zu uns kam Irma Kaczmirzak. Ihre Eltern wohnten in einer »Terrasse« am Louisenweg. Terrassen wurden die Hinterhäuser genannt, die nur durch den Torweg des Vorderhauses zu erreichen waren. Irma war eines von 7 Kindern: klein, dünn, blaß und scheu. Sie kam mittags nach der Schule mit Gretel zu uns, aß bei uns, machte ihre Schularbeiten, blieb auch nach und nach länger am Nachmittag bei uns und ging später, von meiner Mutter mit dem Schulbrot für den nächsten Tag versorgt, nach Hause. Mir war das zunächst sehr peinlich, weil ich das ganze für sie, Irma, verletzend fand, und sie zunächst ein Fremdkörper in der Familie war. Meiner Mutter gelang es jedoch ziemlich schnell, Irmas Scheu abzubauen, so daß wir sie mehr und mehr als dazugehörig akzeptierten. Weihnachten feierte sie noch mit uns gemeinsam, aber im Januar fand ihr Vater wieder eine Arbeit. Ihre Besuche wurden dann seltener und hörten schließlich ganz auf. Zuerst fehlte sie uns mitunter, aber bald merkten wir, daß zwei Kinder sich doch besser vertragen als drei.

Eigentlich fühlte ich mich in meiner Volksschulklasse so wohl, daß ich keine besondere Lust verspürte, auf eine höhere Schule zu wechseln. Aber die Erwachsenen, Eltern wie Lehrer, machten einem die Notwendigkeit so klar, daß man es schließlich für seine eigene Idee hielt, die Oberschule zu besuchen. Trotzdem ging man mit sehr gemischten Gefühlen in die Prüfung. Prompt kam auch schon der erste Schock: Prüfungslehrer war ein Dr. Hoorns. Er war größer als alle Lehrer an der Volksschule, war eleganter gekleidet als sie und war sehr »von oben herab« zu uns armen Würstchen. Alle möglichen Tests wurden durchgeführt, bei denen man nie wußte, ob die Antworten richtig oder falsch waren. Zum Schluß des ersten Prüfungstages bekamen wir einen Zettel mit Fragen. Man war schon ziemlich geschafft. Die letzte Frage lautete: Man sieht die volle Scheibe des Mondes. Wie nennt man das? Mir fiel nichts ein. Ich war geschockt und glaubte, durchgefallen

den Gängen, überall das Bestreben, in diesem Viertel ein Musterbeispiel neuer Baugesinnung zu schaffen. Rechts unten der Namenszug des Architekten Dr.-Ing. Albert Erbe. Ein Temperabild von seiner Hand als Ideenskizze für den Entwurf wird im Staatsarchiv aufbewahrt. Sein Name bleibe erhalten.

zu sein. Auf dem Nachhauseweg mit Herbert Augustin und Henri Sellenschlo aus meiner Volksschulklasse unterhielten wir uns ausgiebig. Was man richtig, was falsch gemacht hatte, wußte niemand. Aber beide hatten Vollmond geschrieben. Ich war erledigt.

Realschule in Hamm

Es gibt viele Menschen, die behaupten, daß die Schulzeit die schönste Zeit ihres Lebens gewesen sei. Bei einer Reihe von ihnen wird es so sein, weil die Erwachsenen es ihnen während der Kindheit suggerierten. Andere werden unangenehme Erinnerungen verdrängt haben. Für eine dritte Gruppe war es vielleicht wirklich die schönste Zeit. Das sind diejenigen, die in keinem Fach Schwierigkeiten hatten, mit den Lehrern gut zurechtkamen.

Ich gehörte nicht dazu. Die Schulzeit in der Realschule in Hamm habe ich fast vom ersten Tag an als abscheuliche »Tierquälerei« empfunden: Auf der einen Seite die Pauker, mit allen Machtmitteln ausgestattet, auf der anderen Seite das Gewürm der Schüler, das zertreten werden konnte. Der Wechsel von der Volksschule auf die Realschule war wie ein Sprung vom warmen Kachelofen ins Eiswasser.

Im Laufe der Schuljahre haben wir häufig vom »Lehrkörper« gehört, ein blödsinniger Begriff. Den Körper möchte ich sehen – oder lieber nicht – in dem die einzelnen Organe so wenig zusammen-, meistens gegeneinanderarbeiten.

Ein zahlenmäßig geringer, aber absolut bestimmender Teil der Lehrer war ausgesprochen konservativ, sozusagen die »Arschpauker«, wenn es die uneingeschränkte Prügelstrafe noch gegeben hätte. Außerdem gab es die liberalen Lehrer und die indifferenten. Es gab einen »Revolutionär«. Die konservativen be-herrschten das Feld, angeführt vom »Direx« Dr. Stoppenbrink. Er war ein großer Mann, etwa 1,95 m, mit viel zu kleinem Kopf und kleinen Füßen. Mit kleinen, immer eiligen Schritten hastete er während der Pause durch die zum Hof oder zurück strömenden Schüler, oder während der Stunden in irgendwelche Klassen. Bei dem Tempo, das er draufhatte, muß er ein enormes Arbeitspensum bewältigt haben. Seine hohe, metallisch klingende Stimme schallte häufig in kurzem, bellenden Stakkato durchs Gebäude. Der Spitzname, den er sich durch seine Sprechweise erworben hatte, war En-En (wie En(g)– ohne deutliches (g)). Er bellte auch die erste Andacht nach den Osterferien 1924, unserem Eintritt in die Schule. Die Andacht, mit der jeden Montagmorgen die neue Schulwoche begann, sollte etwas Erhebendes haben. Sie fand in der Aula statt, einem imposanten Raum, dem Inneren einer Kirche vergleichbar. Sozusagen den Altar bildete ein Rednerpult. Dem Pult gegenüber das Portal, darüber die Empore mit der Orgel. Die Schüler kamen klassenweise hinein und besetzten die Plätze. Ein oder zwei Lehrer hatten die Aufsicht, um größere Krawalle vor dem Beginn der Andacht zu verhindern. Zum Schluß kamen die Lehrer und nahmen Platz. Von der Orgel her ertönte ein Choral, den wir mitsingen mußten. Dann erhob sich einer der Lehrer und predigte. Es waren wirkliche Laienpredigten, die dort gehalten wurden.

Dann zum Abschluß des religiösen Teils wieder ein Choral. Häufig wurden vom Direx oder einem seiner Vertrauten noch irgendwelche neuen Maßnahmen mitgeteilt, Verbote ins Gedächtnis zurückgerufen, auf den allgemeinen Sittenverfall an gerade »dieser, unserer Schule«, hingewiesen, und daß man dem nicht tatenlos, sondern mit aller Strenge usw. usw.

Im ganzen gesehen, nach »sinnlos vergeudetem« Sonntag lebensnahe Praxis zum Wochenbeginn.

Nach kurzer Eingewöhnung wurde die Andacht dazu benutzt, Hausaufgaben zu vollenden, Vokabeln zu lernen, kurz: Versäumtes nachzuholen, so gut es ging.

Zu den Konservativen gehörten neben dem Direktor: Dr. Michaelsen, Dr. Hoorns, Dr. Dau, Herr Pohlmann, Herr Heldmann. Die letzten drei »hatten« wir nicht.

Dr. Michaelsen, »Michel«, war unser erster Klassenlehrer, 1,90 m groß, ein massiger Typ mit Mensurschmiß auf der linken Wange. Er unterrichtete Deutsch, Geschichte, Religion und erinnerte häufig daran, daß wir den Krieg fast gewonnen hätten ... Wenn er die Klasse betrat, und wir nicht zackig genug aufsprangen, wurde das geübt: »Auf, setzen ... auf, setzen...« bis es klappte. Auch mitten im Unterricht, wenn sich die ersten hinter glasigem Blick zurückzogen, brüllte er plötzlich auf oder haute mit einem »Totschläger« aufs Pult, oder er riß den Schläfer durch ein auf ihn geschleudertes Schlüsselbund aus dem Schlummer. Was veranlaßte einen Lehrer, stets mit einem Totschläger herumzulaufen? War es Angst vor »Sozis« und Kommunisten, oder vor ehemaligen Schülern, die er so sehr getriezt hatte, daß er sich vor ihnen fürchten mußte? Mit seiner deutschnationalen Einstellung hat er nie hinterm Berg gehalten; daß Deutschland den Krieg verlor, lastete er den Siegern, besonders England, an. Daß Deutschland keine Kolonien mehr ausbeuten konnte, nahm er besonders übel. Er warb für den »Verein fürs Deutschtum im Ausland«. Jeder konnte (mußte) die VdA-Zeitschrift »Jung Siegfried« beziehen. Mit seinen Kriegserlebnissen, seinen Heldentaten, prahlte er mächtig herum.

Wir haben trotzdem viel bei ihm gelernt. Wie hat er uns mit Konjugationen »gezwiebelt!« Spezialität unregelmäßige Verben. Geschichte fand für ihn, wie das so üblich war, im wesentlichen auf Schlachtfeldern statt.

Er war zu sehr Respektsperson, als daß man darauf gekommen wäre, ihm Streiche zu spielen. Außerdem waren wir dazu noch zu neu. Gelegentlich sprach er während des Unterrichts von seiner Familie, was ihn wesentlich menschlicher erscheinen ließ. – Michel war nur zwei Jahre unser Klassenlehrer. Er wurde an die Oberrealschule Eimsbüttel versetzt.

Dr. Hoorns war derjenige, der mich schon während der Aufnahmeprüfung durch seine Unnahbarkeit geschockt hatte. Jetzt hatten

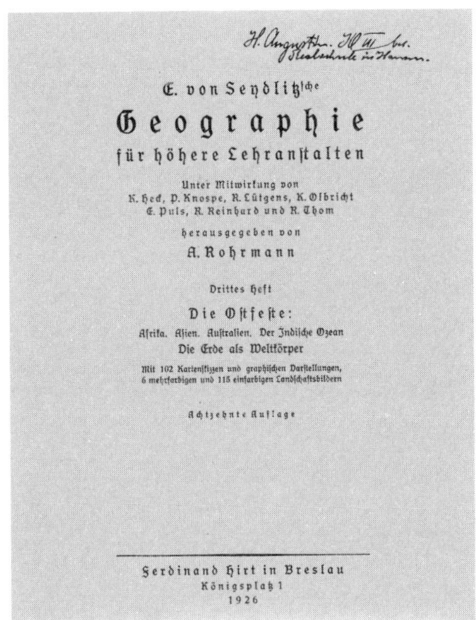
E. von Seydlitz'sche
Geographie
für höhere Lehranstalten
Unter Mitwirkung von
K. Heck, P. Knospe, R. Lütgens, K. Olbricht
E. Puls, R. Reinhard und R. Thom
herausgegeben von
A. Rohrmann
Drittes Heft
Die Ostfeste:
Afrika. Asien. Australien. Der Indische Ozean
Die Erde als Weltkörper
Mit 102 Kartenskizzen und graphischen Darstellungen,
6 mehrfarbigen und 115 einfarbigen Landschaftsbildern
Achtzehnte Auflage
Ferdinand Hirt in Breslau
Königsplatz 1
1926

wir ihn im ersten Jahr in Erdkunde.* Glücklicherweise nur in diesem einen Fach. Er trug die elegantesten Anzüge des gesamten Kollegiums, war unheimlich eitel, weshalb er sich dauernd über seinen pomadisierten, schon spärlichen Haarwuchs strich und war arrogant – bis zum geht nicht mehr. Man hatte den Eindruck, es sei eine Gnade, daß er uns plebejischen Würstchen von seinem Wissen etwas vermittelte. Wenn ich von ihm zu Hause berichtete, konnte auch der Hinweis meiner Mutter, daß er von unseren Steuern bezahlt würde, mein Unbehagen vor ihm nicht mindern. – Gelegentlich wies er darauf hin, daß er Vorsitzender des Grundbesitzervereins in Harburg sei und er war der einzige Lehrer, der damals schon mit einem Auto, einer Ford T4-Limousine, in die Schule kam. Man hörte, daß seine Frau vermögend sei. – Glücklicherweise war auch er für uns nur für ein oder zwei Jahre zuständig.

Der vierte im Bunde der Konservativen war Dr. »Heini« Dau. Wir haben ihn nicht als Lehrer erlebt, aber er prägte den Geist der Schule wesentlich mit. In der Hauptsache unterrichtete er Physik. Er trug stets einen weißen Kittel und tat, als sei der Physiksaal und die dazugehörigen Praktikum- und Lehrmittelräume sein persönliches Eigentum. Häufig stand er während der Pausen hinter einem Fenster des Physiksaals und beobachtete uns auf dem Hof. Plötzlich riß er das Fenster auf und brüllte von oben herunter: »Du da, ja Du, Du Kommunistenschwein, heb sofort dein dreckiges Butterbrotpapier auf. Wo wohnst du eigentlich? Natürlich Süd-Hamm!« Oder wenn er einen Schüler persönlich kannte, der lachend in einer Gruppe stand und schwadronierte: »He, Geerts, Du Angeber, laß das Poussieren im Hammer Park, setz Dich auf deinen Hintern und lerne Physik! Deine letzte Arbeit ist eine glatte Fünf!« Dabei schwenkte er ein Heft, das er wahrscheinlich gerade zensiert hatte.

Diese kleine Gruppe von Lehrern drückte der gesamten Schule ihren Stempel auf, wogegen die gemäßigten, liberaleren Lehrer einfach nicht ankamen.

Vom ersten Tage an war »Fiete« Dr. Bade unser Mathematiklehrer. Er war in der Quarta

* AS : Aus seinem Erdkunde-Unterricht erinnere ich mich an einige Einzelheiten. zB verlangte er einmal, daß wir auf ein leeres Blatt, *aus dem Kopf (!)*, eine Karte von Australien zeichnen sollten. Nun hatte ich in meiner, ich möchte fast sagen ›angeborenen‹ Schwäche für Landkarten (auch Zahlen und Worte) in den vorangegangenen Wochen, wo wir den Erdteil ja sicher irgendwie ›behandelt‹ hatten, solange auf das Kartenbild gestarrt, daß ich nunmehr, vor meinem weißen Blatt, also an die Arbeit ging : ich zeichnete mir, mit ein paar Strichen, das betr. Gradnetz ein; dann die Küsten-Umrisse, von der Torres-Straße bis zur Südspitze von Tasmanien; brachte die paar Städte an, die ich wußte – tja, und saß dann mit ängstlich pochendem Herzen da, so dürftig erschien ich (es) mir. Zu meinem unsagbaren Erstaunen lächelte er gnädig – immer gnädiger – wurde dann plötzlich todernst, und ging kopfschüttelnd mit meinem Wisch zum Katheder. Vielleicht war ihm der Wahnsinn seiner Anforderung zum Bewußtsein gekommen; jetzt, wo er's schriftlich hatte, welchen Quarg wir uns dabei womöglich in die jugendlich-weichen Gehirne preßten. / Ein andermal, da Einer ein amerikanisches Detail vorbringen konnte, sah er ihn, gnädig-amüsiert, an : ›Das hast Du wohl aus Karl May ?‹. ›Ja !‹ schrieen die Meisten begeistert. Und er, nickend : ›Winnetou; Old Shatterhand.‹ und schritt weiter.

Ausflug in den Sachsenwald, kurz vor dem Abgang Dr. Bades von der Realschule Hamm, März 1927. *Hintere Reihe (stehend) von links:* Arno Schmidt (einziges Bild mit Schülermütze; große Kopfweite, Gr. 60½), davor Werner Erlach, Unbekannt, Kurt Lindenberg, Max Hannemann, davor Albert Lotz, Ernst Braunschweig, Unbekannt, Dr. Friedrich Bade, Hermann Bergmann, Unbekannt, davor Hermann Pöcker, Rudolf Neumann, halbverdeckt Unbekannt, davor Herbert Fastert, Wilhelm Elfers, Unbekannt, davor Werner Fründt, Helmut Frank, davor Werner Boehm, Hans Riebesehl (mit Pfadfinder-Wetterhut), Gerhard Ostendorf, Herbert Augustin. – *Mittlere Reihe (kniend) von links:* Heinz Hinzmann, Harald Schütte, Willi Schulz; *rechts außen:* Willy Traupe, Otto Kober. – *Vordere Reihe (sitzend) von links:* Unbekannt, Kurt Lange, Fritz Wilkens, Unbekannt, Helmut Heitmann, Klaus Jens, Walter Voß, Heinz-Otto Janssen, Hermann Schulenburg, Harald Mantschke.

unser Klassenlehrer und einer der wenigen Junggesellen unter den Lehrern. Schon in einer der ersten Unterrrichtsstunden fielen mir seine Hände auf. Er hatte sie, während er sprach, auf meinem Tisch aufgestützt. Sie waren rosig, glatt, mit stets gepflegten Nägeln und die Finger liefen konisch zu. Auch seine Gesichtsfarbe war rosig und er trug einen stets sorgfältig gepflegten Schnurrbart. Nie hatte ich den Eindruck, daß er irgendjemanden bevorzugte. Stets war er gleichbleibend ruhig, ohne Temperamentsausbrüche. Mit seiner etwas heiseren Stimme vermittelte er uns die Grundlagen der Arithmetik und Geometrie. Bei Klassenarbeiten, die man »danebengebohrt« hatte, konnte man den Eindruck haben, daß er genauso betroffen war, wie der Schüler. Auf Ausflügen – etwa in die Harburger Berge – kam er aus seiner sonst sehr unterkühlten, britisch anmutenden Reserve heraus und beteiligte sich sogar an Geländespielen. Fiete war ein so rundherum ausgeglichener Lehrer, daß ich glaube, es hat keinen in der Klasse gegeben, der es nicht bedauerte, als er nach Abschluß der Quarta an eine andere Schule versetzt wurde.

Herr Helwig war unser dritter Klassenlehrer. Er war frisch an unsere Schule gekommen, als er unsere Klasse ab Untertertia (1927) übernahm. Als er mit Riesenschritten die Klasse betrat, entfuhr es Werner Hintze »Mööönsch, is der lang!« Mit einer eckigen Bewegung fuhr der Kopf herum, er schnappte sich den Übeltäter, verpaßte ihm eine gewaltige Ohrfeige, griff zur Kreide und schrieb »Helwig« an die Tafel. Unsicherheit des jungen Lehrers wurde durch Forschheit überspielt. Sein Spitzname war klar: Latsch oder der Lange. Seine Fächer waren Deutsch, Geschichte, Religion. In Deutsch ritt er bis zum

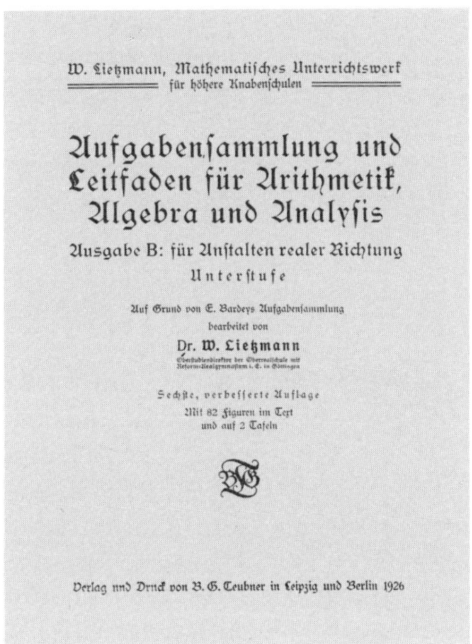

W. Lietzmann, Mathematisches Unterrichtswerk
für höhere Knabenschulen

Aufgabensammlung und Leitfaden für Arithmetik, Algebra und Analysis

Ausgabe B: für Anstalten realer Richtung

Unterstufe

Auf Grund von E. Bardeys Aufgabensammlung
bearbeitet von

Dr. W. Lietzmann

Oberstudiendirektor der Oberrealschule mit Reformrealgymnasium i. E. in Göttingen

Sechste, verbesserte Auflage
Mit 82 Figuren im Text
und auf 2 Tafeln

Verlag und Druck von B. G. Teubner in Leipzig und Berlin 1926

Erbrechen auf den Interpunktionsregeln herum.

Schon recht früh, mindestens ab Obertertia stellte er bei Aufsätzen mehrere Themen zur Verfügung und lieh sich Unterrichtsstunden von anderen Lehrern dazu, so daß über zwei, drei oder vier Stunden geschrieben wurde. Er schaffte es, uns so zu motivieren, daß einzelne während der Ferien freiwillig Aufsätze über selbstgewählte Themen schrieben. Besonders gut bewertete er Aufsätze, die das gestellte Thema aus ungewöhnlicher Sicht behandelten. So gab es in der Untertertia das Thema »Hamburg, unsere Stadt«, die ich aus der Schau einer Möve auf Nahrungssuche beschrieb.

Man konnte Herrn Helwig einen erheblichen Sinn für Humor nicht absprechen, aber für dominierender hielt ich bei ihm den Hang zum Zynismus, unter dem die in seinen Fächern schwächeren Schüler zu leiden hatten.

Jeden Monat sollte es einen Wandertag geben. Latsch verkleidete sich dazu: Sportanzug mit Quetschfalten und Knöpfgürtel, dazu Wickelgamaschen. Auf seinen hohen steifen Doppelkragen mit Schlips verzichtete er auch auf Ausflügen nicht. Es wurde dann mächtig gewandert, und bei seiner Schrittlänge vergaß er oft, daß wir mit unseren kürzeren Beinchen eine weit anstrengendere Leistung zu vollbringen hatten.

Nachdem uns Dr. Bade verlassen hatte, bekamen wir als neuen Mathe-Lehrer Herrn Bunge. Auch Herr Bunge war im Vergleich zum übrigen Kollegium sehr jung. Außer in Mathe unterrichtete er uns in Physik. Besonders spannend wußte er den Unterricht nicht zu gestalten. Spannend wurde es, wenn Arno Schmidt sich nach der umständlichen Erklärung einer Lösung erhob und einen einfacheren Weg aufzeigte. A. S. machte das nicht mit triumphierendem Lächeln. Er erhob sich mit todernstem Gesicht, runzelte die Stirn, wobei seine Brille etwas verrutschte, die er anschließend wieder zurechtrückte. Dann ging er auf die Tafel zu, demonstrierte seine Lösung und setzte sich wieder. Dem armen Herrn Bunge blieb nichts, als zu erklären, daß man es so auch machen könne.

Daß er sich auch im Physiksaal nicht wohlfühlte, zeigte sich an Kleinigkeiten. Stets war er bemüht, nach irgendwelchen Versuchen alles wieder peinlich sauber und ordentlich zurückzulassen. Wenn er einen Bunsenbrenner benutzte, drehte er die Flamme ganz klein, gerade so, als ob er die Gasrechnung aus eigener Tasche zu bezahlen hätte. – Der unsichtbare Schatten des polterigen Dr. Dau war eben überall spürbar.

Sehr souverän unterrichtete uns dagegen Dr. Meyer in Chemie: Ein großer, kräftiger Mann in stets blütenweißem Kittel, so um die 40, mit prächtiger Glatze, Junggeselle, der betont leise sprach. Wir dagegen hatten laut auf seine Fragen zu antworten. Mit Max Hannemann lag er deswegen dauernd im Clinch: »Auch wenn es vornehm wirkt, hier hast Du laut und deutlich zu sprechen!« Sicherlich amüsierte es ihn, daß Max ihn vollendet imitierte, aber er zeigte es nicht.

Eines Tages kam er mit völlig verquollenem Gesicht zum Unterricht. Er hatte mit Schwefel experimentiert und irgendjemand hatte den Abzug abgeschaltet, ohne daß er es bemerkte. Unsere Schadenfreude war vollkommen, aber das wiederum durften wir ihm nicht zeigen. – Kurze Zeit später geisterte die Nachricht durch die Schule, daß Meyer geheiratet habe. Eine Blonde... ca. 30 Jahre ... tolles Weib! Unser vornehmer, seriöser Chemielehrer hatte eine Frau. Unfaßbar zunächst, aber nun erschien er uns noch männlicher.

Zwei Lehrer hatten wir, die Brüder waren – ungleiche – wie es schlimmer nicht hätte sein können. Albert Probst, Sportlehrer, dick, gemütlich bis zur Trägheit, seinem Fach in keiner Weise gewachsen. Willi Probst, Musiklehrer, drahtig, cholerisch bis jähzornig.

Bei gutem Wetter wurde im Sommer meistens Schlagball gespielt, ein Spiel, das es gar nicht mehr gibt. Nach dem Spielbeginn setzte sich Albert vor die Turnhallentür und ließ sich die Sonne auf den Bauch scheinen. So döste er mit über dem Bauch gefalteten Händen vor sich hin und wurde auch noch dafür bezahlt. Es kam vor, daß er plötzlich hochfuhr, aufgeschreckt durch verdächtige Ruhe. Das war dann der Fall, wenn beide Mannschaften sich, ebenfalls an die Turnhalle gelehnt, sonnten. Zuvor hatte dann Werner Hintze den Schlagball in die »Savanne« geschlagen. Die »Savanne« war ein unbebauter Platz, mit hohem Unkraut bewachsen, der hinter unserem Schulhof lag. Es war fast unmöglich, den kleinen Ball dort wiederzufinden. Hintze war ein eher schmächtiger Typ, aber er hatte eine unwahrscheinliche Schlag- und Wurftechnik.

Nachdem irgendjemand Albert gesagt hatte, daß der Ball weg wäre, und danach gesucht würde, döste er beruhigt weiter.

Von Willi Probst wurde berichtet, daß er im Kriege Hauptmann gewesen sei. Er fletschte häufig die Zähne. Nicht nur im übertragenen Sinne. Wir waren über die Klassik – rein theoretisch – bis zum Impressionismus vorgedrungen. Er setzte sich an den »Blüthner« und intonierte eine Folge von Impressionen. Dann fragte er uns, was er damit hätte ausdrücken können. Im allgemeinen war er mit unseren Antworten zufrieden. Sie reichten etwa vom Waldspaziergang mit Vogelgezwitscher bis zum Eisbrecher auf der Elbe. – Eines Tages fragte er Hans Thiel. Thiel war neu in der Klasse. Seine Eltern waren kürzlich nach Hamm gezogen und hatten das »Tivoli-Kino« in der Eiffestraße übernommen. Der Tonfilm war noch nicht erfunden. Es gab einen Klavierspieler, der mehr oder weniger passende – meist unpassende – Musik machte, um dem Film zur besten Wirkung zu verhelfen. – Nachdem nun also Thiel als neuer Kinobesitzerssohn sich jeden im »Tivoli« laufenden Film angesehen hatte, hatte er auch das entsprechende Musikverständnis und antwortete ganz unbefangen nach einer gefühlvollen Improvisation des Lehrers: »Wie wenn im Kino die Sonne aufgeht.« Entgeistert ob dieser profanen Deutung starrten wir teils auf Probst, teils auf Thiel, und das Gewitter entlud sich wie befürchtet. Probst erblaßte, man glaubte Schaum vor seinem Mund zu sehen und die Augen traten hervor, stürzte sich auf den kleinen Thiel, knallte ihm links und rechts mehrere wuchtige Ohrfeigen ins Gesicht und scheuchte ihn aus dem Musiksaal. – Sicherlich hatte er keine Ahnung, daß die Thiels einen Kintopp hatten.

Normalerweise spielte Willi Probst während der Andacht die Orgel. So etwa ab Obertertia kam es vor, daß er montags fehlte. Dann mußte einer der Schüler beim Orgeln aushelfen. Zunächst war das aus unserer Klasse Willy Elfers. Er machte das getragen, andächtig und zur vollsten Zufriedenheit des Lehrerkollegiums. Irgendwann war dann aus einer der Parallelklassen Horst Schimmelpfennig dran. (Er wurde später als Musiker an der Wurlitzer-Orgel des Hamburger Ufa-Palastes bekannt). Schimmelpfennig hatte sich einen besonderen Gag ausgedacht: Wenn nach der Ausgangsmusik die Lehrer die Aula verlassen hatten, fing er an, die Melodie zu

DIE ZEICHENKUNST
IM DIENST DER BESCHREIBENDEN
NATURWISSENSCHAFTEN

VON

FERDINAND BRUNS
ZEICHENLEHRER AM REALGYMNASIUM
IN BARMBECK, HAMBURG

MIT 6 ABBILDUNGEN IM TEXT UND 44 TAFELN

JENA
VERLAG VON GUSTAV FISCHER
1922

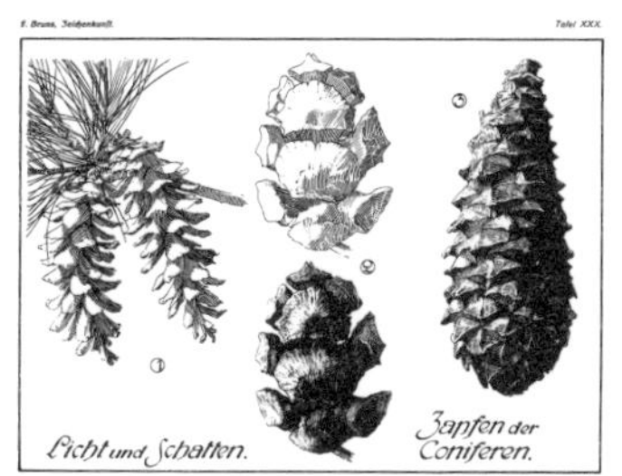

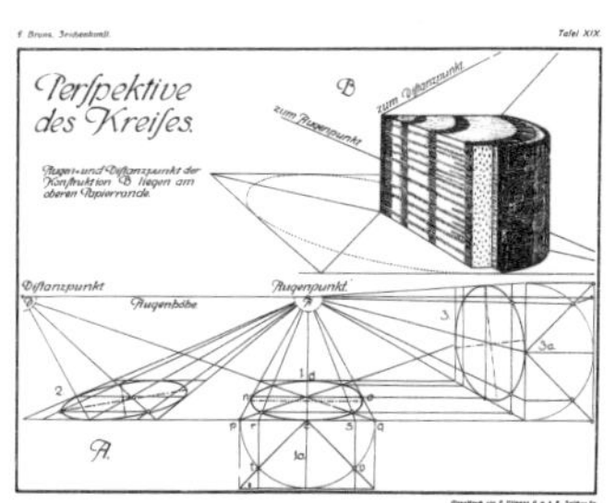

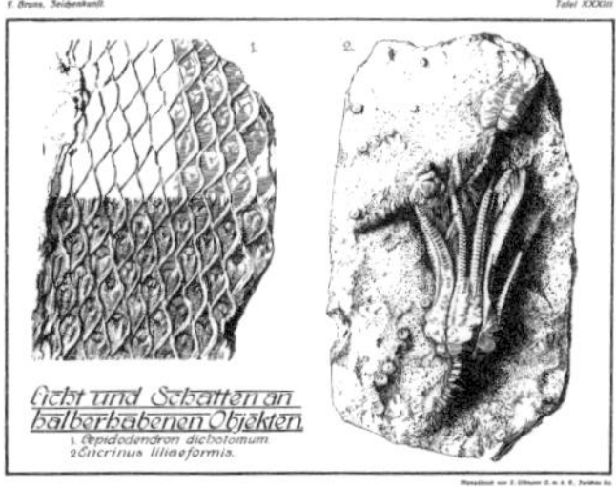

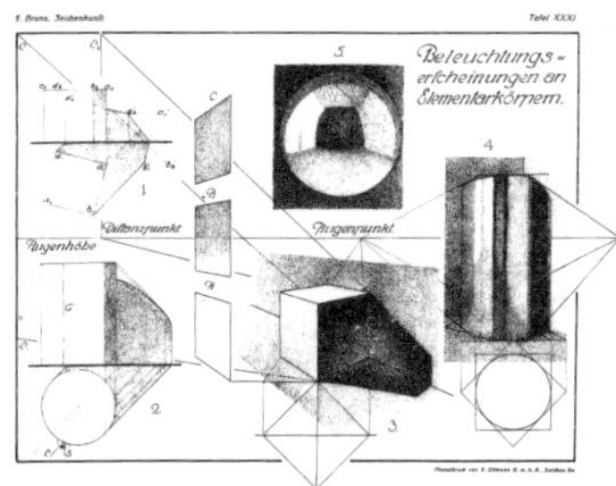

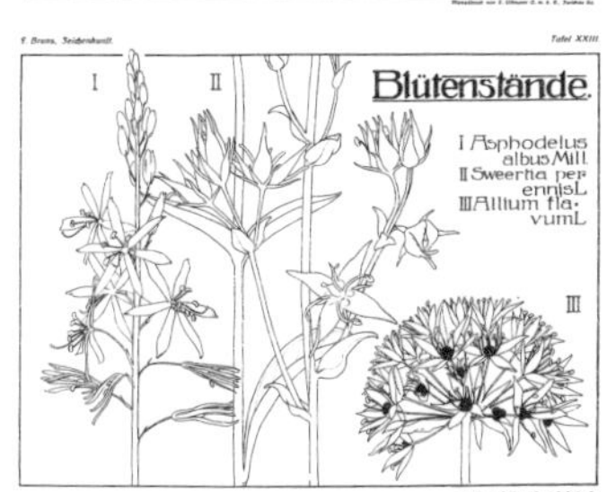

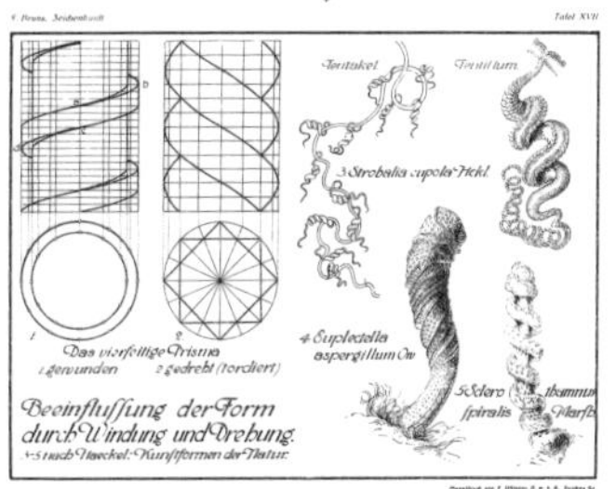

Das Buch Ferdinand Bruns' über die ›Zeichenkunst im Dienst der beschreibenden Naturwissenschaften‹ galt als didaktisches Ereignis und bewog Professor Schmeil, Verfasser von Lehrbüchern für Schulgenerationen, Bruns einen großen Teil der zeichnerischen Ausstattung zu übertragen. Abgebildet Tafeln 17, 19, 23, 30, 31, 33.

verjazzen nach dem Motto: Okay, fellows, swing it now! Das konnte natürlich nur ein paarmal gut gehen ... Ihm wurde gedroht, daß er im Wiederholungsfalle von der Schule gefeuert würde.

Unser Zeichenlehrer war »Opa« Dr. Bruns. Seinen Doktortitel erwarb er erst, als wir in der Unter- oder Obertertia waren. Er war ein schwergewichtiger Mann, der einen mächtigen Bauch vor sich her trug. Seine Stimme war gepreßt, aber sehr akzentuiert, und er sprach nur ungern. So erklärte er kaum, und zog stattdessen vor, einige Grundweisheiten immer zu wiederholen. Von der Sexta an hieß es immer wieder: »Blinzeln!« – »Erst die Schattenseiten!« – Eines Tages war ich dabei, einen ausgestopften Iltis zu zeichnen. Ich hatte auch in die im Schatten liegende Kopfpartie das Auge gezeichnet. Als er das sah, raunzte er mich an: »Er kann es nicht lassen! Steh mal auf!« Da zog er einen ganz weichen 6B-Bleistift aus der Tasche und schraffierte die gesamte Fläche mit kräftigen Strichen zu.

Trotz seiner Wortkargheit haben wir enorm viel bei ihm gelernt. Er war ein ausgezeichneter Zeichner und viele Illustrationen in unseren Biologiebüchern – Schmeil-Norrenberg – stammten von ihm.* Ich war mächtig stolz, wenn er mir fertige Illustrationen zeigte, die ich dann für ihn zum Postamt 26, Oben Borgfelde, bringen durfte.

* AS : Er war selbst Biologe, und hatte – glaub' ich – über ›peruanische Flora‹ dissertiert. / Einmal brachte Max Hannemann ihm ein Insekt mit, weiß mit feingefiederten Flügeln, und fragte, was das wohl sei ? Bruns nahm es mit sich heim, zum Bestimmen ; und gab es H. am nächsten Tage wieder zurück, wobei er in seinem lakonischen persisch-Deutsch hinzufügte : »Die Feeda-Mottä.« (So far so good ; aber indem ich dies tippe, raunt mir ein Teufelchen ins Ohr : ›Pterophorus spilodactylus !‹ – ich fürchte, ich habe mir, und sei es nur ziemlich annähernd, diesen WahnsinnsNamen damals eingeprägt !)

Im Zeichensaal saßen wir auf dreibeinigen Böcken. Bis zur Obersekunda hin verzichtete er nicht darauf, einem eine Ohrfeige zu verpassen, wenn man einen Bock umwarf. – Opa brachte einen großen Teil der Stunden damit zu, sich um seine Pflanzen außerhalb des Zeichensaals zu kümmern. Einige von uns zeichneten dann vor sich hin, andere machten Schularbeiten, wieder andere unterhielten sich oder langweilten sich einfach. Klaus Jens, der neben mir saß, seufzte dann plötzlich: »Minsch, is dat langwielig,« und erhob sich, wobei der Bock umkippte. Etwa eine Minute später schallte es von der Tür her: »Wer?... Na, wird's bald?« Klaus erhob sich grinsend. »Komm!« »Wieviel Beine hat der Bock?« Dabei legte er sich fast liebevoll Klaus' Kopf auf der linken Hand zurecht, knallte ihm eine und sagte zufrieden: »Na, siehst Du.« – Damit hatte es sich, und jeder wandte sich beruhigt seiner vorherigen Tätigkeit zu.

In der Zeit, als Opa uns die Gesetze des perspektivischen Zeichnens beibrachte, mußte er notgedrungen mehr reden als sonst. Regelmäßig am Ende der Stunde behauptete er dann: »Wenn ich heute mittag nach Hause komme, sagt meine Frau zu mir: Ferdinand, sagt sie, was hast Du denn dort am Munde hängen? Dann muß ich ihr sagen: Ich habe mich wieder fusselig geredet!« – – – Ein liebenswertes Unikum.

Der Rebell an der Schule war Dr. Foerster, unser Englischlehrer vom ersten Tage an. Innerhalb des Lehrerkollegiums hatte er wahrscheinlich keinen einzigen, der ihm wohlgesonnen war. Dafür paßte sein Verständnis modernen Unterrichts zu wenig in den Rahmen der Schule. Manche seiner Kollegen mögen ihn für einen Kommunisten gehalten haben, aber er war einfach menschlich, großzügig und sehr liberal. Im Lauf der Jahre entwickelte sich zwischen ihm und uns ein phantastisch kameradschaftliches Verhältnis, das wahrscheinlich viel enger war als zu unserer Parallelklasse, deren Klassenlehrer er war. Für mich war er der einzige Pädagoge, der mehr als nur Fachwissen vermittelte. (Auch unser Klassenlehrer Helwig bemühte sich, aber es fehlte ihm die Begeisterung, der mitreißende Schwung.)

Zum Beginn der ersten Englischstunde in der Sexta, kam er in die Klasse gesaust, legte seine Mappe auf's Pult und sagte: »Plies, sitt daun!« Mit seiner entsprechenden Handbewegung hatten wir verstanden und setzten uns. – »Wi will beginn to lörn Inglisch... Siß is ä beu... siß is ä täbel... siß is ä windou...« – So ähnlich klang es uns damals in den Ohren, denn wir sollten bei ihm Englisch lernen wie Babys ihre Muttersprache. Grammatik beschränkte er auf das mindeste. Rückblickend muß ich seine Lehrmethode als hervorragend bezeichnen. Ich glaube nicht, daß es irgendeinen in der Obertertia, Untersekunda gegeben hätte, der sich nicht jederzeit gut mit einem Engländer hätte unterhalten können.

Sein Unterricht beschränkte sich nicht nur aufs Englische. »Übervölkisches« lag ihm besonders am Herzen. So lernten wir bei ihm außer englischen und amerikanischen Songs auch Lieder aus Frankreich, Italien, Rußland und Schweden in der jeweiligen Sprache. Es ging ihm nicht darum, daß wir stumpfsinnig die Lieder auswendig lernten. Er interpretierte alles, erklärte den »background«, den besonderen Witz – natürlich alles auf Englisch. Besonderheiten, wesentliche Wendungen, die er benutzte, wurden im »Golden Book« notiert.

Zur »Svenska skolan«, der schwedischen Schule in Hamburg, hatte er über deren Leiterin, Ragna Norström, enge Beziehungen. Dadurch ergaben sich auch für uns etliche Möglichkeiten, zu den Schwedenmädeln Kontakte herzustellen. Es gab gemeinsame Veranstaltungen, wobei die Lucia-Feste besondere Höhepunkte bildeten.

Im Gegensatz zu den anderen Lehrern erzählte Dr. Foerster viel von seiner Familie. Harold-Douglas und Alf-Ingmar, seine Söhne, kannten wir wie Klassenkameraden, aber ganz besonders schien er seine Tochter Lavinia zu lieben, von der er uns immer neue Episoden berichtete.

So läppische Scherze, die Schüler anstellen, um die Lehrer in Rage zu bringen, ließen ihn im allgemeinen kalt. Fritz Lauer unterhielt sich mit seinem Nebenmann, als er plötzlich aufgerufen wurde, um irgendetwas zu beantworten. Er hatte keine Ahnung und redete völlig irres Zeug, das mit Englisch nicht das geringste zu tun hatte. Dr. Foerster sagte nur: »Idiot«, und fuhr fort. Ich habe mir die Unterlippe zerbissen, um nicht laut loszuprusten.

Klaus Jens und ich saßen in der ersten Bank, vorn Mitte. Klaus war der längste in der Klasse, die Bank für ihn viel zu klein. Um Dr. F. zu provozieren, streckte er die langen Beine aus der Bank heraus, Richtung Lehrerpult. Dozierend ging Dr. F. vor der Klasse auf und ab und überstieg dabei Klaus' Beine. –

Ich kann mich nur erinnern, daß Dr. F. einmal unheimlich in Rage kam. Er stand am Fenster und sprach über Völkerverständigung. Irgendjemand reichte einen Zettel weiter: »Weitergeben!« Dr. F. bemerkte die Unruhe. Um besser sehen zu können, was vor sich ging, schlenderte er den Gang entlang. Gerade gab der kleine Werner Boehm den Zettel weiter, als er den Unfug entdeckte. Kreidebleich brüllte er auf, rannte den Gang zurück, um sich Werner zu schnappen. Der hatte die Gefahr erkannt, rannte ebenso bleich wie Dr. F. durch den anderen Gang in Richtung Tür. Werner war kein guter Sportler, aber die Angst vor dem wutschnaubenden Lehrer gab ihm die Kraft, die Tür zu erreichen und zu flüchten. – Dr. F. war tief enttäuscht von seiner Lieblingsklasse.

An einem Nachmittag, als ich die Eiffestraße Richtung Berliner Tor entlangging, traf ich Ecke Brekelbaumspark Dr. F., der von einer Konferenz kam. Wir gingen ein Stück gemeinsam und unterhielten uns, aber er ging so schnell, daß ich Schwierigkeiten hatte, mitzukommen. Ich fragte ihn, weshalb er so renne. Seine Antwort: »Jede Minute geht von meinem Leben verloren.«

Nicht zum Kollegium aber zur Schule gehörend waren Herr Schmidt, der Pedell, und Herr Brunkhorst, der Heizer. Der Pedell war ein untersetzter, dicklicher Mann, der morgens und während der Pausen vor seiner Kanzlei stand, um mit grimmigem Gesicht für Ordnung zu sorgen. Man hatte den Eindruck, daß er sich in der Schulhierarchie gleich hinter dem Direktor einordnete, wahrscheinlich weil ihre Diensträume so nahe beieinander lagen. Ich mußte einmal bei ihm einen Rohrstock holen, weil irgendjemand verprügelt werden sollte. Er musterte mich noch finsterer als sonst über seine Brille hinweg, ging an seinen Schrank und wählte genüßlich unter seinem Stocksortiment.

Auch bei Herrn Brunkhorst mußte ich einmal einen Stock holen. Eine völlig andere Situation: Er sah mich mit mitleidiger Miene an, fragte: »Ach, Herrje, wer ist es denn?« Ich antwortete, und er meinte: »Der arme, kleine Lauer!« Damit suchte er einen weichen, ziemlich zerplieserten »Reetsche« heraus.

Herr Schmidt stolzierte stets gut gekleidet durch die Schule. Er war es auch meist, der während des Unterrichts irgendwelche Nachrichten überbrachte. Er betrat die Klasse, nachdem er kurz geklopft hatte, und wir erhoben uns widerwillig, zögernd. Herr Brunkhorst dagegen wieselte im schlotternden Overall herum, wenn er nicht in seinem Heizungskeller arbeitete. Wenn er die Klasse betreten wollte, wartete er das »Herein!« ab und flitzte zusammenzuckend auf den Lehrer zu, während wir zackig von den Sitzen schnellten, wie wir es bei Michel in der Sexta gelernt hatten. Dabei winkte er betroffen ab, aber wir blieben eisern stehen, bis er die Klasse wieder verließ. Kleine Geschenke erhalten die Freundschaft...

*

Die Klasse

Es war unser Glück, daß wir einen anderen Lehrplan hatten, als die über uns stehenden Klassen. Dadurch hatten wir nie Sitzenbleiber aufzunehmen, die Klasse schrumpfte automatisch, und der Zusammenhalt wurde immer größer. Das ging soweit, daß bei dem großen Knick am Ende der Obertertia als zehn von uns auf einen Schlag sitzenblieben, die Verbindung nicht abriß. Wir Sitzenbleiber fanden kaum Kontakt zu unserer neuen Klasse und verbrachten die Pausen weiterhin in unseren vertrauten Cliquen.

Es gab eine Sportlerclique um Helmut Heitmann. »Heidel« war das Sport-As der Klasse, ein gut aussehender, kräftiger Junge. Zu dieser Gruppe gehörten »Pille« Bergmann, Herbert Fastert, Fritz Lauer und gelegentlich Walter Voß. Nachdem sie in der Pause ihr Brot verdrückt hatten, wurde aus dem Butterbrotpapier ein Ball geformt, mit dem sie dauernd tobten, indem sie ihn mit den Händen von einem zum anderen schlugen. Etliche Aufsichtslehrer verboten das laufend, aber die Sportler waren nicht zu bremsen. – Es gab mehrere »Koryphäencliquen«. Eine um den Primus Willi Schulz mit Wilhelm Elfers, Ernst Neudahl, Helmut Frank und Henri Sellenschlo. Eine zweite Gruppe mit Ernst Braunschweig, Arno Schmidt, Rudolf Neumann, Gerd Ostendorf, Herbert Lotz,* Werner Boehm und Werner Erlach. Eine andere Clique könnte man als »Lästerer« bezeichnen. Dazu gehörten Max »Kax« Hannemann, Kurt »Ködel« Lindenberg, Herbert »Aumann« Augustin, »Judas« Kurt Lange, »Läuser« Klaus Jens, Jochen Wagner und ich »Idel«.

Michel, unser erster Klassenlehrer, setzte uns zur besseren Übersicht alphabetisch in die Bankreihen. Dadurch saßen Hermann Pöcker, ich, Arno Schmidt und Walter Voß nebeneinander. Hermann P. war klein und zart und hatte schuppige, gerötete »Fischhaut«, wie ich sie nie wieder gesehen habe. Er und Arno Schmidt wohnten im gleichen Haus im Rumpffsweg. Sie kamen auf ihrem Schulweg die Eiffestraße entlang, und ich erwartete sie dort, oder sie klingelten und warteten auf mich im Hauseingang. Hermann Pöcker und ich waren Spätentwickler und was Dr. Bade oder Herr Bunge uns in Mathe

* AS : Er hieß ›Albert‹ mit Vornamen, und wohnte, meiner Erinnerung nach, auf der Mittelstraße (die vom Hammer Park nach Westen abzweigte). Da er – wie so Viele auf den KlassenFotos – zu den ›vergessenen Kameraden‹ gehört, will ich ein paar Kleinigkeiten über ihn nachtragen : er war aus ›besserem‹ Hause, so daß zB seine Mutter ihm gut in Französisch nachhelfen konnte; (mir fällt noch ein makkaronisierendes Verselchen ein, das er uns, von ihr erlernt, aufsagte, wie ein Junge ein Mädchen aufforderte, : ›voulez-vous spazieren gehn ?..... Nein, M'sieu, das kann nicht être, denn Maman sitzt am fenêtre, und sieht mit ihren blauen yeux mitten in die...Allee.‹). / Ein ander Mal ging es darum, Wer bei einer Schul-Osterfeier eines der haarsträubenden Gedichte jenes gräßlichen GEROK aufzusagen habe (›...empfang IHN froh, Jerusalem. Trag ihm entgegen FriedensPalmen, bestreu den Pfad mit grünen Halmen : so ist's dem HErren angenehm !‹). Ich konnte mich nur dadurch drumrumdrücken, daß ich, als Albert Lotz rezitierte, (Wir waren als die zwei Besten ausgesiebt worden), sykophantisch Beifall rief, und in edler Selbsterkenntnis bemerkte, *das* sei natürlich viel besser ! / Aber wo anfangen wo enden bei all den Übersehenen ? / Da war der kleine bescheiden-skurrile Heinz Hinzmann. Er gehörte zu meiner, der damals von Dr. Michaelsen eingeführten ›Arbeitsgruppen‹, die sich nachmittags ›freiwillig‹ miteinander lernend fördern sollten; und Wir waren also auch einige Male bei ihm zu Haus – er wohnte noch weiter nach Osten, auf jenes mehrfach erwähnte ›WeltEnde‹ des großen Bahndammes zu. Anschließend gab es ein paar Marmeladenschnitten; und dann spielten Wir auf der-ihrem Hinterhof, der fatal dem unseren glich : das gleiche bucklige übermüllte Gelände; der algenfeuchte schmierig gepflasterte Hinterhof, umgeben von der PseudoWüste des Unbebauten. / Von der Kneipe Ecke Borstelmannsweg-Hammerlandstraße, (die sinnreicher Weise ›Kap Horn‹ hieß), kam einmal, wohl 1 Jahr lang, ein berliner Junge; der neben mich gesetzt wurde, und mit dem ich mich ein bißchen angefreundet hatte. Ballspiele auf der großen Wiese Hammerpark (parallel zum ›Hammerhof‹, der Straße im Süden). In jener Kneipe war es auch, daß ich einen Arbeiter tatsächlich : »'n Popert.« fordern hörte !; (das ›warum‹ lese man bei Tucholsky nach). Vgl. auch Abb. S. 147.

Klassenfoto der Helwig-Klasse vor der südlichen Querfront mit Erker des ehemaligen Karzers. Winter 1927/28 (Untertertia). – *Obere Reihe von li.:* 1. Gruppe Henri Sellenschlo, Ernst Braunschweig, Hermann Pöcker, Harald Schütte; 2. Gruppe Werner Hintze, Werner Erlach, Werner Steckmeister, Kurt Lange, Werner Boehm; 3. Gruppe Kurt Lauer, Klaus Jens, Hans Thiel, Heinz Hinzmann. – *Mittlere Reihe von li.:* 1. Gruppe Max Hannemann, Kurt Lindenberg, Hans Riebesehl, Walter Voß, Ernst Neudahl, Gerhard Ostendorf; darüber li und re von Studienrat Walter Helwig: Albert Lotz und Hermann Schulenburg; 2. Gruppe Wilhelm Elfers, Willi Schulz, Arno Schmidt; 3. Gruppe Herbert Fastert, Otto Kober, Rudolf Neumann. – *Vordere Reihe, kniend und sitzend, von li.:* Fritz Lauer, Helmut Frank, Helmut Heitmann, Hermann Bergmann, Herbert Augustin, Willy Traupe, Otto Heinz Janssen, Fritz Barth. – Als einziger von den Beiträgern fehlt auf diesem Bild Werner Fründt.

nicht klar machen konnte, schaffte Arno (unsere Intelligenzbestie), morgens und mittags auf dem gemeinsamen Schulweg.

Eine Zeitlang hatte sich zwischen dem massigen Ernst Braunschweig und dem kleinen Werner Boehm eine bemerkenswerte Haß-Freundschaft entwickelt. Sie spazierten in den Pausen herum, unterhielten und amüsierten sich und zwischendurch drehte Ernst dem dagegen machtlosen Werner den Arm um, oder quälte ihn auf andere Weise. Mich störte das, und ich sagte es Ernst, dem die Quälereien bis dahin gar nicht recht bewußt geworden waren.

Später bestand eine ganz enge Beziehung zwischen Werner Boehm und Werner Erlach, die in der Hammer Landstraße beieinander wohnten. Sie gründeten ihre »Firma Erbo«. Sie waren dauernd zusammen, heckten gemeinsam irgendeinen Schabernack aus und fingen zusammen im Hammer Park mit den dort flanierenden Mädchen zu flirten an.

Trotz der räumlichen Entfernung – Erlach lebt heute in Rhodesien – besteht die Freundschaft fort.

Walter Voß war ein gewandter, mutiger Junge. Er wuchs im Grevenweg, nahe dem Löschplatz Eiffestraße auf, wo sein Vater seine auf dem Mittelkanal liegenden Schuten entlud. Mit seinen Freunden spielte er viel auf den Kähnen herum. Eines Tages, im harten Winter 1929, war gerade ein Eisbrecher durch den Kanal gefahren, um das Eis aufzubrechen. Ich stand auf der Brücke und sah einigen Jungen zu, die von einer schwankenden Eisscholle zur nächsten sprangen, sie »schwullerten«. Gleichzeitig sahen Walter und ich uns. Wild mit den Armen fuchtelnd rief er mir zu: »Minsch, Idel, kumm dohl!« (»Komm runter«; außerhalb der Schule schnackte er plattdeutsch.) Ich hatte keine Erfahrung mit Eisschollen, mir fehlte auch der Mut, und ich behauptete, keine Zeit zu haben. Er rief mir dann ein freundschaftliches »Flasche!« zu, während ich mich verzog.

Eine Zeitlang saßen Herbert Augustin und ich nebeneinander. Für »Aumann« waren Aufsätze ein Alptraum.* Wenn Latsch an die Tafel ging und seine Themen anbot, erbleichte er und war zunächst wie gelähmt. Meistens konnte ich mich schnell entscheiden und schrieb schon munter drauf los, während Aumann sich zunächst aufs Klo verdrückte. Ich ging dann kurz darauf hinterher. Latsch hatte nichts dagegen. An der Klotür erwartete er mich schon ungeduldig. »Was schreibst du? Was soll ich schreiben?« Mitunter konnten wir hastig gemeinsam eine Disposition anfertigen, nach der er schreiben sollte. Zwischendurch: »Ich bin mit der Einleitung fertig. Hauptteil a) Einleitung ... was war das noch?« Für ihn war das ganze eine nicht endende, nervende Quälerei, wenn wir mehrere Stunden Zeit zum Schreiben hatten. –

Von Zeit zu Zeit wechselten wir auch in den verschiedenen Fächern unsere Bankpartner. Über lange Zeit waren Läuser und ich in Englisch und Zeichnen Nachbarn. Läuser war der Sohn eines Kapitäns und für ihn stand von Kind an fest, daß er zur See fahren würde, was er später auch tat. Er war groß, schlank, blond und trug stets graue Rollkragenpullover, lange marineblaue Hosen und klobige Stiefel, mit Lederbändern geschnürt. Dr. Foerster nannte ihn daher »Klütenpedder«; war aber ganz freundschaftlich gemeint. Eines Tages bat er mich: »Idel, zeichne mich mal mit Pfeife.« Wofür er das brauchte, wollte er nicht sagen. Ich sollte auch gutes Zeichenpapier verwenden. Gegen Ende der Zeichenstunde hatte er seine Zeichnung und sagte glückstrahlend: »Meine Mutter hat nämlich morgen Geburtstag.«

Eine Übersetzungsarbeit in Englisch lag in der Luft und Läuser und ich bereiteten uns nachmittags bei Jens' gemeinsam darauf vor. Wir schrieben die Übersetzung über den deutschen Text ins Buch. Ich benutzte dazu einen harten, spitzen Bleistift und bemerkte plötzlich, daß Klaus mit weichem Stift in kräftiger Schrift seine Übersetzung himmogelte. Meine Reaktion: »Mensch, Läuser, das sieht der!« Daraufhin er: »Och, Schiet, de Kierl kann sowieso nich kieken«. Prompt erkannte Dr. Foerster die Mogelei bei Klaus, malte ihm eine 5 unter die Arbeit trotz des Protestes: »Minsch, ick har dat ook so kunnt.«

Ein dominierendes Gespann in der Klasse waren Kax und Ködel. Sie waren das, was Dr. F. gelegentlich als »besserer Leute Kind« bezeichnete. Im Gegensatz zu uns anderen, die in Mietskasernen aufwuchsen, bewohnten ihre Familien eigene Häuser. Kax' Stiefvater hatte in der Innenstadt ein Geschäft für Herrenmoden, und Kax war für unsere Be-

* AS: Diese Abneigung gegen gelehrte Ausarbeitungen muß ihm bis heute nachgegangen sein; denn er hat es schaudernd abgelehnt, an unserm Buch mitzuarbeiten – dafür hat er aber wichtigste Schulbücher und Lehrmittel, die kein Anderer mehr besaß, zur Verfügung gestellt.

griffe immer sehr extravagant gekleidet: Als erster trug er die um 1928 in Mode kommenden Knickerbocker, Basken- statt Schülermütze und eine »Fliege«, während wir noch mit Schillerkragen herumliefen. Seine Hosen (»Äppelklauerhosen« Dr. Dau) konnten sich bei den Schülern nicht durchsetzen. Baskenmützen dagegen waren für alle, die auf der Kippe standen (Versetzung) ein wahrer Hit. Sonst war es üblich, jeweils nach Ostern bei Ballhorn in der Mittelstraße die Schülermütze für die nächste Klasse zu kaufen. Mit Baskenmütze war man aus allem raus. – Seine Fliege war ein wahrer Knüller: Fertig gebunden, mit Gummiband um den Hals. Während der Lehrer sprach, hatte er sie unter der linken Hand auf dem Tisch. Wenn er aufgerufen wurde, ließ er sie los, und mit einem Knall landete sie an seinem Hals.

Kax war allen anderen also immer ein wenig voraus. Während wir auf den Sportfesten im Hammer Park schüchtern versuchten, mit irgendwelchen Mädchen anzubändeln, hatte er einen Kreis von 4, 5 Mädchen um sich, die er glänzend unterhielt. Wir waren froh mit unserer Freundin einen verstohlenen Händedruck zu tauschen und er berichtete von ersten Küssen. Eines Tages konfrontierte er uns mit ersten »Pornos«: Frauen in hochgeschlossenem Badeanzug, »mit Zwickel«.* Wie eine Traube hingen wir nach der Pause über seinem Tisch und konnten nur mit Mühe flüchten, wenn der Lehrer auftauchte.

* AS : Er besaß sehr wohl auch andere, wo die Statisten nichts weiter anhatten, als stilisierte ›griechische‹ Helme, Männlein sowohl als Weiblein (die sich in edlen Attitüden fellatiösen Belustigungen hingaben). / Er hatte ein großes talkumweißes Gesicht (das irgendwie ›gedunsen‹ wirkte); und wohl auch Anlage zum Plattfuß (jedenfalls wirkte sein langer schleifender Schritt so). Die Stimme war ein heiseres komödiantisches Flüstern; er saß im SpanischUnterricht unweit links neben mir, und ich höre noch sein Bühnenflüstern mit dem er ›tranvía‹ (Straßenbahn) als ein weiches ›trambía‹ röchelte. Da er den Schulweg immer entweder mit der Straßenbahn oder dem Fahrrad zurücklegte, hatten wir, außerschulisch, nichts gemeinsam.

Max schrieb ausgezeichnete launige, zum Teil auch sozialkritische Aufsätze, wodurch er bei Latsch einen mächtigen Stein im Brett hatte. Er war ein ausgesprochener Aufsatzexperte. –

Spezialist für Erklärungen aus Meyer's Conversations-Lexikon war Werner Boehm. Sicher gab es mehrere, bei denen ein Lexikon im Hause war, aber irgendwann ergab es sich, daß Werner damit beauftragt wurde, zu einem Begriff im Lexikon nachzuschlagen. Das hing ihm bis zum Ende der Schulzeit an. Er erledigte das beispielhaft, um beim nächsten Unterricht mit kräftiger Stimme vorzutragen, was er nach Hinzuziehen sämtlicher Quellen zusammengetragen hatte. Der Dank der Mitschüler war ihm gewiß.

Harald Schütte war ein etwas schüchterner, ziemlich kleiner, sehr strebsamer Schüler. Er hatte ein Spezialgebiet, auf dem er unschlagbar war: Über die Gliederung der damals bestehenden Reichswehr, wie über die Armeen im Ersten Weltkrieg gab es nichts, was er nicht gewußt hätte. Während wir kaum wußten, welcher Unterschied zwischen Infanterie und Artillerie bestand, haspelte er den Aufbau ganzer Truppengattungen herunter. Es war sagenhaft zu einer Zeit, in der sich niemand sonst für Soldaten interessierte. Natürlich lauschte er Michels Erzählungen von erfolgreich abgeschlagenen Kavallerieattacken mit glänzenden Augen und roten Bäckchen, wie andererseits Michel des Lobes voll war ob so viel militärischer Begeisterung.

Die Schule mit ihren verkrusteten Strukturen, ihren zum Teil unzulänglichen Lehrern und dem bedrückenden Gefühl der Ohnmächtigkeit, dem man sich mit kindlichen Streichen zu widersetzen suchte, hat mir stets Angst gemacht. Nur der gute Zusammenhalt der Klasse machte die Zeit erträglich und hinterließ jene Erinnerungen, an die zu denken sich lohnt.

*

Ergänzende Glosse Arno Schmidts über die Rolle von Vorträgen und Vorführungen in der Schule, sowie von gemeinschaftlichen Besuchen in Filmtheatern :

AS : ein zu wenig abgehandelter Themenkreis sind die ›Vorträge‹, die die gesamte Schule gehört und gesehen hat – entweder immer 2–3 Klassen zusammen, im Physik- oder ZeichenSaal; oder eben die ganze Population in der Aula vereinigt. / Da erschien zB Jemand, und warnte vor der ›FremdenLegion‹. / Ein ›alter Soldat‹ berichtete über ›Deutsch-Südwest‹, und ahmte die lustigsten Hottentotten-Schnalzlaute nach. / Einer ohne Arme malte mit dem Munde. / Glasbläser, die über ihrer Lötflamme Rehe u. dergl. hexten. / Ein schlesischer Töpfer, der lachend seine fast rechtwinklig nach hinten umgedrückten ›TöpferDaumen‹ zeigte – worauf Hans Riebesehl es ihm sofort nachmachen konnte ! / Da war der SCOTT-Film aus der Antarktis, zu dem Wir ins Kino geführt wurden. / Die endlose ›FRIDERICUS‹ - Serie (mit Otto Gebühr). / Oder Fritz Lang's NIBELUNGEN-(Stumm)Film, bei dem einmal darauf hingewiesen werden sollte, in welch unglaublichem Ausmaß er im Ausland der Hitlerei zugute gekommen ist. ZB in den USA waren nicht Wenige für ›Germanentum & Nordische Rasse‹ – etwa H.L.Mencken, Robert McCormick, John Foster Dulles (!), Charles Lindbergh (!) – Lovecraft, der neuerdings mit Recht immer mehr Geschätzte, haßte fanatisch Alles, was ›farbig‹ war, (wobei seine Scala weit reichte, vom Nigger über Dago und Jud' bis zum Polen und JapoChinesen), und schrieb : ›insensible as I am to music, I can not escape the magic of Wagner, whose genius caught the deepest spirit of those ancestral yellowbearded gods of war & dominion ... Woden, Thor, Freyr ... frosty blue-eyed giants, worthy of the adoration of a conquering people.‹ Und man vernehme, *was* all diese Leute entscheidend begeistert hatte ? : › as for the film, it was an ecstasy & a delight to be remembered for ever ! It was the very inmost soul of the immortal & unconquerable blond Nordic, embodied in the shining warrior of light, great Siegfried, slayer of monsters & enslaver of kings !‹, (Lovecraft, Brief vom Spätsommer 1925). Es möchte durchaus möglich sein können, daß die Auswirkungen dieser ›NIBELUNGEN‹ noch über die des ›Panzerkreuzers Potemkin‹ hinausgegangen sind ! / Da ward uns Bengt Berg's (eines ›Grzimek‹ jener Tage) Film über ›Abu Markub‹, den ›Vater des Schuhes‹ empfohlen; über den dann Braunschweig einen seiner freiwilligen Aufsätze schrieb. Svend Fleuron's (eines weiteren ›Grzimek‹) ›Schnipp Fidelius Adelzahn, ein Dackelroman‹ schenkte die Klasse dem oft erwähnten Dr.Bade bei seinem Abgang. / Interessant für mich, daß hinsichtlich unserer Schule überwiegend doch jenes ›MoabitGefühl‹ (›Laßt, die Ihr eintretet, alle Hoffnung fahren‹) obgewaltet hat; am prononciertesten hier bei Hans Riebesehl, der den Gegensatz zwischen der ›nestwarmen‹ Volksschule und dem grau-grauslichen Brekelbaumspark ja tatsächlich tragisch dargestellt. Ich habe das nie so mitempfinden können; aus dem simplen Grunde, weil kein Pensum mir jemals nennenswerte Schwierigkeiten bereitet hat.

WILHELM SCHULZ

Ich liege in meinem warmen Bett und bin mit mir und der Welt rundherum zufrieden. Ich spüre den warmen Körper meiner Mutter neben mir und fühle mich geborgen. Meine Gedanken sind weit weg bei Sternen, Löwen, Helden, Menschen. Gedanken, die mir schon einen kleinen Begriff, eine kleine Ahnung von Weite, Schönheit, Würde, Mut geben. Nach einer Zeit der absoluten Ruhe – denkt meine Mutter an meinen Vater, der vor Verdun liegt? – betteln meine ältere Schwester Grete, die auf der anderen Seite meiner Mutter liegt, und ich unsere Mutter, uns wieder einmal, wie an jedem Abend, ein Gedicht oder mehrere – viele – »aufzusagen«. Und »uns Mudding«, wie wir sie zärtlich nennen, läßt sich nicht lange bitten. Aus ihrem unerschöpflichen Reichtum – wo hat sie nur alle diese Gedichte gelesen, wann und wo hat sie sie alle auswendig gelernt? – hören wir immer wieder Gedichte, die wir immer von neuem begierig aufnehmen und die uns allmählich in Fleisch und Blut übergehen. »Wüstenkönig ist der Löwe« beginnt ein langes Gedicht ›Der Löwenritt‹, das wir nie genug hören können. Wir sind ganz mucksmäuschenstill, denn meine Mutter bringt alle Gedichte so aus vollem Herzen, wie es nur eine Mutter, meine Mutter kann. Und wenn wir nach ›Die Brücke am Tay‹ und ›John Maynard‹ von Fontane ganz brav gewesen sind, hören wir noch die wundervollen plattdeutschen Verse

»Ick wull, wi wärn noch kleen, Jehann,
dor wär de Welt so groot,
wi seeten op'n Steen, Jehann,
Weess noch, bi Nahbers Soot«;

oder Matthias Claudius'

»Siehst du den Mond dort stehen ......
Und unsern kranken Nachbarn auch«.

So hat meine Mutter – soll ich sagen, dank des Krieges? – bei mir schon mit 3 oder 4 Jahren die Liebe geweckt zu der Sprache, zu den Sprachen überhaupt, zu den Feinheiten und Nuancen der Sprache.

Durch diese Gedichte – sie alle aufzuführen reicht eine Seite nicht aus – und die vielen Märchen – Rumpelstilzchen, das sich mitten entzweiriß, hat den größten Eindruck auf mich gemacht –, die uns unsere Mutter erzählt, erhalte ich schon vor meiner Schulzeit auf spielerische Weise einen sehr großen Wortschatz, der mir das Spielen mit der Sprache, das Sprechen in verschiedenen Ebenen erst ermöglicht.

Um die Jahrhundertwende leben in Röbel am Müritzsee im Mecklenburgischen fünf Brüder, deren Vater schon früh starb. Die Mutter, ein zierliches, kleines, aber sehr, sehr energisches Persönchen, hat es nicht schwer, sich mit Autorität und Strenge, aber auch mit einer unendlichen Liebe, die sie aber nie äußerlich zeigt, bei ihren Söhnen durchzusetzen. Sie sorgt dafür, daß alle einen Beruf erlernen. Vier von ihren Söhnen treibt es aus Mecklenburg, wo sie keine Möglichkeiten für ihre Zukunft sehen, nach Hamburg. Sie bleibt bei ihrem Jüngsten, meinem Onkel Rudolf, der Lehrer wird, in Mecklenburg.

Einer der vier Brüder, Onkel Ernst, ist im Krieg, den alle aktiv mitmachen, gefallen. Die andern drei Brüder, Onkel Bernhard, Onkel Franz und mein Vater, wohnen mit ihren Familien in der gleichen Straße und halten zeit ihres Lebens wie Pech und Schwefel zusammen. Der Wahlspruch aller Brüder ist, auch wenn sie sich beruflich nicht schwarz machen, ein Spruch aus ›Hanne Nüte‹ von Fritz Reuter:

»Makt Handwark di ook buten swart,
holl rein de Hand und rein dat Hart.
De Hauptsak is, lier wat, Jehann,
un kümm taurüch as Ihrenmann«.

Mein Vater, geprägt durch den Krieg und eine karge Jugend: hart gegen sich und andere, nie ein anerkennendes oder lobendes Wort, wenn ich gute Zeugnisse nach Haus bringe – das waren Selbstverständlichkeiten für ihn. Doch aus Äußerungen Kunden oder Freunden gegenüber merkt man doch, daß er auf seine Kinder stolz ist.

Am 20.3.1914 leistet mein Vater den Bürgereid oder, wie es in der Urkunde lautet, er hat ihn »abgestattet«.

»Ich gelobe und schwöre zu Gott, dem Allmächtigen, daß ich der Freien und Hansestadt Hamburg und dem Senate treu und hold sein, das Beste der Stadt suchen und Schaden von ihr abwenden will, soviel ich vermag; daß ich die Verfassung und Gesetze gewissenhaft beobachten, alle Steuern und Abgaben, wie sie jetzt bestehen und künftig zwischen dem Senate und der Bürgerschaft vereinbart werden, redlich und unweigerlich entrichten und dabei, als ein rechtschaffener Mann, niemals meinen Vorteil zum Schaden der Stadt suchen will.

So wahr mir Gott helfe.«*

Gleichzeitig mit meinem Vater *Hermann* Heinrich Carl Martin *Schulz* erhalten neben meiner Mutter *Ella* Sophie Johanna geborene Schröder meine ältere Schwester *Grete* Erna Rudolphine und ich, *Wilhelm* Martin Carl Max die Staatsangehörigkeit in der Freien und Hansestadt Hamburg.

Beide Urkunden – was ist sonst alles inzwischen verloren gegangen, vernichtet oder verbrannt – hängen unter Glas bei mir, obwohl ich schon seit fast 40 Jahren nicht mehr in Hamburg wohne.

Und noch etwas habe ich von meinem Vater gelernt: nicht reden, sondern handeln; helfen, wo geholfen werden muß, aber ohne Aufsehen.

Über meinen Vater habe ich mich manchmal geärgert, weil ich ihn nicht verstehe. Er meint, es ist besser, einen guten Anzug zu tragen als sich über 2 oder 3 schlechte zu ärgern. Als ich in der Oberstufe meinen ersten Maßanzug bekomme, habe ich mich maßlos geärgert, weil er endlos hält und ich gerne einen neuen getragen hätte.

Als Geschäftsmann muß mein Vater natürlich auch in allen möglichen Vereinen Mitglied sein. Da mein Vater auch im Vorstand des Rudervereins ›Triumph‹ ist, – wir wohnen direkt an der Bille, einem der drei »Flüsse«, an denen Hamburg liegt – darf ich dort natürlich schon seit frühester Jugend rudern, schwimmen und Gewichte stemmen und reißen.

Neugierig bin ich eigentlich nie gewesen, aber wissen wollte ich alles und möglichst noch ein bißchen mehr. Als meine 2½ Jahre ältere Schwester Grete in die Volksschule kommt, lerne ich selbstverständlich mit ihr lesen und rechnen. Es macht mir sogar Spaß, mit Erwachsenen um die Wette zu rechnen, wobei Kettenaufgaben die große Mode sind. Besonderen Spaß macht mir das Spiel, mit dem man das 1 × 7 schnell lernen und bei dem man auch seine Konzentrationsfähigkeit trainieren kann. Der Dreh besteht darin, daß mehrere Personen, die an dem Spiel teilnehmen, schnell von 1 bis 100 zählen. Alle Zahlen, die durch 7 teilbar sind oder die eine 7 enthalten, dürfen nicht genannt werden. Statt ihrer muß brr gesagt werden. Wer einen Fehler macht, scheidet aus und das Spiel beginnt wieder bei 1.

So ausgerüstet komme ich in die Volksschule Louisenweg, die mich aber ausgesprochen gelangweilt hat. Nur 2 Ereignisse, und das auch nur negative, sind haften geblieben. Einmal muß ich beim Schmücken eines Weihnachtsbaums in der Schule helfen. Die Kringel aus Zuckerguß werden zu Hause bei unserer Klassenlehrerin, Fräulein Grell, »Mieke« Grell, einer sehr aparten, noch sehr jungen Dame, mit Bindfaden versehen, damit sie an den Tannenbaum gehängt werden können. Die Bindfäden lassen sich aber nicht durch die Kringellöcher durchstecken, weil sie sich auseinander spreizen. Ich will sie etwas mit Spucke anfeuchten und sie dann

* AS: vgl. S. 312, die Urkunde meines Vaters.

glattdrehen. Ihr »aber, Willi, das macht man doch nicht« ist mir mehr als peinlich, denn ich verehre sie heimlich und will einen guten Eindruck machen. Beim zweiten Ereignis bekomme ich von unserem Rektor Zetzsche – er war ein Sadist wie er im Buche steht – mit dem Rohrstock einen über den Hintern, weil ich ihn nicht um Erlaubnis gebeten habe, daß ich an einem Theaterstück der Mädchenschule teilnehme.

So bin ich glücklich, daß ich diese Schule verlassen kann, die mir nichts Neues hat geben können. Es war ein Zwischenspiel, das mich nicht einmal interessiert hat. Während meiner Freizeit, und ich habe viele freie Zeit, bin ich viel an der Bille. Wir Jungens schwimmen alle schon »wie die Ratten«. Uns reizt es natürlich, trotz unserer 6 oder 7 Jahre als Mutprobe quer über das Billbecken, das hier etliche 100 m breit ist, zur Billbrauerei an der anderen Seite zu schwimmen. Das Unangenehme ist aber, daß man am anderen Ufer sich nur kurz an eisernen Ringen festhalten kann. An Land kann man nicht, das »Ufer« besteht aus hohen Klinkermauern. Und wenn wir ausgepumpt sind, es hilft alles nichts, wir müssen dieselbe Strecke, ob wir wollen oder können oder nicht, eben wieder zurückschwimmen. Wir haben es auch ohne Begleitung Erwachsener geschafft.

Im Winter, wenn die Bille leicht mit Schelpereis, dünnem Eis von etwa 1 cm Dicke, bedeckt ist, setzen wir uns in die Vereinsgig, ein gedrungenes stabiles Boot. Dann wriggen (lt. Duden niederdeutsch: ein Boot durch einen am Heck bewegten Riemen fortbewegen) wir so schnell und lange, – wer es noch nicht gemacht hat, kann es nicht ermessen, wie schwer ein Riemen zu bewegen ist – bis wir eben im Eis festsitzen. Um dann wieder frei zu kommen, schaukeln wir solange hin und her, bis das Eis zerbricht. Dann »peeken« wir uns mit dem Riemen zurück, um wieder und wieder das Spiel von vorn zu beginnen.

Wird der Frost noch strenger – und in meiner Erinnerung ist es jedes Jahr sehr kalt –, so friert die Bille vollkommen zu. Nur auf der Rothenburgsorter Seite wird die Fahrrinne durch Eisbrecher freigehalten. Wir Jungens haben Holländer, ganz lange, flache Schlittschuhe, mit denen man auf der langen, spiegelglatten Eisfläche einen Affenzahn erreichen kann. Wenn es uns zu wohl wird, jagen wir mit äußerster Geschwindigkeit auf die aufgebrochene Fahrrinne zu. Nun kommt es darauf an, die Fahrrinne wie ein geölter Blitz zu überqueren, wobei die Eisschollen nur ganz kurz angetippt werden dürfen. Bevor die Schollen sich von dem Schrecken erholen und versinken, muß man schon auf der anderen Seite der Eisrinne sein. Daß man dabei auch einmal Bekanntschaft mit der eiskalten Bille macht, gehört zum Spaß dazu. Dann gehen wir aber nicht nach Haus, sondern zu einem Freund, bei dem wir uns aufwärmen und unsere Sachen trocknen.

Meine erste Bekanntschaft mit dem eisigen Wasser mache ich allerdings schon sehr früh in der Vorschulzeit. Die Bille ist wieder einmal mit Schelpereis bedeckt. Am Löschplatz vergnügen sich ein paar Jungen damit, eine im Wasser schwimmende »Popp« mit Steinen zu bewerfen. Plötzlich ruft einer: »Dat is jo Willi Schulz«. Ich werde geborgen, zu meiner Tante Martha gebracht – sie hat einen Bäckerladen und außer Backwaren auch Süßigkeiten. Nicht nur deswegen, sondern weil sie auch die Schwester meiner Mutter und die Frau des Bruders meines Vaters ist, ist sie meine liebste Tante. (Komplizierte Familienverhältnisse, nicht ?) Sie hat mich oft gedeckt, wenn ich mal was »ausgefressen« habe und zuhaus auf Tauchstation gehen muß –, und mit Schnee bearbeitet. Als ich wieder zu mir komme, wird mir noch ein kleiner Klarer eingeflößt. Außer einem unbedeutenden Dachschaden ist nichts nachgeblieben.

Und dann die Schneeburgen. Vielleicht sehe ich es in der Erinnerung falsch – doch die Meteorologen haben bei ihren Voraussagen ja schon eine Trefferquote von 50% –, aber ich glaube fest daran, daß wir jedes Jahr Unmengen von Schnee hatten. Große Berge von Schnee werden von uns zusammengebracht und große Iglus gebaut, in denen 10 und mehr Jungens, und nur Jungens, Platz haben. Wir sind natürlich mit allem Komfort eingerichtet. Fensterscheiben aus Eis und Beleuchtung mit Kerzen. Daß dabei auch noch erbitterte Schneeballschlachten stattfinden, ist doch wohl klar. Die Jungens, die nicht mitgearbeitet haben oder nicht zu unserer Clique gehören, kommen natürlich nicht in die Schneeburg. Am Ende jeder Schlacht wird entweder unsere Burg erstürmt und wir verprügelt oder wir verprügeln die andern. Am Ende immer wieder eine große Verbrüderung, und das in unserer Burg.

So eisigkalt die Winter mit viel Schnee sind, so knallheiß mit starken Gewittern sind die Sommer.

In den großen Ferien fahre ich oft nach Moorwerder an der Oberelbe, einer Hamburger Kinderkolonie, wo sich Kinder aus den verschiedenen Stadtteilen Hamburgs treffen. Die Barmbeker sind an ihrem Schlachtruf »Barmbek basch« zu erkennen, während die Hammerbrooker singen:

»Indschianer kennt kein' Kummer,
Indschianer kennt kein' Schmerz,
Und ein jeder Hammerbrooker
hat ein Indschianerherz«

Mit großen Raddampfern fahren wir jeden Morgen elbeaufwärts. Den ganzen Tag verbringen wir mit Singen und Spielen. Einige bauen Sandburgen, die von der auflaufenden Flut wieder zerstört werden. Morgens nach der Ankunft und nachmittags vor der Abfahrt gibt es Kakao und Rosinenbrötchen, mittags immer ein kräftiges Essen. Manche Freundschaften werden geknüpft und viele unbeschwerte Stunden mit Gleichaltrigen verbracht.

Ein ganz großes Erlebnis ist es jedesmal, wenn ich meinen Onkel Rudi in Wredenhagen besuchen darf. Er ist dort Lehrer und gleichzeitig Küster und Organist. Im Dorf ist er eine Respektsperson, den jeder grüßt. Wahrscheinlich werde ich deswegen als Fremder nicht verprügelt, denn das hätte wohl böse Folgen gehabt.

Es kommen so viele neue Eindrücke auf mich zu, daß ich jedem neuen Morgen entgegenfiebere, um mich auf neue Entdeckungsreisen zu machen: Im Mönchsee oder in der Elde, die noch als kleiner Bach durch Wredenhagen fließt, baden, die Molkerei ansehen und begreifen, wie Milch und Käse hergestellt wird, Kühe, Schafe, Pferde, Schweine und nicht zu vergessen Bienen, die mein Onkel züchtet. Es ist eine Lust zu leben.

Einmal habe ich mich köstlich blamiert. Ich kann zwar Plattdeutsch, obwohl zu Hause fast nur Hochdeutsch ges-prochen wird. Ich soll eines Tages der Nachbarin meines Onkels, einer Frau Duwe, etwas ausrichten. Natürlich will ich mich besonders korrekt ausdrükken und rede sie mit Frau »Taube« an. Das Gelächter!

Ich bin nicht gerade unglücklich, als die Volksschulzeit vorbei ist und ich nach einer »Prüfung« in die »Höhere Schule«, unsere Realschule Brekelbaums Park umsiedeln darf. Daß ich jeden Tag etliche Kilometer hin und zurück gehen muß, habe ich nie als Belastung empfunden. Vorbei an unserem Nachbarn, der Schreibwaren verkauft, einem Bäckerladen, dem Milchgeschäft Meinke und dem Gemüsehändler, kommt, nach einer Weile Nichts, die Polizeiwache »mit de Udels« an der Ecke Hammer Deich und Louisenweg. Diesem imposanten Klinkerbau gegenüber in einer kleinen Bodensenke unter alten Bäumen ein altes Haus mit einer scheppernden Glocke an der Tür: unser alter Papa Voßmerbäumer. Er hat alles, wovon ein Kinderherz träumen kann: Zuckerwatte, ›Bontsches‹, Abziehbilder, Oblaten zum Einkleben in Poesiealben – Blumen, Engel, Schiffe und was weiß ich – und ›Salmis‹, Salmiakpastillen, die man so wunderbar in Sternform auf den Handrücken »backen« und dann genüßlich

Brücke des Borstelmannswegs über den Südkanal, Blickrichtung nach Norden über Mittelkanal zur Hammer Landstraße. Erstes Gebäude links die Anchovisfabrik (vgl. S. 21), dahinter Wohnblock an der Wendenstraße.

ablecken kann. Dann geht's weiter den Grevenweg, wobei ich die ungeliebte Volksschule »rechts liegen« lasse. Links unbebautes Gelände bis kurz vor der Süderstraße, dort ein Haus mit einem Fischereigeschäft. Die Süderstraße hat nur wenig Verkehr, denn die Straßenbahnlinien 5 und 14 fahren nur bis zum Straßenbahn-Depot, einige 100 m stadteinwärts. Rechts an der Ecke Süderstraße und Grevenweg ein Eisenwarengeschäft, dahinter unsere ›Flohkiste‹ mit Filmen von Pat und Patachon, Buster Keaton, aber später auch Al Jolson und Jackie Coogan in ›The Kid‹. Dann, nach der Überquerung des Südkanals beginnt das Viertel der Völkerstämme: Sorben, Wenden, Wikinger, Markomannen, Normannen, Barden, Cimbern und Teutonen gaben ihre Namen den Straßen und Wegen. Gleich hinter dem Mittelkanal geht es linkerhand eine steile Treppe zum Löschplatz hinunter. Am Löschplatz werden Stückgüter wie Sand, Kies, Kohlen oder Holz mit Schuten angefahren, also »gelöscht«. Die Schuten, lange, schwerfällige Kähne, früher aus starkem Holz, jetzt (1922 / 1923) meist aus Eisen gebaut, leer etwa 1,50 bis 2 m, im beladenen Zustand kaum aus dem Wasser ragend. Der Ewerführer – sie sind manchmal ?, oft ?, meist ? Besitzer oder sogar Eigentümer der Schuten – bewegt die Schute mit »Peekhaken«, einer langen Holzstange mit eiserner Spitze und Haken. Dabei drückt er den »Peekhaken« in den Kanalgrund, stemmt sich gegen den »Peekhaken« und geht dabei auf dem etwa 30 bis 40 cm breiten Rand von vorne nach hinten, so die Schute langsam, aber sicher fortbewegend. Ein harter Beruf, der einen ganzen Mann erfordert.

Bei Regatten auf der Bille fahren wir manchmal mit solchen Schuten zu Start und Ziel, wobei ein Mann am Bug den Schaum wegkehrt, damit er nicht zu stark bremst. Wir

Jungens feuern den Ewerführer an mit dem Ruf: »Hei schufft« (er schiebt). Aber wie soll man das alles einem Nichthamburger, einem »Quiddje« verklaren, der auch einmal unser Plattdeutsch zu sprechen versucht, dann aber nur »geel« (gelb) oder »messingsch snackt«, aber kein »goldenes« Plattdeutsch.

Jetzt habe ich aber doch zuviel Zeit vertrödelt und muß mich etwas beeilen, um noch rechtzeitig zur Schule zu kommen. Rechts liegt in einer Senke ein Sportplatz zwischen Grevenweg und ›Beim Gesundbrunnen‹. Ein kurzes Stück noch in der Eiffestraße und ich habe die Straße ›Brekelbaums Park‹ erreicht. Fast am Ende der Straße links liegt die Schule, im Gegensatz zu den meisten Schulklinkerbauten grau verputzt, mit Sandstein verblendet und einem großen und einem kleinen Türmchen versehen.

Der erste Eindruck beim Betreten der Realschule Brekelbaums Park, später Hindenburg-Oberrealschule, ist ein fröhliches buntes Bild. Obwohl ich weiß, daß es von den vielen verschiedenfarbenen Schülermützen kommt, sehe ich doch zuerst nur die große Gemeinschaft, in die ich aufgenommen werde. Schon nach kurzer Zeit merke ich, daß diese Schülermützen nicht nur Ausdruck einer strengen Hierarchie sind, sondern daß sie auch eine Verpflichtung, manchmal sogar eine Last bedeuten. Wer die Mütze trägt, ist nicht mehr anonym und kann sich nicht mehr gehen lassen. Jeder in unserer Gegend weiß, daß silber-grün-silber als Streifen um unsere Mütze bedeutet, daß der Träger ein Schüler unserer Schule ist, der sich vom schwarzen Tuch der Sexta über grün, blau, rot, braun und gelb in Tuch und Samt bis zur weißen Seide der Oberprima emporarbeiten will. Wenn einer die Mütze zweimal trägt, heißt es:

»Och, kleen Hein mag nich mehr leben,
he is wedder backen bleben«.

Im Laufe der Jahre bekommt man eine gewisse äußere Haltung, die mit einer inneren Disziplinierung parallel läuft und an der viele Anstoß nehmen, die dieses Gemeinschaftsgefühl nicht kennengelernt haben.

Die Mützen haben auch noch eine andere praktische Bedeutung. Man kann den Mädchen und später den jungen Damen signalisieren, ob man Interesse an ihnen hat. Ein Stern an der linken Seite der Mütze bedeutet: »Ich bin frei«, zwei Sterne »bin besetzt, sorry«.

Außerdem haben wir uns mit dem Problem Klassenplätze, das es in Volksschulen nicht gibt, auseinanderzusetzen. In dem Zeugnis steht unter Bemerkungen ganz offiziell »Primus« – wohlgemerkt mit Ausrufungszeichen – oder »1. von 51 Schülern« (Originalzitate).

Zu Beginn jeden Schulhalbjahres beginnt dann der große Wechsel der Klassenplätze. Die guten Schüler, immer genau den Plätzen nach, hinten, die mittleren in der Mitte und die schlechteren vorne.

Die »guten« und zum Teil auch die »mittleren« Schüler haben jetzt noch mehr die Möglichkeit, durch Abschreiben, durch Verwendung von Spickzetteln oder sogar durch Austauschen der Hefte ihre Zeugnisse und damit ihre Klassenplätze weiter zu verbessern. Die vorne sitzenden »schlechteren« Schüler aber können ihre Spickzettel nur selten verwenden, weil die Lehrer sie, die ohnehin Benachteiligten, besonders scharf kontrollieren können. Auch Abschreiben ist kaum möglich, da der Nachbar meist selbst dringend Hilfe braucht. Wir sind daher alle froh, als die Vergabe der Klassenplätze offiziell abgeschafft wird. Inoffiziell besteht die Regelung aber bis zum Abitur weiter, zumindest was die ersten Plätze betrifft.

Der Start in der »Höheren Schule« beginnt von vornherein mit ungleichen, unfairen Chancen. Während die meisten meiner Schulkameraden noch in den Startlöchern hocken, sind einige im fliegenden Start den anderen bereits weit voraus. Ich erinnere mich noch an eins der schweren Diktate bei

»Michel«, unserem Deutschlehrer Dr. Michaelsen. Zwei Worte, die ich noch nicht kenne und die ich nie gehört habe: »*Wirrsal* und *Unsal* unserer Zeit«. Da es kein großer Raum sein kann und mir keine Nachsilbe -sahl bekannt ist, entscheide ich mich für die richtige Schreibweise. Ein fehlerfreies Diktat, ein geschenktes Buch, aus dem das Diktat genommen ist, mit Widmung von »Michel«. Später erhalte ich von »Michel« ein Privileg, das ich wie ein kostbares Geschenk hüte. Wenn ich irgendetwas nicht gewußt hätte, weil ich vielleicht faul gewesen war, hätte ich sagen dürfen: »Manchmal irrt auch der Vater Homer«. Ich habe dieses Privileg nie in Anspruch genommen, weil ich es immer als unfair meinen Kameraden gegenüber empfand. Ich habe sowieso in den ersten Jahren einigen Mitschülern gegenüber einen schweren Stand. Obwohl alles andere als ein Streber, bin ich einfach einem großen Teil weggelaufen ohne es zu wollen. Die verständliche Reaktion bleibt denn auch nicht aus. Eines Tages warten Max Hannemann, Kurt »Ködel« Lindenberg und Fritz Lauer vor der Schule, um mir eine Abreibung zu verpassen. Leider kann ich nicht nur schnell laufen, sondern auch Boxen und Jiu-Jitsu. So kann ich mich auch körperlich durchsetzen, als ich einen nach dem andern kommen lasse. Wir werden trotzdem gute Kameraden.

Es gibt eine Reihe von Freunden, Kameraden und Mitschülern, an die ich mich auch heute noch gerne erinnere. Andere Mitschüler, deren Namen mir beim Betrachten alter Schulbilder einfallen, stehen aber nicht so klar vor mir, daß ich sie charakterisieren könnte.

Der Mitschüler, der sich mir am engsten angeschlossen hat, der wohl mein bester Freund ist und der wie ein kleinerer Bruder zu mir steht, ist HERMANN »ULE« SCHULENBURG. Klein, schmächtig, unterernährt, vom Leben benachteiligt, aber mit einem großen Herzen, immer munter und kregel. Ule, wo bist Du geblieben?

Und dann PAUL KAMSTIES – »Lala«, weil er so lang ist –. Er kommt oft zu uns. Erinnerst Du Dich noch an meine Mutter, die Dich sehr gern hat? Paul ist fleißig, beharrlich, integer und zuverlässig, ein typischer Arbeiter und Schaffer. Wer erinnert sich nicht noch an seine graubraune Gesichtsfarbe? Einen Gruß an WALTER LORENZ, unsern großen Mathematiker vor dem Herrn, der uns spielend die Lösung auch der schwierigsten mathematischen Probleme beibringt. Auch er zuverlässig, kameradschaftlich, gutmütig, aber manchmal gehemmt – und dabei hatte gerade er allen Grund, selbstbewußt zu sein. Mein langer Schulbanknachbar Henri »Ente« Sellenschlo kennt wahrscheinlich alle meine Schwächen und Fehler besser als alle meine übrigen Mitschüler. Wie oft habe ich ihn geärgert (Stichwort Falzbein), aber abschreiben darf ich trotzdem von ihm, wie auch er oft von mir abgeschrieben hat. Er allein weiß, daß ich ausgezeichnet weit sehen kann. Wenn ich einmal ein Gedicht nicht auswendig gelernt habe, so braucht nur mein Vor-Vordermann seinen Rücken als Stütze für das Buch meines Vordermannes herzugeben. Wird das Buch aus lauter Jux und Dollerei verkehrt herum hingestellt, muß es auch so gelesen werden können. Wer weiß, vielleicht kann man es im späteren Leben einmal verwenden.

Habe ich einmal etwas schlecht oder nicht gelernt, gehe ich nicht auf Tauchstation, sondern melde mich besonders eifrig. Es klappt eigentlich immer. Am nächsten Tag bin ich allerdings bestens präpariert.

ERNST NEUDAHL: ein ruhiger, zurückhaltender, bescheidener Mitschüler und Freund, der zäh und beharrlich arbeitet, und mit dem ich mehr als einmal die Führung wechsele. Trotz allem Wettstreit sind wir immer gute Freunde, die nie neidisch aufeinander sind.

HELMUT FRANK: klar denkender Analytiker mit Zeug zu einem guten Manager, zupackend, sozial denkend und handelnd, verläßlich, open-minded.

ARNO SCHMIDT: es hat lange gedauert, bis sein Bild wieder vor meinem geistigen Auge erscheint. Hat er Freunde? Gehört er einer Clique an? Ich weiß es nicht. Sehr zurückhaltend, wenn nicht gar scheu, sehr ernst über sein Alter hinaus, introvertiert. Habe ich ihn jemals lachen sehen?

WALTER VOSS: robust, mit beiden Beinen auf der Erde. Sein köstlichster Ausspruch bei der Wiedererzählung von Beowulf: »und das war ein Knacken in die Bude«.*

HANS RIEBESEHL: unser künstlerisch Begabtester. Ruhig, zurückhaltend, sympathisch.

WILHELM ELFERS: einer der »Stillen im Lande«. Unermüdlicher Arbeiter, ruhig, zuverlässig. Sein Vater im 1. Weltkrieg gefallen.

WERNER FRÜNDT: klein, quecksilbrig, kann sich in eine Sache verbeißen, zähe.

HERBERT AUGUSTIN: überlegen, abwägend, konziliant.

KURT LANGE: »Hans Dampf in allen Gassen«. Besonderes Kennzeichen: Geiger.

KLAUS »KLÜTEN« JENS: unser Längster, geradeaus, absolut zuverlässig.

MAX HANNEMANN und KURT »KÖDEL« LINDENBERG: un-zer-trennlich wie »Castor und Pollux« beim Aushecken von Streichen und bei ihren Abenteuern mit Mädchen. Max mit seinem lauten Organ, das immer etwas metallisch-heiser klingt.

WERNER ERLACH und WERNER BOEHM: unser zweites Zwillingspaar, das schon während ihrer Schulzeit eine Firma *ERBO* gründet, die sogar oder hauptsächlich Glasperlen nach Afrika exportiert (oder irre ich mich etwa?). Boehm mit seiner breiten Nasenwurzel, so daß seine Augen weit auseinandergesetzt erscheinen, guter, überzeugender Redner, typischer Geschäftsmann.

Werner Erlach: schmales Gesicht, asketisch, der »Afrikaner«. (Preisfrage: wird Erlach eine, seine Negerin heiraten?)

JOCHEN WAGNER: trotz seiner körperlichen Behinderung (spinale Kinderlähmung)

Willi Schulz zwischen Wilhelm Elfers und Arno Schmidt. Vorn Herbert Augustin und Willy Traupe.

Durchsetzungsvermögen, Selbstbewußtsein, glänzender Plauderer. Man spürt den background, der einigen unserer Mitschüler fehlt.

Mir fallen noch die Namen anderer Mitschüler ein: Gebrüder Lauer aus Juan-les-pins, Lotz, Schütte, Fastert, Kober, Hintze, Neumann, Pöcker. Wie soll ich sie charakterisieren, wo soll ich anfangen, wo soll ich aufhören?

Unsere Schule ist eine regelrechte Paukschule, aber eine von der positiven Sorte. Wir werden sehr gefordert (heute nennt man es Stress) und wer den Stoff nicht schafft, bleibt entweder sitzen oder verläßt die Schule wieder. Es ist eine gnadenlose Auslese. Wir fangen mit 3 Sexten à 50 oder 51 Schülern an, zu denen nach dem »Einjährigen« noch Schüler von der Realschule Rothenburgsort kommen,

*AS: vgl. Walter Voß, S. 135.

wo die Verhältnisse ähnlich sind. Von etwa 200 bis 250 Schülern der Sexten machen nur ganze 14 Schüler das Abitur.

Unsere Schule ist deutschnational bis auf die Knochen, so daß Lehrer anderer Couleur es bitterschwer haben, ihre neuen pädagogischen Ideen durchzusetzen. Wer erinnert sich nicht noch an den Physiklehrer Heini Dau, der uns Schüler vom 2. Stock herunter mit »Kommunistenpack« anschreit, weil ihm unser jugendliches Temperament zu laut ist und wir nach seiner Ansicht nicht diszipliniert genug sind. Gott sei Dank, er ist einer von den unrühmlichen Ausnahmen.

Durch die Bank haben wir ausgezeichnete Lehrer und viele Pädagogen, die uns nicht nur Wissen vermitteln und unsern Blick für das wesentliche schärfen, sondern die uns auch menschlich nahestehen und unsere geistige und seelische Reife fördern.

Mein ganzes Leben lang denke ich mit Hochachtung und Verehrung an unseren Englischlehrer Dr. Ernst Foerster – »an einem Foerster-Wort soll man nicht rütteln noch deuteln«. Schon die erste Schulstunde bei ihm ist ein Gag. Er geht an die Tafel, malt einen großen Apfel und sagt: »This is an apple«. Und so hält er es unser ganzes Schulleben lang. Wenig Grammatik, wenig Theorie, dafür pralle Praxis. Dr. Foerster, der »Sozialaristokrat« und Nietzscheaner, der Mensch, Vater und Freund der Schüler, die Persönlichkeit mit dem großen Herzen für die Jugend, der später resigniert und verbittert, als sein Sohn Harold-Douglas (bitte Englisch aussprechen) nach dem 20. Juli 1944 erschossen oder aufgehängt wird. Ich suche ihn nach dem Kriege auf. Er ist mißtrauisch geworden und fragt als erstes, ob ich in der »Partei« gewesen bin. Als ich das wahrheitsgemäß verneine, kommt trotzdem nur ein mühsames Gespräch zustande. Und wir hätten uns soviel zu sagen gehabt. »O! what a noble mind is here o'erthrown!« (sein geliebter Hamlet III, 1).

Daß wir bei Dr. Foerster in der Englischstunde viele Lieder lernen, fällt bei uns Schülern auf fruchtbaren Boden. Wie oft aber haben sich andere Lehrer darüber aufgeregt, wenn aus unserer Klasse fröhliche, aber auch traurige Lieder nicht nur in Englisch, sondern genau so in Französisch, Schwedisch oder Russisch erklangen.

Selbstverständlich lernen wir bei ihm die Nationalhymnen

God save the king
die Marseillaise
Du gamla, du fria
ebenso wie Neger-, Studenten- und Volkslieder
Poor old Joe
Way down upon the Swanee River – zwei traurige Negersongs für besinnliche Stunden
Home, home, sweet, sweet home
Adieu, I cannot longer stay with you, und
Vi gå över daggstänkta berg –
für fröhliche, unbeschwerte Stunden
Wärmlandlied in Schwedisch
Wolgaschiffer auf Russisch – für Stunden am Lagerfeuer.

Mein »Golden Book«, bis zum Rand mit Liedern, Zitaten (quotation taken from ..) und Aussprüchen gefüllt, ist, wie so vieles, zerstört, verbrannt, verloren.

Aber diese Lieder können mir nicht genommen werden. Sie begleiten mich ein Leben lang und haben mir vielleicht einmal das Leben gerettet.

1973 – meine Frau und ich auf der Fahrt von Las Vegas durch die Wüste zum Grand Canyon. Wir haben schon einen langen Flug von Harrisburg über Chicago, Denver nach Las Vegas hinter uns. Williams liegt hinter uns, noch 50 Meilen Wüste bis zum Canyon. Meine amerikanischen Freunde haben mich gewarnt, keine Tramper mitzunehmen und keine Geschwindigkeitsbeschränkungen zu überschreiten. Plötzlich sehe ich im Scheinwerferkegel zwei nicht ganz vertrauenerweckende Gestalten. Ich halte an und bereue es im selben Augenblick. Sie steigen ein und sitzen hinten. Mein Gehirn arbeitet fieberhaft. Nur keine Pause in der Unterhaltung eintreten lassen, dabei Vollgas mit unserm Dodge Polara – auch in der Wüste ohne Gegenverkehr sind nur 100 Kilometer erlaubt. Einer gibt als Beruf Vermessungsingenieur, der andere Elektrotechniker an. Der Gesprächsstoff geht zu Ende. Der erlösende Gedanke: sie sollen amerikanische Volkslieder mit mir singen. Und so rollen wir singend durch die pechschwarze Wüste – wie Kinder, die sich im dunklen Wald durch Singen Mut machen – unserm Ziel, dem Canyon Hotel, entgegen. Am Anfang der Siedlung steigen die beiden aus. Am nächsten Tag treffen wir sie beim Supermarkt wieder. Sie fallen uns vor Freude fast um den Hals.

Ich denke noch an eine Englischstunde in der Mittelstufe. Wir wollen erproben, wie weit Dr. Foersters Geduld mit uns geht. Ein Koffergrammophon wird in den Klassenschrank eingeschlossen, der Bedienungshebel mit einem langen, unsichtbar-schwarzen Zwirnsfaden versehen. Mitten in der Stunde ein Zug am Bindfaden und laut tönt es »Allons, enfants de la patrie«. Wir sind gespannt auf seine Reaktion, und sie kommt prompt. »Nationalhymne, aufstehen, mitsingen!«

Konnte Dr. Foerster überhaupt anders reagieren? Nicht auszudenken, wenn wir das mit einem anderen Lehrer gemacht hätten. Bei denen werden weniger geistreiche, zum Teil sogar bösartige Streiche ausprobiert. Ein elektrischer Summer summt erst hinten links, der Lehrer horcht auf und sieht in die Richtung, aus der das Geräusch kommt. Der Summer ist natürlich längst weiter gewandert nach rechts hinten, wo wieder gesummt wird. Der Lehrer reagiert, indem er nach hinten rechts geht. Und dann geht die Jagd los, bis er endlich fragt, wo der Summer ist. Mit treuherzigem Gesicht beteuern natürlich alle, nichts gehört zu haben.

Daß wir beinahe noch das Zeugnis der Unreife oder im Klartext das Reifezeugnis nicht erhalten hätten, verdanken wir der Vorliebe unseres Biologielehrers für weiße Mäuse und gebleichte Hasenschädel. Daß die weißen Mäuse sich selbst mit Chloroform vergiftet haben und daß die Hasenschädel vielleicht durch Alkohol und nicht durch Tinte blau wurden, hat uns keiner abnehmen wollen. Es gibt eine hochnotpeinliche Untersuchung. Wir bekommen aber doch unsere Reifezeugnisse. Es hätte sonst keine Hindenburg-Oberrealschule gegeben. Der erste Abiturientenjahrgang darf doch nicht geschlossen durchfallen. Vielleicht sind die Lehrer auch politisch verunsichert. Der 30. Januar 1933 ist noch keinen Monat vorbei.

Bei unserem Deutsch- und Geschichtslehrer, der mehrfach auch unser Klassenlehrer ist, Dr. Heinrich Michaelsen, »Michel«, einem Hünen mit zerhacktem Gesicht, lernen wir die knappe, präzise Formulierung. Sein Leben ist konservativ, christlich, freiheitlich geprägt und diese Haltung vermittelt er uns – mit Unterbrechungen – von Sexta bis zur Oberprima. Ich lese heute noch gerne in den 5 schwarzen Heften, was ich damals in einer klaren, kantigen, deutschen Schrift in knapper, systematischer Form – ähnlich wie heute »Pipers Weltgeschichte in Karten, Daten, Bildern« – von der Urgeschichte über die Geschichte der Germanen und unserer engeren Heimat bis zur Neuzeit aufgeschrieben habe.

Wie Michel uns deutsche Geschichte, deutsche Mentalität, deutsches Wesen nahebringt: ein kurzer Ausschnitt über den deutschen Freiheitsbegriff:

a. nach Luther

»Der Christenmensch ist ein freier Herr aller Dinge und niemandem untertan; der Christenmensch ist ein dienstbarer Knecht aller Dinge und jedermann untertan.«

b. nach Kant

»Handle stets so, daß die Maximen deines Handelns zugleich Leitsätze einer allgemeinen Gesetzgebung sein können.«

Den Gegensatz zu dieser gebundenen Freiheit sieht Michel in der äußeren Willkür der französischen Revolution.

Leider ist die deutsche Geschichte bei Bismarck zu Ende. Die Vorgeschichte des 1. Weltkrieges ebenso wie der Weltkrieg selbst wird ausgespart. Die Folgen der Niederlage (Versailles, Pariser Vorortverträge) werden dagegen wieder ausgiebig behandelt. »Michel« war Meister – welchen Grad er hatte, weiß ich nicht – in der Freimaurerloge an der Moorweide. Noch deutlich erinnere ich mich an das große Auge im goldenen Dreieck am Giebel des großen Gebäudes, in das ich mit etwa 11 Jahren gehe. In dem großen Saal, der mit hunderten von Logenbrüdern und deren Angehörigen zu einer Weihnachtsfeier besetzt ist, sage ich die ganze Weihnachtsgeschichte auf. Es ist ein großes Erlebnis. Als Weihnachtsgeschenk erhalte ich einen Zirkelkasten, Dreiecke und Lineale.

Wir lernen aber damals auch schon, uns in Sachen zu verbeißen, die uns scheinbar keinen Nutzen bringen. Oder wer kommt schon – wenn nicht durch Dr. Foerster – auf den Gedanken, die Verse aus dem Matth. 6, 9–13 im Hamburger Büro des Christian Science Monitor aus den Bibeln in 32 Sprachen abzuschreiben, sie fein säuberlich in Druckschrift in Englisch, Französisch, Spanisch, Latein bis Suaheli aufzuschreiben und möglichst noch auswendig zu lernen ? Und wem macht es dann noch Spaß, das ganze einzubinden und den Umschlag mit einem Findling zu schmücken, auf dem in Runenschrift steht :

»Atta unsar, thu in himinam,
weihnai namo thein«

Falls die Schreibweise nicht ganz richtig ist, ich bin kein Gote. Ich habe es nur aus dem »Codex Argenteus« (6. Jh. n. Chr.) abgeschrieben, wo es allerdings nicht in Runen, sondern im westgotischen Alphabet steht.

Oder was treibt uns dazu, Marc Anthony's oration over the body of Caesar auswendig zu lernen ? Ist es die Sprache, die wir täglich hören : aggressiv, demagogisch ? Sehen wir, wie die Volksmeinung manipulierbar ist ?

»For Brutus is an honourable man,
So are they all, all honourable men.«

Der Ton macht die Musik.

Klingt etwas aus frühester Jugend auf, wenn man innerlich gezwungen wird, die wundervollen Verse aus »The arrow and the song« by Longfellow auswendig zu lernen :

»And the song, from beginning to end
I found again in the heart of a friend.«

Auch hier : wo soll man anfangen bei der Fülle, wo aufhören ?

Wer erinnert sich nicht noch an unser Krippenspiel zu Weihnachten 1927 mit einer Starbesetzung ?

»Ente« SELLENSCHLO
als Maria mit langem, wallenden Gewand und einem Kopftuch wie eine Nonne
HELMUT FRANK
als Joseph mit Kalabreser, dunklem Mantel und Krummstab
ERNST NEUDAHL
»Ködel« LINDENBERG
WILLI SCHULZ
als die heiligen 3 Könige mit Kronen, langen Gewändern und Königsmänteln
ARNO SCHMIDT*
HELMUT HEITMANN
als Herbergsväter mit Käppchen und weißer Schürze
WILHELM ELFERS
als Engel mit langem Haar
»Pille« BERGMANN
HERMANN PÖCKER
als Hirten mit Fellumhang und Hirtenstäben
dann noch viel Volk und zwei Zivilisten
KURT LANGE / WERNER FRÜNDT als Geiger

* AS : das war zu Weihnachten 1928; ich bin aber Mitte November abgegangen, mußte meine Rolle zurückgeben, und habe also nicht teilgenommen.

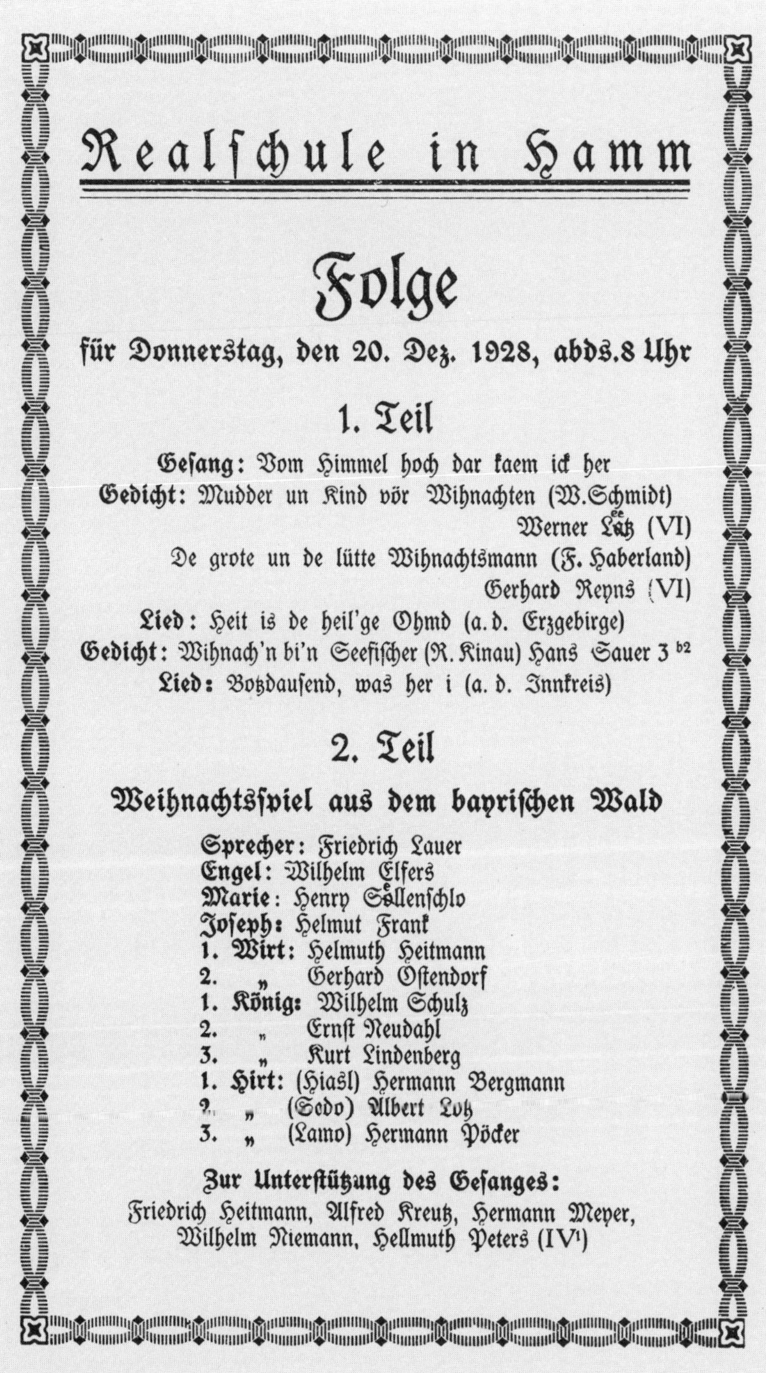

Realschule in Hamm

Folge

für Donnerstag, den 20. Dez. 1928, abds. 8 Uhr

1. Teil

Gesang: Vom Himmel hoch dar kaem ick her
Gedicht: Mudder un Kind vör Wihnachten (W. Schmidt)
Werner Latz (VI)
De grote un de lütte Wihnachtsmann (F. Haberland)
Gerhard Reyns (VI)
Lied: Heit is de heil'ge Ohmd (a. d. Erzgebirge)
Gedicht: Wihnach'n bi'n Seefischer (R. Kinau) Hans Sauer 3 b2
Lied: Botzdausend, was her i (a. d. Innkreis)

2. Teil

Weihnachtsspiel aus dem bayrischen Wald

Sprecher: Friedrich Lauer
Engel: Wilhelm Elfers
Marie: Henry Söllenschlo
Joseph: Helmut Frank
1. Wirt: Helmuth Heitmann
2. „ Gerhard Ostendorf
1. König: Wilhelm Schulz
2. „ Ernst Neudahl
3. „ Kurt Lindenberg
1. Hirt: (Hiasl) Hermann Bergmann
2. „ (Sodo) Albert Lotz
3. „ (Lamo) Hermann Pöcker

Zur Unterstützung des Gesanges:
Friedrich Heitmann, Alfred Kreutz, Hermann Meyer,
Wilhelm Niemann, Hellmuth Peters (IV¹)

Programm zu Weihnachtsfeier und Krippenspiel Weihnachten 1928.

Schule und Kunst ist überhaupt ein Thema für sich. Im September 1932 erscheint in der Kupfertiefdruckbeilage des »Hamburger Fremdenblattes« eine ganzseitige Abbildung von 12 netten jungen Damen (Schülerinnen der Oberstufe) im Sportdreß, die einen Preis der Stadt Hamburg gewonnen haben. 12 Schüler unserer Klasse suchen sich ihre Anima heraus. Dann stellen wir uns in unseren weißen Laborkitteln genau so auf, wie die jungen Damen stehen oder liegen. Lothar Glanert die Arme gekreuzt »wie eine Waschfrau«, »Ente« Sellenschlo die linke Hand elegant in die Hüfte gelegt, Walter Grüschow – er ist in Polen geblieben – mit rechter Hand an der Hosennaht, Heinz Hermes – »Herr Meß« – hingegossen mit dem Zeitungsbild da, wo bei den Mädchen das Diplom ist. Fast alle sehen stur in die Kamera, nur einer guckt nach rechts, wie »das Gesetz, sprich das Originalbild, es befahl«. Unser Foto senden wir mit einigen netten Zeilen – das hatten wir schon gelernt – an die Mädchenschule mit einer Einladung zu einem Theaterbesuch. Um einer Absage vorzubeugen, legen wir die Theaterkarten bei, auf die wir unsere Namen aufschreiben. Die Mädchen haben Humor, in der Empfangshalle des Schauspielhauses finden sich bald Animus und Anima. Es wird ein köstlicher Abend. Theater ist doch eine wunderbare Erfindung.

In der Mittel- und Oberstufe gehe ich 2 bis 3 mal im Monat ins Theater, meist ins Schauspielhaus, manchmal aber auch ins Thalia-Theater am Pferdemarkt oder ins Theater am Besenbinderhof, das progressive, aggressive Stücke bringt. Die Oper ist für mich nicht erreichbar, mein schmaler Etat reicht nicht für die Eintrittskarte. Ich gehe immer zu Fuß ins Theater, auch wenn ich 5 bis 6 km zweimal laufen muß. Das Schauspielhaus – wer erinnert sich noch an den Intendanten Wüstenhagen und die liebenswürdige, »große Alte Dame« Hachmann-Zipser – hat 1928/1932 wegen der großen Arbeitslosigkeit auch nur wenige Zuschauer und ist sehr billig. Bei mir langt es aber nur zu Stehparkett oder »Trampelloge«. Wenn der Zuschauerraum zu leer ist, dürfen wir uns auch einmal auf die unbesetzten Plätze setzen. Ein begeisterungsfähigeres und besseres Publikum haben die Schauspieler selten gehabt. Wer erinnert sich nicht noch an ›Journey's end‹ oder ›Die andere Seite‹, wie es übersetzt wurde. Ein Kriegsstück voll Realismus und Brutalität. Unvergessen bleibt mir noch ›Osakrak, der Eskimo‹, ein Stück über Lebensauffassung und Gesetz der Eskimos.

Einmal lade ich meinen Schwager Henri, den Mann meiner älteren Schwester Grete, ins Theater ein. Er weiß natürlich nicht, daß ich nur Stehplatzkarten habe. Ich frage ihn noch großzügig: »Na, wo möchtest Du sitzen ?« Wir haben ein paar gute Plätze gefunden. Die ganze Reihe links und rechts neben uns ist leer. Ein Herr mit einer etwas aufgedonnerten Dame kommt, sieht auf seine Karten, dann auf uns und fragt, ob wir nicht auf einem falschen Platz sitzen. Ich sehe meine Karten sehr genau an und entschuldige mich dann. Ich hätte nicht gesehen, daß ich links und rechts verwechselt habe. Wir wandern etwas weiter zur andern Seite und werden Gott sei Dank nicht mehr gestört. Hätte mein superkorrekter, penibler, etepeteter Schwager mit seinem leicht pastoral-belehrenden Einschlag den wahren Sachverhalt auch nur geahnt, er hätte das Theater sofort verlassen. Als ich ihn später einmal aufkläre, wird er noch nachträglich verlegen und rosa. Er ist nie wieder mit mir ins Theater gegangen.

Zum aktiven Theaterspielen hat es mich schon früh gezogen, allerdings hat es nur zu einigen einfachen Laienspielen gereicht. Außer beim Krippenspiel in unserer Schule wirke ich noch als Eremit (der größte Witz des Jahrhunderts) in ›Der verrostete Ritter‹ und in einigen Schauerballaden mit. Aber einmal kam es doch noch (beinahe) zu einem Höhepunkt, als ich in ›Medicine in fiction‹ mitspiele. Schüler und Schülerinnen (!) verschiedener Gymnasien und Oberrealschulen nehmen an diesem englischen Stück teil. Es ist ein großer Erfolg. Gerade zu diesem Zeitpunkt habe ich einen neuen Anzug bekommen, großkariert mit Röhrenhosen, aber nicht nach meinem Geschmack. Der ganze Abend ist mir verdorben.

Als letztes ein altes Foto: Um ihren Klassenlehrer Dr. Bertold Lammert geschart, 14 junge »Herren« in dunklem Anzug mit Fliege oder Krawatte in gedeckten Farben. Rechts unten auf das Foto geklebt ein Ausschnitt aus dem ›Hamburger Fremdenblatt‹: »Die erste Reifeprüfung an der Oberrealschule i. E., Brekelbaumspark, fand am Montag, 27. Februar, (1933, W. Sch.) statt. Als Kommissar der Landesschulbehörde war Herr Oberschulrat Dr. *Oberdörffer* (im Original gesperrt) anwesend, auch der Landesschulrat Herr Prof. Dr. *Doermer* nahm einige Stunden an der Prüfung teil. Es erhielten das Zeugnis der Reife die Oberprimaner: Helmut Frank, Lothar Glanert, Walter Grüschow, Karl-Heinz Hermes, Gerhard Kind, Hermann Koch, Walter Lorenz, Hans Maack, Heinz Mosel, Ernst Neudahl, Walter Schiefer, Alwin Schubert, Harald Schütte, Wilhelm Schulz und Henry (man beachte die Schreibweise) Sellenschlo.«

Ich schließe mit dem Motto unserer Abiturienten-Zeitung – wer hat noch ein Exemplar davon? –:

»WER FÄHIG IST, SCHAFFT,
WER UNFÄHIG IST, LEHRT.«

Die erste Reifeprüfung an der Oberrealschule i. E. in Hamm, Brekelbaumspark, fand am Montag, 27. Februar, statt. Als Kommissar der Landesschulbehörde war Herr Oberschulrat Dr. Oberdörffer anwesend, auch der Landesschulrat Herr Prof. Dr. Doermer nahm einige Stunden an der Prüfung teil. Es erhielten das Zeugnis der Reife die Oberprimaner: Helmut Frank, Lothar Glanert, Walter Grüschow, Karl-Heinz Hermes, Gerhard Kind, Hermann Koch, Walter Lorenz, Hans Maack, Heinz Mosel, Ernst Neudahl, Walter Schiefer, Alwin Schubert, Harald Schütte, Wilhelm Schulz und Henry Sellenschlo.

Erste Reifeprüfung der Oberrealschule am Brekelbaumspark am 27.2.1933. – *Hintere Reihe von li.:* Walter Grüschow, Hans Maack, Wilhelm Schulz, Henri Sellenschlo, Walter Schiefer, Walter Lorenz, Gerhard Kind, Lothar Glanert. – *Vordere Reihe von li.:* Heinz Mosel, Heinz Hermes, Helmut Frank, Klassenlehrer Dr. Lammert, Ernst Neudahl, Alwin Schubert, Harald Schütte.

HENRI SELLENSCHLO

Über 55 Jahre sind es her, daß unsere Jahrgänge 1913/14 mit den Schulbänken – harte Holzbänke mit festen Schreibpulten – erste Bekanntschaft machten. Klassenabende der letzten Jahre zeigten, wie viele Dinge aus der folgenden Schulzeit noch heute in den Köpfen schwirren. Wie oft und wie herzhaft haben wir noch nach über einem halben Jahrhundert über uns und unsere Lehrer gelacht, auch geschimpft. Plaudereien brachten auch an den Tag, wie unterschiedlich mitunter die Schule in Erinnerung war und schon mit den Erfahrungen an eigenen Kindern gemessen wurde.

Unsere Schule, das ist die Realschule in Hamburg-Hamm, Brekelbaumspark. Unsere Klasse ist eine Quinta von Ostern 1924 bis einschließlich Untersekunda Ostern 1930. Die Schule, äußerlich ein grauschmutziger Sandsteinbau, hatte ein Kellergeschoß, halb aus der Erde heraus gebaut und darüber 4 Stockwerke. Ich könnte heute noch eine Zeichnung anlegen vom Keller mit Werk- und Fahrradraum bis oben zum 4. Stock mit Musikraum und Aula. Die Klasse wanderte im Laufe der Jahre vom 1. zum 4. Stock. Der Klassenverband hält noch heute zusammen und zu dem jährlich stattfindenden Klassenabend kommen die Schulkameraden z.T. von weit her angereist.

Doch bevor ich auf die Schule in meinen Erinnerungen eingehe, möchte ich kurz ein wenig über die Umgebung, das Einzugsgebiet für diese Schule, sagen. Die Stadtteile Borgfelde, Hamm, Horn und Schiffbek (später bei Billstedt) gehörten dazu. Die Borgfelder Straße, die Hammer Landstraße und nach Osten weiter die Horner Landstraße teilten – ganz großzügig gesehen – diese Gebiete in Nord- und Südteile. Pauschal betrachtet waren im Norden auf der Geest die besseren Häuser und somit auch eine andere Gesellschaftsschicht, im Süden in der Marsch wohnten mehr die Arbeiter und kleinen Angestellten. Hier im Süden wuchs ich auf. Das südliche Hamm war bis weit in die zwanziger Jahre ein nur halbbebauter Stadtteil, viele Schrebergärten, ganze Schrebergartenkolonien waren eingestreut, so auch noch direkt neben »meiner« Volksschule am Pröbenweg 3. Im Osten ging Hamm bis zu dem Bahndamm der Güterumgehungsbahn Rothenburgsort-Wandsbek, hier war halbe und dahinter volle Wildnis (später aufgehöht durch Sand aus Öjendorf). Die Eiffe-, Wenden- und Süderstraße verliefen im Osten »im Sande«, einer ausgedehnten Schrebergartenlandschaft, ebenso der Mittel- und der Südkanal. Diese beiden Kanäle waren in vielen Jahren unsere Schlittschuhbahnen, ganz besonders in dem fürchterlich strengen Winter 1928/29, die Alster war für uns zu weit entfernt.

Nördlich der Hammer Landstraße war der wunderschöne Hammer Park mit einem großen Sportstadion und einer ausgedehnten Liegewiese, bevorzugt als Drachenaufstiegswiese benutzt. Das für damalige Verhältnisse vorbildliche Stadion wurde an 2 Tagen im Jahr, einem Wochenende, von allen höheren Schulen Hamburgs für Leichtathletikwettkämpfe benutzt. Die Mädchenschulen waren hieran genau so beteiligt wie die Knabenschulen. Hier im Hammer Park wurden dann auch die Endkämpfe um den Mönckeberg-Preis im Schlagball ausgetragen. – Und hinter dem Hammer Park waren wunderschöne Schrebergartenkolonien mit breiten Sandwegen, umsäumt von großen Hecken. Über Felder ging es hier bis zur Horner Rennbahn, die Häuser in diesem Bereich waren noch zu zählen. Hier machten wir unsere Streifzüge kilometerweit, unsere Indianerspiele mit Holzschwertern und Schilden aus Margarinefaßdeckeln, die eine Hammonia-Butterhandlung Ecke Louisenweg-Vikarienweg lieferte.

Noch eine Erinnerung aus Kindestagen, die unsere Umgebung in Hamm und angren-

Hammer Park von Westen mit Liegewiese, Stadion, Tennisplätzen, Blumenanlagen, Spazierwegen; vielseitiges Freizeitgelände für Kinderspiel, Sportkämpfe, Erholung. Luftaufnahme 1929.

zendem Horn charakterisiert. Eines Tages preschte pferdebespannte Feuerwehr durch unseren kopfsteingepflasterten Louisenweg, die kam aus Rothenburgsort, wo die Stadt noch einen solchen Zug unterhielt für Brandfälle in Außenbezirken mit Sandwegen. Es ging zum Horner Weg, dort brannte ein strohgedecktes Bauernhaus, damals schon zum Restaurant und Cafe umfunktioniert. Der Anblick dieser Sechserzüge in vollem Galopp ließ natürlich unsere Kinderherzen höher schlagen und wir alle hinterher, viele Kilometer spielten für uns keine Rolle. Und die Feuerwehr hatte schon damals ihre liebe Not mit den Neugierigen und Schaulustigen.

Mit sechs Jahren mußte dann der Weg in die Schule angetreten werden. Also für mich, Henri Sellenschlo, geb. 15. 1. 1914, begann der Ernst des Schullebens. Eigentlich hatten meine Eltern die Absicht, mich gleich auf die Realschule zu schicken, aber das ging nicht mehr. Die vier Grundschuljahre auf einer Volksschule waren Pflicht geworden. Unser Schuljahrgang war als erster betroffen, so glaube ich es noch in Erinnerung zu haben. Den Jahrgang 1914 hat es später noch oft durch Neuerungen getroffen, doch darüber im Verlaufe dieses Berichts später mehr. Also ging es zur Anmeldung in die Volksschule am Pröbenweg, einem mehrstöckigen Backsteinbau, den ich immer, auch nach meiner Schulzeit, als schönen Bau empfunden habe. In Erinnerung ist noch so etwas wie eine Aufnahmeprüfung. Unter dem Schutz der Mutter ging es zur Schule. Der Rektor (später Schulleiter genannt) fragte nach der Farbe eines Löschblattes und noch einige Dinge mehr, damit hatte es sich. Mein Schulweg war dann ein sehr kurzer, wir wohnten Louisenweg 47, ich brauchte nur diagonal über einen Sportplatz zu gehen und hatte immer die große Schuluhr am Turm im Blickfeld, konnte also meine Gangart, da ich »die Uhr bereits kannte«, entsprechend Zeigerstellung einrichten.

Am ersten Schultag ließen wir uns noch von unseren Müttern zur Schule bringen, dann war es damit aus. An Schultüten kann ich mich nicht erinnern. Hätte es damals schon welche gegeben, ich bin sicher, ich würde das behalten haben. Also fortan ohne Mütter! Nur einer – oder besser gesagt: eine Mutter machte eine Ausnahme. Über mehrere Jahre wurde Wilhelm zur Schule gebracht und erhielt obendrein in der großen Pause durch die breiten Holzroste der großen Eingangstür zum Schulhof seinen Kakao und sein Milchbrötchen gereicht. Als kleine Buttjes hatten wir wenig Verständnis dafür und manche verächtliche Bemerkung ist gefallen über dieses Gehabe. Kinder sind eben grausam! Wilhelm, ein Einzigkind, war auch gar nicht so sehr für diese Behandlung, aber gegen seine Mutter, eine Kriegerwitwe, war er machtlos. Wilhelm war sonst tüchtig und guter Kamerad, das half ihm sehr und er wurde von uns akzeptiert. Wir fingen damals in der achten Klasse an und waren für die älteren Schüler die »Achtenschieter«. Am wichtigsten taten sich diejenigen, die gerade diese Klasse überwunden hatten. Mit fast 50 Jungen drückten wir die Schulbänke, in drei Reihen waren Doppelbänke aufgestellt. Vielleicht darf hier eingefügt werden, daß wir unsere ersten Schreibversuche mit Griffel auf Schiefertafel tätigten. Es kratzte mitunter so herrlich, das ging bis zum letzten Nerv, noch heute, wenn ich nur daran denke.

Nicht lange dauerte es, und die ABC-Schützen waren nach Leistungsgruppen einzuordnen. Ein Fräulein Fromm führte die Klasse recht ordentlich. Eines schönen Tages kam sie auf die Idee, uns in drei Gruppen einzuteilen. Die Fensterreihe bekamen die Guten (die Rosinenreihe), die Mittleren bekamen die mittlere Reihe (Korinthenreihe) und der

Volksschule für Jungen am Pröbenweg, mit dem Uhrturm, den Henri Sellenschlo auf dem Weg zur Schule von weitem sah. Rechts anschließend der Fußballplatz des F.C. ›Hansa‹, an den sich Arno Schmidt gut erinnerte.

Rest saß auf der Wandreihe (Zitronenreihe). Es gab also schon damals die Zitrone, sie ist keine unbedingte Neuerfindung in dem modernen Motorzeitalter. Alles schön und gut.

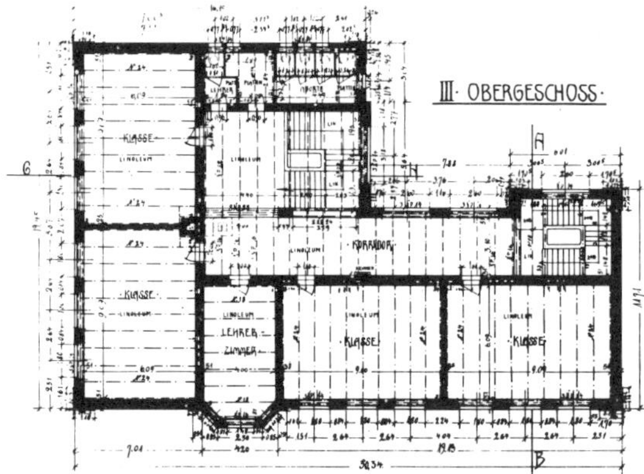

Pröbenwegschule – Grundriß des 3. Obergeschosses. Große lichte Klassen nach Süden und Westen.

Die etwas schwerfälligeren Schulanfänger wurden besonders gefördert, das äußerte sich darin, daß sie öfter gefordert wurden und die Guten fast gar nicht. Nun sind selbst Schulanfänger Menschen mit ihren Schwächen, die Guten langweilten sich und ergaben sich in Faulheit. So mußte eines Tages die unausbleibliche Pleite eintreten. Es kam das große Erwachen. Die ganze Einteilung war über den Haufen geworfen. Ich war bei den Pleitegeiern. Die Pädagogik hatte auch damals schon ihre Probleme.

Im zweiten Schuljahr war Lehrerwechsel, besser Lehrerinnenwechsel, fortan hatte ein Fräulein Cohen* uns in der Obhut. Der Name war damals kein Störfaktor. Diese Lehrerin hatte uns gut im Griff, wir liebten sie. Sie war so tüchtig, um es kurz zu sagen, nach vier Grundschuljahren schafften 21 von 42 Schülern den Übergang zur höheren Schule. Das war enorm ! Alle 21 Schüler, die sich der Auswahlprüfung gestellt hatten, hatten bestanden. Eine Parallelklasse hatte einen ähnlichen Erfolg, die Schule Pröbenweg stand überhaupt in gutem Ruf. Die meisten erfolgreichen Schüler wechselten zur Realschule am Brekelbaumspark, wenige gingen zum Kirchenpauer Realgymnasium (damals noch in der Nähe des Landwehrbahnhofes, später am Hammer Park), einer, Reinhard Albrecht, ein Pastorensohn, nahm den Weg zum Johanneum. Der Pastor Albrecht hat später etliche von uns, die Nord-Hammer, konfirmiert.

Gut 100 Schüler mußten am Brekelbaumspark in 2 Klassen verkraftet werden. Neu war in Hamburg für den Jahrgang, daß jetzt in Quinta 1 Zug (1 Klasse) mit Englisch als erster Fremdsprache anfing, vorher war das immer Französisch gewesen. Das hatte für den Werdegang im Schulverlauf noch einige organisatorische Folgen. Für mich und etliche andere Schüler nur gute, rückblickend gesehen. Unser Klassenlehrer Dr. Michaelsen hatte 52 Jungen zu bewältigen, was er spielend und ohne Stress (das Wort hatten wir damals noch nicht) schaffte. Bei Unaufmerksamkeit flog zuweilen ein Schlüsselbund und alles war wieder klar. Der Sünder hatte das Schlüsselbund dann zum Lehrerpult zurückzubringen. Im Deutsch-Unterricht haben wir dekliniert und konjugiert, vorwärts und rückwärts, es war eine wahre Pracht.

In dieser Zeit wurden auch die ersten Spitznamen vergeben. Ein Kamerad hatte die Angewohnheit, bei Klassenarbeiten öfter zu fehlen, es kam dann stets ein Brief vom Elternhaus mit dem Entschuldigungsgrund »Durchfall«. Eines Tages fragte unser »Michel« den Kameraden bei Übergabe des Briefes schon nach seinem Durchfall. Wir andern Schüler hatten die Ironie verstanden und ein ganz Pfiffiger (unbekannt) erfand den Namen

* AS : Dies war zu der ›meinigen‹ die Parallelklasse, in die auch noch Riebesehl und Pöcker gingen – ein Jammer, daß Pöcker sich nicht mehr auffinden läßt; er wohnte ja sogar im selben Hause mit mir, und Wir haben, von 0–15, sämtliche Erinnerungen geteilt ! Erwähntes Fräulein Cohen (eine stramme Brünette, mit glattschwarzem Haar; die damals weit verbreitete grüne, schwarzgeränderte Strickjacke) hatten auch Wir ein paarmal, stundenweise, wenn unsere Lehrer krank waren.

Baumbestandener Pröbenweg mit Schulgebäude gegen Osten. Hier wartete Arno Schmidts Mutter auf »ihren Jungen«, damit er den Schock der ersten Schultage überstand. Die Wohnung Rumpffsweg lag in Blickrichtung an der Ecke der vierten Querstraße. Die Schule stand zunächst auf freiem Gelände (s. Abb. S. 156).

»Ködel«, so hieß dieser Kamerad fortan und hörte bis zu seinem leider sehr frühen Lebensende darauf. In Erinnerungen wird auch heute nur noch von unserem »Ködel« gesprochen. Dieser Kamerad hatte einen besonderen Freund und bald hieß dieser »Kax«, leider heute auch nicht mehr unter den Lebenden. Das ist sehr schade, denn unser »Kax« war von früher Jugend an ein guter Aufsatzschreiber mit tollen und spannenden Ideen; sicherlich hätte er viel Interessantes beisteuern können zu unseren Schulerinnerungen.

Im Verlauf des Schuljahres wurden wir Schüler wieder einmal sortiert, es war wohl Michaelis (Herbst), vielleicht auch erst Ostern. Es gab Klassenplätze auf Grund der Zensuren. Ich konnte den stolzen 6. Platz einnehmen. Eine 3 im Zeugnis (1 bis 5 damals) ergab ± Null, eine Note besser oder schlechter ergab im Hauptfach 2 Punkte (+ oder –), im Nebenfach entsprechend 1 Punkt. Singen und Turnen zählten nicht mit, Turnen hatte noch nicht den Stellenwert wie nach 1933. Klassenplätze durften (!) später nicht mehr gegeben werden, psychologische Gründe wurden von »oben« ins Feld geführt. Das System war bekannt und so wurde es unter uns Schülern selbst errechnet, bis zum Abitur haben wir davon Gebrauch gemacht. Die erste Versetzung auf der Realschule rückte näher und somit begann für etliche Kameraden auch das große Zittern, denn das erste Jahr auf der höheren Schule war auch das Jahr der Bewährung. Bewährt hatten sich am Ende des Jahres nur 42 Schüler.

Inzwischen hatte man sich in der Oberschulbehörde eine Reform einfallen lassen. Ein sechstes Schuljahr für die Realschule (entsprechend für alle höheren Schulen) wurde »unten angeklebt«, es gab eine Sexta. Für unseren Jahrgang bedeutete das, daß wir die Quinta noch mal durchlaufen mußten, natürlich mit anderem Stoffplan. Das Versetzungszeugnis lautete für uns : Versetzt von Quinta OVa (fünfstufig) nach Quinta OVa (sechsstufig). Das O stand für Ostern, es gab nämlich auch noch Restbestände von M-Klassen (Einschulung und Versetzung zu Michaelis (Herbst)). Bei dieser Versetzung zeigte sich die Teilnahme am Englisch-Zug schon von einer organisatorisch guten Seite. Unsere Klasse konnte keine Sitzenbleiber bekommen, meist zunächst Fremdkörper aus den verschiedensten Gründen. Die Parallelklasse, welche mit Französisch als erster Fremdsprache angefangen hatte, bekam die Sitzenbleiber aus 2 Klassen des Vorjahrganges, so ging das bis zur Untersekunda, der höchsten und letzten Klasse einer Realschule.

In das erste Realschuljahr fiel auch eine traurige Begebenheit, ein Mitschüler (Knobbe) verstarb an einer Blutvergiftung. Die Klasse folgte geschlossen mit ihrem Klassenlehrer diesem Kameraden auf seinem letzten Weg mit einem großen Kranz, dicht bestückt mit orangefarbenen Rosen. Alle waren sehr beeindruckt, schließlich waren wir schon 10 bzw. 11 Jahre alt. Für mich und sicher für andere war das die erste Teilnahme an einer Beerdigung. Noch auf einem der letzten Klassenabende war der Verlust dieses Kameraden allgegenwärtig.

Das Leben und die Schule gingen weiter. Unser »Michel« wurde versetzt, er machte den Sprung zur Oberrealschule in Uhlenhorst, einer damals und noch später sehr renommierten Schule in Hamburg. Unser Rechenlehrer Dr. Bade rückte als Klassenlehrer nach, wir rechneten noch, den Begriff »Mengenlehre« hatte man damals noch nicht aus der höheren Mathematik »geklaut«. Wir lernten mit Zahlen umzugehen, daß uns selbst die Inflation mit ihren hohen Zahlen keinen Schrecken mehr hätte einflößen können. Man rufe sich in Erinnerung, daß es zuletzt selbst für 1 Milliarde Mark nicht mehr einen einzigen Sahnebonbon aus den damals typischen Bonbongläsern gegeben hatte. Die Bonbons wurden stückweise abgegeben; wir waren auch mit einem zufrieden.

Auch dieser Klassenlehrer war uns nicht lange beschieden. Wir hatten ihn gern und er uns auch. Aber die Karriere ! Er ging zur Oberrealschule nach Eimsbüttel, weil er dort gemäß seiner Ausbildung Oberstufenunterricht geben konnte. Dieser Lehrer fand den Weg zu seinen alten Schülern aus Hamm wieder, denn nach dem 2. Weltkrieg hatten Kameraden aus Hamburg es geschafft, die Klasse mit dem stark angeschlagenen Jahrgang wieder zusammenzurufen. Eine nicht erwartete Zahl, dazu verhältnismäßig heil davongekommen, traf sich im Sonderzimmer 4 des Hamburger Hauptbahnhofes. Wie haben wir uns beim ersten Treffen in den Armen gelegen. Unser Dr. Bade war oft dabei, bis ins hohe Alter von über 85 Jahren. Unser Abend war auch sein Abend. Wenn er wegen seines hohen Alters den Treff etwas früher verließ als wir Schüler, wie rührend war es anzuschauen, daß sich etliche Kameraden bemühten, ihn bis zum sicheren Taxi zu begleiten, das war Selbstverständlichkeit und Ehrensache. Einen Zusammenhalt zwischen Lehrer und Schülern, so wie ihn diese Klasse pflegte, wird es sicherlich nicht sehr oft geben, dabei hatte dieser Lehrer uns doch nur wenige Jahre in seiner Obhut gehabt. Vielleicht hatte er uns nicht nur gern, sondern sehr gern gehabt. Der Abschied fiel ihm entsprechend schwer.

Es war also wieder einmal Klassenlehrerwechsel erforderlich geworden. Unser Deutschlehrer (auch Geschichte und Religion) rückte nach. Hier soll einmal davon berichtet werden, wie man sich bei einer Klasse einführen kann. Als unser »Michel« damals die Realschule verließ, mußte für seine Fächer ein anderer Lehrer nachstoßen, dieser kam von der Realschule Rothenburgsort. Eines Tages betrat ein 1,92 m langer und sehr breitschultriger Herr die Klasse, ging forschen Schrittes an die Wandtafel und schrieb darauf seinen Namen. Hier konnte es Hintze nicht an sich halten, es platzte ihm heraus »Uh, wat'n Langen«. Nach Vollendung seines Namens drehte sich der Lehrer zur Klasse und sagte: »Helwig ist mein Name«. Ohne erneut Luft zu holen kam die Frage: »Wer hat da eben gesprochen ?« Hintze meldete sich und bekam kurzerhand eine lautstarke »Backpfeife«. Die Richtung (?) stimmte, man hätte eine Stecknadel fallen hören können. Es dauerte nicht lange und unser »Latsch« war getauft. Wir gewöhnten uns an einander, er war streng und gerecht.

Eines Tages bekam auch ich zu spüren, welch große »Bratpfanne« dieser 1,92 m Mann hatte. Es wurde eine Geschichte abgefragt, 4 Schüler versagten, ich war der 4. im Bunde, wir bekamen eine Note 4 notiert. Ich wollte eigentlich nur meine Kameraden trösten und machte eine Handbewegung, ähnlich dem Autofahrergruß. Mein Pech war, daß der Lehrer dies sah. Prompt kam die Frage: »Was hast du gemacht ?« Keine Antwort ! Schnell der weitere geschickte Nachsatz: »Leugnest du ?« Ebenso schnell die Antwort: »Nein«. Raustreten aus der Klapppultbank und eine Maulschelle mit Nachwirkung bis in die folgende Englisch-Stunde rundeten das Ereignis ab. Die zufällig anfallende Klassenarbeit in Englisch wurde dann auch prompt »verbohrt«. Eine Eintragung ins Klassenbuch »Sellenschlo unverschämt« konnte sich »Latsch« nicht verkneifen, das brachte unter »Betragen« im Zeugnis einmal genügend statt sonst gut.

Die Angelegenheit war von mir nicht so rüpelhaft gemeint wie sie vielleicht aussah. Ich wollte ja eigentlich nur meine Mitschüler trösten. Es war eben geschehen und ich habe später nie einen Groll gegen diesen Lehrer gehabt, auch er hat nie nachgetragen. Das alles geschah in der Quarta (heute 7. Klasse), als noch unser Dr. Bade Klassenlehrer war. Wegen der Eintragung im Klassenbuch erfuhr der natürlich davon. Am nächsten Tag nach einer Rechenstunde mußte ich zu ihm kommen und Rede und Antwort stehen. Ohne viel drum und dran erzählte ich ihm den Vorgang und mit einem Klaps auf den Hinterkopf war die Sache freundschaftlich abgetan und erledigt. Daheim erfuhr niemand davon, das hätte auch nur weitere Strafe bedeutet.

»Latsch« war nun nach Dr. Bade (Fiete Bade) als Klassenlehrer nachgerückt. Hier sei kurz erwähnt, daß wir auch einen »Bommel« am Brekelbaumspark hatten, von Statur klein und fast kugelrund, Religionslehrer und in den montäglichen Morgenandachten in der Aula oft beschäftigt.

Mit Versetzung in die Untertertia (heute 8. Klasse) kam die 2. Fremdsprache auf uns zu. Es wurden angeboten Französisch oder Spanisch. Ich entschied mich für Französisch, dies hatte Auswirkung auf den Schulbesuch für die Oberstufe. Doch dies erfuhren wir erst 3 Jahre später, als die Oberstufe für einige von uns akut wurde. Wer sich für Französisch entschied, der konnte die Oberstufe am Brekelbaumspark besuchen, die »Spanier« mußten nach Eimsbüttel, der Schulweg wurde für die Kameraden aus Schiffbek, Horn und Hamm zu einem Weg quer durch Hamburg.

Die Schulzeit ging weiter ohne besondere Höhepunkte, wir waren inzwischen Schüler der Obertertia, da kam unser »Latsch« auf die Idee, mit uns ein Krippenspiel für eine Weihnachtsfeier in der Aula zu planen. Au backe, da begann ein großes Malheur. Zwei in der Klasse hatten noch nicht mit dem Stimmbruch zu tun und waren für die Maria auserkoren, es waren Schulenburg und ich. Ich habe mich damals mit »Händen und Füßen« gegen die Maria gewehrt, aber ohne Erfolg. Ich sträubte mich gegen die Worte, die ich dem Joseph (Helmut Frank) sagen mußte. »Oh, Joseph mein, ich bin schwanger«. Das war für mich damals zu viel. Andere Kameraden hätten wahrscheinlich ähnlich reagiert, man war damals eben noch anders als heute. Über Wochen war ich nicht zu genießen,

Zwei Schnappschüsse von den Proben zum Krippenspiel für die Weihnachtsfeier 1928.

Von links: Pöcker, Elfers, Bergmann, Heitmann, Fründt, Lauer; vor Heitmann, rechts folgend halb verdeckt, zwei nicht mehr Feststellbare.
Vorne von li. die drei Könige und Maria: Neudahl, Schulz, Lindenberg, Sellenschlo.

weder in der Schule noch daheim. Aussprachen mit »Latsch« und lange Diskussionen mit der Mutter, es half alles nichts. Der Vater wurde in die Angelegenheit nicht einbezogen. Ich mußte also die Maria spielen und spielte sie auch wohl recht gut und hatte später – wie auch heute noch – gute Erinnerungen an dieses Krippenspiel.

Die Premiere war in der Aula abends mit Eltern und Freunden der Schule, so eine Aufführung hat ja immer einige Unwägbarkeiten in sich. So passierte es denn auch, daß mein Joseph seiner hochschwangeren Maria durchaus nicht die Krippe an den vorbestimmten Platz bringen wollte. »Latsch« war schon kurz vor dem Aufschrei im Hintergrund, als Maria sich gemächlich, wie es sich für ihren Zustand geziemte, bewegte und sich die Krippe selbst holte. Der Regisseur hat seine Schrecken später eindrucksvoll und glaubhaft geschildert. Übrigens hatte man vielfach nicht an einen Schüler als Maria-Darsteller geglaubt, sondern an irgendeine Schwester von einem Klassenkameraden. Lob vielleicht für den Darsteller, bestimmt für die Mutter, die den Aufputz besorgt hatte. Eine zweite Aufführung fand dann noch statt vor den gesamten Schülern in der Aula, das gräßliche Lampenfieber war hier um etliche Stufen niedriger.

Noch eine Begebenheit ganz anderer Art fiel etwa in diese Zeit. Man hatte eine Gymnastikpause erfunden und eingeführt. Auf dem Schulhof machten alle Schüler, groß und

Von links: Elfers, Lange (mit Geige), Lotz, Pöcker, Bergmann, Heitmann, Schmidt (×?); vor Heitmann und Schmidt drei nicht mehr Feststellbare, dann Fründt, Lauer, Frank.
Vorne von li. die drei Könige und Maria: Neudahl, Schulz, Lindenberg, Sellenschlo.

klein, gemeinsam eine Viertelstunde Gymnastik, ein Lehrer führte vor und wir machten nach und auch kräftig mit, auch viele Lehrer beteiligten sich. Ein Lehrer, es war der Heini Dau, schaute eines Tages vom 3. Stock aus seinem Physikraumfenster zu, er sah einige Schüler, die nicht ganz bei der Sache waren. Es ertönte ein fürchterliches Gebrüll von »oben«, dabei fielen auch die Worte »Kommunistenbande«. Wir Schüler haben nie richtig verstanden, warum er einen solchen Ausdruck für uns benutzen mußte. Etliche Lehrer hatten auch kein Verständnis dafür. Es gab ein Nachspiel unter den Lehrern und nach einigen anderen Eskapaden, meist mit den anderen Lehrern, verschwand dieser Heini Dau am Brekelbaumspark von der Bildfläche. Er war ein unberechenbarer Typ, Lieblinge – wie seine Physikordner – konnten ihm auf der Nase herumtanzen, gegen andere Schüler war er cholerisch und grausam bei den geringfügigsten Anlässen.

Für viele der Mitschüler kam allmählich die Zeit, über eine Berufswahl ernsthaft nachzudenken. Das Jahr 1930 (Ostern) nahte, es war der Termin des Schulabganges für die Klassenkameraden, die nicht bis zum Abitur weitermachen wollten. Man wußte so etwa, was man werden wollte, aber weit schwieriger war es mit dem, was man werden konnte. Arbeitslose und nochmals Arbeitslose, und Lehrlinge waren kaum begehrt oder nur für die Lehrzeit. Probleme wie heute, aber doch wohl schwieriger und aus anderen Gründen. Nach Abschluß der Untersekunda (heute 10. Klasse) zu Ostern 1930 erhielten dann etwa 25 Schüler unserer Klasse – von ehemals 52 zusammengeschrumpft – das Zeugnis der mittleren Reife, das gleichzeitig ein Zeugnis für den Übergang zur Oberstufe, in die Obersekunda, darstellte. Nur 8 Mitschüler (oder 9 ?) der Klasse nahmen den Weg zur Oberstufe, 6 Schüler mit Englisch als erster und Französisch als zweiter Fremdsprache konnten am Brekelbaumspark weitermachen.

Zahlen der Parallelklasse sind mir nicht in Erinnerung, hier führte unser Englischlehrer den Klassenverband. Wir Schüler unserer Klasse hatten nie richtigen Kontakt mit der Parallelklasse, ich glaube, unser Englischlehrer war auch lieber bei uns als in seiner eigenen Klasse, vielleicht wegen der Sitzenbleiber-Fremdkörper, die jedes Jahr voll in diese Klasse kamen. Über unseren Englisch-Lehrer Dr. Foerster werden sicherlich andere Kameraden ausführlich berichten. Hier sei nur erwähnt, daß er ein sehr moderner Lehrer war in Gesinnung und Lehrmethoden, aber er erkannte doch auch, daß Schüler Menschen sind mit dem Hang zur Faulheit, deshalb sein Ausspruch »Druck von hinten muß sein«.

Ich konnte also am Brekelbaumspark weitermachen. Das bedeutete für mich, daß ich auch fürderhin nur einen Schulweg von etwa 15 Minuten zu Fuß hatte. Arg betroffen waren die »Spanier«, die gen Eimsbüttel fahren mußten, denn zu Fuß war diese Strecke als Schulweg morgens und mittags nicht zu bewältigen. In Eimsbüttel, dem Sammelpunkt für alle »Spanier« aus Hamburg, trafen unsere Kameraden dann wieder auf Dr. Bade.

Bis zum Abitur 1933 blieb also die Schule am Brekelbaumspark meine Schule. Eine Klasse mit 19 Schülern machte den Anfang für die Oberstufe am Brekelbaumspark, das war so etwa die damalige Norm. Aus Rothenburgsort stießen zu uns Sechsen 13 weitere Schüler mit den gleichen Startbedingungen. Drei lange Jahre Oberstufe waren nun zu bewältigen, 2 Kameraden blieben zwischenzeitlich auf der Strecke, einer schaffte es am Ende nicht. Auch diese Zeit verlief wie im Fluge, wenigstens für mich, der ich eigentlich gern zur Schule ging, vielleicht deshalb, weil ich regelmäßig meine Schularbeiten machte und ohne »Schiß« den morgendlichen Weg antreten konnte. Ich gehörte auch nicht zu den »Saisonarbeitern«. Vom Abschreiben hielt ich nur so viel, wie auch vor dem Stundenbeginn zu bewältigen war. – Diese Oberstufe hatte es in sich, wir hatten für buchstäblich jedes Fach (14 Fächer) einen anderen Lehrer.

Unterrichtsverteilung in IIa der Realschule in Hamm.

Bei der Verteilung des Unterrichts in IIa wurde der Grundsatz befolgt, daß im Anfang möglichst kein Lehrer in mehr als einem Fach in der Klasse unterrichtet, damit die Vorbereitung auf die Stunden und das Einarbeiten in den Stoff der Oberstufe gründlich vorgenommen werden können.

Klassenleitung: Lammert.

Braun: Zeichnen
z. Felde: Lateinisch
Forster: Englisch
Goldmann: Geschichte
Horns: Deutsch, Erdkunde
Kiehn: Chemie
Krüger: Physik
Krügg: Religionslehre
Lammert: Mathematik, geom. Zeichnen.
Möbius: Spanisch
Pohlmann: Französisch
A. Probst: Turnen
W. Probst: Musik
Stoppenbrink: Biol. Übungen m. Lodtmann
Lodtmann: Biologie.

Stoppenbrink
23. Okt. 1930.

Bericht des Direktors Dr. Stoppenbrink an die Oberschulbehörde vom 23. 10. 1930 über seine Maßnahme, der ersten Klasse, die zur Reifeprüfung geführt wurde – eben der hier zu Wort kommenden –, für jedes Fach einen anderen Lehrer zuzuteilen, als Vorsorge für gutes Abschneiden von Schule und Schülern.

Es war nämlich so, daß die Lehrer genauso wie die Schüler nach 3 Jahren ihre Befähigung nachweisen mußten: eine Oberstufenklasse zu führen bzw. die Reifeprüfung zu bestehen. Der Ehrgeiz der Lehrer war ebenso groß – wenn nicht größer – als der der Schüler. Diese gleichartigen Interessen von Lehrern und Schülern hatten ihre Vor- und Nachteile. Die Lehrer holten aus uns heraus, was zu holen war und wir lernten eine ganze Menge. Bisweilen ging das mit den Hausaufgaben aber über das erträgliche Maß. Mir ist in Erinnerung, daß wir einmal unserem Klassen- und Mathematiklehrer, Dr. Lammert, unser Leid klagten als auch er uns noch etliche Aufgaben »aufbrummen« wollte. Anhand unseres Aufgabenbuches zeigten wir ihm, was von uns alles bewältigt werden sollte. Unsere Aussprache hatte zur Folge, daß eine Konferenz einberufen wurde, die für uns Schüler wenigstens kurzfristig von Erfolg war. Langsam aber sicher stellte sich das alte Elend wieder ein, schließlich wollte jeder Lehrer am Ende von 3 Jahren bestehen können. Unser Klassenlehrer war der Jüngste von den bei uns Unterrichtenden. Wie wir später einmal erfuhren, war das auch nicht ohne Schwierigkeiten hinter den Kulissen abgegangen. Die Oberschulbehörde hatte schließlich ein Machtwort gesprochen.

Wie war es damals mit den Arbeitsstunden ? Sechs Schulstunden waren täglich im Schnitt abzuleisten, für einen begrenzten Kreis für »freiwilliges« Latein (für kleines Latinum) 2 mal wöchentlich dazu eine Frühstunde. Und mit den Hausaufgaben stand es so, daß öfter 4 als 3 Stunden nötig waren für einen mittleren bis guten Schüler. Und für die Ferien war man auch nicht knauserig, man wußte, daß Langeweile vom Übel ist. So ist mir in Erinnerung, daß für die großen Ferien (in Unterprima) ein Hausaufsatz über »Iphigenie« gefordert wurde, Länge etwa 20 Heftseiten. Wobei die Zahl der Seiten natürlich kein Gütemaß bedeutete. Was sind wir damals in die Bibliotheken gewetzt und haben »Gedanken geklaut«. Die Bibliothek in der Mönckebergstraße war damals neben der Staatsbibliothek am ergiebigsten. Geschickter Gedankenklau mit Eigenbau will auch gelernt sein.

Schließlich näherte sich Ostern 1933, inzwischen hatte die sog. Machtergreifung durch die Nationalsozialisten stattgefunden. Mit Politik wurden wir von unseren Lehrern damals nicht bombardiert, dazu war zu wenig Zeit, deshalb waren wir als Oberschüler aber nicht politisch uninteressiert. Wir wußten z. B. von einem Lehrer, daß er sich gerne als Sozialaristokrat* bezeichnete, eine etwas verschwommene Sache, hat nichts zu tun mit dem verbliebenen Adel von heute, der sich gern als Funktionär zu neuer Machtstellung anschickt. Ein anderer Lehrer wollte den Märtyrer spielen als letzter Deutschnationaler in Hamburg, darin hatte er noch einen Kumpel an der Schule. Hier nenne ich bewußt nicht die Namen. Gottes Erde hat sie bereits längere Zeit zugedeckt.

Schriftliche Prüfungen gehörten zum Abitur. An vier Tagen in einer Woche wurden Arbeiten geschrieben und zwar über 5 volle Stunden, geraume Zeit später folgte ein mündlicher Prüfungstag, von morgens 8 Uhr bis 17 Uhr mit kurzer Mittagspause. Alle Schüler mußten an der mündlichen Prüfung teilnehmen, – es war das erste Abitur am Brekelbaumspark. Uns Schülern saßen zahlenmäßig gleich stark gegenüber Oberschulrat, Schulleiter und Lehrer der Klasse. Um 17 Uhr war es dann so weit, daß wir erfuhren, wer bestanden hatte. Ein paar markige Worte von unserem Oberschulrat, der anklingen ließ, daß es wohl seine letzte Abiturprüfung gewesen wäre. Wir alle wußten, was er meinte. Er war nämlich von einer Partei, die fortan nicht mehr gefragt war. Er hielt sich aber trotzdem noch ein paar Jahre (bis 1937 ?). Später soll er noch Betriebspsychologe bei einem Tabakkonzern gewesen sein.

* AS : vielleicht nach dem Stück von Arno Holz.

Noch etwas zu den Zeugnissen. Verglichen mit den heutigen »inflationären« Zeugnissen lagen wir im Schnitt alle weit schlechter. Unser geheimer Primus und noch ein anderer lagen bei eins Komma so und so; wer zwischen 2 und 3 lag, war schon recht ordentlich eingestuft (Zeugnisse damals noch immer von 1–5).

In meinem Abiturzeugnis steht geschrieben »Er verläßt die Schule, um Meteorologe zu werden«. So ist es dann auch gekommen. Die Inspiration dazu war von meinem Klassenlehrer ausgegangen. Wir wußten ja auch 1933 trotz Abitur nicht so recht, was wir werden konnten. Die Arbeitslosigkeit und die Aussichtslosigkeit grassierten noch immer. Damit nahm denn auch meine Schulzeit am Brekelbaumspark ein Ende und ich ging zur Universität in Hamburg, hier ließ ich mich bei der »Mathematisch-Naturwissenschaftlichen Fakultät« einschreiben.

*

Den Initiator des hoffentlich entstehenden Büchleins über unsere Klasse, den Arno Schmidt, habe ich noch gut in Erinnerung, nicht in unbedingt schlechter, aber auch nicht in guter. Er war nur in den Anfangsjahren in unserem Klassenverband. Und es hat ihn noch nie zu einem Klassenabend gezogen, trotz vieler Aufforderungen – ? –.

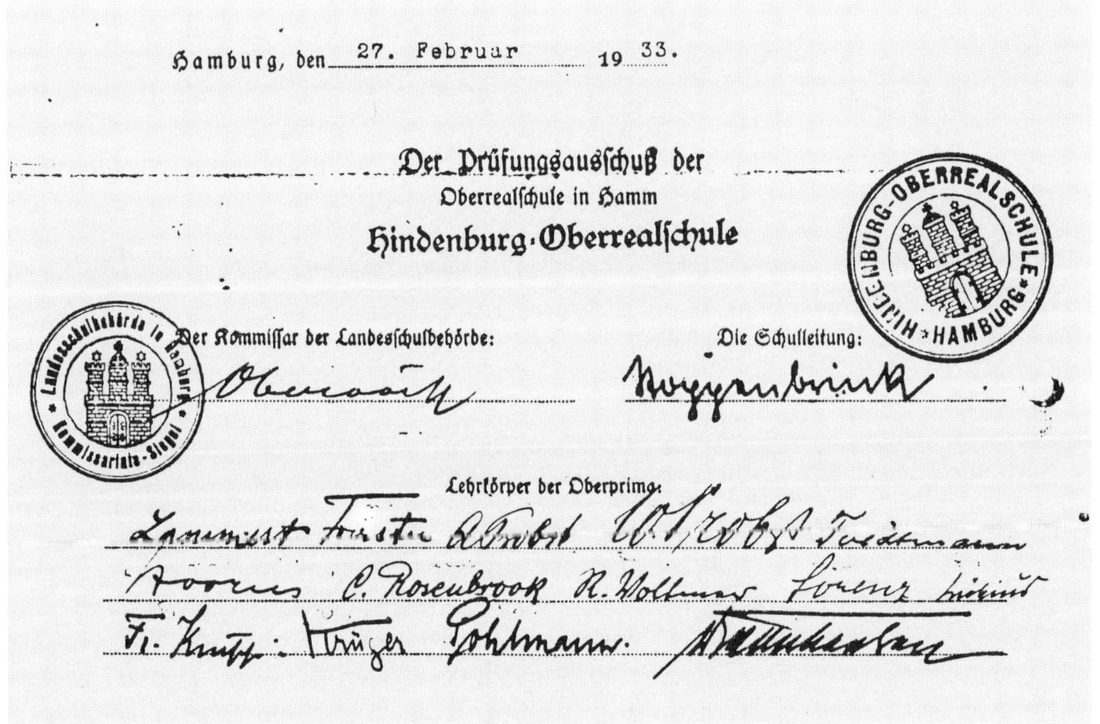

Hamburg, den 27. Februar 1933.

Der Prüfungsausschuß der Oberrealschule in Hamm
Hindenburg-Oberrealschule

Der Kommissar der Landesschulbehörde:

Die Schulleitung:

Lehrkörper der Oberprima:

Namenszüge der Lehrer unter den Reifezeugnissen der Reifeprüfung vom 27. Februar 1933

Die Namen entsprechen im wesentlichen der Aufstellung Dr. Stoppenbrinks vom 23. Oktober 1930 (s. Abb. S. 124). Voranstehen der Oberschulrat Dr. Oberdörffer von der Landesschulbehörde und der Oberstudiendirektor Dr. Stoppenbrink. – Es folgen: Lammert (Mathematik), Foerster (Englisch), A. Probst (Turnen), W. Probst (Musik), Toedtmann (Biologie), Hoorns (Deutsch und Geographie), C. Rosenbrook (Chemie), R. Vollmer (Zeichnen), Lorenz (Latein), Möbius (Spanisch), Fr. Krupp (Religion), Krüger (Physik), Pohlmann (Französisch), Michaelsen (Geschichte).

WALTER VOSS

Nach 4 Jahren Grundschule, die ich zur Hälfte in der Schule Pröbenweg und zur anderen in der Schule Wendenstraße verbrachte, wurde ich im Alter von 10 Jahren in die Realschule in Hamburg-Hamm, später »Oberrealschule Hindenburg«, gelegen im Brekelbaumspark, eingeschult. Es war eine Eignungsprüfung vorangegangen, die etwa ein halbes Jahr vorher in der neuen Schule stattgefunden hatte.

Unser erster Klassenlehrer, Herr Doktor Michaelsen, begrüßte uns beim Schulantritt mit markigen Worten und wenn auch vielleicht nicht gleich bei dieser Gelegenheit, so doch sehr bald, ließ er durchblicken, er bedauere es sehr, daß Deutschland den Ersten Weltkrieg, trotz seines ganz persönlichen Einsatzes, verloren hätte, und daß er, sollte es in Kürze noch einmal gegen »Engelland« gehen, einer der Ersten sein würde, der wieder dabei wäre. Seine große massige Gestalt, einige Blessuren im Gesicht, der Soldatenschnitt der Haare, die durchdringende Stimme, das alles machte ihn zu einer imposanten Figur, die ihre Wirkung auf einen Zehnjährigen nicht verfehlte. Wenn er dazu noch an warmen Tagen oder bei verbrauchter Luft von der Heizung, so in den letzten Unterrichtsstunden, wenn also die Klasse so leise vor sich hindöste, mit einem gewaltigen Wurf sein großes Schlüsselbund gegen die große Tafel donnerte oder mit seinem Totschläger, einer Stahlkugel in einem Ledergriff, den er stets bei sich trug, um bei Überfällen sich zur Wehr setzen zu können, auf das Lehrerpult klopfte, so war das schon sehr beeindruckend. Auf mich jedenfalls. Da ich aber in meinem eigenen Vater, der Sergeant beim 162. Infanterieregiment zu Lübeck gewesen war und zu dieser Zeit, nämlich 1923, noch einen Schnurrbart trug, bei dem die spitzen Enden mit den Fingern nach oben gezwirbelt wurden, eine Respektsperson hatte, besaß ich einen gewissen Sinn für Ordnung und Autorität und fühlte mich ganz wohl dabei...

So begann also unter strenger Führung des Dr. Michaelsen der neue Lebensabschnitt in der Realschule. Wir waren eine ziemlich starke Klasse von 54 Schülern, die von den umliegenden Volksschulen kamen. Die Plätze wurden, ich glaube, nach dem Alphabet verteilt und ob nun bei dieser Gelegenheit oder später nach Versetzung in die neue Klasse zu Ostern, wie es Dr. Michaelsen zu tun pflegte, nach Leistungen die Platzverteilung vor sich ging, (in den ersten beiden Jahren), jedenfalls wurde ich Pultnachbar meines Klassenkameraden A. Schmidt. Die Einteilung der Klasse bestand aus drei Pultreihen, zwei Reihen zu Pulten mit zwei Schülern, die dritte Reihe am Fenster mit Pulten zu je drei Schülern. Wir, A. S. und ich, müßten von oben gezählt, das dritte Pult in der mittleren Reihe bevölkert haben.* So ein Pult bestand aus der schrägen Schreibplatte, in die Tintenfässer eingelassen waren; unter der Platte eine Ablage für Bücher, fest damit verbunden die Sitzbank mit einer Rückenlehne. Betrat ein Lehrer die Klasse, so hatten wir neben dem Pult stramm zu stehen und erst auf sein Kommando durften wir uns setzen. Das Lehrerpult vorne bei der Eingangstür stand auf einem Podest, links davon zum Fenster hin die Tafel, gleichfalls auf dem Podest, rechts dann der Klassenschrank.

Arno Schmidt habe ich als ziemlich großen (½ Kopf größer als ich) Jungen mit einem gut geschnittenen Gesicht in Erinnerung. Er trug das wellige Haar nach hinten gekämmt und machte stets einen sauberen, propperen Gesamteindruck auf mich. A. S. und ich ha-

* AS : sehr richtig; ich saß auf die Fenster zu, er rechts neben mir.

ben uns während der Zeit gut vertragen* (ich weiß nichts über einen Streit), wenngleich auch eine größere Freundschaft nicht zustande gekommen ist, dieses bei der Verschiedenheit unserer Charaktere wohl auch nicht möglich war. A. S. war ein ruhiger, sehr mit sich selbst beschäftigter Junge. Bei aller Zurückgezogenheit war er aber nicht etwa weichlich oder zartbesaitet; so hatte er zum Beispiel das Fechten mit dem Lineal, eine damals in unserer Klasse geübte Spielerei, zu einer solchen Perfektion ausgebildet, daß ich mich scheute, mich mit ihm hierzu einzulassen, hatte ich doch einmal eine schmerzhafte Schramme bei solcher Gelegenheit mir zugezogen. Sein Hauptgegner war unser Mitschüler Ernst Braunschweig, ein untersetzter, starker Knabe. Ich glaube, bei den beiden war es schon mehr als nur Spiel, mehr schon der Ehrgeiz, sich gegen den anderen durchzusetzen. Den Heimweg traten A. S. und ich oft gemeinsam an. An der Ecke Eiffestraße/Grevenweg, die Straße in der mein Zuhause lag, verabschiedete ich mich dann von ihm. Zu weiteren außerschulischen Zusammenkünften ist es nicht gekommen. Sicher lebte er schon damals in seiner höchst eigenen Gedankenwelt, während ich allen möglichen Abenteuern (später Seemann) und Spielen (Fußball) sehr zugetan war, und die Schule als ein nunmal unabwendbares Übel ansah.

Nichts desto weniger habe ich dann doch den Abgang von A. S. sehr bedauert, der, glaube ich, wegen Versetzung seines Vaters, eines Eisenbahnbeamten, nach Lauban in Schlesien verzog. Nach dem frühen Tod meiner Mutter war ich etwas vereinsamt und

* AS : in der Pinakothek meines Gedächtnisses ist da noch mancherlei vorhanden. Etwa wie Wir – nach der betreffenden Karl May Lektüre – den angeblich unendlichen Dauerlauf Old Shatterhands, der immer nur das Schwergewicht auf ein Bein verlegte, und dann abwechselte i.i., nachzuahmen versuchten, (auch auf einem Schulausflug einmal). Bis Wir dann, lachend die Aufschneiderei erkannten, und zu den übrigen legten.

glaubte, bei A. S. so etwas wie Mitgefühl zu finden.* Nach Wochen bekam ich dann von ihm eine Ansichtskarte von Lauban, auf der ein ziemlich dunkles Gemäuer (Burg oder Turm) abgebildet war und um das meine kindliche Phantasie herum spintisierte, war doch Schlesien sehr weit von Hamburg entfernt und als Grenzland zu Polen für mich gefahrenträchtig. Ich habe dann noch zurückgeschrieben. Seitdem verlor sich die Spur.

Wie schon erwähnt, wohnte ich im Grevenweg, und zwar im Hause Nr. 47. Das Haus, fünfgeschossig, lag etwa in der Mitte zwischen Eiffestraße und Borgfelderstraße. Dieser Mittelabschnitt der Straße lag in einer Mulde, d.h. die Straße fiel von der Eiffestraße ab bis etwa zum Niveau des tiefgelegenen Platzes zwischen Grevenweg und Beim Gesundbrunnen, und stieg dann zur Borgfelderstraße wieder an. Es müssen zu damaliger Zeit schon Baupläne vorgelegen haben, die einen Niveauausgleich dieses Abschnittes vorgesehen hatten, denn bei den Häusern Nr. 47 und 49 waren breite Freitreppen (ca. 2 m hoch und 3 m breit) vorgebaut, die dann, nach Ausbau dieses Abschnittes, den Höhenunterschied ausgeglichen, und damit die Hauseingänge zu ebener Erde gelegen hätten. Nr. 47 und 49 waren zur selben Zeit (schätze Anfang des Jahrhunderts) vom gleichen Bauherrn gebaut und waren nahezu identisch. Sie waren 3–4 m gegenüber den benachbarten Häusern vorgebaut (die Freitreppen ragten sogar um gute 5 m vor). Es waren die höchsten Häuser mit einem Spitzgiebel zur Straße hin, im Gegensatz zu den verwitterten, dunklen Klinkerfronten der anderen Häuser verputzt und hellgelb gestrichen, kurzum, sie fielen aus dem Rahmen. Unsere Wohnung lag im Hochparterre, hatte

* AS : das hat er vollkommen richtig verspürt. Ich entsinne mich noch genau, wie Voß – als Dr. Helwig ihn zu trösten versuchte – plötzlich den Kopf auf die Schreibplatte hieb und ungefüge aufheulte; das hat Uns einander näher gebracht.

Grevenweg, mit den beiden hohen Giebelhäusern Nr. 47 und 49 und den zum Erdgeschoß hinaufführenden Freitreppen. Links Pappelreihe vor dem Sportplatz (Eisbahn) zwischen Grevenweg und Beim Gesundbrunnen. Blick von der Eiffestraße nach Norden gegen die Borgfelder Straße.

3 Zimmer, 2 davon zur Straße hin, einen langen Flur zur Küche und die Wohnung hatte ein eingebautes Badezimmer, damals noch etwas besonderes. Der Wasserkessel aus Kupfer wurde mit Kohlen geheizt. Wir Kinder stiegen zu zweit in die Wanne, um das kostbare heiße Wasser besser auszunutzen.

Vom Küchenfenster aus blickte man auf die Rückfronten von 2-stöckigen Terrassenhäusern, die recht grau und düster aussahen und nur durch einen mit Platten belegten kleinen Hof von den unsrigen Häusern getrennt waren. Kein Baum, kein Strauch, nichts Grünes. Vor unserem stehend, hatte das links gelegene Haus einen Durchgang zu dieser Terrasse, eine sehr große, mit auf jeder Seite sechs bis acht 2-stöckigen Flachdachbauten, grau verputzt. Der Putz war schon teilweise abgeblättert. Der Weg zwischen den beiden Häuser-Reihen war mit Kopfsteinen gepflastert. Noch heute in der Rückschau finde ich es verwunderlich, daß so gar kein Verkehr, kein Kontakt zwischen den »Stehkragenproletariern« aus den Vorderhäusern und den »Handarbeitern« der Terrasse stattfand. War es der Dünkel der einen oder die Hemmungen der anderen: es war Tatsache. Und ohne daß im Elternhaus davon gesprochen, schon gar nicht darauf hingewiesen wurde, war es zwischen uns Kindern dasselbe: es gab so gut wie nichts Gemeinsames.

In den Parterreräumen unserer beiden Häuser waren Geschäfte untergebracht, zu denen gleichfalls Freitreppen hinaufführten, die allerdings nicht so breit waren (1 m). Zu unserem war rechts vom Eingang das Brotwarengeschäft »Vitense«, während links ein Kurzwarengeschäft gelegen war. Die Mieter, ein junges Ehepaar, raunten mir hinter vorgehaltener Hand zu: sie würden dieses Mal Kommunisten wählen, denn so wie jetzt könne es doch nicht weitergehen. In der Familie Vitense war eine Tochter, etwa so alt wie ich, Else, und ein kleiner Sohn, Herbert, von 3–4 Jahren. Mit ihm war ich häufig auf dem Sportplatz. Seine Mutter hatte wegen des Geschäftes, das sie ganz allein führte, wenig Zeit und war froh, wenn ich mich um den Sohn kümmerte. Mir steckte sie dann ein paar Groschen und ein großes Stück Kuchen zu. Daß sie mich auch gerne zum Schwiegersohn hätte, vergaß sie hierbei nicht zu erwähnen. Der Vater Vitense, ein ruhiger Mann, der morgens zur Arbeit ging und abends zurückkam, kaum von den Nachbarn bemerkt. Nur in Abständen von 2–3 Monaten passierte es immer wieder, daß er angetrunken nach Hause kam. Wenig Zeit danach erhob sich dann ein lautes Gebrüll, die Zimmertüren wurden zugeschlagen. Auf dem Höhepunkt kam alsdann die Mutter Vitense aus ihrer Wohnung gestürmt und rannte wie von der Tarantel gestochen unter gellenden Hilferufen das Treppenhaus hinauf, um bei irgendeinem Nachbarn unterzukommen. Nach einiger Zeit, wahrscheinlich hatte er sich zur Ruhe gelegt, wurde es dann still, die Frau begab sich in die Wohnung zurück und für 2–3 Monate war die Ruhe wieder eingekehrt. Der gute Rat meines Vaters, eines Gemütsmenschen, wenn er glaube, daß seine Frau Schläge verdient hätte, dieses doch nüchtern und in den eigenen vier Wänden vor sich gehen zu lassen, weil es noch weit wirksamer wäre, wurde von ihm nicht befolgt.

Das besondere dieses Straßenabschnittes war aber unzweifelhaft der freie Platz, zu dem die den Häusern gegenüberliegende Straßenseite die Grenze bildete. Ein großer quadratischer Platz, dessen vier Seiten von eben dem Grevenweg, der Eiffestraße, Beim Gesundbrunnen und der Borgfelderstraße begrenzt wurden. Als wir nach dem Krieg, etwa 1920, dorthin zogen, war der Platz noch in seinem ursprünglichen Zustand, halb mit Gras und Unkraut bewachsen, die Abzugsgräben voller Getier (Fröschen, Kaulquappen, Schlittschuhläufern, Libellen u. a. m.). Ein Paradies für uns Kinder. Unsere Straße war nur durch ein Balkengeländer und eine Berberitzenhecke von dem Platz abgegrenzt, kein Hindernis für uns, ihn zu betreten. Hinter diesem Geländer aber standen längs des Grevenweges, in dichter Reihenfolge, bis zu 20 m hohe Pappeln, die die Straße mit einer grünen Wand einfaßten. Wir hatten aus unseren Fenstern im Hochparterre noch den vollen Ausblick auf den Platz, konnten sozusagen noch unter der grünen Wand durch die Stämme blicken. Das kam uns sehr zustatten, als später dort sehr viel Sport ausgetragen und in den Wintern die Eisbahn eröffnet wurde.* Leider hat man dann nach einiger Zeit aus merkantilem Grund (Eintrittspreise) den Platz zur Straße hin mit einer häßlichen, hohen Bretterwand, die überdies noch »on top« mit Stacheldraht bespannt war, versehen. Aber dieses Machwerk hielt uns Jungen nicht ab, gelegentlich mit einem »Plankenbillet«, die sportlichen Veranstaltungen zu besuchen bzw. im Winter uns in den Strom der Schlittschuhläufer zu mengen. Im Süden des Platzes, also zur Eiffestraße hin,

* AS : diese Bilderreihe ist scharf und klar. / Wir benützten ihn nämlich auch offiziell, von der Schule aus, diverse Male als Sportplatz. 2 Ereignisse : einmal, an einem schönen sonnigen SpätNachmittag traf mich Heitmann mit der ›Klippe‹ (= dem Schlagholz beim Schlagball) beim Ausholen nach hinten derb auf die Nase – ausgerechnet Der, der Mann mit dem stärksten Schlag ! / Dann eines Wintertages war Eisbahn – ich hatte keine Schlittschuhe, konnte auch nicht laufen; (dh ein Mal hatte ich's mit denen von Hermann Pöcker versucht, auf dem NW Teil der ›Serpentine‹ im Hammer Park; war jedoch schon beim ersten Anlauf derartig auf den Kopf gestürzt !!...) – jedenfalls ließ (ich glaub, es war der Probst) die SchlittschuhBesitzer um die Wette laufen. Im entscheidenden Endlauf trat Voß gegen Steckmeister an. Bis auf ¾ der Bahn lagen sie nebeneinander; dann aber stürzte in der Endgraden Voß, und der Andere – ein schlanker, ewig hastig blinzelnder Junge – huschte durchs Ziel.

war die Schlosserei des Herrn Voges, der nebenbei eine Gastwirtschaft in einem älteren, mit einem kleinen Turm versehenen Holzhaus unterhielt, gelegen. Vor dem Häuschen ein erhöhter Podest, auf dem im Winter eine »Pannkokenkapelle« (Blasorchester) zum Schlittschuhlaufen aufspielte. Aber auch diese Idylle wurde mit den Jahren durch Hochhäuser im Norden verdrängt, denn die Bewirtung und Garderobe, Musik und das Unterschnallen der Schlittschuhe, Sportgeräte und Umkleideräume wurden in die unteren Räume der Hochhäuser verlegt. Im Winter beim Schlittschuhlaufen traf man meist auch einige der Klassenkameraden und wir »Hammel« pirschten uns an die Mädchen unseres Alters heran, um sie flott und gekonnt über die Bahn vor uns her zu schieben.

Den Weg zur Schule konnte ich sowohl über die Eiffestraße wie auch über die Borgfelderstraße wählen. Einmal angewöhnt, blieb es dann später der über die Eiffestraße. Er führte mich vorbei an Haus 49 mit dem Torweg der Baustoffhandlung Fr. Karnbach, aus dem häufig zwei prachtvolle, belgische Arbeitspferde einen Transportwagen, beladen mit Zement und Bausteinen, zogen. Auf der Straße fielen sie dann in Galopp, hatten sie doch den Anstieg zur Eiffestraße zu überwinden und brauchten dafür die nötige Anfangssgeschwindigkeit. Dann kam das Haus 51 mit der Gastwirtschaft Muhr im Hochparterre: Nr. 51 eine ältere Mietskaserne mit dunkler Klinkerfassade ohne Balkone oder sonstigen Zierat. Im zweiten Stock wohnte mein Freund Otto Schmuck, der mit Paul Maaß aus Nr. 53 und mir ein unzertrennbares Kleeblatt bildete. Im Parterre von 51 befand sich auch die Wohnung mit den beiden hübschen Zwillingen, die ganz dunkles Haar und große dunkle Augen hatten, orientalisches Blut. Die Mutter dick, etwas ordinär in der Kleidung, mit einem Schnurrbart auf der Oberlippe. Sie gebrauchte, wenn sie erregt war, recht unflätige Worte, die mir zuhause bestimmt eine Ohrfeige eingebracht hätten.

Zwischen Nr. 51 und Nr. 53 war dann eine Hauslücke von ca. 6 m Breite. Durch sie gelangte man auf einen tiefer gelegenen Hinterhof. Hier waren die Kellerräume von 51 und 53 zu Lagerräumen und Werkstätten ausgebaut. So hatte der Maler Steffenhagen aus Nr. 53 hier sein Farbenlager und das Gemüsegeschäft von Halbeck seinen Vorratsraum, eine Vermietung von »Schottischen Karren« schloß sich an. Ganz in der Ecke zur Baustoffhandlung hin, befand sich eine Tischlerei. Der Tischler war ein älterer, gutmütiger Mann, der mich häufig in seiner Werkstatt basteln ließ. Unfaßbar für mich, als man ihn eines Tages erhängt auffand; er sollte etwas mit kleinen Mädchen getrieben haben. Die andere Seite des Hinterhofes wurde von der Buchdruckerei Carly eingenommen, ein häßliches Fabrikgebäude mit in Stahlverstrebungen eingefaßten Fenstern.

Hinter Nr. 53 kam dann zur Eiffestraße die große Eckwirtschaft Dietz für gehobenes Publikum. Hier pflegte mein Vater am Sonntagvormittag seinen Frühschoppen zu nehmen. Jetzt bog ich rechts in die Eiffestraße ein, ging an der Seite des Sportplatzes entlang, vorbei an der Schlosserei Voges bis zum Gesundbrunnen.

Auf der anderen Seite dieses Abschnittes der Eiffestraße befand sich nun die zweite Attraktion für uns Kinder, nämlich der Löschplatz. Er fiel langsam von der Höhe der Straße ab bis auf etwa 1 m über den Wasserspiegel des Mittelkanals. Das Kanalgestade war aus dicken Holzbalken errichtet, obenauf mit starken Eisenringen versehen, die zum Festmachen der anlegenden Wasserfahrzeuge dienten. Große Oberländer Kähne, Schuten u. a. löschten hier ihre Ladung oder wurden beladen. Auch die Schuten meines Vaters, die mit Elbsand, der von einem Bagger auf der Oberelbe in die Fahrzeuge gebracht wurde, beladen waren, wurden zum Teil hier gelöscht. Dieses ging alles noch von Hand vor sich. Die Schute wurde in einem Winkel von 90° zum Uferrand vertäut, Laufplanken aus dem Inneren der Schute über den Steven auf das Ufer verlegt und nun der Sand mit Karren auf den Löschplatz verbracht. Eine sehr schwere Arbeit, sie wurde im Akkord vergeben und gut bezahlt, sonst hätte sich wohl kaum jemand bereit gefunden, die Arbeit zu verrichten. Von hier holten sich dann die in der Nähe arbeitenden Baufirmen, Kunden meines Vaters, mit Pferdegespannen den Sand ab. Die Breite des Löschplatzes war genau gleich der

Löschplatz am Mittelkanal (»Grandplatz«) mit den diagonal angelegten Fahrwegen. Darüber Sportplatz zwischen Grevenweg und Gesundbrunnen. Hinter den Giebelhäusern Grevenweg 47 u. 49 die Dächer der von Walter Voß beschriebenen »Terrassenhäuser«. Luftaufnahme 1928.

des Sportplatzes, – nämlich vom Grevenweg bis zum Gesundbrunnen –, und die Tiefe bis an den Kanal mögen gut 40–50 m betragen haben. Der Löschplatz war ein Grandplatz,* durchzogen mit Zufahrten, die mit Kopfsteinpflaster belegt waren. Dieser wurde nun zum Hauptspielplatz, besonders nachdem der Sportplatz eingezäunt worden war. Der Mittelkanal gehörte neben dem Nordkanal und dem Südkanal zu einem Kanalsystem, das Hammerbrook und Hamm auf dem Wasserwege erschloß. Der Nordkanal ging von der Elbe (Zollkanal) nur bis zum Heidenkampsweg, wo ein Querkanal die 3 Kanäle miteinander verband. Mittel- und Südkanal hingegen gingen noch weiter östlich bis zum Ende der Süderstraße, wo beide noch einmal durch einen Querkanal verbunden waren. Durch zwei Schleusen, die neue und alte Hammerbrookschleuse, hatte das Kanalsystem Verbindung mit dem Zollkanal, der seinerseits bei der Elbbrücke im Osten und beim Baumwall im Westen in die Norderelbe führte. Hier wäre zu bemerken, daß das gesamte Kanalsystem Hamburgs das sehr bekannte Grachtensystem von Amsterdam weit übertrifft.

Ab Gesundbrunnen war die Eiffestraße wieder auf beiden Seiten mit hohen Wohnhäusern bebaut. Auf der rechten Seite kam ich nun an einigen Geschäften vorbei, gleich vorne das Schreibwarengeschäft mit Spielzeug, dann ein Milchgeschäft und kurz vor dem Brekelbaumspark das Delikatessengeschäft Meinke. Herr Meinke, ein jovialer, älterer Herr, der es verstand, seine Waren anzupreisen. Ich weiß nicht, ob sie wirklich so gut waren, jedenfalls mußte ich, sehr zu meinem Ärger, häufig den Weg machen, um noch von dem guten Schinken oder der guten Kalbsleberwurst zum Abendbrot zu holen.

Nachdem ich dann dieses Geschäft passiert hatte, bog ich in den Brekelbaumspark ein, eine ruhige Straße, kaum Durchgangsverkehr, drei- bis viergeschossige Wohnhäuser mit hübschen kleinen Vorgärten auf beiden Seiten der Straße. Bis dann auf der linken Seite (von der Eiffestraße kommend), ziemlich an die Borgfelderstraße heran, sich in einem großen graugeputzten Gebäude mit einer großen Freitreppe die Schule präsentierte. Um über die Borgfelderstraße zur Schule zu gelangen, mußte ich aus unserem Hause kommend, rechts gehen, an der Seite des Sportplatzes entlang bis kurz vor der Borgfelderstraße, wo

* AS : auch einer unserer ›Duell‹-Plätze; wo ›Wally‹ Voß – ich seh' ihn noch in beidarmiger Auslage ! – sich einmal mit Christen schlug.

Die Badeanstalt Lübeckertor mit ihren beiden großen Schwimmhallen wurde von den Klassengenossen regelmäßig besucht. Neben den Schulen am Pröbenweg und am Brekelbaumspark die dritte ›Großhauswelt‹, die den Schüler Arno Schmidt aufnahm.

die Hinterfronten der an der Borgfelderstraße liegenden Häuser sich befanden. Nach Einbiegen in die Borgfelderstraße passierte ich dann einige Geschäfte (Friseur, Drogerie), überquerte den Gesundbrunnen und bog in den Brekelbaumspark ein, wo gleich rechts die Schule lag. Durch die Borgfelderstraße fuhr eine Straßenbahn, deren Haltestelle an einem kleinen Platz war, von dem aus die Ankelmannstraße sowie der Ausschlägerweg ihren Anfang nahmen. Der Platz war mit einem Zeitschriftenstand und einer Bedürfnisanstalt belegt. Die Eigentümlichkeit der Borgfelderstraße aber war das sogenannte Oben Borgfelde; das angefangen beim Berliner Tor sich bis zur Burgstraße erstreckte. Es handelte sich hier um den etwa 10 m höher gelegenen, nördlichen Teil der Borgfelderstraße, und zwar stieg eine Böschung von dem Höhenniveau der Straße bis zu einem 6 m breiten Weg an, sozusagen schon damals eine Fußgängerzone. Die Böschung war mit Mahonien und Berberitzen bepflanzt und alle 50–60 m führte eine Treppe nach oben.* Eine dieser Treppen, gelegen am Ausschlägerweg, benutzten wir auch, um über den Katzensteg und über die Klaus-Grothstraße zur Badeanstalt Lübecker Tor zu gelangen.**

* AS : es war schlicht der GeestRand des Urstromtals der Elbe; der sich, vom ›Berliner Tor‹ angefangen, bis weit über Horn (›Letzter Heller‹; mir geläufig als Straßenbahn-Endstation, wenn's zum SchreberGarten ging) hinauszog.

** AS : Bassin und Kabinen unten waren durchaus normal; aber Wir wurden zum Umkleiden ja 2 Stock hoch geschickt, wo nur noch EisenRegale und dito verdrahtete Schränkchen durch blinde Fenster ungut beleuchtet wurden – wenn ich irgendwo von ›Gefängnissen‹ lese, fällt mir, als ›Illustration‹ immer jener GroßKäficht ein. / Ich stand mal, halb angekleidet, mit Steckmeister und Traupe zusammen, und der Letztere – sommersprossiges Gesicht; grüne schwarzabgesetzte Strickjacke – erzählte, wie er gerade Schachspielen lerne, und zweimal ›Reh-Miss‹ gemacht habe.

Die Männerschwimmhalle, großmächtiger Mittelpunkt der Badeanstalt Lübeckertor, deren Binnenwelt teilweise bei Arno Schmidt die Vorstellung von »Gefängnis« hervorrief. Laut Akten der Bau-Deputation erbaut 1904.

Nachdem man die Freitreppe der Schule hinaufgestiegen war, die große Eingangstür durchschritten hatte, noch ein paar Stufen höher eine zweite Tür passierte, kam man auf den Flur des Parterres der Schule. Rechts von dieser Tür lag das Schulbüro und anschließend das Zimmer des Rektors. Gerade vor sich hatte man das Treppenhaus, von dem auf jedem Flur die Gänge nach beiden Seiten zu den Unterrichtsräumen führten. Die Fenster der Gänge gaben den Blick auf den Schulhof frei, während die der Klassenräume den auf die Straße. Im oberen Stockwerk, ich glaube dem vierten, befand sich die Aula mit Orgel. Hier fanden die Schulfeste, Schulabschlußfeste, Theateraufführungen und die Andachtsstunden zum Wochenbeginn am Montagmorgen statt. Die Orgel wurde mit einem Blasebalg betrieben, der von uns Schülern mittels Fußbrettern aufgepumpt wurde. Mitunter spielte auf der Orgel der Schüler aus der Parallelklasse, Horst Schimmelpfennig, der später auch durch sein Spiel auf der Wurlitzer-Orgel sehr bekannt wurde. Wo sich Zeichensaal, Musikzimmer, Chemie- und Physikraum befanden, weiß ich nicht mehr genau. Das Ordnungszimmer für Naturkunde muß sich in der dritten Etage gleich neben der Treppe befunden haben. Ich war von Dr. Studt zum Ordner für dieses Zimmer eingeteilt worden und verbrachte so manche große Pause zwischen ausgestopften und in Spiritus haltbar gemachten Tieren. Es gehörte zu meinen Pflichten, zu seinen Unterrichtsstunden die mir von Dr. Studt aufgegebenen Präparate ins Klassenzimmer zu bringen. Welch ein Spaß, als ich einmal ein Skelett eines Mannes brachte und die Klassenkameraden es händeschüttelnd mit »Freund Hein« begrüßten.

Dr. Studt, normalerweise ein freundlicher, netter Lehrer, war aus dem Krieg mit einer Kopfwunde zurückgekommen. Er trug auf der Wunde eine Silberplatte, die mit einem Lederriemen am Kopf gehalten wurde. Noch eben ganz ruhig, brach er im nächsten Augenblick bei einem ganz geringen Anlaß in einen Tobsuchtsanfall aus. Als die Klasse hiervon Kenntnis hatte, suchte sie, solche Anfälle zu provozieren. In den Bänken der linken oberen Ecke entstand ein Gemurmel und in dem Augenblick, wo sich Dr. Studt dieser Ecke zuwandte, um die Ursache zu ergründen, wurde es still und die rechte Ecke begann zu murmeln. Zur großen Freude der gesamten Klasse wurde der Lehrer erregter und erregter. So grausam können Kinder sein.* Ich glaube, ihm galt auch der nasse Schwamm, der am Innendrücker der Klassentür angebracht war und den der Lehrer notwendigerweise beim Schließen der Tür drücken mußte. Ob der arme Kerl das noch lange mit seinen Nerven durchgehalten hat, möchte ich doch sehr bezweifeln.

Da war der lange Helwig von robusterer Natur. Er war inzwischen unser Klassenlehrer geworden. Wir hatten Michaelsen nur zwei Jahre gehabt und auch Dr. Bade, sein Nachfolger als Klassenlehrer, blieb leider nur kurz an unserer Schule. Ihn habe ich noch als besonnenen, ruhigen Lehrer in Erinnerung. Unvergeßlich, wie ihm beim Abschied von der Klasse die Tränen in die Augen kamen. Ich habe den Abgang dieses Mannes besonders bedauert, kam doch mit seinem Nachfolger, eben dem Herrn Helwig, ein Lehrer, der mir gar nicht lag. Über 1,90 m groß, so waren wir gezwungen, auf Ausflügen zwei Schritte zu machen, wenn er erst einen machte; und er tat viele Schritte. Seine etwas feuchte Aussprache ließ an einen leichten Sommerregen denken, wenn man vor ihm stand und zu ihm aufsah. Meine ganz persönliche Abneigung gegen ihn entstand aber aus einem anderen Grund. Meine Eltern stammten beide aus Dörfern an der Oberelbe gelegen; die Umgangssprache innerhalb der Familie war plattdeutsch. Nichts gegen Plattdeutsch, wie gerne habe ich Fritz Reuter oder die Kinaubrüder gelesen; nur reift – bei einem Kind – nur schwer das Gefühl für die hochdeutsche Sprache. So hatte auch ich Schwierigkeiten im Deutschunterricht. Dieses sprach mitunter auch aus meinen Aufsätzen. Nun geschah es einige Male, daß er diese Stellen vor versammelter Mannschaft in der Klasse mit der nötigen Theatralik vorlas und das brüllende Gelächter der Klasse sichtlich genoß. Ich sehe es im Geiste noch vor mir, der feixende Lehrer, die sich vor Lachen ausschüttenden Klassenkameraden und in der Bank der kleine Schüler mit hochrotem Kopf, sich tief unter die Erde wünschend. (Oh, boy, alter Helwig, warum hast Du nicht die Noblesse gehabt, und hast mich auf meine Fehler in einer Pause aufmerksam gemacht und mir gesagt, wie man es besser machen könnte, mein Nachruf auf Dich wäre bestimmt besser ausgefallen, sorry). Er mußte die Auftritte so gut inszeniert haben, daß sie bleibendes Gedächtnisgut meiner Kameraden geblieben sind. Noch heute vergeht kaum ein Klassenabend, ohne daß ich von einem nicht die Frage gestellt bekomme: »Warst du nicht der, der die Geschichte von Beowulf gebracht hat ? Ich habe mich halb totgelacht damals«.

Mit ihm, unserem Helwig, machten wir dann auch die berühmt, berüchtigte Stadtbesichtigung, die eben angefangen gleich darauf schon beendet war. Wir hatten trotz Verbot im Chilehaus den Paternoster benutzt und so ging es dann im Eilmarsch zurück zur Schule, wo wir, wenn ich mich recht erinnere, eine Arbeit schreiben mußten. Ob der verpatzte Ausflug noch weitere Folgen hatte, kann ich nicht mehr sagen.

Viel Spaß hatten wir mit ihm auf der Harzreise. Wir marschierten dabei von einem Ort zum anderen und übernachteten in Jugendherbergen. Zu schön, wenn auf dem Marsch am Morgen uns Einheimische begegneten und auf unser »Mors, Mors« mit »Morjen, Morjen« grüßten.

Am profiliertesten und am stärksten habe ich unseren Englischlehrer Dr. Foerster in Erinnerung. Wie interessant und abwechslungsreich wußte er den Unterricht zu gestalten ! So war das Anlegen einer »Souvenir-Map« seine Idee. Hierin sammelten wir alles, was an Interessantem in der Englischstunde vorkam. So zum Beispiel: die Texte der unvergeßlichen Lieder »Way down upon the

* AS : es kam vor, daß Dr. Studt – er erwarb den Titel übrigens erst während meiner Schulzeit dort – oben hinter seinem Katheder saß, und buchstäblich weinte. / Auch einen anderen einäugigen Lehrer hatten Wir einmal für kürzere Zeit, dem Wir natürlich ebenfalls mitspielten.

swanny River far far away« oder »Poor old Joe«. Sie handelten von den schwarzen Sklaven auf den Baumwollfeldern Nordamerikas. Oder das Lied vom kleinen Indianermädchen »Little Redwing«. Dann die von ihm selbst erdachten story's von »Little Lavinia« mit dem Canon »There are snow-flakes dropping down over there«.

Hierher gehört auch die Geschichte von der kleinen »Tortoise«, welche »disappearte« »under the big leaves of an enormous rhubarb plant«. Noch oft habe ich später die »Shanty's« auf meinen Reisen gehört und wurde dadurch an meine Schulzeit und an Dr. Foerster erinnert. Er war wohl das, was wir heute mit »Linker« bezeichnen würden. Überhaupt muß das Lehrerzimmer ein Spiegelbild der damaligen Zeit mit den vielen Meinungen und Parteien gewesen sein.

Der rechtsradikale Dau (»Kommunistenschweine«) im Gegensatz zu Dr. Foerster, dazwischen Michaelsen, Möbius, die beiden Probste, es muß mitunter recht lebhaft in den Pausen im Lehrerzimmer zugegangen sein. Foerster hatte uns auch einmal zu einer Veranstaltung mit schwedischem Hintergrund eingeladen. Ich glaube, sie fand im Baurs Park in Blankenese statt. Ein folkloristischer Abend mit Tanz und Gesang. Einige der Veranstalter trugen blaue Hemden mit gelben Krawatten, die Farben Schwedens. Von ihm lernten wir auch die schwedische Nationalhymne »Du gamla, du fria«. Sicherlich lebte der gute Foerster schon damals sehr gefährlich, tauchten doch schon die ersten Braunhemden auf den Straßen auf.

Im Spanischen hatten wir dann Möbius. Der Unterricht wurde im Physiksaal abgehalten wegen Platzmangel. Spanisch war Wahlfach neben Französisch.* Im Gegensatz

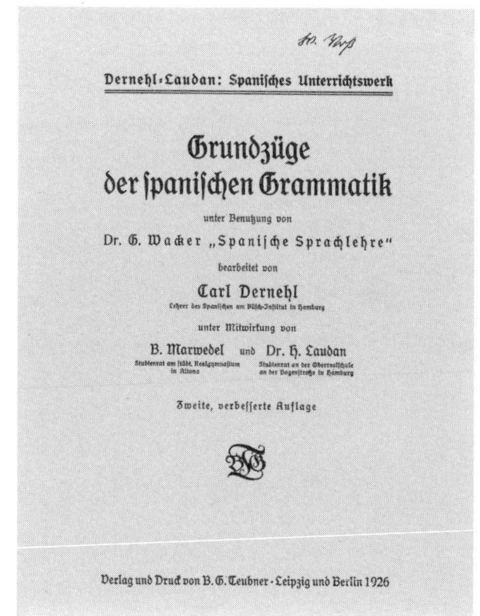
Dernehl-Laudan: Spanisches Unterrichtswerk

Grundzüge der spanischen Grammatik

unter Benutzung von

Dr. G. Wacker „Spanische Sprachlehre"

bearbeitet von

Carl Dernehl

Lehrer des Spanischen am Büsch-Institut in Hamburg

unter Mitwirkung von

B. Marwedel und Dr. H. Laudan

Studienrat am städt. Realgymnasium in Altona — Studienrat an der Oberrealschule an der Bogenstraße in Hamburg

Zweite, verbesserte Auflage

Verlag und Druck von B. G. Teubner · Leipzig und Berlin 1926

zu Foerster lehrte uns M. ganz nach Plan des Lehrbuches. Aber auch ihm habe ich viel zu verdanken, bin ich doch in Südamerika gut mit meinen Sprachkenntnissen zurechtgekommen.

Der Lehrer im Zeichnen war »Opa« Bruns. Das Zeichnen einer Basilika aus der Augenperspektive, Linoleumschnitte u. a. m. nahm er gründlich und trotzdem mit Humor mit uns durch. Leider blieb es bei mir ziemlich erfolglos; ich war und bin kein großes Talent im Malen und Zeichnen.

Gebrüder Probst, Willi in Musik (Menuett und Reigen), Albert in Turnen. Neu eingeführt von ihm waren die gemeinsamen Leibesübungen der gesamten Schule in der großen Pause.

Dr. Meyer in Chemie. Versuche mit Hilfe des Bunsenbrenners waren höchst interessant. Es stank abscheulich, wenn wir Versuche mit Schwefel durchführten.

Neben A. S. waren ja auch noch andere prachtvolle Jungen in der Klasse: Hans Rie-

* AS : Spanisch war mitnichten Wahlfach neben Französisch; sondern es hieß ›entweder-oder‹. / Der Unterricht war für die damalige Zeit modern : mit Schallplatten, auf denen der ganze DERNEHL-LAUDAN aufgenommen war. Wir haben übrigens ›KolonialSpanisch‹ gelernt; dh Wir lispelten die S-Laute à la ›cielo‹, ›ciento‹ nicht, wie es die europäischen Spanier tun. / Mir hat, neben Helwig, Möbius am besten gefallen.

beseht, den ich mehrere Male in der elterlichen Wohnung in der Eiffestraße besuchte. Imponierend, wie er sich auf dem Flur einen »Verschlag« gebaut hatte mit einem Bett darinnen; sogar eine mit Taschenlampenbatterie betriebene Beleuchtung hatte er eingebaut. So konnte er nachts heimlich lesen, wie er mir erklärte. Dann die zünftige Pfadfinderkleidung, die er auf Ausflügen (Harzreise) trug.

Oder Wilhelm Traupe mit dem hübschen Gesicht voller Sommersprossen. Er wohnte auch im Grevenweg, nur viel weiter südlich am Südkanal. Er konnte aus seinem Zimmer direkt auf den Kanal sehen.

Max Hannemann und Kurt Lindenberg, die smarten Jungen mit Knickerbocker und Erfahrungen im Umgang mit dem zarten Geschlecht. Erstaunlich, was die beiden schon alles erlebt hatten. Welch ein Spaß, wenn Max aus seinen Aufsätzen vorlas, z.B. »de Reis naa den Hamburger Dom«.

Pille Bergmann, mit dem ich einmal einen fairen Boxkampf auf dem Löschplatz ausgetragen habe, weil wir einen Streit auf anständige Weise beilegen wollten.

»Ente« Sellenschlo, die Maria aus unserem Krippenspiel mit dem Engelsgesicht. Seinetwegen habe ich von Möbius im Physiksaal eine gehörige Tracht Prügel bezogen, weil ich angeblich den zarten, zerbrechlichen Jungen geschlagen hatte. Bin mir heute noch nicht bewußt, was ich dem armen Jungen zuleide getan habe.

Das Gespann Boehm / Erlach. Wie horchte die Klasse auf, als Erlach sich plötzlich als großer Mathematiker entpuppte und eine im Buch beschriebene Lösung einer Aufgabe wesentlich einfacher löste. Albert Lotz aus der Wendenstraße, mit dem ich häufig Hausaufgaben machte.

Willi Schulz, unser Primus, stets fröhlich und munter.

Tragisch das Schicksal unseres Mitschülers August Knobbe, der durch eine Verletzung am Knie eine Blutvergiftung bekam und daran

1926 im Freibad Schwanenwik: Freischwimmen über 1000m bei Wassertemperatur von 16 °C.

starb. Eine Abordnung der Klasse hat ihm noch das letzte Geleit in Ohlsdorf gegeben.

Ernst Neudahl und E. Borchers; beide, glaube ich, sind im Krieg geblieben.

Herbert Augustin und Ernst Braunschweig, beide waren vom Turnen befreit. Sie konnten während des Turnens ihre Hausaufgaben machen (wie praktisch).

Helmut Frank, Ostendorf, Schütte, Werner Fründt, der »redselige«, Helmut Heitmann, der große Sportler, unser Garant für den Mönckebergpreis im Schlagball. Der Preis wurde ausgetragen beim Sportfest der höheren Schulen im Hammer Park. Welch eine bunte Pracht durch die farbigen Schülermützen auf den Wegen des Hammer Parkes an einem solchen Tage.

War es mit ihm u.a. zusammen, als ich mich am 5.9.25 in der Badeanstalt Lübecker Tor freischwamm? Im nächsten Jahr schwamm dann eine kleine Gruppe von uns die 1000 m in der Badeanstalt Schwanenwik. Kalt war es, nur 16° Wassertemperatur; in den letzten 100 m legte sich ein Eispanzer um die Brust.*

Dann Klaus Jens, der große, blonde, schlaksige Mitschüler. Er hatte die Brust, mit dem Lehrer, der ihn mit dem Stock züchtigen wollte, in den Sitzbänken Kriegen zu spielen. Eine tolle Mutprobe zu der Zeit, ich weiß

* AS : ich war auch einer der Teilnehmer.

nicht mehr, wie es geendet haben mag. »So dull un immer op deselbe Stell« war ein Ausspruch von ihm nach einer solchen Züchtigung. Für ihn wie für mich stand es schon damals fest, daß wir später zur See fahren wollten.*

Hier möchte ich die spätere, denkwürdige Begegnung auf hoher See von uns beiden einfügen: Ich war mit meinem Vorpostenboot in ein Planquadrat für U-Boote geraten, als plötzlich etwa 50 m querab von meinem Boot ein U-Boot auftauchte. Als der Kommandant, erkenntlich an der weißen Mütze, auf die Brücke kam, schnappte er sich gleich die Flüstertüte und brüllte zu mir herüber: »K. an K. (Kommandant an Kommandant), was machen Sie hier in meinem Übungsquadrat?« Inzwischen hatte ich aber schon mit dem Fernglas ausgemacht, daß der da drüben kein anderer als mein alter Klassenkamerad Klaus Jens war. Nun ergriff ich meinerseits die Flüstertüte und rief hinüber; »K. an K. Stell dich bloß nicht so an, du Heini. Kennst wohl keine Leute mehr?« Die Wiedersehensfreude war natürlich sehr groß und ist auch später im Hafen gebührend gefeiert worden.

Schließlich der gute Paul Kamsties mit seinem selbstgebauten Tretroller. Es war unwahrscheinlich, welche Entfernungen er mit diesem primitiven Fahrzeug zurücklegte. Einige Namen aus der Fülle der Erinnerungen; viele weilen schon nicht mehr unter uns.

Ostern 1929 verließ ich dann die Schule und ging zur christlichen Seefahrt. Ich war froh, den Zwängen der Schule und der Enge des Elternhauses entronnen zu sein.

* AS: sein Vater war Kapitän, auf Frachtern, im Mittelmeer; wie ja auch der von Voß ›Schipper‹ war. / Was ebenfalls für einen Westphal (aus dem ersten Klassenjahr) zutraf – einen über-schlanken und -intelligenten Jungen; der, leider schwindsüchtig, bezwecks Luftveränderung schon mehrere Male mit seinem Vater in den USA gewesen, und natürlich uns Anderen in Englisch himmelweit überlegen war. Ich bin in den Pausen häufig Arm in Arm mit ihm über den Schulhof spaziert, wenn er ›Philister‹ spielte, und das übrige Volk hochmütig verachtete. / Wir wollen auch ihn hier nicht vergessen. Das Ganze hat ja sowieso etwas Geisterhaftes, ein Rüchlein von Nekromantie, an sich.

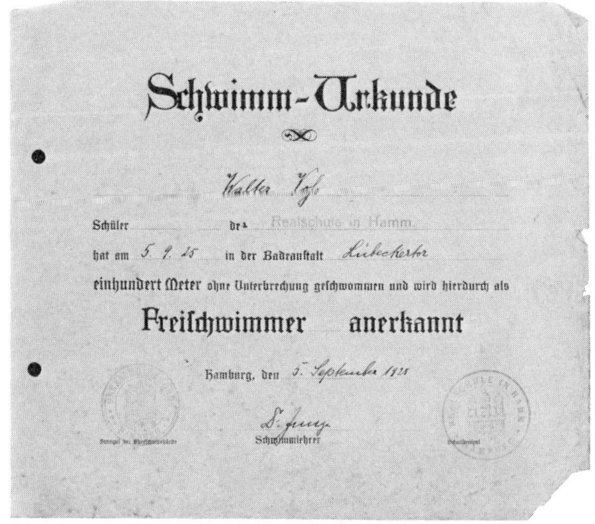

Schwimm-Urkunde

Walter Voß

Schüler der Realschule in Hamm.

hat am 5. 9. 25 in der Badeanstalt Lübeckertor

einhundert Meter ohne Unterbrechung geschwommen und wird hierdurch als

Freischwimmer anerkannt

Hamburg, den 5. September 1925

Schwimmlehrer

MEINE ERINNERUNGEN AN HAMBURG-HAMM

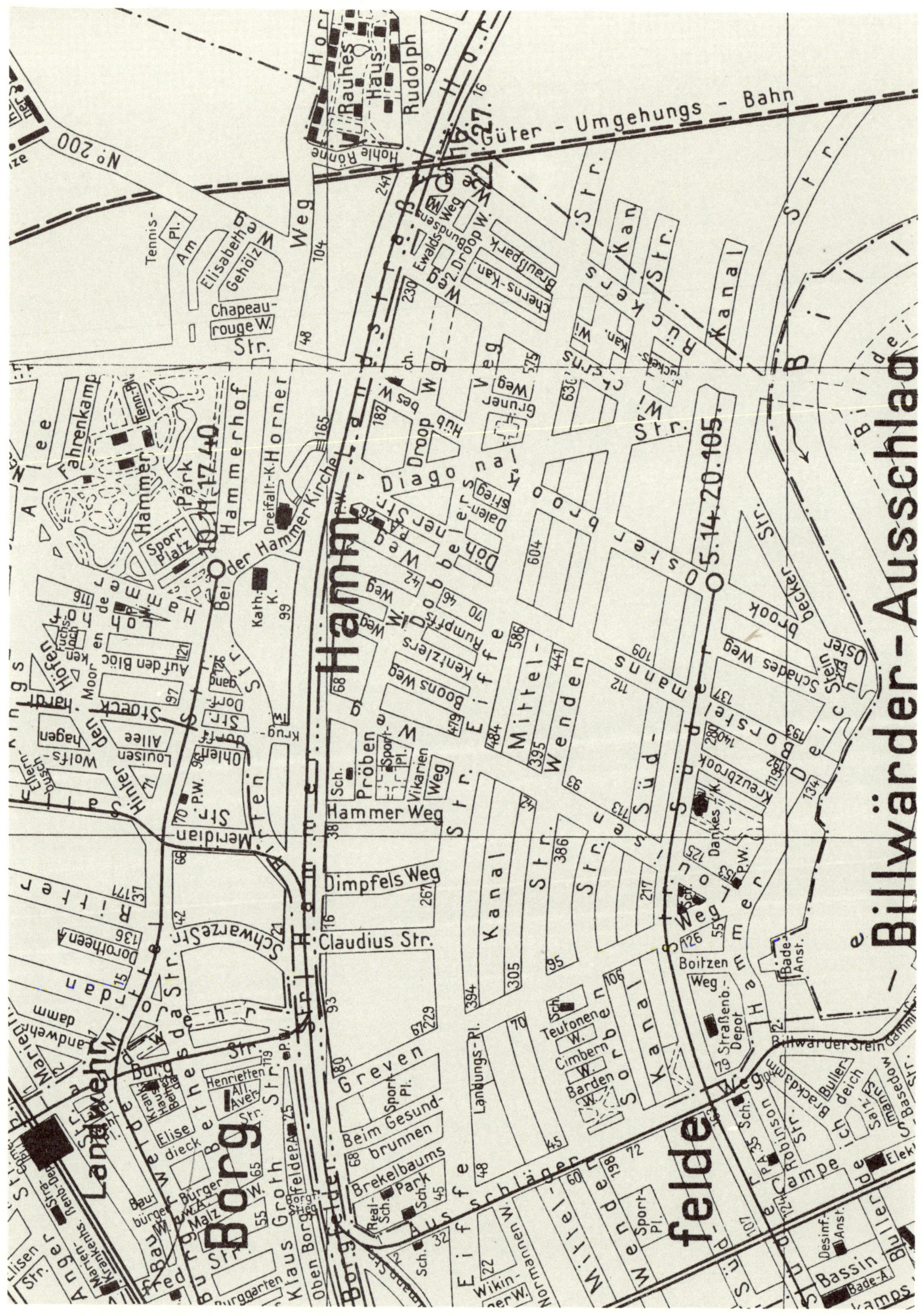
Güter - Umgehungs - Bahn
Hamm
Borg
felde
Billwärder-Ausschlag
Hammer Park
Hammer Weg
Dimpfels Weg
Claudius Str.
Rauhes Haus
Diagonal

Vorausgeschickt muß werd'n, daß ›mein‹ Hamburg nichts mit der gängijen Vorstellung des Reisenden, oder der des hundertprozentijen Hambürgers, zu tun hat: Hafen, Alster, Rathausmarkt, City-allgemein – (obwohl ich das selbstrednd auch geseh'n habe!) – waren für mich Nebensache, unbedeutend, ein selten erblickter lärmender Rand. (Bei ILSE FRAPAN hört man einen weit typischeren ›hanseatischn Ton‹; (obschon sie fürchterlichen Blödsinn schreiben konnte: ›Ich neide Euch Eure Gärten nicht, ihr Kinder in Hamm und Horn!‹: von einem Kinde aus ›Hamm‹ wird sie jetz gleich was hör'n.))

In meiner Kinderzeit wirkte das Ganze mehr wie die lebmsgroße Zeichnung eines geplant'n Viertels. Die Straßen waren meist schon fertig gepflastert; adrett, mit Bürgersteig und KantStein; von den künftig sie säumenden Häusern, standen jedoch meist nur die EckBauten – dazwischen gähnten leere ›Gründe‹; dh die schon ausgehobenen riesigen BauGruben, 2 manchmal vielleicht 3 Meter tief, und hunderte Meter lang und breit, oft noch mehr. (Je weiter nach Osten, desto seltener wurden auch diese EckHäuser; immer häufiger die absolut leeren BauPlätze – in manchen hatten sich allerdings KleinGärtner angesiedelt; (zum Teil ›LaubenKolonien‹ à la FALLADA)). Die ersten 10–12 Jahre meines Lebens, geschah dort nichts; der Krieg, und anschließend seine Auswirkungen (›Inflation‹ etc.), verhinderten jegliche Bautätigkeit. Diese 100–200 Meter weiten Gebilde waren nun mit nichten ›grün‹ (geschweige denn frapanische ›Gärten‹); sondern fast immer nackt-grau – wenn man Glück hatte; öfters waren sie mit Müll bestreuselt – und dienten Uns Kindern häufig als SpielPlätze, ganz im ZILLE-Stil. Im Winter, wenn's Schnee gab, (nicht die Regel in Hamburg!), fuhren Wir auch, mit unsern kleinen Schlitt'n (oder auf Brettern), die Böschungen mit Geschrei hinunter: der Schwung trug manchmal wohl an die 15 Meter weit. – Die Ödnis dieser Gebiete war erschreckend! Keine Blätter tanztn nach der Pfeife des Windes; höchstens etwas Staub. Die wenijen Menschen grüßten einander nicht. Vom Pflaster sah man in die Hinterhöfe: die graudreck'jen Fassadn mit riesijen schwarzen Flekken. Überall die KleinBewegung'n von Wäsche auf den Balkonen –; – (und dieses Winterbild, von 50 ›Balkongs‹ mit wedlndm Gewaschnen!) – ein Zaun lang davor, um das Betretn zu erleichtern. An der schmutzijen HausEcke ein Plakat ... – der Kopf eines Mannes. Mit verbundnen Augen; (? die blutn ?) – : ›RUNTER MIT DER ROTEN BINDE!‹*

: Ecke DöhnerStraße! – (Schade, daß es damals noch fast keine FotoApparate gab; wär jetz unschätzbar als GedächtnisStütze; oder, vielleicht-richtijer, um ganze Bündelchen von Erinnerungen dadurch heraufangeln zu können ... In unserm ganzn Verwandtenkreise hatte lediglich der ›berliner Onkel‹, Ernst, einen; Der war sogar leidenschaftlicher Fotograf, und scheute, zur Wut seines Weibes, die Kosten nicht;

* AS: Gegen die Kommunisten gerichtet; (die Einrammelung ins Gedächtnis natürlich auf ›infantile SexualForschung‹ zurückzuführen).

(entwickelte selber, machte Abzüge, Vergrößerungen). Ich hab meinen erstn Apparat erst 37-38 bekommen. – Aber wieder zurück): Die Bevölkerung war, selbst die damalije allgemeine Verarmung in Anschlag gebracht, eine der ärmsten – der Name ›Borstelmannsweg‹ wird jedem älteren Hamburger genug sagen, (›Aufstand des Spartakus‹ : ich hör die MaschinenGewehre noch die Straße lang knattern!). Als ich 1920 in die Schule kam: tz, eine solche Versammlung von verwahrlost'n kleinen Gestaltchen hab ich seitdem nie wieder gesehen; (und meine Schwester & Ich, Wir liefen nich anders rum: ich habe, in all den hamburger Jahren, nie ein neues Kleidungsstück auf dem Leibe gehabt! Alles aus (meist) alten Uniformstücken meines Vaters zusamm'gesetzt; von meiner Mutter, die ja allein in Anbetracht ihrer Jugend, keine Ahnung vom Schneidern hatte: ich habe nie Taschen in meinen Hos'n gehabt!; (und die Jungn beneidet, die Bindfädn und Marmeln, oder doch wenichstns die Hände prahlerisch reinsteckn konntn). Was haben Wir gehungert, und MangelKrankheit'n gehabt! – Aber wieder zurück): Also ›Vorort‹ iss gar kein Ausdruck für diese projektierte Wüstenei, in der ich aufwuchs. Auch Kanäle waren nich fern – (man sagt übrijens ›Fleete‹ in Hamburg) – ein paar hundert Meter im Süden der ›MittelKanal‹, und, wieder 300 Meter weiter, der ›SüdKanal‹. Höchstens 10 Minuten von ›unserm‹

Nachbarskinder vor dem Eckhaus Dobbelersweg/Rumpffsweg, gegenüber von Arno Schmidts Geburtshaus (»die rückwärtige Hauswand ist die des NO-Eckhauses Rumpffsweg/Dobbelersweg; ein gelbbrauner, mit Wellenlinien verzierter Putz« AS). Um 1919. – *2. Reihe, kniend, von li.:* Herbert Beyer, »die beiden Brinck von gegenüber (Vater ›sang‹ im Kino)«; 4. v. l. unbekannt; 5. v. l. Arno Schmidt, mit gestreiftem Einsatz im Halsausschnitt (»4–5 Jahre, früheste Aufnahme«). *4. (oberste) Reihe von li.:* 1. v. l. Käthe Beyer; 2. v. l. Hertha Kasch; 3. v. l. Luzie Schmidt (vor der geriffelten Zementwand).

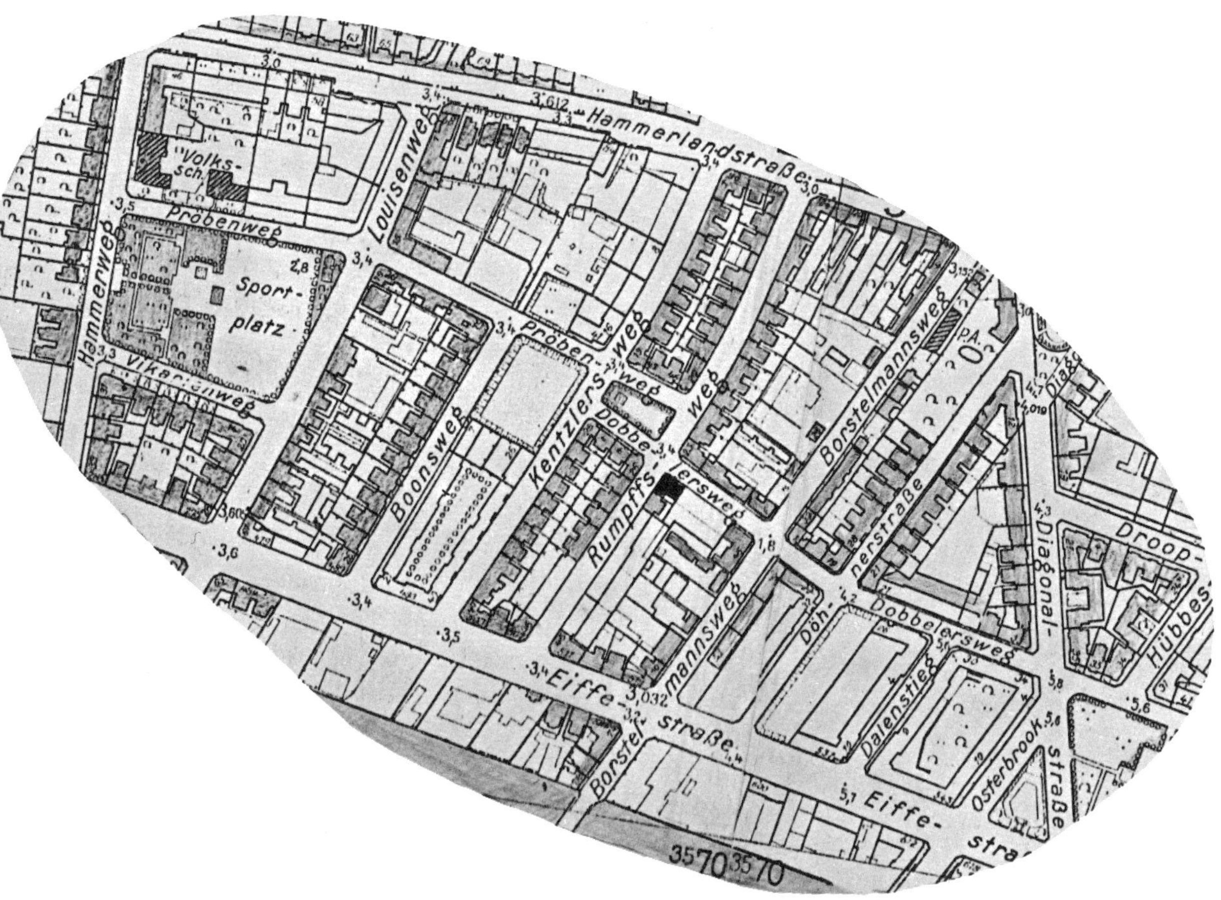

Hause endeten diese Kanäle; dicht vor dem hohen BahnDamm, der nach Osten zu alle Sicht begrenzte. Die allernächste Umgebung meiner ersten 10 Jahre – (inclusive der VolksSchule, in die Ich bis zu 10, meine Schwester bis 14 ging) – sah ungefähr só aus [vgl. Karte]. In dem Haus auf der SüdOstEcke der Kreuzung RUMPFFSWEG – DOBBELERSWEG, bin ich am 18. 1. 1914, nachmittags zwischen 14 und 15 Uhr, an einem kalten Wintersonntag, geboren worden... Das heißt also auf rund 10° Länge; und 53 ½° Breite; Höhe des Pflasters auf der Kreuzung 3,4 m über NN. –

Zur Charakterisierung des ›Geländes‹ noch: Die Elbe hat, wie jedes norddeutsche Gewässer ein sogenanntes Urstromtal; dessn (nördliche) Grenze – also der ›Geest‹-Rand die – Hammer- (weiterhin Horner-) Landstraße bildete: die Südseite dieser Straße lag also auf, durchschnittlich, 3 bis 3 ½ m Höhe; gegenüber, die Nordseite, stieg auf 12–15 m an. Schmale steinerne TreppenSteigen führten hoch: fast gegenüber der Einmündung des Rumpffsweg war so eine, die zur ›Hammer Kirche‹ hinauf führte. Wir wohntn jednfalls in der Fluß›Marsch‹ unt'n;* (daher auch das

* AS: wodurch zuweilen, nachts, das ›HochwasserSchießen‹ spannend wurde.

Hrsg.: Die Textergänzungen in eckigen Klammern [ ] wurden 1978 von Arno Schmidt hinzugefügt.

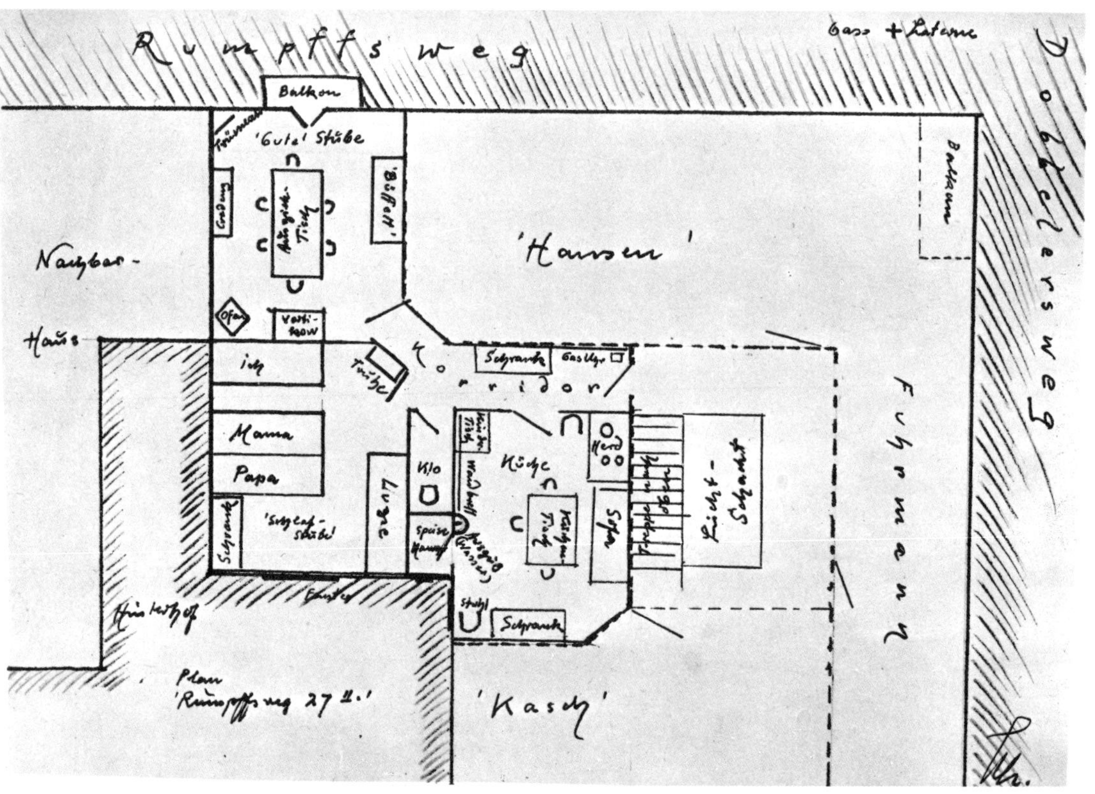

Stück ›MittelKanal‹ am unteren Rande). Man sieht auch, wie das Haus schon von den beschriebnen ›Gründen‹ (the dark & dirty grounds) umgebm war. Mein ›Entstehen‹ muß sich also auch dort abgespielt habm.* Die Hebamme wohnte, ›Hammerlandstraße; gleich obm um de Ecke‹, (nach Auskunft meiner Mutter). Ich soll 11 Pfund schwer, und 58 cm lang gewes'n sein. Geboren unter den Augen meines (gerade dienstfreien) Vaters; Der als Erster mein Geschlecht entdeckt habm, und ›Ein Junge!‹ geschrieen habm soll – ergo stand auch mein Vorname fest; denn es war, für den Fall, beschlossn wordn, mich nach seinem bestn Freunde, einem GlasschleiferGesellen aus Weißwasser, Heß, zu nennen.

Für Den, Der's ganz-genau wiss'n will, hab ich – (vor vielen Jahren mal) – den Grundriß unsrer Wohnung aufgezeichnet; (etwas, was ich immer, bei allen Selbstbio's gewünscht habe: man kann noch so viele Worte machen; und die ange-

* AS : Ach, diese ›Gattenwahl‹ geht bei einfachen Leut'n so entsetzlich anders vor sich! 100 Frauen & Mädchen hatte mein Vater vor meiner Zeugung benützt, (und 50 danach noch) : reden Wa nich von meiner Mutter, aber es war der purste Zufall, daß diese C. G. E. meine Mutter wurde. Sie war so wenich das ›Komplement‹ (oder ähnlich) seines Wesens, daß er bei seiner Ehe zu fluchen & zu schwören pflegte. Wenn, nach Tanz & Suff, der Trieb einmal unaufschiebbar wurde, genügte die Erste, die willig & zur Hand war. *[Textauszug aus ›Abend mit Goldrand‹, Bild 43].*

strengteste Beschreibung ersetzt doch nicht die einfachste StrichSkizze! (Die hier, von den ›2 Zimmern u Küche‹ wird sogar recht genau sein. (Der Architekt & Besitzer hieß nb Dorendorf; seine greise Mutter wohnte untn, im ›Hochparterre‹)). Da ich zuerst ja nur das Innere unserer Wohnung kennen gelernt habe – lange bevor mir das Äußere etwas galt – ist es durchaus im Sinne der ›historischn Entwicklung‹, daß ich erst die Interieurs, (wenn anders das feine Wort erlaubt ist), serviere. ›Neue Möbel‹ hatten Wir gar nicht: meine Mutter hatte ein paar Stücke von zu Haus mitgebracht; so viel ich weiß 1 großes Bett und 1 kleines; 1 Küchentisch und 2 Stühle; 1 Truhe und 1 Schrank. Etwas hatte mein Vater auf Auktionen gekauft, bzw. auf Inserate in Zeitungen hin, ›second hand‹ (wenn's hoch kam – meist wird's wohl die 4. oder 5. gewesn sein). Was wäre zur komplett'n Anschaulichkeit noch nachzutrag'n? Überall Gaslicht. Auf dem Küchenherd (für Kohlenfeuerung; vorausgesetzt, daß welche da waren..., so die erstn 6–7 Jahre meines Lebms war das gâr keine Selbstverständlichkeit!; Wir habm im Kriege & danach nicht nur gehungert, sondern auch gefror'n): auf dem Herd also stand ein kleines GasKocherchen. : kein Elektrisch! Eine Wohnung ›mit Elektrisch‹ war noch 10 Jahre später eine begehrte Rarität. – ›Bad‹? Wir waren stolz & verwöhnt, daß Wir 'n WC hatt'n! Wasser gab ein Hahn über dem

kleinen, durchaus eisernen Ausguß in der Küche. Einen Keller hatten Wir nicht; dafür einen BodenRaum, (wo wunderlicherweise auch die Kohle lag, die außen am Hause hochgehievt wurde). Eines muß noch betont werd'n zur Charakterisierung unsres Lebens dort: die Mentalität meiner Eltern war so gruselich, daß Wir die ›Gute Stube‹ vorn, (die mit dem Balkong), nie benützten! Wir hausten, jahraus-jahrein, nur in der Küche! (Mit Ausnahme der Tage vom 24. Dezember bis 1. Januar.) In drangvollster Enge; in Koch- und WäscheDunst, (die näm'ich in der Küche getrocknet ward: unter der Decke zogen sich Leisten mit eingeschraubten Haken hin, wo die Leinen gezogen wurdn).

›Unser Haus‹ von außen? – ich seh's ungefähr noch vor mir… *[Handskizze].* Über dem gewölbtn Eingang 'n Relief… ein Mann in einem Kahn. Und darunter stand: ›Kehrwieder!‹ Untn, an der Ecke, war eine Gastwirtschaft – (Sammtleben; mein Vater nannte ihn ›Pannkoken‹, weil Der ihn einmal gefragt hatte, ob er einen solchen wolle, und dem Schlesier kam das Wort so urfremd-putzich vor!) – das StammLokal des Fußball-Club ›Hansa-Hamm‹, (der immer auf dem Platz gegnüber

Borstelmannsweg, von der Hammer Landstraße gegen Süden. Links Postamt, von Arno Schmidt wohlerinnert. – *Rechte Seite unten:* Blick von dort nach Norden; über den Dächern der Hammer Landstraße, auf dem Geestrand höher gelegen, die Alte Hammer Kirche sichtbar. Eckkneipe links »Kap Horn« (s. Glosse S. 96). – *Rechte Seite oben:* Hammer Landstraße von dort gegen Westen. Vorn links Einmündungen Diagonalstraße und Borstelmannsweg. Nächstfolgender Abzweig nach links (nicht sichtbar) Rumpffsweg.

KAUFHAUS EGGERS

BILL-BRÄU
Kolonialwaren-Konfitüren

Sportplatz gegenüber der Volksschule Pröbenweg 3, nach Süden gegen Vikarienweg (Fußballklub ›Hansa‹, Hamm). (Arno Schmidt: »Sehr wichtig, weil er zT unser Schulhof und immer unser Sportplatz war.«)

unsrer VolksSchule spielte). Und noch die Wäscherei von (Johnny) Meier.* (Die Namen der andren HausBewohner – 4 Familjen in jedem Stock – bekäm' ich auch wohl noch zusammen. Auf ›unserm‹ waren's: Wir / Hansen / Fuhrmann (ein WanderEhepaar, die ich nie anders als in Loden gesehn habe) / Kasch. Im Stockwerk-drunter waren d HauptNamen Pöcker (2 Kinder, Hanna u Hermann, mit dem ich id Schule ging); und Beyer, (3 Kinder; 2 Mädchen, 1 Junge ›Herbert‹, mit denen wir auch spielt'n; der Vater war bei der ›Schupo‹ (›Wir fürchten nicht d Grüne Polizei!‹), wogegen meiner, und beneidet, bei der ›blauen‹ war)).

Da war in Hamburg der große Aufstand des »Spartakus«, im Oktober 23: Neblije Tage; die wir selbstrednd schulfrei hattn; (ich seh's noch gut: die Barrikade

* AS: die andern Läden, jenseits der Kreuzung, waren: gegnüber d Hauses das TextilwarenGeschäft STRUVE. / Auf der NO-Ecke der Schlachter SPALTEHOLZ. / Dahinter, den Rumpffsweg hoch nach N, d Papierwarenhandlung PRENZLIN; wichtig als ›Leihbibliothek‹ kitschiger Sorte für meine Mutter, (die viel ›Eschstruth, Courts-Mahler‹ etc. beim Stricken las). / Das LebensmittelGeschäft, danach-wiederum – (stop! es kam noch ein Friseur dazwischn, wo ich auch ab und zu, später die Haare geschnittn bekam; bis zu 10 Jahren tat's mein Vater selber – und wie!) – teilte sich mit einem auf dem BorstelmannsWeg in unsere Kundschaft. / Für Arbeiter gab's ›Die Produktion‹, Ecke Dobbelers- u BorstelmannsWeg. *[Textnote aus ›Abend mit Goldrand‹, Bild 43].*

über die Straße, genau vor unserm Haus; und den BorstelmannsWeg schossen die Maschin'nGewehre lang; mein Vater war 3 Tage im Rathaus eingeschloss'n): Ich kann mich an die KriegsZeit'n erinnern: ›Du Briet!‹ war noch lange ein Schimpfwort unter uns; und als der Kaiser abgedankt hatte, sangen Wir's: ›O Tannenbaum: der Kaiser hat in'n Sack gehau'n!‹; (was nb 1861, id amerikanischen Bürgerkrieg, als ›O Maryland O Maryland‹ zum Marschieren gesungen word'n iss). Oder auch die Inflation* – damals noch was Neues; selbst das Wort: Ich seh noch die, herrlichbuntn, (zum Teil überdrucktn) Scheine vor mir. Ebemso wie auch die weder geräumijen noch reinlichen Gemächer, die Fenster mit gutem festem Papier verklebt; das TafelService wie von Blohm & Voß; die ›SteckrübmWinter‹, (und noch lange nach dem Kriege war ›LungenMus‹ oder Haschée aus Euter & Gedärmseln ein Sonntags-Ess'n – wozu bei Uns freilich noch gravierend hinzutrat, daß meine Mutter vom Kochen keine Ahnung hatte: wo hätt' Se's auch, als 15–16 jähr'je Mutti, gelernt habm soll'n?!). Die Folge solcher Verhältnisse: Ich kann, als Resultat so enger dürftijer Kindheit, nich großzügich denk'n. Ich habe nie gelernt, mich richtich zu benehmen, in keiner Gesellschaft – aber das teile ich ja auch mit den Meist'n. Speziell M i r eign war die Isoliertheit, von BabyBeinen an: um mich unbestimmtes Lächeln/Zürnen auf unbestimmten Gesichtern: s o s c h l e c h t s a h i c h! (und meine Eltern, grausam unerfahren & indolent, hielten's für kindische Unaufmerksamkeit, wenn ich mein'n Vater auf 20 m nur noch als blauen Fleck sah, und ihn nicht erkannte – id VolksSchule hatte's der Lehrer natürlich am 1. Tage weg, was mir fehlte. Aber immerhin): Ich hatte, 6 Jahre lang, eine gewisse Abgesperrtheit von der Außenwelt erfahren. Der zweite Anlaß, mich auf mich selbst zurückzuziehen, war meine dialektliche Isolierung: ich ward es sehr bald überdrüssich, mich von all'n Kindern mit meinem ›schpitz: Schtein: schtolpern‹ auslachn zu lass'n! (Und als ich endlich deren Lingo erlernt hatte, so daß mein Missingsch passieren konnte?: da nahmen wiedrum meine Eltern Anstoß an Mir, wenn ich von ›Feudel und Leuwagn‹ s-prach.) Die Lehrer freilich hattn mich, als Phönix mit BühnenSchprache, gern. Und, zumal in den VolksschulJahren, auch wieder gar nicht:

denn nun kommt der schlimmste Grund für meine, unverschuldet-selbstgestiftete, splendid isolationship: ich lernte, gleichzeitich mit meiner um 3 Jahre älteren Schwester, lesen; und begriff die Kunst – wie auch anschließnd Schreibm und Rechnen – mit Windeseile; (meine Schwester pflegte's, in spätern Jahrzehntn noch, nachzumachen: wie Sie saß und drucksDe: › h.-u.-n.-d.: ?‹; und ich Ihr die Hand

* AS: ›1 Mark‹ (Gold) war wert, am 2. 12. 22: 5.000 Mark
20. 2. 23: 20.000 Mark
22. 8. 23: 100 Millionen Mark!

[Textnote aus ›Abend mit Goldrand‹, Bild 43].

auf der Zeile geschobm hätte: ›HUND: weiter.‹). Ich konnte jednfalls, mit 3–4 Jahren dann, alle Bücher lesen, (und tat das auch; was mir erreichbar wurde). Was denn freilich, als ich Ostern '20 in die Schule kam, die schwerwiegendsten Folgen hatte: ich saß gelangweilt; umgebm von auf die (blaue) Fibel stier starrenden Schwitzend'n. Und ebm auch schon vorher kannte ich Genüsse, die den andern Sandkuchen-Backenden unbegreiflich waren: während ich Jules Verne-Welten nachträumte – (und dabei das Zünglein an ältlichen WissenschaftsWorten gelenkich machte) – gingkam mir die / ich der Realität in gewissem Sinne abhanden; (un Häi danzt gans alleen op de achterstn Been.) – [Verwickelter Fall: das extreme Voraneilen einer der Instanzen der Persönlichkeit; (das iss nämlich bei all'n Drei'n möglich).]

Ich laß ma aus, was Alle Menschn als Kinder erfahren, zum Beispiel die sexuellen Beobachtungen an den Eltern; deren ›Verkehr‹, (eventuell sogar mit Bekannt'n oder Fremdinnen) … Meine Schwester? In allem: ganz-anders! Wenn Ich es alles überlebt habe – (und jetz ma nich nur die Kindheit: sondern auch das endlos-vielfältije spätere Elend) – infolge meiner fantastischen Absencen; so Luzie aufgrund ihres großen, energischen Leichtsinns: sie war schon damals, pick'lich unter den zerzaustn Zöpf'n, umtanzt von ihren Freundinnen (Wilma Hass und Käte Beyer), was flach-fröhliche (wohl absichtlich-gefühllose) Wurschtichkeit anbelangt, ein Talent an der GenieGränze! (Mein Vater haßte sie, wie einen scharfen, nimmerschmeichelnden Spiegel); (aber ich will ein anderes-wichtijeres erwähnen: meine ersten Berührungen mit d Natur): Ich bin ein Wald- & WiesenNarr. Das erste Grün was ich sah: war der MikroPark, uns schräg-gegenüber – (man sieht's ja auf dem Plan, wie winzich der war; schätze 20 × 30 m) – den umgab eine arg verstaubte Hecke; und es stand'n etwa 6 Pappeln darin; (sogar die kleine ›Sandkiste‹ ist eingezeichnet, in der ich manchmal (selten!) mit Eimerchen & Löffel gespielt habe). Eine andre Natur-Nebenstelle waren die KanalEnden, dicht vor'm BahnDamm: weißer Sand, mit sehr kleinen SchneckenGehäusen darin; einzelne Büschel Grases strandhafertn; die RohrPost kam drübm aus der Erde, überquerte als etwa meterdickes Rohr den Kanal, und verschwand wieder im Sande. Da sind Wir – mein Vater & Ich – wohl 5–6 Mal gewesn; ich hab aber nur im BadeHöschen da gesessen; (und auch ihm, dem sonst kaum eine Fütze zu dreckich war, hat meist vor dem Wasser gegraut).

Das wirklich erste Gebilde aus ein bißchen Wiese, ein bißchen Wasser, ein bißchen ›Wald‹, war der Hammer Park, unweit im Norden. Für die Erwachsenen war der große Sportplatz – (wo zB unsere SchulSportfeste statt fanden; ich bin auf der Geraden, vor den ›Tribünen‹ (die ›–‹ deswegen, weil es nur breite StufenReihen waren, unüberdacht; bei größeren Anlässen konnten Gartenstühle aufgestellt werden… ich hab den ›HSV‹ dort spielen seh'n!) – manche ›100 m‹ gelaufen). Oder die Gastwirtschaft, der ›Hammer Hof‹, anspruchsvoll-strohgedeckt; (Wir haben einmal, als Schüler, für Alte Leute dort WeihnachtsLieder gesungen). Oder auch die Tennis-Plätze da-hinter; (um nur ein Beispiel des Eindrucks zu geben: wenn ich in einem

Buch von ›Tennis‹ lese, (oder im Radio Reportagen höre), illustriere ich mir die Scene: mit diesen TennisPlätzen vom HammerPark!) [Allerwichtichste Materialien!: jeder Mensch müßte sich analysieren: ›Woher er seine ›inneren Illustrationen‹ für Lektüre bezieht‹.] Noch einmal: die (relativ) steifen Gänge, maze-artich von schnurgerad beschnittenen Hecken begleitet, sind Wir nur seltn gegangen. Und auch das obere Ende der ›Serpentine‹ war Uns zu vornehm – (da wurde im Winter Schlittschuh gelauf'n; ich bin dort, bei meinem ersten Versuch, furchtbar auf die Stirn hin-

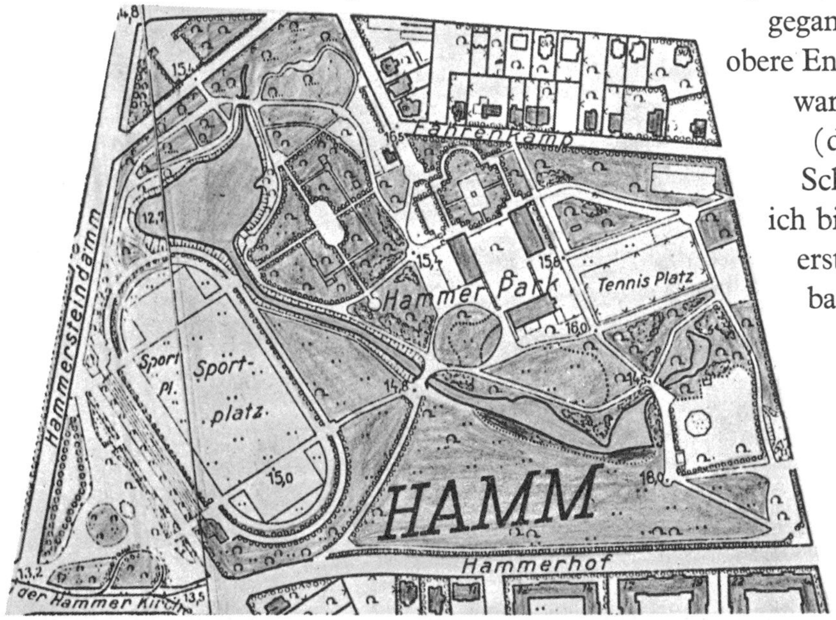

Hammer Park mit Sportplatz, Liegewiese rechts anschließend; in den Bäumen dahinter der strohgedeckte ›Hammer Hof‹. Luftaufnahme 1928/29.

geschlagn; und hab seitdem nie wieder sowas an den Füß'n gehabt!). Nein; ›unser Bereich‹ war die Große Wiese – (dort wo das Wort ›HAMM‹ steht) – na; so ihre 300 Meter war sie schon lang; mindestens. Die Eltern saßen, auf einer Decke, auf dem Rasen; Luzie und Ich plantscht'n in BadeHöschen im Flachwasser. Das Ufer-gegenüber stieg ziemlich steil an (wohl so 4 Meter) und war mit Föhren & Ficht'n bestandn.

Hüben der kleine Sandstrand. Wenich später bin ich dann auch allein hingegangen: bei grauem Wetter, und kaltem Wind vorm Reg'n; dann wars ganz leer, schön-öde. (Die HäuserBlocks-rechts, bestandn nur aus zweistöckijen niedrijen ReihenHäusern – man merkt, daß ich im Moment von W nach O laufe, Windpfiff und glückliches Frieren. – Aber jetz soll's wieder heiß & Sommer sein): Ich hatte ein Schiffchen am Bindfaden hinter Mir ... dick und schwerfällich der Rumpff: gelb-braun & schwarz – und'n Seg'l – (ne ›Kuff‹: groß plump und mühsam zu trag'n für mich): Schwamm auch nich gut. Ich hab meist zuhaus damit ›HanseKogge‹ gespielt. –

Das zweite, fast noch ›natürlichere‹, war ›Das Land‹ – richtijer, ›der Weg dorthin‹. Mein Vater war nämlich eifrijer ›SchreberGärtner‹; und hatte sich 500 Quadratmeter Landes, einen Streifen, inmitten 100 andrer KleinGärtner, draußen in Horn, gepachtet. Obwohl der Hauptzweck vermutlich der war: sich, sobald es der Dienst erlaubte, für viele Stunden legitim von seiner Familje zu absentieren, und sorglos der be$^{\text{kann}}_{\text{lieb}}$ten Trias ›Wein Weib & Gesang‹ zu pflegen; hatte er doch auch eine echte Neigung zum leicht-verspieltn Ackerbau: er grub um; pflanzte StachelbeerBüsche; Erbsen und Mohrrübm; ›KruppBohnen‹ sprach er stolz, (denn er war ›deutschnational‹, und kompromißlos gegn die ›Roten‹; und trug ja, bis an sein Ende, einen langen SchleppSäbel – ich hütete mich, ihm mitzuteilen, daß speziell-dies vom plattdeutschen ›krupen‹-kriechen käme; ich war seiner Rohheitn wie seiner Prügel unbeschreiblich überdrüssich). – Auch Kartoffeln braucht'n Wir kein Jahr zu kauf'n; er erntete tatsächlich ›Rote‹ oder ›Blaue‹ ausreichend. Den 1 Mittelweg säumten Nelken. Eine magere Laube, etwa 2½ × 2½ m, ermöglichte es, die, weisungsgemäß gesparten, Stuhlgänge abzuliefern. (: das war ein Kampf + Intriguen wenn ein Fuder mit PferdeMist zum Verkauf anstand! denn diese KleinGärtner haßten einander Alle, und taten sich Dampf & Tort an, wo sie nur konntn). Die Lage des Stückchens war recht reizlos – ich muß beschreiben, wo etwa es sich befand. Man fuhr entweder mit der Straßenbahn – (ich sehe was wie ›Linie 31‹ vor mir) – bis zur Endstation ›Letzter Heller‹; stieg wieder mal den GeestRand hinauf. Und dann ging's etwa 2–300 m nach Norden: (aber das war meist zu teuer): Gewöhnlich gingen Wir zu Fuß. Erst durch die beschriebnen Öden; bis dorthin, wo die Hammerlandstraße die Eisenbahn schnitt – (präziser drunterwegführte: auf der Nordseite kam die Bahn aus dem tiefen Geest-Einschnitt heraus; der nur wenig entfernte, nördlich-parallele ›Horner Weg‹ führte ergo über die Bahn weg: war auch eine hübsche einsame Straße; viel ländlicher als die Hammerlandstraße!) – dann die Rudolfstraße hoch, (an der, links, das berüchtigte ›Rauhe Haus‹ lag). Und dann führte – nur gleich am Anfang lag noch links, dann rechts, je 1 Haus, (bei diesem letzteren stand der einzije Wallnußbaum, den ich als Kind gesehen habe; er trug aber nie Nüsse) – ein geschlängelter Weg, durch Kleingärten, zu einer Gruppe richtijer alter Häuschen, die bestimmt 100 Jahre alt waren! so schief waren die Treppenstufen; ein kleiner Teich tat sich auf. Dahinter eine Pappel-bestandene Landstraße; jenseits derer, auf grünen Wiesen, die ersten lebendijen Kühe

Die Rudolfstraße, Wegetappe zum ›Land‹ und zum Freibad, hinter der Unterführung unter der Güterumgehungsbahn (Abb. S. 193 oben) links aufwärts führend, den Anlagen des Rauhen Hauses entlang. Hier war, ob zum ›Land‹, ob zum Horner Moor, fast der halbe Weg getan, man hatte offene Bebauung und freies Land vor sich, die Wohnblockstraßen im Rücken und empfand den Übergang in eine andere Region.

weideten, die ich erblickt habe. Dort machte der Weg einen RechtsKnick, und hörte auf schmal zu sein. Er mündete auf den ›Bauerberg‹; und gleich rechts lag, hinter ihrem vornehm-hohen EisenGitter, eine Villa, groß, in einem Park, (die mir wiederum EICHENDORFF's ›Taugenichts‹, (und auch HOLTEI's ›Letzten Komödianten‹) illustrieren half). Dieser ›Bauerberg‹ war ein ziemlich großer Platz; mehr ein weiter freier Raum, ungepflastert, halb mit kargem Rasen. Nördlich davon lag die große Rennbahn, wo das ›Deutsche Derby‹ gelaufen wurde, (und wo ich einmal den Kaiser gesehen habe). Im Süden der ›Pagenfelder Platz‹ mit der ›MartinsKirche‹, (da ging's schon wieder zur Horner Landstraße 'runter). Wir aber hatten noch circa 1 km bis zum ›Land‹.

45 bis 50 Minuten hatte man dahin wohl immer zu gehen; und heiß war es oft sehr: da war auch meine erste ›BadeAnstalt‹, das ›Horner Moor‹. (Vom ›Land‹ aus, ungefähr 20 min zu laufen; durch die Häuser von ›Hermannsthal‹. An der ›Rennbahn‹ entlang. Und noch ein Endchen darüber hinaus.) Zunächst ist da Alles nur mit GoldGlut (›Feuermann tanzet über die Felder‹) und dem BaumGrün um Hermannsthal verbunden. Das Bad selbst muß wohl ein alter Moorteich gewesen sein, annähernd

kreisförmich, Durchmesser rund 100 m; der südliche Kreisabschnitt – durch ein Drahtseil abgesetzt, an dem auch der Sprungturm verankert schaukelte – war noch mit Schilf und Binsen bestanden. Die Nord-, West- und ein Stück der Südseite, umzog ein hellgraugetünchter Bretterzaun von 2 m Höhe; an dem sich innen eine breite Bank entlangzog, die durch hölzerne TrennWände in UmkleideNischen abgeteilt war – wohl an die 100 Stück. Vor ihnen liefen breite graue Steinplatten, zwischen denen ein paar Grashalme wuchsen. Eine größere Rasenfläche nur in der SW-Ecke. Quer durch's Wasser zog sich eine lange schmale Holzbrücke mit Geländer; sehr massiv gebaut, auf der die Bademeister manchmal hin und wieder gingen: deren hölzerner Raum, vorn, hatte rundherum große GlasFenster. Hierhin jedenfalls kam ich schon als KleinKind: Mit Mutter & Schwester: da durften Jungen unter 6 Jahren mit; ansonsten bestanden streng getrennte Badezeiten für die Geschlechter. Und so bin ich denn, im Laufe der Jahre, von der NordwestEcke (am Eingang) erst durch das PlantschBecken – das Ganze war mit breitem Steinrand eingefaßt; und steinerne Treppen führten überall ins Wasser, (hintn die zur SchwimmerAbteilung war besonders pompös, die Stufen mindestens 5 m breit!) – gewandert; dann lernte ich, in der anschließenden, etwa 1,20–1,70 tiefen, Schwimmen; (bei meinem Vater); und endlich, so etwa ab 12, kam das Große SchwimmBecken an die Reihe. Da ging ich dann auch schon allein, (bzw. mit einem SchulKameraden, Pöcker), und bei grauem Wetter; auch wenn's regnete: da waren Bad & Wasser oft ganz leer, das Schilf windgebogen, und jenseits die graue Weite von Acker und flachen Wiesen, kein Haus mehr, nichts – wenn ich keine Menschen sah, war mir immer am wohlsten; (wie's heut noch der Fall iss.)

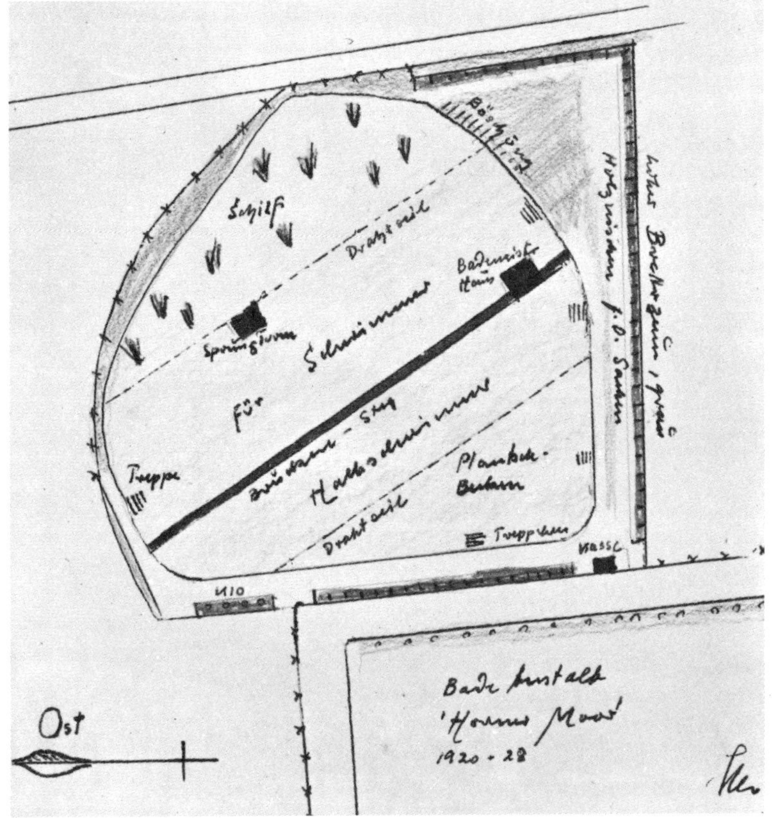

Horner Moor. Alte vielbesuchte Badestelle im freien Feld nördlich Horn. Das Foto, noch ohne die von Arno Schmidt geschilderten schlichten Einbauten, vermittelt unverstellt die Stimmung der »grauen Weite von Acker und flachen Wiesen, kein Haus mehr, nichts«. Weitaus bevorzugter Ort sommerlichen Freizeitvergnügens von Eltern, Kindern, Schulkameraden.

Linke Seite: Ansichtspostkarte »Gruß aus Horn – Horner Moor« (etwa Jahrhundertwende); *rechts:* Planskizze Arno Schmidts.

In die Schule gegangen ganz-ungern. Ich war, in jedem Sinne, der geborene Autodidakt. Ich weinte & sträubte mich als Kind, wenn die Eltern uns zu Bekannten mitnehmen wollten – wogegn meine Schwester bereits ne Viertelstunde früher, fertig angezogn, an der KorridorTür hopsde: ›Gehn wa nich bald? Gehn wa nich bald?!‹ – (Wir sind Beide sogar noch in dieselbe VolksSchule gegang'n): Die an der Ecke PröbenWeg-HammerWeg. Allerdings waren das 3 größere Gebäude: das östliche für Jung'n. Das an der WestEcke für die Mädchen. Und dahinter die großegroße TurnHalle. Der Schulhof war klein; und durch eine Reihe armer geschundener Bäumchen abgeteilt: links (= westlich) der für die Mädchen; rechts die Jung'n. Beide strömtn hinein, von der Straße her, zwischen den beiden SchulGebäuden entlang; dann schiedn sich die (linken) Schäflein, von den (rechten) Böckchen. Am Ende der Pausen ranntn Wir durch den HinterEingang wieder in die Klassenräume...; (ich zeichn'es doch, am einfachstn, wieder auf, weil davon seit vielen Jahren kein Stein mehr steht (man kann also nicht mehr hingeh'n und sich das ansehen; und ›Fotos‹ dürfte es auch nicht viel davon geben – auf einem steht unsre ganze Klasse auf der (vorm Gebäude angedeuteten) ›FreiTreppe‹): Wir müssen damals wohl 8 Jahre alt gewes'n sein; denn der

Lehrer ist schon ›Herr Tonn‹; (vor ihm geistern 2 oder 3 andere kurzfristich herum: ein sehr unangenehmer ›Brand‹; und ein langer, brünetter, sanfter Mann, dessen Namen ich leider vergessen habe). Einer sah aus wie ein ›Förster‹, und grollte & sprach auch so. Ein junger Blasser erzählte uns von dem Tlein'n Tlaus un'em Großn Tlaus – er konnte das ›K‹ schlecht sprechen. Es war überhaupt die Zeit des LehrerMangels: die NebenKlasse hatte gar eine brünette Dicke, die im Kriege als Hülfe eingesprungen war, und danach noch eine Zeit lang gelitten ward, bis wieder genügend Männer da waren. – Die Not war noch gewaltich, wir haben ungewöhnlich lange auf Schiefer-Tafeln geschrieben: weil es ganz einfach kein Papier, keine Schulhefte gab. Und als Wir dann mit Tinte und Feder begannen, geschah das auf den Rändern alter Hefte von älteren-früheren Schülern. Oft gab es ›Kältefrei‹, weil die Räume nicht geheizt werdn konntn... Wir hatten unser Bestes an; denn es war Uns gesagt worden, daß nächstn

Volksschule Pröbenweg 3 in Hamburg-Hamm. Großzügiger Klinkerbau des Architekten Dr. Ing. Albert Erbe, errichtet in den Jahren 1910–1912. Für Arno Schmidt ›die erste labyrinthische Großhauswelt meines Lebens‹. *Rechte Seite:* Lageskizze Arno Schmidts.

Tag ein Fotograf kommen würde): Also trug ich eine Strickjacke... Weinrot. Mit Hellgrau abgesetzt.

Von etwa einem Dutzend wüßt' ich noch die Namen zu nennen: Anthony, (›Meine Mutter iss ne Hure‹); Albert, (der uns von erotischen Spielereien mit 2 gleichaltrijen Cousinen erzählte); Hans Wieprecht, (der Popel fraß; und dazu vom ›Verkehr‹ seiner Eltern berichtete: wie er seinem Vater ›abgebrochen‹ sei, und Der dann mit dem Finger weitergemacht hätte); Edgar Peters,* (der ein Kapitelchen für sich verdiente); ein halbes Dutzend davon ging, (nachdem Wir mit 10 eine Prüfung

* AS : EDGAR PETERS : Wir haben eine zeitlang nebeneinander gesessen – ein farbloses PokerGesicht unter blaßblondem Haar. 3488593850317658399437243585203159504817849962113166510530485702 ; 102477383490813150357018702062600937519180868567852375830908774579988328 : ›071415266290038817836267499341967003686020796144559117358154 !‹ – 549446780882911548029830195200275200425737026386172702204228. 7191154520951307, 443495715114427324397548209374902852692293112706561942273332307066806263911279191485736923110994744735160951409131241533041346294910696208357678. / Daher eine gewisse Fixierung an den Namen ›Peters‹; zB im ›Gordon Pym‹, was ungefähr so aussieht:

Edgar Poe
\+ Dirk *Peters*;

oder daß ich die Sopranistin Roberta Peters sehr schätze; auch in meinen Büchern erscheinen die ›Peters‹: in ›Brand's Haide‹, auch im Faun (und speziell dieser Peters sah genau aus, wie jener Erste); in LG's habe ich manchmal gewissen NebenHelden den Namen verpaßt; usw.

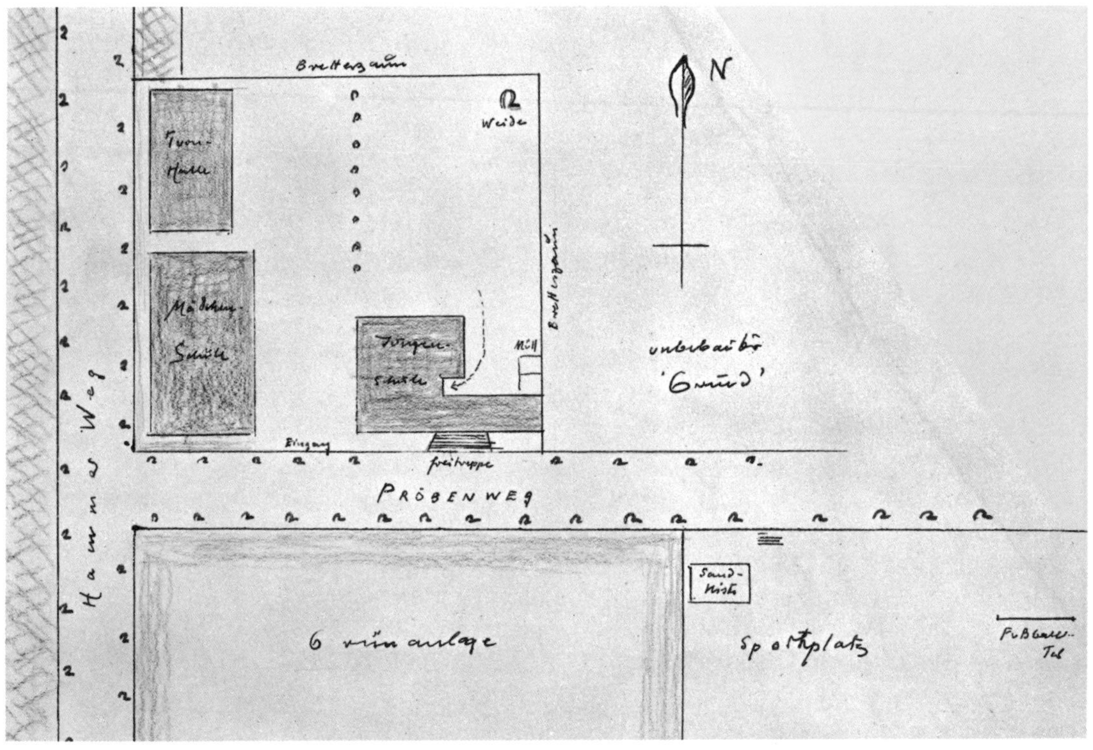

Klassenfoto aus der Volksschule Pröbenweg 3, um 1922/1923. Namen und alle Zusätze von Arno Schmidt. – *Hintere Reihe:* 1.v.l. ›Herr Tonn‹ (v. 7.–10. Lebensjahr); 3.v.l. Edgar Peters wichtig (73 112 nb 653 9114 777,46!) – 2. *Reihe von hinten:* 1.v.l. Arno Schmidt; 2.v.l. Wilhelm Elfers; 3.v.l. Helmut Heitmann; 4.v.l. Kurt Lindenberg; 5.v.l. ... Anthony – *3. Reihe v.h.:* 3.v.l. Albert X (44 : 2136 411 1064,542) – *4. Reihe v.h.:* 1.v.l. Herbert Methe (Vater Kohlenhändler/Schäferhund, Bleistiftanspitzer etc. wichtig.); 4.v.l. ... (Vater Schuster auf Pröbenweg, Südseite, dreckig etc.)

für ›die Höhere Schule‹ abgelegt hatten, (diese id VolksSchule auf dem HübbesWeg übrijens – ich seh die Szenen dieser Tage, samt mehreren Details, noch deutlich vor mir)), anschließend mit Mir in die Realschule Brekelbaums Park: Hermann Pöcker, Wilhelm Elfers, Helmut Heitmann,* Kurt Lindenberg, ›Pille‹ Bergmann, Herbert Methe (dieser Letztere der Sohn eines wohlhabenden Kohlenhändlers; der einmal

* AS : HELMUT HEITMANN, KURT LINDENBERG : In den letzten 1–2 VolksschulJahren, hatten Wir dann schon ziemlich feste Sitzplätze, (ich immer in den ersten Reihen, weil ich so schlecht sah). Es waren lange Bänke, in denen 4–6 Jungen Platz hatten; und ich erinnere mich, daß die Beiden oben genannten ganz vorn, in der ersten Reihe neben einander saßen; ich und Wilhelm Elfers in der dahinter – ich möchte meinen, daß diese Bänke leicht nach hinten anstiegen (?). / 15454924986558849444429374887299056978653721449920738406515757042394818318468225079213676812958324981367237724 20 – 874077670682831310098346070080119492, 507231815427. 2337186754277023167451574037111405557322704930677198929274435615113031306280924009927783305965656457810111778997694603671222160688141247960445002961217935533832670295196495108944469922703726 35, 311427466599087355643567688945209098143556097138823326649780.

ihren RiesenSchäferhund mit in die Klasse brachte, der auch die Stunde über ganz ruhich auf dem LehrerPodium lag. Er besaß einen wunderhübschen schweren BleistiftAnspitzer aus Messing, den ich ihm gar zu gern abgetauscht hätte. Er war klein; blasses markantes Gesicht; und hatte eine rauhe, ungewöhnlich tiefe AltStimme, (wie eine, ins männliche übersetzte Marlene Dietrich)). – Im Sommer waren die Straßen schön: mit hohen grünen Bäumen gesäumt. Da der Schulhof sehr eng und gedrange war, diente uns der Sportplatz zum Schlagball spielen – ein anderes Spiel kannten Wir damals gar nicht; (auch in der RealSchule dann war es immer nur Schlagball).

Also Ostern '20 in die Volks-, Ostern '24 dann in die RealSchule gekomm'm. Das waren demnach die ersten labyrinthischen ›GroßhausWelten‹ meines Lebens – (das allererste Labyrinth war oben, im DachGeschoß des Mietshauses, das Gewirre der BodenKammern): meine 3 Schulen. Dann 2 Bahnhöfe. 1 Fabrik. Kasernen – unser Lebm teilt sich ja zwischen diesn beiden Sorten von GeHäus'n: die EinzelWohnung; und auf der andern Seite die GroßhausWelten. Noch Einzelheiten aus jenen Jahren? Ein enorm schneereicher Winter; wo Wir Uns, auf den Straßen, Iglu's bauten: reglrechte SchneeKuppeln, in die Wir krochen! / Das ›Laterne-Gehen‹ damals noch in Hamburg üblich; (und wohl mit meiner MondLust in Verbindung). / Das Sammeln von ›SchokoladenBildern‹. Damals waren es: Serien von je 6 Stück – (: und wenn Ei'm da 1 ›fehlte‹, dies Geschachere!) – vor allem zwei Sorten: GARTMANN; da erinnere ich mich noch heute an die ›Vulkane‹ (›Cotopaxi‹; die Nummer 6, irgendein blaugrauer isländischer ›Jökull‹ hat mir ewichlange gefehlt!), ›Im Auto durch Afrika‹, (hier war das gesuchteste eines, wo das Auto vom Jlfen verfolgt wird!), ›Amerikanische Altertümer‹, (›SteinkistenGrab‹, ich erstaunte ganz!); die ›Alben‹ waren Feuerrot & Gold. Die andere Sorte war STOLLWERCK, – eigentümlich rauhe & harte Bilder, in scharfer Zeichnung, und von schweren Farben, aber merkwürdich eindrucksvoll: ›Sternbilder‹, (immer mit einem Verschen – 4-Zeiler?), da seh ich noch den ›Wassermann‹; oder 'ne andre Folge: ein Mann auf dem Rücken liegend, am Fuß eines Baumes, vom Blitz erschlagen; (die hab' ich mal mit jenem erwähnten Hans Wieprecht getauscht; in Dessen Wohnung, in der Küche, (ich mußt' doch mal jene Mutter sehen!*)) / Berührung mit ›Kultur‹: zuhause fast keine. Unsre HeimBibliothek

* AS: Diese ganze ›Affäre Wieprecht‹ ist selbstredend mit kindlicher Sexualität dick unterfüttert. Ich weiß seine Wohnung nicht mehr genau – (? Hammer Steindamm, Anfang Hornerweg, Auf den Blöcken?; jedenfalls N von uns) – ich sehe nur das Bild einer breiten Straße, hohe düstergraue Häuser, viel Grün (Bäume). / Er hatte ua auch von einem Mädchen erzählt, das mit jedem Mann in den Hausflur gehe etc, ›ganz ausgeweitet‹ fügte er lebemännisch hinzu. Diese Mutter, dieses Mädchen, wollte ich doch einmal sehen, (mit meinen 7 Jahren in der unbestimmten Hoffnung auf irgendwelche S-Unterweisung). / Dort saßen wir Jungen also an einem niedrigen ExtraTischchen id Küche – die könnt' ich noch zeichnen! – die Mutter in hellblau & mit einer großen Schürze um, irgendwie schlanker, ›feiner gegliedert‹ als die meine, dies also Die, von der W's Coitus-Reportagen handelten! / Ich wurde immer großmannssüchtiger,

bestand aus circa 30 Bänden; fast nur Kitsch. Von Kinderbüchern der ›Fitzebutze‹ (von den DEHMEL's); und dann das ›Märchenbuch‹ der AMÉLIE GODIN: wenn ich das nur wieder einmal in die Hand bekäme! Ansonsten der Bong'sche ›LENAU‹ (in einem dicken-roten Bande); SIMROCK's ›Amelungenlied‹; JULES VERNE. In den letzten Hamburger Jahren, so mit 13–14 fing ich dann an, mir ReclamBändchen zu kaufen: den ›Faust‹, und was ich sonst in der Stöberkiste einer kleinen Buchhandlung auf der Hammerlandstraße billich fand; (andere Titel: BONDE, ›Im Scheine des Nordlichts‹. Meine Schwester las die endlosen ›Nesthäkchen‹-Serien, ›Die Puppe Wunderhold‹, ›Im WaldPensionat‹ von Else Hoffmann. KARL MAY kam später erst, und durch meinen Vater, dazu: wir kauften ein paar Bände, als bei Karstadt die KriegsAusgaben, auf schlechtem Papier, verramscht wurden, (Stück ne Mark oder so). Des schnodd'rijen RICHARD KATZ ›Ein Bummel um die Welt‹. GULAM RASSUL GALWAN, ›Als Karawanenführer bei den Sahibs‹. Im Großen und Ganzen kann ich sagen): Ich habe als Kind kein vernünftjes Buch in die Hand bekommen. Kein Bild gesehen, (erst später, als Wir eine ›Büchermappe‹ mit-hieltn: da waren manchmal, in der ›Jugend‹ oder im ›Daheim‹, einije Farbtafeln). Keine solide Musik gehört – erst nach der Erfindung des ›Radio‹, brachte die ›NORAG‹, manchmal etwas – aber mein Vater schwärmte nur für ›Märsche‹; meine Mutter für ›Walzer‹ und allenfalls die leichtesten Operett'n. Und selbst davon hörten Wir seltn etwas; denn mit einem ›DetektorApparat‹ konnte man keinen Lautsprecher betreiben; und den KopfHörer hatten halt Pappa & Mamma um. Aber immerhin: manchmal fiel doch ein Endchen Oper ab. Man sieht, von einer ›Pyramide meines Daseins‹ kann nich die Rede sein.

Meine Eltern charakterlich also etwa –: Vater egoistisch & leichtsinnich; Mutter – : empfindlich-nachtragend & klatschsüchtich-intrigant. Der ›geistich überlegenere Teil‹ ?): Eindeutich mein Vater. Ein imgrunde intelligenter Bursch; aber vom Schicksal aufs grausamste gehandicapt. Zu irgendwelcher geistijen Eminenz hätte es jedoch auch unter günstijeren äußeren Verhältnissen kaum gereicht – dazu war er viel zu sensuell & genußsüchtich; viel zu wenich bereit, auch nur 1 Quentchen

Fortsetzung der Arno Schmidt-Glosse von der vorhergehenden Seite

und bot am Ende 5–6 Bilder gegen 1, das ich noch nicht hatte; wobei meine Trümpfe die seltenen, größerformatigen Bilder von ›Liebigs Fleischextrakt‹ waren. Jene Mutti steht hinter Uns, mit einem davon id Hand, und sagt: »Die Liebig-Bilder sind lieblich.« / Die Deutung : allein von den Etyms her rein S-bestimmt! ›LIEBIG-lieblich‹ : gleich zweimal ›Liebe‹ : die wollt' ich ja hier! Auf den Bildern, die ich auf dem Tischchen liegen sehe, der ›Wassermann‹ in rotblauen Farben (= Penis); der unter dem ›Baum‹ Liegende, in kecker Verkürzung Blitzerschlagene, wieder ein verkürzt-toter, evtl. ›bestrafter‹ Penis – das war der ›abgebrochene‹! Und dazu die hohe Stimme hinter Uns, die von doppelter Liebe redete; (jetzt fällt mir auch noch ›Stöckhardt‹-Straße ein = Stock + hart; eine exemplarische ›Deck‹-Erinnerung, vor allem auch die Ausdrücke bei der Niederschrift à la ›groß-manns-süchtig‹, der reine Fleisch-Extrakt!)

Behaglichkeit einer etwaijen ›Nachwelt‹ zu opfern, (geschweige denn, jahrzehntelang puritanisch-fleißig, unbekümmert um ›Erfolg‹ oder ›Publicity‹, unbeachtet zu arbeitn) : er wollte ›leben & glänzen‹ ! – aber beides nur im Unt'roffziers-Stil. Ihm fehlten Ausdauer, und Beharrlichkeit. (Neenee; ›Höhere Ziele‹, wären sie auch imstande gewesn, sie zu erblicken, hätt'n keinem meiner Eltern imponiert) : Ihr ›Umgang‹ war auch genau dementsprechend : SchutzmannsKollegn, dumm und geil; mit ihren Ehe-Hälften, geil & dumm : Frau Schneecloth (genannt ›Mascottchen‹); Ulitzka (ein Ringer und ungeheurer Fresser; alle Männer nahmen, bei fortschreitndm Abemd, alle Frauen auf den Schoß; manche KollegnPaare tauschtn regulär-monatlich die Frauen; Keine(r) war was nutz. (Sagnhafte Familjen befandn sich darunter; die wohl intressanteste Amandus & Antoinette Wixförtgen – allein schon die Namen ein Programm; ihre Fata & Werke hätten einen Band mit KurzGeschichtn gefüllt) : Und meine Eltern waren nich die Bestn in dem Schwarm; darauf kannsDe Gift nehm'm.

Verwandte hatten wir, in Hamburg-selbst, keine – für die damalije Zeit & ihre VerkehrsMittel saß'n die Nächstn erfreulich entfernt. – Die (räumlich) Nächsten in Berlin* : Tante Emma (Hagen) : klein, überfett, & fürchterlich geil. Mit ihrem Mann,

* AS : Zu ›den Berlinern‹ noch Einiges. / Die Straße weiß ich nicht mehr – es muß sich aber in einem Adreßbuch der zwanziger Jahre auffinden lassen : ›HAGEN, Ernst; Musiker‹. Jedenfalls war es ein hohes schwärzliches Mietshaus in Berlin N; ziemlich schmutzig auch die Straße[1]. Ein erstes sehr Widerliches : das Haus war total verwanzt, und auch an Flöhen mangelte es nicht, (in Schlesien kamen dann noch Schaben = ›Schwaben‹ dazu); alles Sächelchen, die ich von Hamburg her nicht kannte. / Die Wohnung, hoch oben, 2 Zimmer, Küche, Bad; dazu noch ein paar finstere Verschläge – in einem davon hatte sich Onkel Ernst seine DunkelKammer eingerichtet. Er war der einzige Fotograf des ganzen Clan (auch das ›Gruppenbild mit jungem

[1] *Hrsg.: Prof. Horst Denkler, Berlin, hat inzwischen festgestellt, daß die Wohnung der Hagens im alten Bezirk »Tiergarten«, in der Steinmetzstr. 56 IV lag (von Arno Schmidt bestätigt); er fand das Haus in der Bausubstanz der 20er Jahre erhalten, von den heutigen Ansichten stimmt mit Arno Schmidts Erinnerung zumindest das dunkle altberliner Torweg-Entree noch überein (Abb.).*

(›Onkel Ernst‹, Musiker; eine besonders pneumatische Natur, der ein Licht ausfortzn konnte), trieb sie in einer BodenKammer Sach'n!, daß der selije HIRSCHFELD gar nich schnell genug hätte mitschreibm könn'n. Die aber waren kein ›Ziel‹; sondern immer nur eine Zwischenstation, – nach Schlesien, wo 3 Orte infrage kamen: Halbau; Lauban; und Liegnitz. (Ich soll, im Frühjahr '15 (also gut 1 Jahr alt), mit meiner Mutter in Berlin gewes'n sein. Im Sommer '17 in Liegnitz – von beiden Reis'n

Fortsetzung der Arno Schmidt-Glosse von der vorhergehenden Seite

Dichter‹ stammt aus seiner Camera obscoena, (man konnte sie, ohne ihr irgend zu nahe zu treten, so nennen; denn er entwickelte selbst und hatte auch auf diesem Gebiet eine artige Collection)). Und er scheute, seiner Gattin zum Trutz, die Ausgaben nicht; so besaß er zB eine Einrichtung für Stereo-Aufnahmen (= 2 winzige Kodaks, nebeneinander montiert), 1925 eine Seltenheit bei Amateuren. Er spielte im Orchester der ›*SCALA*‹, einer der namhafteren musichalls, Baßgeige und notfalls auch Tuba. In der Wohnung stand das Klavier – auf dem ich mir zuweilen ein paar Töne zusammensuchte, und ihnen hinterher horchte – auf dem sich zumal Cousine Ruth zu ihren ›Couplets‹ begleitete, (›Marie-Marie, der Le-henz ist da!‹; und eins von einem deutschen ParisReisenden mit den entsprechenden Moulin Rouge'iaden). Onkel Ernst war ein durchaus mittelgroßer, ziemlich schlanker Mann; der ein Mittel anwandte, wenn Weib und Tochter ihm wieder einmal zu sehr das Leben schwer machten: dann ward er plötzlich still; verdrehte Kiefer und Augen; fing an zu sabbern – (: ›So müssen se zum Sturmangriff angetret'n sein!‹ flüsterte Emma erbleichend) – in einer vertrauten Stunde, zehn Grog weit hinter Mitternacht, hat er es meinem Vater zugeflüstert, daß dies ein reiner Trick wäre, dem er aber seine häusliche Ruhe verdanke: der Komponist des Marsches ›Hoch Heidecksburg‹ habe ihm das Rezept verraten. / Tante Emma war, nach Art alter Weiber, Tiernärrin geworden. Sie hätschelte einen kastrierten Kater; der ua auch auf den Reisen nach Schlesien mitgenommen wurde – *das* war ein Theater im Abteil, wenn der betreffende Korb zu tröpfeln begunnte! (Und sogleich tritt eine andre Erinnerung dieser Fahrt hinzu: ›Lübben im Spreewald‹ id Sommerglut; und die großen sauren Gurken, von den Verkäuferinnen ›in Tracht‹ zum Zugfenster herein gereicht). Emma bestand aus mindestens 2 Zentnern weißen schwabbelnden Nymphomaninnen-Fetts; und konnte, selbst in Gegenwart von uns Kindern, fast von nichts anderem reden – nie habe ich aus schönem Munde das Wort ›f . . . . n‹ so oft vernommen oder belauscht. Sie kriegte es fertig, und führte uns Alle in die Revue ›Tausend nackte Frauen‹. Einmal hatte sie ihren Gatten auf einer Tournee des *SCALA*-Orchesters nach Kopenhagen begleitet, und flocht seitdem gern ein ›gammel dritt-fitte‹ oder ähnliches in ihre Reden ein. Gleich nach dem Tod meines Vaters besuchte sie Uns wieder einmal in Hamburg, und nahm sich einiges mit; so ›Die zehnte Muse‹, einen ›Totschläger‹ (vgl. Dr. Michaelsen), u.ä. / Ihre Tochter Ruth, also meine Cousine, war 5 Jahre älter als ich, und auch schon recht vollschlank – so die echte ›Berlinerin‹, immer mit reizend-dicker SchmollSchnute, aus der der kesse Dialekt fehlerlos hervorkam. Außerdem konnte sie recht gut Englisch; war sie doch 4 Jahre lang als ›Stütze‹ bei einer englischen Familie in B. gewesen; (dann, später, Verkäuferin). Aus unsern letzten Lauban-Ferien (Sommer '28) entsinn' ich mich der skurrilen Scene: wie Ruth & Luzie mit ein paar laubaner ›Herren‹ einen Ausflug machen wollten – erst schwimmen; dann tanzen; dann . . . jenun, Tante Emma hätte das Wort dafür gewußt – und meine Großmutter den beiden Davonschwänzelnden ängstlich nachrief: »Laßt's Euch vorher schriftlichen geb'm!« / Eine ›Atmosphäre‹ war das!

»Gruppenbild mit jungem Dichter«; Sommerferien in Lauban, Juli 1928, vor dem Haus der Großmutter Ernestine Scholz, geb. Hanisch, Walkgasse 12, das Arno Schmidt ab November 1928 für ein Jahrzehnt bewohnte. *Hintere Reihe von li.:* Kusine Elli ... geb. Knoblauch aus Liegnitz mit ihrem Sohn Achim; Großmutter Ernestine Scholz; Kusine Ruth Hagen aus Berlin. – *Vordere Reihe von li.:* ... Scholz, der 3. Ehemann der Großmutter (nicht identisch mit dem 1. Ehemann, dem Lehrer Gustav Scholz); Arno Schmidt; Luzie Schmidt; die Berliner Tante Emma Hagen geb. Scholz (3. Kind aus der 1. Ehe der Großmutter); Luzie und Arno Schmidts Mutter Clara geb. Ehrentraut (einziges Kind aus der 2. Ehe der Großmutter mit dem Gerber Johann Ehrentraut).
Das Haus Walkgasse 12 stand Luzie noch 1977 in New York deutlich vor Augen. John Woods berichtet: »... aus den Laubaner Jahren ist ihr ein Bild scharf im Gedächtnis geblieben : Arno, in seinem Zimmer im ersten Stock arbeitend, Arno am Schreibtisch, in einem Zimmer voller Bücher«.

weiß ich nichts mehr). Im Dezember '17 lag ich auf den Tod an Diphterie – da spielte sich eine schreckliche Szene, mit meinem Vater, ab – (ich darf heut noch nich dran denkn; es iss zum Unsinnich-werd'n : so ein Lump! (Lieber wieder zu den Reisen zurück.)) : Ich möchte vorausschicken, wie das Schönste – besser wohl : das Eindrucksvollste! – daran, immer die Fahrt-selbst war : im BummelZug; 4. Klasse, (= Abteil f Reisende mit Traglastn : ein Raum von circa 3×5 m; an jeder Kurzseite eine schmale knoch'nharte Bank; und dann so 20–30 Mensch'n darinne!). Und die Fahrt dauerte!! : stundenlange Aufenthalte in Ludwigslust, oder Hagenow-Land; bis die Wagen in der NachmittagsSonne glühten & dörrt'n; (oder die Insass'n, in der HalbmondNacht, dauerschaudert'n – (id ›Umsiedlern‹, Bilder 6–8, sind so Mikro-Reminiszenzn daran)) : 14 bis 16 Stundn dauerte allein die Strecke Hamburg–Berlin! Wir fuhren meistens so nachmittags geg'n 3 Uhr weg – (der Zug wurde in Altona ›eingesetzt‹, und schon da war der Andrang fürchterlich : 3, 4 Glieder tief standn die gepäckumgebnen Leute, bereits eine halbe Stunde vor Erscheinen des Zuges, an der Kante! In Hamburg, auf dem HauptBahnhof, wäre an einen Platz nich mehr zu denkn gewesen.) – und dann begannen ebm diese BilderFluchtn; von denen sich unheimlich vieles KleinDetail zuschärfst eingeprägt hat. : Diese MinutnÜberschneidungen von Lebensläufen! Einmal, bis Reinbek, standen 2 junge Leute dicht vor mir : ein hochgewachsnes Pärchen, in Sandalen, Könije in Loden, mit SchillerKragn, & Blondhaaren; leise Unterhaltung; sie spricht das Wort ›Mädchenbleibe...‹; das sind nun über 50 Jahr her, wenn sie noch lebm, müssen sie 75–80 sein, Wahnsinn; (oder) : Der Zug dröhnte, stundnlang, durch KiefernWälder : ich habe in die grünen Armeen gestarrt, bis ich halb wahnsinnich war!; ich wollte mir alles genau einprägen, jedes HaidePolster, jede Schneise, jedn Weg, wo hinter der Schranke Gesichter mit und ohne Mützen darauf wartetn, daß ich vorüber wäre. Ganz spezielle Sache, dies Fortbewegtwerdn im EisnbahnAbteil, dies am-Fenster-Stehen, daß die Bilder nich von vorn komm'm, wie im Auto, sondern seitlich an einem vorbeigezogn werdn; das nicht-Anhaltn-Könn'n...

Mein Onk'l in Liegnitz wohnte auf der PiastenStraße; vom Schloß nur durch einen, mit hohen Bäumen bestandenen Platz getrennt. Im Schlosse selbst war der Sitz der ›Regierung‹ – (dh der Verwaltung des RegierungsBezirkes) – wo mein Onkel tätich war : da bin ich auch mal im SchloßHof, und in den Kellern, gewesn. Aber die eigentlichen ›scharfen Bilder‹ sind andere : die heiße schlesische SommerSonne, die auf den Balkon brannte, und auf diesem ein solcher PelargonienFlor, wie ich ihn nie wieder gesehen habe!, nichts als leuchtendes Grün & Rot! Unmittelbar hinterm Hause fuhr übrijens die Eisenbahn vorbei (das müßte das Auffinden auf einem Stadtplan sehr erleichtern; leider hab' ich kein'n)./Auf dem erwähnten Platz (mit den großen Bäumen), der von geschlängelten Fußwegen durchzogn war, spielte ich mit meinem (etwas älteren) Vetter Heinz – (er ist im Kriege gefallen; damals war er ein fettes fantasieloses Geschöpf) – und vermochte ihn tatsächlich so anzusteck'n, daß er mitmachte : ein ZigarrenKistchen (= kleine Festung, mit einer sparsamen Bleisoldaten-Garnison) für die Nacht am Fuße eines der BaumRiesn zu vergrabm; und ich malt' es ihm aus : wie die unwissenden Leute dranvorbei-drüberweg gehen würden; die Gefühle der WachtPosten dabei, das leis'unterirdische TrommelRasseln des ›all arme !‹ – er meinte nur phlegmatisch, es würd' gestohl'n werdn; (aber am nächstn Morgen war es doch noch da). / In der Nähe der ›Pansdorfer See‹, wo Wir 1 Tag lang waren, (und den ärgsten Sonnenbrand unsres Lebms erfuhren). / Ein Eisenbahndamm erscheint, mit seiner seltsamen Flora. / Meine Großmutter war auch wieder da – (während der ersten Jahre meiner Kindheit, hatte sie Uns in Hamburg heimgesucht; und solange Zweitracht gesät, bis mein Vater sie rausschmiß) – sie lebte jetzt mit dem ›alten Hagen‹ zusammen, (dh mit dem Vater von Tante Emma's Mann; einem ausrangiertn Eisnbahner) / Dort spielten Wir, auf einem Hinterhof, ›Zirkus‹ ; Vetter Heinz war Direktor und Dompteur; und ich der LöwenHund ›Barry‹ ; ein halb Dutzend anderer Kinder machtn mit; ich sehe – auf einmal könnt ich die Umgebung wieder schildern zeichnen! – wie ich hervorgerufn werde, mich fauchend und knurrend erhebe, und dräuend tatze – ich sehe da eine kleine volle Blonde, mit Zöpfen, lustig & lachend...*

* AS : Lange Reihen von Einzel-Snapshots ließen sich aus jenen liegnitzer Ferien noch heraufholen : eine große BadeAnstalt wie ein Pfahlbau; auf dem (abendlichen) Heimweg spielte mein Vater Ballschlagen gegen Heinz & mich, und trieb uns natürlich mühelos nachhause. / Ein langer Spaziergang Luzie-Elly und Heinz-ich führte durch märchenhaft blaugrüne Mohnfelder (die Blüte war vorbei : aber diese Kapseln ! Ein Bauer rief meiner Schwester, die sich, ganz erstauntes Stadtkind, eine gepflückt hatte, empört hinterher : ›Reßt ma da grien'n Moh ap !‹). Eine Eisenbahnlinie kreuzte den Weg ; die Schranken hatte man sich selber hochzuheben. In der Ferne kam, ganz durch graue Staubglut, ein Güterzug heran. Heinz schlüpfte sofort über die Schienen ; ich aber wartete gebannt. Er wird gedacht haben, ich hätte Angst ; aber es war etwas wesentlich anderes, so wie ›in graugrünes Glas hineingehext‹ stehen ! / Wir schliefen id Wohnung der Großmutter, Hedwigstraße ; auf einer Strohschütte. Um dies (kleine) Hinterhaus zu erreichen, mußte man durch die hohe, gewölbte Einfahrt des Vorderhauses gehen, und auf einem mit Ziegelsteinen gepflasterten Pfad (schmierig von grünweißem Hühnerdreck ; jener Hagen hielt welche) am Rand jenes Hinterhofs entlang. Wenn man zurückblickte, auf die gelbgestrichene Hinterfront des Vorderhauses – auf Bildern der ›Neuen Sachlichkeit‹ habe ich ähnliches wiedergesehen. (Ein LG von einer ausgestorbenen Stadt hab' ich dorthin verlegt). / Der ›Hain‹, der große Stadtpark ; (so groß, daß bis '18 ein Teil davon als Exerzierplatz verwendet worden war). Luzie & Elly (mit ihrem merkwürdig gelben Teint) unter geilsten Backfisch-Gesprächen vorneweg ; ich hinterdrein, begierig, etwas aufzuschnappen. Ein ›Hotel Rautenkranz‹ kommt vorbei. Dann wieder die entleerten Straßenbilder um die Wohnung meiner Großmutter.

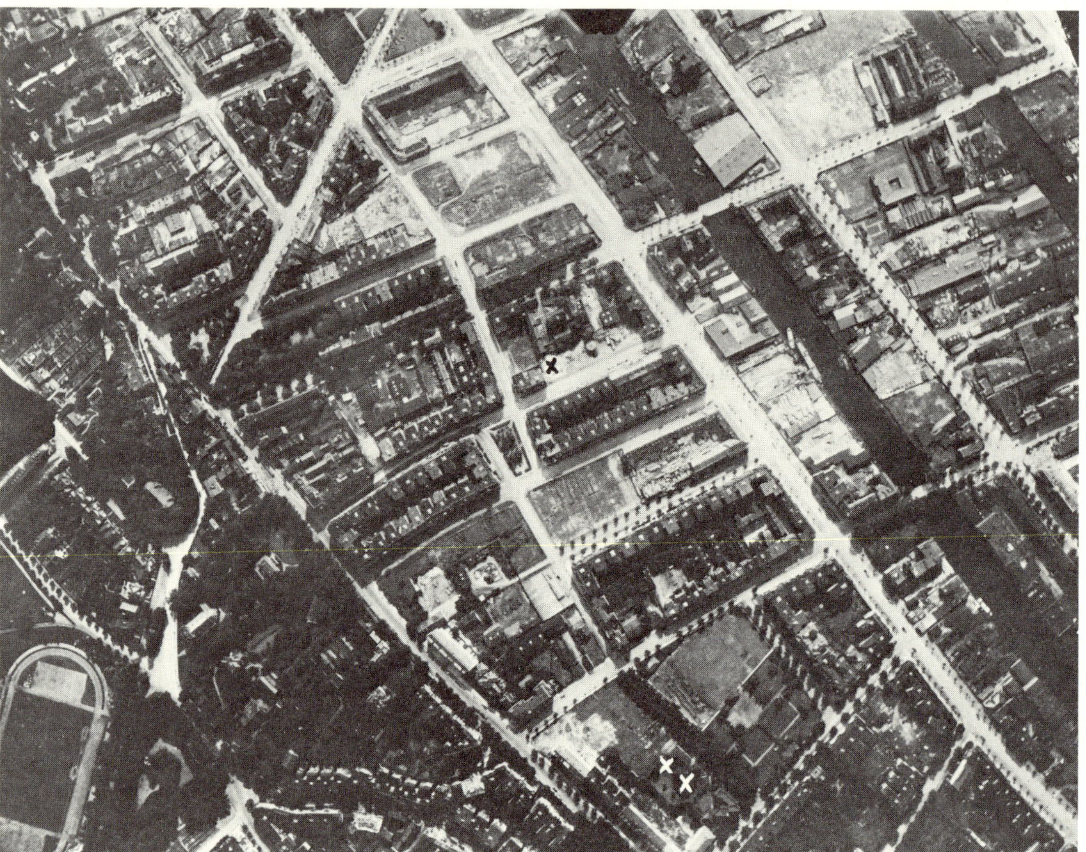

Eiffestraße in Hamburg-Hamm, parallel zu Mittel- und Südkanal, mit Lagerplätzen und Schuten, Arno Schmidts bevorzugter Schulweg 1924–1928. In der Mitte einzelnstehendes Eckhaus (×) Rumpffsweg 27 und 29, schräg gegenüber die kleine Grünanlage. Links unten Sportplatz im Hammer Park, unten Mitte (××) Volksschule Pröbenweg/Ecke Hammer Weg. Luftaufnahme 1926.

Noch mal Hamburg's ›Zauberfleete‹ : Ich bin ab Ostern '24 in die ›Realschule Brekelbaumspark‹ gegangen* ; und zwar bis November '28; (wo Wir dann, nach dem Tode meines Vaters, die Stadt verließen – an dem neuen Wohnort kam ich auf eine Oberrealschule, bis zum Abitur): Mein Vater – leicht sei ihm, dem Schlesier, die hanseatische Erde – drohte mir bereits vorher, (und späterhin, kurzperiodig, immer wieder) : ›Sobald Ich 'n erstn Fennich Schulgeld bezahl'n muß, wirsDe runter genomm'm !‹. Nun, es gab damals schon eine, (wenn auch mit dem heutzutage getriebnen Wahnsinn nicht vergleichbare) ›BegabtenFörderung‹; gemäß der so die ersten 5 einer Klasse – denn wir saßen damals noch genau nach ›Plätzen‹, mit dem ›Primus‹

* AS : sie war circa 10–15 Minuten westlich von unserm Wohnhaus gelegen – Wir gingen meist die Eiffestraße lang (Ich & Hermann Pöcker & Hans Riebesehl); man konnte auch die Hammerlandstraße benützen; aber da fuhr die Straßenbahn, und es gab viel Krach & Verkehr; (obwohl dort die, vorhin erwähnten, ›Frapan'schen Gärten‹ lagen – mit den'n Wir aber gar nichts zu tun hatt'n.) *[Textnote aus ›Abend mit Goldrand‹, Bild 43].*

ganz rechts-hintn – notfalls kein Schulgeld zu zahlen braucht'n; und auch die Lehrbücher insofern gratis erhieltn, als die wohlhabenderen Schüler angehalten wurdn, beim Übergang in die nächst-höhere Klasse, ihre altn Bücher zu stift'n – natürlich bestandn viele dieser Exemplare, die ja manches Jahr dienen mußtn, nur noch aus dreckijen losen Blättern. Aber egal: mein Herr Papa hat sich nie 1 Fennich vom SäuferMunde abzusparen, mir nie 1 Schulbuch zu kaufen brauchen. (Es sei gleich hier noch angemerkt, daß die Einstellung meines Vaters die in seinen KollegenKreisen weit verbreitete war: ›Laß die Kinder ja nich mehr lern'n als de Eltern: die seh'n dann auf se herab!‹ undsoweiter...)

Ich seh das Gebäude aus schwarzgrauem Stein – (im Sommer mit einem grünen Schimmer drüber: von den hohen Bäumen zu beidn Seitn der Straße) – deutlich vor mir; LehrerNamen: Dr. Helwig (Klassenlehrer: Deutsch, Geschichte, Erdkunde) / Dr. Foerster Englisch / Dr. Möbius (ein kleiner brünetter, gebändigt-geduldijer Mann) Spanisch, (Lehrbuch DERNEHL-LAUDAN, ›Lectura Española‹) / Musik Propst (ein kleiner WutNickel, der rasend werdn konnte, wenn Wir auf gut Glück irgendwelche NotnKöpfe bezeichnetn) / sein Bruder, ein Turnlehrer / die eindrucksvollste Figur in den Nebenfächern, der Zeichenlehrer BRUNS – erst spät erfuhren wir, daß er auch Biologe war, und zu den Illustratoren des ›Schmeil-Norrenberg‹ (dh unsrer Lehrbücher) gehörte. Nur mittelgroß; aber breit. Grauhaarich, mit grollender-schnarrender Stimme, (und ganz eigentümlicher Betonung: er war nämlich lange Jahre in Persien gewesn, und akzentuierte die Endsilbm auf wunderliche Art). Ein volles Jahr lang hat der Mann Uns Perspektive beigebracht!; aber selbst beim besten Willen mußte man ja wohl kapitulieren, wenn es am Ende um Dinge ging, wie etwa: zu konstruieren das Bild einer WendelTreppe in einem schräg an der Wand hängenden Spieg'l! – Tz, ein Charakter, wenn je einer war; (ich hab mir später immer SCHOPENHAUER so vorgestellt!). Wir Schüler in grünen SamtMützen, mit verschiedenfarbigem Band: Damals war es noch überall Sitte, an allen Schulen, daß die Jungen solche SchirmMützen trugen: jegliche Schule hatte ihre eigenen Farbm, und man erkannte sofort, ›wo‹ der Betreffende ›hinging‹; (die ›Namen von Schülern‹: ein Teil davon wird vielleicht noch leben; aber eine ganze Menge ist auch schon tot – die Meisten im Kriege gefallen: Klaus Jens (mit seinen 1.90 der Längste); Wilhelm Elfers (der manchmal ein Stück Schulweg mitkam; er wohnte Hübbesweg); Ernst Neudahl (der auch mal Primus war). – Ein KulturKuriosum noch): Ein Lehrer, Dr. Michaelsen, löste mit der Klasse gern die neuerfundenen ›KreuzwortRätsel‹; da hatte nämlich die Firma BEMBERG (= Seide; Strümpfe) sich als Reklame ausgesonnen: Wer eine ganze Serie dieser crossword-puzzles, auf verschiedenfarbigem Karton gedruckt, einsandte, konnte eventuell 'n Paar Strümpfe gewinnen. (Der Schulhof natürlich wichtich): Abgesehen vom PausenGewimmel – (Wir mußten danach, klassenweise, antreten; die oberste vorm Eingang; dann wurde Order gegeben, und ›die Großen‹, die den weitesten Weg in den Oberstock hatt'n, stürmten hinein; die andern

Klassen, genau in der Ordnung, hinterher: so englische Art: feinste Ordnung, und doch ging's schnell!) – diente er wied'rum als SportPlatz: 2 SchlagballBahnen; das schlechtere-schwächlichere Team auf der schmäleren-kürzeren rechten Seite der Bäumchenreihe; die ›erste Mannschaft‹ links davon. Der Hof war aber so klein, daß gute Schläger den Ball bis in den Hinterhof des angrenzenden Wohnblocks trieben – dann ›stand‹ das Spiel solange, bis Einer über den hohen BretterZaun geklettert war, und den Ball geholt hatte. (Wenn auf richtigen großen SportPlätzen trainiert werd'n mußte, gingen Wir entweder nach dem an der WendenStraße, im Süden; oder aber in den Hammer Park. Ein dritter, nähergelegener, am Grevenweg, wurde fast nur im Winter als Eislaufbahn benützt; im Sommer, wenn's nicht zu sehr geregnet hatte; denn er lag sehr tief – war eigentlich auch nur wieder ein ›Grund‹, also eine noch leere BauGrube.). – Die ›Turnhalle‹ hatte ein flaches Dach, (aus seltsam ›struppigem‹ Beton, mit niedrigem Moos bewachsen)...: Die SchulAusflüge* / Das ›Golden Book‹, das wir uns im EnglischUnterricht anlegen mußt'n: ein OktavHeftchen, mit Zitaten, Liederchen, Wendungen (meist jenes Dr. Foerster), und die mir heute noch einfallen: neulich schlag' ich das ›Oxford Dict. of Quotations‹ auf, und lese (zufällich abirrenden Auges) unter GLOVER-KINDE ›I do like to be beside the seaside‹ – das brachte 1925 ein Junge mit, (der zuhause Besuch aus England hatte), und ich kann's immer noch auswendig, (wir hatten statt ›be‹ allerdings ›sit‹) / Oder die ›SchulFeiern‹, so 1 oder 2 Mal im Jahre; wo dann abends die Aula gedrängt voller Eltern saß; und Wir

* AS: ich könnte höchstens wieder ein Puzzle unda- und unorientierbarer Einzelbilderchen geben – ein ›Tagebuch‹ scheint keiner von Uns geführt zu haben; das war damals & in unsern Kreisen nicht Mod'. Leider fällt auch unser Klassenlehrer, Dr. Helwig, aus; er lebt zwar noch in Hamburg, aber den alten 80-jährigen Mann (jetzt wird er wohl 85 sein) haben einmal Rocker zusammengeschlagen, sodaß er sich an nichts mehr erinnern kann. / Das Eisenbahnabteil (4. Klasse, ›mit Traglasten‹) rollt mit uns über die dröhnenden Brücken der Elbe. Morgen nebelgrau. Und Heitmann reißt mir meinen Spazierstock aus der Hand, à la ›Oh, kiek mo!‹, und besieht sich das Dutzend ›Stocknägel‹ darauf: das waren kleine, ovale, etwas über 2-Markstückgroße AluminiumSchildchen, auf denen in Blindpressung die diversen ›Bauden‹ des Riesengebirges, die man erwandert hatte, abgebildet waren. Und nun kann ich den Ausflug auch ungefähr datieren: er muß nach dem Sommer '26 stattgefunden haben, (wo Wir, von Lauban aus, eine RiesengebirgsWanderung machten; (und wo ich mit dem unschätzbaren Band 3 des ›Pfennig-Magazins‹ von 1835 (Nrn. 92–143) bekannt geworden war)). / Ein anderes, sommerliches, Bild: ein ganz einsamer HeideBahnhof (ohne dazugehörigen ›Ort‹): Wir sitzen auf langen, zum Abtransport herbeigerollten Baumstämmen, und warten, stundenlang, auf unsern Heim-Zug. Vor lauter Langerweile machen Wir, in Gemeinschaftsarbeit, ein ›Gedicht‹; von dem ich noch die Zeilen weiß: ›Es war im Wald um Mitternacht: da hab' ich mich schec*kig* gelacht‹ – das ›kig‹ ganz betont, mit absichtlicher Verhöhnung der Zwänge von Rhythmus & Reim. Dann erzählte Lindenberg noch eine pikante Anekdote aus Bargteheide, (wo er seine Ferien zu verbringen pflegte). Es war ein schönes Sitzen so: ringsum die weiten Kiefernwälder; der graue-freie Sand- bzw. Erdplatz; auch im Bahnhof regte sich nichts.

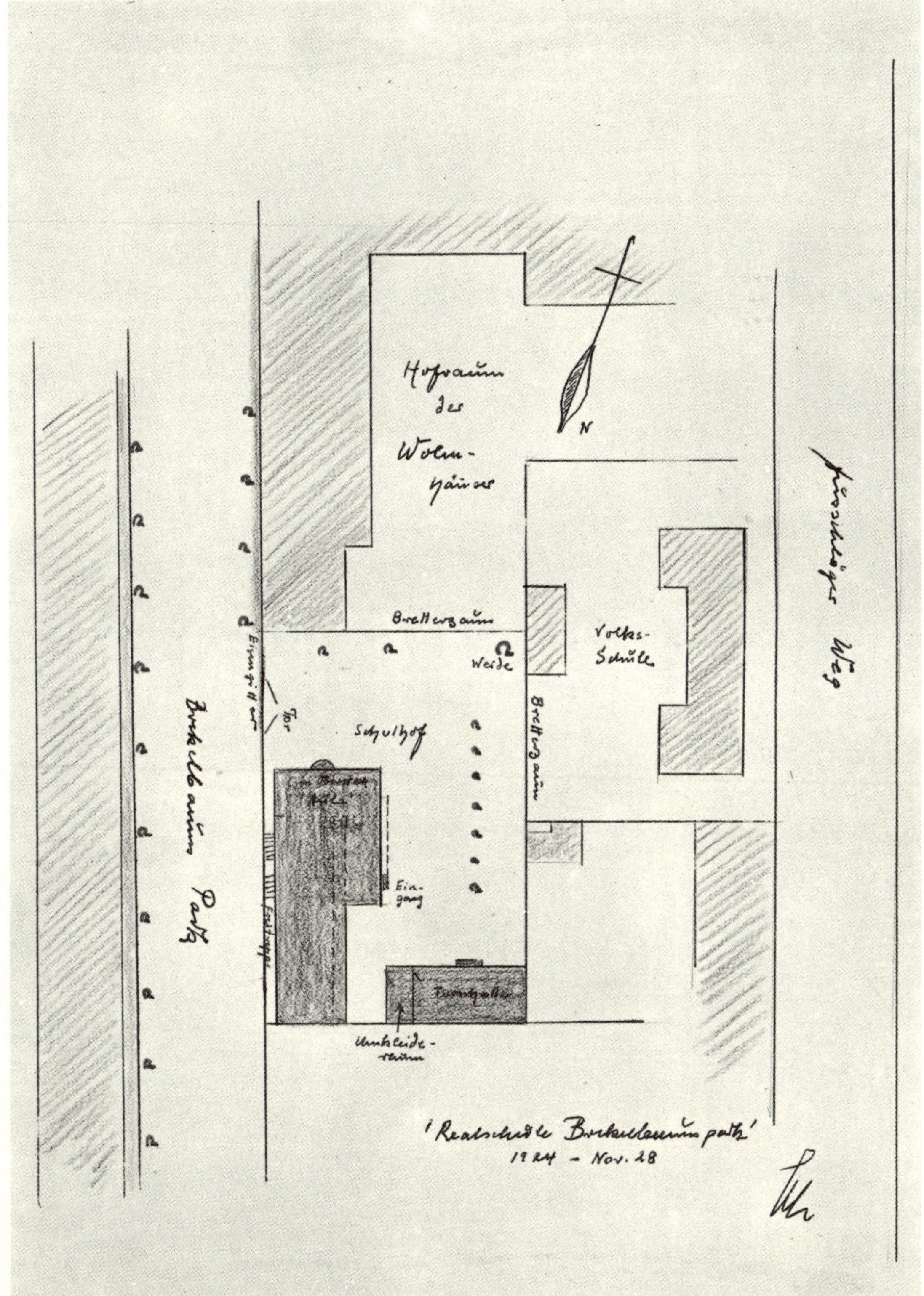
Hofraum
der
Wohn-
häuser
N
Bretterzaun
Volks-
Schule
Weide
Schulhof
Tor
Bretterzaun
Ein-
gang
Turnhalle
Umkleide-
raum
1924 – Nov. 28

Unsre Kunststücklein machten: Lieder sangen, (da war ich mal, zusammen mit einem ›Hintze‹, 1 oder 2 Solostimmen contra Chor); oder den ›Zerbrochenen Krug‹ aufführt'n. / Oder meine erste ›Oper‹: da kriegte unsre Klasse 2 Freikart'n geschenkt – (und schon erscheint Einer!: Steckmeister die andere) – leider war es ›Fidelio‹; also so ziemlich das Unangebrachteste in unserm Alter...

ERINNERUNGEN MEINER MUTTER

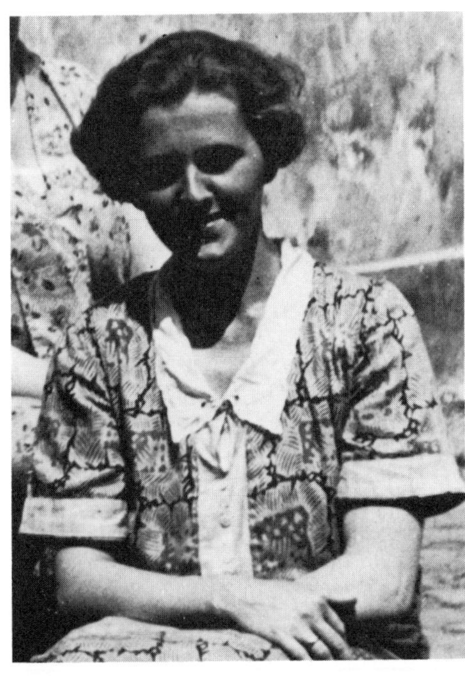

[AS : Sie hat diese Aufzeichnungen, auf dauerndes Drängen meinerseits, mit etwa 60 Jahren geschrieben. Die Zeiten sind ihr häufig durcheinander geraten – ›Threescore summers when they're gone / will appear as short as one‹.]

Hrsg.: Die Textergänzungen in eckigen Klammern [ ] wurden 1978 von Arno Schmidt hinzugefügt.

Nun will ich mal mit dem
Tage Deiner Geburt anfangen.
Es war ein kalter Tag ich hatte
schon gleich nach Weihnachten
unser Schlafzimmer nach vorn
verlegt weil es sich wegen dem
Kachelofen besser heizen ließ.
Du hattest Dich schon nachts vorher bemerkbar gemacht am Morgen des 18ten mußte Papa los
die Frau wohnte in der Hammerlandstraße nur oben um die
Ecke sie meinte aber der Abend
könne noch rankommen ich
glaubte das aber nicht Papa
meinte ich soll mich nur
zusammen nehmen.
So gegen drei Uhr merkte er es
nicht selber wissen ich hatte
nichts mehr gesagt, aber er zog

Beginn der Erinnerungen von Arno Schmidts Mutter, wie sie nach ihrem Tode 1973 in Quedlinburg vorgefunden wurden. Originalgröße, Stenogrammblock, Kopierstiftschrift.

Nun will ich mal mit dem Tage Deiner Geburt anfangen. / Es war ein kalter Tag; ich hatte schon gleich nach Weihnachten unser Schlafzimmer nach vorn verlegt, weil es sich wegen dem Kachelofen besser heizen ließ. Du hattest Dich schon nachts vorher bemerkbar gemacht; am Morgen des 18ten mußte Papa los; die Frau wohnte in der Hammerlandstraße, nur oben um die Ecke; / [Frau A. Hemmerling, Nr. 130^{III}]; / sie meinte aber, der Abend könne noch rankommen, ich glaubte das aber nicht; Papa meinte, ich soll mich nur zusammennehmen. / So gegen 3 Uhr [zwischen 14 - 15 Uhr] mochte er es wohl selber merken, ich hatte nichts mehr gesagt; aber er zog sich an, und kam auch bald mit der Frau wieder. / Nach gut einer Stunde war alles vorüber, und ein gesunder strammer Junge, beinahe 11 Pfund, lag neben mir, 58 cm lang; da meinte die Frau, ›Der wird mal groß werden‹; das war mir im Moment nicht so wichtig, die Hauptsache, daß Du ein normales Kind warst. Ich war ziemlich k.o. Es ist ja auch keine Kleinigkeit, jedenfalls war all meine Forsche dahin. Nach Luzie hatte ich mich bald wieder erholt; bei Dir wollte es mir nicht gelingen. Vielleicht, weil ich Dich selber stillte, alle 2 Stunden, Tag und Nacht, und Du hattest solchen Durst; wenn Du nicht vollständig satt warst, dann gabst Du keine Ruhe; sonst warst Du ruhig, nur Hunger durftest Du nicht haben. Nach 3 Wochen ging es nicht so weiter, da gab ich Dir zweimal am Tag, sonst bekamst Du das Fläschchen; aber wenn es nicht bis oben hin voll war, fingst Du wieder an zu weinen; es war eine schwere Zeit für mich, und Luzie hat manche Schläge bekommen, denn mit dem Tage Deiner Geburt war sie bei Papa so ziemlich hintenrunter. Er hat es ihr wohl nie verziehen, daß sie die unschuldige Ursache war, daß er heiraten mußte. Sie war nicht nachträglich, ging gleich wieder hin und wollte gut sein. Du warst natürlich Papa's Abgott; aber nur so lange Du keine Opfer von ihm verlangtest. / Du bist schnell über das erste dumme Jahr hinweg gekommen; mit 11 Monaten fingst Du an, zu laufen - Luzie mit 9; aber Du warst sehr vorsichtig. Der Weihnachtsmann hatte Dir ein schönes Schaukelpferd gebracht, es war weiß, mit großen braunen Flecken; ich hatte es holen müssen, und zwar aus Barmbeck, es war so unter der Hand gekauft. Du warst selig mit ihm, abends mußte es neben Deinem Bettchen stehen. / Aber Dein bester Freund war das Bärdel; eigentlich gehörte er ja Luzie, sie hatte ihn zu ihrem ersten Geburtstag bekommen, aber sie gab ihn Dir gern. Er mußte jeden Abend mit ins Bett, und Du bist ihm lange treu geblieben. Wie Du Dich verheiratet hast, hättest Du das Bärdel gern mitgenommen; aber ich konnte mich nicht von ihm trennen, und es war gut so, wer weiß, wo der kleine Kerl wäre, und ich habe doch etwas, was alles miterlebt hat. / Im Frühjahr 1915 fuhr ich mit Dir zu Tante Emma, aus welchem Grunde, weiß ich nicht mehr. Ernst war Soldat, und Emma mußte etwas zuverdienen; sie nähte Sandsäcke. Ruth war ja auch noch ein Kind, 7 Jahre. Emma hatte ihren Schwiegervater bei sich; Der bekam ganz schöne Pension, er war Lokomotivführer, ich weiß nicht, ob Du Dich daran erinnern kannst. Du hast ihn später in Liegnitz kennen gelernt, als er mit meiner Mutter

I.) Übersicht unsrer Familie:

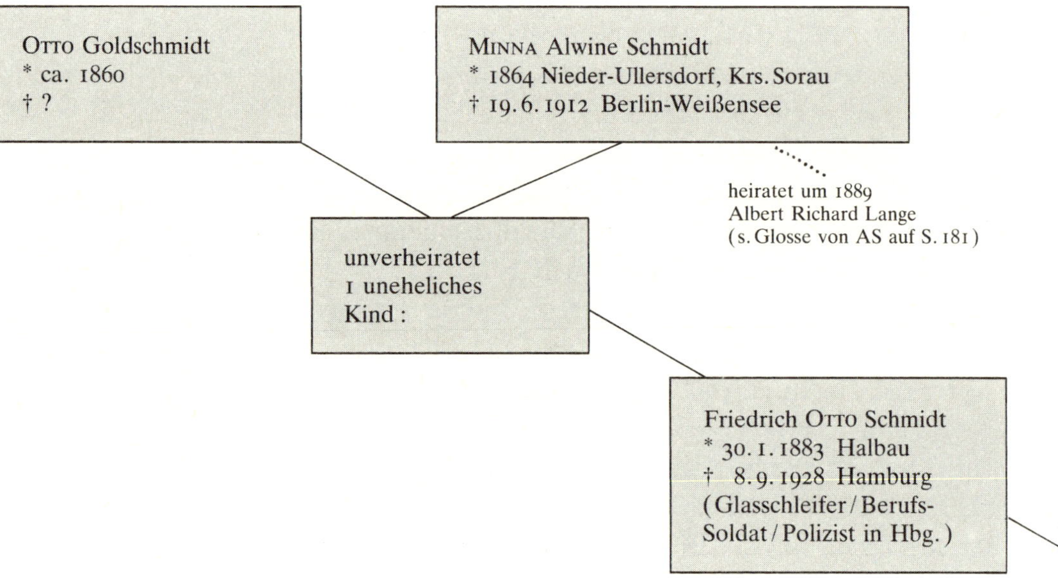

II.) die ›Halbauer‹:

Wilhelm Schmidt (1835–99) und Alwine X. (1841–95), Eltern meiner Großmutter MINNA Alwine Schmidt, hatten 8 Kinder:

1.) Gustav (1860–1931)
2.) Wilhelm (1861–1926)
3.) Bruno (1862–?); war noch 1928 Eisenbahner in Königsberg
4.) Martha (1863–?)
5.) Max (1864–?)
6.) Anna (1865–?)
7.) MINNA (1864–1912); meine Großmutter
8.) Alfred (1885–1929); GlashüttenDirektor; verheiratet mit Agnes X. /
2 Töchter: Hilde, * 1910 / Grete * 1913. / Bei diesem Alfred
– jünger als mein Vater, gleichwohl dessen Onkel – wohnten Wir,
wenn Wir, (3 Mal waren's im Ganzen), einige Ferientage für Halbau abzweigten.

III.) Geschwister meiner Mutter & deren Kinder:

Meine Großmutter, Ernestine Hanisch (1859–1936), war 3 Mal verheiratet; hiervon nur wichtig: *erste Ehe*: mit Gustav Scholz (1857–93; VolksschulLehrer); aus dieser Ehe 3 Kinder

1.) Gustav (14.3.1880–Juni 1939); kinderlos verheiratet; BergwerksDirektor in Völpke bei Magdeburg
2.) Hedwig (19.7.1883–22.12.23); heiratet Paul Knoblauch (1875 – ca 1940); RegierungsAmtmann in Liegnitz; 3 Kinder
    a) Rudolf (1902 – gefallen)
    b) Elli (1907 – ?)
    c) Heinz (1911 – gefallen)
3.) Emma (1886–1943); verehelichte Hagen (Ernst H., 1885–1939; Musiker); 1 Tochter:
    a) Ruth (* 20.4.1909, † ?)

Meine Mutter war das (einzige) Kind aus der *zweiten Ehe;* die obigen Drei also sämtlich ihre HalbGeschwister, die ich, samt allen ihren Kindern, gekannt habe. *Dritte Ehe* kinderlos.

JOHANN Gottlieb Ehrentraut
* 18. 10. 1845 Küpper
† 17. 1. 1910 Lauban

ERNESTINE Scholz,
geb. Hanisch
* 2. 9. 1859 Tschirne
† 16. 4. 1936 Lauban

heiratet 11. 9. 1893
1 Kind:

CLARA Gertrud Ehrentraut
* 30. 7. 1894 Lauban
† 17. 10. 1973 Quedlinburg

heiratet
18. 3. 1912 in Lauban
2 Kinder:

1.) LUZIE Hildegard, verehel. Kiesler
* 18. 3. 1911 Lauban
† 24. 7. 1977 New York

2.) ARNO Otto Schmidt
* 18. 1. 1914 Hamburg
† 3. 6. 1979 Celle

Großeltern, mütterl.

Eltern

zusammen lebte, in der Hedwigstr.; das müßtest Du noch wissen; Du warst ungefähr 6 Jahre. Nun zurück zu unserm Besuch bei Tante Emma 1915. Du hattest Deinen ersten Anzug bekommen, ein schöner dunkelblauer Matrosenanzug, Du sahst reizend aus. Ich hatte nur Angst, daß Du dich vergessen könntest, sonst warst Du ja schon sauber, aber die fremde Umgebung und soviel unbekannte Gesichter; na, es ging gut. (Nun weiß ich auch wieder, warum ich mit Dir zu Emma gefahren bin, bei Dir fing der Keuchhusten an; ›Luftveränderung‹, und es hat geholfen.) Aber es waren ein paar schwere Tage; zumal noch unverhofft Gustav's Frau ankam, die Dich gleich vor Liebe aufessen wollte. Du gingst nicht von mir weg, sie konnten Dir anbieten, was sie wollten, nur aus meiner Hand nahmst Du es. Mit Gustavs Frau hatte ich eine Auseinandersetzung; es drehte sich um Mutter; ich frug sie, ob Wir nicht Alle zusammenlegen wollten, Jeder sollte 5 Mark geben, damit Mutter doch etwas hätte ! Da hättest Du sie sehen müssen; sie bekam Weinkrämpfe, aber ich glaube, es war bloß Wut; für mich war sie erledigt. Emma war es peinlich; ich bin dann auch am nächsten Morgen abgefahren, ich hab sie nie mehr gesehen ! So, das war Deine erste Reise; Wir waren Beide froh, als Wir wieder in Hamburg waren. / Papa hatte damals Dienst von Mittag bis Mittag; 2 Stunden Posten stehen, 2 Stunden Freizeit. Im Sommer mochte es gehen, denn er war ja Hitze gewöhnt, von China; aber im Winter, und dann der Nebel; wenn er nach Hause kam, dann schnell essen, und nun schlafen; zum Abendbrot aufstehen und noch einige Stunden auf sein; und dann wieder schlafen, und am andern Morgen schon Vorrat für den kommenden Nachtdienst. In diesen Jahren haben Wir nicht viel von ihm gehabt; bis nach Kriegsende die Dienststunden geändert wurden. Von früh um 6 Uhr bis mittags um 2 Uhr; die zweite Tour von 2 Uhr bis abends 10 Uhr; die dritte von 10 Uhr bis 6 Uhr früh. (Das war nun wieder eingeflochten; aber Du wirst es schon richtig hinkriegen.) / Ich bin mit euch Kindern spazieren gegangen, Du in der Sportkarre, und Luzie nebenher; nur wenn sie sehr müde war, durfte sie sich mit auf die Klappkarre setzen. Unser Weg war fast immer derselbe : Dobbelersweg, Hammerweg, Hammerlandstraße, Borgfelder Straße bis Berliner Tor; dann am Strohhaus vorbei, in die Große Allee hinein, Mönkebergstraße, Rathausmarkt; dann kam, glaube ich, der Rödingsmarkt, da ging es quer drüber weg; und nun sahen Wir schon unser Ziel vor Augen, St. Pauli Landungsbrücken, und das große Wasser mit den vielen Schiffen. Da konnten wir Drei gar nicht genug bekommen; und wenn Wir Glück hatten, fuhr weg, oder kam an ein großer Dampfer von Übersee, das war das Schönste. Wir blieben so lange wie möglich; auf dem Rückweg kaufte ich euch Jedem eine schöne Banane, oder was Süßes. Papa schimpfte mich immer aus, wenn ich ihm von den schönen Schaufenstern und den Schiffen erzählte; er hatte das ja alles schon gesehen, aber für mich war es eine andere Welt. / Ich habe sehr unter dem Heimweh gelitten, nicht nach meiner Mutter, denn die war mir wesensfremd, wohl aber nach der Heimat. Von Weihnachten an wartete ich schon sehnsüchtig auf den Sommer; da fuhren Wir die ersten Jahre nach Liegnitz. Hedwig wohnte damals noch in der Burgstraße; Paul war

Ernestine Ehrentraut, geb. Hanisch, verw. Scholz, in einer späten dritten Ehe nochmals den Namen Scholz annehmend, Arno Schmidts Großmutter mütterlicherseits, im Alter von etwa 60 Jahren. Foto um 1919 in Berlin, Atelier des Kaufhauses Wertheim, vermutlich anläßlich eines Besuches bei ihrer Tochter Emma Hagen, geb. Scholz (»Tante Emma«). Ihre Anwesenheiten bei der Schmidtfamilie in Hamburg von Arno wie Luzie mehrfach bezeugt.

im Krieg als FeldwebelLeutnant. Als Wir das erstemal da waren, warst Du 3 Jahre; der Jüngste von Hedwig, Heinz, 2 Jahre älter; die Elly 8; und Rudi, die Erstgeburt, 11 Jahre – das waren tolle Kinder; gehorchten überhaupt nicht, trotzdem sie genug Schläge gekriegt haben. Auf eins kann ich mich noch genau besinnen; Rudi hatte Schläge gekriegt, und durfte nicht runter – er war früh mit dem Bäckerjungen Brötchen austragen gegangen, und hatte die Schule geschwänzt. Er war nirgends in der ganzen Wohnung zu finden, und es wurde schon dunkel; nun bekamen Wir es doch mit

Johann Gottlieb Ehrentraut, Gerber in Lauban, Arno Schmidts Großvater mütterlicherseits, um 1908, etwa 62 Jahre alt. (Angabe Arno Schmidts; Mode und Aufmachung deuten aber auf einen früheren Zeitpunkt. Links vermutlich ein Berufskollege). Bei der Geburt seiner Tochter Clara, Arno Schmidts Mutter, war Johann Ehrentraut bereits 48 Jahre alt; er hatte Ernestine verw. Scholz, geb. Hanisch erst mit 47 geheiratet. Diese wiederum war 14 Jahre jünger als er.
Nach dem Zeugnis der Mutter und aller Verwandten, die Johann Ehrentraut gekannt hatten, sah Arno Schmidt seinem Großvater nach Gesicht und Gestalt auffallend ähnlich.

der Angst; bei allen Bekannten waren Wir schon gewesen, kein Rudi. Wir gingen noch einmal die Wohnung durch : und mit einemmal sehe ich auf den Kleiderschrank; da liegt doch wahrhaftig der Bengel oben und schläft ! Das war einer von Rudi's Streichen; (ich wüßte noch manchen, aber das geht zu weit). / Wenn Wir uns auch jedes Jahr auf die Reise freuten, in Hamburg war doch eben unsere Heimat; und wenn die Sehnsucht nach der alten Kinderheimat mir mal wieder zu schaffen machte, dann brauchte ich Dir nur von zuhause erzählen. Wir setzten uns gewöhnlich auf die Stufe, die zum Balkon führte, und an Dir hatte ich einen aufmerksamen Zuhörer, so klein Du warst, Du hast auch das meiste behalten; denn als Wir das erstemal nach Lauban kamen, hab ich mit Dir alle die Stellen aufgesucht, von denen ich Dir erzählt hatte. / Ich

Arno Schmidts Mutter
Clara Gertrud Ehrentraut,
Kinderbild um 1906 in Lauban,
etwa 12 Jahre alt.

wohnte in einem Hause, von klein auf,* zu dem gehörte ein großer Hof, in demselben lagen unzählige Baumstämme, die hinten in der SchneideMühle zu Brettern zerschnitten wurden. Das war so was; der Stamm lag auf vier Rädern, und wurde immer näher an die Säge heran gefahren; ich konnte da lange sitzen und zusehen. Wenn ich später (und selbst noch heut) das Lied höre, ›In einem kühlen Grund,‹ steht die alte Säge-Mühle immer vor meinen Augen. / Wovon ich Dir auch oft erzählt habe, das war die

* AS : Die GeburtsUrkunde giebt an : * 30. 7. 1894, abends $22^{h}45^{m}$, zu Lauban, Weidenstraße 11. / Später haben Ehrentrauts jedoch auf der Nikolai-Promenade gewohnt; (ich habe die Häuser noch intakt gesehen).

›Rauschebrücke‹. Jeden Tag, wenn ich aus der Schule kam, mußte ich nach Milch gehen, zum Bauern Lachmann, nach Bertelsdorf. Es war ein ziemlich weiter Weg über den NikolaiPlatz, der meine schönsten Kinderspiele gesehen hat; dann die äußere Nikolaistraße, bis zur Queisbrücke; da mußte ich rechts um die Ecke; links teilte sich der Queis in zwei Arme, und bildete eine Insel; auf dieser lag ein Gasthaus ›Insel Alsen‹, da mußte ich erst immer stehen bleiben, und die großen alten Bäume anstaunen. Wenn ich nun endlich weiterging, kam ich zur HollandMühle, zu dieser gehörte die Rauschebrücke. Ob Du es glaubst oder nicht, ich seh mich noch heut vor der Brücke stehen; eigentlich waren es zwei; in den Queis war dort ein Wehr eingebaut, oben stand das Wasser fast bis an die Brücke, und unten tief unten rauschte es unter der Brücke durch – so schnell ich konnte, war ich drüber weg. Die zweite war nicht so schlimm; aber da war wieder so viel Wasser und ganz nahe, ich hätte es greifen können. Auf dem Rückwege ging es besser; aber die Angst vor der alten Rauschebrücke bin ich nie los geworden. Ich war froh, wenn der Sommer zu Ende ging; denn dann brauchte ich nicht mehr gehen. / Nun zurück zu Dir. Du warst ein lieber Junge; Du hast nichts kaput gemacht; Deine Spielsachen haben Wir nach Jahren noch verkaufen können. Du bekamst so nach und nach alles, einen Rollwagen mit zwei Pferden (mit richtigem Fell), Fässer drauf und Kisten; einen KaufmannsLaden mit einer richtigen Wage, da habt Ihr am besten damit gespielt; Baukästen; alle möglichen Spiele. Luzie bekam eine Puppenstube, einen Wagen mit Puppe; Bilderbücher und alles mögliche. Abends ehe Ihr zu Bett gingt, mußte Alles ordentlich aufgeräumt werden. Auch euer Anzuziehen mußte ordentlich aufgehängt werden; da hatte Euch Papa über euerm Spieltisch kleine Haken eingedreht, und Jedes hatte seine bestimmten. Die Schuhe standen schön unter dem Tischchen, und mußten sauber sein; Luzie hatte damit die meiste Arbeit. Dann ging es zu Bett, und meistens wollte Luzie noch ein bißchen mit in Dein Bett; Du saßest oben und Luzie unten, und da durftet Ihr Euch noch erzählen; auch singen durftet Ihr; aber wenn ich kam und sagte, ›Nun müßt Ihr schlafen‹, wart Ihr auch brav, und habt bald darauf geschlafen. Am schönsten war es, wenn Papa zeitig mit zu Bett ging; da warst Du nicht zu halten, Du mußtest mit in sein Bett; er konnte auch schön erzählen, und Du wolltest ja Alles ganz genau wissen. Auch gesungen haben Wir viel. In unser Schlafzimmer schien morgens schon um 6 Uhr die Sonne; wenn Papa wach war, fing er an zu singen, ob Wir noch schliefen oder nicht. Sein Leiblied war dann ›Die Sonn' erwacht‹ * – ich konnte schimpfen, so viel ich wollte, denn er störte ja auch andere Leute; es hat sich aber Niemand beklagt, denn er konnte gut singen. / Du warst 3¼ Jahre, da bekamst Du eine schwere Halsentzündung; und da das Fieber bis auf 40° stieg, bekam ich es doch mit der Angst. Unser Kassenarzt war Dr. Niebuhr, er wohnte in Horn, ›Letzter Heller‹. Ich fuhr mit der Straßenbahn hin, und er versprach

* AS : dh der Eröffnungschor aus Webers ›Preciosa‹. Seine Stimmlage war ein hoher unbekümmerter Tenor.

auch, bald zu kommen. Ich hatte in der Zeit Wickel gemacht; aber Dir war Alles gleich; als ich wieder reinschaute, war alles zu, das Zäpfchen ganz krumm gebogen, und der Belag gefiel mir auch nicht. Na, endlich kam der Arzt; er machte ein sehr ernstes Gesicht, und versprach, um 10 Uhr abends noch mal zu kommen. Papa hatte sich verkrümelt – vielleicht hast Du ihm ja auch zu leid getan – er holte noch die Medizin, und fuhr dann Dein Bettchen in die Küche, mit der Begründung, er müsse schlafen; er hätte doch eigentlich mit wach bleiben müssen, zumal ich ihm gesagt, daß es ernst sei, und wenn es bis um 10 nicht besser geworden wäre, müsse Arno ins Krankenhaus. Da saß ich nun mit Dir kleinem Kerl ganz allein in der Küche; alle Viertelstunden mußtest Du Medizin bekommen; aber Du wolltest bald nicht mehr, denn Du mußtest immer danach brechen. Aber ich hab Dir gut zugeredet; hab auch selbst welche mit genommen; und es wurde besser. Als der Arzt um 10 Uhr kam, freute er sich; er fragte ›Sind Sie denn ganz allein?‹ – da hab ich gelogen, weil ich mich schämte; und gesagt, ›Mein Mann ist zum Dienst‹. Du warst nun ruhiger geworden, das Fieber war auch runter gegangen, und die Schluckbeschwerden ließen nach. Am andern Morgen machte ich ihm Vorwürfe, warum er sich gar nicht um Dich gekümmert hätte; da meinte er nur, das ist Sache der Mutter; er hätte als Kind nicht mal eine Mutter gehabt, geschweige einen Vater, und wäre auch groß geworden. / Ich bin ihm sehr böse gewesen; aber das half ja Alles nichts; er hatte eine zu schwere Jugend gehabt; und später auch, bis zu 6 Jahren, war er bei den Großeltern in Halbau; der Großvater war Bahnwärter, und hatte selbst eine Menge Kinder. Nun kam noch das Unglück mit Papa's Mutter dazu; da mußten sie den kleinen Otto auch noch mit ernähren. Sein Vater war Glasschleifer, und er hätte sich das Mädel auch geheiratet; aber er war einige Wochen in einer anderen Glashütte beschäftigt, und da ist sie ihm nicht treu geblieben; da hat er die Beiden im Stich gelassen, und ist nach Amerika gefahren; (er hieß Goldschmidt). Als Papa 6 Jahre alt war, heiratete seine Mutter in Berlin-Weißensee einen Zigarrenmacher;* da fing sein Elend erst richtig an, denn er kam nach Berlin. Wenn er da erzählte, das konnte ich kaum glauben; aber die Halbauer haben es mir bestätigt. Vielleicht kannst Du Dich auf Einiges noch selbst besinnen. Papa hat schon als Junge arbeiten müssen; und wenn er nicht genug Geld heimbrachte, wurden ihm die Holzlatschen um die Ohren gehauen. Der StiefVater war mehr eingesperrt als zu Hause, und da waren sie immer froh. Es waren noch 3 Kinder geboren worden, 2 Mädel und ein Junge. Papa ist bis zur Einsegnung in Berlin gewesen; in der Zeit ist er kaum gewachsen. Nun sollte er wieder nach Halbau, sollte Glasschleifer werden, bei Onkel Wilhelm, dem Ältesten, der da-

* AS : Sein Name war Albert Richard Lange. Anscheinend ein gebildeter Mann – er schenkte Luzie einmal einen kleinen Homer! – vorgeblich ›Metallarbeiter‹; aber er stromerte und trank und war häufig im Gefängnis. Von jenen Weißenseer Geschwistern meines Vaters, Anna * 1889; Martha * 93; Walter * 93, war sein Liebling Anna, (ein schönes Foto mit langer Widmung an ihn noch vorhanden).

mals schon die Kantine hatte, und dem es gut ging. Es wäre ja auch gegangen; aber die Tante Anna konnte ihn nicht leiden; da mußte er wieder hungern. Wenn ihn die Großmutter nicht manchmal satt machte, wäre es traurig gewesen. Ich will nun noch Papas Ankunft in Halbau schildern. Er hatte das erstemal in seinem Leben einen Anzug bekommen; aber einen alten, der einem 40jährigen Maurer gehört hatte, dazu einen steifen Hut – er hat immer in die Schaufenster in Berlin gesehen; denn der Anzug war ihm viel zu groß; die Ärmel waren mehreremale nach innen umgeschlagen, der Hintern hing ihm bis in die Kniekehlen; in den Hut hatte er so viel Papier stecken müssen, damit er ihm nicht über die Ohren fiel. Zu seinem Empfang in Halbau war die ganze jugendliche Verwandtschaft erschienen; aber wie sie ihn gesehen haben, sind sie Alle fort gelaufen; da ist es Papa erst bewußt geworden, wie er aussah; die Großmutter hat sehr geweint, aber helfen konnte sie ihm auch nicht viel. Als Papa das mir das erstemal erzählte, wußte ich nicht, ob ich weinen oder lachen sollte. Wie Du siehst, hat es Papa in seiner Jugend sehr schwer gehabt; er ließ aber trotzdem nichts auf seine Mutter kommen, sondern gab alle Schuld dem Vater. Wenn ich manchmal sagte, ›ich würde Deinen Vater aufnehmen, wenn er käme‹, da wurde er sehr böse; (ich bin der Ansicht, die Mutter war schuld). Gewiß, er war manchmal sehr streng, und ich mußte ihn immer wieder beschwichtigen. Auch bei den Großeltern war es sehr knapp; 1 Hering mußte für die ganze Familie reichen, ungefähr 10 Köpfe; da hab ich mir das erklären lassen: die Großmutter schnitt den Hering in der Mitte auf, und nun wurden so viel Stücke gemacht, daß Jeder ein kleines Stück bekam. Nun wurde das Stück nicht etwa gegessen, nein, die Kartoffel wurde auf den Hering getunkt, damit es wenigstens etwas nach Fisch schmeckte; froh war er schon, wenn es genug Kartoffeln gab; meistens wurden sie abgezählt; als Letztes wurde das Stückchen Hering gegessen – wenn Du Dir das alles einmal richtig überlegst, dann kannst Du Papa's Wesen besser verstehen. Wenn dann Papa in der Zeit, wo Du wuchsest und so viel aßst, manchmal sagte ›Du mußt viel verdienen, damit Du Dir Deinen Hals mal ernährst‹,* das war nicht so böse gemeint; er hat sicher nur an seine Jugend gedacht, und wie gerne er sich auch einmal so richtig satt gegessen hätte. Und er hat es nie gekonnt; er hat sich manchmal die Brotkrusten, die Andre weggeworfen hatten, aufgehoben, vor lauter Hunger. Das überleg Dir mal richtig; wenn er auch manchen Fehler hatte, den hab ich auch gehabt; aber das gehört nicht hierher, das erklär ich Dir vielleicht ein andermal. / Nun wieder zurück zu Dir. Du hattest die Halsgeschichte gut überstanden, und fingst nun an, selbständig zu werden. Du gingst allein über die Straße, in die Anlagen, wo ein Sandkasten war. Die ersten paarmal hab ich Dich rüber gebracht; dann mußtest Du alleine gehen. Erst hatten Wir bei Berta Prenzlin ein sehr schönes Eimerchen mit Schaufel und einigen Formen gekauft; Du warst glückselig. Aber es war schlimm mit Dir; alle Augenblicke klappte der

* AS : Meine Mutter hat dies vornehm formuliert; seine eigenen Worte waren beträchtlich derber.

Arno Schmidts Vater Friedrich Otto Schmidt, Jugendbildnis um 1901, Glasschleifer in Halbau, etwa 18 Jahre alt.

Briefkasten, (Du warst grade so groß, daß Du durchsehen konntest), und Du warst schon wieder die drei Treppen raufgeklettert, und was hab ich anfangs für Angst ausgestanden, daß Du fallen könntest, oder daß Du überfahren würdest; aber es ging alles gut; Du mußtest mir nur immer Alles erzählen – es war ja rührend von Dir; aber ich hatte doch viel zu tun. Wenn Papa kam, mußte Alles fertig sein; und ich hab die ersten Jahre die Wäsche und Alles selber gewaschen; bin früh um 3 schon aufgestanden; denn es gab kein Waschhaus, alles mußte in der Küche gemacht werden; später hab ich die Wäsche weggegeben, zu Testorp oder Welsche, Papa brummte zwar, denn das war eine Ausgabe, die nicht das Kostgeld berührte. / Nach dem verlorenen Krieg besserte es sich zusehends; Papa sagte einmal, ich verstehe das nicht; die Gehälter wurden bedeutend erhöht, es ging Uns nun schon besser. Papa konnte sich den ersten Maßanzug machen lassen; aus Forst id Lausitz ließ er sich Stoffproben schicken, es war ein teurer Spaß; aber er sah auch gut darin aus. Papa war ja überhaupt ein schöner Mann, hatte eine gute Figur,* damals noch, und eine sehr gute Haltung, die ihr Kinder beide nicht hattet; überhaupt Luzie, die war aber zu schwächlich, und was Du zu viel verzehrtest, aß sie zu wenig. / Nun wieder zu Dir. Luzie war in die Schule gekommen, Hammerweg; das Lernen fiel ihr nicht gerade schwer, aber sie hatte keine Ausdauer, da hat sie viel Schläge von Papa gekriegt, denn er ließ nichts durchgehen. Du warst ganz Feuer und Flamme; und ehe Luzie noch recht begriffen hatte, saß es bei Dir schon fest. Du hast Alles spielend gelernt; hast dadurch Luzie angespornt; Du gingst noch gar nicht zur Schule, da konntest Du schon die Zeitung vorlesen, ohne daß Du dazu gezwungen wurdest. Schreiben konntest Du, und rechnen auch; Du hattest gar keine Lust mehr, zur Schule zu gehen. Aber die Zeit rückte ja immer näher. Du bekamst ein schönes ledernes Ränzel,** mit allem, was drin sein mußte; aber die Freude darüber war nicht groß. Papa hätte es gern gesehen, wenn Du Dich recht lieb bedankt hättest; und ich hab Dir auch gut zugeredet – es nützte alles nichts, das Ende war Weinen. Und da ich Dich in Schutz nahm, kriegte ich mein Teil mit; da hieß es dann bloß, daß Du meinen Charakter hättest, da konnte ich nichts dagegen sagen. / Am letzten Weihnachten*** hattest Du einen Fußball bekommen; das war ganz schön, aber Fußballspielen durftest Du nicht, bloß Handball; da war nun die meiste Freude weg, und ich mußte wieder Vermittler spielen; da gab es dann alles mögliche zu hören, aber er gab es nicht zu : von dem Tage an, mußtest Du jeden Abend Deine Schuhe vorzeigen, und wehe ! ; er besohlte die Schuhe selbst, und kam vom hundertsten ins tausendste. Du hattest den Ball längst in den alten Kleiderschrank, der auf dem Korridor stand, in den äußersten Winkel gelegt; als er es merkte, war wieder Klamauk ›Du hättest meinen Dickschädel‹ undsoweiter – sobald er laut wurde, war ich still; ich habe ihn dann lange nicht angesehen; aber das paßte ihm auch nicht; (vielleicht habe ich es falsch gemacht; ich weiß nicht). Du mußtest dann meistens irgendwo in der Ecke stehen, weil Du gar nicht weintest, wenn Du Schläge bekamst, ›Das hattest Du Alles von mir ! ‹. Denn meistens war die Strafe zu Unrecht gegeben; Du hattest wenigstens Charakter. Lange dauerte es nicht, dann ging er, und wollte Dich wieder holen; aber in den seltensten Fällen kamst Du mit; er bekam dann nur zur Antwort, ›Ich bin noch böse.‹ Da konnte er nichts machen; und ich bekam wieder mein Fett ab. Nach einigem Zureden kamst Du

* AS : Laut Wehrpaß Größe 1.68, Gewicht 170 Pfund; dazu völlig kahl – mir war er antipathisch. Kleidung immer ›schniepeldibong‹, wie er zu sagen pflegte, (was nb auch in Arno Holz ›Phantasus‹ I, S. 218 erscheint).

** AS : es war ein second-hand Tornisterchen; mit interessant-abgeschabtem SeehundsFell bezogen.

*** AS : Diesen Ball – wie auch das Schaukelpferd von S. 173 – habe ich natürlich immer erst einige Jahre später bekommen.

Arno Schmidts Vater, nach der Rückkehr aus China aktiver Unteroffizier in Lauban, als Wachhabender Gewehr präsentierend. Aufnahme vom 25.8.1910, Bildseite der untenstehenden Postkarte, geschrieben im Herbst 1910, Rendezvous-Verabredung zwischen dem Unteroffizier Otto Schmidt und Clara Ehrentraut.

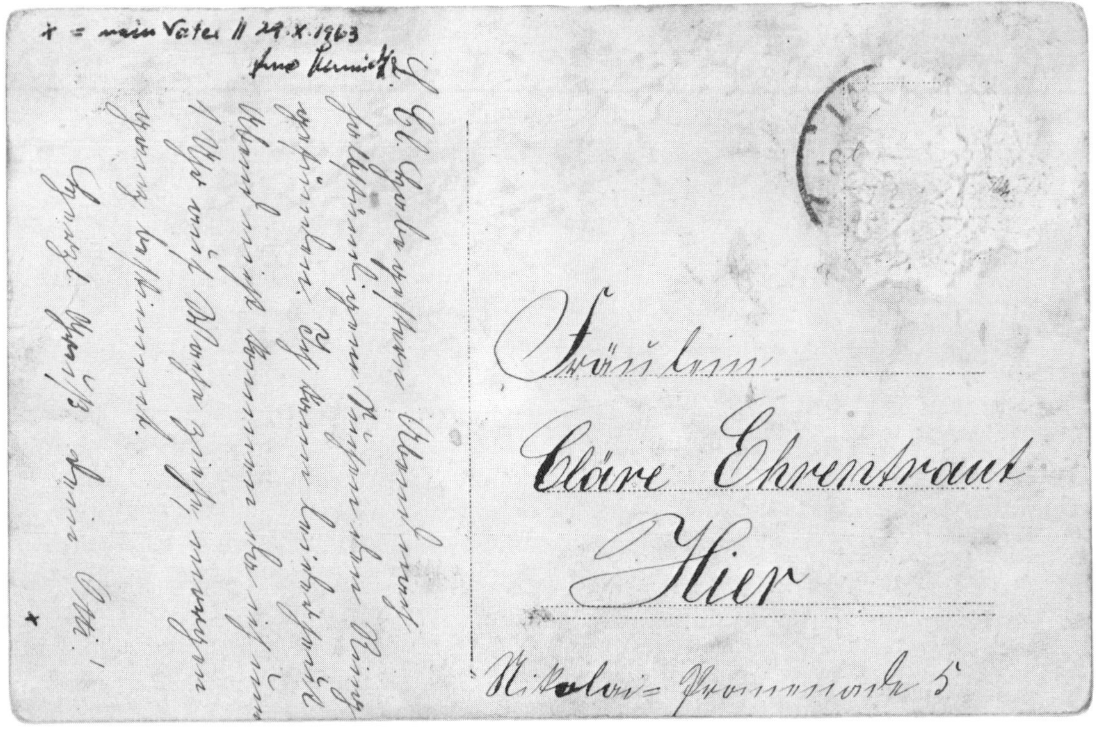

+ = mein Vater // 29.X.1963
Arno Schmidt

Fräulein
Cläre Ehrentraut
Hier
Nikolai-Promenade 5

ja dann auch; aber er mußte Dir erst etwas geben, (oder versprechen). / Oben an der Hammerlandstraße gab es einen Laden; es führten viele Stufen hinauf; da bekam man die größten Lakritzenstangen; das war eine kurze Zeit jeden Tag Dein Weg, für 10 Pfennige gab es eine große Stange; Du brachtest sie aber erst nach Haus. Eines Tages kamst Du auch wieder mit Deiner Lakritze an; aber ich merkte schon, daß etwas nicht stimmte. Nach einer Weile sagtest Du, ›Da geh ich nicht mehr hin‹; und als ich Dich frug, kam es raus: die Frau hatte gesagt: ›Bring nur Dein Geld immer zu mir, wenn Du Dir was gespart hast ! ‹ – Du bist nie wieder hin gegangen. Ich weiß nicht, ob Du Dich entsinnen kannst, von nun an gingst Du zu Frau Schnack; die hatte ihren Laden Ecke Dobbelersweg und Borstelmannsweg; die gefiel Dir besser, die gab sogar immer noch etwas zu. Ich holte auch mein Brot da; so lernte sie Dich bald kennen. Aber Du hast auch immer gespart; Ihr hattet Jeder solch Porzellan-Bärdel – das ›Sparpfennigbärdel‹ hieß es – das letzte ist noch mit nach Lauban gezogen; es stand immer auf dem Vertikow; (jetzt steht es bei mir oben im Büffett und sieht durch die Scheiben – vielleicht schicke ich es Dir einmal hin, wenn Du es haben willst). / Jeden Weihnachten durfte ich mit euch Beiden ein- oder zweimal ins Thalia-Theater, zu einem Märchenspiel; Wir freuten Uns schon viele Wochen vorher darauf. Das war aber auch schön; ich hatte ja so etwas auch noch nie gesehen; Wir haben noch lange danach davon erzählt. Papa ging ja nirgends mit hin; aber er hörte Uns gern erzählen davon. / Da Du nun lesen konntest, bekamst Du Bücher; und Papa kaufte* nur gute, die schönsten Sagen und Geschichten, er las sie vor – es waren gute Zeiten. Ich habe viel von Papa gelernt; denn er kaufte für mich auch Bücher; aber da ich wenig Zeit hatte, so las er abends vor, und ich machte meine Arbeit dabei. In der Zeit, wo alles so teuer war, kaufte sich Papa alle Monate 1 Pfund Rippentabak; der roch nicht gut, und Papa mußte mehr spucken als rauchen, (Du hast ja die Tabaksbüchse da). Zigarren bekamen sie ja beim Streife gehen genügend. / Da fällt mir eben ein, da hab' ich mir auch mal was geleistet. Weihnachten wollte ich doch immer etwas schenken, Geld sollte es aber nicht viel kosten;

* AS : Mein Vater *kaufte* sehr wenig Bücher, eigentlich nur ein halbes Dutzend vom Weltkrieg (›Unser Seekriegsbuch‹ o. A.) die damals verramscht wurden. Ansonsten bestand unsere Bibliothek aus rund 30 Bänden, fast sämtlich Kitsch und Schnulzen – Eschstruth, ›Die Erlkönigin‹; eines hieß ›Der verkaufte Kuß‹; Meding ›Unter fremdem Willen‹ – meist Leihbüchereien nichtzurückgegeben. Der erwähnten Buch- & PapierHandlung Prenzlin (ein paar Häuser oberhalb) entnahm meine Mutter Unmengen von Courths-Mahler, ›der Heimburg‹ usw., die sie beim Stricken verschlang. (Meine Schwester berichtete mir '69, daß ihr Geschmack noch immer unverändert derselbe sei; meine Bücher pflegte sie zu verbrennen.) / Das vielleicht wichtigste Bildungsmittel war die ›Büchermappe‹, die wöchentlich ausgewechselt wurde. Einzig hier sah ich, vor allem in der ›Jugend‹, gute Zeichnungen (nicht bloß die Frauenakte); und auch gute Farbwiedergaben, zumal der ›Neuen Sachlichkeit‹ (an der ich folglich heute noch hänge); da war Franz Sedlacek mein Liebling (›Landschaft mit Vulkan‹ etc.). In der Kunsthalle war ich nur selten; dort war mir der wunderliche ›Meister Franke‹ das attraktivste, (da ich auch ein dickes, grünschwarzes Buch vom Störtebeker besaß, in dem er leibhaftig figurierte).

Friedrich Otto Schmidt, Arno Schmidts Vater, um 1910 in Lauban, Sergeant im Laubaner Inf. Rgt. Nr. 19, etwa 27jährig. – Clara Gertrud Schmidt, geb. Ehrentraut, Arno Schmidts Mutter, um 1912 in Lauban, etwa 18jährig.

da habe ich lange vorher angefangen, aus der Kiste mir immer die besten herauszusuchen, am meisten welche mit Bauchbinde. Als nun der Heilige Abend herankam, stellte ich klopfenden Herzens die Kiste mit 25 Zigarren auf Papa's Platz. Er hat natürlich bald den Braten gerochen, war aber nicht böse darüber; denn von meinem Kostgeld konnte ich nicht viel erübrigen. (Es macht mir direkt Spaß, Dir das Alles aufzuschreiben; und beim Nachdenken kommen immer neue und liebe Erinnerungen mir wieder zum Bewußtsein.) / Nun eine kleine Geschichte. Es war im Herbst, Du gingst noch nicht zur Schule, Papa war im Dienst; Du warst eben mal runter gegangen, mit den Worten, die Du immer sagtest: ›Ich bin nicht lange; komm gleich wieder.‹ Ich gehe so von einer Stube in die andere, und mache meine Arbeit, das Schlafzimmerfenster stand weit offen – auf einmal höre ich etwas tapsen, und ehe ich mich umdrehe, sehe ich eine große Taube im Korridor. Ich schnell die Türen zu; denn ich wollte den Vogel behalten; aber was nun ? : die flog rum, wie nicht klug. Indessen kamst Du wieder, Du freutest Dich sehr, aber das Tier war ja so scheu ! ich machte nun in der Küche Licht, und da flog sie hinein; und setzte sich auf das oberste der drei Bretter, wo nichts drauf stand. Ich hatte hin und her überlegt; auf einmal fiel mir Luzie's alte Puppen-

Hinterhofseite des Hauses Rumpffsweg 27 in Hamburg-Hamm (vertikale geteerte Hinterfront) mit der Schmidtwohnung im 3. Stock (×); etwas rechts oben die kleine Grünanlage mit Spielplatz. Luftaufnahme 1929.

stube ein, die als NähmaschinenKasten auf dem Korridor ihr Dasein beschloß. Es dauerte eine ganze Weile, ehe ich das Tier hatte; nun rein in die Puppenstube, sie knurrte böse. Zum Glück kam Papa bald zu Hause, Der war nicht schlecht erstaunt. Er ließ sie wieder raus aus dem Kasten, und machte die offene Seite mit Draht zu; die andre bildete den Boden; aber ehe er sie nun wieder gefangen hatte; da fuhr es mir so raus und ich sagte, ›Bist doch eine dumme Jette !‹, und schon hatte sie ihren Namen weg. Sie wurde gut gefüttert, und ab und zu durfte sie auch mal rumfliegen. Nach zwei Wochen sagte Papa, ›Morgen dreh ich der Jette den Hals um.‹ – wie sind Wir erschrocken; aber alles Zureden half nichts. Papa kam mittags nach Hause; Du und ich hatten schon am Abend vorher unsern Plan gemacht, (Luzie durfte nichts davon wissen); am nächsten Morgen machten Wir uns daran : Du saßst am Küchenfenster, und ich hatte mir den Kasten mit der Jette geholt. Ich ging damit in die Speisekammer, die hatte solch schmales hohes Fenster, da hielt ich den Kasten hin – und wie ein Wind war unsre Jette wieder in der Freiheit. Wir freuten Uns darüber; aber was würde Papa dazu sagen ? Er kam dann auch bald nach Hause, und wunderte sich, daß Jette so ruhig war. Nach dem Essen sollte es losgehen. Wir Beide gingen auf den Balkon; aber Wir waren noch nicht ganz draußen, da kam er angebraust; und nun kriegte ich so allerhand zu hören; mir langte es auf lange Zeit. Auf eine Art hatte er ja recht; aber ich würde es heut wieder so machen. Das war die Geschichte von der Jette. / Ich war schon lange auf Papa ärgerlich, daß er Dir immer die Haare mit der Maschine runtersäbelte – seine mußte ich ihm schneiden. Eines Tages faßte ich nun Mut, und erklärte ihm, daß mir ein solch Haarschnitt genügte. Es gab natürlich wieder Krach; aber diesmal gab ich nicht nach; Du solltest nun bald zur Schule kommen, und alle Jungen in der Nachbarschaft hatten einen schönen Haarschnitt. Deine Haare wuchsen, und zu meiner größten Freude bekamst Du die schönsten Wellen; als Papa das merkte, meinte er, ›die hat er von mir‹ – Wir sahen alle Drei Papa an; und ich sagte, ›So lange ich Dich kenne, hast Du keine gehabt‹. Papa hatte überhaupt sehr dünnes Haar; als ich ihn kennenlernte, war nur noch so ein schmaler Streifen oben zu sehen, wie eine Mole, die ins Meer führt. Ich hatte es mir wieder gründlich mit ihm verdorben. / Ausflüge in die nähere Umgebung haben Wir auch mehrere in jedem Jahr gemacht. Meist fuhren Wir nach dem Sachsenwald, Reinbek, Aumühle, Friedrichsruh, das waren unsere Ziele. Der Sachsenwald ist ja auch schön, als lauter Laubwald war er im Frühling schon herrlich; im Herbst zur Laubfärbung war er wundervoll, und mitten darin die Ruhestätte Bismarcks, auf einem kleinen Hügel gelegen. / Auch Blankenese, und dann an der Elbe runter nach Kattwyk, das war ein Freibad [sprich ›FKK‹; vgl. S. 204 Mitte]; auch nach Cuxhaven sind Wir einmal gefahren, die Landungsbrücke hieß die ›Alte Liebe‹, so wird sie wohl auch heut noch heißen. / Zu diesen Ausflügen hattest Du einen kleinen Rucksack bekommen; denn Jeder mußte seinen Proviant allein tragen. Du und Papa wolltet viel trinken, wenn es auch nur Tee oder Himbeerwasser war; essen brauchtet ihr Beide nicht viel. Luzie und ich konnten lange ohne Flüssigkeit auskommen, hatten infolgedessen nicht schwer zu tragen. Einmal kann ich mich entsinnen, daß Papa in seinem Rucksack eine FünfliterFlasche mitgenommen hatte, und sie ist leer geworden. Schön waren diese Ausflüge; Wir fuhren morgens zeitig los, und wanderten auch tüchtig; da war Papa ein ganz anderer Mensch. Er wäre, wie er Uns mal erzählte, am liebsten Förster geworden, immer im Freien; daß er sein Leben lang die Uniform tragen mußte, war sein größter Ärger; immer, wenn ich ihm beim Anziehen half, fing er an zu schimpfen. Aber es war doch gewisses Brod; ich mußte immer gut zureden. Es war manchmal nicht leicht für mich, da ich doch so viel jünger war, und er leicht aufbrauste; aber dann war ich eben still, und wenn er es gewahr wurde, meinte er nur ›Die Gnädige ist wieder beleidigt‹. / Von Luzie willst Du auch noch etwas wissen. Sie war ein kleines liebes Ding, und Papa hatte sie auch lieb; sie war seine kleine Mucki, bis Du geboren wurdest. Da rutschten Wir hintenrunter; warst ja auch ein Prachtbengel; Du warst sein ein und alles, aber Opfer konnte er auch für Dich nicht bringen, dazu war ich da. Und ich tat es ja so gern; denn Du warst ja so ganz ich, und je älter Du wurdest, zeigte es sich immer mehr, Papa merkte das natürlich.* / Luzie hat viel Schläge wegen Dir bekommen; denn Alles wurde ihr in die Schuhe geschoben, so daß ich oft einschreiten mußte. Sie war doch nur solche Handvoll, und Du ein kleiner strammer Kerl. Einmal hatte Papa eine große Apfelsine mitgebracht, natürlich für Dich; Luzie stand daneben. Erst habt ihr gespielt damit; Du warst so um 4 Jahr, und Luzie ging in's siebente. Sie machte Dir die Apfelsine zurecht, wälzte sie schön in Zucker, und Du fingst an, zu essen; Du wolltest ihr was abgeben, aber Papa paßte auf. Ich konnte es nicht mehr mit ansehen, und nahm ein Stück davon; da schlug es mir Papa aus der Hand; da war wieder einmal für längere Zeit Stillschweigen an der Tagesordnung. Er hätte sich ganz gern ausgetobt; aber ich gab ihm auf nichts Antwort, denn ich wollte keinen Zank vor den Leuten, ich schämte mich; er nannte das ›tückschen‹. Das dauerte manchmal eine ganze Weile; denn ich fing nicht an. Am meisten ärgerte ich mich über Luzie, die gleich wieder gut war! Es ist ja gut, Wer das kann; aber nicht Jedermanns Sache. So könnte ich Dir noch viele kleine Sachen anführen; aber das ginge zu weit. Es war so ein Kleinkrieg, und im Grunde nicht wert, sich zu streiten. Er war bloß böse, weil Luzie so ganz sein Ebenbild war. Sie ging schon mit fünf Jahren einholen, paßte genau auf, und hat nie etwas verloren. Die Läden waren ja auch alle in der Nähe. / Der Fleischerladen gegenüber hieß Spalteholz, da holte sie Alles. Daneben war der Papierladen, Bertha Prenzlin, da kauftet Ihr alles, was es da gab. Dahinter der Kaufmann, Hermann Gräser; das waren schon ältere Leute; gleich nach dem Krieg verkauften sie den Laden, und machten in ihre Heimat. Der Neue [Rachow] kam direkt aus Amerika; war ein junger Mann, verheiratet; da wollte der nun die Kundschaft behalten, und war freundlich zu den Leuten; die Kinder bekamen immer ihren

* AS: Ein ganz fundamentaler Unterschied war zB folgender: für Vater und Schwester waren *Personen* das Entscheidende; für meine Mutter und mich *Landschaften und Lokalitäten.*

Bonbon. Eines Tages kommt nun Luzie vom Einholen, und sagt: ›Der Kaufmann hat gesagt: bestell Deiner Mutti einen schönen Gruß!‹. Nun hättest Du Papa hören sollen: was der Kerl sich erlaube?! Er zog sich Uniform an, und ging runter, und stellte den Mann zur Rede* – ich hab mich totgeschämt; bin nicht mehr hingegangen. Ja, Papa hatte so seine wenig schönen Eigenschaften. Gegenüber, das Manufakturwaren-Geschäft gehörte Robert Struve. Da hat Uns noch den letzten Winter, den Wir da verlebten, die Leuchtschrift über seinem Laden viel Spaß bereitet: die war erst angelegt, nun funkte nicht alles. Sobald es dunkelte saßen Wir am Fenster, wenn Papa Dienst hatte; und warteten, welcher Buchstabe heut dunkel bleiben würde, und das gab nun Anlaß zum Lachen, so kleine harmlose Sachen machten Uns Spaß. Daneben war der Bäcker, Wille hieß er; aber er hatte kein schönes Brod; Wir kauften weiter oben, bei Kloss, oder bei Busch [?]; das waren nur Verkaufsstellen, die bekamen ihre Ware von einer Großbäckerei. Eine einzige war in der Hammerlandstraße, die selber im Hause ihre Ware herstellten; wenn ich wollte einen Kuchen backen, mußte ich dahin gehen; (ich hab mir dann eine Gasbackform gekauft, die ich noch habe; aber nun fehlt das Gas). Ziemlich oben in der Straße war das Fischgeschäft [Schröder], und daneben ein Feinkostgeschäft, da bezogst Du den Schweizerkäse her, Harnack hieß der Mann. Er mußte Dir die Scheiben immer sehr dünn schneiden; denn in Deiner Glanzzeit im essen, mußte es für eine ganze Menge Schnitten reichen. / **Unser Garten in Horn. – So viel ich mich erinnern kann, bekam ihn Papa 1920; er war doch in den Schrebergartenverein ›Horner Geest‹ gegangen, der oben am Bauerberg seine Versammlungen abhielt. Es war ein großes Stück aufgeteilt worden, davon bekam Papa eine Parzelle (500 qm). Das Land war alles ohne Zaun, da haben sich die Nachbarn gegenseitig geholfen. Papa hatte Pfähle besorgt, die erst zur Hälfte geteert werden mußten, ehe sie in die Erde kamen; dann wurde Draht gezogen, dreimal hin und her, und dann mußten Wir Weiden suchen, die sollten einen natürlichen Zaun bilden, sie sind auch brav gewachsen. Papa war mehr im Garten wie zu Hause***; er hatte aber auch damit zu tun. Das erste Jahr hat er die ganze Fläche regolt (ich glaube, das ist falsch geschrieben), das dauerte natürlich lange; aber er hatte ja Zeit. Er ging früh gleich los; kaufte sich unterwegs eine Flasche Milch und ein paar Bröd-

* AS: korrekter: Er hatte das (vielleicht) zuerst vorgehabt; beschränkte sich jedoch in Wirklichkeit darauf, mit bärbeißigem KommißGesicht ein paarmal demonstrierend vorm Ladenfenster auf und ab zu marschieren.

** AS: hier ist der erste, der ›Schiffbecker Kleingarten‹ davorzuschalten (vgl. S. 205/6); ich habe noch ein paar scharfe ErinnerungsBilder da parat.

*** AS: dh Er – wie jeder Ehemann, seiner Familie und der HaushaltsSorgen redlich überdrüssig – erbaute sich ein weiteres großes Stück Freiheit; infolgewessen er, zumal zur Sommerszeit, zuhause eigentlich nur noch schlief. (Daß seine Kost sich dort nicht auf Milch & Brötchen beschränkt hat, versteht sich von selbst – sogar ich habe ihm einige Male von der Hornerlandstraße unten Bier ua holen müssen.)

chen, dann ging es bis Mittag. Ich mußte ja warten, bis Ihr aus der Schule kamt, gegessen hattet, und die Schularbeiten erledigt waren. Dann gingen wir los: den Dobbelersweg hoch; die Döhnerstraße lang; dann kam solch kleiner Platz; Wir überquerten die Hammerlandstraße; gingen unter der Bahnüberführung durch; den Weg hinauf, am Rauhen Haus* vorbei, (das war eine Erziehungsanstalt für ungeratene Söhne); und waren dann oben am Bauerberg; über denselben hinweg, und schon sahen Wir unser Land liegen. Dort gab es ein paar frohe Stunden, bis es Zeit wurde, an den Heimweg zu denken. Zur Zeit der Ernte durfte Der – entweder Papa oder ich – der schwer zu tragen hatte, mit der Straßenbahn fahren; die Andern mußten laufen. Ich denke gern an den Garten zurück; es waren doch schöne Stunden, die ich dort verlebt habe. Die Laube : innen ringsum war eine Bank; an zwei Seiten ein Fenster, das schöne Gardinen bekam; in der Mitte ein schöner fester Tisch. Links neben der Tür war ein Gestell mit einigen Fächern; darin waren Teller und Tassen und anderes; oben drauf stand der Petroleumkocher, denn nun wurde draußen gekocht; der Kocher stank elend, aber Wir waren froh und stolz. Im nächsten Jahr bekam die Laube einen Vorbau, der hatte wieder eine Bank an zwei Seiten, und nun saßen Wir viel draußen. Oben waren schöne Gitterstäbe, die Papa mit Brombeeren bepflanzt hatte, die wuchsen schnell und es war eine stachliche Angelegenheit. An der einen Seitenwand der Laube hatte Papa auch ein kleines Clo angebracht; und nun hätte er es gern gesehen, wenn immer Eins darauf gesessen hätte; aber ihr wart nur mit Gewalt drauf zu kriegen, wegen der vielen Spinnen, und die Tür ging auch nicht zu. Wenn ich dran denke, muß ich heut noch lachen; (aber wenn Papa schimpfte, da durfte man nicht lachen). Wenn Wir mit Papa zusammen gingen, mußten Wir immer in seiner Nähe bleiben; das hatte seinen Grund : er hatte sich angewöhnt, die Pferdeäppel mitzunehmen, er hatte einen Eimer, und Schaufel und Handfeger am Arm. Wenn er was besonders schönes gefunden hatte, rief er Uns, und Wir machten, daß Wir weiter kamen; aber er rief, ›Wartet nur, ich komme mit ! ‹. Waren Wir erst aus der Stadt, dann ging es, da kannte Uns ja Niemand. Ich glaube, es war dumm von Uns. Papa hatte einen schönen Komposthaufen, darauf pflanzte er Gurken und Kürbisse. Er war nun auch mit den Nachbarn bekannt geworden, und da wollten sie mal sehen, wer den größten ernten würde. Wie er nun anfing größer zu werden, hat Papa jeden zweiten Tag einen Liter Milch mitgenommen; da ist er natürlich groß geworden; er wurde auch ausgestellt, er wog 60 Pfund ! Wie er mit ihm ankam, bin ich erschrocken, denn wo sollte ich mit ihm hin ? Der größte Teil wurde in einen Steintopf eingelegt, und schmeckte gut; tagelang gab es Kürbissuppe, und Kompott. Es durfte ja auch nichts umkommen; in

* AS : dh die bekannte Wichern-Stiftung. / Dort aber waren Wir dann mit nichten ›oben am Bauerberg‹; vielmehr begann die für mich anregendste Strecke: ein ganz schmaler, leicht geschlängelter Weg, von mindestens 10–12 min Länge, zwischen KleinGärten dahin – den seh' ich heut noch recht genau vor mir (und auch im Traum geh' ich ihn gern).

Oben: Unterführung der Hammer Landstraße unter der Güterumgehungsbahn (jenseits die Horner Landstraße). *Unten links:* Hammer Landstraße von der Einmündung Rumpffsweg nach Osten. – *Unten rechts:* Rumpffsweg, von der Hammer Landstraße aus gesehen.

diesem Winter haben Wir ein Futterhäuschen gebaut, für die Meisen, denn die essen die Kerne gern; da sahst [wahrscheinlich wollte sie ›saßest‹ schreiben ?] Du dann hinter der Scheibengardine und freutest Dich, und Wir kannten sie bald. Anfang September war immer ein Schrebergartenfest; die Lauben wurden schön geschmückt, und man ging von einem Nachbarn zum andern. Aber Du weißt ja, für Geselligkeit hatte Papa nicht viel übrig*; ich auch nicht, hatte auch gar keine Zeit dazu. Das Ende des Festes war der Laternenumzug; Du hattest nur immer : Angst, daß Dein Laternchen verbrennen könnte. (Kennst Du das Lied noch ? : ›Laterne, Laterne / Sonne, Mond und Sterne… wenn de Olsch mit de Lücht, / däi de Lüt betrücht / und de Eier holt / und se nich betohlt usw.‹) Ein großes Regenfaß hatte Papa auch besorgt, damit immer Wasser im Garten da war; Du durftest kleine Schiffchen drauf fahren lassen. / Es gab von allem etwas im Garten, und Wir haben gut geerntet. Der Hauptweg war an beiden Seiten mit wunderschönen vollen, dunkelroten Nelken eingefaßt, die dufteten zur Blütezeit herrlich. Aber abpflücken gab es ganz selten. Auch ganz große Dahlien, mit solch spitzen, eingerollten Blättern, meistens rosa; die waren eine Pracht, Du hast vielleicht in Deinem Garten auch welche. / Die ersten Frühkartoffeln wurden draußen, frisch aus der Erde, gekocht, und die schmeckten. Wenn alles abgeerntet war, wurde ein großes Feuer angezündet, und darin einige Kartoffeln gebraten; nach dem kamen Wir ja nicht mehr so oft hin; Papa hatte mit der Winter-Bestellung zu tun. / Dann kam langsam die Kälte und der Nebel, und da war es auch zu Hause schön. Papa hatte Uns alle Spiele gelehrt; wenn er zuhause war, wollte er immer unterhalten sein : vormittags mußte ich ran; und nachmittags habt Ihr Beide meistens Pris gespielt. Da hast Du manche Träne vergossen, denn es ging um Geld, und Du wolltest doch immer gewinnen. / Nun bin ich ganz von dem Garten abgekommen; es ist ja wohl auch nicht mehr viel zu sagen. / Auch einen Drachen baute Dir Papa jedes Jahr; und dann ging es nochmals auf den Bauerberg, da mußte die ganze Familie mit. Es war ja auch wunderschön, wenn er dann hoch oben im Blauen stand**; aber es dauerte immer eine Weile, ehe es soweit war. Papa hatte selbst viel Freude daran; er hatte als Kind wohl nie einen besessen. /

Nun kommen Papa's DienstWachen; ich werde sie Dir der Reihe nach aufschreiben. / Die erste war die in der Lindenstraße, hieß auch ›Lindenwache‹; sie war eigent-

* AS : Oh doch ! Er wußte sich sogar nichts Schöneres, als im ›MaßAnzug‹ und in (um 2 Nummern zu engen) ›LackTöppen‹ in größere Gesellschaften zu tänzeln – freilich mußten es Ebenbürtige sein, dh ›ZwölfEnder‹ oder Beamte – aber dann stand Er auch sehr bald auf dem Stuhl und krähte die albern-sexualisierten ›Couplets‹ jener Tage : ›Aber nichdoch, nichdoch, nichdoch, liebster Silberstein‹, oder ›Tipp-tipp-tipp- die Schreibmaschine… : denn Fritzchen hatt' zu tief getippt !‹

** AS : Ich habe die Kunstfertigkeit lange bewahrt; und noch viel später (1953) Erika und Helmut Neises, in Kastel, einen großen Drachen gebaut (Fotobeleg vorhanden); und A.Paul Weber's ›Kinder mit PapierDrachen‹ hängt bei mir an der Wand, (von ihm eigenhändig für mich signiert.)

lich die schönste, gleich oben am Anfang der Straße gelegen, No. 4. Sie lag wie auf einer kleinen Insel, und rings um das Gebäude lauter große Lindenbäume. Die Wache selbst war nicht groß, und in den Räumen war es immer dunkel. Papa war ungefähr vier Jahre dort; es fiel in die Zeit vor dem Weltkrieg, die noch sehr streng militärisch zugeschnitten war. Papa war ja sowieso gerne Soldat gewesen; aber das ewige Männchen machen, und bei jeder Gelegenheit stramm stehen, das gefiel ihm nun doch nicht mehr. Besonders ein alter Oberwachtmeister, der schon lange pensionsreif war, hatte es ihm angetan. Was habe ich geredet, es half nichts; aber er machte sich den Dienst unnötig schwer. Es gab da die schöne Einrichtung, das Taxameter-Laufen, dh nach der Uhr; da mußte das ziemlich große Revier genau nach Vorschrift abgelaufen werden, auf die Minute genau. Der Ober war nicht faul, der tauchte mitten in der Nacht an den unmöglichsten Stellen auf, und wehe ! es klappte nicht, dann wurde die Sache verlängert. Papa hat oft das Vergnügen gehabt. Er rächte sich dann, indem er dem Ober die Berichte, die dieser schrieb, und voller Fehler strotzten, höflich zurückgab, mit dem Bemerken, daß es falsch wäre. Die andern Kollegen besserten dem alten Herrn die Fehler aus; aber er machte sich dadurch nicht beliebter. Es herrschte auch noch die Sitte, daß, wenn ein Vorgesetzter die Wache betrat, alles aufsprang, und sich stramm hinstellte, (na, die Zeit hast Du ja auch kennen gelernt). Nun hatte der Oberst [Danner] die Angewohnheit, daß er die Wache betrat, ohne selbst zu grüßen. Papa hatte sich schon lange vorgenommen, sein Kommen mal nicht zu bemerken; er schrieb grade einen Bericht und arbeitete ruhig weiter; da frug ihn der Oberst, warum er nicht grüße; Papa gab stramm stehend zur Antwort : ›er wäre gewohnt, daß Jeder, der die Wache betritt, grüße; er hätte nichts gehört.‹ Daraufhin erfolgte die Versetzung. / Nun kommt die zweite ! Die war in der Hammerbrookstraße [Wache 36]; von der kann ich Dir nicht viel berichten. Es war ein böses Viertel; jeden Abend Schlägerei. Da wohnten viele Arbeiter vom Freihafen, die verdienten ja allerhand Geld, die Schauerleute, die mit ihrem Zampel losgingen

Der Namenszug des Polizeiobersten Danner unter seinem dienstlichen Bericht über den Verlauf des Spartakusaufstandes 1923.

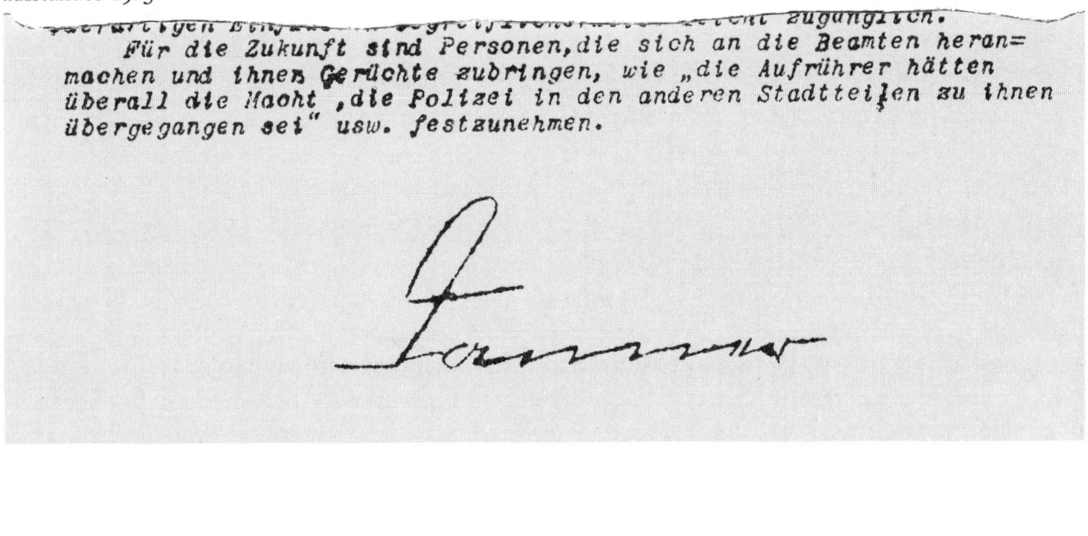
... zugänglich.
Für die Zukunft sind Personen, die sich an die Beamten heranmachen und ihnen Gerüchte zubringen, wie „die Aufrührer hätten überall die Macht, die Polizei in den anderen Stadtteilen zu ihnen übergegangen sei" usw. festzunehmen.

Danner

(Willy Böhm !). Sie standen dann lange am Hafen rum, bis ein Schiff einlief, das dann meist in der Nacht noch ausgeladen werden mußte; denn morgens mußte die Ware schon in den großen Hallen am Meßberg sein. Da bin ich oft mit Euch hingefahren, und habe Obst gekauft; das war billig, aber man mußte immer einen ganzen Korb kaufen, da waren wenigstens 10 Pfund drin; ehe Wir den Schrebergarten hatten, konnte ich dann wenigstens etwas einkochen. (Weißt Du noch, Wer Willy Böhm war ?*) An der Wache hat Papa auch Amandus Wixförtgen kennen gelernt, die Wir dann nicht mehr losgeworden sind. Das wäre eine Erzählung für sich; wenn Du Wert darauf legst, schreibe ich es Dir mal auf.** Warum Papa von der Wache wegkam, weiß ich nicht mehr; jedenfalls kam er an eine noch schlechtere. / Nämlich Nummer 3: das war die Wache am Meßberg [Wache 7, Depenau], mit dem Ausschuß der Menschheit; da gehörte das berüchtigte ›Gängeviertel‹ dazu : Niedernstraße, Kattrepel, Springeltwiete, und wie sie alle hießen. Eines Tages war ich mit Euch Beiden in die Stadt gefahren. Wir waren in der Mönkebergstraße im Warenhaus gewesen; und ich hatte Euch, was nicht oft vorkam, einen Windbeutel mit Schlagsahne und Eis gekauft; nun dachte ich noch Papa einen Besuch zu machen. Um den kürzesten Weg zu nehmen, da Deine kleinen Beine schon müde wurden, (Wir waren mit der Straßenbahn gefahren), ging ich auf eine der schmalen Gassen zu, welche die Mönkebergstraße mit dem Meßberg verbanden – aber bald merkte ich, wo ich war; es war nur gut, daß ich euch Kinder fest an der Hand hatte. Papa hatte ja schon oft erzählt; aber ich hatte es nicht geglaubt; Eure Augen wurden immer größer; ich lief so schnell ich konnte, und endlich waren Wir im Freien. Als ich Papa die Sache erzählte, war er böse; wollte sich aber dann totlachen – er mußte es natürlich Allen erzählen. Die sagten : hätte ich die Kinder nicht bei mir gehabt, hätte ich Schläge bekommen; sie fürchteten wohl die Konkurrenz. An dieser Wache war Papa an die drei Jahre; dann wurde er wieder versetzt. Warum er wegkam, weiß ich nicht; er konnte ja auch den Mund nicht halten. Ich habe schon oft drüber nachgedacht, wie er zu der heutigen Zeit stehen würde, (leben könnte er ja noch).

Nun kommt die vierte Wache [Nr. 17, St.Pauli Nord]. Die war in der Carolinenstraße; das war von Uns aus eine gute halbe Stunde mit der Straßenbahn zu fahren. Die Wache an und für sich war ruhig; nur Betrieb durch die großen Schlachthöfe, die da waren. Solche hatte ich noch nie gesehen; ich konnte jede Woche die Fahrt

* AS : Oh ja. Er wohnte ebenfalls Rumpffsweg; als Untermieter, schräg gegenüber. 210583388-726195964605848161012617, 1339069045535462425441132749053249001359057390266572329-817739939488612289918 51; 740255098974771 5505.

** AS : Er Amandus W. (eigentlich ›Wicquefort‹, ein flämischer Name), sie Antoinette, geb. Flöter aus Kiel; 2 Söhne: Felix (im Alter meiner Schwester), und Fritz (* 1914). / Er war ein gebildeter Mann (Abitur); im Kriege Matrose gewesen; dann bei der hamburger Polizei. Ein unruhiger, fast abenteuerlicher Charakter, der seiner Familie denn auch die wunderlichsten Erlebnisse bescheert hat; (er war unter Denen, die – siehe nächste Seite – ›bereits gekündigt hatten‹ !)

einmal machen, ich mußte Fleisch holen*; es war die Zeit, wo alles knapp war. Wir hatten das Fleisch bald satt, denn es fehlten ja Kartoffeln und Brot; da hab ich dann Fleisch gegen mir fehlende Sachen getauscht; da ging es dann. Du hast Dir da den Ekel an Fleisch gegessen. Es war meistens gekocht; ich hab die unmöglichsten Sachen damit gemacht, damit es schmecken sollte; aber Wir hatten es bald Alle satt. An dieser Wache spielte sich auch die Geschichte mit Flensburg** ab, wo Einige davon direkt besessen waren, unser Papa war dabei. Und nur durch vieles Reden, wo ich natürlich immer hören mußte, daß ich ihm alles verdürbe – na, ich hab dann, wie schon oft vorher, recht gehabt. Die Andern, die bereits gekündigt hatten, mußten Bittgänge gehen; und Alle haben sie auch nicht wieder eingestellt. Ich weiß nicht; Papa war doch so viel älter, und in der Welt rumgekommen; aber in der Hinsicht hatte er keinen Überblick, es war für ihn ein neues Abenteuer. (Der hätte gut zu Alice gepaßt, die liebt auch die Veränderung. Auf meine Frage, ob es ihr nicht schrecklich wäre, immer wieder was anderes, da hat sie mir geantwortet : ›Wieder ein neues Abenteuer ! ‹, und war schon gespannt, was sie da alles erleben würde. Es ist eben ein guter Schuß Abenteurerblut in ihr; genau wie in unserm Papa war, und in Luzie ist. Da kann ich nicht mit und will auch nicht : das Schönste wäre, an dem Fleck, wo ich geboren bin, auch sterben zu können; aber das Leben will es ja oft ganz anders, und man muß sich fügen.) Und daß Papa da der Einfall kam, wieder nach China zu machen, das hat die Wache auch auf dem Gewissen. Da waren so Einige, die gerne ihren Anhang los sein wollten; Papa wollte Uns ja mitnehmen, aber er kannte mich ja, lieber hätte ich mich scheiden lassen, und das wollte er auch nicht; der Hauptmagnet warst wohl Du. Auch die Sache mit der Schmalz-Paula gehört in diese Rubrik, Du kennst sie ja; es war Papa um nichts Ernstliches zu tun, lediglich um etwas anderes. Sobald ich davon Kenntnis hatte, hakte ich natürlich ein; zu Papa sagte ich nichts, ich suchte mir die Frauen auf – was mich diese Gänge gekostet haben will ich nicht erwähnen – und von Denen erfuhr es Papa; aber es war jedesmal aus, bis zur Nächsten. Da gab es natürlich dann ein

* AS : es war sogenanntes ›Freibank-Fleisch‹ (also verdächtiges), und Wir wurden denn auch von den gruseligsten Krankheiten befallen : einmal hatte ich den (kleinen) Kopf voll mit 20 Eiterbeulen, groß wie halbe HühnerEier; die schnitt mir mein Vater mit der HaarschneideMaschine auf, daß mir der Eiter über's Gesicht lief – ich habe selbst das überlebt.

** AS : Von dort kam ein Hochstapler, der vorgab, er sei im Begriff ein GroßUnternehmen in China zu gründen; sich selbstverständlich von vielen Deppen Vorschüsse-Beiträge zahlen ließ – für ›Aktien‹; für ›höhere Posten‹ – und am Ende mit den Geldern verschwand. Ich weiß noch genau, wie mein Vater immer erregter & wilder aufs Auswandern wurde. Der Kerl (der ihnen übrigens vorführte, wie man Geflügel korrekt verspeise etc.; natürlich aß er allein, die Genasführten schauten ehrerbietig zu) hatte erst direkt Schwierigkeiten fingiert, à la ›es wäre nun nichts mehr frei‹, oder, ›halt !, da wäre allenfalls noch der Posten eines Ober-Lagermeisters …‹ Und mein Vater natürlich selig ! Damals gingen meine Eltern oft allein aus, und ließen Luzie und mich daheim, die ganze nächtliche Wohnung einzig erleuchtet durch das Flurlicht, das von draußen, durch die Korridortüre kam. Na ja.

Donnerwetter, und darauf folgte wochenlanges Schweigen. Hätte ich vielleicht mitgeschimpft, wäre es wohl besser gewesen; aber ich schämte mich vor den Leuten. Ich sah ja ein, daß Papa nicht mit dem zufrieden sein konnte, was ich schon über meine Kräfte gab; aber er hätte ja wissen müssen, daß ich für ihn keine Frau war – naja, es ist alles vorbei. Hier ist soviel mit eingeflochten, was wohl nicht hingehört; aber Du wirst ihm schon den richtigen Platz anweisen. / Nun kommt die letzte Wache : Burgstraße. [Nr. 26; ganz in der Nähe meiner Realschule]. Das war keine Strafversetzung. Papa fing damals schon an, mit seiner Krankheit, und hatte ein Gesuch gemacht, in die Nähe seiner Wohnung zu kommen. Die Wache war schön, und die Kollegen auch untereinander einig. Papa machte ja auch schon einige Jahre keinen Straßendienst mehr; er war ja an der Wache am Meßberg auch Oberwachtmeister geworden, und hatte es doch viel leichter. An der Wache Burgstraße lernte er auch Herzog kennen, auf Den mußt Du dich noch besinnen können; Der war doch mit bei Uns, als Wir den Papa zum letzten Mal sehen durften. Kannst Du dich noch entsinnen ? Luzie blieb an der Tür der großen Halle stehen, und kam nicht hin; sie sagte mir, sie ekele sich, und drehte dem Sarg den Rücken; ich hab mich so geschämt, und Wir Beide weinten. Herzog und Papa waren gute Kollegen geworden; wie gut, das hab ich erst nach Papa's Tode erfahren, aber das weißt Du ja Alles. Oft habe ich schon gedacht : da lebt man nun mit dem Mann zusammen, hat Kinder, und im Grunde weiß man garnichts; das ist so häßlich. An der Wache kam Papa auch oft mit Hoffmann zusammen, der ja in dem Revier wohnte. Es waren doch alte Kameraden von China her. Er hatte einen gutgehenden Schusterladen in der Bethesdastraße; aber nach dem Kriege hatte er dazu keine Lust mehr; er war befördert worden, und wollte auch zur Polizei. Papa war ihm behilflich, und half ihm über die erste schwere Zeit hinweg; dafür besohlte er Uns unsre Schuhe. Ich lernte dann auch seine Frau kennen, und Wir kamen oft mal zusammen;* aber es war nicht ergötzlich. Er war gutmütig, konnte sich aber nicht anpassen; Papa hat ihm oft weiter geholfen, da ihm der einfachste Bericht Schwierigkeiten machte. Und seine Frau, die schnackte bloß plattdütsch und wie; das meiste mußte ich mir denken. Sie wurde nachher krank, und hat viele Jahre damit zugebracht. Der Verkehr hatte zwischen uns aufgehört; denn als ich erfuhr, daß er sich eine andere Frau in seine Wohnung genommen hatte, die nun seine Frau zu Tode pflegte, da wollte ich nichts mehr von ihm wissen. Papa hatte ja auch seinen Garten, und verbrachte die ganze freie Zeit dort. Mit seinem Leiden wurde

* AS : Karl Hoffmann wohnte auf der Stöckhardt-Straße. Sie hatten 3 Mädchen : Hertha (ungefähr mein Alter, so ein runder-blonder Appelkopp); und die Zwillinge Martha und Anni (Diese die hübscheste-stillste). Auch hier viele Erinnerungen – einmal wohnte er in Hermannsthal – er besaß Kürschner's China-Buch, (in dem ich den Erstdruck von Karl May's ›Friede auf Erden‹ sah). Er ist dann, als Witwer (etwa 1936) noch einmal bei uns in Lauban gewesen, und hat meine Mutter heiraten wollen – welche Perspektiven !

es von Jahr zu Jahr schlechter; wie habe ich gepredigt, daß er doch mal einen richtigen Arzt aufsuchen solle; aber von einem Quacksalber zum andern, und dann war es zu spät. Anfang 1928 wurde er zum Revier-Oberwachtmeister befördert; er hatte drei Wachen unter sich, die er täglich mindestens morgens, und gegen Abend aufsuchen mußte, um Anordnungen, den Tagesbefehl und so vieles andere zu erledigen. Auf die Straße kam er sonst gar nicht; er hatte ein eigenes Zimmer, und wenn seine Krankheit nicht gewesen wäre, konnte es gehen. Er hatte auch angefangen, noch einen Lehrgang mitzumachen, nach dem er dann Kommissar geworden wäre; aber das Schicksal bot Halt. Sonst hat es ihm an der Wache gut gefallen; er konnte ja auch mit allem mit, und den üblichen Beamtendünkel hat er nie bekommen. Es ging Uns ja auch ganz gut; das Gehalt war tüchtig gestiegen, und Papa konnte sich seinen ersten Anzug nach Maß bauen lassen – Du hast ihn dann ja noch aufgetragen. / Das waren Papa's Dienstjahre in Hamburg; es war eine schöne Zeit, trotz allem. Ich hätte mir nur gewünscht, noch einmal alle die Plätze aufzusuchen, und durch die bekannten Straßen zu gehen; aber es muß auch so gehen; nachts, wenn ich nicht schlafen kann, streife ich durch Hamburg. / Die Bewerbung seinerzeit bei der hamburgischen Polizei hat Papa schriftlich erledigt. Er ist Ende Dezember 1911 nach Hamburg gefahren. Vom 1.1.12 bis 1.3.12 eine Probezeit; in der hat er in der Hartwig Hesse Straße gewohnt. Am 1. Mai die Wohnung Rumpffsweg gemietet und bezogen. Am 14. kam er nach Lauban; am 18. war Hochzeit; und am selben späten Abend sind Wir nach Hamburg gefahren. [Am 2.7.1912 zum Schutzmann ernannt.]

DIE FAMILIEN IM HAUSE RUMPFFSWEG 27 :

Parterre : 2 Läden. Die Ecke war eine Kneipe, der Wirt hieß Sammtleben. Der zweite eine Wäscherei, Name Meier. Die Beiden hatten auch im Hochparterre Jeder eine Wohnung. / Kam man die Treppe rauf, da war die erste Wohnung für den Hauswart (Voigt); daneben die Tür (Sammtleben); die dritte Tür, die Wohnung nach vorn, war die Hauswirtin, Frau Dorendorf; und die vierte, bei der Treppe nach oben, Familie Meier. / Erste Etage : an der Treppe von unten Familie Beyer, drei Kinder, mit denen ihr viel gespielt habt, sie waren in Eurem Alter. Der Mann war Taxifahrer, verdiente damals schon die Woche 70 Mark. Wir hatten den ganzen Monat 150; Die lachte mich immer aus. Die nächste Wohnung hatten Pöcker's, sehr ordentliche ältere Leute, 2 Kinder : Hanna in Luzies Alter, und Hermann, eine zeitlang Dein Schulkamerad, den kennst Du ja sicher noch.* Die andern Beiden auf der Etage sind mir nicht mehr be-

* AS : Er war Tischler in einer Möbelfabrik; seine Frau seine, um 20 Jahre ältere, Cousine; beide aus Flensburg. / Hermann Pöcker erscheint auf den Klassenfotos; Wir sind schließlich Tag für Tag zusammen in die Schule gegangen.

kannt; ich weiß nur, daß in der einen zwei ältere Fräuleins wohnten; und an der Treppe nach aufwärts Familie Fischer. / Die 2. Etage : an der Treppe von unten Familie Fuhrmann. Er war Schlachter in der ›Produktion‹, schon damals ein großer Kommunist; sie Schneiderin; einen Jungen, der ebenso alt war wie Du. Wenn sie viel zu tun

27 *E.* Dorendorf, E. H.,
Hammerlandstr. 182
Meier, Herm., Wäsch. *E.*
Sammtleben Wwe., W.,
Wirtsch., ☞ *E.*
Ludwig Wwe., M. *E.*
Pfeiffer, A., Kont. *O'E.*
Voigt, O., Arbtr. *O'E.*
Dorendorf Wwe., J. *O'E.*
Kasch, C., Hochbahnbt. *O'E.*
Beyer, Ad., Fuhrm. *I.*
Jürgensen, W., Maler, ☞ *I.*
Jürgensen, J., Bankbt. *I.*
Pöcker, F., Tischler *I.*
Schumann, G. *II.*
Fuhrmann, R., Schlacht. *II.*
Schmidt, Otto, Polizeibt. *II.*
Hansen, E., Bur.-Ass. *II.*
Knost, W., Kaufm. *III.*
Wischmann, C. *III.*
Wittkamm, J., Exped. *III.*
Lorenz, R., Bäcker *III.*

27 *E.* Dorendorf, E. H.,
Hammerlandstr. 182
Donat, W., Wirtsch., ☞ *E.*
Meier, Herm., Wäsch.
E. u. *O'E.*
von Thiemen, M.,
Tischl. *O'E.*
Voigt, O., Arbtr. *O'E.*
Dorendorf Wwe., J. *O'E.*
Fichte, A., Ladeschaffn. *I.*
Beyer, Ad., Fuhrm. *I.*
Pöcker, F., Tischler *I.*
Arnold, G., Privatm. *I.*
Pfeiffer, A., Kont. *II.*
Kasch, C., Schlosser *II.*
Schmidt, Otto, Polizeibt. *II.*
Hansen, E., Baupol.-
Beamt. *II.*
Schwerdtfeger, H. *III.*
Knost, W., Kaufm. *III.*
Wischmann, C.,
Wagenf. *III.*
Lappe, F. *III.*

27 *E.* Dorendorf, E. H.,
Hammerlandstr. 182
Kolmorgen, H., Wirtsch.,
☞ *E.*
Meier, Herm., Wäsch.
E. u. *O'E.*
Voigt, O., Arbtr. *O'E.*
Dorendorf Wwe., A. *O'E.*
Kolmorgen Wwe., F.,
Näh. *O'E.*
Kuthe, Frau Minna *I.*
Fischer, W., Mühlenb. *I.*
Raabe, F. K., Geschäftsf. *I.*
Klages Wwe., M. *I.*
Pöcker, F., Tischler *I.*
Böhme, H. *II.*
Haase, K. *II.*
Pfeiffer, A., Kont. *II.*
Prell, H., Kaufm. *II.*
Schmidt, Otto, Polizeibt. *II.*
Tilsch, G. *III.*
Bandow, C., Reis. *III.*
Schwerdtfeger, H. *III.*
Bauer, E., Schneid. *III.*
Lappe, F. *III.*

Die Bewohner von Rumpffsweg 27 lt. Adreßbüchern von 1918 *(oben)*, 1922 *(re. oben)*, 1926 *(re. unten)*.

hatte, brachte sie ihn rüber, und da habt ihr eure ersten Gehversuche zusammen unternommen. Später sind sie ausgezogen; er hatte sich eine eigene Fleischerei in Eimsbüttel eingerichtet; sie kamen ab und zu mal im eigenen Auto zu Besuch; aber es schlief dann ein, da Wir den Besuch nie erwiderten. Neben Fuhrmanns ein kinderloses Ehepaar Pfeiffer (Wandervögel), kinderlos; die hab ich nie anders als in Lodenkleidung gesehen. Er war Buchhalter, aber sehr freundliche Leute, die ganz für sich lebten. Dann, nach vorn raus, neben Uns, Familie Hansen; er solch lange Latte, und sie eine kleine mollige Frau. Keine Kinder; aber Krach alle Tage : wie oft hat er sie in der Wut vor die Tür gesetzt; in Nachthemd saß sie auf dem Reisekorb und heulte zum Erbarmen. Wenn mich Papa nicht zurückgehalten hätte, wäre ich rausgegangen; aber nachdem ich ein Mal beobachtet hatte, daß sie nach einem solchen Krach ihm morgens nachwinkte, da hat sie mir nicht mehr leid getan. Sie haben sich dann nach einigen Jahren einen Jungen [›Hein‹] angenommen, denn sie war kinderlieb; aber auf den kleinen Kerl war sie eifersüchtig. Er ist dann von ihr weg gegangen, nachdem sie acht Jahre zusammen waren; hat sich bald wieder verheiratet, eine Kinobesitzerin mit 4 Kindern – soviel ich erfahren habe, war die Ehe gut. Seine Frau zog auch aus; wohin, weiß ich nicht. / An der Treppe zur 3. Etage nach oben Familie Schmidt. Kommentar überflüssig. / Nächste Etage : an der Treppe von unten Familie Wittkamm, ohne Kinder. Daneben das weiß ich nicht mehr. Nach vorn raus Familie Knost; er solch riesiger Kerl aber hübsch; sie klein und dick, ohne Kinder. Wanderten auch viel; er ist im Weltkrieg gefallen. Über Uns Familie Stichler (Schlesier); er Polizeibeamter, ein Mädel. / Die letzten 2 Jahre haben Wir die Wohnung über Frau Dorendorf gehabt; aber das weißt Du ja sicher noch. –

Von Dir fällt mir noch ein, Deine Schulfreunde : Hermann Pöcker; der wohnte im Haus, es war ein sehr kleiner Junge, und Ihr hattet wohl nicht viel mehr als den Schulweg gemeinsam. / Dann war da noch ein Elfers,* wohnte in der Döhnerstraße [nein !], der kam manchmal. Der Vater Architekt, aber nicht da; ein gut erzogener blonder Junge. Der kleine Elfers ist manchmal bei Uns gewesen. (Du gingst ja nirgends hin) und die Kinder durften auch nur kommen, wenn Papa Dienst hatte.

Noch zu den Spielsachen : eine Festung. Dann später der STABIL-Baukasten; da hast Du wunderschöne Dinge gebaut, es gab ja immer Teile dazu.

Kaput hast Du nie was gemacht; keine Hose zerrissen, nichts; Ihr wurdet ja auch ständig ermahnt. Nur die Schuhe gingen entzwei; da hatte sich Papa bei Hoffmann Karle es soweit abgesehen, daß er die [Schuhe] für alle Tage selbst besohlte. Wenn es ans Schustern ging, das war immer schlimm; denn andauernd schimpfte er dabei, und ihr wart alle Beide sehr vorsichtig. Wenn er einen von Euch erwischte, der mit dem Fuß einen Stein oder etwas anderes fortschleuderte, dann ging das Schimpfen los, ›ich kann bloß für Eure Schuhe arbeiten !‹ usw. Luzie hat er mal ein Paar hohe Schuhe arbeiten lassen, von seinen alten Stiefeln, das war die reine Quälerei; aber sie mußte sie anziehen. Die waren so hart wie ein Brett, und sie weinte jedesmal beim Anziehen; bis ich es nicht mehr mitansehen konnte, und die Schuhe weg tat; da herrschte wieder wochenlanges Stillschweigen. Dasselbe war, als Luzie's Haar anfing zu wachsen : da

* AS : der ›Willi Elfers‹ der Klassenfotos. (Vater †, war Lehrer gewesen; Mutter Marie). Sie wohnten auf dem Hübbesweg Nr. 19, und ich war einige Male bei ihnen.

Hamburg-Hamm, Haus Rumpffsweg 27, Ecke Dobbelersweg, Arno Schmidts Geburtshaus (Schmidtwohnung 3. Stock, rechter Balkon (×); in der amtlichen Zählung 2. Stock, das 1. Obergeschoß galt als ›Hochparterre‹). An der Ecke die Gastwirtschaft Wilhelm Sammtleben, im Bogen über dem Hauseingang rechts das Kehrwieder-Relief. Fotopostkarte (mit Poststempel von 1916), zur Verfügung gestellt von Heinz Dorendorf, Sohn des Erbauers und Eigentümers Architekt E.H. Dorendorf, der selber in den ersten Jahren nach Erbauung im Hochparterre wohnte. – Ab Winter 1926/27 bewohnten Schmidts die Eckwohnung im 2. Obergeschoß (××).

gehörte nun wenigstens zum Sonntag eine schöne Schleife hinein. Die Kinder hatten alle so schöne breite Taftschleifen; ich kaufte ihr eine schmale; und sie war ganz stolz : Papa die sehen und rausreißen war alles eins ! ›ein Bindfaden würde auch genügen !‹; und er brachte nun von seinen Zigarren die gelben Bändchen mit, das waren Luzie's Haarschleifen. Nur wenn Papa Dienst hatte, konnte ich ihr mal eine einbinden – und trotzdem war ihr Papa ihr lieber als ich ! Na ja, diese kleinen Episoden weiß sie wohl gar nicht mehr, oder will sie nicht wissen. Ich hab mich mit Papa eigentlich wenig gezankt; es kam immer wegen euch Kindern, weil er zu streng war. Ich hatte eine schöne Kindheit gehabt, und mußte nun täglich erleben, wie er Euch jede kleinste Freude verdarb. Luzie nahm das ja nicht so tragisch; aber Du ließest es ihn merken... dann kriegte ich wieder mein Teil, ›Das hat er von Dir ! ‹ – ich hätte es Dir ja verbieten müssen; aber ich konnte es nicht, denn er hatte Dir ja Unrecht getan; und wenn Du auch noch klein warst, Du hattest Charakter, und darüber freute ich mich. / Luzie und Du, Ihr habt Euch gut vertragen; am schönsten war es abends; Ihr mußtet immer zeitig zu Bett, und dann erzähltet Ihr euch, oder sangt zusammen Lieder. Aber wenn ich dann kam, und sagte, ›Nun müßt Ihr schlafen‹ habt Ihr nichts gesagt; ich habe noch mit Euch gebetet, und dann schlieft Ihr bald ein. Freundinnen hatte Luzie keine : Die war mit Allen gut. Im Haus war die Käthe Beyer, und Hanna Pöcker. Ecke Dobbelersweg und Borstelmannsweg wohnte die Ilse Ethe; dann von unserm Schuster die beiden Mädel; die sind alle auf dem Bild, welches Du ja dort hast. / Luzie hat nach ihrer Schulzeit ein Jahr lang eine Haushaltungsschule besucht; da lernte sie alles, es kostete den Monat 30 Mark, dafür gab es Mittagsbrot; zum Schlafen kam sie nach Hause. / Als das Jahr um war, besorgte ihr Papa eine Stelle als Lehrling bei einer Modellschneiderin; sie wohnte an der Alster, in der Uferstraße; ihr Mann war Kapitän. Als ich mit Luzie dahin ging, (Papa hatte Uns angemeldet) da war ich sprachlos : solch eine elegante Frau hatte ich noch nie gesehen ! Luzie hat es dort gut gefallen; daher stammt auch ihre Art zu schneidern, sie ist beinah zwei Jahre dort gewesen. Dann zog die Frau Hertha Strauch mit ihrem Mann nach Südamerika; sie hatte Luzie ein sehr gutes Zeugnis ausgestellt. / Dann ist Luzie, bis Wir nach Lauban machten, im Neuenwall, [meiner Erinnerung nach auf der Steinstraße], in einem Konfektionsgeschäft gewesen, den Namen weiß ich nicht mehr ... Sie mußte auf die Minute pünktlich zu Hause sein, sonst gab es Ohrfeigen. Da sie mit der Straßenbahn fahren mußte, konnte sie manchmal nichts dafür, aber das war egal; oder eine Kundin kam noch kurz vor Ladenschluß und es mußte an dem gekauften Gegenstand etwas geändert werden, da dauerte es auch länger – das ließ er alles nicht gelten; sie mag ja auch oft geflunkert haben, aber

XX
X
Bill
Bill

sie war ja nun auch kein Kind mehr. / ... / Ausflüge haben Wir auch in jedem Jahr mehrere gemacht. Immer in der Woche; sonntags gingen ja alle Leute, und es war in der Woche auch nicht so voll ... Finkenwärder, und andere kleine Orte. / Bergedorf – da wäre Papa beinahe angestellt worden; es war ein schönes kleines Städtchen. Ich war mit, als sich Papa bei dem Obersten vorstellen mußte, ich weiß es noch wie heut; er hatte ein wunderschönes Haus in einem herrlichen Garten. Wir wurden von zwei riesengroßen Schäferhunden empfangen, die Uns in die Mitte nahmen, und nicht aus den Augen ließen. Er selbst bat Uns in sein Zimmer, und nötigte Uns zum Sitzen – die Hunde wieder rechts und links; ich hab eine Todesangst ausgestanden ! Er sagte, die Hunde gehorchten auf den Wink, die seien auf den Mann dressiert. Papa hat es sich dann aber überlegt. Das war wieder eingeflochten. / Nach dem Freibad Kattwyk bin ich nur ein Mal mitgefahren; das war ein Familienbad, und Alles ging ›ohne‹. Ich hab mich mit Euch Beiden hinter einen Strauch gesetzt; Papa ging stolz auf und ab, und ›machte Studien‹. Zu Hause hat er eine schöne Predigt gekriegt : er solle doch wenigstens auf seine Kinder Rücksicht nehmen. / Sonst sind Wir viel ins Wandsbecker Gehölz gegangen. Das war ein ganz Stück zu laufen; da gingen Wir die Treppe rauf, die zur Hammer Kirche führte, und dann den schönen Weg entlang bis zum Strohhause; das war eine Wirtschaft; es gab aber nur Milch, Dickmilch und Kuchen. Die hatten selbst Landwirtschaft, eine Menge Kühe und Geflügel. Einmal wollte Papa Uns mal was Gutes antun; er bestellte für Jeden eine Portion Dickmilch, Wir freuten Uns schon darauf. Als sie gebracht wurde, sehe ich mit Staunen, daß Jeder einen tiefen Teller voll bekommt; dazu eine Schüssel geriebene Semmel, zum überstreuen, und reichlich Zucker, und außerdem für Jeden einen großen Becher Milch. Der Tisch war voll, und Wir sahen Uns nur an : wie sollten Wir das schaffen ? Einen halben Teller aßen Wir, aber dann war Schluß; da mußte Papa ran, trotzdem er sonst nie von Uns etwas aß; aber das hier hatte Geld gekostet, und er schimpfte; Wir verkrümelten Uns langsam. Unterwegs haben wir erst unsere Predigt bekommen; er mußte alle Augenblicke verschwinden; er hat Uns nie wieder dahin aufgefordert. – Im Gehölz selbst war es schön; und da er sehr für Natur war, beruhigte er sich auch langsam wieder.

Das Kino in der Eiffestraße war erst neu; ich bin nicht oft hineingekommen;* denn Papa hatte nicht viel dafür übrig, und es kostete ja Geld. Einmal konnte ich ihn überreden, ich hatte auch einen anständigen Platz besorgt; neben Papa saß eine gutgekleidete Frau, ein Hütchen mit einem Schleier trug sie. Wenn Die in dem Stück sich einen

* AS : Sie ging sehr oft; weit häufiger, als das ›Kostgeld‹ es erlaubt hätte. / Außer den von ihr genannten Titeln fallen mir noch ein ›Wolgaschiffer‹ ein; und einer, wo in Afrika ein Mönch aus seinem Kloster durchbrannte – erst vor ein paar Jahren habe ich gefunden, daß es sich dabei um eine Verfilmung von Robert Hichen's Roman ›The Garden of Allah‹ gehandelt haben muß. / *Das* waren vielleicht Gespräche zwischen all diesen frustrierten Frauen, wenn sie von ›Max Linder‹ schwärmten, oder den verschiedenen ›Harrys‹, ob Piel ob Liedtke – nichts als lippenleckende CoEtüden !

Kuß gaben, machte er seine Glossen, ich konnte machen, was ich wollte. Dann war er eine Weile ruhig. Dann sagte er : ›Riechst Du nichts ?‹, und fing nun an zu schimpfen : ›das wäre doch die Höhe; dazu brauchte er nicht ins Kino zu gehen !‹, und sah immer die Frau mit dem Schleier an; die war schon ganz rot geworden. Auf einmal stand er auf und meinte, ›das ließe er sich nicht bieten‹, und ging; ich natürlich mit. Ich ahnte ja, wer der Übeltäter war, und er wollte sich nun totlachen; aber aufgefordert hab ich ihn nie wieder. (Ich mußte eben beim Schreiben ordentlich lachen.) Ins Kino konnte ich nur, wenn Papa Nachtdienst hatte. Dann ging ich in die erste Vorstellung, die fing um halb fünf an; da war ich um halb sieben wieder im Hause. Euch hatte ich in Dein Bett gesetzt, und Ihr wart sehr brav; durch die Glastüren [die obere Türhälfte, in 3 schmale Scheiben unterteilt, das übliche schlierige Facetten-Gewimmel] kam ja vom Flur her Licht. Einmal hatte sich Papa's Dienst geändert, er kam in eine andere Tour, und ich war im Kino. Luzie hat es erst nicht verraten wollen; aber nach einer Tracht Prügel hat sie es eingestanden. Nun kam er ins Kino und ließ mich rausrufen, und zu Hause die Predigt: ›Nun wüßte er, wo das Geld bliebe; usw. usw.‹ – ich ging wirklich nicht oft. Die Filme weiß ich nicht mehr, das liegt alles so weit zurück; nur an Henny Porten in ›Kohlhiesels Töchter‹ kann ich mich noch entsinnen. Und Käthe Dorsch, in ›Die Neuberin‹. Auch noch mit Henny Porten, ›Die Faust des Riesen‹.

Nochmals zurück, zu Otto Funk,* er war ein lieber Mensch; schade, daß er keine eigenen Kinder hatte. In der Schlafstube stand Dein Bettchen, wenn man zur Tür rein kam, rechter Hand; an der Wand links war Luzie's. Herr Funk kam das erste Mal zu Uns, da warst Du noch Baby; dann ungefähr vier Jahre lang, bis Papa an eine andere Wache kam; der Verkehr ist dann eingeschlafen. Er hat nie versäumt, Euch etwas mitzubringen; Luzie machte sich nicht viel daraus; aber Du warst von klein auf solch ernstes Kind, er hat oft an Deinem Bettchen gesessen. (Das mit dem Osterei, das weiß ich nicht mehr; aber es wird schon stimmen.)

Unser erstes Land war in Schiffbeck; da bin ich wenig mit hingekommen, nur einige Male im Sommer zum Baden. Denn ganz in der Nähe war das ›Schiffbecker Moor‹, das war ganz flach und sehr braun, und der Grund alles voll Schlamm. Luzie hatte

* AS : *Herr Funk:* Bei diesem Namen sehe ich sofort unsere SchlafStube. Es ist irgendwie ein abenddämmriger FrühlingsTag; Wir – meine Schwester und ich – liegen bereits in unsern Bettchen, und Herr F. tritt ein. Er kommt zu jedem her, bückt sich über Uns, und schenkt mir ein blechernes bemaltes Osterei, das sich (schwer) aufmachen läßt und Bonbons enthält. / Als ich diese Erinnerung im Spätherbst 1969 (28.x.–1.xi.) meiner Schwester mitteilte, ergänzte sie, die um fast 3 Jahre ältere, dies noch um ein Beträchtliches : ›179060348333013510299658982-9897936473557, 84862476112697555194986774093854323162178562264880862592955099964-74674211674973482880285. 13630754846403380149201588402924748185979918; 199022286267-8354535263448048110923348836.‹ Ja; sie hatte sogar mit meiner Mutter darüber gesprochen, und Diese es ihr ohne weiteres bestätigt.

einen neuen dunkelblauen Badeanzug (Trikot) bekommen, mit breiten weißen Streifen, er sah gut aus; als sie das erstemal aus den Fluten auftauchte, waren die schönen weißen Streifen grau, und sie sind auch nie wieder weiß geworden. Das Wasser mag gesund gewesen sein; aber Du hattest nicht viel dafür übrig. / Und dann die Einholung der Ernte im späten Oktober. Gezogen haben Wir in der tiefen Dämmerung wie die Pferde. Und dann die Wege ! ; wenn Wir erst an der Horner Rennbahn waren, dann war das schlimmste geschafft; aber bis dahin waren gut ¾ Stunden Quälerei,* denn es mußte doch alles aufeinmal mit. Zwei Jahre haben Wir das Land gehabt; dann bekam ich die Geschichte mit der Lunge. Aber da war ich selbst schuld; ich bin gleich, nachdem Wir die große Fuhre nach Hause hatten, an die Leitung gegangen und da hab ich mir die Sache geholt. Ihr mußtet Kaffee trinken, und ich, na ich hab es viele Jahre büßen müssen. Da kannst Du Dich sicher noch erinnern, daß ich jedes Frühjahr und jeden Herbst zum Arzt mußte, und dort Spritzen und Höhensonnenbestrahlungen bekam. Von dem andern Garten das nächstemal.

*

Ich will Dir nun heut Deinen ersten Schultag aufschreiben. / Tagelang vorher warst Du schon in großer Aufregung; es konnte Dich Niemand beruhigen; nun war der Tag gekommen. Zum Geburtstag hattest Du einen schönen ledernen Tornister, mit allem was dazu gehört, erhalten. Er konnte Dich gar nicht reizen. Eine Stunde vorher fing ich schon an, Dich langsam vorzubereiten; Du ließest alles ganz ergeben mit Dir geschehen, nur nach der Uhr sahst Du alle Augenblicke. Ich war schon fix und fertig, kannte ich doch meinen Jungen; nach dem Klo bist Du so oft gelaufen; aber die Zeit ging ja weiter, unerbittlich. Endlich war es soweit, daß Wir beide gehen konnten. Papa hatte zum Glück Dienst, sonst wäre es nicht so ruhig abgegangen; und Luzie war schon eine Stunde früher fortgegangen. Du hast meine Hand nicht losgelassen; ich konnte Dir erzählen, was ich wollte, Du starrtest nur vor Dich hin. (Nebenbei, ich bin genauso gewesen; nur mit dem Unterschied, daß mich Emma zur Schule bringen mußte; und da ich umkehren wollte, hat sie mich erstmal ordentlich verhauen.) Nun weiter : Wir hatten es ja nicht weit zur Schule; aber ich glaube, Dir wäre es lieber gewesen, Wir hätten lange so laufen können. / Nun waren Wir auf dem Schulhof; da kamen die einzelnen Lehrer, und stellten ihre Klassen zusammen. Du gingst nicht von mir weg; na da fiel es noch nicht so auf, denn die Anderen hatten ja auch ihre Mütter mit. / Nun ging es in das Schulzimmer; Jeder bekam seinen Platz angewiesen; Du hattest einen Eckplatz,

* AS : ich seh' die Szene vor mir: es war fast schon dunkel, die GasLaternen brannten; und ich weiß noch, daß in dem sehr dunkel-blauen Himmelsstreifen über'm Dobbelersweg, nach Osten zu, ein auffällig heller Stern stand. Wir hatten irgendwo einen riesigen Leiterwagen entliehen; und auch ich war von einer geradezu überirdischen Müdigkeit, in der ich Alles ›gestochen scharf‹ sah – heut noch ragt das schwarze EisenSkelett der Gaslaterne, mit der grüngelben LichtSpitze darin, vor der ganz seltsam braunblauen HausFront !

dicht am Fenster. Die andren Mütter waren nun schon größtenteils gegangen, Du ließest meine Hand nicht los; nun schämte ich mich für Dich – ich brachte doch so einen klugen Jungen zur Schule, und er wollte nicht bleiben. Ich hab Dir gut zugeredet, und hatte mich von Dir losgemacht; aber ehe ich die Tür erreicht hatte, warst Du schon wieder hinter mir. Ich brachte Dich wieder zu Deinem Platz; aber es wiederholte sich noch einige Male; bis der Lehrer (Herr Brandt) aufmerksam wurde; und einige Andere fingen auch an, unruhig zu werden. / Da frug der Lehrer Dich, ob Du nicht gern zur Schule kämest ? Da tatest Du das erste Mal den Mund auf, und sagtest ›Nein.‹; nichts weiter. Nun brachte er Dich selber auf Deinen Platz; aber es nützte nichts. Nun war er schon ärgerlich auf Dich; zu mir aber sagte er : ›Es ist besser, Sie nehmen ihn heut wieder mit; er macht mir die ganze Klasse unruhig‹. / Niemand war froher als Du. Ich hab Dich unterwegs natürlich ausgescholten, und Dir erklärt, daß Jeder in die Schule gehen müsse; Du faßtest nur meine Hand, und dachtest wohl, ›nun kann mir nichts passieren‹. Papa hab ich nichts davon erzählt, Der hätte einen mordsmäßigen Stunk gemacht; aber Du mußtest mir versprechen, morgen brav in der Schule zu bleiben. Zum Glück fiel mir ein, da ich Dich die ersten Tage auch abholte, erzählte ich Dir, ich wartete draußen vor der Tür, und da warst Du beruhigt. Später hast Du wohl eingesehen, daß es sein muß. Aber Du gingst so schwer weg; Deine letzten Worte waren immer : ›Ich komm gleich wieder ! ‹ ; und gewinkt hast Du, so lange Du das Haus sehen konntest. / Der Lehrer war wohl mit Dir nicht zufrieden; Du konntest schon zu viel; aber Wir hatten es Dir nicht eingetrichtert, Du hattest es mit Luzie gelernt. Wenn nun die andern Kinder fleißig übten, saßst Du gelangweilt da – Du konntest es ja schon. Herr Brandt behauptete, als ich ihn einmal frug, wie er mit Dir zufrieden wäre, ›Du wärst verstockt‹; als ich das verneinte, und ihm erklärte, Du wärest nur empfindlich, vor allem, wenn Dir Unrecht getan würde. Ihr seid Beide nie warm geworden. Zum Glück warst Du nur ein Jahr bei ihm. / Noch eine kleine Episode fällt mir ein. Eines Tages kamst Du nach Hause, und erzähltest mir, Herr Brandt hätte Dich bestraft, da Du einen Federkasten weggenommen hättest. Ich ging am nächsten Tag mit, und ließ mir alles erzählen; es kam mir aber gleich komisch vor; denn der Junge, der behauptet hatte, daß Du den Kasten hättest, war ganz befangen. Nun bat ich Herrn Brandt, daß ich doch mal in aller Ruhe den Jungen fragen dürfte; er wollte erst nicht mit der Antwort heraus; aber da ich ihm versicherte, er bekäme von Herrn Brandt keine Strafe, gestand er ein. Nun war er in Deinen Augen ganz runter ! Er entschuldigte sich bei mir; aber Du hast es ihm nie vergessen.*

* AS : zur Volksschule Pröbenweg-Hammerweg siehe die Fotos, samt Namen der damaligen Mitschüler, von denen ich kaum noch ein armseliges Dutzend zusammen bekomme – der anscheinend letzte Lebende, der eventuell weiterhelfen könnte, scheint nicht ansprechbar. / Nach jenem Lehrer Brandt (etwa ein halbes Jahr lang ?), kam ein anderer, sehr netter Lehrer (lang, schlank, brünett, wohlwollend; Name leider vergessen). Und endlich, die letzten zweieinhalb Jahre etwa, jener Herr Tonn, der auf dem Klassenfoto unmittelbar oberhalb von mir steht.

Arno Schmidts Vater 1919 vor Riga als ›Baltikumer‹ – Freiwilliger und ViceFeldwebel im 3. Kurländischen Infanterie-Regiment. 36 Jahre alt.

LEBENSLAUF MEINES VATERS

eigenhändig von ihm, (mehrfach vorhanden).

Hamburg, den 30. September 1923. / Lebenslauf. / Ich Friedrich Otto Schmidt wurde am 30. 1. 1883 in Halbau, Krs. Sagan, geboren. Vom 6. bis 10. Lebensjahr besuchte ich die Schule meines Heimatortes, und dann bis zur Konfirmation die Volksschule in Weißensee bei Berlin. Hierauf erlernte ich in Halbau das Glasschleiferhandwerk. / Am 14. 10. 1904 trat ich als Ersatzrekrut bei der 4. Komp. Grend.Regt. Nr. 12 in Frankfurt a./O. ein. Im zweiten Dienstjahr wurde ich zum Gefreiten ernannt. [11. 4. 1906]. Nach meiner Entlassung zur Reserve meldete ich mich als Freiwilliger zum Ostasiatische Detachement, und trat im Mai 1907 meine Ausreise nach China* an. Im August 1909 kehrte ich nach Auflösung des Detachements in die Heimat zurück. Auf der Heimreise wurde ich zum Unteroffizier befördert. Ich kapitulierte nun bei der 6. Komp. Inf.Rgt. Nr. 19 in Lauban. Meine Beförderung zum Sergeant erfolgte am 23. 12. 1910. / Am 1. 1. 1912 trat ich zur Polizeibehörde der Freien und Hansestadt Hamburg über. Mit Einwilligung meiner Behörde meldete ich mich am 8. 3. 1919 als Freiwilliger bei der 3. Komp. des 3. Kurländischen Inf.Rgt. Am 10. 4. 1919 zum ViceFeldwebel befördert, nahm ich an den Kämpfen gegen die Bolschewisten im Baltikum teil, welche am 22. 5. 1919 zur Einnahme von Riga führten. Auf Anforderung meiner Behörde kehrte ich im Juni 1919 nach Hamburg zurück, und wurde am 1. 11. 1922 zum Revieroberwachtmeister befördert. / Seit 18. 3. 1912 bin ich mit Gertrud Klara Ehrentraut, Tochter des verstorbenen Gerbers Johann Ehrentraut in Lauban, verheiratet. Dieser Ehe sind zwei Kinder entsprossen. / Ich erkläre, daß ich schuldenfrei bin. / Otto Schmidt, / Revieroberwachtmeister, / Hamburg, Polizeiwache 7.

[Auf anderen Lebensläufen unterzeichnet er sich als ›Poliz.Wachtm. 1034‹, oder ›Schmidt 15‹].

Otto Schmidt.

* AS : die China-Daten – anscheinend seine schönste Zeit in der Erinnerung ! – liegen anderweitig noch genauer vor :

25. 5. – 20. 7. 1907	2. Transport-Kompanie
21. 7. 07 – 12. 3. 1909	3. Komp. Ostasiatisches Detachement
13. 3. – 9. 6. 1909	Gesandtschafts-Schutzwache, neue Formation
18. 6. – 12. 8. 1909	3. Heimtransport des Ostas.Det., Reichspostdampfer ›Prinzregent Luitpold‹
13. 8. 1909	zur 6. Komp., I.R. 19, Lauban

MEINE ERLEBNISSE WÄHREND DES LETZTEN PUTSCHES IN HAMBURG:

Als am 15. März 1920 die sogenannten ›Kapptruppen‹ in Berlin einrückten, die Regierung an sich rissen und damit wieder einmal eine Zeit der Unruhe für unser so ruhebedürftiges Vaterland heraufbeschworen, war es mir klar, daß auch für Hamburg bewegte Zeiten folgen würden. Da ich an dem genannten Tage dienstfrei war und die Tageszeitungen noch keine Nachrichten über die Berliner Vorgänge brachten, war ich vollkommen ahnungslos und daher sehr überrascht, als mir ein Beamter meiner Wohnwache am Morgen des nächsten Tages die Alarmkarte überbrachte. Es war Großalarm angeordnet, daß heißt, sämtlich verfügbare Beamte begaben sich sofort an ihre Wachen, um etwaigen Putschgelüsten mit gesammelten Kräften entgegentreten zu können. Da es sich bei früheren gleichen Anlässen gezeigt hatte, daß nicht alle Wachen, infolge ihrer ungünstigen Lage, zur Verteidigung geeignet waren, war schon vorher angeordnet worden, diese Wachen zu schließen. Dazu gehörte auch meine Dienststelle. Wir wurden zur Verstärkung der Wache 36 (Hammerbrook) zugeteilt. Als wir dort eintrafen, herrschte daselbst schon eine rege Tätigkeit. Die Straße und die Wache selbst wurde mit Drahtverhauen umfriedigt. Da in dem Dienstgebäude der Wache auch eine Wachmannschaft der Einwohnerwehr untergebracht ist, lösten wir gemeinschaftlich diese Aufgabe. Inzwischen war in den Versammlungen der organisierten Arbeiterschaft alle[r] verfassungstreuen Parteien die Bewaffnung ihrer Mitglieder beschlossen worden; da Gerüchte im Umlauf waren, daß auch auf Hamburg Truppen der neuen Regierung im Anmarsch seien. Da im Wachraum der Einwohnerwehr eine große Anzahl von Gewehren lagerte, erschienen im Laufe der Nacht etwa 300 Arbeiter, welche mit Gewehren und Munition ausgerüstet wurden. Wir Polizeibeamte sahen dieser Verteilung mit gemischten Gefühlen zu; da sich unter den Waffenfordernden sehr verdächtig aussehende Elemente befanden, und wir jedenfalls berufen waren, ihnen dieselben später wieder abnehmen zu müssen. Diese Betrachtung hat sich als richtig erwiesen. Eine Alarmierung folgte nun der anderen. Kaum waren wir in unsere Wohnungen entlassen, um die verlorengegangene Ruhe etwas nachzuholen, so erschien auch bald wieder ein Beamter mit der ›beliebten‹ Alarmkarte. Dieser Zustand dauerte etwa acht Tage. Die Gewehrschlösser nahmen wir stets mit in die Wohnung, damit bei einer Erstürmung der Wachen während unserer Abwesenheit, nur unbrauchbare Gewehre in die Hände der Putschisten gelangen konnten. Eines Abends mußte ich mit mehreren anderen Beamten meiner Wache zur Verstärkung nach der Wache 45 (Horn), da angeblich beabsichtigt war, diese Wache zu stürmen, um in den Besitz von Waffen zu gelangen. Da ich kriegserfahren bin, bekam ich den Auftrag, bei einem einsetzenden Angriff von dem oberen Stockwerk Handgranaten zu werfen. Da sich nichts ereignete, wurde um 3 Uhr morgens der Großalarm aufgehoben. Wir waren eben im Begriff unsere Wohnungen aufzusuchen, als in einiger Entfernung etwa 15 Gewehrschüsse fielen. Ich nahm sofort den mir zugewiesenen Posten ein; der erwartete Angriff blieb aber aus. Wie sich später herausstellte, handelte es sich um eine Schießerei, die zwischen einer Patrouille der Einwohnerwehr und einigen verdächtigen Burschen stattfand. / Im Gegensatz zu anderen Großstädten ist Hamburg, von kleineren Vorfällen abgesehen, diesmal von größeren Straßenkämpfen verschont geblieben. Die neuorganisierte Hamburger Sicherheitswehr hat ihre Feuerprobe glänzend bestanden. Hoffen wir, daß sie auch in Zukunft ihre Aufgabe erfüllt, und unser Hamburg vor weiteren Ruhestörungen bewahrt. / ›Schmidt 15.‹

[= Aufsatz für die Wachtmeister-Prüfung; (es steht darunter ›sehr gute Arbeit‹!)]

-34-

uh, all my mother's Familie. Und sometimes even my father's Familie. He came from Halbau, what is Silesia too. And, uh, there were a lot of cousins around. That was nice, ja. I always loved it, und of course we stayed with my grandmother down there, und that was heaven for me. Ja.

> Did the whole family, all four of you would get on the train and. . . ?

No, Papa would most - Papa wouldn't get four weeks' vacation. We stayed more than four weeks. Uh, he would come down maybe for a week, and then he had to go back. But Mama would stay with us for five, six weeks - as long as school was out. For the summer school vacation we would be down there. And when I, uh. . .got so ill this ye-, this winter, I had a letter from my, uh, father. I had written him. . .that, uh.. . .uh, I would like to stay a week longer. And, of course, Mama wouldn't let me stay alone. She, uh, she wanted to stay too mit Arno. So she didn't have, uh, the guts to write, so I did. Und I had all those years, I had saved that letter. And I was so sick, I thought: oh, now this letter has to go to Arno, because, uh, something happens to me, uh, he will never have this letter - and I know he would be the only one who would appreciate it. So, uh, it was that letter and, uh, I sent that to him. Und he had written to me. . .that he was very sick, and, uh, that he, uh. . .couldn't cook for himself, he hadn't eaten for weeks a warm meal. And, uh. . .that, uh, we better come home. Und this is the letter I sent to Arno. And, uh, it happened that my grandmother convinced my mother to let me stay anyway another week. Und I would come down by myself. And, uh, I mean we had to go by train. There were no planes then.

> And it was [blacked out] a long trip . . . ?

Sure. So, uh, I know I stayed that week oder ten more days, und Mama and Arno went home. And when I came home to Hamburg, uh. . . . . .uh, my father was very ill. He was dying.

> This was the summer of '28, then.

Ja. He was dying. He was really very ill. Because there was such a change in him. I remember him sitting on that sofa in the kitchen. And I thought, "Oh my God, he's really very sick." So, uh. . .

> And you were old enough at that point to really know what was happening. . . ?

Oh, of course, I was so old, a teenager already. Sure, I was at least sixteen, seventeen years old. And, that's what happened. And he died in September then.

> Were you and Arno close [blacked out] as you got a little bit older - [blacked out] in '28, you would be seventeen, he was fourteen. . . ?

Manuskriptseite 34 des Transkripts der Tonbandaufzeichnung, die John Woods während seines und seiner Frau Gespräch mit Lucy Kiesler aufgenommen hatte. Der Text ist wiedergegeben auf S. 265.

ERINNERUNGEN MEINER SCHWESTER

EMPFANG IN NEPONSIT

John Woods' Bericht

Zunächst gibt es nur ihre Stimme. Ich rede sie auf deutsch an, sie antwortet auf englisch. Das Gespräch ist kurz. Ja, ihr Bruder habe ihr geschrieben, er habe sie gebeten, sich über ihre Kindheit befragen zu lassen. Nein, sie könne mir nicht sagen, wie man 418 Beach, 146th Street, Neponsit, Queens mit dem Wagen erreichen könne. Nur, daß sie in der Nähe der Marine Parkway Bridge wohne, zwischen der Jamaica Bucht und dem Meer. Mit bestimmterem Tonfall fragt sie, wer Herr Krawehl sei, den ich als meinen Auftraggeber erwähnt habe, und gibt mir die Anweisung, den Wagen auf der Zufahrt zu ihrer Garage und nicht auf der Straße zu parken. Datum und Zeit werden festgelegt: Samstag, den 21. Mai 1977, 12 Uhr. Ja, sie nehme an, es gebe ein Hotel oder Motel in der Gegend, wo wir, meine Frau und ich, die Nacht zum Sonntag verbringen könnten - falls eine zweite Zusammenkunft sich als notwendig erweisen sollte. Aber sie könne sich ohnehin an nicht viel erinnern. Ein Tag werde wohl ausreichen. Soweit die Stimme, aus deren Klang ich kaum Anhaltspunkte gewinnen kann, was mich am 21. erwartet. Die Stimme, die Dame ist selbstbewußt. Mrs. Kiesler, schließe ich daraus, hat ein Leben lang die eigenen Interessen gewahrt. Aber die Stimme verrät auch Unsicherheit. Diese ist uns gemeinsam.

Wie immer sind wir überpünktlich, sogar mehr als eine Stunde zu früh. Wir nutzen die Zeit, die Gegend auszukundschaften. Im Ortszentrum finden wir ein jüdisches Restaurant: Kartoffelpuffer - als ob man zu Hause wäre. Alle zehn Minuten tost eine Brandung von halbnackten Teens und Twens am Restaurantfenster vorbei - wieder ist eine U-Bahn an der Endstation, Rockaway Park, angelangt. Vor zwanzig Jahren hätte man die Kleinbürger New Yorks hier vorbeimarschieren sehen. Doch die sind heute in Richtung Montauk hinausgefahren, auf der Suche nach saubreren, weißeren Stränden. Die Armen aber rücken ihre fünfzig Cents für einen »token« heraus, wofür »the IND« sie hierher befördert, nach Rockaway Beach. Dieser U-Bahnkundschaft haben sich die meisten Gebäude im Kern des alten Geschäftsviertels angepaßt. Nur unser Restaurant scheint es vorzuziehen, in bürgerlichem Widerstreit mit seinen Nachbarn zu verharren.

Wir fahren zurück zur 146. Straße - keine zwei Kilometer. Es ist Samstag, Sabbat. Auf den Stufen der zahlreichen Synagogen verbummeln nach der Sabbat-Schule ein paar Teenager die Zeit. Die Jungen haben die Yarmulka aufgesetzt, die Mädchen ihr schönstes Lächeln. (Am nächsten Tag sehen wir Familien von der Messe nach Hause gehen; doch heute bemerken wir nicht, daß es unter den vielen Gotteshäusern eins mit einem Kreuz auf dem Dach gibt.) Als wir die 130. Straße erreichen, hat sich das Ortsbild gegenüber dem in der Nähe der U-Bahnstation sichtlich verändert. Um uns Einfamilienhäuser, gepflegte Vorgärtchen, Blumen - jetzt, Ende Mai und schon recht warm, vor allem Rosen. Die Bungalows aus Brick stehen unamerikanisch eng beisammen, aber für einen New Yorker sind 1,5 Meter Grün zwischen den Häuserwänden ein sicheres Zeichen für Geld. Nur gelegentlich breitet sich ein Haus protzig über zwei Grundstücke aus. Hier herrscht Wohlstand, unaufdringlicher Wohlstand freilich. Wir finden 418 Beach, das vorletzte Haus in einer langen Reihe. Im Hintergrund liegt das geglättete Schieferblau der Jamaica Bucht und gedrückt am Horizont die Skyline von Manhattan. Im Vordergrund, ein paar Blumen. Der Nachbar mäht seinen Rasen.

Ich habe meine Anweisungen völlig vergessen und parke den Wagen auf der Straße. Es ist noch nicht ganz zwölf, aber wir entschließen uns, den Angriff zu wagen. Ulla ist mit einem Blumenstrauß bewaffnet, ich klingle. Die Dame, die uns öffnet, hat eine Stimme, die ich wiedererkenne, und Augen - große, blaue, durchdringende Augen. Und weiße Haare. Sie tadelt mich sofort für falsches Parken, und ich trotte pflichteifrig zurück. Bei meiner Rückkehr bringe ich das Tonbandgerät mit, dessen Größe und Gewicht meine Mission bestätigt und meine Würde wiederherstellt. Ulla ist bereits im Wohnzimmer am großen Fenster ein Platz zugewiesen worden. Mrs. Kiesler verschwindet, kommt wieder, setzt sich. So überwältigend sind diese Augen, die durch eine Brille noch betont und vergrößert werden, daß ich nur sehr langsam alles andere an ihr wahrnehme: sie ist mittelgroß, hat eine für ihr Alter (ABEND MIT GOLDRAND zufolge ist sie 66) exzellente Figur und ist behende, fast mädchenhaft in der Art, wie sie auf dem Sofarand sitzend die Balance hält. Sie trägt marineblaue Hosen zu einem passenden Oberteil, helleres Blau und Weiß. Sie hat ein breites Gesicht, dessen regelmäßige, feingeschnittene Züge gegen den Eindruck der Augen fast nicht ankommen können; nur die Backenknochen könnten es mit ihnen aufnehmen. Eine gut aussehende Frau, vor zwanzig Jahren wohl eine schöne.

Der Anlaß fordert eine plötzliche Vertrautheit, auf die keiner von uns vorbereitet ist. Was nun, nachdem die Hände geschüttelt, die Blumen versorgt, die Sitzplätze eingenommen sind? Mrs. Kiesler drängt. »Womit fangen wir an?« fragt sie. »Vielleicht mit mir, mit uns,« erwidere ich und fahre fort, indem ich mich vorstelle, von meiner Vergangenheit und dem Lauf der Ereignisse, die mich hierhergebracht haben, berichte. An zwei Stellen fragt sie beunruhigt nach. Wie schon bei unserem Telefongespräch will sie wissen, wer Herr Krawehl ist. Und als ich erwähne, daß ich zur Zeit eines der Bücher ihres Bruders ins Englische übertrage, fragt sie mit noch größeren Augen: »Können Sie die Bücher meines Bruders verstehen?« Ich versuche es.

Nun liegen offen vor uns Stunden des Gesprächs. Es scheint eine schweigende Übereinkunft zu geben, daß »small talk« uns nicht weiterhelfen würde, daß der Versuch, miteinander bekannt zu werden, in diesem Stadium eitel ist, und daß es also das Beste wäre, die Sache sofort anzugehen: laßt uns unsere Lenden umgürten und zu den finsteren Höhlen des Gedächtnisses aufbrechen. Aber nicht, ohne daß Mrs. Kiesler noch einmal einschränkt: sie wolle sich bemühen, aber sie erinnere sich nur an sehr wenig. Und wo soll unsere Reise ihren Ausgangspunkt nehmen? Sie führt uns aus dem Wohnzimmer mit den weichen Polstermöbeln und dem dicken graugrünen Teppichboden eine halbe Treppe hinunter (ein »split-level« also, und nicht bloß ein unscheinbarer Bungalow, wie er von der Straße her aussieht) in einen großen, L-förmigen Raum mit Blick durch Glastüren auf ein Stückchen lebendiges Grün hinter dem Haus. Hier ist alles glatt und hart, der Fußboden schwarz-weiß kariert, eine schwere handgearbeitete Bar (Walnuß? - was es auch sein mag, es wirkt beeindruckend) füllt die Wand neben der Treppe aus. An der gegenüberliegenden Wand schließen sich an die Glastüren Bücherregale an - gefüllt, wie ich später entdecke, mit allerlei Bestsellern, dazu deren gekürzte Ausgaben von READER'S DIGEST und die Erstausgaben des gesamten Werks und aller Übersetzungen Arno Schmidts. In einer hinteren Ecke hängen einige expressionistische Ölbilder von nicht ungeschickter Amateurhand. Vor den Bücherregalen steht ein hölzerner Rahmen, wenigstens einen Meter lang, auf den eine halbfertige Petitpointstickerei gespannt ist - eine Rokoko-Landschaftsidylle; mitten im Raum ein »Samsonite«-Spieltisch mit vier Stühlen. Wurden sie unseretwegen aufgestellt oder für das gestrige Bridgespiel? Wir schließen das Tonbandgerät an und holen unsere Notizen heraus. Das Interview beginnt ohne Übergang.

Die Arbeit tut uns allen gut. Als wir sie für einen Imbiß unterbrechen, fällt es uns nicht schwer, miteinander zu plaudern - wie man es von Reisenden erwarten würde, die gemeinsam die Strapazen des Weges überstanden haben. Ulla wird gebeten, beim Auftischen des Lunches mitzuhelfen; ich biete meine Hilfe ebenfalls an, werde aber darüber belehrt, daß dies Frauenarbeit wäre - weniger mit Worten als durch den Tonfall. Auch gut. Ich nutze die Zeit, mir die Bücher anzuschauen: Da ist sie, die Erstausgabe des LEVIATHAN mit dem Einband von Karl Staudinger und der Widmung an Lucy Kiesler. Die Stimme: Ich soll zu Tisch kommen. Ein einfaches, aber schmackhaftes Mahl, ein sehr guter Eiersalat, den - wie Mrs. Kiesler stolz bemerkt - sie selbst gemacht hat, frische »bagels«, Schinken, Kaffee, petit fours. An diesem wie auch am nächsten Tag dient die ausgedehnte Pause der Erholung. Mrs. Kiesler geht gerne darauf ein, während des Essens Hamburg und Lauban hinter sich zu lassen. Wir machen uns keine Notizen; was gesprochen wird, soll nur unter uns bleiben. Die »off-the-record« ausschweifende Konversation wird im folgenden in thematischer und nicht in chronologischer Ordnung zusammengefaßt.

Mrs. Kiesler hat zwei Kinder, eine Tochter und einen Sohn; von ihrem Mann Rudy lebt sie getrennt. Von ihm hören wir wenig, er erscheint hin und wieder in ihrer Erzählung, aber nur dann, wenn es zur Klärung des Sachverhaltes unumgänglich ist. Die Tochter ist das ältere der beiden Kinder, sie ist mit einem Professor der Columbia Universität verheiratet, ist selbst Kinderpsychologin und Mutter von zwei Söhnen.

Der ältere Enkel ist Mathematiker und arbeitet gerade an seiner Dissertation. Nach dem College hat er einige Zeit in einer großen Firma gearbeitet. Als er sich entschloß, sein Studium wiederaufzunehmen, hatte ihm die Firma eine Gehaltserhöhung von einigen tausend Dollar im Jahr angeboten, um ihn zu halten. Mrs. Kiesler ist offenbar stolz auf ihn. Der jüngere Enkel fängt gerade mit dem College an und hat – im Berufsjargon der Tochter – »Adaptationsschwierigkeiten.« Das alles berichtet sie mit Reserve, und weniger mütterlich. Erst am Sonntag als die Nachricht bekannt wird, daß ein Sportflugzeug in ein Zweifamilienhaus in Queens gestürzt ist, erst dann zeigt sie die Gefühle offen, die sie für die Familie ihrer Tochter hegt. Ihrer Sorge folgt sichtlich Erleichterung, als die Unglücksstelle genannt wird – Meilen entfernt vom Haus der Tochter.

Mrs. Kieslers Erzählung über ihren Sohn und seine Frau wirkt lebendiger, vielleicht nur weil ihr unkonventioneller Lebensstil uns mehr interessieren könnte. Nach dem College haben sie sich nach Florida zurückgezogen, wo sie auf etwa 60 Morgen Bio-Gemüse anbauen und sich ihr Leben so einfach wie möglich einrichten. Sie haben keine Kinder, da sie überzeugt sind, daß es ohnehin schon mehr als genügend Exemplare der Spezies Mensch gebe. Mrs. Kiesler glaubt hierin gewisse Ähnlichkeiten zwischen Onkel und Neffe zu erkennen. Obwohl selbst keine Bekehrte, beurteilt sie das Rousseausche Idyll ihres Sohnes positiv. »Jeder soll leben, wie er will«, sagt sie zusammenfassend. Wegen ihrer Erkrankung im vergangenen Winter ist es nicht möglich gewesen, wie sonst zu ihnen nach Florida zu reisen, aber sie hofft, daß der Herzschrittmacher dieses Jahr mitspielt. Uns Außenseitern erscheint die Bindung an die exzentrische bäuerliche Nachkommenschaft enger als die zur bürgerlichen Familie in Queens.

Nach und nach werden uns bei Tisch auch Einzelheiten aus dem eigenen Leben serviert. »Ich lebe gern allein«, sagt sie mehr als einmal und ihre Vorliebe für die Einsamkeit klingt überzeugend. Lucy Kiesler erscheint uns als eine Frau, die – vielleicht mehr als an allem anderen in ihrem Leben – Freude an sich selbst hat. Woher ihre jetzige Ausgeglichenheit kommt, danach fragen wir nicht, doch der Kontrast bleibt: »... wogegn meine Schwester bereits ne Viertelstunde früher, fertig angezogn, an der KorridorTür hopsde: ›Gehn Wa nich bald? Gehn Wa nich bald?!‹« (ABEND MIT GOLDRAND, S. 168).

Womit verbringt sie ihre Tage? »Na ja,« antwortet sie, »ich habe meine Malerei und meine Stickerei.« Sie ist etwas verlegen wegen ihrer objets d'art, die die Wände schmücken, aber sie versucht standhaft, den Eindruck zur Schau gestellter Bescheidenheit nicht aufkommen zu lassen. Sie ist Kunstgewerblerin und nicht Künstlerin, das weiß sie. Unter den Bildern findet sich aber ein weiblicher Akt – gelb-grün und eckig –, der sich durch formale Strenge auszeichnet. Über ihre Lesegewohnheiten schweigt sie, aber sie wiederholt ihre Aussage, daß die Bücher ihres Bruders ihr unverständlich sind, da in einem »Dialekt«, einer Sprache geschrieben, den sie nicht erfassen könne. Einige von ihnen liegen, in Plastik gewickelt, noch immer unberührt im Regal. Lucy Kiesler will keineswegs Interesse heucheln. Neben ihren Hobbies arbeitet sie unentgeltlich in einem Krankenhaus, anscheinend weniger aus caritativen Beweggründen als vielmehr, um den Kontakt zu den Mitmenschen nicht zu verlieren.

Über ihren Freundeskreis redet sie kaum und ohne darauf einzugehen, worauf sich diese Freundschaften gründen. Wohl eine Bridge-Runde älterer Damen. Während der beiden Nachmittage ruft nur einmal jemand an, das Gespräch ist kurz, sie nennt ihre Freundin »darling«, eine typisch New Yorker Anrede. Einige Freundinnen genießen wohl ihr Vertrauen, denn sie hat – wie sie uns mitteilt – diese über unser Kommen informiert. »Wird nicht solches Erinnern Schmerzen bereiten?« sei sie gefragt worden. »Ja, natürlich«, habe sie geantwortet; aber jetzt versichert sie, es sei nicht so schmerzhaft, wie sie es sich vorgestellt habe.

Trotz ihrer Zurückgezogenheit weiß Mrs. Kiesler, was draußen in der Welt vor sich geht. Als wir am Sonntag auf ihre Frage den Namen des Motels nennen, in dem wir die Nacht verbracht haben (das Motel hatte sie tags zuvor als das wohl nächstliegende erwähnt), bemerkt sie lächelnd, daß man in solch einem Etablissement sicherlich *auch* eine *ganze Nacht* verbringen könne.

Das New York, das sie am besten kennt, ist freilich vorstädtisch und jüdisch, auch wenn außer einigen zufälligen Redewendungen (für ihre gelegentlich verdrehte Wortstellung ist Queens eher als Hamburg verantwortlich) oder einem Hinweis auf den Komiker Sam Levenson (einstmals »Liebling« in den Kurhotels der Catskill-Mountains hudsonaufwärts) wenig in ihrer Umgebung an stereotyp Jüdisches erinnert. Und doch war es die Ehe mit Rudy Kiesler – geschlossen zu einer Zeit und in einem Land, wo jüdische Herkunft für sie Gefahren barg –, die ihren Lebensweg wesentlich mitbestimmt hat. Ohne daß wir in sie dringen, erzählt Mrs. Kiesler lebendig von ihrer Emigration.

In ihrer Erzählung erscheint die Odyssee der ersten Ehejahre fast nur als ein Kampf mit Fremdsprachen. Zuerst mit dem Tschechischen, das sich als unbezwingbar erwies. Aber ihre Tochter konnte die Sprache gut; sie ist in eine tschechische Schule gegangen. Und da erinnert sie sich an einen Vorfall aus den Prager Jahren: Sie fuhr in einem überfüllten Bus, wo sie einige Reihen vor sich eine Frau bemerkte, die sie vom Sehen kannte. Zu ihrer Verwunderung sprang diese auf und wandte sich mit bewegter Stimme an die Mitfahrenden, während sie demonstrativ auf Lucy Kiesler deutete, die wegen ihrer mangelhaften Sprachkenntnisse nicht verstehen konnte, warum sie der Mittelpunkt der Aufregung sein sollte. Beifall brach aus. Lucy war völlig verblüfft. Erst als die Frau sich neben sie setzte und ihr alles auf deutsch erklärte, begriff sie, warum sie eine »cause célèbre« geworden war: Sie hatte ihr Kind in die tschechische Schule geschickt.

Prag war nur eine Zwischenstation auf der Flucht vor Hitler & Co. Nachdem es ihr nicht gelungen war, Tschechisch zu erlernen, mußte sie ihr Volksschulenglisch aufpolieren. Wie es der ganzen Familie gelungen ist, nach New York zu entkommen, erklärt sie nicht, nur daß ihr Mann, der Verwandte in New York hatte, ihrer Tochter und ihr vorausgeflohen war *. Die ersten Jahre in den Staaten waren nicht leicht, trotz verwandtschaftlicher Hilfe. Sie mußte mitarbeiten (wo?, was?, wie lange? - danach fragen wir nicht). Erst der Kriegseintritt der USA ermöglichte es, daß aus einem eher schleppenden Geschäft in der Konfektionsindustrie ein florierendes wurde: es liefen große Aufträge für Marineuniformen ein. Mrs. Kiesler nennt keine Zahlen, sagt aber: »He did very well«, - was auf erheblichen Gewinn und in dessen Folge ein beträchtliches Vermögen hindeutet.

Von der Nachkriegszeit wird wenig gesprochen, nur daß sie so bald wie möglich wieder Kontakt mit ihrer Mutter und ihrem Bruder aufgenommen hat. Unter den CARE-Paketen an ihren Bruder war auch eines, das nur Krawatten enthalten habe, worüber dieser keineswegs begeistert gewesen sei. Zum Dank für die Pakete konnte er ihr nur seine Briefe (auf englisch geschrieben, worüber sie sich besonders freute) und vor allem die Widmung des LEVIATHAN bieten - wie sie es nicht ein- sondern zweimal hervorhebt.

Auf die Frage, wie sie sich als Schwester eines bedeutenden Schriftstellers fühle, erwidert sie, daß diese Tatsache und das Werk ihres Bruders in den Staaten (noch) so gut wie unbekannt seien. Nichtsdestoweniger zeigt sie uns am Sonntag, gleich nach unserer Ankunft, ein Exemplar des SPIEGEL vom 13. Mai 1959 mit ihrem Bruder auf dem Titelbild. Wir blättern den Artikel durch, sie verweilt bei dem Bild, das die Geschwister als Teenager zeigt. »Er hat mir von all seinen Büchern ein Exemplar geschickt.« Sie zeigt auf das Bücherregal: »Ich habe sie alle hier.« Sie beschreibt dann ihre mehrmaligen Versuche, sie zu lesen, aber sie sei nie über die erste Seite hinausgekommen - eben ihres »Dialekts« wegen. Außer ihr aber nimmt in der Familie keiner Notiz von dem exzentrischen Verwandten, der »dicke Wälzer« in einer ihnen

* AS: meine Schwester hat nie Englisch in der Schule gelernt. (Was sie in ihren Erinnerungen als ›Seminar‹ ausgiebt, war eine HaushaltungsSchule) / Ihr Mann war mit nichten nach New York vorausgeflohen. Meine Mutter hatte sich mit den Dreien, im Juli 1939, an dem Zuge getroffen, der die Emigranten nach Cuxhaven, zu einem der letzten Schiffe brachte, die vor dem Kriege nach den USA fuhren. (Die Auswanderung war ihnen nb dadurch ermöglicht worden, daß sein Bruder, ein jüdischer Fleischermeister – er hieß ja auch eigentlich ›Schächter‹, nicht Kießler – pro Kopf 10.000 $ ›Kaution‹ stellte.) Meine Mutter pflegte sich mehrfach der Taktlosigkeit zu rühmen, mit der sie Eve (Luzies Tochter) zugerufen habe: ›Vergiß nie, daß Du ein deutsches Mädchen bist!‹; und er, Rudi Kießler, habe (mit Recht) empört aus seiner CoupéEcke etwas zurück gegrunzt. / Meine Nichte Eve habe ich im ganzen 2 Mal gesehen: das erste Mal am Tage nach ihrer Geburt (Luzie war zur Entbindung in die PrivatKlinik von Dr. Franke gegangen). Und dann später noch einmal, als Luzie mit ihr von Prag aus für 2 Tage nach Lauban kam (etwa 1936; ich weiß nicht, wie sie es fertig bekommen hat, die Grenze zu überschreiten); die stille Kleine verstand Uns nicht, und als Luzie ihr die Frage übersetzte, ›Was sie denn sich wünsche?‹, antwortete sie prompt: »Schmuslina!« (das ist ›Eis‹).

unverständlichen Sprache schreibt. Nur die Tochter hat einmal (vermutlich in den späten sechziger Jahren, als Arno Schmidt ZETTELS TRAUM niederschrieb) versucht, Kontakt mit dem Onkel aufzunehmen, in der Absicht, ihm einen Besuch abzustatten, was, wie Mrs. Kiesler vorausgesagt hatte, abgelehnt wurde. Er wolle keinen sehen außer seiner Schwester.

Anfangs der siebziger Jahre ist Mrs. Kiesler, nach fast vierzig Jahren, zum ersten Male wieder nach Deutschland gereist, um Mutter und Bruder wiederzusehen. Ihre Bemerkungen zu Quedlinburg, wo ihre Mutter gelebt hat, und zu Hamburg, wo sie aufgewachsen ist, gehen nicht über das Touristische hinaus. Der Hamburger Taxifahrer wunderte sich über ihr gutes Deutsch, da er sie nach Kleidung, Frisur, Auftreten sogleich für eine Amerikanerin gehalten hatte. Die Innenstadt war ihr vertraut vorgekommen; von einem Besuch in Hamm und am Rumpffsweg spricht sie nicht. Wir haben den Eindruck, sie sei nicht dort gewesen. Bei der Erwähnung ihrer Schwägerin fühlen wir eine gewisse Distanz. Mrs. Kiesler erzählt uns, daß Arno Schmidt seine Frau durch deren Bruder kennengelernt habe, mit dem er eng befreundet gewesen sei und der im Krieg gefallen ist. Ihrer Meinung nach seien die Beziehungen zwischen Mutter und Schwiegertochter auch dafür verantwortlich, daß Arno Schmidt und seine Mutter sich nicht gegenseitig besucht haben. Aber gleich danach hat sie ein freundliches Wort für ihre Schwägerin. »She certainly hasn't had it easy. Arno is a hard man for anyone to have to live with.« Und sollten wir ihm je begegnen, so sollten wir auf seine »Arroganz« vorbereitet sein.

Und sie redet jetzt nicht über ihren Bruder als dem kleinen Jungen in Hamburg, sondern von dem Mann, den sie in Bargfeld angetroffen hat. »Ich war so erstaunt,« sagt sie, »weil er sich so freute, mich wiederzusehen. Als ob wir alte Freunde wären. And that's unusual with Arno.« Er habe sich sogar der Qual unterzogen, mit ihr nach Celle einkaufen zu fahren, und habe dabei auch noch Geduld gezeigt. Nur bei einer Bemerkung habe sie sich nicht wohlgefühlt. Im Laufe eines Gesprächs sei das Thema Viet-Nam angeschnitten worden. In diesem Zusammenhang habe sie sich gegen diesen und alle anderen Kriege ausgesprochen, worauf Arno Schmidt heftig auffuhr: »Aber durch Krieg seid Ihr zu Geld gekommen, und Ihr hattet auch nichts dagegen, daran zu verdienen.« Sie sei bestürzt gewesen – daran habe sie vorher nie gedacht.

»Yes,« fügt sie hinzu, »it was good to see Arno.« Er brachte sie zum Bahnhof, stieg mit ihrem Gepäck in den Zug. Und das obwohl er Todesangst vor Zügen habe – eine Phobie, auf die sie nicht näher eingeht – und sei dann in Panik geraten, als der Zug anfuhr. Es gelang ihm jedoch noch rechtzeitig auszusteigen. Sie spricht gern von dieser Reise, von ihrem Bruder, dem Haus in Bargfeld, seiner Bibliothek. Mit großen erstaunten Kinderaugen erinnert sie sich: »Oben. Wie eine richtige Bibliothek. Reihen und Reihen Bücher.«

Während ihres Aufenthalts in Bargfeld habe man leider nicht gemeinsam in Kindheitserinnerungen gegraben. Seit einigen Jahren bedauert es Lucy Kiesler, daß sie weder Familie noch Freunde gehabt hat, mit denen sie über ihre Jugendzeit sprechen konnte, weswegen es ihr jetzt auch so schwer falle, sich in Reminiszenzen zu ergehen, die das Schemenhafte verlieren und deutlichere Züge annehmen. So wird, obwohl wir dies nicht vorgehabt haben, am Mittagstisch trotzdem über einige zusätzliche Erinnerungen gesprochen, wie etwa über den Todestag des Vaters. Mit Arno war sie ins Krankenhaus gekommen, um ihn zu besuchen, aber er fühlte sich so krank, daß er sie wieder wegschickte. Nicht aus Ärger, fügt sie hinzu, sondern weil er zu krank war, um überhaupt zu reden. Und sie erinnert sich auch, daß einer ihrer Hamburger Jugendfreunde Jude war, wogegen sich der Vater zwar aussprach, aber ohne antisemitische Ausschweifungen. Für ihn war es nur ein Beispiel mehr dafür, wie eigensinnig und »nicht fein« seine Tochter war. Von einer Sache ist sie felsenfest überzeugt: Die Beschreibung der Hamburger Jahre in ABEND MIT GOLDRAND ist ungerecht. »I don't remember it being that bad. It wasn't that bad at all.«*

Und aus den Laubaner Jahren ist ihr ein Bild scharf im Gedächtnis geblieben: Arno, in seinem Zimmer im ersten Stock, arbeitend, Arno am Schreibtisch, in einem Zimmer voller Bücher.

* AS : noch mehr als bei der ›großen Geschichtsschreibung‹ darf man bei solchen ›PrivatAltertümern‹ nie vergessen, welche Farbe das Glas hat, durch das man, als Leser, die nächsten 20–30 Seiten zu schauen haben wird – man vergleiche etwa die so grundverschiedenen Urteile über einzelne Lehrer. Man könnte an diesem MosaikBuch, wenn man ernstlich wollte, sämtliche GrundProbleme des Historikers aufzeigen, (ja, sogar noch einiges mehr).

ERINNERUNGEN MEINER SCHWESTER

[AS : alle diese überflüssig zahlreichen ›u‹, ›uh‹ und ›u-hu‹ im Text sind wie unser deutsches ›ä‹, ›m-m‹, ›ä-m‹ zu lesen.]

The conversation began with memories of Lucy's grandmother (Ernestine Scholz*). Although Arno was the youngest of all the grandchildren, it was Lucy who was her favorite. When asked the ›sehr deutsche Frage‹: »Who do you like best, Mama or Papa ?«, Lucy would always answer, »I like Gramma best.« Mrs. Kiesler was not sure in what year her grandmother came to live with the Schmidt family in Hamburg, but she was reasonably certain that the stay lasted for a year or so.** She recalled that her grandmother worked part-time in a soup kitchen, and it was agreed that this pointed logically to a period either during the war or shortly thereafter. Frau Scholz did not live in the same apartment with the Schmidts but had, rather, her own apartment somewhere in the neighborhood. (Mrs. Kiesler was uncertain as to the exact location.) She would, however, spend afternoons and evenings with the family. The picture that came to mind was of her grandmother sitting in the middle of the gray plush sofa in the kitchen, with Arno and Lucy on the two ends. Everyone was reading.

Both of the children had been nicknamed by their father. Lucy was Gustl, Arno was Ehrenreich. The concluding couplet of a birthday poem they had written for their father read: »Weil ich weiter nichts mehr weiß / Gustl und Dein Ehrenreich«.

Mrs. Kiesler stressed most emphatically that their father knew that Arno was exceptionally bright and that he was concerned that Arno should receive the kind of education necessary to develop his native intelligence. She perceived herself as the extrovert of the family, while the other three were much more introverted and presented themselves to outsiders in a way that others could interpret as »arrogant.«

*

... So I remember very well that my mother would say, »immer der erste Mann an der Spritze« ...

JOHN WOODS: An der Spritze, das ist schön.

Das war, das war nicht fein. Das war nicht elegant.

* AS : Ehrentraut. (›Frau Scholz‹ wurde sie erst um 1932).
** AS : 1917 – 18.

> Ah, und man soll elegant sein?

Absolutely, und especially very selective.
So. I had too many friends that did not agree with my Familie. Even though they were just sch-, we were just school children, after all. So, uh...but Arno had very few friends. He had one friend, who lived in the, in the apartment house with us. And he would come in.

> Dies war, ja Moment...
> ULLA WOODS: Helmut ... Hermann Pöcker.

Nein, Hermann... Hermann, Hermann Pöcker. Right. Hermann Pöcker, dat war.
Und he was a very little guy, very short and, uh, I don't know if he was bright. I don't remember how bright he was. I only remember one thing, and it would make me laugh terribly. Because they were, would be reading together and, uh...

> JW: This was later as they were both old enough that Pöcker could read...?

Ja, they both could read. It must have been then maybe ten, eleven years old. And this boy had a very funny habit, and I never forgot this either. Because when he would turn a page, he wouldn't do it this way. He would do it that way. [laughs]

> Lick his whole hand off!

The whole, took the whole hand. Und when I, ever I saw that I would crack up laughing. So that was very funny. That I remember of Hermann Pöcker.

> Arno talks about some girlfriends of yours, and I'm trying to find the names here...
> UW: Ich hab' die auch.
> JW: Have you got them?
> UW: Just a moment. ...Wilma Hass und Käthe Beyer. Beyer was in the house as well...

Ja. Beyer lived, lived in the house. Und Wilma Hass lived in the next apartment house.*

> JW: Do you remember them at all? Other than that they exist...?

Wilma Hass I remember quite well. She

* AS: Nr. 25; wo auch noch eine andere ihrer SchulKameradinnen, Annemarie Millies, wohnte.

went with me to the school. Complete through the, through the whole school. We went together in the same class. So, uh... I do not know much about them at all.

> Can you remember how they were dressed ?

They were dressed average like we all were. Nothing special.

> Nothing special.
> Anything special about the way they looked ? Blond ?

No, not at all.

Yes, she was blond. And she has a, had a very big, heavy braid down her back. That long, down her back. And, uh.... at one time I remember when we all started to cut off our hair. We all used to have long hair at that time. And I know her mother cried because she had to cut off this long braid and blond hair. It was, we all started to wear short hair. Und that was a catastrophe too, because my father was very much against it. Und when he came home from work, there were – my mother too, we did it at the same time – there were sitting two women mit their hair cut off.

> What, did you cut your mother's off and she cut yours off ?

No, no. We went to a beauty parlor, please. How would we cut it ourselves ? But he certainly was upset, und he felt that was really not nice to do, no.

> Wasn't very feminine...or ?

It was feminine, because we were relatively late. Everybody else had already a Bubikopf. And, uh, because we were afraid of our father, that's why we had it so late. So uh, but uh... but...

> But you had worn two braids, when you were a girl... ?

Oh, jaaa. I had worn Schnecken und everything. Yah, sure. Yah, uh-huh. But of course we could not wait to cut the hair off. And when my mother, when she took me along for support.

> UW: What did your brother say ?

...Don't remember. He might have sided with my father, but I don't remember.

> JW : Did that happen often ? That your brother, the men of the household sided against the women ?

That he would side with him ? ...Well, our father was a little bit... well... it only

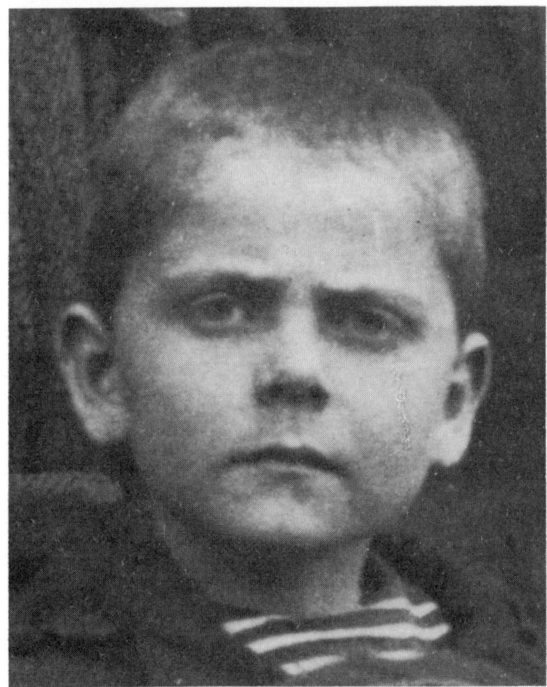

Ausdrucksmerkmale der Geschwister auf frühen Bildern. Luzie *(3. v. li.)*, 7–8jährig, »umtanzt von ihren Freundinnen«. Links von ihr *(v. li.)* Käthe Beyer und Hertha Kasch. – Arno in sich gekehrt und beobachtend, links 4–5jährig, rechts 11jährig.

shows how very different Arno and I am. I, uh, couldn't be bothered with things like this. For instance, we would play cards. My father, Arno, and I. And Arno had to win. He was a small child. He was maybe ten, eleven years old. And, uh, when he saw how the cards came out, he saw already that my father was winning. I was no competition at all. And, uh, he saw my father was winning. My father was sitting there; his, his face got more purple because he repressed his laughter, like that. Und Arno was sitting there, und the tears would run down his face. Because, he wanted to win! Und he saw he was not going to win. Und I couldn't care less. If I lost or I didn't lose. I was playing cards for fun. But they were playing cards for keeps.

> Both of them?

Oh, well, my father was a very good player, but you cannot expect a child like Arno at that time to, to be better than him. But Arno was good! He was certainly hundert Prozent better than I. The only thing... Und this is, this hurt my father very much too. Because... in my case he saw I didn't care if I was winning oder if I was losing. So what! I was playing cards for fun. So denn he felt I had no Ehrgeiz whatsoever. That was – Gustl again. I didn't care. So, uh, I really myself grew up very much... uh, different from the rest of the family, und I don't know why.

> And your mother took things seriously too?

Yes, I guess so... Yes...

> So it isn't that you took after your mother?

She, I know, she had very few friends. She had no friends either. We had very few times company in the house. The only thing I had that, uh, really imponierte my father was I had a excellent voice. I could sing very well. And uh, this too was no good, because he sang well too. Und because we harmonized very good together. If we would go someplace I would have to stand up mit him and sing. Und it was antagonizing for me. I hated it, to stand up in front of company and sing.

> If you hated it that much you can probably remember some of the songs.

Oh, no. I don't remember that at all.

> You don't remember the songs?

No, no. Probably because I hated it so much.

> Sometimes when something like that is, offends us that much, the memory sticks.

I remember very well, though, but you see how children are... At that time I must have been probably twelve oder thirteen.

Und I was very good in painting und drawing, too. Just the opposite from Arno. I sang well, I painted well. And I won a scholarship in school, for painting. [whispers] And I did not tell my parents.

> You didn't tell them? Because...?

No...

Because this I was hugging to myself. I felt, I, I, find, find now that I, uh, do, feel, it must have been like this. At that time I did not tell. I only... probably, probably I felt, – Look, let them have Arno! This... is what I have. And of course it was a catastrophe, too, because they came to school, to a PTA meeting. And the principal came over and he said, »Aren't you proud of Lucy?« And they didn't know anything about it. It was murder!

> And then what happened? Did your father get angry with you for not telling him... or?

They just could not believe it. They just did not understand.

> That you hadn't told them.

That I did not tell them. That I did not tell them. But I didn't.

> Had you told Arno?

No. I told nobody...
I didn't even tell my grandmother who I dearly loved. I didn't tell. So... uh, what then? I don't know.

> So you always had the feeling that somehow you were outside the others and...

Ja, but my character was different, too, you see.

> Ja, go ahead.

So this... I was not very fine. I'm sorry to say. So compared with my parents und my brother, – they were so stand-offish, you see. Und I could get along with every-, anybody. And I would talk to anybody. And, uh... und that was not nice, I'm sorry.

> And both your father and your mother had this very stand-offish...?

Ja, I think so. Yes, yes, ja.

> Even though, as your brother describes it, the families they came from certainly were not... you would not have thought, coming from...

That they would be stand-offish...

> That's right.

But, uh, it was my father had a certain intellect. He was really brighter than the average police per-, uh, uh, officer, oder whatever it was. And he was always taking tests, too. He would be Kommissar, oder what you call it, captain or what here…

Beamtenlaufbahn.

Ja, to get advanced, yes…

UW: He was very ambitious.

He was. He was. And he had the head for it, too. So, uh… I don't know, maybe… in my father's case I understand that it could be so, but my mother probably only felt… she felt not to go near people too much, see. Maybe she was insecure – I do not know…

JW: So that…

So that when I came now, to Germany, uh, she had written to me that she is very much alone and she has nobody. Well, that was no, nothing news to me. But when I hit Quedlinburg… Suddenly she became, got company. Und I would say to her, »But, Mama, you, uh, you said you had no friends.« And yet, I see they brought her apples, they brought her cake. She said, »But don't you realize, they only come over here because you are here?« So, I don't know…

And even when you were children, you don't remember a whole lot of family friends… Your brother…

No, no, no, no. See, the Familie was not there in Hamburg. It, it would have to been, have to been friends, but, uh…

Your brother remembers, at least records, three or four people. A Frau Schneecloth, do you remember her at all? Mascottchen… was her nickname. Does that ring a bell?

Uh, Schneecloth rings a bell, but I don't remember the woman at all.

Ja, right. And a Ulitzka, who was a Ringer, und, your brother says, ein großer Fresser.

Don't… this name I don't even remember.

And then an Amandus and Antoinette Wixförtgen. He was a policeman. These were all policemen friends of your father's, then?

Ja, he was a policeman, too.

It must have been. It must have been.

Do you remember the Witz... the Wixförtgens ?

The Wixförtgens ? I remember them, und only why – the woman would wear clothes, mmmm, 300 B –, BC. Very old-fashioned. Very old-fashioned clothing.

Very long skirts... ?

And then she, and then they, uh, got, uh, ja, and then the husband divorced her. What was rare in our circle, too.

A very old-fashioned dressed woman, and suddenly there's divorce in the family, ja ?

Ja. Ja. So... But, uh, otherwise, I don't remember.

Can you remember the old-fashioned clothes. Try to remember, more exactly, what those old-fashioned clothes were.

They were really very, very old-fashioned. I mean, they must have been... uh, 1900 – very old-fashioned. The tight little jackets mit the long skirts. Really very, very, ja, very, very old-fashioned.

A kind of hobble-skirt... ?

Right. Very old-fashioned clothing – that I know we would not walk with her on the street, because people would turn around und look at her. I don't know where she got them, either. I don't know, but that's what she wore.

And your mother, what kind of clothes did she wear ?

No. What was fashionable at that time. Ja. She didn't have many, but she, uh, she had it made by a dress-maker. And, uh...

There was enough money for her to... ?

Yes, yes, I remember that on Easter we would get a new outfit. Every Easter.

Everyone... ?

Ja, especially we children. Ja, and mother might get a new dress. That we got on Easter.

Your brother indicates that at least at some point times were harder than that;

> that instead of bands in your hair, he remembers you wearing shoelaces to tie your pigtails.

I don't remember that.*

> And that his pants were made from your father's old uniforms. Do you remember at all?

No.

> You don't remember times being that hard, I guess…?

I probably did not even realize that they were hard. I did not realize that they were hard when I was a child. I don't remember that.

> And not even in comparison to your other schoolmates?

No, they were all in the same position. There was no difference.

> So that you always felt as good as the other children.

Of course, certainly! Certainly. I might sometimes, uh, for instance I remember when I was… con-, confirmed. Every child in school would ha-, go in a black velvet dress. But my parents thought that was not nice. They would buy the most beautiful navy-blue gabardine, und have it made by a dressmaker, und I would be the only girl in class who wore navy-blue.

> And did you like the idea… or?

I did not. Certainly not.

> You didn't want to stand out at all?

Of course not! No, you want to be like your peers. So, but, I could have stood on my head – I wouldn't get a nav-, a velvet dress. The velvet dress was for, for sure much cheaper. But the, the what, my dress cost more money than theirs.

> But they made you wear it.

But… you don't wear velvet.

> Und weshalb?

I don't know. Maybe they felt it was too showy oder something. I don't know.

> UW: Did your parents try to be, ja, better than all the rest of the people in this apartment house?

I… no, I don't think my mother, but my

* AS: Meine Schwester hält die Tür der Erinnerung nur halb offen; z.T. absichtlich; dann aber wohl auch, weil ihr glücklicher Charakter ihr ermöglichte, nur das zu sehen, was ihr genehm war.

father certainly felt he was much above. Und he was above. I must say that. He was above the average people we knew, the neighbors and so on. He was… He was a very fesch [?] man.

JW: What were the occupations of the people around you? Can you remember at all what sorts of things they did do?

No, I don't remember that either.

No?

No.

Okay.

UW: Your brother wrote about some people in your house. A family called Hansen. Or Fuhrmann.

Yes.

Fuhrmann?

That must be the, just the neighbors.

I guess so.

Kasch.

They were neighbors on the same…

JW: Hansen, Fuhrmann and Kasch were on the selben Etage, ja?

Ja, ja, ja, ja. Could be, but I do not know what they made, what a, what a, their profession they had.

UW: Und Pöcker?

Oooh, I knew them so well.

JW: There was… Hannah.

Ja, that was a, – she… I played sometimes with her, but she was older than I.

She was older than you.

Uh-huh. So, uh…

Do you remember anything special about her?

I don't know what, uh, I don't know what those people did. No. I do not remember.

And Beyer. Da waren zwei Töchter und ein Sohn Herbert.

Ja.

I don't remember. I mean, I know, but I do not remember anything about them.

UW: But his father was a Schupo…

A what?

JW: A Schupo.

What is…?

UW: Your brother wrote… Herr Beyer was a Schupo… Verkehrspolizist.

Oh, ja? I don't know. I don't even know what Schupo is.

JW: And your father, was… ja, Polizist-Polizist.

Ja, ja, ja, ja. Ja.

Und fühlte sich besser.

He had besser. Of course. He, uh, always –

ja, he did better. Ja, sure. Sure, he was, uh, he was inside in a precinct, ja. And, uh, then he did not, he did not walk the beat or anything. So, uh, probably Oberwachtmeister, something like that.

> To get back, you were telling about the dress you wore to confirmation. The whole religious… ?

Yes.

Very little. Nothing. Nothing at all.

> Very little. Aber anstandshalber…
>
> UW : Konfirmation.

Ja, but my father didn't go. My mother went. Ja. My mother went to the confirmation, but my father wouldn't set a step in the church. Yes.

> JW : And Arno was confirmed as well ?

Oh, that I don't know. I only remember that he was christened when he was three years old.

> Not until he was three.

Ja, because my father refused to go. Und of course he was a baby, so my mother didn't take him. And then must some, one of the ministers must have gotten ahold of her. And he went [laughs], she went with him to church, und I know this, sprinkled that water in his face. Und my brother was furious. I remember that very well. Yes, but, uh…

> Did he know what was going to happen to him ? Did he have any…

They must have, she must have told him.
Yes, but my, like, uh, I said, my father did not go even at that time. Yes.

> And otherwise there was never any visiting of church on Sunday morning… ?

No. No, no, no… No, no, no. We didn't go.

> Easter not… ?

No.

> But you must have gone to confirmation classes.

Of course. Ja.

> And Arno probably as well.

[whispers] I don't think so. I don't think so. I don't remember.

How old would you be normally then ?
UW : Fourteen.

Fourteen. Yes. Between thirteen and fourteen.

JW : So Arno would have been eleven or so. Do you ever remember him making any comments about…

Religion ?

…about religion ?

Uh, I remember him making one comment, und he, – in fact he wrote it to me, after the war. Und he said, und he had been in, uh… uh, what do you call it ? He had been in a camp, he had been a…

Prisoner of war.

prisoner of war, ja. And he wrote me there, how, wrote me from there how bad it was. And he said, »By now I have never believed in God. You know that. But now I believe in the devil.« That I remember. That he wrote me da.

Where was the church in relationship ? Can you remember about where it'd be ? [shows map]. Now that's just the small area. The larger area would be… Here we have… Rumpffsweg und Dobbelersweg.

I don't remember. I cannot tell you.

I cannot tell you.

Okay. Maybe we can talk a little about the area. Here would be the house on the south-east corner of Rumpffsweg.

Uh-huh, right. And there was, uh, what we called a Kindergarten, a place to play, a little park. On this street.

And what was in the park ? Do you remember ?

Ja, there were benches, and grass, and, uh, that was all. It was very small.

And did you play there often ?

Ja. We mostly played there. Yes.

Were you responsible to take Arno by the hand… ?

You said it ! Yes. It is like Sam Levenson would say : if the girl got very upset and said, »I go and jump off the roof !« – »Take Arno.« Exactly. And I, I always had to take, schlepp my brother along. I didn't like it, no.

> And how was he when you'd take him? Did...

Well, he was relatively small then still. So, well, he would sit on the bench and watch.

> While you did what?

And then he would go home. While I was playing with the other girls; and then he would go home and say, »Lucy did this« und »Lucy did that« und »Lucy did this«. He would tattle on me.

> And how did you counter those attacks?

What's there to say: »I did it. I did it.« So, uh...

> Ja. He remembers, I think, playing with a little sand bucket...

Ja, it could be. Ja. There was a sandbox there in that little park. It was really only a small place.

> He describes much of the area as being open in those days. That there were a lot of places where the houses hadn't been built yet. Do you remember that?

No. No. I don't think he... I don't even think it was like that.

> No?

I think it was even relatively built-up. Ja.

> For instance on the way to school, there were houses all the way – as you would go down here to school. Can you remember the walk to school? You go through the park...

Uh, going on the... When I said it was built-up, this street, the Rumpffsweg was completely built-up. When you go to school, there were some empty spots, there, ja, uh-huh...

> Do you remember anything along the way, as you move along...? Did you go through the park or around it?

No, we stayed on the street.

> You stayed on the street, went around the park. Were there any...?

Ja. Ja.

It was not very far away, maybe three, four blocks. It wasn't far.

What was along the way ? Stores ? Any ?

No, no stores.
Only apartment houses.

No stores.
Only apartment houses.

Ja. Und some empty spots there, that I remember. That wasn't, they weren't built-up.

Anything special about the apartment houses ? The entryways ?… Over your house was a bas-relief, a Kanufahrer, a man in a canoe, and it sagte darüber, ›Kehr Wieder‹.

Don't remember that.

Do you remember anything like that about some of the other houses as you walked down that way… ?

I remember that in our apartment house, downstairs on the corner, on the corner, was a, oh, what you would say, a bar and a grill.

Gaststube. Something like that.

Gaststube.

UW : Do you remember Mr. Pannkoken ?

No.

JW : Or Sandleben ? *

Sandleben. Sandleben, that was the owner of the…

UW: Pannkoken was his nickname, I guess.

Sorry… It could be…

JW : Your father called him Pannkoken because he spoke Hamburgerisch. Und für Pfannkuchen, sagte, ›Pannkoken‹.

Oh, oh, oh…
Oh, I see. Well, I tell you. The Hamburg German dialect is pretty good, unless you spoke Plattdeutsch… which we didn't. Otherwise the Hamburg dialect was quite high German.

* AS : Die Inhaber jener Gastwirtschaft waren, der zeitlichen Reihenfolge nach : Sammtleben / [Wilbrandt] / Donat / Kolmorgen / [Bockholdt]. – Neben dem Sohn jenes Donat, einem kleinen sanften (obschon deutlich belasteten) Jungen, habe ich mal ein halbes Jahr auf derselben Bank gesessen. Er war auch derjenige, der die wundervolle Limonade auf einer KlassenWanderung mithatte (›Grenadine‹).

Right. Did you have any trouble with the German you spoke at home in comparison to your schoolmates ?

No. No, my, my, my speech was good... Our speech was fine...

Ja, but I mean, did the children... react to that... ?

I, uh, no, they did not speak what we would call in Hamburg, Plattdeutsch. They did not. No.

But they would say ›ßtein‹ and not ›schtein‹, probably.

That's right. We would say ›s‹ ›t‹, yes, ›ßtein‹.

And what did you say ?

I said ›ßtein‹, too... Ja.

You said ›ßtein‹, too... Although your mother and father... ?

They said ›schtein‹, ja. But, no, I said ›ßtein‹.

And Arno ?

I don't remember.

He seems to have been very ambivalent about this, – that the teachers praised him for saying ›schtein‹, but his schoolmates...

But ›schtein‹ was not right. It was ›ßtein‹. ›Schtein‹ was dialect. ›ßtein‹ is high German, is ›ßtein‹. Not ›schtein‹.

Okay. Good.

He felt that was different ? ...

Ja.

Uh-huh, no.

No. But you never felt that kind of problem ?

No, no, no.

Did you walk to school with other children ? Did the children in the apartment house all... ?

Ja, mostly with Wilma Hass. We would meet in front of our apartment house, und we walked to school together.

Und Arno mit... ?

Mit Hermann Pöcker.

Mit Hermann Pöcker. And would the boys walk with the girls ? Or did you stay... ?

Nooo. Never.

Nooo. Never. Never.

Would the groups kind of build up as you moved along, till you had a half dozen girls when you got there?

Jaaa, ja, ja, ja, ja, ja, ja, ja.

Did the boys stay behind and tease the girls as you went... or?

No, I don't remember. Maybe when we got older. But not now – not when Arno went und I went into the same area of schools. That's all I...

Do you remember Arno's first day of school? Do you remember him...?

Oh my God! I certainly do.

And how was that?

It was terrible! He didn't stay in school.

Did you take him or did...?

No, my mother would take him the first day. My mother in fact took him the first week. And she had to promise him that she was standing outside the school and wait for him, because he was in... They sent him home the first three days.

Why?

He was interrupting the whole class, because he was crying so hard. Und he, I mean, they would put him like a Wunderknabe in front of the class, und he would read the TIMES, in Kindergarten, six grade [sic]. He would read the TIMES to them, because he... Und they could not understand that a child that spoke already so, was so far ahead of the other children, uh, wouldn't want to stay in school. He was bored stiff. Und in the beginning, of course, he was scared, he was frightened.

Of?

To be a, away from his mother. Yes. He was very attached to his mother, Arno... wellll...

Was there, was there...

...very attached...

In what ways, how did he show that? Do you remember anything special?

No, I don't. Just that, uh, she brought him to school, and, uh, of course, that wasn't good again. When she brought me to school, I said, »Go home!« Und I was in school. »Go!«

You were happy. Yah, right.

Und, und, see, she felt he loved her so

much more, because he said she had to wait outside in the front of the school for him. So she would go home later on, after the first week. The first three days they sent him home, because he interrupted the whole class.

> But she didn't stay outside the door?

No, but she was there to pick him up. She was there to pick him up. So, uh…

> Do you remember watching all this happen… or?

I couldn't understand it. That's why I was… of course, I remember it, because I could not understand how somebody didn't want to go to school. I was, I loved to go to school. Uh-huh. So, uh… I probably was more independent than he.

> How did the other children react to the Wunderknabe?

I don't know, because I wasn't in that class.

> But do you remember at all any comments?

No, no, no. The small children did not realize what it was. They didn't know. So, uh… but sometimes when I got older – I was already married a long time –, I just remembered that my father from the very first two, three years, he would say, »Arno is going to be special.« Und it would have been a miracle if he didn't turn out special.

> Why?

Because he certainly tried. His father talked to him, and said, »You have to be special.«

> There was, aaah, there was a lot of pressure there.

Oh, of course there was pressure there. But, uh, but he had it. Probably it was not pressure. First prizes came to him, everything came – learning came very easy to him.

> Do you remember anything else, besides the reading, instances where he would show that…?

Well, in playing cards, in playing games, yes. Yes.

> How about in observing things? As you'd walk…

Apparently, when I see here your, your sheets, he observed much more than I, because I really do not remember. Those people are all…

Sure, all gone.

Ja.

No, I was thinking more if you had gone someplace together, and you would come back, and Arno would have made some comment about something you had seen, and you might be surprised that a small boy… had noticed something.

No, no I don't remember. No.

Do you remember your outings up to Hamm Park?

Hamm Park?

Ja.
UW: Hammer Park.
JW: Hammer Park.

Hammer Park.

You would go up to the Hammerlandstraße, and then across and up the stairs, to the park.

No, I do not remember well. No. No.
I remember the Schrebergarten my father had at one time. And, uh, where he had his…

How did you get there?

Oh, we had to take the trolley. It was quite, was out in Schiffbek. It was quite far out.

Did you ever go by foot?

Yes, we did. But some, mostly my mother refused to. Because she didn't want to walk so far. But, if it meant by foot, we children went along by foot. But, but I remember very often that my father would walk in the morning, und go, und we would go later on and bring him lunch. But we would go by trolley. My mother wouldn't walk that far. It was quite far to walk. And I think at that time my father only took the Schrebergarten because… he had gained a little weight. And I think he must have had high blood pressure. Very much, because he had this very, uh, florid complexion. And the doctor must have said to work it off. And that's why he, uh, but it wasn't good – he got very tired from it. He really got tired from working, just –. It was only a small place.* Maybe a place like my backyard, here. And it had a little, uh… like over there, that little cabin on it.

So, es war ein typischer Schrebergarten mit anderen Gärtchen herum da…?

Right, right, right, right, right, right. And, uh, but I think it was too much for him.

* AS: 500 m².

And if you would go out there with him, what would you children do while he…?

Well, mostly we would come, like we would bring him lunch. And we would stay the afternoon with him. But, uh, mostly when we came he had already done most the chores, the weeding, oder the shoveling, oder whatever, spading, what there was to be done. And, uh… we would sit around, that's all. There wasn't much to do. So, uh…

Would you just sit there and watch him work for the rest of the afternoon?

He would probably, no, he, then he, – like I said, he had-, most of his chores were done, then, when we came, und we would all sit around. But, uh…

I was trying to think what an afternoon like that in a very small area with two children would be…

Well, it was, see, it was like my backyard, say. It's not so small. No. We probably read books. We were probably reading, sure. Of course. Sure.

UW: What did you like to read?

Please?

What did you like to read?

Oh, at that time. Hwhee, children's books, what young girls read. And, uh…

JW: And do you remember any of them more exactly.

UW: Titles.

JW: Pictures. The feel of some books.

No… No, no, no.

No, it's not there.

I only know that we not read the same stories my mother read.

What sort of things did she read?

Oh, my mother used to read real trash. You would say. That was those, the…

UW: Heimatromane.

That's right. Those things. She would read that, and, uh, in fact I remember going once, or at least every day to the library to get her another book.

JW: Where was the library?

The library was in a stationery store. A stationery store – lent out books, and you paid for it.

> Can you remember... where it was, on the map?

Yah, it was right, uh, – if that was our house...

> Ja, that was your house.

Now I don't know if it was in here, the store, oder... It was across the street. Right there.

> It was across the street.

Ja, right, uh-huh.

> What kind of books did they have, just these Heimatromane? Or, nothing else? So that there was nothing for you children to go over and get.

I don't think so, ...

No, we didn't go there, no. We must, we probably, I think we brought the books home from the school, from the school library.

> Can you remember the name of the stationery store?

Prinzlien, I think.

> Schön, that's nice.

Prinzlien.

> That's nice. Very good...
>
> You're out in the Schrebergarten, and you sometimes read of an afternoon, – do you ever remember going up to swim?

Yah, that was Schiffbek. Sure. But, uh, it was, uh, well, there were, uh, many people there. It was a Badeanstalt. And, uh... but it was really a moor. The water was very muddy. But we went there, yes, I remember.

> Your brother's drawn a sketch of it –, and he remembers, that there was kind of a divider across, for the deep swimmers, and here the shallow...

Ja. For, uh... Could be.

Ja, ja. Uh-huh, ja.

> Did you, did the whole family go together... or?

I guess so, ja, uh-huh. We were good swimmers.

> Everyone was a good swimmer...?

I don't know if, whether my mother was.

But I know my father was. I was. Arno was. I'm still swimming. Yes. So, I mean, uh, I did that all my life.

> Very good.
>
> Did any one of the family ever go off there alone swimming? Or was it always a family outing?

Uh, my father would go off hiking alone. Hiking. And, uh, suburbs of, uh, Hamburg. There was Reinbek, and I mean there was wooded areas, and hilly, und he would – when he really had it –, he would pick himself up on that day off he would go. By himself.

> Did you children ever accompany him on hikes... or?

Maybe Arno did. I never did. I remember that. I never went. No.

> And your mother didn't either?

We, I, we went hiking in the Familie, too, but not very often. I remember that – I don't know if you know, you probably do know – that the paths in, in those slightly hilly areas there, the trees are marked mit colors. That's red or a green. So I remember Arno and I, we would run ahead und look for where the path was going, und look at the trees, what, uh, where the color was. I remember that.

> UW: Where did you hike then?

Must have been... I don't know what is around Hamburg, what, uh...

> JW: Can you remember the trip? Did you have to get on a trolley to get there?

I don't know... I don't re-, I, I think so. Sure.

> You didn't just start out from home?

No, no, no, no, we had to go by trolley someplace, ja. It was, uh, ja, out in the suburbs, but we lived in the city. So, uh... I don't know. I – oh, I don't know where it was. I know that we went zum Elbstrand. And we went swimming.

> In the Elbe?

Ja, in the Elbe. But, uh...

> Were there regular places there for people to swim, or was this something more adventurous?

No, that was like here, like the ocean here. I have two blocks down the ocean here. So, uh... exactly like that. Just that the water was not as rough as it is here. The ocean is rough here. So, uh...

> You talk about the hikes in the woods. Your brother has a very close feeling to nature, and loves, and loves it.
>
> Do you remember him as a child being especially attached to…?

Oh, I believe that, yes.

No, no, I don't, no. When I was last, uh, when I saw him last, he showed me a, uh, a, uh… plot, a few acres he had bought in the, the neighborhood where he lives now. And I remember he got upset because he saw somebody had been picnicking and left some empty bottles oder something on his property. And, uh, I don't know if he, how he told you this, that when in his small, little township where he's living, and they started to asphalt the street. He, uh, went in und said they were not allowed to asphalt in front of his house, because he didn't want any traffic going by. I remember that.

> But as a boy, hiking in the woods, you just remember the two of you running ahead and doing the things children normally do?

That's right.
Ja, we were children. Sure… That's all I remember.

> Did you have special hiking shoes? How? No, no… you, just went as you were.

We wore always very sensible shoes.
They lasted as long as possible, und they were just as good for hiking.

> Sure. Did you take your lunch along when you went hiking, do you remember? Gepicknickt.

I think so, ja… Ja, I guess so. Ja, sure. Because we did not go to a restaurant to eat out.

> Ever?

Very rarely. If we went, we had maybe coffee und cake. And then I remembered that we used to go… to a farm where they set up buttermilk, in, uh, it's like joghurt, you know –, in soup plates. Und, uh, we would, uh, my father would get each one a soup plate of, of this sour milk. I remember that.

> And did everyone enjoy that?

Yah, they liked it. Yes.

> UW: Gab's das was man Sonntagsspaziergang nennt?

Uh-huh, I guess so, ja. Ja. That wasn't far away from our house.

No, I mean Sonntagsspaziergang am Sonntagnachmittag, daß die Leute auf die Straße gehen und rumlaufen.
JW : And the whole family out together ?

Ja, ja, ja, ja, ja. Ja, they did.

UW : Did you do it ?

We did. Unless my father was, uh, had uh... had to be in the precinct. Then, sometimes he had, uh, Dienst, on Sundays.

JW : He had a kind of swing shift... ?

Then I would go and bring him, uh, his dinner. At midday, dinner.

And was the precinct in the center of town or where was it ?

No, it wasn't too far away. It was, uh, maybe half an hour to walk, I don't know. I did it very often when he had to be on Sunday.

Okay, let's see if we can...
That's the Mittelkanal, der hier läuft. Ja ? And here would be Rumpffsweg, und Dobbelersweg, und hier ist die Schule. Und this is the Hammerlandstraße. Can you remember about where ?

Uh-huh, uh-huh.

Uh-huh... uh-huh.

I don't. I don't.

How you would take off to bring your father his lunch ? Would you go in the direction of school ?

Ja... ja, ja, uh-huh.

Ja. And you get that far and then... go on up to the Hammerlandstraße, do you think ?

Ja.

Okay, and then... beyond that ?

I don't know. I couldn't tell you. Couldn't tell you. No. But I know I would carry the, uh, the meal.

How was your mother as a cook ?

Oh, she was relatively good. I know Arno was, we were ve-, Arno and I we both were bad eaters. I didn't eat, period. And Arno only ate Swiss cheese and hamburgers. That's all.

That's all he wanted... ?

Ja, und that was, und he was the fattest boy

during the war. I was the skinniest child. My father would say to me, »Der Stork, der hat ja Beine, aber Waden hat er keine.« Und das was i'. Und das was I. But Arno grew fett on, on Swiss cheese and hamburgers, during the war.

> And you had to eat during the war...?

Oh, yes, sure, ja. Ja. We had to eat.*

> UW: I guess after the war it was worse... 1919–1920...?
>
> JW: Do you remember any time when rations were a bit short?

I remember the time when we had that big inflation, in, uh, in Germany. That my father would bring in the bundles of money, und my mother would just run out und buy anything she could lay her hands on, because the next day the money was, uh, was... was, – I remember that. But, uh...

> You don't remember the food being particularly worse at that point for you children... or?

No, because I wasn't ever interested really in food. I wasn't, no.

> And Arno was?

Only Swiss cheese and hamburgers. He wouldn't eat anything else. But, uh... no, but I, I think at that time, when the inflation was there, in fact we would see some really gooey cake. That I liked. But, uh, otherwise you wouldn't, because my mother wouldn't spend the money on it. But then, since she had to get rid of that money, she bought the gooey cake. So ...

> Even gooey cake – whatever was closest...?

Whatever was available. Sure. She had to get rid of that salary, because the next salary it was, it was nothing. It wasn't worth anything.

> Speaking of food, maybe one way to try and remember, can you remember a kind of standard day? How a day would, would go through in the family? Who got up first? Who did what?

* AS: Sie hat alles vergessen: den ›Steckrübenwinter‹; wie Wir die Brotscheiben zugezählt bekamen, und wenn es köstlich war, dann gab es ›Kunsthonig‹ darauf.

> Do you remember getting up of a morning as a child ? Did your mother make breakfast for you ?

We went to school. We went to school.

Oh, I remember one incident... uh, I do not wake up early – I mean, I wake up. I go, get going, but my eyes are still closed. So, uh, I remember my mother had made cocoa, and, uh... Arno was teasing me; mmm – I was sitting there – I wasn't there yet. I was getting dressed, but I wasn't there. So, he, I had reached my, reached for my cup of cocoa, and he came over, und he said to me, »Wake up!«, and I took it and sswppt!! He was still in his pajamas. Und I... slopped the whole cocoa over him. They couldn't believe that I could do a thing like that. They were, they were so astonished, that something like this could happen. And I did that, I remember, and that was breakfast.

> And was there punishment for that ?

I don't think so – they were too upset.
[laughs] They couldn't believe their eyes that anybody could do that.

> Cocoa for breakfast... every morning ?

Uh-huh.
...I don't remember that either. I know we didn't get coffee. We wouldn't drink coffee. I mean, coffee was for older people; it wasn't for children.

> Kakao und Brötchen und... Sonntagsei ?

Nnjaa.
I don't remember, it must have been a soft roll oder something.

> Ja. – There's always the problem of washing up with a family, small quarters. Was there an order who could go to wash first, and who was next ? How was that ordered ?

Well, when, when my father was home, uh, he was always the last one to get up anyway. It was my mother; we, we children went in to wash and brush our teeth first, because we had to go to school.

> Did you wash up in the kitchen ?

Ja. Ja.

> And at the same time your mother had to be making breakfast... ?

Right, Right.

> And did that cause confusion... or ?

No.

Things were pretty well-ordered and ...?

Ja. It was organized, yes.

Then you would sit down and have your breakfast.

Ja. Whoever got ready got his breakfast, and then we went off to school.

It wasn't the whole family sitting down to breakfast at once, it was... as each of you got ready...

No. Whoever... ja. My father mostly waited until the children disappeared. Then he would come out.

So you didn't see your father of a morning?

Nooo. No, no, no, no, no, no.

Then you would go off to school. How was lunch?

Well, I remember... I don't know if it was during the war oder whenever. We got the, the American, uh, uh, supplement. And that was hot chocolate and a soft roll. But every school-child would get that.*

That must have been after the war.

... Ja, during the war it would...

Ja, I guess, I remember getting this because I took it once or twice, and then I couldn't see that hot chocolate anymore. It was so thick, you know. And we were used to, uh...I don't know why that should be like that. We were used to a hard roll, you know, hard crust on it. Und those were the soft buns, so we didn't – I mean, and I remember now und, – being a bad eater anyway, I didn't particularly care for it.

This was the Pausenbrot am Morgen in der Schule, oder...

It was at lunchtime at school.

It was at lunchtime at school...

Ja, not in the morning. That was at lunchtime. That was lunch.

Did you usually eat lunch at school – even later on? Or did you go home for lunch?

Do you know, I don't remember.

* AS: sprich: ›Quäker-Speisung‹.

I don't remember.

Well, that may come to you.

When did your family have the big meal ?

Mostly at lunch time.

So you must have come home…

I don't know. Maybe we had it at, when school was over. I don't think we stayed every – we probably stayed until one oder two in school, because we started early.

That's why I asked whether it was the Pausenbrot.

Ja.

No. No, no. No.

But then you would come home about one or two, and the big meal would be for the family. And your father would be at home ?

Uh-huh, uh-huh, uh-huh.

If he was home, he was having [telephone rings] the meal with us. Otherwise we would, uh, eat in the evening. He would eat, eat in the evening.

(break for telephone)

… back to that day. You come home for lunch, and…

Ja, we would have our dinner, and, uh, we would do our homework.

In the kitchen too ?

On the kitchen table… ja.

You and Arno together ?

Ja, we mostly… we were, I mean, we worked on different subjects. We worked different. But we, we were doing our homeworks together on the kitchen-table.

How about one helping the other ?

No. No, not at that time. No.

Not even the older sister helping… ?

No. No, no, no, no, no. No.

Did…

That wasn't necessary.

UW : Did he want to do his own work ?

Please ? No, it wasn't necessary. He knew his work always. He didn't need any help from anybody. Yes. So, uh…

JW : Let's get back to lunch, before we come back to the homework. When your father would be at home, all four of you would sit down to a meal together?

Ja.

Ja. And if he wasn't there, then just the two children and your mother.

Ja. And my grandmother very often.

And your grandmother if she were there. And, how were th-, what did you eat at lunchtime?

Uh-huh. Ja.

Can you remember the kinds of things that came to the table?

Well, I know on Sundays we would get, get every Sunday pot-roast, and, uh, potato dumplings. Because that was a favorite of ours. And, uh, some red cabbage with it. Things like that. Und, uh...

And during the week...?

I do not remember, because mostly there was, uh, trouble at the table, because I wasn't eating. So, und, uh...

Mealtimes are a bad time for you...?

Es war, I don't know. I was very sensitive, too. If my mother would make mashed potatoes, and there was some lump in there, I would throw up.

You would literally throw up?

Literally I would run and throw up, because I had that lump in my mouth. So, und I have, uh...

UW: Those stories I know.

Do you know those stories? Und I tell you, this happened to me lately. I was at a friend's house, und this reminded me, because I saw suddenly it came all back to me. Because she served date-nut bread. And there was a piece of shell from the nuts in it. Mnmnmppf! Und I ran. Because, und I said, oh my God, you still are not over this! You still feel something strange in your mouth – I throw up... So.*

* AS: Typische ReaktionsBildung auf ausgeprügelte Koprophagie: sie hatte meinen BabyKot als ›Zitronen-Kerne‹ gegessen (daher die helle gelbgrüne Farbe des Kartoffelbreis, wie die braunrunde *[sic]* der Nußschale); die Eltern hatten sie dabei ertappt, und sie ist noch viele Jahre lang damit gefoppt worden.

> JW: How was the atmosphere at the dinner table? When your father was there?

Well, uh, my father always was, uh, very strict disciplinarian. Uh, I remember very well that, uh, if I would drink something, I would pick up my cup und drink. Und while I put the cup back on the plate [knock], when this [knock, knock] made the noise, I would swallow. So you could not hear that I had swallowed. That's how strict my father was.

> Was anything said at mealtimes at all?

Oooh, if we would make a faux pas in, in eating wrong, we would get hell.

> And how, and what form did the hell take?

He would scream. Scream at us, sure.

> Scream.
>
> And was there ever any…

Sure… But I remember so distinctly, I would pick up my cup, keep the coffee, oder vzvzvz, whatever liquid it was in my mouth, und while I put it on the plate,…
[whispers] I would swallow.
Because then this [knock, knock, knock] noise of putting the cup on the plate would… subtract. My father was very, very strict.

> Swallow.

There was no burping anyplace, oder, that was out of the question.

> So that…
>
> And Arno… submitted to this regimen as well…?

I think so, I think so. I think in this case he was just as strict with Arno as he was with me. Sure.

> UW: What kind of rules did you have? What kind of, of table-manners?

Uhmm, table-manners?

> JW: Anything special about the table-manners, any special regulations?

No.

> As you set that cup down…

No. It was only that, uh… I mean things like burping oder things like this, uh, swallowing too loud oder chewing too loud oder chewing with an open mouth. That was not allowed.

> As you set that cup down, can you remember what the china looked like ?

Oh, yah. We had only the, always the – what we call the onion, uh, design. The white mit the blue. I have a g-, I, I saw one in, uh, one of the department stores recently, and when I saw it, I said, »I gotta buy this.« And, uh…

> And the silver ? *

Average… Ja, average.

> Average.
>
> Linen napkins, white linen napkins all the time ?

No, I don't think so. Maybe, yes. I don't remember.

> You don't remember them.

I don't remember, if we had napkins at all. Wouldn't remember… I know we had a tablecloth. That was there. But, uh, napkins, I don't re-, remember napkins. I might have forgotten.

> I was just trying to… help you remember sitting down to have a meal with your family.

Ja… I understand… Ja.

> Where did you sit ? Was there a steady place for everyone to sit all the time ?

Well, mostly my parents were sitting on the end of the table, and, uh, we were sitting across.

> As he has shown it, here we are, there's the kitchen table. So your parents would be here, your mother near the stove ?

Uh-huh, ja.

Ja. Sure, uh-huh.

> Ja. Ja. And your father with his back to the Schrank.

Ja.

* AS : Ich habe bei Uns in Hamburg kein Silber gesehen, nur Blechlöffel und Steingut – 1 kleines GewürzKrügelchen, ›PFEFFER‹, besitze ich noch von dem ganzen Satz, an dem man das Muster erkennen kann ; (›Blohm & Voß‹ und kein Wort weiter ; in den ersten Jahren, als ›Uhdl‹, verdiente mein Vater ja auch noch nicht viel).

And would you be looking at the sofa or at the…?

No, at the sofa, is right. Arno would be sitting here, ja.

Did you sit on the sofa or was there a chair?

No, I don't think so. Maybe I was. I don't remember.

Uh-huh.

UW: Well, there isn't a chair.

JW: He hasn't shown a chair, but maybe you remember a chair being there.

I could not tell you. I only remember how I felt it was so absolutely unnecessary to keep what he has said, uh, here, on the ›gute Stube‹. Nobody could go in there.

You never were allowed in there…?

Only if there was company.

UW: Your brother said inbetween December 24th and New Year…?

Ja, the Christmas tree was in there.

JW: Zu Weihnachten?

Right. Ja. Right.

UW: Only during those six days were you allowed in this room.

That's right. Otherwise this room was completely unused.

Why for heaven's sake?

Isn't it terrible?

Why?

Isn't it absurd?

JW: Because you were so cramped with four people in very little space.

There was this small apartment, und this had to stay. I remember very well when… like again, when I went to, for my con-, confirmation lessons. And you know there are always sp-, certain ladies in church who do a lot of, uh, good deeds und charity und everything. And, uh, she came one day to my mother – just to tell her… what a marvelous child I was. Und, she, my mother of course opened the door to the gute Stube, and, uh, when she looked in, – und the floor was so shellacked, so shiny, that she said, »I'm sorry. I can't go in there. I will fall.« Nobody ever used this. No.

And during the day…

This was not used.

What would happen if one of you went in there? Or would you have even thought of doing it?

Well, I, uh, I would go sometimes through it to go to the balcony.

That's what I was going to ask, whether you would go to the balcony.

Ja, I would go to the balcony und sit out there, oder look out down into the street. But I had to walk…

Was there room to sit out on the balcony? Or was…?

Ja, uh-huh, ja, ja. But I, uh, not remember having a chair there oder something. I remember looking over the, the railing into the street.

But you would only stay there for a couple of minutes and then…?

Ja, maybe, if the weather was nice, you would stay maybe fifteen, half an hour maybe, look, just look at the traffic…

Just looking…

Ja, seeing what…

Did Arno ever come out there with you, do you remember?

No, no. My mother would come out with me sometimes, and we would both look together.

What did your mother do while you children were in school? That was her time to… clean…?

…to clean the house. Yes. It was very, very clean. I remember even before we went to sleep at night, the house was in perfect shape. Because my father would always say, since he was, uh, policeman, he would say, »She's cleaning up for the burglars.« But the house was in perfect shape when she, when we went to bed, the house was hundert percent. Ja, she was very, very clean.

So, dinner, and then, your father would go back to work after the big meal…? Or did he come home from…?

Ja.

I, I – he did not come home for, for just the big meal. If we had it, then he would have it in the evening by himself. Ja, ja, ja.

Warmed up?

Ja, ja, ja. But I remember my father – always the best piece of meat was saved for him. That, I remember that, he got the best, of, of the meat.

And your mother the second best, or did the children...?

No, no, that was equal, I guess. Yes.

Then everything was divided up...

Ja, but Papa got the, the best. Ja.
Uh-huh.

You did your homework, and your mother read, while you did your homework?

Ja. She always read, ja.

Where?

She would, probably would be lying on the sofa, und reading. And we would do the homework, oder we were out playing. She would lie on the, on the sofa and read.

And when your grandmother was there ... your grandmother used the sofa? Do you remember? No.

No.

She would sit at the kitchen table too?

I guess so, I guess so.

Okay, that's...

I don't remember.

Ja, that's just a small... I was just trying to picture one more person in the group.

Ja, ja, ja.

You did your homework, and then, went out to play...?

Right. We had to come in early...
And, uh... na, went relatively early to sleep, I guess.

Came in from playing; was there an Abendbrot?

Ja, we'd get a sandwich. Ja.

And then?

And then we would, we would go again to bed, and we would read again. And then we would fall asleep.

In bed?

Ja. In bed, ja, ja.

Would everybody come to the bedroom at one time, or did... you and Arno...?

No, no, the children would go first.

> … would go first.
>
> And read ?

Right, ja.

Ja, und I remember very well that my father would sit with my mother in the kitchen, und he would read loud to her. But mostly poetry and things like this. Yes. I remember that.

> What were some of the –, you've talked about cards, were there any other pastimes of an evening for the family ?

No, I think there were mostly cards. They were playing gin und Skat. And I… guess that was all.

> A radio ?

Yes. We had the crystal sets. I remember, und later on of course we had the other sets, but I remember the first crystal set, mit the…

> Earphones.

Earphones. I remember that. Because my father was, uh… he loved the, the Barcarole. And whenever the Barcarole came on, I would tear my zz-, and give it to him, so he could hear the Barcarole.

> How many sets of earphones were there ?

One oder two, not many.

> One or two.

Maybe only one. Because I, uh, remember taking mine off and giving it to Papa.

> Then the children would be sent off to bed…

END OF SIDE ONE · REEL ONE

> … in, in der Guten Stube

In der guten Stube, ja. And, uh, …
It was set up very nice. It was, uh, it really was set up like a dining room. Uh, has a buffet, und, uh, chairs und Kredenz und things like this, und, uh, what you would call

here in, uh, Spanish modern, – you know, the heavy, very heavy oak furniture. So, uh, in fact my mother had it still when I came to Quedlinburg. She, she took it along with her. And I remember at one time… uh, my father was never very happy being in the police force. He always feeled, felt it was degrading. It's a very – he would say, uh… »Why do people need the police? …If everybody would behave themselves, nobody would need the police.« That's what he would say. So, at one time he had gotten – I don't know if it was an offer oder something, to go back to China. Because he had been, uh, in China in, when Germany had the colonies there. And, uh, he wanted badly to go back. Because he, I remember he would say to me, »You know, you would play tennis, und you, what you could not do here. Und you would live in the colony with just the German people together.« And so on. And my mother would not leave.
Und she said she could not leave her dining room. I remember very well.
But then later on, she wrote me when I was already here. She wrote me that, me a letter, and she said that Arno was playing with the idea to emigrate to Australia. Und she would go with them. So at that time, I thought: Look, with her husband she wouldn't go to China, but she will go with her son to Australia. So, uh, but of course, first of all Arno's wife wouldn't want to take her. That's for sure. And, uh, and Arno never went, of course.

> … all through the years… ?

> This heavy furniture, was that a part of your mother's dowry?

No, no, that was later on purchased.

> Purchased later on.

No, no. Ja. There was no dowry. Her father was in, uh, Gerberei business, leather they were – I don't know what they were doing. Gerberei. So, uh, he died very young too.

> In ABEND MIT GOLDRAND, there's some indication of your father having resented you, as…

Yes. He felt he had to marry my mother because she was pregnant. Ja, that's right. Und I would hear that all my life, all my young age, I would hear it. »If it wasn't for *you*…, I would g-…«

> He did verbalize this continually… ?

Yes, he certainly did. Ja. Certainly did.

> And I imagine that made some difference about how you felt about him.

I really don't know. If it was, it was completely un… underneath, unconscious, be-

> Unconscious, ja.

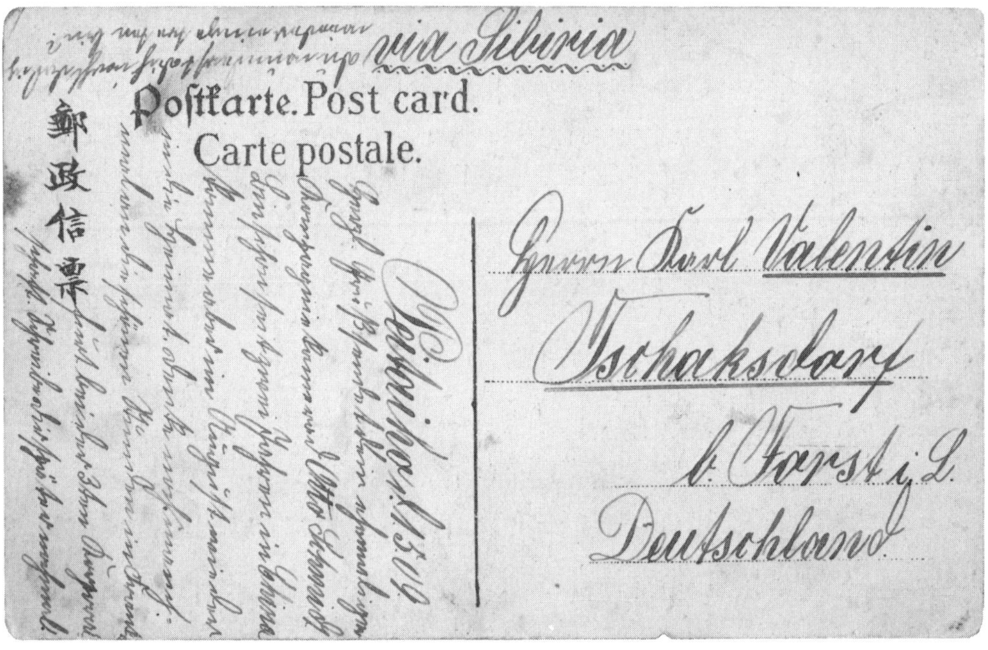

Farbige Ansichtskarte aus China, datiert Peitaiho 1.5.09, die Arno Schmidts Vater während seiner zweijährigen Dienstzeit als Freiwilliger beim Ostasiatischen Detachement im Deutschen Schutzgebiet Kiautschou an einen vormaligen Kameraden aus seiner Rekrutenzeit richtete. Auf der Bildseite deutsche und englische Legende »Tunnel der Shansi-Bahn« und Flagge des Schutzgebietes (?) mit chinesischem Drachen auf gelbem Grund und roten Emblemen. Postweg der Karte über die Transsibirische Bahn.

cause, uh, later on when I got older... I, uh... couldn't understand that I never even realized that it was a put-down for me. But he would do that. The same thing too, aeh-uh, I think I was, uh, fourteen, fifteen, sixteen year old when I realized that I really was a very pretty girl. Because my family always said, I was awful. I was just awful! [laughs] It's really so... so, und, it's amazing that, I don't know, maybe that's because I grew up so different, than the rest of the family, because I really had to take care of myself.

> And did you have the same feeling from your mother that you had been... unwanted...?

My mother was not a very forceful character.
No. My mother was not forceful at all.* So, uh... ja, that's true.

> So that whatever your father said, that...

Uh-huh, sure. Of course. Ja, ja... ja.
He was the top-banana.

> How did your mother go about getting her way, if she wanted something?

I think he liked her, he loved her.

> He loved her.

Ja. He did, he did, in his own way. He loved her. I think so. Ja. She was a pretty woman, too.

> And so she would... play on those feelings?

I guess so, I guess so.

> UW: Well, and she was eleven years younger than...

Of course, she was much younger than he.

> When she married she was more or less a child...

Of course, she was maybe seventeen, eighteen years. I don't even know – maybe seventeen years. Very young, ja.

> ... or half a child, so... at the time he was twenty-eight, he was a...

Sure, ja. So, he really was, he really was a father-figure for her. Absolutely.

* AS: welche Verkennung! (Man vergleiche hierzu die Seiten meiner Mutter).

JW: And where Arno took flight to his mother, over against this very austere and, and far-away figure of the father…

Ja, but I, I don't think it, uh, uh, I, – my father was so threatening to him as he was to me… I don't think so. I don't remember clearly, but I don't think so. He treated him very different than he treated me. So…

Do you remember as children, those kind of stories, always with brothers and sisters – the injustice where the one gets punished for what the other one did, and that they punished you instead of Arno – ?

Hmm, well, yes, it could be. I remember one incident where we were sitting – Arno must have been really still a baby, und I must have been a very small child. We were sitting together, and he did something to me, und I gave him a push. Und since he was small, he toppled over, und hit his, uh, the side of his head, here, on a sink that had a hard edge. And it cut him here, and he had to have stitches. And, of course, the doctor said, »Look, a little further, and this could have been really pretty bad.« Well, then I, the rest of my childhood I heard I always, almost killed my brother. [laughs]* But, uh, of course, uh, it did not penetrate too much. Really not. No. But you see, I remember it.

So, I don't know what…

What kind of punishment do you remember?

Oh, no, we would get lickings.

Lickings.

Ja, we would get lickings.

With the hand…?

Ja, uh-huh, uh-huh, on our backsides, ja.

Ja, never anything else. There were never switches used or…?

No. No, no, no, no, no, no, no. But, uh, that would get…

Only from your father?

Your mother never punished.

I think so… I don't remember too well. We would maybe get a slap in the face from my mother. But that was all. But my father really would tackle us.

* AS : wozu zu vergleichen FREUD, ›Eine Kindheitserinnerung aus Dichtung und Wahrheit‹.

> If you did something wrong during the day, then, when father came home…?
>
> What were the cardinal sins? What did one not dare do?

Well, yes, I guess so.

I did once something that was very bad.

Now, you must realize that there was not, uh, too much, o, wealth in our house. And my father always was a stickler for shoes. Und at that time it was modern that men wore patent-leather shoes, at least the tip of the shoe was patent-leather, the rest was leather. But the tip of the shoe was patent-leather. Und he had come home, and he was supposed to go someplace in the evening. Und the first thing he did when he came from work, he would polish his shoes. Und he had polished them and put them aside, und then, well, he was going to take a nap – because he was going out in the evening. Und I don't know – I was a small child, and I saw those shoes there. And I took a pen, now – I took a pen, und I started to, uh, scratch on those patent-leather tipssssss. And my mother saw me doing it, and didn't stop me. I know why. Because he had made a date mit somebody else. So, she let me finish this. And my father got up. He saw that, und then I realized what I had done. Oh, did I get a licking. Why do I remember the licking? My grandmother was there. Und she flew off the handle; she said, »How can you hurt the child?« And I remember her saying, »God, forgive them because they don't know what they're doing!« That was a saying in the Bible. And she took me, took me out of the apartment, und then that happened that was even much worse. Because she went mit me, to two women my grandmother knew on, in the same apartment. Und she showed them my backside. Und she took my pants down! And showed them my backside, how he had hit me. Und this was worse than anything! Even worse than the licking! So, uh… tss, I remember that! That was awful. So, uh, but, that, we got punished, sure.

> Do you remember Arno being punished for any particular thing?
>
> No.
>
> Did you have the feeling that your mother protected Arno from your father in a way that you weren't protected… or?

I don't remember, no… I don't remember.

Uh, well, I think on the whole she tried to protect both children. She did… But, uh, this was a special case, because she knew that he had made a date mit somebody else, und he was going mit fine-polished shoes tonight. So she let me do it. Otherwise, she would have stopped me. But you see, I was a small child, und I remember it, und I know why. I knew why.

> And did you know at the time that your father was going out with someone else?

Yah, because my grandmother was living then in my house. And my mother und grandmother would discuss it. Und, and to show that he wasn't doing anything wrong, he would take *me* to the nightclub. He would put me in a boot, und he would disappear. And when I got home, both those women would fall over me. »What did you do? Where did you go? What did you see?«...

> Put you in a boot?

Ja, in nightclubs, sure. In the booths in nightclubs.

> Oh, in a booth! Okay. Ja.

Ja. So, uh, he would take me, so he could say, »After all, where do you think I can go mit Lucy?«

> UW: How could he bring you to a nightclub?

He did it. Put me in front of a lemonade.

> Wasn't there anyone in the nightclub who would... have told him to bring you home again?

No.
I would, would be sitting alone...

> JW: Do you remember any of those evenings?

Ja, I do. Ja, I do.

> UW: Did it happen pretty often... or?

No, I really only remember maybe two, three times. That's all.

> JW: And he expected you, then, to tell your mother and your grandmother everything that had happened?

No, he did not expect it. He did not think I saw anything. He did not think I, I knew anything. And I really didn't know anything. I only could tell them that I was sitting in the, in the nightclub, und I had a lemonade. Und Dad wasn't there.

> He would disappear.

He would disappear. Sure, in the back someplace, in the nightclub, in the same nightclub. He wouldn't leave me there alone. But he would be in the back someplace mit some kind of women.

Was Arno ever on any of these expeditions?

No, Arno was much younger then to get that... he was too small.

Do you know about how old you might have been at that time?

Ja, I must have been six, seven years old.

Six, seven. That would have made Arno...

Maybe even younger, maybe five, six years old.

Three or four.

Sure, he couldn't take Arno. He was too young. Sure.

I just sat...

And you just sat...

... armselig allein und...

Ja. Well, I didn't care how I was sitting there. I had a lemonade. [laughs]

And this was one of the reasons for the conflict between your father and your grandmother then I suppose.

Of course, my grandmother. Und she would, uh, get my mother all fired up. So, and that was, of course, why he couldn't stand my grandmother. Otherwise, he was probably relatively fond of her, because she was so much a better housekeeper than my mother. After all, my mother was so young when she married, she didn't know anything. Und my grandmother was a accomplished housewife. She knew what to save, und what not to do, and what jetzt to do. He would say very often, when my grandmother was living with us, we would save money. Because she knew how to handle it better. But, uh, it was only because of this.

UW: Your brother wrote in his book that your father used a lot of the money he earned for himself.

It could be.

JW: Did you sense that as a child?

No. No, there wasn't too much m- ...

UW: ... wasn't verschwenderisch?

There, there wasn't too much to spend.

It was just a salary. There wasn't too much. Und rents had to be paid und everything else. Clothing had to be... There wasn't, it was not a, uh, big, big salary. Und even if he kept something for himself, what, there wasn't much to do with it. There wasn't much left.

JW: Do you remember squabbles over money in the family? Was it an issue?

Oh, I, ja, I think that there was always squabbles, squabbles over money. Sure, there was never enough money. Sure.

And he felt your mother spent it too freely or...?

Well, not wisely.

Not wisely.

She was still a youngster herself.

Really she was. Und now, when I started to realize that – I was still a very young child. But she would go and take the money and buy chocolates. But she would hide the chocolates from us. She would eat the chocolates by herself. Und I knew that. So, I mean, they probably did not agree on buying chocolates – when you don't have enough money.

When I assume you were eleven, she was no more than twenty-seven, twenty-eight.

Why sure.

I mean... there's that kind of...

Ja, but this was earlier. I was younger then even.

UW: Well six is twenty-two.

JW: Ja, she was just a young girl.

And, and really not very worldly. She grew up in that little, dreamy little Lauban. In that little town, you understand. Und she really had no other man before him. She was just a youngster, really.

But you're not aware of that, I don't suppose when you're young.

No. No, no.

No.

And I didn't know she was young. Mama was Mama... And when I got older, I got married relatively young, too. I was nineteen when I got married. Und I moved right away away from home, so ...even out of the town, you understand, so...

Was there a sense of escaping from this world you...?

Oh, of course. I think there mostly is. Sure.

I mostly, uh, to be very honest, I even feel that probably that's why I got married – to escape that.

> And Arno escaped more inside himself…?

Ja. Mama – Arno stayed mit Mama. Yes.
…So, uh… he stayed a long time. I don't even know what time, what he, how old he was when he got married. I don't remember that. It must have been during the war. Oder just before the war. I don't even really know how long they are married. Never discussed it with them.

> You were talking about this verschlafenes Nestchen, Lauban.
> What do you remember of Lauban?

I wasn't very fond of Lauban. Because I grew up in Hamburg. And I remember, uh, the first winter I spent in Lauban, und it's hilly, it's, it's mountains. And, uh, Hamburg has the climate more of London. We had mostly fog und rain there. But Lauban – I thought my heart would stand still, it was so cold in the winter.* I remember freezing like anything, und the…

> This was after your father died?

After my father died. Sure. And I remember sitting, – my grandmother had those big Kachelofens in the living room, and there was a bench where I was sitting on. I, I think I spent the winter on that bench warming on that Kachelofen. I felt so cold, I remember that. I really thought my… my heart would stand still, it was so cold. It was such a different climate out there than it was in Hamburg.

> Do you remember the summer trips to Lauban before…?

Oh, sure. Ja, ja.

> What were those like?

They were marvelous always, because we had the Familie there. And then I had my nephew, my cousins all there, und, uh, all my mother's Familie. Und sometimes even my father's Familie. He came from Halbau, what is Silesia too. And, uh, there were a lot of cousins around. That was nice, ja. I always loved it, und of course we stayed with my grandmother down there, und that was heaven for me. Ja.

* AS: es war ausgerechnet jener ChronikenWinter 1928–29, der (bis jetzt) schwerste des Jahrhunderts – wir hatten bis zu –36° in Lauban!

Did the whole family, ... all four of you would get on the train and... ?

No, Papa would most – Papa wouldn't get four weeks' vacation. We stayed more than four weeks. Uh, he would come down maybe for a week, and then he had to go back. But Mama would stay with us for five, six weeks – as long as school was out. For the summer school vacation we would be down there. And when I, uh... got so ill this ye-, this winter, I had a letter from my, uh, father. I had written him... that, uh... uh, I would like to stay a week longer. Und, of course, Mama wouldn't let me stay alone. She, uh, she wanted to stay too mit Arno. So she didn't have, uh, the guts to write, so I did. Und I had all those years, I had saved that letter. Und I was so sick, I thought: oh, now this letter has to go to Arno, because, uh, something happens to me, uh, he will never have this letter – and I know he would be the only one who would appreciate it. So, uh, it was that letter and, uh, I sent that to him. Und he had written to me... that he was very sick, and, uh, that he, uh... couldn't cook for himself, he hadn't eaten for weeks a warm meal. And, uh... that, uh, we better come home. Und this is the letter I sent to Arno. And, uh, it happened that my grandmother convinced my mother to let me stay anyway another week. Und I would come down by myself. And, uh, I mean we had to go by train. There were no planes then.

And it was a long trip... ?

Sure. So, uh, I know I stayed that week oder ten more days, und Mama and Arno went home. And when I came home to Hamburg, uh...... uh, my father was very ill. He was dying.

This was the summer of '28, then.

Ja. He was dying. He was really very ill. Because there was such a change in him. I remember him sitting on that sofa in the kitchen. And I thought, »Oh my God, he's really very sick.« So, uh...

And you were old enough at that point to know what was really happening... ?

Oh, of course. I was so old, a teenager already. Sure, I was at least sixteen, seventeen years old. And, that's what happened. And he died in September then.

> Were you and Arno close as you got a little bit older – in '28, you would be seventeen, he was fourteen... ?

No, I had, I had been dates, and I had a lot of friends, und, uh, und that was not – no, we were not close at all. That's why I appreciated so much when I came now and saw him. Und it was as, as if we were really friends. And that is very rare with Arno. He was so happy to see me. Really, he was really happy. And I was amazed. So, uh... no, that was really very, very nice.

> UW: Were you a little closer when you were children?

Uh-huh.

> JW: When you were small children.

No, I don't know.

> UW: ... Did you ever play together, or... ?

We would play together, yes.

> Besides cards?

Ja, well there wasn't – I don't remember any games. No, we were readers. We really were readers.

> JW: This closeness between you. Did that exist when you were small children?

I don't think so. I don't think so. I really don't.

> Der Wunderknabe war auch damals... etwas... ?

Ja, ja, uh-huh.

> UW: Von welcher Seite kam das? Von beiden Seiten her, oder war es... ?

Uh, you mean, the I. Q.?

> JW: The Distanz...

The distance?

> ... between you and your brother... ?

Oh, it didn't come from me. No. It must have come from him.

> UW: Wie war es wirklich – waren es die drei Jahre Altersunterschied... ?

Ja.

> Daß es ein Junge und ein Mädchen waren... ?

> JW: ... daß Sie verpflichtet waren aufzupassen, und... ?

Ja, like I said, when we went out in the street, when we were small: »Take Arno.«

UW: Und einfach auch andere Interessen, auch als Kinder schon.

No, no, completely…

… different.

Ja, no. We did not really, uh… I don't really think that, what we could do together.

Did you really like being the older sister?

I don't think it even concerned me. It didn't bother me at all. No. It didn't bother me at all. I was not aware of it. If it was there, I was not aware of it.

JW: Can you remember… we talk about a distance between you and your little brother – and yet, can you remember certain ways he would show his affection for you… or?

No, our family – there was not m-, much affection in ours, in our family at all.

You mean it wasn't shown? Or that…?

It was not shown. It was not shown.
There was no kissing und hugging. That was not there. Those things I got from my grandmother. When I needed affection, showing affection, it was my grandmother who showed it to me. But she would not show it to Arno. Uh-huh.

Was that between your mother and Arno?

Don't really remember.

Was there showing of affection?

I don't really remember. There was no kissing oder hugging, like in other Families. It wasn't like that by us.

And why?

I don't know why.

I can understand with your father a certain kind of distance, but I would have thought your mother would have tried to… to make up for that in one way or another.

Ja.

Hmh-mm, hmh-mn, no. No, no.

No, no, she didn't. No. And I really cannot remember that they would be different mit Arno than they were with me in this… case.

> Or of your throwing your arm around your little brother and…

No. No. Because we weren't, uh, brought up like that. We didn't see it at home. No.

> UW: Haben Sie oft gestritten?

Oh, I guess so. Sure we would fight.

> JW: Well, ja, the normal fight of course is the toys, you know, one has one thing that the other wants, and that sort of thing. Can you remember…?

There were not too many toys in the Familie, either. If we got something it was a book. Toys? I do not remember many toys.

> Do you remember any of them?

I think… oh, yes. I, I came to my mother – she had my old teddy bear. After so many years, I, I mean – when I came now to East Germany, she said, »Oh, here's somebody who wants to see you.« Und she had saved my old teddy bear. It had – it was made out of plush when it was new – it had no more plush on it. It was in horrible condition. Und she had saved it, ja. You see: there was affection there, but it wasn't shown.

> Can you remember seeing Arno playing with anything?

I don't remember very well. I think she, I think he had once a train set. But I do not remember well. See, then those things get already mixed up with my own children, und with my own grandchildren, because they all have that. But Arno, I don't remember. Might have had a train set.

> Think about the kitchen, try to see him playing with something there.

Rarely, he was not, uh – he was rarely playing with something.

> But at two he wasn't reading yet, so…

Ja, sure.

> UW: What did he do before… he had books?

I don't remember. I don't remember what…

> JW: He recalls… uh…

He recalls something? Tell me.

> a little boat, that he played with when you would go to Hammer Park, a little boat on a string…

Oh, ja? It could be. It could be – I don't remember it.

You don't remember it. That may come to you tomorrow, you know.

I'm trying very hard, but I really don't remember that.

I think it's less a matter of trying, than just your letting that rest now, and it may come – it may not come. The vision of seeing your little brother playing...

No, this is really very removed. I don't remember it. I don't know what he had for toys.

Rather than toys – do you remember him, after those first horrible days in school, with his friends. How he got along with his friends, his reaction to other children ? How he dealt with other children.

Uh, like I said – he didn't have any friends. Just this one boy I remember. Und then I remember a boy, he had – oh, I don't remember his name. Uh, when he was in the gymnasium. The boy committed suicide.

Well, don't worry about it.

This was in, ...

That was in, in Silesia already, in Greiffenberg.* The boy committed suicide. How did he do it ? I only remember that he told me. That had been a very handsome boy. I remember the boy. I can see it now. But I forgot his name. And, uh... that must have been hard on him, because that was one of, uh, one of a kind – eee – too again. Because he had no other friends. Und I'm sure he never had another girl friend than his wife. He really didn't, ja.

UW: Did he ever talk about his teachers ?

Oh, yah, yah.

JW : And, what did he have to say about them ?

That was an incident. [laughs] That was in gymnasium already, too. Und he was sitting in the first two rows, und, something

* AS : nein, in Lauban-Görlitz – er hieß Georg Henschel, der Sohn eines reichen Fleischermeisters ; (ich weiß noch viel von ihm).

very human happened to his English teacher, Mr. Forster. And Arno held his nose.* It just popped out, you know. And Arno held his nose. And I remember, because he came home to tell me that Mr. Forster had said, »Those things happen in the best of families.« This is a story I remember. But, uh… ja.

> He gives names, … maybe they will jog your memory, … of teachers. A Herr Tonn, this is Volksschule. Herr Tonn.

Uh-huh, uh-huh.

No, I wouldn't remember the names of those teachers because I never came in contact with them.

> The teachers for the boys were entirely different from those for the girls?

Of course, ja.

> Okay.

> Even how they looked, any of them. Do you remember…?

Ja.

> Ja.

The teachers?

> No. That's gone. Okay.

No.

I would remember my teachers, but not his.

> Well, what about your teachers? They may be people that he doesn't remember.

No, of course he wouldn't remember my teachers. Just like, mal, like I don't remember his.

> But they may be important to him.

Don't think so, don't thi-, no.

> Let's talk about them.

Well, I can talk about them. Like the English teacher…

> Who was that?

Mr. Smith. Und my classroom teacher was Dr. Brockmeyer. And I, uh, remember… once he, he would take his jacket off, his suit jacket. And once he went out, und we put a flower in his lapel. Und he thought

* AS: Nein, das war ein Anderer. Aber man sieht, wie weit Dr. Foerster's Ausstrahlung reichte.

that was very cute of us girls. Next time somebody had the idea to sew up his sleeves. Und that was no good. So that's when we got really into trouble, because he said, »This, those, this suit costs money. You cannot do that with my sleeves here.« Well, und, uh, otherwise I don't remember.

> Was this…

They were from the folks school, from Volksschule still.

> Volksschule.

Ja, when I went later on to the seminar, we had mostly women teachers.

> But the atmosphere in the Volksschule war… Das sind gute Erinnerungen?

We were all, etwas, all… uh, there were only, well, there were maybe… no, no, that was already in the seminar later on. Uhm – it was completely protestant. There were no other, uh, religions in this school. Later on, when I went to the seminar, there was one catholic girl, und one Jewish girl. Und I remember at that time I was, uh, chosen to be class president. They had a voting on it, and it was between, uh, Anna Marie Brandt und I. Und I had two, three more votes than she. And now I was supposed to, uh, pick my own vice-president. And instead of picking one of my very close friends, I chose Anna Marie Brandt. And my teacher thought I was just terrific. I remember this because they made such a fuss over it, how, how nice, and how fair I was and things like this. And my friends didn't think so. They thought that I should have vor-, chosen them, you understand. But I was sorry for her, so at least I let her have the vice-presidency.

> I have the feeling that maybe you, that was your role in the family too – the Ausgleich zu spielen…

I don't think I thought of it that way, anyway. I, there was nothing really zu, auszugleichen in that Familie. I was always a relative outsider… How I got that way, I don't know. I really don't know. Well, something must have done it, I don't know what, where, how. But, uh…

> In school, when you would play at, at the break period. The girls and the boys would each be on one side of the Hof. Here's his sketch … This is the Mädchenschule, und the Jungenschule, und dann eine Reihe von Bäumen. Can you remember what kind of trees those were?

Ja. Uh-huh, uh-huh.

No, I don't remember the trees. But it was

even more than the trees, I think, uh. I think it was a picket fence, something like that.

A fence.

Ja. Like a picket fence.

So that there was never any crossing over…?

No. No, no, no, no, there wasn't.

You came in from the street like this, both boys and girls?

Ja.

And then…

Ja. Uh-huh. Ja. One went this way and one went that way.

And you never saw each other… again.

Never.

Unless there was recess, of course.

Ja.

Then the boys were in the, in the schoolyard, and we were in the schoolyard.

And nothing was ever said from one side to the other?

Mmmnnnooo.

Maybe. But nothing… uh, no.

And the boys played Schlagball?

Ja. But the girls too.

And the girls too.

Uh-huh. Ja, I was pretty good at it. They always saved me –. First of all, I hated to run. So, I don't know if you know how you, how to play Schlagball – so, uh, they always saved me for the last. First of all, I had, didn't have to run, and second, because I really could hit that ball. They saved me for the last, because the last player had three to save the team. Und I remember Wilma Hass. I was on… und I hit, und thbball! hit right her in the stomach. She almost collapsed. Her mother got me later on, »How could you do it?« I couldn't help it, she was standing there, und she was on the opposite team, you see. Und the ball, the ball could be hard, when it is… it was a hard ball. So I remember hitting her with that ball. Schlagball, ja, we spiel-, we played a lot of Schlagball. But that was in school.

How was Arno at Schlagball, do you know? Did you ever watch him play?

I don't know.

UW: Was he interested in sports?

No. No.

He writes in his book that he once watched the HSV – Hamburger Sport-Verein play…

Hamburger Sport-Verein? I wouldn't know.

> In the Hammer Park?

Could be. Hammer Park had games. But, uh, but, uh, that was rare, – he was not…

> JW: But he swam.

He swam just like I, sure, ja. He probably played Schlagball because he was forced to play Schlagball. That was in the curriculum.

> But you don't remember watching him…?

No. No, I don't know how good oder how bad he was. I wouldn't know that.

> How about at the school – ja, die Feste, die Schulfeiern, where your parents would come and see the children doing things. And you say you were very good…?

Ja, because I always, uh, tried to work something out, and, uh, and I would, uh, recite poems und things like this, und, und, uh…

> And Arno?

Well, I never went to them. I don't know what he did.

> It was always held separately?

They were al-, they were always separate. Ja. And I remember reciting a poem from Liliencron. And, uh, it was a kind of, uh, sad poem, und all the mothers cried. My mother didn't cry. [laughs] Und then the teachers went over and said, »Isn't she marvelous?« Hm… [laughs]… Hm. That was it. But, uh…

> Did both your parents come to these things?

I know that they both went to the, uh, to the PTA meeting where the principal told them that I had won the scholarship there. And, uh…

> But were generally attentive about these kinds of things, both of your parents… or?

My father not so much, but this was one occasion. But, uh, mostly my mother would go.

Ja. Ja. More so. More so, for Arno.

Sure. There they could, uh, harvest more honor than in my case.

Of course. Sure, sure. Of course… ja.

It might, it might. Uh, maybe that's, uh, because he had so few. I don't know.

Uh-huh.

No.

He was a kl-, little guy, where Arno was tall.

For Arno as well ? … Your father, your father…

More so.

And that was important to your parents, that this reflected back on them ?

Did that make for troubles between Arno and his schoolfriends, that he was somehow… ?

He gives some other names of children from the Volksschule. Let's just run through some names, and see if this, any of them strike bells with you. Hans Wieprecht. Okay. Edgar Peters. And he writes that der war ein sehr sonderbarer… Typ, dieser Edgar Peters.

No. – Hermann Pöcker – wir haben von ihm gesprochen. Können Sie sich etwas genauer an Hermann Pöcker erinnern. Wie er aussah… ? *

* AS : der Erinnerungen an Hermann Pöcker sind natürlich eine große Menge ; wohnten Wir doch im selben Hause ; gingen in die selbe Volksschule (obwohl er id ParallelKlasse war, zB mit Hans Riebesehl zusammen) ; und anschließend sogar in die selbe Klasse der Realschule. / Hier nur 2 (bezeichnende) Details : sein Vater, als Tischler in einer Möbelfabrik, war SPD ; und kaufte nur in der ›Produktion‹ ein, der großen gewerkschaftlichen VerkaufsstellenKette. Die uns nächste war gleich an der Kreuzung Dobbelersweg–Borstelmannsweg, ad NW-Ecke. Eine ziemlich hohe-steile Steintreppe führte hinauf. Drinnen war es so sauber und still, wie in einer großen Apotheke ; die Bedienung in korrekten Kitteln. Hermann mußte sein kleines Einkaufsheft mit der eingetragenen Bestellung hinlegen. Die wurde ihm zusammengepackt etc. ; alles ruhig und rasch, wie am Schnürchen. Ich war recht beeindruckt, und sehe das Bild noch genau. / Wir hatten jeder ein kleines Aquarium (meines stammte aus Halbau). Ich begnügte mich meist mit einem flachen Sand- & Kiesgrund, einfachen Wasserpflanzen, und ein paar Schnecken hinein. Es stand meist auf der KüchenFensterbank ; und ich habe oft und lange davor gesessen, (zumal wenn die Sonne ihre 1 Stunde hineinschien – in einem, noch ungedruckten, Juvenilium machen die Helden auch eine entsprechende UnterwasserTour). Wenn Wir jedoch Fischchen hatten – höchstens Goldfischchen oder Stichlinge ; Nix ›Schleierschwänze‹ ! – gingen Wir ›Wasserflöhe‹ kaufen, zu einem Privatmann, der Aquarien im großen Stile hielt. Er wohnte in einer HalbkellerWohnung auf dem Dobbelersweg, etwa dort, wo ihn die Diagonalstraße kreuzt. Zu Zehntausenden wimmelten die MikroKrebschen in dem großen, leichttrüben Behälter, und der Geruch war ganz Bachofen'sche ›Sumpfzeugung‹. / Auch den (für Uns) langen Weg zum ›Horner Moor‹, der BadeAnstalt, sind Wir oft gelaufen. / Usw usw usw.

I told your wife, I was, I'm the shortest one in the family. Even my mother was taller than I. So, uh, and I'm not very short. But, uh, this was a little boy. Und I don't know how bright he was.

> How did they work together, the two of them ?

They were reading, they were working together, homework and things like that, ja.

> You don't remember seeing them playing together … or ? No.

No. No. That was always connected with homework. Hermann would mostly come to our house. Arno would never go to their house.

> And why ? Do you know ?

Uh, he didn't like to go down there. Lived in the same building.

> You went down to visit the sister, though.

Oh, ja, but we mostly played in the street. Oh, yes, I was always in people's houses.

> Was there much coming and going in the house ?

Oh, yes. Between the other tenants.
Yes, yes. But, uh, my parents were not involved in that. Uh-huh, ja.

> And Arno was … ?

Exactly the same way. Ja. Ja.

> And you say you played in the streets ?

Ja, ja. On the sidewalks.

> Or in the park … ?

Or in the little park.

> Did Arno go out to play like that too, on his own – later when you didn't have to take him by the hand ?

[whispers] I don't remember. Guess so.

> But you don't … ?

I don't remember anything specific.
No.

> Would you have to ask permission or tell your mother, »I'm going outside to play.« ?

Of course. Sure. If I wanted to, for instance, neighbors would take me. They – we would go swimming. Und, uh, neighbors would say, »Come on, Lucy, come along with us. Let's go swimming.« I would have to go upstairs and ask permission, my mother, uh, »Can I go swimming ?« The neighbors did that very often. I went very often swimming. With the neighbors... And my mother and Arno would be home.

> Would they ask Arno to come?

Mnmn, maybe they, they mostly asked me,
because they had girls too, you understand. There were no boys really involved.

> About the only boy in the house was Hermann Pöcker?

I'm figuring what the boy's name was who committed suicide. Is there any George in there?

> He doesn't go into that later period so much in this book.

Oh, I see, ja.

> There's an Anthony.
> Ein Albert.

No, I don't remember...

> Wilhelm Elfers?

No.

> Helmut Heitmann?

> Kurt Lindenberg.

No.

> Pille Bergmann? ›Pille‹ as Spitzname. Pille Bergmann? Herbert Methe, der reich war. Sein Vater war Kohlenhändler. Hatte einen Schäferhund.

Maybe that was the guy who committed suicide...

> UW: No, but that was in Hamburg.

That was in Hamburg? No, no, no, that was in Silesia. Uh-huh. No.

> JW: Your brother reports in school the problems right after the war. There was no paper, short supplies, and having to write on Schiefertafeln sehr, sehr lang. Und später hat man an den Rändern alter Hefte geschrieben. Do you remember that?

Could be.

No. No.

> UW: There was Kältefrei. You didn't have enough coal to heat the school.

Could be. I don't remember. It sounds logical.

> JW: Do you remember Arno having to take his test to see whether he would get into the Realschule?

No.

No. I thought maybe there might have been some events associated with that.

Ja. No.

No.

No.

Später in der Realschule, die Brekelbaumsparkschule. Do you remember that? It was somewhat further…?

Sounds familiar.

Ja, it was somewhat further where he went to school then. From, ja, Ostern 1924 bis November 1928, ungefähr.

Ja.

Do you remember his years there, while you were still at the Volksschule?

No.

No, it's all gone.

UW: Erinnern Sie sich an eine Schulkleidung?

No.

JW: That he wore a green velvet cap?

Oh, well those were the, uh, from Gymnasium. Ja. Sure. They, every year, every year wore a different color.

Every year a different color…?

UW: The bands. Or the cap was…?

The cap.

Ja, it was a br-, green velvet cap, and then it got a maroon cap. Und…

JW: Each year.

Every year, each year got another cap.

And that was to say which class you were in…?

Which class you were in. You could see it from far away.

UW: Could you tell which school it was?

[whispers] I don't remember that. No.

I don't know if Arno's school had different colors. I don't know.

JW: There was a Schulfeier als er in der Brekelbaumsparkschule war, – er spielte im ›Zerbrochenen Krug‹, und die Eltern waren dabei. Waren Sie auch dabei? And evidently he played some role, in it. Would that ...?

No.

No. Would that have been at all like Arno to play a role in ...?

Very strange.

Very strange. He would usually tend to be ... off to himself.

[whispers] Sure ... of course.

UW: And he sang in the Schulchor.
JW: They sang at an oldfolks' home, Christmas carols.

That could be. Ja. I think he had a nice voice, too.*

But he would normally not participate?

No! He never did. My father always picked me, and I was upset. I don't know. He did not. But he might have, uh, had a nice voice. I think so. Ja, I think he had.

Was your family involved in irgendwelchen Vereinen?

No.

No. Nothing like that ...?

No. No.

UW: Back to school. Hatte Ihr Bruder einen Lieblingslehrer ...?

I wouldn't know about that. He liked this Mr. Forster, because he was the English teacher.

* AS: Meine Schwester (und Mutter) haben öfters an den AbendVeranstaltungen im Brekelbaumspark teilgenommen. / Einmal an einer Aufführung des ›Zerbrochenen Kruges‹, die Dr. Helwig mit der Klasse über uns veranstaltete – die ›Bühne‹ für all diese Feiern war nb der große Erker der Aula, am Südgiebel; (ihm gegenüber, über der großen EingangsFlügeltür, die Orgel; rechts davon die zum MusikZimmer). / Ich hatte vor dem Stimmbruch eine sehr helle Sopranstimme, und habe ein Mal, zusammen mit Hintze, ein DoppelSolo gegen den gesamten KlassenChor gesungen: ›... ich schenk' Dir auch ein Ei.: Neinein ich will nicht tanzen, und gäbst Du mir auch zwei!‹. Am selben Abend sang auch noch ein Bariton zur Guitarre, ›Ade zur Guten Nacht‹ u.ä. / Den Haupterfolg bei Luzie hatten Wir aber mit einer Barcarole: ›Gleite hinan die glänzende Bahn.... Wir gleiten hinunter das Ufer entlang, und singen am Ruder den Abendgesang‹. (Wenn ich nicht irre, war's wie das Finale des 2. Aktes aus ›Oberon‹.) Wir gingen dann nach Hause, und – ich sehe alles noch ganz scharf heute! – auf dem sommernächtlichen Brekelbaumspark, mit den leisrauschenden Bäumen und den gelbgrünen Laternen im Laube, sagte Luzie: »Ja, *das* möcht' ich nochmal hören!«; worauf ich es selbstverständlich, in festlicher Erregung, sogleich anstimmte. / Einmal hielt Dr. Foerster einen Jubiläumsvortrag über Pestalozzi – es mag also um den 17.2.1927 gewesen sein – bei dem sie auch anwesend war, und sich interessiert und lobend über ihn aussprach: er ›hätte sowas exotisches‹ – Fründt hat nicht umsonst betroffen vom ›Mulatten‹ geschrieben.

JW: This is in Gymnasium...?

Ja, ja, right. Und he, he liked Forster – I know that.

What was he like? Do you know?

Fo-, the teacher? I don't think I know.

You don't...

No, only from hearsay I would know.

Ja, the other teachers at the...?

I think he was a relatively young teacher, maybe that's why he liked him. Oder because he was interested in English.

How was English, the learning of English? Did he enjoy that... and...?

Yes, he did.

Did you ever do your homework together in English?

No, no.

No. Even though you were probably a little further advanced with the English?*

No, I wasn't. [laughs] No, I wasn't.
But, uh... No, I had gone then more into art, and, uh, painting und things like this.

Do you ever remember him using his English as a boy?

Ja, I think so. Ja. Ja. He liked English.

And would say something in the family in English?

Well, he couldn't do it, because my father oder my mother would not understand a word.

* AS: Meine Schwester hat nie Englisch in der Schule gelernt. / Ein Beispiel nur für die Mentalität innerhalb unserer Familie: ich hatte bei Karstadt, gegen Weihnachten 1925, 2 antiquarische Bücher gekauft – kosteten nur Pfennige – BULWER's ›Athens‹; und ein andres englisches, von einem Hirtenjungen, (›John Shepherd‹ o.ä.) Mein Vater, mit der Zeitung unter der Gaslampe id Küche sitzend meinte: »Kann er uns übersetz'n; dann ha'm Wa wieder 'n Buch mehr.«, in aller Urgemüt- und Selbstverständlichkeit. Ihm sekundierte meine Mutter. Und auf der Stelle – am selben gelbgrün beleuchteten Abend, in der unfreudig erbauten Küche, mit den paar ramponierten Möbeln; Wind kam auch gleich ans schwarze Fenster horchen – mußte ich anfangen, Luzie die Übersetzung in die Feder zu diktieren: vom Blatt ›anzusagen‹. Man weiß nicht, über wessen Einfältigkeit, Unwissenheit, Borniertheit man am meisten den Kopf schütteln soll!

> That's what I meant. Precisely for that reason.

No, they wouldn't. No, no, no, no, no. No.

> He talks about some Chinese being used in the family. That there were pet phrases in the family that your father brought back from China.

It could be. Very possible. When my mother died, when I was over there. The only thing I wanted to take home was this Chinese, large album, you know, my father had brought from China, with the ivory carvings and everything on it. You must have seen the inlays, the Perlmutter inlays. Very large, und very heavy, und very thick. Mit photos inside. Of my father and, uh, anything Chinese. And, uh, she wanted to give it to me. Und in fact she gave it to me. And I couldn't get it into my valise. And, uh, I didn't even bring it home to her, but I sent the maid from the hotel, und I said, »You give this tomorrow to Mrs. Schmidt. And, uh, just return it, und tell her I didn't, wouldn't fit in my, uh, valise.« So, when I came to Arno, he said, »You know... uh, the only thing I want is that album.« »Oh,« I said, »My God, I had it. Und I couldn't get it into the valise. I sent it back to Mama.« And he said, »You should have thrown everything out, but brought that book.« I didn't. So, I, I have written to him, after Mama died, uh, I said, »Did you ever get this album ?« He never answered me. I don't know if he got it.*

> Do you remember anything else Chinese that your father had brought back, or some of these words that might have been used in the family ?

There must have been, because Papa liked China.

> What would he tell about China ? Do you remember any... ?

Well, uh-uh-uh, what would he tell us ? When he went out at night, uh, from, when he was through with his, uh, duties in, in the camp. Und that's all. Otherwise he told us about the Chinese, and, uh...

> Do you remember anything specific that he might have said about it ?

No, but I know he was very... he liked China

* AS : befindet sich in meinem Besitz.

very much, because that's why he wanted to go back later on. So, uh, he must have had a good time there. Probably was not so strict over there, because there was the colonies, you know. And they were together in this ...place.

> As long as we're into history and geography, do you remember at all the Spartakusaufstand in Hamburg?

I do remember. Because Papa had to stay in the, in the precinct. And they were going after all the precincts. They went after the police. The, uh, what-you-call-it, and, uh, demonstration. And in his precinct had a very large... uh, plaza in front of it. Und they could not get out. The policemen. And I think they didn't have food for a day, oder two days, oder whatever. They didn't have food. And, uh, I only remember that later on, then... my father went out. He walked across this big plaza to get food for everybody. Und he walked back. No-, und they were all out there, but nobody shot at him. But he did not tell that at home, either.

> And how did you find out about it?

One of his friends came to our house.
Und he said to Mama, »Do you know what your husband did? That's what he did.« Und she got very upset. She said, »Only to show off! That's why you did it. You didn't think of your Familie oder of anything. You only wanted to show them how much guts you have, and that's not the way to do it.« I remember it at that time. But that's what he did. Nothing but bravado. So, uh...

> And this was the kind of man he was...?

That was the kind of man he was, in every way. Yes.

> Do you remember Arno's reaction at the time?

No. No, no.

> Because he reports hearing gunfire in the streets and that sort of thing.

I didn't hear that. Maybe he did. See, mostly we did not even live close to a precinct.* They be-, belagert the precincts. They went after the police. So, I don't think there was anything in our... street going on.

* AS: Doch; die nächste Polizeiwache befand sich Ecke Hammerlandstraße–Borstelmannsweg, neben dem Postamt.

> No, he said he heard it up toward the Hammerlandstraße.

It could be. Ja, it could be. There were precincts over there.

> It's not so important exactly where, but whether there was a sense of tension, or... ?

Oh, there was tension, because we knew our father was in danger. Sure, there was tension in the house. We were worried, because Papa didn't come home, und he couldn't come home, und, uh... sure.

> And do you remember how that tension exhibited itself?

No. No, no, we were tense. We, we were waiting for it to be over. Ja.

> UW: Your father liked being a soldier, rather than a policeman.

Well, probably, ja, ja, ja.

> Did he ever want to go back to the army?

To the army? No, I don't think that works that way in Germany.

> JW: My feeling was that he had to leave the army because he had to get married, and that he could no longer go through the normal Kasernenleben und Laufbahn. And that's why he was so upset with your birth.

Ja.

> That he had to leave the army at that point.

No, I don't think it was that so much. It was that, uh, the way it was done. Because my mother's sister went to his commanding officer. My mother's sister. Und she told the commanding officer, und said this and this would happen, und you better do something about it. And she, he could not stand my aunt for the rest of his life.

> Which aunt? This was... ?

Emma.

> The Berliner Tante?

Ja. Ja, ja, ja, ja. Ja. Ja.

> We might as well talk about it, as long as we've got around to it...

They got all bombed out in the war. Everyone died.

Arno Schmidts Vater als aktiver Unteroffizier 1910 in Lauban. Die ›*customary military, kerzengerade Haltung*‹, mitsamt Uniform oder tipptopp geschneiderter Maßkleidung, erscheint als immerwährendes Korrektiv, ein nie endendes Auslöschen des Milieus von Roheit, Unordnung, Armutei und Kleinkriminalität, dem er als Kind ausgeliefert war. Noch als er körperlich schon schwer gezeichnet war, suchte er sie äußerlich zu wahren. Die Verwendung der deutschen Worte ›kerzengerade Haltung‹ zum Beschluß von Lucy Kieslers Erinnerung an ihren Vater legt die Vermutung nahe, der Vater habe sie oft genug mahnend oder selbstbestätigend im Munde geführt. So gehören sie zum Bild.

> There was an Ernst und Ruth…

Ruth was our cousin. Ernst was the husband of Emma.

> Ruth was zwei Jahre älter?

She was older than I, ja.

> But not that much… or?

No, they were all two years apart. I, I had another cousin, uh, cousin Elli. She was two years older than Ruth. And, uh…

> JW: Do you remember those days in Berlin at all, when you made Zwischenstation auf der Reise?

Ja. I can…

> What was it like?

We loved it. We were on the way to a vacation. It was always good. Ja. She would show us around Berlin. Und it was, und then when we came to Silesia, we had Grandma there, und my, my Aunt, uh, Hedwig. Und Paul. Onkel Paul. Und they had three children.

> Sie waren Rudi, Elli, und Heinz.

Heinz, ja. Und Rudi und Heinz, uh, were both pilots in the war. Und both got shot down.

> When you were with Tante Hedwig, Heinz und Arno would play together?

Ja, Heinz was a year younger than Arno.*

> How did that work?

I think it worked pretty good. Heinz was a very quiet, very complacent, uh, fellow. I think that worked pretty good, ja.

> And then you would play with Elli?

No. Elli was too old for me. Ja. Sure.

> Ah, that's right she…

No. Elli was already, got married very young, too. Und she had already a little boy. No, I found.., friends. I remember I had a friend named Gretchen. They were already waiting for me to come from Hamburg in the summer. So, I, I, no, it was no problem mit, uh, having somebody to play with.

* AS: Nein; älter.

> But for Arno it was just Heinz, and none of the other children, or did he find other playmates too ?

No, I think it was just Heinz. Unless Heinz brought around some of his friends. But I never remember any. Heinz was a nice boy, ja.

> And then there was…
>
> UW : What did he look like ?

What did he look like ? Uhm, he was blond and blue-eyed. Where Arno und, uh, my mother, they are dark. I'm, I'm the, I'm looking like my, I see like my father. And, uh, Heinz was blond and blue eyes, ja.

> JW : Arno says his name comes from a friend of your father's… ?

Arno ? Could be. I remember something like, could it be Arno Holz ? I don't remember.

> Arno was large as a child, too ?

Ja, ja, ja.

> Always bigger than his classmates, and… ?

Ja, ja, I think so. Ja, uh-huh.

> And he was sick once ? With diphtheria ? That would have been in December of 1917. You would have been about eight or so… ?

1917. I would have been six. No. He was ill ? Don't remember that.

> Six, right. He was very ill…
>
> Before we go back to Arno, I wanted to talk about the one other brother of your mother, Gustav.

Oh, Gustav. They never had children. Und he was quite well-to-do. He was the director in a coal mine. And…

> Did you ever meet them ? Ever spend any time… ?

I didn't, but Arno met them. I was already married, when he came to, uh, Lauban. Und he came ex-, exp-, expressly to Lauban to, – he had heard that my father had died. Und he came – he wanted to adopt Arno. And, of course, my mother would not part mit her son. He promised to give himmmm, heaven and earth, but Arno didn't want to go. Und Mama wouldn't give her son away. But for this reason he came to Lauban. Uh, but I never met him. But they had no children, und they had a lot of money. And, uh, he came with this idea to Mama, und Mama said, »No.« Und Arno said, »No.« Und he went back home.

> Let's go back to Arno now. He reports that he was, he weighed eleven pounds and was 58 centimeters long when he was born. He's probably got that from birth records, somewhere.

That I don't know either.

> But that's a very large child!

I should say. Especially in German pounds. They're heavier than our English pounds.

> Right. Do you have the impression of him, even as a child, as being very large?

He was a big boy. He was a big b- ; it was a big boy, ja. Ja.

> He reports that the midwife, the Hebamme, lived up at Rumpffsweg and Hammerlandstraße. Do you remember that at all?

No, no.

> You were at home, I suppose, when he was born..., but you were, of course, very small...

I must have been home. Where would I be? But I do not remember...

> Unless your parents sent you out somewhere. Unless you were sent...?

Uh-huh. No.

> But you don't remember that Sunday afternoon at all.

Oh, I remember something. My fath-, when I was born, for a whole week my father said it was a boy. He wouldn't tell anybody that it was a girl. [laughs] That's typical, too, ja.

> Ja, and then when, when Arno was born, he must have been very, very...

Oh, that was heaven! that was heaven! She better had a boy. [laughs]

Do you remember any jealousy on your part at that point?

No. I don't. Und that is amazing, because I have thought of it – how could I have been so... nonchalant about this whole thing?

Especially given your father's attitude towards you.

Ja. Ja. It really ran off me like water, I felt. I don't know why. I could have been very miserable. But I wasn't. I would say it, but I was not miserable.

Do you remember Arno as a baby – that is, as a happy baby? Or he's crying: the sense of a small child around you at all, ...?

No. No.

There's nothing of that. What do you think may be your first memory of his presence?

I think it was when he fell off that chair und hit his head. This is the first thing I remember.

Did he cry?

He must have. Sure, sure. Probably howled like anything. [laughs]

Do you remember him, can you picture him as a young boy in any particular clothing or dress?

Ja, he would wear always a windbreaker. Uh-huh. Und he had very intense eyes, which he still has. His eyes are very intense.

As large as yours, large?

Ja, of course. But they are dark. They are not blue. And, uh, very, very expressive eyes. Still.

And how would he use them with you? Can you... ja, what...?

I was used to them.

What would he do with these eyes to...?

Oh, he, he could show very much how angry he was at something. That would, uh, burn.

And besides anger? Would he use them for... delight?

No, he only, maybe, used them for being annoyed. Because, und maybe it had something to do, too, because he started to wear glasses very early. So that could have been, too, that he used his eyes so, uh, to a certain extent. He started to wear glasses very early. He was still a child.

> He reports he did not…
>
> Ja, that when he went to school, the teachers discovered there was trouble with his eyes.

It could be, ja. ja. I know that he started mit glasses very early.

> Can you remember his being delighted with anything as a child?
>
> Anything that really gave him great joy?

Great joy was when he could beat my father in cards. [laughs] When he could win with somebody, that was terrific. And, uh, my father would get very upset because I would…

END OF SIDE TWO · REEL ONE

> … Ja, you see him in a windbreaker, and big eyes… doing anything? Do you remember, can you picture him doing things as a child…?

Ja. Uh-huh.

He had always a very bad handwriting. That was one, and, and I had a very good one. That was funny too. He still has it.

> Did this, did this bother him… as a child?
>
> You know, since he was always wanting to be better.

I don't know.

Ja, I think it might have, because my father always insisted it was like a chicken walked over a paper. Because he had a very bad handwrit-, und he still has a bad handwriting. So, und mine was very good. My father's was good, too. So, probably has to do mit painting and mit art that mine was good. Und his was not.

> Can you picture him doing his homework? How did he go about his work as a child?

Hmmm. I think it was very methodically.

> Very methodical, very organized...?

Yes. Uh-huh, uh-huh, uh-huh. Ja, ja.

> Is there a more exact picture available of him with his books and working with his papers...?

Well, I remember that he loved to read, uh... the, the American Indian scenes. The books from...

> Karl May?

Karl, Karl May. He loved Karl May. He loved, uh... Cooper, very much so. Karl May, when he could lay his hands on Karl May he loved it. He really went in for that. So, uh, but of course he read a lot. He, he read everything he could lay his hands on.

> And where could he lay his hands on other books?

They would come from the school library.

Ja.

> Any other places that you were aware of as children?

No, I don't think, uh, I don't think the store where we got my mother's books, in that stationery store – I don't think they had anything for children. I'm not sure now. I don't remember.

> And that there was the school library, and that would be it?

Ja, there was nothing else.

> I'm still going to try and work a little bit, and press a little bit further – of him working at a table. If you could picture that, him working at the kitchen table at his homework. Did he pile the books up around him?

Uh-huh.

Uh-huh.

Ja. There were a lot of books on the table.

Ja, sure.

> More than you, for instance, did he...?

Ja. I was one of those children who waited for the very last minute to do their homework.

> And he went at it…

Oh, sure, he went right after school.
I went first out to play. And then when I didn't get through with it oder I got in trouble, I would go over to Wilma Hass, and say, »Hey, what did you write ?« Und I would copy it, but, uh…

> And you never went to your brother for help with your schoolwork ?

No, no. After all, I, there was a different curric-, curriculum. After all, I was three years older.

> And he didn't come to you at all ?

No, no, no, no.

> Did he ask your parents ? Was there any help there… ?

They couldn't have helped him. They couldn't have helped him. My father, maybe – my mother absolutely not.

> Even at the youngest period… ?

My mother ? Nooo. I don't – I don't know how much schooling my mother had even. I don't know. My father didn't have much schooling either. But, uh, of course h-, my father worked on himself. He would read and write a lot. But, uh, und he was bright. I must say that. My mother wasn't, uh, wasn't, was average. But my father was bright. So, uh…

> Any other pictures of your brother ? Those early years of Volksschule – six, seven, eight. There's pictures of him sitting at the table doing his homework. Anything else that you can picture him doing ?

No.

> Special habits in the house – when you went to bed for instance… ?

He mostly went earlier than I. I was three years older.

> Did he object to going to bed ?

No, not really, uh, my mother always would say, we're fighting the whole day, but when we went to bed, we were the best of friends.

Then we would start talking about books. We would start talking about the stories, what we had read, uh, read, what we read through the day.

> Now that's interesting.

So she always said, »When, – they can fight the whole day, but when they're going to sleep...« Und he was on the other side of the room, and I was here, uh, – we would start talking about the stories we had read through the day.

> And you would tell him what you had read...

Ja, und he would tell me what he had read.
Ja, uh-huh.

> Do you remember anything from those long conversations?

I don't even remember what I read. I know he was interested, he loved Karl May und, uh, Cooper. But, uh, what else there was I don't remember.

> And then, what? You would just read with a book in your hand, until you fell asleep, or were the lights turned out?

Uh, well, this, uh, it wasn't very long that, the lights wouldn't stay on very long. They would be turned off, but we would still talk in the dark.

> Did you have electricity?

No, we had gas. At one time, ja, later on. Later on we had electricity. We changed, in the same apartment h-, we changed apart-, in the same apartment house we changed apartments. Und I think we changed it because there was electric light in the other one.

> When was this? Late, much later that you changed apartments... or?

Mmnno. It must have be-, I probably must have been eleven, twelve years old. So that must have been 1923, –'24.*

> Was it the same apartment? The same layout?

No, it wasn't the same layout, no. It was a

* AS : es war im Winter 1926–27.

better apartment; it was more on the outside. Uh, the first one, the kitchen was facing a brick wall, and here everything was open. It was a corner apartment. So we l-, it had electricity, that's what, uh, we liked better. So we moved down. And that was one…

Were there more rooms?

No, it was the same size.

Und gute Stube wurde immer noch gehalten?

Uh, sure, it was still there. It was still there. Isn't it terrible, such a waste?

UW: War es weil alle Leute eine gute Stube hatten, und die gute Stube nie benutzten?

I think so, I think so.
I think so.

JW: Was it true of your friends as well, when you would go to play with Wilma Hass…?

Well, the, uh, ja. The, uh, everything was done in the kitchen. The kitchens were large, und they had sofas und chairs. I mean they were really lived-in kitchens. They were not just for cooking oder preparing meals… But, uh, no, they were really, uh… this was, mostly happened in the kitchens, yes.

What did you do in the kitchen on wash-day, when the wash all had to be hung up in the kitchen, and…?

No, it wasn't hung up in the kitchen. It was hung up on the Boden, on top of the apartment house. Ja, nobody hang up, uh, would hang up anything in the kitchen.

But your mother had to wash in the kitchen…?

No, we had, the woman came in to wash.*

* AS: Wir haben nie eine Waschfrau gehabt; und die Wäsche wurde tatsächlich überwiegend id Küche abgetrocknet. Es waren dafür, an den Schmalseiten des Raumes, extra Leisten mit eingeschraubten Haken angebracht, und die Leine wurde mehrfach lang unter der Decke weg gezogen: wie oft haben Wir uns zwischen den großen Laken hindurch (und drunter weg) ducken müssen! Dann kam zum normalen Duster der Küche noch zusätzlich klamme weiße Finsternis hinzu. (Ich weiß das ganz genau; denn als Wir den ersten kleinen DetektorApparat

Once a month, everything. And, uh, there was a wash-kitchen in the basement. But, uh, every apartment had an Bo-, had a Boden, uh, where you would keep an extra piece of furniture, oder maybe wood oder whatever. Und that's where my mother had strung up lines, und die Frau would hang up, the Waschfrau would hang up the, uh, stuff on the Boden.

> Okay. Washing never, never had to be done... I had the feeling of somehow wash day in a hot, steamy kitchen...

No, no, no, no, not over there. And when we were in this, Lauban later on, we had still a woman coming in. It was very hard work, because that was the wash of sheets und pillow cases und everything from a whole month. Uh, I remember then, we had the, uh backyard, und the woman would wash outside, und my mother would have a line outside and hang everything outside. But not in Hamburg. So...

> I think we probably have got enough for today.

*

But this first day's conversation did not end here. In the course of the afternoon, the figures of father and brother had achieved a certain contour. The mother, however, seemed a shadowy background figure. When asked to describe her mother more precisely, Mrs. Kiesler returned to the theme of her mother's youthfulness, her girlishness, her childishness. Not only did her mother buy chocolate for herself with what little money was available to the family, but she also sought to hide this fact from the children. Lucy was with her one afternoon as they were shopping and spied her slipping a bar of chocolate in between the shopping basket and the white paper which lined it. Lucy reached for the chocolate (– perhaps to shame her mother? –, she was not certain), and got her hand slapped for it. This brought to mind yet another example of her mother's spendthrift ways: while her father was in the war (her word – presumably the Baltic expedition of 1919), her mother went to the movies every other night.

kauften, zog mein Vater, der (wie billig) keine Ahnung von Radio hatte, von Haken zu Haken so an die 10 m Kupferdraht als ›Antenne‹ – was selbstredend gar nichts brachte, weil die Drähte ja nicht isoliert waren!). / Manchmal trug ich auch die Körbe mit nasser Wäsche auf den Hausboden mit hinauf – das war das erste ›Labyrinth‹ meines Lebens, und ergo äußerst eindrucksvoll; (ich hab's schon irgendwo in meinen Büchern geschildert) – wo sie dann abtrocknete; aber meine Mutter tat das ungern, weil ja (theoretisch) gestohlen werden konnte.

These weaknesses were compounded by – this as a confirmation of the description of Frau Schmidt in Abend mit Goldrand – a weakness for gossip. Mrs. Kiesler recalled that one afternoon her mother met a neighbor in a store while shopping…

*

…And the woman must have said, »Oh, Mrs. So-und-so is not feeling well.« Und my mother popped out and said, »Oh, maybe she had an abortion.« And, uh, the woman came to the house and made a terrible fuss. Und I remember my father saying to her, »Seeeee. That's what you did.« Ja. »Why do you … ?« Und I remember my mother was crying because she was so embarrassed.

> Did you have the feeling that she was all ears in the apartment house for what was happening ?

Ja, I'm sure. Ja, ja, I'm sure. Ja. Ja.
She could stand behind the peephole and watch people.

> And this was probably her way of getting out of that little world that she was caught in.

I guess so. She really was caught in that world, too. She was just as caught as anybody else.

> UW : Zu viele Heimatromane.

Sure.

> JW : I think I see each member of the family escaping in one way or another, and maybe why I couldn't visualize your mother was, because I couldn't see how she was escaping.

No, I really felt my mother really was very, relative very shallow. I really must say that, very shallow… So, uh…

> Didn't have the personal resources to… go anywhere.

Mhm-hm.
She didn't. No, she didn't. No. So, uh… of course she was suppressed by her husband, too. Absolutely.

> In what ways would he hold her down?
> How, how would he...?

He knew everything better, from anybody.
He knew everything better. Und she believed him; after all, she was so much younger. Don't forget, she came right out of school to, uh... to get married later on. So...

> Would he just simply yell at her?

No. He would put her down. Ja, he would put her down. Ja. But in his way I'm sure he loved her.

> And she him?

That is something else. It's like I said: I think Mama was very shallow. There was not, uh... I don't see how Arno can say she was sensitive. I really don't feel that way. But, uh, that's maybe because I'm a woman, and he's uh... a favorite son.

> And that he found something there that was a refuge for him that you didn't find...?

Absolutely. Ja. Absolutely. I was much more independent than Arno was at that age.

> He was not an independent youth at all...?

No, he was not. No, he was not. He depended very much on his mother.

> For what...
> For what things? What...?

Uh, Mama was very jealous, too. Because I remember now that when I got married, und Arno got very, uh, friendly with my husband at that time.* Und he would come upstairs. I had then, I got an apartment upstairs in that, uh garden apartment, und I would make dinner, und Arno would come up and eat dinner with us. She would resent it very much. She didn't like that at all, that he was, uh, coming to us more than he was coming to her. She was very jealous, she tried very much to make trouble there. Ja. She would say, »He's not like this, und she is not that at all, und uh...« Und, uh, really she would make, try to make trouble because of that.

* AS: Wieder eine dieser Erinnerungs- nun, sagen wir ›-trübungen‹; (ich habe ihn sogar einmal verprügeln müssen).

> What were the things she gave him as a child, that kept that relationship going..., because I, I have the sense of a child who's very bright and then turns very much into himself, in order to keep...

Mmno.

Uh-huh.

I don't think there was anything special there. There was just a need for each other. There was nothing special. I really feel she had nothing much, she didn't have much to give. But apparently Arno feels different.

> Well, you know...

Ja. This is very possible.

> You say your father loved your mother...

I'm sure he did, ja.

> ... but, you don't feel that, given her capabilities... There was not all that much love going in his direction. Were... ?

No, you have to remember, too, that he was the relatively, uh, big womanizer, uh, which she – you cannot blame her if she resented that. So she withdrew into herself, too.

> Did she try to find other men to...

No. No, no, no, no, no, no, no.

> No.
>
> That wasn't an escape route for her... ?

No. No, no, no, no. So, uh, I guess that's what it had to be.

*** END OF THE FIRST DAY ***

The conversation of the first day spawned the questions of the second, the first series of which were concerned with Mrs. Kiesler's perception of her brother as a child and, specifically, with his isolation from his surroundings. Was this due, in part, to his nearsightedness ?

*

> ... simply not doing the sort of things one would expect from a child because his eyesight was...

I don't think it was that bad. It wasn't that bad. I mean, uh, certainly he could see. Und he could read, too. But it might have been different with him.

> It was distance, it was near-sightedness... ?

That's right. Yes.*

> Well, a near-sighted child. Did he enjoy watching from the balcony for instance ? Would you go out with him on the balcony ?

No, I don't think he was much on the balcony. No.

> I'm just wondering, if that was something that he couldn't see well... ?

Ja.

No, this was more Mama und I. We would go out and look und see, look in the street. That was, uh, – but, no, not Arno.

> Rather than go ahead with Arno – although we've got some more questions –, let's stay out on the balcony. What was the life like in the area ?

It was a very busy area.** After all, people were ever on the street, and there were apartment houses. There were many people. There were stores. Small stores.

> Lots of traffic in the streets ?

No, not automobile, oder, oder trolley cars or any-, not, not this...

> There were not – you had to go up to Hammerlandstraße... ?

That's right. That's where the trolley ran. Yes, the...

> But horse-drawn vehicles ?

No. Very few, very few. That only came later

* AS : es war eine (angeborene) schwere HornhautVerkrümmung. Ich habe astigmatische Augen, mit so starken MinusCylindern, daß sie grundsätzlich, noch heute, ›Extraanfertigungen‹ darstellen.

** AS : es war eine völlig öde Gegend.

Sydow, W., Stellm.-Mstr. II.
Obst, O., Steuerm. II.
Obst, H., Kaufm. II.
Langner, A., Bankbeamt. II.
Fricke, W., Ob.-Postsekret. III.
Horn, A., Betriebsl. III.
Petrich, A. III.
Lamm, F., Postsekret. III.
265 *E.* Derselbe
Pioch, H., Milchhdlg. E.
Bienzeisler, F., Friseur E.
Zimmermann, M. O'E.
Timmermann, H., Mal. O'E.
Kindt, W., Maschinenb. I.
Hinrichsen, H., Tischl. I.
Glas, P., Reisd. II.
Bünger, F., Zimmerm. II.
Schultz, C. G. A., Bezirksschornsteinfegerm. III.
Siemers, C., I/Fa Adolf Siemers, ⇨ III.
267 *E.* Derselbe
Mohr, V., Schuhm. E.
Mahlstedt, A., Kfm. O'E.
Lütkemeyer, W., Werkf. O'E.
Paulsen, W., Eisenb.-Sekr. I.
Zimmermann, R., Geschäftsf. I.
Ehlers, Fr., Eisenbsch. II.
Cramer, H., Zugf. II.
Winter, H., Arbtr. III.
Deinert, E., Bote III.
Raddatz, J., Handelsvertr., ⇨ III.
269 *E.* Grundstücksges. Hermannseck, m. b. H., Adr. H. H. Bösenberg, Osterstr. 52
Lembcke, C., Eisenw.-Hdlg. ⇨ E.
Schiering, P., Kolonialw. ⇨ E.
Schütt, K., Schuhm. E.
Jurmann, A., Buchhltr O'E.
Lohfeldt, W., Kaufm. O'E.
v. Rakowski, G., Schiffsoffiz. I.
Dinse, H., I/Fa Dinse & Dettmaun I.
Goeltzer, F., Schraubendreherei II.
Adam, E. II
Feddern, Wilhelm, in gl. Fa. III.
Giesecke, G., Beamt. III.
Riebesehl, H., Geschäftsführer IV.
271 *E.* Dieselbe
Schönberg, F., Zig.-Hdlg. E.
Mattukat, Ferd., Grünw. E.
Wimmer, O., Kelln. E.
Riedel, W., Buchhalt. O'E.
Röhrs, H., Vers.-Beamt. O'E.
von Ende, L., Postsekr. O'E.
Oestmann Wwe, H. I.
Stabenow, H., Zollbeamt. I.
Harrs Wwe, A. I.
Mösch, H., Just.-Sekr. II.
Grassmann, H., Beamt. II.
Kreibohm Wwe., M. II.
Fresen, L., Arch. III.
Timmann, J. III.
Rubow Wwe, H. III.
273 *E.* Dieselbe
Koschier Wwe, F., Konfit. E.
Reiber, H., Schlachterei E.
Frank, Gust., Tischlermstr. E.
Kässner, R., Kellner O'E.
Knust, H., Postsch. O'E.
Neuenhaus, Frau F. O'E.
Picker, O. J., Quartiersm. I.
Bleuss, H., Beamt. I.
Nolte, M., Kfm. I.
Danowski, F., I/Fa F. L. Riedell II.
Scheer, L. II.
Lau, E., Obersekr. II.
Buck, M., Prokur. III.
Strebelow, A. III.
Pilling, O., Buchhltr. III.
275 *E.* Dieselbe
Kaufhaus Wilhelm Kahmeyer, Manufakt.-Waren, ⇨ E.
285 *E.* Wanderscheck H., Hasselbrookstr. 125
Gundlach, G., Feinwäsch. E.
287 *E.* Ricken, J. H., Maurermstr. E.
Philipp, A., Schriftst. E.
Philipp, Frau E., Putzgesch. E.
Wurm, Frau E. E.
Kaiser, O., Pol.-Btr. O'E.
Schartau, H. P. F., Sekret. O'E.

Landenberg, O., Schneidermstr. O'E.
Kalbe, H., Zoll-Ass. I.
Bartels, J., I/Fa Lehmann, Lerbs & Cie. I.
Bettges, H., Schlachter I.
Ahlers, H., Arbtr. II.
Meyer, W., O.-Wachtm. II.
Raffelsieper, H., Glasbl. II.
Kock, E., Bankbtr. III.
Clasen Wwe, F., Näh. III.
Cords, C. A. O., Post-Betr.-Ass. III.
Walther, Frau H., Garderobenfr. IV.
293 *E.* Hartwig, Frau W., das. O'E.
Michelsen, A., Papierw., ⇨ E.
Otto Seidenschnur, Hausmakler, ⇨ E.
Seidenschnur, Edg., Maschinenb., ⇨ E.
Seidenschnur, J. H. E.
Haase, M., Bäcker E.
Maibauer, Frl. H., Schneid. E.
Hartwig, Frau W. O'E.
Maibauer, F., Arbtr. O'E.
Mohr, C. T., Musiklehr. O'E.
Meyer, Charles, Bankb., ⇨ I.
Behrens, Frl. M., Schneid. I.
Behrens, Frl. C. I.
Gothmann, E., Rangierf. I.
Burmester, G., I/Fa C. T. Gottschau & Co., ⇨ II.
Lauck, O., Fuhrw. II.
Elsholz, F., Arbtr. II.
Benorden Wwe, H. III.
Werlich, H., Privatm. III.
Grassnick, P., Pol.-Ass. III.
Zastrow, Frl. M., Näh. IV.
295 *E.* Albers, A., das. 20
Lange, W., Schuhw. E. u. O'E.
Maas, F. u. A., Papierw. E. u. O'E.
Mank, A. O'E.
Klötzing, C., Pol.-Beamt. I.
Ahrens, R., Buchhalter I.
Bräuer, M., Schneider I.
Becker, P., Prok. II.
Bohlen, H., Beamt. II.
Schmelmer, J., Zollbetr.-Sekr. II.
Soltau, A., Tischler III.
Mewes, P., O.-Sekr. III.
Ruppel, A., Beamt. III.
Seidel, M. IV.
479 *E.* Garbers, R., Lübeckerthor 12
Bruger, H., Wirtsch., ⇨ E.
481 *E.* Derselbe
Bruger, H., Gastw. E.
Prill, A., Maschin. E.
Meyer, Heinr. I.
Freinsheimer, A., Masch. I.
Bussmann, J. II.
Scheibler, H., Maschinenb. II.
Kort, F., Postschaffner III.
Fechter, H., Mech. III.
Thöm, H., Res.-Lokomotivf. IV.
Kardel, H., Wächter IV.
483 *E.* Rieck, M., Hirtenstr. 57
Gerken, K., Schuhm. E.
Steffens, A., Friseur E.
Soltau, H., Post.-Ass. I.
Langhans, Wwe, J. E. F. I.
Reich Wwe, E. II.
Hassler, W., Justizbeamter II.
Kummerfeldt, C. H., Ober-Feuerwehrm. III.
Eggers Wwe, E. III.
Richter, A., Exped. IV.
Brügmann, F., Ob.-Bahnassist. IV.
485 *E.* Derselbe
Heintze, B., Milchhdlg. E.
Hauffe, K., Mont.-Mstr. E.
Ahrens, Rud., Schlacht. I.
Gefeken, M. I.
Otte, H., Kellner II.
Krause, C., Krim.-Wachtm. II.
Burr, H., Büffettier III.
Geffert, C., Hdlgs.-Geh. III.
Reuter, L., Bäcker IV.
487 *E.* Willms, P., Heidenkampsweg 38
Feder, F., Grünw., ⇨ E.
Winter, Frau M., Zig.-Hdlg. E.
Bengelsdorf, A., Arbtr. E.
Walz, A., Privatm. E.
Biedekarken Wwe, A. O'E.
Kock, L., Beamt. a. D. O'E.

Urban, M., Maschin. O'E.
Klüss, P., Arbtr. O'E.
Orthey, Frau D. I.
Schäfer, O., Teleph.-Arbtr. I.
Frodien, A., Kaiarbtr. I.
Krause, W., Schlachter I.
Ohlmeier, C. II.
Facklam, W., Feinmech. II.
Neumann, G., Zimmerm. II.
Blohm, R., Exped. II.
Christians, P., Vorarb. III.
Dreyer, F., Maler III.
Abel, J. III.
Schultz, Otto, Wchtmst. III.
Eggert, E., Postsch. IV.
Musow, W., Rechngsf. IV.
ten Brink, H., Buchhltr. IV.
Schmitt, A., Kranf. IV.
489 *E.* Brandt Wwe, E., Alsterdorferstr. 19
Arndt, W., Althdlg. E.
Garz, C., Wirtsch., ⇨ E.
Fentsahm, J. O'E.
Wulf, V., Maschinenb. O'E.
Kähler, L., Arbtr. O'E.
Gerber, M. F. H., Eisenb.-Btr. I.
Hennigs, K., Bur.-Beamt. I.
Hinz, A., Schlachter I.
Schlüter, W., Zollbetr.-Sekr. II.
Hettling, W., Lagerhlt. II.
Zingelmann, H. II.
Wehler, O., Wagenw. III.
Ahrens, O., Hdl.-Geh. III.
Tensfeldt, J., Werkm. III.
Lange, O., Postschaffn. IV.
Steyskal, K., Hdl.-Geh. IV.
Freytag, O., Gewerkschaftskassierer IV.
503 *E.* Maas, Joh., Rumpffsweg 4
Möller, Carl, Wirtsch., ⇨ E.
Busch, H., Grünw. E.
von Husen, H., Lagerist O'E.
Kröger, A., Techn. O'E.
Thiesen, G., techn. Obersekr. O'E.
Köster, E., Kontorist I.
Petsch, W., Beamt. I.
Wolters, B., Werkmstr. I.
Fick, E., I/Fa Willy Osthoff & Madsen II.
Prang, G., Arbtr. II.
Schröder, O., Vers.-Beamter II.
Zedler, B., Handelslehr. III.
Schröder, F. F., Bahnb. III.
Hack, L., Kontrolleur III.
Will, Wilh., Arbtr. IV.
Brumm H., Zollbetr.-Sekr. IV.
Ballhorn, W., Postbetr.-Ass. IV.
505 *E.* Hintze, C. G., Adr. Spaldingstr. 30
Harms, J., Milchhdlg. E.
Michaelsen, J., Tischler E.
Beich Wwe, A. O'E.
Mortag, H., Maurer O'E.
Heyroth, W., Betriebsf. O'E.
Jarchow, H., Arbtr. O'E.
Kalkofen, W., Postbtr. I.
Goerke, E., Wachtmstr. I.
Hirsch, M., Arbtr. I.
Drzewiecki, M., Lagermstr. II.
Holst, A., Mus. II.
Prösch, H., Lagermstr. II.
Rath, W., Bur.-Angest. III.
Hahn, J., Zugf. III.
Währer, Th., Reis. III.
Kirsten, E., Maler IV.
Tröger, A., Schuppenschr. IV.
Flügge, J., Schiffz. IV.
507 *E.* Derselbe
Lühr, Frl. A., Zig.-Hdlg. E.
Fischer, O., Drogerie, ⇨ E.
511 *E.* Heyroth, H., u. L. Hoppe Wwe, Adr. das. E.
Hoppe Wwe., L., Kolonialw., ⇨ E.
Ochs, F., Blumenhlg. E.
Beck, F., Former O'E.
Nordmeyer, M., Strssbsch. O'E.
Gumz, C., Lademstr. I.
Nüsch, A. I.
Fehse, Frl. B., Schneid. II.
Fehse, Frl. C., Buchhltr. II.
Kiesel, C., Kassenbote II.
Schröder, R., Elektr. III.
Neuhaus, F., Desinf. III.
Franz, R., Lagerhalt. IV.
Petry, H., Pol.-Btr. IV.
513 *E.* Lunde, E. H. C., Adr. Bohnenstr. 9
Hagen, A., Schuhm. E.

Blauel, Br., Lastkraftfuhrw., ⇨ I.
Speck, F., Vers.-Beamt. II.
Meyer, Rob., Techn. II.
Gries, G., Beamter III.
Matzen Wwe, B. III.
Sarstedt, P. E., Bautechn. IV.
Aures, F., Schlachter IV.
472/474 *E.* Burmester, G., das. 293
C. T. Gottschau & Co., Fassgrosshdl., ⇨
480 *E.* Witten, J. A., Louisenweg 67
Schulze, Paul, Tischler O'E.
Witten, Otto O'E.
Witten, W., Bur.-Geh. O'E.
Kreyser, J. P., Bücherrev. I.
Weber, H., Zimmerm. I.
Kock Wwe, Cl. I.
Baumbach, L., Hdl.-Geh. II.
Stahl, W., Lademstr. II.
Wöst Wwe, J. II.
Jenzen, C., Kaffee-Versandgesch. II.
Schütt, J., Lademstr. III.
Frank, C., Küper III.
Reuther Wwe, M. III.
482 *E.* Derselbe
Neumann, Otto, Kutsch. E.
484 *E.* Schröder, H. J. J., Hirtenstrasse 13
Jacobs, W., Arbtr. O'E.
Jenning, W., Postbote O'E.
Möllerfeld, H., Schneider O'E.
Kühl, W. I.
Pohl, A., Buchhltr. I.
Otto, G., Klempner I.
Bunkenburg, P., Masch. II.
Stohlbreder, E., Kont. II.
Nachtigall, H., Masch. II.
Braune, Th., Arbtr. III.
Schröder, F., Arbtr. III.
Carstens, H. C. M., Bote III.
Meischner, Th., Maschinenmstr. IV.
Seyfang, W., Schiffskoch IV.
Krieger, C. J., Buchhltr. IV.
Stecher, N., Schuhm. K.
Behrens, J., Brothdlg. K.
486 *E.* Derselbe
Tschee, W., Fischhdlg. E.
Fick, R., Lademstr. E.
Fick, Frl. M., Zig.-Hdlg. E.
Bussmann, C., O.-Postsch. E.
Stegelmann, C., Hdlgs-Geh. O'E.
Stiller, P., Kranf. O'E.
Barrach, C., Schlosser O'E.
Hantschmann, Fr., Schneid. I.
Hempel, P., Lok.-Führ. I.
Jess, P., Schiffsoffiz. I.
Gaedtke, H., Vers.-Beamt. II.
Wollschläger, F., Reisd. II.
Philipp, C., Kass. II.
Schäncke Wwe., H. III.
Wiehmann, F., Vers.-Beamt. III.
Röpcke, F., Kfm. III.
Franz Spiesmacher IV.
Witten, H., Feuerwehrm. IV.
Sietz, J., Zimmerm. IV.
492 *E.* C. W. Horst jr., Ingenieur, ⇨
Kammeyer, E., Arbtr. E.
498 *E.* Derselbe
500 *E.* Elbe-Kieswerke G. m. b. H. (Lager)
500/504 *E.* Das Ärarium
504 A. F. Malchow (Lager)
506 *E.* W. Hedermann, Stellingen
Norddeutsche Werkzeug- & Maschinen-Fabriken G. m. b. H., Werkzeugmasch.-Fabr., ⇨
578 *E.* Pflöger & Hentig G. m. b. H., Magdeburg
V. E. Pflüger, Kohlen-Grosshdl., (Lager), ⇨
580 *E.* Kruse, H., das. 584
Hackbusch, O., Schlachter E.
Weitzing, E., Zig.-Hdlg. E.
Mattiat, Frau W., Strickerei E.
Mattiat, P. E.
Mohr, Th., Klempnermstr. O'E.
Wolter, F., Fuhrm. O'E.
Feindt, J., Hdlgsgeh. O'E.
Herbert, H., Strassbsch. O'E.
Reinke, W., Buchh. I.
Post, B., Kont. I.
Päpke, C., Glasbläs. I.
Voss, B., Schlosser I.

Hofmann, K., Tischler II.
Baltzer, A., Reisd. II.
Groth, W. Buchhltr. II.
Kaeselau, H., beeid. Holzmesser II.
Flechsig, H., Buchhltr. III.
Weber, R., Tischler III.
Koefod, W., Kaufm. III.
Schultz, K., Maschinenb. III.
Voss, A., Drogist IV.
582 *E.* Gürtler, F. E., u. C. Barrach, Adr. Aug. Löhr & Co., daselbst
Aug. Löhr & Co., Zentralheizungsanlagen, ⇨
584 *E.* Kruse, H., das. I.
Kruse, H., Lichtspiele, ⇨ E.
Kruse, H., Archit., ⇨ I.
Hansen, J., Zigaretten-Großhdlg. I.
Langhans, A., Klempn. I.
Lücke, E., Schreiber II.
Burmeister, C., Heizer II.
Bang, P., Kfm. II.
Leich, F., Lederhdlr. III.
Bahde, G., Expedient III.
di Dio, V., Kapellmstr. III.
Messau, W., Kutsch. IV.
Maedel Wwe, L. IV.
586 *E.* Kähler, H., Borstelmannsweg 74
Neue Gesellsch. z. Vert. v. Lebensbed. m. b. H. (Fil.) E.
Blank, Fr., Klempn. u. Mechan. E.
Schröder, J. E.
Redlich, F., Bäcker O'E.
Müller, A., Bierf. O'E.
Link Wwe, E. O'E.
Garbers, M., Exped. O'E.
Drese, M., Mus. I.
Klinkenberg, J., Pol.-Beamt. I.
Meyer, Walt., Bur.-Angest. I.
Stamer, H., Eisenb.-Schaffn. I.
Keibel Wwe, D. II.
Meyer, Gustav, Hdlgs.-Geh. II.
Neven Wwe, C. II.
Geisler, E., Maurer II.
Meyer, W., Eisenb.-Schaffn. III.
Ackermann, H., Mont. III.
Ledderer, W., Tischler III.
Nahm, Th., Briefm.-Hdlg. III.
Meyer, G., Steins. IV.
Giesecke, E., Bureaugeh. IV.
Landau, R., Arbtr. IV.
Brockmann, W., Bierführer IV.
600 *E.* Kiehn, A., Bethesdastr. 11
Kiehn, A., Schiffbauerei
602 *E.* Niemann, C., Hübbesweg 17
Niemann, C., Feuerungsmat.
604 *E.* Körtke Wwe., A., u. G. M. d. H. Körtke, Adr. Diagonalstr. 10
Heinrich Schöttler, Türenfabr., ⇨
606 *E.* F. W. H. Hesse, das. 608
Asphalt Unternehmung Küster Gebröder G. m. b. H., ⇨
608 *E.* F. W. H. Hesse, (Lager), ⇨
610/612 *E.* Krumm, C., Adr. das.
Carl Krumm & Co., Kohlenhdlg.
624 *E.* Klewitz Wwe., A., Immenhof 9
Becker, C., Brothdlg. E.
Hanl, H., Wirtsch., ⇨ E.
Legien, F., Schuhm. E.
Lübbert, W., Tischler O'E.
Stolley, H., Maurer O'E.
Dürand, P., Kraftwgf. I.
Kohl, W., Lademstr. I.
Thies, A., Kutscher I.
Kaergel, B., Eisenbahn-Sekr. II.
Herke, A., Exped. II.
Bunte, J., Pferdehdlr. II.
Martens, C., Arbtr. III.
Richter, P., Postsch. III.
Tietze, O., Bäcker III.
Hirschfeld, W., Lagermstr. IV.
Freitag, E., Maurer IV.

Germeier, H., Baute
626 *E.* Eggerding,
Mitt
Janz, H., Kolonia
E.
Borchers, G., Grü
Kaebernick, F.,
Schiffsk
Lotz Wwe, L.
Brandt, F., Buchh
Theile, O., Malerms
Gärtner, H., Kauf
Cronemeyer, E., Pr
Bumann, K., Arb
Tack, H., Eisenb.-
Fücks, K., Kraftw
Grüne, A., Musikle
628 *E.* Geithmann,
Adr. Mönckeber
Breuer, J., Zig.-H
Buhmann, Frau
Gr
Bünte, R., Gerichts
Rohlfshagen, J., A
Römer, R. E. W. A
Grabe, Herm., Sc
z
Uffenwasser, R., D
Novotny, F., Einsc
Einbrodt, A., Arb
Küstner, L., Expe
v. Have, F., Arbt
Heuck, J., Zimme
Kraus, J., Maschi
Eggers, Ph., Priv.-
Muraczowski, J., A
Reichstein, W., A
Merckel, A., Kuts
630 *E.* Derselbe
Grünwald, A., Bro
Blaas Wwe, E., Sch
Konopka, J., Kut
Loock, H., Beamt.
Hagelstein, F., Ar
Kahl, P., Polizeib
Rohlfshagen, B.,
Bauer, W., Bur.-A
Speer, E., Arbtr.
Dühring Wwe, M.
Hornung, H., Kel
Missmann, A., Hafe
Minch Wwe, M.
Brockstedt, J.
Bruhn, O., Arbtr.
Hahn, F., Mechan
Kruksu, H., Schlo
Hoppe, Frau A.
Schönberger, W.,

Blanke, W., Expe
Tachuschke, O., K

Eilbeckeralle
siehe Wandsb. Chau

Eilbecker Gartenwohnung
siehe Wandsb. Chau

Eilbeckerweg
(Eilbeck)
Adressbuch-Stadtpla
⊠ 23
Hauptzollamt St. A
Strassenb. 1, 2,

Richards
Sandkrug
Sonnen
Ritterstr.
Ottostr.
Max-
Kantstr.
Wieland-
Seume-
Rückert-
Börnestr.
Eisen-
Holstenstrasse
Landesgrenze

1922 **Rumpffsweg** 649—IV

Gebbers, H., I/Fa Dr. Hey & Co., ☎ I.
Witt, A., I/Fa M. Witt Wwe. & Sohn, ☎ I.
Sachse, F., Kaufm., ☎ II.
Bornholdt, P. A., Kaufm., ☎ II.
Haueisen, A., Baupol.-Beamt. III
Leu, O., Kaufm., ☎ III.
Harms, J. IV.

Rugenbergen
Steinw.-Waltershof
✉ 9
Hauptzollamt Kuhwärder
— Rugenbergerschleuse auf Waltershof

Rumpffsweg
(Hamm)
Adressbuch-Stadtplan M N 6
✉ 26
Hauptzollamt Ericus
Strassenbahnen: 13, 24, 37

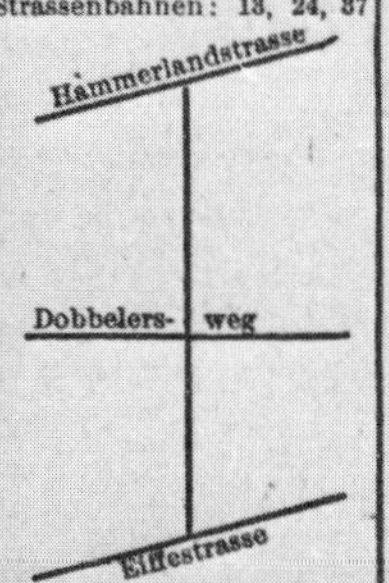

V. d. Hammerlandstr. links:
1 E. Kasten, D., das. 4
Pogge, A., Schneiderei E.
Spiering, B., Kolonialw. E.
Buls, H., Handl.-Geh. O'E.
Böning, D., Prokur. O'E.
Petersen, C., Geschäftsf. d. Stromspar-Glühlampen-Industrie G. m. b. H. I.
Neupert Wwe., M. I.
Dietze, Frl. A., Lehr. II.
Schönberger, H., Schuhm. II.
Nielsen, Th., Beamt. III.
Haasis, J., Elektrot. III.
3 E. Grundstücksges. Rumpffsweg m. b. H., Poststr. 2/4
Herrlein, W., Zig.-Hdlg. E.
Schröder, Rud., Fischhdlg., ☎ E.
Söder, R., Sekret. I.
Fett, H., Tischl. I.
Lembcke, J. J. Th., Beamter II.
Haverlandt Wwe., M. II.
Marx Wwe., W., III.
Mühlenberg, W., Masch. III.
Herrmann, M., Arbtr. IV.
Klindt, A., Maurerparl. IV.
5 E. Dieselbe
Meyer, Bernh., Milchhdlg. E.
Pagel, A., Friseur E.
Jach, Fr., Krim.-Wachtm. I.
Lundgreen Wwe., E. I.
Treess, L., Arbtr. II.
Matthiessen, G., Arbtr. II.
Ehrhorn Wwe., F., Aufs. II.
Walter, G., Schlachter III.
Arpe, H., Kutscher III.
Rumohr, W. C., Zollamtsgeh. IV.
Lütgens, W., Hdlgsgeh. IV.
9 E. Sternberg, H. M. E., Mechaniker, ☎ E.
Harnack, E., Fettw. E.
Schaue, F., Pol.-Btr. I.
Schulz, Walt., Vertret. I.
Crovissier, H., Tapez. I.
Schulze Wwe., M. I.
Halmschlag, J., Ladeschaffn. II.
Boldt, W., Arbtr. II.
Stephan Wwe., M. II.
Arndt, E. II.
Bauer, K., Eisenb.-Geh. III.
Koehler, R. III.
Schroth Wwe., W., Privat. III.
Gerhardt, P., Buchhltr. III.
Hoffmann, F., Kaufm. IV.
Meyer, Ernst, Postsch. IV.
Diestelmeier, A., Buchdr. IV.
Lange, W., Schlosser IV.
11 E. Schröder, Otto, Elebeken 14
Schütt, R., Grünw. E.
König, M. E.
Brandt, O., Hypnotiseur E.
Krüger, R., Lagermstr. E.
Hamann, A., Arbtr. O'E.
Abraham, O., Prokureur O'E.
Schulz, Otto, Barkassenf. O'E.
Henke, W., Schmied O'E.
Reichel, H., Wachtmstr. I.
Rubow, P., Maschb. I.
Borowski Wwe., B. I.
Trapp, R., Bahnarbtr. I.
Grabbel, H. II.
Blechschmidt, W. II.
Benkert, H., Arbtr. II.
Klünder, L., Arbtr. II.
Lorenz, G., Strassenr. III.
Baumbach, H., Arbtr. III.
König, O., Werkmstr. III.
Schmidt, Carl, Bankb. III.
13 E. Derselbe
Mühlenberg, W., Brothdlg. E.
Lebermann, F., Arbtr. E.
Garber, F., Wollw. E
Krause Wwe., A. O'E.
Trauzettel, L., Poliz.-Beamt. O'E.
Burchard, F. F., Arbtr. O'E.
Paschen, L., Rentn. O'E.
Engel, H. I.
Ritter, A., Maschinist I.
Weinbrecht, P., Priv.-Btr. I.
Seemann, C., Lagerarb. I.
Dietzel, H. II.
Hofmann, E. II.
Wagener, O., Bote II.
Baumbach, Frau E. II.
Volquardsen Wwe., A. III.
Nitschke, R., Gasm.-Aufs. III.
Cohrt Wwe., A. III.
Segler Wwe., H. III.
15 E. Grundstücksges. „Hallgjerd" m. b. H. Poststr. 2/4
Lengert, A., Lederhdlg. E.
Wendt, A. E.
Gehris Wwe., W. E.
Köhlitz, C. O'E.
Roggenkamp, H, Gipser O'E.
Hinz, C., Einnehm. O'E.
Wendt, J., Arbtr. I.
Bernau, E., Beamt. I.
Burchard, K., Zugf. a. D. I.
Schwanck, F., Kaufm. II.
Thiele, E., Buchhltr. II.
Böse, H., Schiffszimm. II.
Ruddies, C., Maschinenmstr. III.
Dreckmann, W., Beamter III.
Steinecke, W., Pol.-Btr. IV.
Baer, O., Kornumst. IV.
17 E. Dieselbe
Sachau, A., Packer E.
Rickert, J., Zig.-Hdlg. E.
Schmidt, F. C., Kutscher E.
Pütz, R., Kaufm. O'E.
Israel, O., Postsch. O'E.
Zachmilewski, L. O'E.
Freytag, J., Werkmstr. I.
Voss, Heinr. I.
Melzer, G., Steward I.
Koch, C., Maurer II.
Sindt, J., Buchhltr. II.
Bierbaum, Th., Feinm. II.
Giesecke, K., Bahnbtr. III.
Reinke H., Techniker III.
Schulze, V., Maurer III.
Augustin, F., Staatsarb. IV.
19 E. Leinemann, J., Gänsemarkt 9
Zismer Wwe., F., Konfit. E.
Wehrenberg, H., Kaufm. E.
Schütte, A., Büfettier O'E.
Rohrssen, E., Tischler O'E.
Biessler, C. O'E.
Otte, K., O.-Postschaffn. I.
König, W., Zollassist. I.
Molter, H., Brieftr. I.
Brossmann, A., Bahnarb. II.
Zeyn, A., Schiffszimm. II.
Brzoska, A., Bureaugeh. II.
Schoer, W., Bur.-Sekr. III.
Dressel Wwe., E. III.
Dähn, P., Bureauass. III.
Terpe, A., Steins. IV.
21 E. Hecker, K., Vedd. Brückenstr. 127
Schmidt, H., Küper E.
Grahl, G., Arbtr. E.
Nickel, H., Arbtr. E.
Abraham Wwe., C., Putzm. E.
Timmann, W., Maler O'E.
Wachendorf, L., Beamt. O'E.
Kraft, W., Arbtr. O'E.
Bröckl Wwe., H. O'E.
Kohlhagen, H. I.
Engl, L., Mus. I.
Lindwor, W., Maurer I.
Schneeberg, A., Wagenf. I.
Baack, L., Schiffszimm. II.
Musow, O., Schlosser II.
Herkt, O., Pol.-Beamt. II.
Cunow Wwe., B. II.
Busch, A., Werkzeugm. III.
Wendt, Frau S. III.
Erbst, F., Ewerf. III.
Lorenzen, Th., Weichenst. III.
23 E. Derselbe
Gräser, H., Kolonialw. E.
Simons, W., Zig.-Fabr. E.
Stieg, A., Privatier O'E.
Griebe, Th., Maschinist O'E
Engelmann, P., Monteur O'E.
v. Blanckenburg, W., Kaufmann I.
Reimers, A., Mechan. I.
Kersten, F., Kaufm. I.
Rensch, E., Expedient II.
Jenzen, W., Arbtr. II.
Ahrens, E., Zollbeamt. II.
Schulte Wwe., E., Arb. III.
Bussmann, F., Kutsch. III.
Dühr Wwe., Chr. III.
Krenz, E., Schlosser IV.
25 E. Spalteholz, A., Schlachterei E.
Prenzlin, H., Papierh., ☎ E. u. O'E.
Rudow, P., Baumat. O'E.
Pannwitz, F., Schmied O'E.
Wegener, O. O'E.
Helm, F. I.
Mohr, H., Hdl.-Geh. I.
Millies, W., Kaufm. I.
Buchholz, R., Beamt. II.
Junge, F. II.
Hass, L., Klempner II.
Verein ehemaliger Zöglinge des Waisenhauses zu Hamburg e. V. I.
Sydow, E., Buchhaltr. II.
Plambeck, B., Tapezier II.
Schwarz Wwe., A., Händl. III.
Schwarz, C., Gipser III.
Scholz, M., Bildhauer III.
Kruse, A., Handl.-Geh. III.
Hegewald, P., Postb. III.
27 E. Dorendorf, E. H., Hammerlandstr. 182
Donat, W., Wirtsch., ☎ E.
Meier, Herm., Wäsch. E. u. O'E.
von Thiemen, M., Tischl. O'E.
Voigt, O., Arbtr. O'E.
Dorendorf Wwe., J. O'E.
Fichte, A., Ladeschaffn. I.
Beyer, Ad., Fuhrm. I.
Pöcker, F., Tischler I.
Arnold, G., Privatm. I.
Pfeiffer, A., Kont. II.
Kasch, C., Schlosser II.
Schmidt, Otto, Polizeibt. II.
Hansen, E., Baupol.-Beamt. II.
Schwerdtfeger, H., III.
Knost, W., Kaufm. III.
Wischmann, C., Wagenf. III.
Lappe, F. III.
29 E. Timm, C., Sorbenstr. 4
Böttger, R., Bürstenfabr. E.
Brühl, W., Schlosser E.
Rönpage, H., Hdlr. O'E.
Stein, M. F. L., Kfm. O'E.
Kühn, K., Verwalter O'E.
Schmidt, F., Zimm. I.
Reichelt, F., Zugf. I.
Buckpesch, E., Pol.-Beamt. I.
Cordes, H., Zimm. II.
Blöcker, P., Beamter II.
Nehls, F., Arbtr. II.
Rohweder, H., Kraftwgf. III.
Hansen Wwe., M. III.
Lendt, W., Wachtmstr. III.
45 E. Heyroth Wwe., H., u. P. Hoppe, Adr. das. O'E.
Wiebke, Chr., Arbtr. E.
Heyroth Wwe., H. O'E.
Helmker, R., Postsekr. O'E.
Rogmann, F., Lagerm. I.
Schmuhl, F., Vize I.
John, A., Schlachter II.
Marke, J., Ladenstr. II.
Reppenhagen, P., Post-Betr.-Ass. III.
Schmuhl, K. F., ps. Beamt. III.
Voss, Chr., Zimmerm. III.
Breckwoldt, C., Prok. IV.
Stephan, P., Gärtn. IV.
Von der Hammerlandstr. rechts:
4 E. Kasten, D., das. I.
Handlos, Frau F., Hausstandsw. E.
Scharf, G., Arbtr. E.
Maas, J., Baugesch. O'E.
Schwartz, H., Pol.-Zugwachtm. O'E.
Eisele, H. I.
Kasten, D., Priv. I.
Schmidt, Fritz, Hf.-Lotse II.
Lau, W., Kaufm. II.
Willers, C., Gewerksch.-Beamt. III.
Kroll, Chr., Eisenb.-Sekr. III.
6 E. Imm, H., das. 8
Müller, E., Malermstr. E.
Elster, E., Arbtr. E.
Krosch, R., Postschaffn. E.
Waeselmann, H., Arbtr. O'E.
Köhler, H., Arbtr. O'E.
Hilgenfeld, W., Ing. O'E.
Marien, E., Postsch. I.
Dachsel, C., Beamt. I.
Rahn, O., Handlg.-Geh. I.
Runge, C., Oberwachtmeister
Bähr, H., Handlg.-Geh. II.
Pietsch, M., Drogist II.
Sievers, A., Zimmerwerkf. III.
Neumann, E., Fris. III.
Wandel, E., Kutscher III.
8 E. Imm, H., Furageh. O'E.
Rietze, A., Kelln. I.
Wulf, K., Schlosser I.
Prahl, O., Reisender II.
Holste, H., Bahnbtr. II.
10 E. Götting, W., Taubenstr. 22
Harke, F., Steinsetzer E.
Benthien, C., Tischlerei E.
Schepanski, A., Roßschlacht. E.
Sälhoff, W., Klempn. O'E.
Schumacher, W., Priv. O'E.
Bumann, E., Stellm. O'E.
Müller, Rob., Strssbsch. O'E.
Heup, Frau A. I.
Korth, G., Exp.-Vertr. I.
Pierskalla, J., Zimm. I.
Kesting, A., Hdlg.-Geh. II.
Buhbe, Frau J. II.
Ekhoff, C., techn. Beamt. II.
Wolf, F., Speicherarb. II.
Storm, Chr., Maurerparl. III.
Brandt, W., Rohrnetzmstr.-Ass. III.
Ramin, R., Stellm. III.
12 E. Wrage, J. C., u. H. F. Schacht, Lokstedt
Busch, K., Kolonialw. E.
Bauer, A., Milchhdlg. E.
Behn, J., Staatsarbtr. E.
Crone, Th. H. Ch., techn. O.-Sekret. O'E
Maas, H., Masch. O'E.
Detels, H., Post-Betr.-Ass. I.
Wulf, A., Hdlgs.-Geh. I
Göde, K., Maurer I.
Doginala, A. II.
Brandt, G., Kaufm., ☎ II.
Gerkens, L., Speicherarb. II.
Drenkhahn, W., Postbtr. III.
Hahn, H., Postschaffn. III.
Bergeest, Frau A. III.
14 E. Dieselben
Gross, J., Klempn., ☎ E.
Riebold, P., Proviantaufs. E.
Thoms, F., Postsch. O'E.
Bögershausen, A., Ob.-Postsch. O'E.
Thiele, F., Masch. O'E.
Volber, A., Priv. I.
Meinecke, H., Parlier I.
Dreymann, E., Postsch. I.
Hinze, W., Maurer II.
Waterstrat, E., Hdl.-Geh. II.
Dettmann, F., Postsch. II.
Sievers, F., Postass. III.
Oehlenschläger, P., Mal. III.
Stoile, W., Postass. III.
16 E. Tegen, J. u. C., das. O'E.
Pieper, Frl. E., Broth. E.
Zwierlein, Cl., Schuhm. E.
Weber, P. E.
Schlaefereit, F., Tischl. O'E.
Sommerfeld, R., Arbtr. O'E.
Tegen, C. P., Baugesch. O'E.
Fischer Wwe., M., Näh. O'E.
Rubow, E., Maschb. ☎ I.
Tegen, J., Baugesch. I.
Horn Wwe., B. I.

…geschoß; O'E. = Obererdgeschoß; I., II., III., IV. = Stockwerk.

Die Leute des Viertels – auch ein Porträt einer Klasse

Zu Art und Schichtung der Bewohner hinter den Häuserfassaden Adreßbuchauszüge aus dem Nachkriegs- und Inflationsjahr 1922 zweier oft genannter Straßen: *rechts:* der erste Teil des Rumpffswegs mit dem Haus Nr. 27, wo die Familie Schmidt wohnte (s. Abb. S. 203; Häuser mit niedreren Nummern s. Abb. S. 193 rechts unten); *links:* ein Abschnitt der Eiffestraße mit dem Haus Nr. 269 und der von Hans Riebesehl beschriebenen Wohnung der Familie im 4. (eig. 5.) Stock; dort und in den Nebenhäusern von ihm charakterisierte Bewohner, u. a. der Schlachtermeister Reiber mit dem legendären Stadtviertelhund.
Nicht übersehen werden dürfen Sprünge in der Hausnummernfolge, die die langjährigen Baulücken markieren. Bis in das Jahr vor Arno Schmidts Fortzug 1928 blieben die Häuser 27 und 29 des Rumpffswegs die einzigen dieses Abschnitts auf der Ostseite bis zur Kreuzung mit der Eiffestraße.
Die unmittelbare Nachbarschaft einer Baugruben- oder Bauplatzkette über 7 bis 8 Grundstücke hinweg muß zu Arno Schmidts Erinnerungsbild eines »öden« Stadtteils (»... standen meist nur die Eckbauten – dazwischen gähnten leere ›Gründe‹«) wesentlich beigetragen haben, zumal für die Nachbargrundstücke des Eckbaus Nr. 27 zum Dobbelersweg hin das gleiche galt (vgl. Luftaufnahme noch von 1926, S. 80).
Im Gesamtbild erweist sich die, dem unteren Mittelstandsbereich, auch Handwerk und Facharbeiterschaft, zugehörige Berufeschichtung mit ihrer ausgeprägten arbeits- und funktionsteiligen Mischung – so wie sie Ernst Braunschweig für die bei der Ausdehnung der Hafenzone aus dem Marschboden gewonnenen Neuviertel Hamms in Anspruch nimmt – durch die Jahre von 1914 bis 1928 als eindeutig beständig. – Hierzu auch Berufe von Schülervätern, s. Anhang S. 371.

that you sometimes saw a taxi oder something, but not when we were young children. I know when I was a teenager I, I took a taxi – when I came from my grandmother, from vacation. I took a taxi from the Hauptbahnhof. That was quite far away, und I had a valise. So I took a taxi to come home. Und everybody st-, thought I was out of my mind. How could I do, and take a taxi? That was again one of my, my extravagances.* So, uh, I remember, they thought I was really a very big, big-shot, big-shot.

> Was there a time of the day when the people took their walks, a Promenadezeit?

No. No, in the afternoon, it was women und children. In the evening couples came out. They would go for walks.

> And did the Schmidts ever join in the... parade?

Mmmmmmwell, my father had very often Nachtdienst. So, uh, my mother would not go alone. So.

> Nor with the children?

Not in the evening. No.

> In the afternoon?

In the afternoon, yes.

> She would take you two, and...?

Ja, ja, ja, ja. But, uh, she would rather lie on the sofa und read her stories. She liked that better. But, so, we were on our own, und Arno stayed mostly home with her. Und I would go out mit my friends, und mit their mothers. But, uh... that's it.

> Can you remember wintertime as over against summer – how life would change in the streets, and how life would change in the apartment and...?

No, not really, because, the difference in seasons is not so very distinct, like it would be, uh, for instance in Silesia. You would have a hot summer and a very cold winter, and a lot of snow. In Hamburg you haven't got that. It's mostly only nasty. Rain and fog. Like in London. Really the same weather, und, uh, it would be only more so in the winter. It was never

* AS : sie hätte ebensogut die Straßenbahn benützen können.

very, very cold – like, uh, like I said yesterday: I was freezing so terrible when we moved to Silesia.

> But also in the nasty weather you were kind of shut up in the house, too?

Of course, we didn't go out. Right, sure.

> And was there a sense in the apartment house of people being shut in in the winter?

No, no.

> Life went on at a pretty normal pace and...?

The women would, uh, visit back and forth. But my mother wouldn't do that.

> Not at all...?

She, she did not like to go into other people's houses. My grandmother would do it, but my mother wouldn't.

> How was for instance Wilma Hass's house different from yours?

It was exactly the same.

> Exactly the same.

Ja, it was exactly the same.

> Was it the same apartment in layout, do you remember?

No, I do not remember their layout. But I know it was only, uh, two rooms and a kitchen too. But she was the only child, so it probably was much more, less crowded than in our house. So, uh, but otherwise. Everybody was the same, relatively.

> Was it the same kind of very stiff interpersonal relationships? Little affection shown, for instance, in her family as well?

No. No. Uh, Wilma's family, they were much closer. They were much more affectionate. Our family was, uh, really different, uh, in, in this way, because there was no affection shown in ours.

> So that for you it was an escape into a somewhat more pleasant atmosphere at your friends'...?

No, I probably felt: Gee, it's different. Do you understand? So, but otherwise, no.

Okay. Still in the house. What was the Treppenhaus like ? Were there a lot of people moving around in it ? Was it dark, light ?

No. I don't know. We were used to it. Und it was open in the middle so we could look down. The apartments were around like a… Wendeltreppe. So, uh…

Did you children use it to play ?

Uh, I think we used the, uh, the foyer, the hall, downstairs. We used for playing, because when the weather was bad we would stay there. It had a, quite a large entrance on the, uh ; so, it was an escape there, ja.

Did Arno come down and play with you in the foyer ?

Well, no, he did not play with me. I played with my friends.

What kind of games did you play down there ?

Oh, we – what did we play ? We jumped rope, we sp-, played Hinkebock. Uh, und… that was all.* Nothing special. All the children did the same thing.

* AS : Nein ; das war durchaus nicht ›Alles‹. / Wir Kinder hatten viele Spiele, die irgendwie saisonhaft regelmäßig einander ablösten. Etwa ›Kreiseln‹, also Brummkreisel mit der Peitsche treiben, (und *was* für Finessen gab es da). Oder große dünne, buntbemalte Holzreifen mit einem Stöckchen die Straße entlang treiben ; (woraus schon hervorgeht, daß unsere Wohn-Gegend nichts weniger als ›very busy‹ sein konnte !). ›Marmel spielen‹. ›Messerspick‹ ; dh man zog eine Gerade in den Erdboden, und versuchte dann, so nahe wie möglich sein Messer daran zum Stecken zu bringen ; (Manche hatten auch alte EisenFeilen statt der Messer). Die Mädchen spielten indes an den Wänden ›BallSchule‹ ; oder sangen ihre SpielLieder : ›Die Erste kommt ; die Zweite kommt ; die Dritte wird gefangen.‹ Dann war, im Herbst, zur Windzeit, das ›Propellerschnitzen‹ Mode : aus einem weichen, schmalen Stück Holzlatte schnitzte man sich, die Flügel gegeneinander versetzt einen Propeller ; durchs Loch id Mitte kam ein Nagel ; und so rannte man gegen den Wind damit, daß es surrte. Dann das ›Laterne-Gehen‹ erst. Einmal war ›Pferdeleinen stricken‹ Mode : man brauchte dazu eine leere hölzerne Garnrolle ; oben wurden 4 Nägelchen eingeschlagen ; und damit konnte man aus Wollresten lange HohlLeinen stricken, (je bunter desto lustiger). Schiffchen falten ; oder auch PapierTauben, die die unerwartetsten Kurven beschrieben. Das Schlittenfahren im Winter laborierte etwas daran, daß es in unserer Gegend kein ›Gefälle‹ etwelcher Art gab ; eben höchstens die 2, 3 m in die jahrzehntelang öd liegenden BauGruben hinunter. / Von den kleineren Spielen ganz zu geschweigen.

Was there a problem with noise, that you…?

No. No.

No, you weren't allowed to make any noise?

No, I don't think we had any problem there.

Konnten sich da unten austoben?

Well, we, uh, we really were not very noisy children, I think. So, uh…

Can you remember the flooring of the Treppenhaus? Does that come to mind?

No, it must have been terrazzo. You know. Ja, sure.

And the stairs going up were… a dark wood…?

Uh-huh.
Ja, ja, ja. Like a mahogony banister.

Nur Holz auf den Treppen, oder war da…?

Rocks? No.

No, Holz.

Holz, ja.

Ja, nur Holz. And who cleaned that? Was there a…?

Oh, ja, there was a woman. The, the owner of the house lived, uh, in our apartment house too. The owner, the mother of the owner, I think, oder she was the owner, I don't remember. And she, uh, would, uh, engage somebody to clean the house, yes.

UW: Wasn't there someone who had the job of a Hausmeister?*

JW: The supervisor, in New York.

No, it was only a woman that cleaned. Und since she lived in the house, she was taking care of everything else, ja. She took the rent, und she took the Miete. We would go down to pay the Miete, to her.

* AS: Es war sehr wohl ein Hausmeister da, (obschon er sein Amt nur nebenbei betrieb). Das war der Herr VOIGT; und meine Schwester hätte sich seiner besonders zu erinnern Grund gehabt, weil Jener sich nämlich einer gleichaltrigen Tochter erfreute, namens LUZIE – ein Mädchen mit rotem Haar, sehr weißem Gesicht, und einer heiseren Stimme. Sie war aber irgendwie unbeliebt bei den Andern; und ich weiß noch, daß sich einmal, wie auf Verabredung, meine Schwester + Käthe Beyer auf sie stürzten, und prügelten, bis Jene schreiend davonlief.

Your father would take it down, or...?

No, my mother.

Your mother.

Ja.

Your father came home, gave the money to your mother...?

Uh-huh, uh-huh.

All of it... or?

That I don't know. I'm sure not. It wasn't all of it. Sure not – how could he! He needed for himself, too.

He gave her just enough to pay for what he thought the bills would...?

Yes, and then, don't forget, my, he always felt my mother was, uh, verschwenderisch, see. She did not know how to budget, uh, money. So he always held back. Which she really didn't know. He was r-, I mean, uh, I don't know how right it was that he held it back, but uh – she really didn't know.

One other thing about the interior of the house. Do you associate any particular sight, sounds, movements, smells with the Treppenhaus and people moving about?

No, no. And, uh, it was not like it is here sometimes in apartment houses. You know, when you come, that you smell what somebody is cooking. I do not remember. Here, you would come up in an elevator, and you know that this is cooking cabbage, and this is cooking peppers, and, uh, you would smell this. I do not remember that.

Let's stay with daily life. You talked about the Wäscherfrau. Do you remember her at all? Was it the same woman all the time?

Uh-huh.

Not to my kno-... No, not always. Uh, no, I do not remember her. I do not. I only know that on this day my mother would cook a del-, very big dinner, because she felt the woman was working very hard. She had to eat a lot.

And she would sit down with the family?

She would, uh... no. Mostly we were in school. We were not there. But I know she would cook a special large dinner so she, the woman would be fed.

> Wie war es beim Einkaufen?
> Wer machte die Einkäufe?

Mama went sh-, to do the shopping.

> Mit Ihnen, oder...?

Ja, sometimes I would go along, ja.

> Where?

They were all little, uh, small individual stores. There were no supermarkets.

> Im Parterre aller dieser Apartmenthäuser?

Right. N-, on the ground floor. Yes.

> Bäckerei... Do you remember where it was?

Ja, it was right across the street.

> Can you remember the Laden, wie es...?

Ja, ja, I can remember the Laden.

> Okay, describe it.

Well, they had shelves mit bread und cake in the window. And they had something else. They had, uh, what you call a... mangle. Und I would go mit Mama when we had the wash done, und Mama and I would carry the basket down, und, und I would turn that Mangel, ...and, uh...

> In the Bäckerei?

In the Bäckerei, ja. But the Bäckerei was not very busy. I remember being sometimes there for, uh, an hour, and no customer would come in. Und we would, uh, do the sheets und the pillow cases and, uh, things like that. I remember that, but uh...

> Do you remember the name of the Bäckerei?

No, I don't remember the name.*

> Do you remember the Besitzer at all...?

I can picture the woman. I know what she looked like, but I do not know her name.

> Okay.
> Can you describe her?

Ja, she was a little fat woman.

> A little fat woman.
> How'd she do her hair?

Well, they all had braids. Und she had a part in the middle. Und all the braids here, on the back of her head. Ja. So, uh, but, uh, I don't really remember the name.

* AS : sie hießen Wille.

> UW : Did they sell a lot of different breads ?

Ja, different kinds of breads. Yes.
But they did not bake it themselves. They got it delivered from someplace, from someplace else. They didn't bake themselves.

> JW : And what kind of bread did the Schmidt family eat ?

Oh, rye bread. Ja, rye bread.

> Rye bread. No special preferences... ?

No. I think that was the only bread we ate.
There were no variety, not much variety there.

> Und der Fleischer ? Wo war der ?

Der war on the, on the other corner over there.

> That would be where ? Let's... – you're on the south-east corner...

Uh-huh. Und it was across the street, over there.

> On the...

You see, here was the house. The bakery was across this street. Und the Fleischer was across that street, at a corner.

> Next to the stationery.

Ja, right. Right next to the stationery. The stationery was one store in. The corner was the Fleischer.

> The corner was the Fleischer. Do you remember that... shop at all ?

Ja, I remember that shop, yes.
Because it was very funny. When I would come home from, from the summer, spending my vacation in Silesia, I very often would speak the dialect of, uh, I picked it up just like...

> In Schlesien...

In Schlesien.
Und the first few, few days that I came back to Hamburg, I still spoke with the same dialect. Und I remember going to him, and

Einmündung des Rumpffswegs in die Hammer Landstraße. Großstädtisches Fassadenbild der fünfgeschossigen Wohnblocks aus den Jahren nach der Jahrhundertwende; gegenüberliegende Seite des Rumpffswegs s. Abb. S. 193 unten rechts. – Berufebild der Bewohner des Rumpffswegs auf der Adreßbuchseite von 1922, s. Abb. S. 299.

he would make fun of me. Because I remember saying I would like a half a pound of Liverwurscht.

> Wurscht...

Leberwurscht. Und, uh, you wouldn't say Leberwurscht in Ge-, in Hamburg. You would say Leberwurßt. Und I said Leberwurscht. He said, »Ach, my God! You learned already how to speak over there. Terrible.« They didn't like that. But he, I remember he made fun of me.*

> What did he look like, do you remember him?

Oh, no, not very. I don't remember him very well. Nothing special.

> Do you remember anything special about the Fleischerei?
>
> How did they cool the meat?
>
> Where did the meat lie?

Well, they must have had, uh, I don't know. They brought it from the back, they brought it out of the back, the meat. I don't think they had any special cooling system, but I don't know...

> Were there display cases at all?

Ja, mar-, mostly the, uh, the floor und the, uh, ca-, the slabs were marble. So they used that, for cutting and everything else. But, uh, well don't forget, you, we, uh, went shopping every day. We did not do any long-term shopping. Even in the apartment, we had a small room, what they called the Speisekammer. Und there we would keep, uh, – it was the coolest place in the house, und we would keep all perishables. Und, but we would not, uh, it was no long-term cooking. Everything was just, uh, from one, from one day to the other.

> Auch die Gemüse aus dem Schrebergarten? Machte die Ihre Mutter ein, oder...?

Ja.

Eingemach- ...? No, I don't think so. No. Maybe. Oh, yes, I remember. Ja, I remember. It was the summer, before my father

* AS: der Herr Spalteholz.

died. And my mother had made some… cherries. Put in preservatives, black cherries. That was typical, too. Uhm… and she had im, we had, uh, large closets. I mean, not built-in closets in the bedroom, they were outside. So she had put the cherry preserves on top, of the closet. On the Schrank.
And, uh, I was sleeping next to the, – my bed was next to the, uh, Schrank.
And Mama's was next to me, und Arno's was across the room. And one night… we… I woke up because there was a shot! in the room. Somebody was shooting. And there you see again the difference between two children. When I woke up because of the shot, it threw me out of bed. I sat up, und – somebody is shooting. Und Arno did instinctively just the opposite. He pulled the blanket over his head. [laughs] And I leap out of the bed und make light und I said, »What happened?« Und I see Arno isn't there. I started pulling on the blanket, but he was holding onto the blanket up there. Und there you see again the difference between two children. I ran out, und he pulled the blanket over his head. Und I couldn't see him – he had it over his head. Und I, uh, »My God! Where is Arno?«
So, uh, und then we found out that one of the glasses had exploded. Because later on, we s-, we didn't know what it was. But then the glass fell apart. Und then we knew it was the glass on top of the closet. But there too – I jumped up and sat in bed, und he pulled his blanket over him. See.

And your parents, how did they react?

My father was already dead. It was Mama,
Arno, me. Und she stayed in bed, she didn't know what it was. But she saw there was nobody in the house. Und since my, see, my f-, since my father was in the, uh, police force, he always warned us, because he saw how much crime was committed, even then. Which wasn't one-tenth as much as it is now. He always said, »Don't do it. There are too many bad people in the world. Don't open the doors, und uh, und…« He always warned us against people, und against things like that. Because he lived with it. So, uh… and we were careful. Und that's what happened. But I remember him pulling that blanket over his head, und I, I didn't see him. Arno wasn't there.

You thought he'd been shot…?

I thought my – no, no, I thought he was out
some place. He wasn't there. Und I remember, und then I started to pull the bottom of this blanket, und he held on on top, on the blanket. I remember. Und how old was he? Well, I probably was seventeen, und he was fourteen.

> What else would the family buy, at the shops around there?

Only really what we needed for a day's living.

> How, when the Schrebergarten wasn't producing, where did you go for... fresh vegetables?

Mmnnja, there were vegetable stores, ja.
Uh-huh.

> Right on the corners, too, or...?

I, there were – I think there were some push carts, too, who would come down the street. Und we would buy apples from those push carts, und cabbage, und, uh, – we loved stef-, stuffed cabbage, my mother made. Und we loved that. So, uh... but that's, uh...

> On the way to school any particular one of these...?

There were not, uh, there were not too many stores on the way to the school. It was more open, more freer there. And, uh, the apartment houses probably were of a better caliber. They had no stores in the bottom. So. That's what I remember.

> Your brother mentions one more, the Wäscherei, Johnny Meier.

Ja, uh-huh, it was...
...was in bottom. They were, were in our house on the ground-floor. Hmm, it was a young man who worked with his parents in the Wäscherei.

> Well, that gives a good picture at least of the corner and where things were.
>
> UW: Wie waren die Leute zueinander? Ihr Bruder schreibt, daß sie sich nie gegrüßt hätten, oder die Leute grüßten sich nicht in Hamm...?

No. It could be possible. It could be possible.
Ja. It might be, uh, well, uh people were not very... ääeeh... – they were not over, overly friendly to each other. They were very restrained really.

> JW: Did you always feel yourselves as Zugereiste? as not being...?

Over Hamburg? No, no, no, no, no... no.
Not at all.

> Were most of the people in that area native Hamburger, or was there a mix ?

Some, some were. Some were. I remember my father making a remark... down that line. Uh, ... A man had come into the precinct and spoke mit him, und, uh, had said to him that he wanted done some kind, he wanted some help with something, and he had been very arrogant, I guess, und he had said, »After all, I'm a Hamburger Bürger.« And my, I remember my father coming home und telling the story und saying, »Big deal. Hamburger Bürger.«*
So uh...

> One other thing : was there a daily newspaper in the family ?

Oh, there must have been. [whispers] I don't remember, what it was...

> That would have been something your father would have read and no one else, or... ?

Right. Right, my mother probably would have read the recipes oder fashion sections.

> Would your brother have read the newspaper ?

Ja, maybe.

> But you can't picture that... ?

I can not. It, uh, it was not a daily occurrence. My father might bring it home from work oder something, or buy it on the way home, but not regular. It was not delivered, either.

> Illustrierte ? Gab's irgendwelche ?

Uh, well, we, at one time, we – I don't know if it is still there. At one time we had what they call eine... Bildermappe ?

> UW : Ein Lesezirkel ? oder Bildermappe.

Bildermappe. It was a big, uh, f-, uh, cardboard folder. Und all the magazines were in there. Und there were maybe five, six magazines, und we got that every week – oder every month ? I don't remember. Und I remember reading those magazines.

* AS : vgl. seinen eigenen Bürgerbrief.

1915.

16ter Seite 99. Nr. 198.

Nach dem bei der Aufsichtsbehörde für die Standesämter bewahrten Register hat

Friedrich Otto Schmidt,

geboren am *30. Januar* 18*83* zu *Halbau, Rbz. Liegnitz,* am *12. Februar* Neunzehnhundert und *fünfzehn* den untenstehenden Eid abgestattet und das hamburgische Bürgerrecht erworben.

Hamburg, den *12. Februar* 191*5*.

Zur Beglaubigung:

Jansen

Regierungsrat.

Bürgereid.

Ich gelobe und schwöre zu Gott, dem Allmächtigen, daß ich der freien und Hansestadt Hamburg und dem Senate treu und hold sein, das Beste der Stadt suchen und Schaden von ihr abwenden will, soviel ich vermag; daß ich die Verfassung und die Gesetze gewissenhaft beobachten, alle Steuern und Abgaben, wie sie jetzt bestehen und künftig zwischen dem Senate und der Bürgerschaft vereinbart werden, redlich und unweigerlich entrichten und dabei, als ein rechtschaffener Mann, niemals meinen Vorteil zum Schaden der Stadt suchen will. So wahr mir Gott helfe!

Unterschrift des Inhabers: *Otto Schmidt.*

Form. 2.

Der Bürgerbrief des Vaters von 1915, als familiäres Dokument von den Angehörigen erwähnt und als persönliches Attribut des Vaters gewürdigt.

JW: Anything favorite, anything that sticks in your mind…?

No, I would read everything. I would read everything. Und they were mostly – like the SPIEGEL would be in there, and, uh…

The fashions.

The fashion magazines oder, uh, the HAUSFRAU used to be at that time a magazine, too. Und, uh, the HAUSFRAU would have, uh, every week mit, it would come mit a chapter of one of those trashy stories, you know. Und, uh, my mother would wait for the, for the, this c-, the continuation from last week. So, uh… that I remember…

Did your brother read them too?

No, we didn't read them, because I think our parents didn't, I think my mother didn't want us to read them.

I was speaking more of the magazines in general, but…

Oh, we, uh, Arno looked through the magazines, too, but I mean these, uh, continuating, continuing story we di-, we didn't read. Now I don't know why we didn't read it, if she said not to read it, oder… I don't think she would even say it, because she loved it. But we didn't. But, uh… ja, Büchermappe, Büchermappe, that was called. I don't know if they still have that now, I wouldn't know.

UW: I know as a child we had it, but it was called Lesezirkel.

Oh, right. Uh, so it's probably the, the same story…

JW: Can you remember what might have been the topics of conversation in the family?

No. Anything what happened during the day. That was all. We would, uh, sit around…

Did your father…?

When my father was home we would all sit down together to dinner.

> Did he talk a lot about his, his work? Was that…

Ja, ja, because he hated it so much, too. He really hated his, his job. And that was again my fault… So, uh…

> And then Tagespolitik, would that be spoken of?

Ja, ja, ja, ja.
But, uh, my father was not very political involved mit anything.* He was not, uh… He would, uh, downgrade this party und downgrade that party and uh…

> Did he remember fondly back to the days of Kaiser Wilhelm? Was there some of that still?

No, he was not too fond of Kaiser Wilhelm. No, no, no.

> None of that.
>
> Your brother reports in ABEND MIT GOLDRAND that he at one time saw the Kaiser, at the Derby in Bauerberg.

Ja, I don't, I don't…

> You don't remember.

I don't remember.
No. I remember my mother saying that she once saw the Crown Prince, which everybody was just, uh, infatuated with the Crown Prince – which was a ugly guy, believe me! [laughs]

> Was your mother infatuated, was that a kind of Prince Charming for her?

Right. She felt that was terrific that she saw him. Ja. So, uh…

> We've spoken quite a bit about your father and his, his Rechthaberei. What was his reaction if someone could prove to him, daß er Unrecht hatte?

Oh, he would get very angry. Oh, no, he wouldn't let anyone get away with this – even if it wasn't true.

* AS: mein Vater, als alter BerufsSoldat, war ›deutschnational bis auf die Knochen‹; und ein erbitterter Gegner der SPD, mit ihrem ›Parteibuch‹, und ihren Streikdrohungen. Er ist 1 einziges Mal wählen gegangen: Hindenburg; zum Reichspräsidenten! Wir Anderen waren politisch absolut uninteressiert; höchstens, daß Wir Diplomaten, Politiker, Juristen etc. für nicht ganz geradlinige Berufe ästimierten.

> He would somehow defend himself nevertheless...

Sure, of course.

> Gab nie zu, daß er im Unrecht war...?

Oh, no, no, no. He would still end up on top.
Sure.

> Did you have the same sense of your brother... always wanting...?

I think so, I think so. But, of course...

> As a child?

As a child? Uh, well, uh, maybe not so much, but now he certainly is that way. He really, uhm, mostly I would say he's right, too. Because he knows what he's talking about. Sometimes.

> Ja, I was thinking more of the little sister and little brother, where the little brother always wanted to prove that he was right, too...?

Ja.

Ja. He tried probably, but it didn't bother me.

> You don't remember any specific instances of it?

No.

> Okay. Let's go back to your brother. He talks about his Überempfindlichkeit und auch über seine Arroganz, und ich nehme an, daß – oder, Sie sprechen über seine Arroganz, und ich nehme an, daß die zwei eigentlich viel miteinander zu tun haben, daß...

Uh-huh.

Well, I think he must be very sensitive to write books like he does. But, uh, he is extremely arrogant.

> Did you sense that as a child?

Oh, I didn't –, I'm sure it was...

> This same... that he was somehow, didn't want to be hurt and therefore...?

I'm sure it was the beginning over there then. Sure.

> Can you remember any incidents as a child, like pulling the blanket up over his head. Other incidents of...

Na, for instance like, uh, he was so extremely ehrgeizig. So, uh, if something didn't turn out like he wanted it, this would upset him terrible. Very much so.

> Can you remember any specifics?

No, like I said yesterday, mit the playing of the cards, he would start to cry because he did not win. And, uh, I would just drop the cards – and fine, okay, so I didn't win. So, of course, uh, that was not right.

> Was there any other, ever any time of his not having success in school and being very upset and unhappy about it?

No, the only, uh, thing he could not be successful in would have to be sports, because he was not interested in that.

> But he never had some problem at school, that somehow he wasn't as good as he thought he ought to be...?

Hmn-mn. No, I can't remember anything.

> Okay. We talked a little bit yesterday about his Ordnungssinn and Pedanterie...

Uh-huh, uh-huh.

> Working at his homework that would show up, – any other instances of it, that you can remember?

No, he would be extremely neat in his homework, very neat. Und he still is now very neat in his work.

> How about in terms of his personal effects and his few small possessions, everything...?

Ja, I think he was neat. Ja. He took care of his own things.

> Ever get into fights with you about your getting into his things...?

No, I wouldn't even attempt that. Und he really had no desire to take anything from what I had. I do not remember that any case like this came up.

> When you were out for these walks, you remembered yesterday that he would run ahead, that you two would run ahead like children do. Was there also, though, the sense of, of his wanting to identify the trees and...?

Ja.

Ja, ja.

> Ja. – Can you remember anything specific with this ? His whole sense of trying to order his world is what I'm after.

Mmmnno. This was when we, uh, really only a game… Not there. I can not think of anything, I'm sure.

> The bed-time conversations. You said you talked about what you had read…

What we had been reading during the day, yes.

> Ever anything else, or was that strictly reserved for reading ?

No, it was maybe what happened in school, sometimes, but mostly it was… in fact, when he was very young, I would tell him stories. When he was very young.

> What kind of stories ?

You know, uh, what I, fairy tales oder whatever. What he didn't read. We would talk, und that was only, uh, what we read and what we… Nothing, nothing, anything else.

> You said you did talk about school, perhaps, what had happened in school … ?

Ja. What happened in school. This one did this, and this one, this happened here, und that – we did that, but nothing…

> Any incidents come to mind there ? Can you… search that out ?

No… No. No, probably because nothing happened.

> Let's go on to your father, his Eitelkeit.

He was very vain.

> Ja, about what ? How did he… ?

He was, he was a handsome man. My mother was very good looking, too. My parents were good-looking people. And, uh, I remember my mother was very proud of her nose. She said she had a griechisch-römische Nase. So. Which I didn't have.

> UW: Really?

Ja, she had a good nose. She did have a good nose. Which I didn't have, es-, especially when I was, uh, a young child. My nose grew later. I remember my cousins in Liegnitz, they would always say, »Lucy has, when it rains, rains, Lucy has to wear an umbrella on her nose, otherwise it rains in.« Because I really had a pug nose, you know. My nose, grew, grew later on. So, uh, but my mother was very proud of her nose. Und my father was very, very vain. He felt he was a good-looking man, und he was.

JW: Was he vain about his baldness?

His, his baldness? Mmm, I think it bothered him a lot.

Do you remember his doing anything about it... or?

No, no, no, no. He didn't do anything about it. But he would, uh, recht-, uh, justify it, und say, because he had to wear the tropical helmet in China, that's why he lost his hair. In the heat, the trop-, you know, the white helmets, the tropical helmets, he had to wear, und that's what, uh, lost him his hair. So, uh... but, uh, something else: uh, I don't know if Arno remembers that – he had a very bad habit. He bought always his shoes a number smaller. He wanted small feet.

Even though they would hurt him?

Yes.
They would hurt him. Had to hurt him!
They certainly had... und he would, when he was dressed up, he would take very small steps. He would not walk like, uh, he used to walk when he was in uniform. Maybe that's why, the shoe was, the shoes were too small. ... So, uh, that I remember. The, the new shoes were always an inch, uh, a number too small. That I remember.

This very proud man and vain man came from, at least Arno says, very difficult circumstances. Did he ever tell you children about those circumstances? Or was that...?

Yes.

Well, the thing was, he was, uh, an illegitimate child. And, uh, his mother later on got married again. To another man, und this man was not particularly happy that he had to take my father as a child in, in the house. Und he must have had a very tough time over there.

This was in Berlin...?

That was in Berlin. He was born in Halbau,

but that was in Berlin, Berlin. Because she, uh, married this man who lived in Berlin. I don't know how they got together. I know his name was Lange. And, uh, at one time – I don't know how he had found out, this, this man, uh, that it was my birthday, I don't know –, but a package came for me on my birthday, which was unheard of. But he had sent a letter before, »Happy Birthday,« and, uh, »I'm sending out a package with books,« because he knew we were a reading Familie. And, uh, of course I was a child, und I hoped they would send me the stories, what young girls wrote, uh, read at that time, uh, young girl books. Uh, how old ? I must have been maybe eleven, twelve years. Und what came on ? The Homer, Ulysses... [laughs] [whispers] and both those stories. Und I remember being so disappointed when I saw those books. Uh, well, Arno read them.

> Arno read them.

Arno read them.

> And... mit Begeisterung ? Was he excited about these books coming ?

I don't know.

> You don't remember that... ?

I don't remember that. I don't know.
But I know he read them, and, uh, I remember my father being play-, plea-, very pleased that this man had sent me the books, because... The guy must have been pretty rough on him.

> Did he talk in the family at all about these hard times of his ?

Ja, he would talk how, how terrible beatings
he would get from this man, und things like this, he would tell us that. But, uh, of course, then, his Familie, my father's family, is a family who die very young. My father died when he was forty-five. Uh, his mother died when she was forty-two. His sister died when she was forty-eight, on TB. His brother,* who, uh, did very well, and became the, uh, director in a glass factory in Halbau, und was really the, the first one who had his own villa, and, uh, died mit forty-two.

> These are the half brothers and half sisters from this marriage with Lange ?

Ja.**

> Did he ever talk about this, your brother calls him Goldschmidt that took off to America ? That would have

* + ** AS : Nein ; siehe Stammtafel. *[s. S. 174/175]*

> been your grandfather, actually, your father's father?

That was, uh, that was his father. Yes.
Th-th-th-...

> Did he ever talk about this man?

Well, he, uh, he, we knew the name.
But, uh, he took off, that's all I can say, und he left her with the child.

> Did he ever talk about...?

I think he was a pedlar, oder something.
I don't remember. I mean, we didn't know anything about him.

> Did he talk about his years as an apprentice as a Glasmacher, before he went to...?

Nooo! That was, he was very, it was a very young child, he had very little schooling. I think he then was twelve, thirteen, fourteen years when he went to work... in the Glashütte. Und, you know, uh, the, the other fellows who worked there are all of the same caliber. So, what did he learn? He learned to drink beer. That's all. They would have big steins of beer, und, uh, that would go around the Glashütte. It was a very hard work, und hot work, I imagine. Because I remember when he, we, we went to, the summers, we would stop off maybe for a week in Halbau. And, uh, my father would go to the Glashütte, und by then he was already a big-shot, when compared mit the –. He would buy a barrel of beer, und he would all treat them to the beer. They had those big steins, und everyone would drink from the same stein, und it would go around the, uh, Glasofen oder whatever it was.

> Was your father a drinker?

Mmnnnot much so. No, not much, what you – never an Alkoholiker oder anything. No. He would drink sometimes, but, uh...

> Beer or...

Beer... I think so.

> ... Schnaps?

I think it was mostly beer.

> Come home drunk ever? That you can remember?

Jaaa. He could go out und come home drunk once in a while. And, uh, then he would be very mellow. Very mellow. Then he would cry und say we didn't treat him well. [laughs]

> Ah, now that's interesting. He, it was just... I would imagine him being nasty drunk; no, just the opposite.

Oh, no, no, no. I remember my mother putting him on a chair und said, »Sit down.« Und she was, would take his shoes off. Und he would cry, he would cry. It was so sad. Und we did not treat him well.* That, that was it then, that's what he would say. But he would never have said that in his right mind. [laughs]

> Okay. Did he like to tell jokes?

Oh, I guess so. Ja, I guess so. But I don't remember any. No.

> Immer anständige Witze, oder hatte er eine Neigung zu...?

No, they probably must have been quite crude. Because, uh, that's what would, uh, make him laugh. So, uh, but we children didn't uh...

> And told jokes like that in the presence of the children, or...?

I don't – not so much, I guess. No. No, because I do not remember any.

> Der war auch ein grosser Tanzer?

Tänzer?

> Tänzer, ja, Tänzer.

Tanzer? Now what is...?

> UW: Tänzer.
> JW: Ja, mein... Danke.

[laughs] Noo, it's very often that I don't know – I have forgotten. So, uh, not particularly, no. No, not particularly. No, they would not go to many affairs anyway. They wouldn't go out.

> JW: Did they ever go out on the town?

No, no, they would go into, uhm, maybe mit some of his Kollegen, und play cards. The women would sit und have coffee und

* AS: Mein Vater war brutal, was Andere; wehleidig, wenn es ihn selbst betraf. Ich erinnere mich, wie er, anläßlich einer BandwurmKur auf dem NachtTopf sitzend, lauter SterbeGedanken hatte, und wort- und tränenreich von Uns Abschied nahm – es muß dann auch wirklich ein PrachtExemplar gewesen sein; denn meine Mutter beteuerte, man hätte ihn 5–6mal durch die Küche legen können, dh rund 20m lang!

cake, und the men would play cards. Und that would be it. Und sometimes they would come to our house, und they would do the same thing. They would mostly play Skat.

> Were the children taken along when you…?

No, no. That happened at night, und when they came to our house we went to bed. We went to sleep.

> UW: Ging er je zu irgendsowas wie einem Stammtisch?

No, he really did not, uh… go very frequently to, to, uh, a bar oder something, a tavern like that. He did not. I think, uh, he could not afford it, that's why he didn't. But if he, uh, if he did, he did it on, because he saw a lady he liked. So, uh…

> JW: Do you ever remember any of his lady friends?

Well, uh, like I said, he took me with him. And uh…

> Were these just women that he met casually, or were they women that one would know?

That I wouldn't know. That I don't know. When he took me, he was acquainted with them already. So I don't know. He did not pick them up that minute. No. He went to a, uh, special destination und, uh, und, uh, the woman would be there. So…

> UW: Were, were these bars…

What?

> Wo waren diese Bars, wo er Frauen traf?

Oh, they could have been any place. They were not in the neighborhood. No.

> JW: They were not in the neighborhood – you went some distance with him?

Right, right.

> He smoked?

Ja.

> What'd he smoke?

Pfeife. Smoked a pipe, ja.

> Was there a tobacco shop around in the neighborhood?

Probably. But we didn't, uh, buy tobacco. I only remember that, I always was disgusted, because he had… I don't know if everybody who smokes a pipe has the same, uh, uh, reaction to smoking a pipe. He would smoke, und then he would… ssppit! But, und he had a, a little flower pot next to him. So he would smoke and spit in the pot, und I remember I hated it.

> This was in the kitchen…?

That was in the kitchen, ja.

> He would be sitting at the kitchen table… on his stool and his pot next to him…?

Ja, ja, und smoke his pipe and spit in the flower pot. I know the flower pot had a hole in the bottom – he had to put a cork in there, so…

> One of these old red-brick flower pots?

Right, right, right, right, right, right. A relatively small one in fact. He aimed it right. So, uh… [laughs] Yah, now that's how I felt.

> This could happen right before or after the meal, that he would sit there…?

Ja, wh-uh-wh, whenever he smoked his pipe. Sure. Uh, do, uh, do many men do that? Oder was that uh, uh…?

> Well, some tobacco causes salivating.

Ja, it must have been.

> And evidently caused enough for him that he found a spittoon a handy device.

So, okay. Ja, and that comes from a spittoon. See, there's a name for it. Ja, well…

> Was there heavy odor of tobacco in the air all the time, or do you remember that?

No, it didn't bother me. If it, if it, if it, if there was it didn't bother me.

> We got a little bit into your mother this afternoon. The way she looked: you said she had this classic nose…

Ja, she was a good-looking woman, ja.

> How else would you describe her?
>
> What other… features?

Well, my mother, too, was always very thin,

so she had a narrow face and she had a narrow nose, but she was a good-looking woman. She was dark. She was brunette. She had brown eyes.

> Like your…

Like my brother*… And she was slim.
She was never a fat woman. Later on, she got, uh… after my father died, she became heavier. She probably ate more at that time. Or didn't care, oder whatever. It was easier; she ate more. And, uh, I remember Arno would tease her because she had gained weight. Und she would stand, uh, in the room, und he would start walking around her, because he felt she was too heavy. She was not an extremely fat woman, because she really was, uh, all her life a thin woman. In fact, uh, they both would take me und Mama up to the doctor's – we went very, uh, relatively often to doctors, because we were so thin. And at that time everybody was afraid of TB und the englische Krankheit, und, uh, alle diese Sachen. Und it was never anything, we just didn't eat. So, uh, und later on, she became heavier, yes. And she was, uh, quite st-, not, not fat, but she was solid when I came to see her now in East Germany. And, uh…

> Eyes?

Mmnn, they were brown und, und nothing special.

> Nothing special.

But she had a pretty face, und the figure was good.

> Hands?

I don't remember that. Probably average.
She was even taller than I. She must have been 5'8" [173 cm], something like this, because I was the shortest one in the Familie.

> You said that you and your mother went to the doctor's often – was the family a healthy family, or was there a lot of sickness?

No, the, uh, I think, no, no, no. We were a healthy family. They only were so concerned because we were so thin. That's all. But really I only, uh, felt it was because we didn't eat. I really didn't eat. I, uh, I, I didn't care. Und Arno was fussy too, but Arno was a, uh, a chubby boy; he was not a skinny boy. Because, like I said: Swiss cheese und hamburgers. Nothing else.

* AS: bis jetzt sind meine Augen zeitlebens *blau* gewesen.

Do you ever remember him being sick?

No, I don't. I don't even remember this, uh...

Diphtheria.

This diphtheria. I do not remember that at all. Und I read this chapter last night, und, uh, he mentioned something how miserable my father at that time was to him, und, I don't remember anything like that.

Good. Did your mother have any friends at all, that you can remember? Freundinnen?

Ja. There might have been one oder two, but, uh, only one at a time and, uh, and this Antoinette maybe.

END OF SIDE ONE · REEL TWO

...out of the house, and whenever they left, she would downgrade them to us. She, they were not, – they were only acquaintances.

And other than Antoinette, you can't remember any...?

No, in that case – like Arno said: Schneecloth, I do not remember. I know the name. I remember the name. I do not remember the person that fits the name.

Do you remember this Antoinette, any...?

Antoinette I remember. I told you yesterday, she wore such outlandish, uh, clothing.

Oh, that's right.

Ja, that's why I remember her.

But your mother kind of kept away from all other people?

Ja, uh, I, I think it was more my father's fault, because he didn't want her to get acquainted mit people.

Was this jealousy on his part? He didn't want to share her with anyone? Was he afraid other men might look at her?

Nooo. No.

No, no, no, no, uh, no. After all, there were

mostly only women involved, but, uh, he felt, uh, it wasn't, uh ... I don't know what he, why, what he really meant hat.

> UW: Schämte er sich ihretwegen?

Uh, no, the women were probably even, uh, of less caliber than we were. So...

> No, ich dachte mehr, daß er meinte, seine Frau wäre ihm sehr unterlegen, intellektuell gesehen...?
> JW: Was there any of that?

Probably, could be. That could be. But, uh, the, the other women for sure were worse. So, uh, there wasn't any... I mean that was the kind of neighborhood it was.

> Ja. Wenn Ihre Mutter sich 'was hätte wünschen können, aus ihrem Leben, – wenn sie sich vorstellte, daß das Leben etwas anders sein...?

Oh, well, don't forget, uh, uh, she must have, uh, thought a lot of things like this. After all, she used to read those ›Romane‹, und, uh, she really lived with those ›Romane‹. As soon as she finished one, she would send me down to the stationery store to rent another one. That, uh, I would go, sometimes I would go twice to the store. Just...

> On the same day?

On the same day. Ja. They were small books, but, uh, but, uh, it was really what we would call Kitsch at that time. Trash.

> And that's what she, she saw as...?

She lived in those, in th-, she lived in those stories. But, I'm sure it was, it was what we would call now ›escape reading.‹ It was escape. She was, uh, escaping the whole bit. I'm sure that's what it was.

> Your father, for instance, said that he would have liked to have gone to China again – did your mother ever... express wishes for another sort of life, other than...?

Ja.

No, she, uh...

Nooo. She, she really probably was a relatively

timid person. She... that was it, und that's what she had. But the, uh, stories were certainly escape reading.

> Let's pause a minute; we've done about an hour's work.

Ja, then let's go up and eat something.

(break for lunch)

> Just the whole problem of, of her not having much to do and...

Well, she certainly didn't have enough to do; that was, it was a small apartment which she kept immaculate. Everything was in, in very good shape und clean und extremely clean, and, uh, that's why she probably had so much time to read. And, uh...

> And would wake up in the morning with...

In the morning the house was still clean.
After we left it might not have been so clean, but I mean, she cleaned the house before she went to sleep. The hou-, my father would make a joke, und say, uh, »She's cleaning the house for the burglars.« But, uh, that's what she did. So, uh, but she got up very often, and said, »Oh my God, I have such a headache!« Und she would lay on the, on the sofa.

> Would she do her house-cleaning anyway, despite the headache? Or would she just refuse to do anything?

Oh, no, no, the housework was done anyway.
The housework was done anyway. But then she would lay with a compress on her head, and, uh, she would sleep oder she would read.

> On the gray sofa in the kitchen?

On the sofa.

> She didn't retire to the bedroom and go to bed...?

No, no, no. She would lay on the sofa.
So, uh... but that happened practically every day. She always had a headache.

From the earliest time that you can remember…?

Ja, that I can remember. She always didn't feel well. Her head ached.

UW: Migräne?

I don't think it was Migräne, because that would have been more severe. That was a regular… because it happened every day. I don't think it was a migraine headache.

JW: Did you children have to be especially quiet?

We were quiet. We were quiet, yes. We were quiet. But then Arno would sit und read oder do his homework. Und I would be already out in the street. So…

Or down on the landing.

Uh-huh.

Spielte man je am Boden oben?

No, no, that was scary. We wouldn't go up there, we were scared of that.

Why?

Because, uh, it wasn't very light up there. So there were not too many windows in those, uh, Bodens. And, uh… no.

Did you ever go up there for any other rea-…?

I would go up with my mother when she would hang up the line.

But never as a child as the great adventure…?

By myself… No, no, no, no, no – that was scary. Ja, no.

Was war verboten? Was war ein besonderes Tabu in der Familie?

To eat sloppy.

To eat sloppy.

That was the worst. To make noises, uh, if you were eating, oder, that was – you would get hit.

Right then and there.

Right then and there you would get a slap on your face.

From your father…

Sure. Ja. Something else, I don't really remember too much. We had to be very punctual. I still am very punctual. I know you are. So am I. I, I'm very punctual, because I really feel it is a, uh, disregard for people. If people make a date mit you for twelve, then you expect them at twelve. Und I feel the same way when people make a date with me, then I'm there at twelve o'clock. I feel it's a disregard for people. That's how I still feel. I'm always on time. So, uh, but, uh, we learned that at home, too.

> Anything else that you remember? You remember having pushed Arno off and having gotten badly punished for that – anything else for which punishment was very severe if you broke particular rules? No?

No, I don't remember anything else.

> Ja, not coming directly home from school – would that have been a…?

Mmnja, but I don't think I did that. I went home from school.

> Right away, and there was never any…?

Sure. We were, I walked mit my friends home, und they lived all in the same neighborhood. So we went home from school. There wasn't, uh… any…

> Any topics about which one didn't dare talk in the family?

No. No. We all could say what we wanted to say.

> Would you describe it as a verbal family? People… speaking a lot and expressing themselves a lot?

No, I don't think so. If, there was con-, conversation at the dinner table it was superficial. Then, of course, uh, my father paid very much attention to his food. He liked food. So, uh, of course there was always a fight at the dinner table, because I wasn't eating. That's when I got the most attention.

[laughs].

> Aaah, this was also an attention-getting device.

Exactly. Exactly. I'm sure that was it. I don't know, I don't, I did not think I knew it then. Probably I knew it. It was just, uh, subconscious. But now I know that it was for, to get attention. Bad or good – at least attention!

> And Arno... didn't have to do anything to get attention, because he got it anyway... ?

He got it anyway. Arno got the attention anyway, ja. Ja... But that's what I felt I was doing. Later on, when I analyzed myself, I said, »That must have been it.«

> You remember then reading last night in that chapter, the trips to Liegnitz...

Ja, sure.

> He speaks of one that he doesn't remember, when he would have been just three years old, and you would have been six – in 1917. You would have been small, do you remember a trip at that very early age ?

Six.

No. Whenever we went on vacation, we went to Berlin – we stopped off, that was our first stop from Hamburg to Berlin. Und we would maybe stay a week mit Tante Emma, and then we would go on to Silesia, to see, to live with Grandma, und, of course, in the same city – maybe two blocks down – my Aunt... Hedwig lived. And, uh, they were the rich ones in the Familie, too, because he was, uh, had a special good, uh, post in government. I don't know what it was – a director of some department oder something.* They lived in a large, beautiful apartment, and, I remember it had a very large terrace. And they lived quite high up – I mean, third or fourth floor in a big apartment house, mit a large terrace. And I remember one day coming over to see them, and there was an uproar in the family, because my cousin Heinz had gone out of the ter-, on the terrace, und had started to climb up on the banister – und high up, the fourth floor, he walked down on the banister of the terrace. Und the whole Familie was upset. How could he do that ? He could have fallen off, you understand. But he didn't. So, uh, that was Heinz.

> He must have been small then, about what ?

He was a year younger than Arno.**

> At the time of this balcony-climbing episode... ?

Why, probably ten years.

> Oh, ten years old...

I think, I think so. Ja, he must have been ten years old. I think so, maybe nine, eight – I don't know exactly.

* AS : RegierungsAmtmann.

** AS : Nein ; älter.

I was thinking of a small baby trying to...

Oh, no, no, no. Well, he balanced himself on this, he was, he was not that young, no. No.

But this, particularly this one trip when Arno would be too young to remember anything about it, that doesn't strike any bells...?

No, I remember, my Aunt Hedwig was a very good cook, and a baker, a very good baker. And they would go out to the farms. And I have thought of that lately, too, but not in that connection with you. Uh, they would buy, uh, the hu-, the husks of poppy seeds, you know? Mit the poppies, mit dem Mohn on the inside. Und, uh, she would bring home big barrels of, uh, Mohn, and, uh, we would sit around the kitchen table und open them up und get the Mohn... kernals - oder what you call it - out. Und she would bake cake, Strudel oder any kind of Mohnkuchen. Und I remember eating this mit a teaspoon, this. Und I remember my Uncle, uh, Paul coming in, und he saw me eating it, und he would say, »Don't eat it! You get stupid from it! Don't eat it! You're going to get stupid!« Und we didn't know at that time what it was. We didn't get stupid, but... [laughs] But I remember him saying that, und then, uh, later on, here only a few months ago maybe, I connected it - what he had meant at the time when we had the poppy bit here... But, uh, they had, uh, even during the first World War, they, they would go out to farms, und get their food and everything from the farmer, und they had no hardship at all when we came, in the summer to, uh, Silesia. That was always a marvelous time for us. There was plenty of food, and there was, everything was plentiful over there.

That must be a remembrance from that 1917 trip, then, because that's during the war.

[whispers] Could be. Ja, could be.

And you remember that suddenly there was lots to eat.

Sure, there were eggs, und, uh, poultry und everything. They would go to the farms und bring it in.

That you hadn't had at home...?

That we did not have. I don't remember eating chicken at home at all, because chicken was something special in, uh, Hamburg. So, uh... this I remember.

> Do you remember the train trips themselves?

Oh, they were so tedious. They were terrible, really. And really, uh, only getting there, the thought of getting there could offset all this. Th-, we would go, uh, I think third class, the wooden, uh, seats, und, und I was skinny und Mama was skinny. We would sit on our bones, you know. It was, uh, it was murder.

> What'd you do to pass the time during that whole, long...?

Oh, I would, I remember myself staring out of the window, und, uh, thinking where people lived, und it was always very interesting to go on a trip like this. If we wouldn't get so exhausted... Mmnn, that was really all.

> Your brother tells about a time that he played a little game with Heinz, and that Heinz had trouble going along with the fantasy involved...

I'm sure. Heinz was very down-to-earth. Heinz had no imagination whatsoever.

> Did your brother ever try to bring you into his imaginative sc-, games – into his fantasies?

No, no, I don't think so. No, I don't remember. No. But Heinz was very down-to-earth, a very average boy. Very nice boy, really very nice. I liked Heinz very much. Und I was very sad when I heard that they all got shot down, because they were pilots in the war. So, uh, but no, they were very average, the same thing mit, uh, well Rudi was already – that was the other cousin, he was, uh... He was older than all of us. He was, I think, he was the oldest of us. And I, uh, he always would tease me mit my pug nose. Und they would, the worst thing, uh, was he would say, »You just grow up, I'm going to marry you.« Und this – I didn't want to marry him! [laughs] I was that high, I thought that was the most awful thing. I should be able to s-, I should have to marry him. So, uh, but, uh...

> Did you spend much time at all with your father's family?

Ja. Those are the, uh, that was Gretchen* und

* AS: In der dortigen (großen!) Badeanstalt ging meiner Kusine Grete der linke Träger des einteiligen BadeAnzuges auf (oder rutschte ihr über die Schulter?), so daß ich die erste nackte Frauenbrust zu sehen bekam – und natürlich furchtbar hingestarrt haben werde, auf 10 m Ent-

Hildegard, they, uh – I was very friendly mit those cousins. Because, uh, this was a very small village where they lived. Und they were, und they were the big-shots in that village because they had a villa. They built them, they had built for them the, the Glashütte, the organization, der Corporation, oder what it was. And, uh, they lived very high compared with us. And, uh, when I would come there I was then already, say, fifteen, fourteen, fifteen years at that time, when, when I remember. The girls would take me out to nightclubs and there would be dancing, und I loved that. I remember – they maybe had one nightclub in that village oder whatever it was, a dance hall or whatever. So, uh, but I remember liking it over there.

> This would be in Halbau.

> But this was only later that you visited them or you only remember that late ?

I only remember it when, later on. Und I remember it then because there were older, older uncles und aunts. And, uh... I would come und they would look at me, und they would say, »My God, she looks exactly like Otto's mother.« I was supposed to look exactly like my father's mother. Und they, of course, they know her, because she came from there. So, I remember them saying that, but that's all.

> How did these relatives react to Arno ? ... Or he to them as well ?

Arno was very quiet then. Und he was always mit Mama. I remember that. And, uh, I remember we would not sleep together, because of, this one would sleep mit this uncle, und this one would sleep mit that Tante, und, uh, so. So Arno would always sleep mit Mama. So, uh... but I was someplace else, und Papa was someplace else, too.

fernung ! / Vorher schon hatte ich die meiner Großmutter erblickt : ich werde etwa 3 Jahre gewesen sein, und lag auf dem alten grauen mottenzernagten Sofa id Küche. Ich hatte Fieber (ich bekam sehr leicht hohe Temperatur) und daher mochte das Bild so überscharf ausgefallen sein. Sie wusch sich den entblößten Oberkörper am Hand-ßtein, und der Anblick war ..... tja, wenn ich die Queen Victoria wäre, müßte ich sagen ›We were not amused‹. Ich weiß auch noch Bruchstücke der Unterhaltung ; meine Mutter zitierte »Kein Mensch muß müssen ; nur die Soldaten müssen« ; worauf ich konsequent erwiderte : »Dann will ich kein Soldat werden.«, (was mir ja dann entsprechend heimgekommen ist).

Did the relatives have any sense that this was a special child?

No. They don't, they didn't even know about that. No, no, no, no, no.

And your father didn't play this up with the rest of the family – how bright his son was?

Well, I, uh – maybe he did. I don't remember.

But you didn't pick it up?

No, no, I did not.

The one thing that we seemed to have the most trouble with yesterday – I thought we'd try once more – is the school. Even though, of course, your school was different from his. Were the two buildings alike? They were mates of a set...?

They were very much alike.

Ja. Can you remember the interior of your school classrooms? What were they like?

They were large rooms, with large windows. They were nice. It was a nice school.

Colors?

No. There were not much color. It wasn't colorful. Probably white oder beige... walls, large windows.

What kind of desks?

Desks, uh, mit attached chairs – were a unit. Und they were all, maybe two oder three in one row. Then the aisle. Two und three again on one side. But chairs und desks were attached.

Long, narrow rooms? Or... square, or...?

Hmm, hmmm...
Ja, square, I guess. Ja. They were nice rooms, they were large rooms.

Curtains at these big windows?

No, I don't think so.

Blinds? Rollos?

No, no, no, no. No.

So that if the sun was very bright, you simply had a very bright classroom.

Ja, ja. No. Ja, the rooms were nice.

Electric lights?

We hardly ever used lights. I don't know, because...

Even on dark winter days...

I don't remember lights... I don't remember lights.

You don't remember, okay.

Lehrerpult vorn? Diese... Katheder.

Ja, mit der Katheder. Ja, Katheder.

UW: Auf einem Podest?

Sure.

Einem Podest?

Hmmnn?

Ja, one step.

JW: Any other details about the rooms that you can remember, sitting there and...?

No, next to the Katheder was, uh, the closet mit all the utensils. Mit schoolbooks und pencils und things like this. Und, uh...

Did the children have to sit with their hands behind the back?

I don't remember that. I remember one incident. We had to, uh, our clothing was not hung up in the classroom. It was on the outside wall, in the corridor. On hooks. So each child would hang up his coat und his hat und, und I remember one incident when we came out of school and went for our clothing, – und at that time we would wear berets mit a pompon... All the pompons were cut off the berets. I don't know who did it. [laughs] It was such a funny incident, that I should remember it. But every cap had no more pompon. A child must have gone out to the bathroom, und cut off all the pompons in the time.

And where were the pompons?

We don't know. They were not there.
They were not there. We never found them. A silly idea of silly children.
I remember, too, another incident that happened in the seminar already. Uh, like I said, we learned there everything: literature, English, history, and, uh, cooking, and, and, uh, we made little aprons – for children in a ward. So each class, uh, – we sewed piping around it, they were cut first, we cut them, we had our patterns, and, und we all made, uh – we were a small class, because there were twelve aprons. Und I think every child made, every girl, made one apron. And, uh... uh, I remember it very well, because it was so agonizing for me. Uh... the aprons were almost ready –

I think the, only the buttonholes were missing. And, uh, teacher went to the closet und took out the whole pack of this, those little children-aprons, and there were only eleven aprons... Und I don't know which apron, one – somebody took an apron. And, uh, well, nobody knew about it, but it must have been somebody in my class, who took an apron home. And it, I know the teacher was very upset that somebody could steal an apron. Und the next day we took out the aprons, she took out the aprons again, und suddenly I got up und I said, »Oh, please count those aprons.« [whispers] She counted them. There were twelve... She said to me, »How come you know there are twelve aprons?« I know now why I know – I didn't know then. And I said, »I don't know.«... Now I know: that the top apron was folded different. That's why I said, »Count the aprons.« But I came with an excellent, uh... uh, Zeugnis. I had, everything was... sehr gut. That's how I got into that seminar. So they knew my character und everything was... it was supposed to be okay. Well, that's – she still said to me, »Lucy, why do you say to me, ›Count the aprons.‹? Und there are twelve.« I said, »I don't know.« I didn't, I didn't, I couldn't tell her that I saw – I didn't remember. So, then they went through all the, uh, Zeugnisse from the rest of the children, und they found the girl. She had come in with a Betragenzeugnis of a Vier. So, then, they went after her. [whispers] She confessed that she took the apron. But I was, I remember how terrible I felt. Und I could not tell you why, th-, I said, »Count the aprons.« Und it was only because the top one – now I know. And later on I knew too. Maybe a month later I knew why I said it, because it was folded different. Well, the girl had to leave the school. I remember that. Und it was in that year that I was chosen president, in, of the class, and, uh... Well, that was an incident, too – what upset me at that time, because I could not, I could not understand why I had said, »Oh, please count the aprons.« But that was the only reason. But it was completely subconscious. I didn't know why I said it. Und it was only because the top one was folded in a different way.

> Was... was school a happy experience for...?

For me, always. Ja, I loved to go to school.

> And for most of the children as well?

I guess it was. I don't know, that there – there was no reaction there.

> The atmosphere was good, and...?

I, uh, I don't think so. For me it always was a happiest occasion to go to school. I loved to go to school. Just as much as Arno didn't like it. I loved to go to school.

> Did that continue for him all through the years? It was not...?

Well, he always, he must have always been

bored. Terribly bored, because he was always far ahead of the, of the… He even would get up and make, correct the teacher. I remember that very well. Yes. He would get up, und he would get in trouble for it.

> Do you remember anything specific?

No, I think it was in math that he told, corrected a teacher, und said, »This is not so. This is this way.« And, uh, he got in trouble for it, ja. But he was right. Ja.

> Any other times that he got in trouble for anything, that you can recall?

I don't remember. This, just off hand, I remembered now, und that starting to…

> Was that fairly young that he did this, or was that later?

No, that must have been ten, eleven, twelve years old. Not very young. But I know he got up und told the teacher that the teacher was wrong.*

> But those early years in school for him – your impression is that he was very unhappy…?

Oh, he was ve-, I think he was really all the time unhappy, because he was always too far ahead. Because he could not have been happy. He was too bored. It was too boring.

> Would he tell you that at night, when you were lying there, that…?

No, no, I don't even think he realized that, either. That he didn't like it because he was bored. He just didn't like it.

> And he couldn't – as far as you know then – school friends didn't make up for the vacuum?

No, he had too few. He was too, uh, one-sided, the whole bit. He really was not exposed too much to other, other children.

* AS: welche Bestätigung für Freund Fründt.

And you had a lot of friends around you…?

I always had, ja.

When you came out to play, during the recess, did you ever see your brother?

I might have, ja, ja.

Do you remember watching him among …?

No, I might have waved at him oder something, but it, that was all.

That was all…?

Ja, that was all.

Was the school very regimented, an orderly coming in and going out…?

It was very orderly. It was very orderly, ex-, extremely orderly. All the classes were in groups, und the oldest one went first, und the other one went last, und… very, very, uh, correct und very orderly.

And the teachers, what kind of relationships did they have among themselves that the children were aware of? Did…?

Well, I wasn't aware of it. Even later on, when I went to the seminar, I remember my teachers very well, and, uh… There was no relationship between the teachers. But later on then, of course, there was…

No special frictions, or whatever, that the children picked up?

No, no, no, no.

Any teachers… at least in the girls' school that were especially well loved?

Well, the teachers were probably relatively very good. The teachers were good. Because I remember learning a lot. And, uh, they were mostly old maids. They were not married. And, uh…

Were there any men-teachers?

No.

Not in the grade-school…?

Not in, no. In, in public school, yes, but in the seminar were only women.

No, I meant in public school.

Public school, we had, ja, we had men teachers. Sure.

All men, or...?

No, no, mixed, too. Ja, mixed too, ja, ja.

There was a mix...?

And there were also women teaching the boys...?

That I don't know.

UW: There was only, about one woman he mentioned. She was a kind of...

Could be, uh-huh.

JW: He mentioned her... Hilfskraft, die während des Krieges 'reinkam.

Do you remember... the boys having any particular teacher that they especially liked?

I think he liked his English teacher, uh, best. Ja. Mr. Forster – I think he liked him best. So, but, because he talked more about him...

But among the boys in general...?

No.

You didn't pick up any of that?

No.

Okay.

Something very important: Wie wurden Feste gefeiert im Haus? Geburtstage, Weihnachten?

Well, Weihnachten was always very, uh, we really, uh, we always had a tree. Und there was always very nice, uh, set up – verputzt. And, uh, I remember we would invite, uh, company for Christmas. Mostly young men from the precinct, Kollegen, who were not married. Oder they were alone – that the wife was not home. We would invite them. And, uh...

Any special customs that you remember?

No, there weren't any special customs.

UW: Special Christmas dinner?

I know the...

JW: Weihnachtslieder singen...?

Ja, we would have, uh, roast goose* – that was the Christmas...

UW: On the 25th?

Ja, on the 24th, at night, really.

Kein Karpfen...?

No.

Although that's schlesisch auch.

No, no, no. We would have roast goose.

* AS: Das war eine tragikomische Historie, die mit der ›gebratenen Gans‹! – 1 Mal hat mein Vater ein schmächtig Gänslein erstanden; aber meine Mutter wußte es nicht zuzubereiten, (wo-

Ja, we had, we ate very little fish. Ja, very little fish. I do not remember much fish, eat-, eating much fish.

> Und die Geschenke?

Ja, we would get, uh, small gifts, small gifts we would get.

> JW: Do you ever remember being especially overjoyed or especially disappointed from the gifts?

I was always very happy with very small gifts. My grandmother always would say, »I don't understand how Lucy can be so happy with so little.« That was my grandmother. So, they were not, no large gifts at all. The tree was the most important thing. Und the tree was standing...

> And the family sang Weihnachtslieder zusammen?

Ja, uh-huh, ja.

> UW: Did you have presents for your parents?

Well, that really came down to, to a card we drew ourselves, und, uh, we learned, uh, we would learn a poem, und recite it for our parents, and, uh...

> JW: Do you remember any of those?

No. ... No. They were just what you had in, in school-books, und we would learn this, by heart, and, uh, we would recite that for the parents. But we would sing, that – there was a lot of singing in my family, because my father was a very good, had a very good voice. So, uh...

> Anything so organized as Familienmusik? Or was this more just...?

There were no instruments. There was just the singing.

> And everyman for himself as far as the singing goes...?

Fortsetzung der Arno Schmidt-Glosse von der vorhergehenden Seite

her hätte sie's auch gelernt haben sollen?); ergo kam sie talggelb auf den Tisch, und Keiner mochte davon. Mir machte mein Vater das Brustbein zurecht, als eine Schnarre: über die beiden Gabelenden war ein Bindfaden gespannt; in diesen ein Knebel gesteckt; und wenn man ihn mit dem Finger antippte, vibrierte das hintere Ende auf dem Knochen. / Das normale WeihnachtsEssen bestand in Kartoffelsalat mit Würstchen; oder Schellfisch in Senfsauce.

No, it had to harmonize. It better. [laughs] It better. Otherwise you were in trouble.

> When did you do this, besides at Christmas?

Oh, no, that was done during the whole year.

> During the whole year...?

Uh-huh.

> What kind of occasion?
> The family would sit around of an evening and sing... or?

Ja, ja. Ja, ja, ja, that could happen.

> And all joined in... or?

Ja, ja. It was mostly Papa and I, because our voices were the best. But, uh, Mama would sing too.

> ... Schlager oder Operettenlieder?

Mmmnnja, mostly folk singing, ja.*

> Folk songs.
>
> Und Geburtstage...?

Well, Mama would bake a cake. But that would be all. Then, of course, uh, on Geburtstagen, uh, we would get a package from Grandma. I would get a package from Silesia oder Tante Emma would send me a new dress she had made for me, for my birthday – and things like this. Packages would be coming from the Familie.

> Any other Feiertage, die in Erinnerung stecken?

Easter was good, too. Easter. Easter Mother

* AS: Das Hauptkontingent der Lieder stellten die zeitgenössischen Operetten: ›Machen wir's den Schwalben nach‹; ›ja, das haben die Mädchen so gerne‹; ›Puppchen, Du bist mein Augenstern‹; ›Leise ganz leise klingts durch den Raum‹; usw.usw. ich kenn' sie alle noch. / Eine andere Klasse waren Vaters Militär- und Turnerlieder: ›Der Freiheit Hauch weht mächtig durch die Welt‹; eines ging: ›Setzt zusammen die Gewehre, fort mit des Tornisters Schwere; Helm ab: hier ist Rendezvous‹ usw., auch dies könnte ich noch singen. / Dann ganz alte Bänkel-Lieder, oder wie sie die Näherinnen id Fabriken sangen: ›In Martins zerfallner Hütte schimmerte die Lampe noch‹ (das war 100 Jahre früher entstanden, und der ›Martin‹ hieß ursprünglich ›Myrtil‹). Und ich habe zu meinem Ergötzen schon damals das ›Horst-Wessel-Lied‹ gehört – freilich mit völlig verändertem Tempo und Text, aber genau die gleiche Melodei! Mein Vater sang: »Sechs Jahre lang trug ich des Sklaven Kette – alsdann erkaufte mich ein deutscher Fürst. Ein deutscher Fürst, aus Pers'jen ein Gesandter, der kaufte mich und noch 6 Deutsche frei.« / Luzie kam mit Schulliedern: ›Es freit ein wilder Wassermann in der Burg wohl über dem See‹, oder ›Am Holderstrauch da weint ein Mägdlein sehr‹ – es waren naive Zeiten.

tried to get a new outfit for me und for Arno. We would get a new coat oder a new dress for Easter.

> UW: Where did you buy it?

Oh, we would go to the department stores.
In Hamburg there were department stores already. I mean, clothing stores, really, large ones, uh, like Karstadt oder Tietz. And, uh, they had, they were large. They were just selling clothing, und they had, what, they had three floors. They were big stores.

> JW: Was that a big day for the family to leave early in the morning, and go down...?

Well, that would be only Mama and I, oder Mama und Arno. I remember later on, when I got bigger, und Arno needed a new cap, one of those student caps, mit'm Velvet. He would never go to the store and try it on. And they would write down for me the exact size of his hat,* und I would take the, uh, trolley car, and, uh, I would go to the stores up and down, in the, in the city. Und to the, they had special stores for this. Und would try to get exactly what he wanted.

> What was the trolley car number into town? Can you see it coming?

No, I don't remember... Don't remember.**

> No. Okay.

Ja.

> You went up to the Hammerlandstraße for the trolley into town as well?

Uh-huh, uh-huh, ja.

> UW: We wanted to talk about movies, theater, concerts...
>
> JW: Ja, did the family ever go out to anything like...?

Ja, well, Papa would get very often tickets, uh, for free. Und he wouldn't go.

> He would get them from the police department?

Ja, uh-huh, oder I guess people might send them in oder something, to the police department. Came from there, from the precinct.

* AS: sie mußten immer angefertigt werden; denn ich habe noch jetzt Größe 60 ½.
** AS: Auf der Hammerlandstraße verkehrten die Nummern 13, 16, 24, 27, 31, 37.

Und some amount I would go. Papa would never go. Und Arno wouldn't go either.

> Why not?

I don't know. It was always Mama und I who went. So we would go to the theater oder to the opera... and...

> To the opera or to the operetta? Do you remember?

Both, I think, both. Because I still have a pretty good knowledge of opera, too. So, I must have acquired this very much at home. So, uh...

> Do you remember any particular performance?

No, it, well, I remember going to a lot of comedies, like – I always laughed too loud, so I probably must have been funny. So, uh...

> This was more, these French bedroom comedies – or music-hall kinds of things, or which?

I guess so.

No, no, no.

> French bedroom comedy, ja. Boulevardstücke.

Right, right, right, ja, ja, uh-huh, ja.

> UW: And movies?

Well, movies – I did not go much when I was a child, but my mother went very often. When my father went to the, to war, she could go every second night to the movies. She would go, und Arno und I would go to sleep. We would stay at home by ourselves, und she would go to the movie.

> JW: But the movies never played any particular role for either of the two children...?

No, no, no. Mama would go. She really loved that. But I don't know, how they really – they must have changed every second oder third day. She would always go to the same movie house. Und they always would have a different movie.

> Where was the movie house?

Uhm, in der Eiffestraße. They were on the

other side of our block. One block up and there was the movie house.
Hm.

I think so.

> I guess that's it.
>
> Ja. Ich weiß nicht…

Ja, but, very well… I do not know anything either.

> I think you did very well.

Whatever I did, I, I did what-, I, I did what I could do. That's all because I really, uh, can not think of anything else. Und, uh, maybe Arno will be disappointed, but, uh… I really do not…

> If you would like to greet your brother, please do so at this point…

No. We don't know him. [laughs]

*

But the conversation was not quite over yet. Unrecorded were Mrs. Kiesler's final remarks – about the sexual life of her parents. She has no overt memory of her parents' engaging in sexual activities while the children slept. But she did recall the two abortions which her mother underwent when Lucy was somewhere between the ages of nine and twelve. On both occasions she accompanied her mother on the visit to the midwife,* where the abortion was induced with a crochet hook. They then returned home, and some hours later the labor pains began. Lucy remembers waiting in the WC with her mother, who was seated on the toilet, and watching her mother's pain until the fetus was finally expelled. Mrs. Kiesler still recalls that she resented her father for bringing this upon her mother. (She also remembers that birth control was practiced by means of condums, and attributes the necessity for these abortions to the fact that her father would occasionally do without the condums since they were a hindrance to his own pleasure.) Arno was present in the house (she assumes) at the time of both abortions. Both of them were performed sometime in early pregnancy, and despite the brutal method used, there were no complications.

* AS : Das war jene Frau Hemmerling – vgl. Erinnerungen meiner Mutter, erste Seite – die mich zur Welt gebracht hat. / Meine Mutter hat 5–6 Abtreibungen gehabt. Einmal war es sogar eine größere Operation, ein Bauchschnitt, den ein Arzt, Dr. Babbe, bei Uns in der Wohnung vornahm; also unter ungenügenden sanitären Verhältnissen. (Fast gleichzeitig wurden dickbesagte Eichenmöbel geliefert; es muß also etwa Sommer 26 gewesen sein.)

Mrs. Kiesler's final comments were in regard to her father, in particular his attempts to disguise the gravity of his illness from the rest of the family. He had been sick for several months (years? – she was not sure.) She recalls seeing him stop at a distance of a block or so from the house. There he would wait five minutes or so until he had caught his breath, before approaching the house with his customary military, kerzengerade Haltung.

1927 in Hamburg: Luzie (16), Arno (13). Wie Arno dem Großvater mütterlicherseits glich, Johann Gottlieb Ehrentraut, so galt Luzie nach dem Urteil der Verwandten des Schmidtzweiges in Halbau als Abbild der Großmutter väterlicherseits, Minna Alwine Schmidt, später verehelichte Lange, aus Nieder-Ullersdorf, Kreis Sorau (s. Stammtafel S. 174/175 und S. 333).

Lucy Kieslers Gesprächspartner John Woods

John E. Woods wurde 1942 in Indianapolis, Indiana, geboren. Sein Vater war Tierarzt, die Großväter Methodistenpfarrer und Apotheker, und in einem entsprechenden Kleinstadtmilieu des Mittelwestens – primär in Lima, Ohio – wuchs er auf.

Er studierte Anglistik an der Wittenberg University, Springfield, Ohio, von 1960 bis 1964, und an der Cornell University, Ithaca, New York, von 1964 bis 1965. Dank hervorragender Leistungen konnte er sein Studium dort als Wilson-Stipendiat absolvieren. Abschluß als Master of Arts (M.A.).

Nach einem anschließenden Studium der Theologie am Lutheran Theological Seminary, Gettysburg, Pennsylvania war er zwei Jahre Pfarrer einer lutherischen Gemeinde in Syracuse, dem regionalen Mittelpunkt im kanadanahen Norden des Staates New York, der an Erie- und Ontario-See und St. Lorenzstrom grenzt.

Nach Deutschland kam John Woods 1971, um an der Universität Tübingen das theologische Studium, unter anderem bei Moltmann, fortzusetzen. Dort auch lernte er das Werk Arno Schmidts kennen, das ihn in seinen inneren Bezügen zu James Joyce faszinierte und fortan nicht mehr losließ.

Als freier Schriftsteller und Übersetzer ging er 1976 zurück in die Staaten, nach Amherst, Massachusetts, wo seine Frau, die Historikerin und Germanistin Dr. Ursula Woods-Dorda, einen Wirkungsbereich am Goethe-Institut übernommen hatte. Hier begann John Woods Anfang 1977 die Übersetzung des im Herbst 1975 erschienenen Typoskriptbuchs von Arno Schmidt, ABEND MIT GOLDRAND, in dem Original nachgebildeter seitengetreuer Gestalt als zu faksimilierendem Manuskript.

Kurz vor einer neuerlichen Übersiedlung nach Deutschland statten John und Ulla Woods am 21. und 22. Mai 1977 den von Arno Schmidt inaugurierten Besuch bei seiner Schwester, Mrs. Lucy Kiesler, in Neponsit-New York ab, dessen Verlauf im Vorhergehenden wiedergegeben ist.

Die Übersetzung von ABEND MIT GOLDRAND wurde ab Juni 1977 in Schwäbisch Hall ohne Unterbrechung fortgesetzt und im Frühjahr 1979, nach knapp 2½-jähriger Arbeit, abgeschlossen. Sie erschien unter dem Titel ›Evening Edged in Gold‹ im Sommer 1980, nach einem wagemutigen Entschluß der Verlegerin Helen Wolff, in den Helen and Kurt Wolff Books bei Harcourt, Brace and Jovanovich in New York, nebst einer Lizenzausgabe für England und Commonwealth bei Marion Boyars Publishers in London.

Der gelungene Versuch der Wiedergabe von Arno Schmidts schriftstellerischer Erfindung des Typoskriptbuchs in der englischen Weltsprache wurde ausgezeichnet im Frühjahr 1981 in New York mit dem nationalen Übersetzerpreis (American Book Award) und mit dem Übersetzerpreis des PEN-Clubs (PEN Award for translation).

Im August 1979 nach New York zurückgekehrt, übertrug John Woods, neben anderen Übersetzungen aus dem Deutschen, Arno Schmidts Kurzroman AUS DEM LEBEN EINES FAUNS, der bei Marion Boyars Publishers in London und in Salem, New Hampshire, erscheint. Des weiteren die Erzählungen ›Großer Kain‹ aus KÜHE IN HALBTRAUER und ›Die lange Grete‹ aus TROMMLER BEIM ZAREN, die im 1. Vierteljahrsheft 1982 der PARTISAN REVIEW in Boston veröffentlicht wurden.

Arne Schmidt:

1.entwurf 6.11.76
– 10.11.

~~BESCHREIBUNG EINER SCHULE UND EINER KLASSE.~~

Porträt einer Klasse

~~(Notizen / technische Einzelheiten / Anregungen für Abbildungen / Namen- und SachRegister etc.)~~

Beitrag meiner Mutter – widergespiegelt etwa 1950 – 52.

! noch nicht auf Tippfehler durchgesehen !

ANHANG

HANS O.F. RIEBESEHL
GRAFIK-DESIGNER · 2000 HAMBURG 76 · HAMMER STEINDAMM 26 · TELEFON 20 43 30

Lieber . . .
am Bußtag '75 konnte ich Arno Schmidt in Bargfeld besuchen. Wir verbrachten einige gute Stunden miteinander und Arno läßt auch Dich sehr herzlich grüßen.
Während unserer Unterhaltung entwickelte Arno eine Idee, von der ich restlos begeistert war: Wir, die noch Überlebenden, sollten gemeinsam ein Buch schreiben.-
Gerade in unserem jetztigen Alter erinnerten wir uns noch einmal sehr genau an unsere gemeinsame Kindheit, unser Elternhaus, die Schule und alles, was damit zusammenhing. Alle diese damaligen Realitäten wurden durch die nachfolgenden Ereignisse sowohl substanziell als auch ideell unwiederbringlich zerstört. Und mit jedem Tag entschwänden Erinnerungen, die dann nicht mehr zurückzurufen wären!
Arno hatte auch schon ein Schema bereit, so daß wir alle etwa die gleiche Gliederung anwenden würden, wobei dann jeder aus seiner Sicht über die einzelnen Punkte berichten würde.- Etwas Derartiges, daß eine Schulklassengemeinschaft ein Buch geschrieben hätte, gäbe es überhaupt noch nicht.-
Wie gesagt, ich war wirklich begeistert und finde, wir sollten den Versuch machen, so etwas auf die Beine zu stellen. Arno würde die Redaktion übernehmen und wer nicht selbst schreiben möchte, könnte vielleicht auf Band sprechen.
Er meint auch, daß ihm so etwas förmlich von seinem Verlag aus den Händen gerissen würde, eben weil es so etwas noch gar nicht gibt.-
Ich würde mich freuen, wenn Du mir Deine Meinung über die Verwirklichung dieses Projekts baldmitteilen würdest. Besonders glücklich wäre ich natürlich, wenn Du meine Begeisterung teilen würdest.
In der Hoffnung, daß es Dir gut geht und daß ich bald von Dir höre, grüße ich Dich sehr herzlich

Dein
Hans

Hamburg, den25. November 1975

POSTSCHECK HAMBURG 706 24 BLZ 200 100 20

An alle 2.12.75

Arno Schmidt

3101 Bargfeld, den 31.10.76

Lieber Hans !

Vor ein paar Tagen war Willi Schulz bei mir, und berichtete, daß allmählich ein gewisser Enthusiasmus sich entwickelt hätte, und die Basis für Unser Buch=Unternehmen nun doch vielleicht breit genug werden könnte.

Ich bin in der Zwischenzeit bei meinem Verleger (S.Fischer) in dieser Richtung ebenfalls tätig gewesen; mit dem Ergebnis, daß dort schon Alles eitel Freude und Erwartung ist, und bereits mehrmals die Frage nach dem fertigen Manuskript an mich gerichtet wurde. Ich habe nun alsoein kleines Rundschreiben entworfen – siehe die beiliegenden 3 Seiten – wenn Du Schulz'es Ansicht teilst, dann vervielfältige und verteile es bitte erst einmal an alle Infragekommenden.

Zu meinem unendlichen Bedauern habe ich vernommen, daß nun auch schon Max Hannemann gestorben ist, auf den ich besonders mit gerechnet hatte.

Dir lägen bei dem Unternehmen also nicht nur Dein TextBeitrag ob; sondern Du müßtest auch den SchutzUmschlag, evtl. den Leinenband gestalten; vielleicht sogar die Typografie. Daß Wir nicht umsonst arbeiten würden, ist selbstverständlich auch bereits geklärt worden – wahrscheinlich würden Wir ein PauschalHonorar bekommen, das, je nach Arbeitsanteil, unter Uns aufgeteilt würde.

Vielleicht giebst Du mir, als Allererstes, einmal kurz Nachricht, ob das Unternehmen Deiner Ansicht, Deinem Eindruck nach, überhaupt eine Aussicht auf zustandekommen hat, dh seitens der Mitarbeiter. Schulz allein schien mir doch zu dröhnend optimistisch.

Gruß :

Arno Schmidt

Arno Schmidt

› Beschreibung einer Schule und einer Klasse ‹

Liebe alte Klassenkameraden!

Es tritt hier ein Projekt vor Euch hin, das, wenn Ihr wollt, kein Projekt zu bleiben braucht; nämlich in einem Buch unsere alte Schule Brekelbaumspark und speziell unsre Klasse, in der Wir damals zusammen waren, so genau wie möglich zu schildern. Der Einfall dazu ist von mir ausgegangen; und der Grund war dieser: ich habe nun allmählich rund 45 Bücher geschrieben, und bin ein bekannter Mann geworden, so daß nun wiederum über mich Bücher erscheinen, Dissertationen dutzendweis geschrieben werden, ganz zu schweigen von den wirklich tausend ZeitungsArtikel, Reportagen usw. – meist von Leuten herrührend, die entweder wenig oder gar keine Ahnung von meinem Leben haben. (Ich habe zwar in meinen Büchern selbst ab & zu ein paar Andeutungen darüber gemacht; aber nur knapp und sporadisch; am meisten noch im bisher letzten, › Abend mit Goldrand ‹, jedoch auch da nur andeutungsweise.) Da fiel mir nun ein, daß ja etwa noch ein Dutzend von Uns am Leben sind; so daß, wenn Wir uns zusammentäten, eigentlich eine sehr gute Schau jener Jahre, von einem Dutzend verschiedner Seiten her gesehen, zusammen kommen würde.

Ein solches Buch gäbe es noch nicht. Denn wenn auch am Ende ich der eigentliche › Aufhänger ‹ wäre, und Jeder, wenn möglich, etwas über mich bringen müßte (falls er sich noch erinnert), könnte das Ergebnis doch etwas Gutes und Merkwürdiges sein. Nicht nur, weil es ein seit einem guten halben Jahrhundert versunkenes Hamburg porträtieren würde – einen hamburger Stadtteil, wenn Wir bescheiden sein wollen – sondern auch, eben durch die unerhörte Konzentration auf diese eine GroßhausWelt, unserer Schule, (und dann wiederum unsere Klasse, ein › shop im shop ‹), eine wunderliche Gruppe Porträts von Menschen und Dingen in MosaikArbeit ergäbe. Daß dies Buch sofort erscheinen würde (bei meinem Verlag, S. Fischer) ist gesichert. Die Voraussetzung dazu wäre, daß Wir mindestens 7–8 Mitarbeiter zusammen bekämen – ewig zu bedauern, daß etwa Kurt Lindenberg und Max Hannemann, auf die ich sehr gerechnet hatte, nun schon dahin sind.

Zum rein Technischen folgendes. Jeder, der sich beteiligt, müßte mindestens 10 Schreibmaschinenseiten liefern; nach oben hin wäre die Grenze etwa bei 30. Selbstverständlich würde BildMaterial beigegeben werden: die wenigen erhaltenen

Aufnahmen der Schule; die Klassenfotos; auch von jedem Mitarbeiter ein Bild. Die Zeit der Ablieferung? – je eher desto besser, dh soviel sich mit solider Arbeit verträgt; › ein Geleitzug ist so schnell wie sein langsamstes Schiff ‹, sicher; aber ich möchte meinen, ein halbes Jahr wäre schon diskutabel. Um also erst einmal ein vorläufiges Datum ins Auge zu fassen, schreib' ich hier den 1. Juli 77 hin; wenn's ein Vierteljahr später wird, je nun ... nur, bedenkt bitte, Wir sind nicht mehr die Jüngsten! Ein Text, wie der hier erforderliche, ist natürlich nicht in einem Anlauf zu schreiben; Ihr werdet es selbst erfahren, wie gleichzeitig und danach, immer wieder, Material nachsickert; zuweilen, bei organisch zunehmender Konzentration auf dieses Stück Vergangenheit, erscheint gerade das Pikanteste-Wichtigste gern später. Daß das Ganze anekdotisch aufgebaut sein wird, versteht sich fast von selbst – man › komponiert ‹ sein Leben ja auch schließlich nicht im voraus; sondern es fällt einem weitgehend zu, von Tag zu Tag, (manchmal sogar von Augenblick zu Augenblick).

Was nun folgt, soll kein unbedingt verbindliches › Schema ‹ sein; sondern ein Vorschlag, hauptsächlich eine GedächtnisStütze; (wenn Euch noch mehr und andere Anregungen für von mir hier vergessene Sachgruppen einfallen, macht bitte Mitteilung). Auch kann, darf, soll die Länge der einzelnen Bestandteile individuell verschieden sein. Ich stelle mir den Beitrag jedes Einzelnen also etwa so vor:

1) Biogramm: Elternhaus und Umgebung; soziale Herkunft & Milieu: der Leser muß die Farbe des Glases wissen, durch das er jedesmal schauen wird. / Die Volksschule, aus der Jeder kam.	also knappe SelbstLebensbeschreibung von d Geburt an, bis zum SchulAbgang, (Das spätere Leben kommt im Nachtrag!) / Wir stammten ja wohl meist vom östl. Stadtrand Hamburgs her: gerade dieses › halbbebaute ‹ Land erzeugt nämlich eine sehr spezielle (› koloniale ‹) Mentalität.
2) Anweg zur Schule. / Dann d Straße Brekelbaumspark selbst.	Es soll das › EinzugsGebiet ‹ einer solchen Realschule sichtbar werden; auch d darauf zuführende StadtLandschaft.
3) Schulgebäude; Schulhof; Turnhalle. / Weiterhin Aula; Zeichensaal; Lehrräume für Chemie, Botanik. / (Es wäre sehr schön u wichtig, wenn Wir in irgendeinem Archiv noch d alten Bauplan d Schule ergattern könnten!).	dh erst einmal das – zB meiner Erinnerung nach ziemlich düstere – Exterieur. / Dann d Lokalitäten, die sämtliche Schüler d Schule gemeinsam hatten. / Evtl. ließe sich aus d Erinnerung ein Plan d Stockwerke zusammenbringen?
4) Lehrer allgemein; also auch solche, bei denen Wir keinen Unterricht hatten.	Vielleicht sind noch AbgangsZeugnisse vorhanden; auf denen sich manchmal eine ganze Anzahl unterschrieben haben?

5) Die Klassenräume, die Wir durchlaufen – bzw durchsessen – haben.

zB klingt es ja heutigen Kindern wie uralt heidnische Fabeln, daß Wir in Bänken mit Pulten saßen; (wie d Engländer heut noch in ETON, › Tradition ‹ eben !).

6) Speziell › unsere ‹ Lehrer schildern-charakterisieren: Helwig, Foerster, Bruns, Möbius (der Spanier), die beiden Probst usw.

Vermutlich würde sich wertvollstes Material noch bei dem lebenden Helwig befinden : Wer tritt an ihn heran ? / Foersters › Little Lavinia ‹ und › Harold Douglas ‹, (der nb am › 20. Juli ‹ mit hingerichtet worden sein soll !).

7) Wir Schüler; dh unsere spezielle Klassengemeinschaft. / Mit einer SonderAbteilung am Ende : welche Erinnerungen hat Jeder noch *an mich* ? – (das ist nun einmal der Anlaß des Buches, und nicht zu umgehen).

Ratsam, sich hier die Klassenfotos – mindestens 2 existieren ja wohl noch – daneben zu legen. / Hier würden zwangsläufig auch alle Verschollenen oder bereits Verstorbenen wieder erscheinen. Müßte ein Tutti-Frutti von Anekdoten ergeben : wie haben Wir gelacht, wenn Braunschweig seine Aufsätze vorlas !

8) Die gemeinsamen › offiziellen ‹ Erlebnisse : die Montagmorgen-Feiern id Aula. / Die KlassenAusflüge, (sind etwa noch ungefähre Daten und AusflugsZiele bekannt ?) / Die abendlichen Schul-Feste. / Die Sportplätze, zB im › Hammer Park ‹. Am Gesundbrunnen war ein vertieft gelegener. Noch ein anderer, manchmal benutzter im Süden (Grevenweg ?).

Ich entsinne mich ZB noch einer Feier, wo eine d höheren Klassen Kleist's › Zerbrochenen Krug ‹ aufführte. / Das Hallenschwimmbad am Lübeckertor. (Freigeschwommen hab' ich mich – mit Heitmann ua zusammen – id Alster, Schwanenwiek). / Die Schlagball-Spiele auf d Schulhof / Vorträge id Aula, (einmal über die › FremdenLegion ‹). / Filme haben Wir besucht; zB Scott's Südpol-Desaster.

9) Besitzt etwa Jemand noch etwas von unseren Schulbüchern ? / das kleine quadratische schwarze Gesangbuch / den Dernehl-Laudan f Spanisch / Seydlitz' › Geografie ‹, usw.

Schmeil-Norrenberg f Biologie, (in das Bruns Illustrationen geliefert hatte !) / Besonders gut war d Lehrbuch für Geschichte : schwungvoll und stilistisch suggestiv; (das weiß ich heute besonders zu beurteilen !).

10) Am Ende dann, in einem SchlußAbschnitt, ganz kurz das Verzeichnis d Mitarbeiter, und ihres weiteren Lebensganges, (mit einem Kleinfoto von Jedem, aus den letzten Jahren). / Ein Register zum leichteren Handhaben und Nachschlagen wäre erwünscht, vielleicht können sich Zwei dann noch 14 Tage zusammensetzen.

Auch die erste, die sogenannte FahnenKorrektur müßte Jeder mitlesen; weil hier noch die Möglichkeit zu Änderungen und Einschaltungen besteht; (was bei der zweiten, dem sogenannten › Umbruch‹ dann nicht mehr praktikabel ist).

Rein äusserliche Ratschläge und Empfehlungen :

Legt Euer erstes Manuskript so an, wie die Seite 2 dieses Rundschreibens; dh beschreibt zunächst nur die rechte (oder linke) Hälfte, und tragt dann am freien Rand alles nach, was Euch nachträglich noch einfällt. Es ist durchaus möglich, daß Ihr das Manuskript mehrere Male zu schreiben habt – sorry; aber das geht mir bei meinen Büchern meist auch so.

Wenn irgend möglich, liefert das Manuskript dann auf DIN A 4 und mit Maschine geschrieben ab – doppelter ZeilenAbstand; dh 30–32 Zeilen pro Seite; und in jeder Zeile 60 Anschläge (Leertasten mit gerechnet) – Ihr braucht natürlich nicht ängstlich zu zählen : wenn's 33 sind und 65 Anschläge, spielt das auch keine entscheidende Rolle. Die oben angegebenen Werte sind lediglich die sogenannte › Normal-Seite ‹ des Buchhändlers; wonach er den Umfang des Buches berechnet, (plus Allem, was daran hängt : Papiereinkauf, Setzer, Drucker, Binder usw usw.)

* * *

Das wäre zunächst, und einleitend, Alles – alles Vorläufige; denn nun müssen Wir erst einmal sehen, ob Wir die erforderliche Zahl von Mitarbeitern zusammen kriegen. Falls nur 3 oder 4 Mann Interesse zeigen sollten, wäre das zu wenig; denn bei Arbeiten dieses Typs ist eine gewisse › Fülle und Buntheit ‹ unerläßlich, sonst wird das Produkt monoton und monochrom. Und stellt Euch, bitte, auf genauestes Detail ein : der reiche ungerupfte Alltag ergiebt nicht nur die schärfsten und echtesten, auch die anregendsten und suggestivsten Bilder : Daten und Fakten, individuell getönt, ungeschmeichelt und ungelästert. Beschreibt, wenn Ihr sie wißt, die BaumSorten, die im Schulhof standen; den noch aus dem 1. Weltkrieg herrührenden HühnerZwinger vor der HinterFront; denkt an den Keller, wo Ihr die Fahrräder abstelltet : an A l l e s ! › Allgemeine Betrachtungen ‹ sind ausgesprochen unerwünscht : › Wo das Material ausgeht, fängt die tiefschürfende Betrachtung an ‹ – das ist die anzüglichste Verurteilung, die man über ein Buch überhaupt aussprechen kann : von unserem soll man das möglichst nicht sagen können ! –

Eure Antworten richtet zunächst bitte an Hans Riebesehl. –

Bis auf weiteres viele Grüße, Euer

(Arno Schmidt)

LEBENSWEGE DER NEUN BEITRÄGER UND WEITERER KLASSENGENOSSEN

ERNST BRAUNSCHWEIG

Jahrgang 1913, Sohn des Kapitäns Ernst Braunschweig, zog 1920 von Minden/Westf. nach Hamburg. Hier hat er, wie oben dargelegt, die Realschule Hamm besucht und später an der Lichtwarkschule Abitur gemacht. Nach Studium, Promotion in Soziologie, Kriegsdienst und Gefangenschaft, wurde er nachher als Markt- und Werbeforscher bekannt. Lebt heute auf Sylt.

HELMUT FRANK

Geboren am 29. August 1913 in Lockstedter Lager (Krs. Steinburg). Aufgewachsen in Schleswig. Seit 1920 in Hamburg.

1920 – 1922 Volksschule in Kirchsteinbek

1922 – 1924 Volksschule Bauerberg 44 in Hamburg-Horn

1924 – 1930 Realschule in Hamburg-Hamm, Brekelbaumspark

1930 – 1933 Oberrealschule in Hamm (Hindenburg-Oberrealschule). Am 27. 2. 1933 Reifeprüfung bestanden.

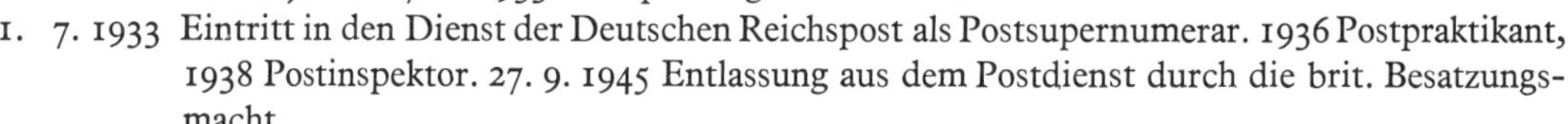

1. 7. 1933 Eintritt in den Dienst der Deutschen Reichspost als Postsupernumerar. 1936 Postpraktikant, 1938 Postinspektor. 27. 9. 1945 Entlassung aus dem Postdienst durch die brit. Besatzungsmacht.

November 1945 – Oktober 1946 Zimmereranlernling (Stundenlohn 91 Pfennig).

24. 10. 1946 Wiedereinstellung in den Postdienst. 1949 Oberpostinspektor, 1955 Postamtmann, 1960 Postoberamtmann, 1967 Postoberamtsrat. 31. 8. 1976 Versetzung in den Ruhestand.

30. 7. 1938 Heirat mit Fräulein Anneliese Goos in Hamburg. 29. 1. 1940 Geburt eines Sohnes (Peter). 14. 7. 1946 Geburt einer Tochter (Ursula).

15. 5. 1939 – 15. 8. 1945 Heeres- und Kriegsdienst bei der Nachrichtentruppe (Funker), seit 1. 7. 1942 Leutnant. Amerikanische/britische Gefangenschaft.

22. 11. 1968 Verleihung des Verdienstkreuzes am Bande des Verdienstordens der Bundesrepublik Deutschland (Rationalisierungsmaßnahmen im Postdienst; Lehrtätigkeit Bezirksfachschule; ehrenamtliche Tätigkeit im Deutschen Paritätischen Wohlfahrtsverband seit 1950; Einsatz während der Flutkatastrophe 1962).

11. 11. 1975 Bronzene Ehrenplakette des Deutschen Paritätischen Wohlfahrtsverbandes (25 Jahre ehrenamtliche Tätigkeit für die Verwaltung des Hamburger Kinderheimes Niendorf/Ostsee.)

WERNER FRÜNDT

Geboren am 4. Dezember 1913 in Hamburg.
1920 – 1924 vier Jahre Volksschule.
1924 – 1930 Realschule in Hamm (Brekelbaumspark), später » Hindenburg-Oberrealschule «. Abschluß 1933 mit Abitur.
Zweieinhalb Jahre Lehre bei der Dresdner Bank in Hamburg.
Anschließend Bankangestellter dortselbst.
Soldat ab 31. August 1939 bis Juli 1940. (Entlassung wegen des durch Scharlacherkrankung 1932 erlittenen Herzschadens). Dann wieder Dresdner Bank bis 1947.
1948 bis 1953 leitende Funktion bei Hamburger Importfirma (Abteilungsleiter, Prokurist). Dann eigene Firma (Import-Agent und Makler).
Seit mehr als zehn Jahren selbständig als Immobilien-Kaufmann in Hamburg.

PAUL KAMSTIES

Ich bin geboren am 8. Juni 1913 in Hamburg als Sohn des Maschinisten Franz Kamsties und seiner Ehefrau Elise K., geb. Sehl.
In der Familie wuchsen noch mein Bruder, geb. 1911, und meine Zwillingsschwester Ilse auf. Wir wohnten in einem Mietshaus in der Niebuhrstraße im Stadtteil Hamm-Süd.
Vom Jahre 1920 bis 1922 besuchte ich die Volksschule Braakdamm 16, dann wechselte ich die Schule und ging zur Volksschule Ausschlägerweg 98, im Jahre 1924 kam ich nach Ablegung einer Aufnahmeprüfung auf die Realschule Brekelbaumspark 6.
Vom Herbst 1926 bis März 1930 Besuch der Realschule Rothenburgsort. Ich erhielt die Reife für die Obersekunda einer Oberrealschule.
Vom April 1930 bis September 1932 Banklehre bei der Dresdner Bank AG in Hamburg. Danach wurde ich in das Angestelltenverhältnis übernommen.
Vom September 1939 bis Juni 1945 Wehrdienst. (Frankreich, Rußland und Ungarn).
November 1945 bis September 1948 Chemiewerker bei den Farbwerken Höchst in Gendorf/Obb. Meine Familie war nach der Ausbombung in Hamburg dorthin evakuiert worden.
Vom Oktober 1948 bis Juni 1978 Angestellter der Dresdner Bank AG in Hbg. Tätigkeit in allen Abteilungen der Bank, davon 14 Jahre als Abteilungsleiter.
Verheiratet seit 1936, vier Kinder, zwei Söhne und zwei Töchter. Seit 1978 Pensionär der Dresdner Bank.

Hans O. F. Riebesehl

7. 1. 1914	geboren in Hamburg
1920 – 24	Volksschule, Hamburg-Hamm, Pröbenweg
1924 – 31	Realschule in Hamm, Brekelbaumspark
1931 – 35	Lithographenlehre in Hamburg, Besuch der Landeskunstschule Hamburg
1935 – 37	Aktiver Wehrdienst in Schwerin/Meckl.
1937 – 38	Graphischer Zeichner (angestellt)
1938 – 39	Gebrauchsgraphiker (selbständig)
1939 – 45	Kriegsdienst (Nachrichtentruppe)
	– 41 Funkausbilder in Hamburg
	– 42 Funktruppführer in Rußland
	– 42 verwundet vor Leningrad
	42 – 44 Funkleiter Heeresgruppe-Süd/Rußland
	44 – 45 Leiter des Funkbetriebes O.K.H./Berlin-Zossen
1945 – 46	Zimmermann in der Lüneburger Heide
seit 46	Grafik-Designer in Hamburg (selbständig)
seit 42	verheiratet, 2 Kinder.

Kurt Lange

Der Verlauf meines weiteren Lebens :
Nach dem Schulabschluß wollte ich eigentlich Förster werden. Aber ich bekam keine Lehrstelle. So wurde ich 1932 » staatl. geprüfter Geflügelzüchter «. Ich bestand die Prüfung mit » sehr gut «. Ja, ich sagte schon in meinen vorhergehenden Ausführungen : am Tag nach Beendigung der Schulzeit wurde ich fleißig.
1933 wechselte ich allerdings meinen Beruf, da die Lage immer schlechter wurde. Ich sattelte um zum Kaufmann.
1934/36 ging ich als Freiwilliger zur Wehrmacht. Ich diente in Schwerin und Hamburg und wurde nach diesen zwei Jahren als Unteroffizier und Reserve-Offizier-Anwärter entlassen.
1939, nach dreijähriger Tätigkeit als kaufmännischer Angestellter bei einem Mineralöl-Konzern (vom Registrator bis zum Abnahmebeamten für ausländische Öllieferungen) ging's ab zur Armee. Als Leutnant eingezogen – ich hatte inzwischen zwei Übungen gemacht –, Holland, Belgien, Frankreich, Polen und Rußland einen Besuch abgestattet, war ich, mittlerweile Hauptmann, schon im Mai 1945 wieder im Hause.
Jetzt wurde erstmal als Vertreter gearbeitet, dann drei Jahre als Geschäftsführer einer Mineralölfirma.
1953 ging ich zu einem Elektro-Konzern. Als Vertreter eingestellt, wurde ich schließlich Verkaufsleiter.
1977 ließ ich mich mit 64 Jahren pensionieren. Ein Jahr brauchte ich wohl, um mich von dem Streß der letzten Jahre zu erholen. Heute mit 66 Jahren bin ich wieder recht unternehmungslustig. Mein Haus, mein Garten, mein Interesse am Wassersport und meine Familie (verheiratet, vier Kinder, vier Enkelkinder) werden mich hoffentlich noch lange » in Trab « halten.

WILHELM SCHULZ

13. 6. 1913	geboren in Hamburg
1920 – 24	Volksschule Hamburg-Hamm, Louisenweg
1924 – 33	Realschule Brekelbaumspark, später umbenannt in Hindenburg-Oberrealschule Hamburg
1933	Abitur, anschließend freiwilliges Werkhalbjahr für Abiturienten
1934 – 35	kaufmännische Lehre
1936	Königsberg/Ostpreußen, Betriebsleiter
1937 – 38	Berlin und Teltow, Außendienst (Verkauf und Beratung)
1938 – 39	Wien, Niederlassungsleiter
1939 – 45	Soldat, zuletzt Batteriechef Flak
1945 – 47	Hamburg, Teltow, Erfurt
1948 – 66	Frankfurt/Main, Niederlassungsleiter
ab 1966	Erlensee bei Hanau, Niederlassungsleiter
ab 1. 1. 77	» Pensionist «

WALTER VOSS

3. 10. 1913 in Hamburg-Hamm, Marienthalerstraße, geboren. Vater selbständiger Transportunternehmer, der mit Schuten Elbsand, gebaggert an der Oberelbe, nach Lagerplätzen an der Bille, Alster und den Hammerbrookkanälen verbrachte.
Mutter führte ein Grünwarengeschäft in der Marienthalerstraße. Beide Eltern wurden in Vierlanden geboren. Mutter als Findelkind von Pflegeeltern großgezogen.
Jüngster von 6 Geschwistern (3 Jungen und 3 Mädchen). In den ersten Lebensjahren eine schwere Lungenentzündung überstanden. Wegen Aufgabe des Grünwarengeschäftes, es wurde zu schwer für meine Mutter, Umzug im 5. Lebensjahr nach Grevenweg Nr. 47.
Mit 6 Jahren Einschulung in die Volksschule am Pröbenweg. Klassenlehrer Prehm machte Vater darauf aufmerksam, daß der Sohn für die höhere Schule geeignet sei. Nach 2 Jahren wegen Überbelegung der Schule Umschulung nach der Volksschule an der Wendenstraße.
Nach bestandener Eignungsprüfung mit 10 Jahren Übergang in die Realschule in Hamm am Brekelbaumspark.
Mit 11 Jahren die Mutter durch Tod verloren.
Lebensabschnitte nach der Schulzeit:
ab 1929 Schiffsjunge, Leichtmatrose und Vollmatrose auf Segel-, Dampf- und Motorschiffen. Reisen nach Skandinavien, England, Portugal, Spanien, Italien, Nord- und Südamerika, Asien (Nahost, China, Japan, Indien), Indonesien, Philippinen, Afrika bis zum Besuch der Navigationsschule.
1936 bis 1938 Schulbesuch der Navigationsschule in Hamburg.
Nach Erlangung des Patentes auf » Großer Fahrt « mit Walfangflotte » Wikinger « unter Kapitän Kirchheiß auf Walfang in der Antarktis (1. Offizier und Funker auf Fangboot).
Beim Kriegsausbruch als Freiwilliger zur Marine. Nach Offizierslehrgang als Kommandant auf Vorpostenboot Geleitdienst im Englischen Kanal und in der Ostsee.
1939 Heirat, 1940 Vater eines Sohnes, 1943 einer Tochter.
Nach Ende des Krieges Gründung einer Schiffsreinigungsfirma im Hamburger Hafen. In den nachfolgenden Jahren Ausbau der Firma und Spezialisierung auf Tankreinigung (Industriereinigung).

Henri Sellenschlo

Mein weiterer Lebenslauf: Nach dem 3. Semester (Herbst 1934) ging's als Freiwilliger für 1 Jahr zur Wehrmacht. Die Universitäten leerten sich von den Anfangssemestern. Im März 1935 wurde die » Allgemeine Wehrpflicht « ausgerufen, los ging's mit dem Jahrgang 1914; damit nicht genug, 1936 kam die 2jährige Dienstzeit, wieder war als erster der Jahrgang 1914 betroffen. Als Freiwillige vom Herbst 1934 kamen wir mit einem Jahr Wehrdienst davon und brauchten anschließend auch nicht zum Arbeitsdienst, durch den die anderen des Jahrgangs 1914 vor ihrer Wehrpflicht mit einem halben Jahr belastet wurden. So konnte es passieren, daß Studenten zweieinhalb Jahre aus ihrem Studium herausgerissen wurden. Meine Freiwilligkeit hatte sich gelohnt und so konnte ich schon im Januar 1939 mein Studium mit dem Dr. rer. nat. abschließen. Als Meteorologe des Reichswetterdienstes ging's schließlich in den Krieg, im Westen wie im Osten.

Ab Januar 1945 wurde durch den » Heldenklau « auch in unserem Dienst sortiert und wieder ging es beim Jahrgang 1914 los. Den Rest des Krieges überstand ich als Fallschirmjäger, Fallschirme bekamen wir allerdings nicht mehr zu sehen. Mit heilen Knochen kam ich davon. Leider hatte es beide Elternteile 1943 am Louisenweg anläßlich der schweren Bombenangriffe getroffen. Am 20. April 1945 führte mich der Krieg in brit. Kriegsgefangenschaft, aus der Lüneburger Heide ging es bis nach Brüssel. Die Zeit war schlimm, aber nicht so schlimm wie ich es mir vorgestellt hatte nach einem solchen Krieg. Wir bekamen zwar wenig zu essen, aber was wir bekamen, war gut. Die Langeweile und die Ungewißheit über daheim war das Schlimmste. Doch schon am 13. Okt. 1945 konnte ich mich bei meiner Frau und meinen Schwiegereltern zurückmelden.

Im Jahre 1943, im April – also kurz vor den schweren Angriffen auf Hamburg – hatte ich geheiratet, – ein Glück für mich, denn wo hätte ich sonst als Einzigkind unterkriechen sollen. Die Schwiegereltern hatten 2 Töchter und 2 Bauernhöfe, für mich wie für meinen Schwager bot es sich an, zunächst einmal in der Landwirtschaft tätig zu werden. Leute wurden gebraucht. Nach ein paar Jahren entschlossen sich die Schwiegereltern zu Hofübergaben. Jede der Töchter bekam einen Hof und die Schwäger – beide nicht aus der Landwirtschaft – arbeiteten gut zusammen. Wir haben Knochenarbeit geleistet, sind sonst aber gut über die schlechte Zeit hinweggekommen. Die Mechanisierung der Landwirtschaft steckte noch in den Kinderschuhen, 25 PS Traktoren waren schon etwas.

1959 bot es sich dann an, wieder in den eigentlichen Beruf zurückzukehren. Die Landwirtschaft wurde an den Schwager verpachtet. Mit kleinen Unterbrechungen durch Abordnungen war ich bei der Bundesluftwaffe in Faßberg tätig, hier war zur Hauptsache eine Hubschrauberführerschule der Luftwaffe zu betreuen und zu beraten. Als Beamter, schließlich bis zum Regierungsdirektor aufgestiegen, wollte ich – gesund und munter – mit 62 Jahren in den Ruhestand treten, aber wieder wollte man es mit dem Jahrgang 1914 anders. Es ging erst ein Jahr später durch das » SPD-Pflichtjahr « – so der Volksmund. Es war dies eine Angleichung an die flexible Altersgrenze für Angestellte.

So ging es denn am 31. Januar 1977 in den Ruhestand und fast ein volles Jahr ist bereits vergangen, ausgefüllt mit Arbeit und Hobbies – als Butenhamburger – auf heimatlichem Hof in einem über 100 Jahre alten niedersächsischen Bauernhaus, umrahmt von noch älteren Eichen, die im Besitzerstolz mit an vorderster Stelle rangieren, trotz des vielen Herbstlaubes und der damit verbundenen Arbeit.

HERBERT AUGUSTIN

Geboren am 16. 4. 1913 in Hamburg
Verheiratet seit 1942
Ein Sohn (Kapitän A 6)
Besuch der Volksschule Pröbenweg, Hamburg, und der Hindenburg-Oberrealschule, Hamburg-Hamm [Brekelbaumspark].
1931 – 1955 kaufmännische Lehre und anschließende Tätigkeit als Einzelprokurist in einer bekannten Im- und Exportfirma. Reisen innerhalb Europas und in Südamerika.
1955 – 1978 Einzelprokurist bei der deutschen Tochter eines der bedeutendsten internationalen Getreidehandels-Unternehmen, verantwortlich für Finanzen, Rechnungswesen, Personalangelegenheiten.
Seit 1978 im Ruhestand. – Hobbies : Musik, Malerei, Segeln, Reisen.

Werner Boehm macht Angaben über sich und seinen Freund Werner Erlach (schon als Klassen-Duo › Firma ER-BO ‹ genannt) :

WERNER BOEHM,
Watertucht 53, 29 Oldenburg

Geb. 6. 9. 1913, Vater Hausmakler, Mutter aus Meckl., elterliche Wohnung Hammerlandstr. 240, 1930 mittlere Reife, 1933 Abitur, kaufm. Lehre im Export, 1936 als Export-Kaufmann selbständig, 1940 – 45 Kriegsdienst, nach Rückkehr aus der Gefangenschaft Wiederaufbau der eigenen Existenz, zunächst in Celle, dann fast 25 Jahre in Cloppenburg, ab 1978 Wohn- und Geschäftssitz in Oldenburg (Oldb.), 1970 Treffen mit Werner Erlach auf den Kanar. Inseln, 1971 Besuch bei Werner Erlach in Rhodesien. Verheiratet mit Postbeamtin, zwei gesunde Kinder, auch weiterhin als selbständ. Kaufmann in der Futtermittel-Branche tätig.

WERNER ERLACH,
P. O. Box 622, Umtali-Zimbabwe (Rhodesia)

Geb. 30. 8. 1913, Vater Polizeibeamter, stammte aus Ostpreußen, elterliche Wohnung Hübbesweg 4, 1930 mittlere Reife, kaufmännische Lehre im Ex- und Import, 1938 nach Rhodesien ausgereist, um die Interessen der Firma Werner Boehm zu vertreten, durch die Kriegsereignisse interniert, nachdem zunächst in der Foto-Branche tätig, später in der Mineralien-Branche selbständig gemacht, Herstellung von Schmuck und Lehrkästen für Unterrichtszwecke mit Abnehmern in der ganzen Welt, vor dem Kriegszustand in Rhodesien mehrfach in Deutschland, Lebensgemeinschaft mit einheimischer Lehrerin, ein Kind.

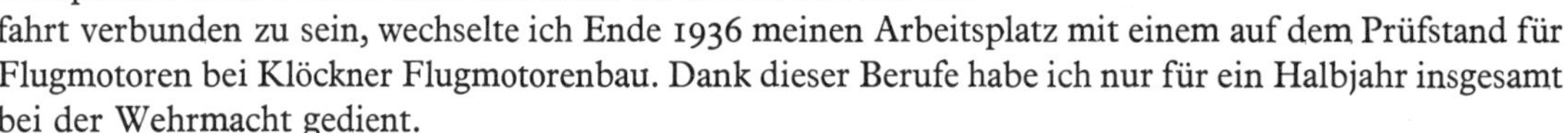

Willy Traupe

Am 1. Januar 1914 wurde ich in Hamburg geboren.
Von 1920 – 1930 besuchte ich die Volksschule in der Wendenstraße und die Realschule am Brekelbaumspark.
1930 – 1934 war ich als Lehrling für Schiffsmaschinenbau auf einer Hamburger Flußschiffwerft tätig.
Nach Ende der Lehrzeit verschaffte mir mein Lehrherr einen Arbeitsplatz als Ing.-Aspirant bei der Hamburg-Südamerikanischen Dampfschiffahrts Gesellschaft. Um nicht für immer mit der Seefahrt verbunden zu sein, wechselte ich Ende 1936 meinen Arbeitsplatz mit einem auf dem Prüfstand für Flugmotoren bei Klöckner Flugmotorenbau. Dank dieser Berufe habe ich nur für ein Halbjahr insgesamt bei der Wehrmacht gedient.
Nach dem Krieg wurde die Firma auf Beschluß der Alliierten demontiert. Jetzt suchte ich mir einen Arbeitsplatz bei der Deutschen Reichsbahn, wo ich dann später als Lokomotivführer tätig war. Nach meinem Herzinfarkt im Jahre 1971 wurde ich vorzeitig in den Ruhestand versetzt.

*

Im › Brief an die Beiträger ‹ bedauert Arno Schmidt unter anderem, daß Max Hannemann und Kurt Lindenberg nicht mehr unter den Lebenden, von deren Aufzeichnungen er sich viel versprochen hatte. Daher gewinnen Interesse Lebensbilder, die Frau Hannemann, Ralf Lindenberg und Michael Wagner an Hans Riebesehl für dieses Buch gesandt haben :

Max Hannemann

geb. 19. 4. 13
1931 – 34 Lehre im Geschäft des Vaters : Zuschneider und Einzelhandelskaufmann
1934 – 43 Tätigkeit in Spezialgeschäften in Hamburg und Bremen (Herrenbekleidung)
Juni 43 Heirat in Hamburg
1943 – 45 Soldat (Einsatz in Rußland und Tschechoslowakei)
1945 – 48 Damals übliche Jobs und Geschäfte, um die Familie zu erhalten
1948 – 73 Tätigkeit in zwei Spezialgeschäften für Herrenbekleidung in Hamburg
17. 8. 76 gestorben

Mit zwei Schwestern in gutsituierter Familie aufgewachsen. Schon als Kind aufgeweckt, von gesunder Neugier den Ereignissen des Lebens gegenüber.
Sensibel erlebte er die Geschehnisse um sich herum. Alles Erlebte konnte er später in seiner Schulzeit und auch als Erwachsener mit großer schriftstellerischer und erzählerischer Begabung humorvoll wiedergeben. Ein musisch begabter Mensch, mit großer Liebe für die Schönheiten der Natur und alle Lebewesen.
Durch die Firma seines Vaters kam er in einen Beruf, der seinen Anlagen nicht ganz entsprach, den er aber mit großem Pflichtbewußtsein ausübte, um für seine Frau und seinen Sohn Mathias zu sorgen.
So weich und empfindsam wie er wirkte, konnte er hart kämpfen, für sich und seine Familie, wenn er mit dem Rücken zur Wand stand.

Die Eheleute schlossen sich im Älterwerden immer enger zusammen. Den Tod ihres Sohnes Mathias, September 1974, verwanden beide nicht. Sein Leiden ertrug er ohne Klagen in großer Geduld. Seine Frau pflegte ihn, wobei ihr liebe Menschen halfen.
Die Musik ist ihm Freude und Trösterin bis in seine letzten Tage gewesen. Anläßlich eines Beethoven-Konzertes aus dem Radio sagte er einen Satz, den seine Frau und seine Freunde nie vergessen werden : » Diese beseligende Musik ! Wie schön, daß es sie gibt «.

Michael Wagner über seinen Vater

Hans Joachim Wagner

Hans Joachim Wagner wurde am 18. Mai 1913 in Hamburg geboren. Seine Eltern waren der aus Mecklenburg stammende Architekt Richard Wagner und seine Frau Anna Wagner, geb. Bever, ebenfalls aus Mecklenburg.
Als Kind durchlitt er die schwere Krankheit der Kinderlähmung, wurde weitgehend geheilt, war aber Zeit seines Lebens behindert. Aufgewachsen ist Hans Joachim zusammen mit seinem Bruder Roland in Hamburg-Hamm, Jordanstr. 1. Dort besuchte er die Volksschule und später bis 1929 die Realschule Hamm (Abgangszeugnis vorhanden). Danach erlernte er das Maurerhandwerk bei Herrn Tonne von 1929 – 1932 im Chilehaus. In Berlin erfolgte die Architektenausbildung.
Nach 1930 wohnte die Familie im noch heute bestehenden Familienbesitz Alsterdorferstr. 351.
1934 starb der Vater Richard Wagner.
Im 2. Weltkriege leistete Hans Joachim Dienst bei der Baupolizei Hamburg im Bunkerbau. Seit 1947 war er im Tabakwarengroßhandel seiner späteren Schwiegereltern August Niemann tätig. Am 30. 6. 1949 heiratete er Ursula Niemann. Am 21. Mai 1950 kam das einzige Kind, Michael, zur Welt.
Nach dem Tode seines Schwiegervaters 1955 übernahm er die Leitung der Firma.
Zusammen mit seinem Bruder baute er die im Krieg zerstörten, vom Vater geerbten Grundstücke wieder auf, ebenso ein neues Geschäftshaus im Jahre 1959. Seine Mutter Anna Wagner starb im hohen Alter von 81 Jahren 1957. Angegriffen durch die Kinderlähmung, durch den übermäßigen Einsatz in den Wiederaufbaujahren und durch die Führung des Geschäfts, starb mein Vater nach einem zweiten Herzinfarkt am 27. 11. 1971 im Alter von 58 Jahren. Kurz zuvor hatte er mit seiner Frau und seinem Sohn eine Reise ans Schwarze Meer gemacht, eine letzte, schöne Erinnerung.

Ralf Lindenberg über seinen Vater

Kurt Lindenberg

Geboren am 2. 4. 1913 in Hamburg.
Die Eltern entstammen alten Hamburger Familien, der Vater war kaufmännischer Angestellter.
1 Schwester, Hildegard, geboren am 10. 5. 1921.
Aufgewachsen in Hamburg, Einschulung 1919. Nach der Grundschule Besuch der Oberrealschule Brekelbaumspark.
Als musisch begabter Schüler lernte er das Klavierspielen, das er später sehr gut beherrschte. Aber auch dem Sport – Hockey – und vor allen Dingen der Politik vor und während des Dritten Reiches galt sein besonderes Interesse. Nicht zuletzt aus diesem Grunde hat er die Schule damals verlassen und eine anschließende Lehre als Industriekaufmann in einer chemischen Fabrik mit Abschluß durchgeführt.

Schon Mitte der dreißiger Jahre war er in leitender Stellung einer damals sehr bekannten Schraubengroßhandlung, zu deren Aufbau er wesentlich mit beitrug.
Während des Krieges Referent im Rüstungsministerium Berlin (OKM – Marine), erst in den letzten Wochen des Krieges eingezogen und nach Ende des Krieges in kurzer Kriegsgefangenschaft.
Inzwischen verheiratet, zwei Kinder, Tochter Heike 21. 3. 38 und Sohn Ralf 1. 5. 42.
Nach dem Kriege durfte er keine leitende Stellung in der Wirtschaft übernehmen (wegen seiner Tätigkeit im Kriege und als ehem. Pg.). So war er Angestellter einer kleineren Firma, für die er Aromastoffe und Reagenzgläser verkaufte. 1950 kehrte er zurück zu der bereits erwähnten Schraubenhandlung und half beim Wiederaufbau der Firma, die zu einem führenden Unternehmen ihrer Branche wurde. Hier war er leitender Prokurist bis zum Verkauf der Firma an ein Wettbewerbsunternehmen 1965. Ein Herzinfarkt 1964 und seine Folgen erschwerten seinen neuen Berufsweg als selbständiger Industrievertreter. Doch mit seiner Zähigkeit und großen Erfahrung baute er seine eigene Firma erfolgreich auf, zuerst allein, später mit seiner Frau und ab 1971 mit seinem Sohn.
Inzwischen war er bereits siebenfacher Großvater.
August 1974 stellte er sich einer schweren Herzoperation, die aufgrund seiner jahrelangen Beschwerden notwendig wurde. Nach anfänglicher guter Erholung wurde Ende des Jahres eine Bauchoperation notwendig. An den Folgen dieser Operation war Vater am 5. 1. 1975 dann verstorben.

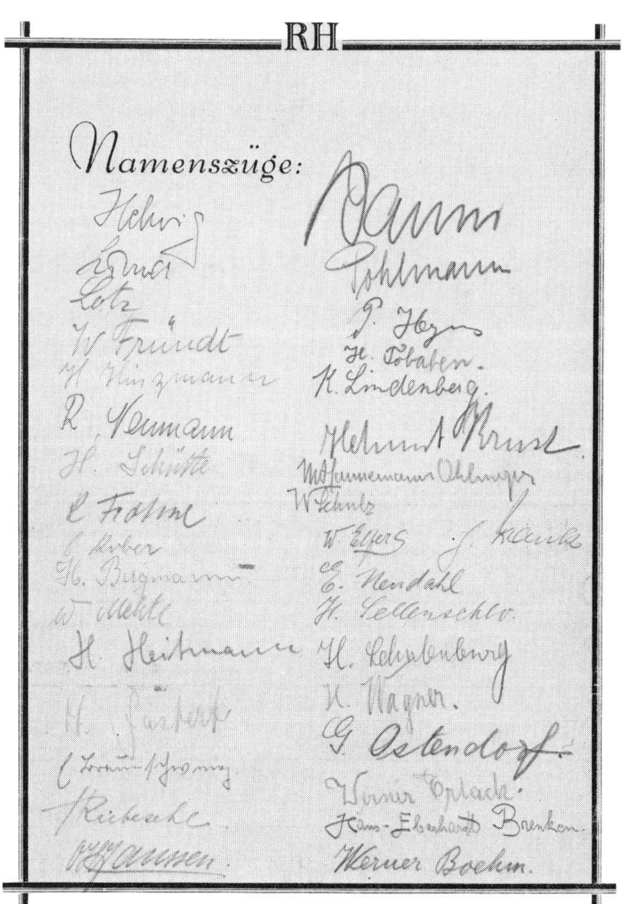

Namenszüge von Klassengenossen und Mitschülern, vermutlich von einem Beisammensein anläßlich des Einjährigen im Frühjahr 1930. Alle Einjährigen sind (bis auf einen) vertreten, dazu der Klassenlehrer Helwig. Die Initialen ›RH‹, Realschule Hamm, die gedruckte Überschrift »Namenszüge« und ein Faltdeckel mit Aufdruck der Schule lassen an ein vorbereitetes Erinnerungsblatt denken, vielleicht für jeden der Einjährigen eines, in das sich alle Teilnehmer eintrugen.

Anwesende Studienräte: Helwig, Baum, Pohlmann. – Weiter haben sich eingetragen: Lauer, Lotz, Fründt, Hinzmann, Neumann, Schütte, Frohne, Kober, Bergmann, Heitmann, Fastert, Braunschweig, Riebesehl, Janssen, Lindenberg, Hannemann-Ohlmeyer, Schulz, Elfers, Frank, Neudahl, Sellenschlo, Schulenburg, Wagner, Ostendorf, Erlach, Boehm.
Die Namen Heyns, Tobaben, Kruse und Brenken sind nicht zu identifizieren. Mehte erinnert an den Mitschüler in der Volksschule am Pröbenweg, von Arno Schmidt »Methe« genannt (lt. Adreßbuchvermerk wurden die Mehtes auch Methe geschrieben). Näheres nicht feststellbar.

MATERIALIEN-SAMMLUNG

» Zur Einführung «

Arno Schmidts Arbeitstitel »BESCHREIBUNG EINER SCHULE UND EINER KLASSE« verweist darauf, dem Buch Materialien beizufügen, die auf die ein' oder andere Weise das Bild von Schule und Unterricht ergänzen.

Arno Schmidt hatte für solche Beigaben nur einen losen Rahmen vorgegeben. An einzelnem wurden immer wieder berufen Textproben aus dem Kumsteller (»ganz wichtig für meinen ›Alexander‹ gewesen«) und Abbildungen der Schulbücher, deren äußere Erscheinung durch den jahrelangen täglichen Umgang haften geblieben war. In einer Fußnote wird Herbert Augustin besonderer Dank für die Hergabe der Bücher ausgesprochen.

Zeugnisse der Diktion der Lehrer in Veröffentlichungen erschienen in zwei Fällen instruktiv, wo sie von den Klassengenossen und Arno Schmidt lebhaft erinnerte Gegenstände berühren (Ernst Foersters Lieblingsidee von einer ›Sozialaristokratie‹; Ferdinand Bruns' systematisches Durchdenken zeichnerischer Probleme), um solche Erinnerungen noch deutlicher zu belegen. Von selbst ergab sich die Frage nach dem damals geltenden Unterrichtsplan, dem Fächerkanon, den Anweisungen zum Gestaltungsspielraum im Fremdsprachenunterricht. Der Hinweis auf die Beispiele englischer Lyrik im Englisch-Lehrbuch von Lincke ist im Zusammenhang der späteren Bedeutung von Autoren wie Tennyson, Southey, Scott und Browning im Werk Arno Schmidts zu sehen.

Formalien wie Schulsiegel-Verleihung durch den Senat und reichsbehördlich abgesegnete Berechtigung, die Einjährig-Freiwilligen-Befähigung mit dem Abgangszeugnis der mittleren Reife zuzuerkennen (bis 1918, aber mit weiterwirkendem Prestige), rufen den staatlichen Standard des Schultyps ins Gedächtnis. Hinweise auf gleichsam vorweggenommene Porträtbuch-Glossen in frühen Texten Arno Schmidts bezeugen die Konsistenz des Themas in seiner Gedankenwelt.

Ein glücklicher Zufall brachte noch im Augenblick der Drucklegung die Erinnerung eines späteren Schülers bei über die letzten Tage der Schule am Brekelbaumspark vor und nach ihrer Zerstörung im vergangenen Kriege.

Gebäude und Lage der Realschule in Hamm

Die Realschule am Brekelbaumspark war in den Jahren 1904–1906 errichtet worden, wobei auch Absichten städtebaulicher Repräsentation architektonisch zum Zuge kamen. Der Revisionsbericht der Oberschulbehörde vom 28.11.1908 bemerkt dazu

> »Das Schulgebäude stand Ostern 1906 bei der Eröffnung der Anstalt gebrauchsfertig da. Es ist unter den Schulhäusern der II. Sektion das erste Beispiel des neueren Bautyps, der neben den schultechnischen Verbesserungen der Eppendorfer Realschule den Vorzug einer reicheren architektonischen Gliederung aufweist.
> Als Schmuck des Stadt- und Straßenbildes kommt das Gebäude wegen seiner etwas verborgenen Lage zwar nicht zu seiner vollen Geltung, es bietet aber dafür durch die Stille seiner Umgebung sehr wesentliche Vorteile für den Schulbetrieb. Während der drei Revisionstage habe ich keinen irgendwie störenden Straßenlärm gehört.«

(Staatsarchiv A 16,2 – Akten der Oberschulbehörde)

Genehmigung des Senats zur Führung eines Schulsiegels

Rechtzeitig vor Aufnahme des Unterrichts erhielt die ›Realschule in Hamm‹ am 15. Januar 1906 ein Schulsiegel mit folgendem Beschluß des Senats förmlich zuerkannt:

»Der Senat genehmigt, daß die Realschule in Hamm einen Siegelstempel führe, der die Hamburgische dreitürmige Burg wachsend und die Umschrift: Realschule in Hamm, Hamburg, zeigt«.

(Staatsarchiv A 16,4 – Akten der Oberschulbehörde)

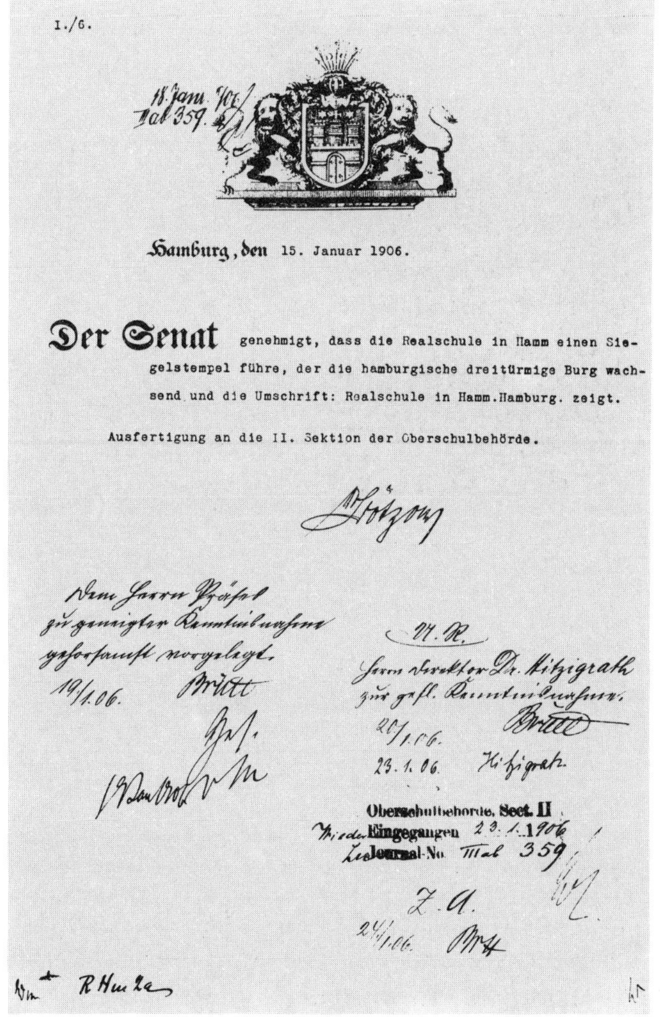

I./6.

Hamburg, den 15. Januar 1906.

Der Senat genehmigt, dass die Realschule in Hamm einen Siegelstempel führe, der die hamburgische dreitürmige Burg wachsend und die Umschrift: Realschule in Hamm.Hamburg. zeigt.

Ausfertigung an die II. Sektion der Oberschulbehörde.

Oberschulbehörde, Sect. II
Eingegangen 23. 1. 1906
Journal-No. ... 359

Unsere Schule ist eine regelrechte Paukschule, aber eine von der positiven Sorte. Wir werden sehr gefordert ... und wer den Stoff nicht schafft, bleibt entweder sitzen oder verläßt die Schule. Es ist eine gnadenlose Auslese. (Wilhelm Schulz, S. 108)

Schülerzahlen der Realschule in Hamm während der Zugehörigkeit Arno Schmidts, Ostern 1924 und Michaelis 1928

Nach den statistischen Meldungen der Realschule an die Oberschulbehörde zählte die Quinta a (eigentlich Sexta) Ostern 1924 bei ihrer Einrichtung unter dem Klassenlehrer Dr. Heinrich Michaelsen 52 Schüler. Die Gesamtzahl der Schüler betrug 511.
Bis Michaelis 1928, Arno Schmidts Abgang, war die Schülerzahl auf 353 zurückgegangen, die beiden Obertertien zählten 27 und 29 Schüler; wegen einer Änderung der Bezeichnung ist nicht ersichtlich, welche davon Arno Schmidts Klasse war.

(Staatsarchiv A 16/6 – Akten der Oberschulbehörde)

Herkunftsverhältnisse der Schüler der Realschule in Hamm

Schulakten der Realschule in Hamm, mit fortlaufenden Aufzeichnungen über Familie und Herkunft der Schüler, sind nicht aufbewahrt.
In einer Aufstellung des Direktors Stoppenbrink für die Oberschulbehörde vom 22.10.1930 mit einer Aussichten-Beurteilung für die 19 Schüler der ersten zur Reifeprüfung führenden Obersekunda, worunter auch Arno Schmidts alte Klasse vertreten, erscheinen als Berufe der Väter

> »Dreher, Oberpostsekretär, Straßenbahnschaffner, Buchhalter, Eisenbahnobersekretär, Postschaffner, Expedient, Desinfektor, Mechaniker, Magazinarbeiter, Eisenbahnbeamter, Lehrer (gefallen), Tischler, Lagerhalter, Kanzleivorsteher, Maschinist, Sattlermeister, Barbier, Aufseher.«

(Staatsarchiv A 16/1a – Akten der Oberschulbehörde)

Dies einheitlich geprägte, »werktätige« Berufebild entspricht weitgehend auch den Berufsangaben der Bewohner von Rumpffsweg und Eiffestraße im Adreßbuch von 1922 (Abb. S. 298/299).
Bei den hier gegebenen Voraussetzungen können Stellung und Funktion der Realschule als Vermittlerin von Aufstiegschancen für ihre Absolventen nicht hoch genug eingeschätzt werden.

Berechtigung, mit dem Abgangszeugnis der mittleren Reife auch die ›wissenschaftliche Befähigung für den einjährig-freiwilligen Militärdienst‹ zuzuerkennen.

Wenn die Errichtung einer Realschule, der ersten höheren Schule in dem neuen Viertel Hamm-Süd, einen Einschnitt in der Sozialgeschichte des Viertels bedeutete, so gehörte dazu auch die Zuerkennung der

> »Berechtigung zur Ausstellung von Zeugnissen über die wissenschaftliche Befähigung für den einjährig-freiwilligen Militärdienst«,

sowohl was das gesellschaftliche Prestige der Schule wie die materielle Bedeutung für den Lebensweg des Absolventen bis zum Ende des Kaiserreiches anging.

Abschrift.

Hamburg, den 8. Mai 1909.

Euerer Durchlaucht beehrt sich die unterzeichnete Senatskommission beifolgend Abschrift eines Berichts der hiesigen Oberschulbehörde, Sektion für das höhere Schulwesen, vom 29. v. M. nebst Anlagen, diese unter Rückerbittung, über die zu Ostern 1906 errichtete, jetzt vollständig entwickelte staatliche Realschule im Stadtteile Hamm ergebenst zu übersenden.

Auf Grund dieser Vorlagen beantragt der Senat, daß die genannte Schule nunmehr als zur Ausstellung gültiger Zeugnisse für die wissenschaftliche Befähigung zum einjährig-freiwilligen Militärdienst berechtigte Anstalt anerkannt werde, und zwar mit rückwirkender Kraft für die im März d. J. geprüften und reif befundenen Schüler.

Die Senatskommission
für die Reichs- und auswärtigen Angelegenheiten.
Der Vorstand.
J. A.
gez. Schmitz.

Seiner Durchlaucht
dem Herrn Reichskanzler
Fürsten von Bülow.
Reichsamt des Innern.
J. No. 4477. Berlin.

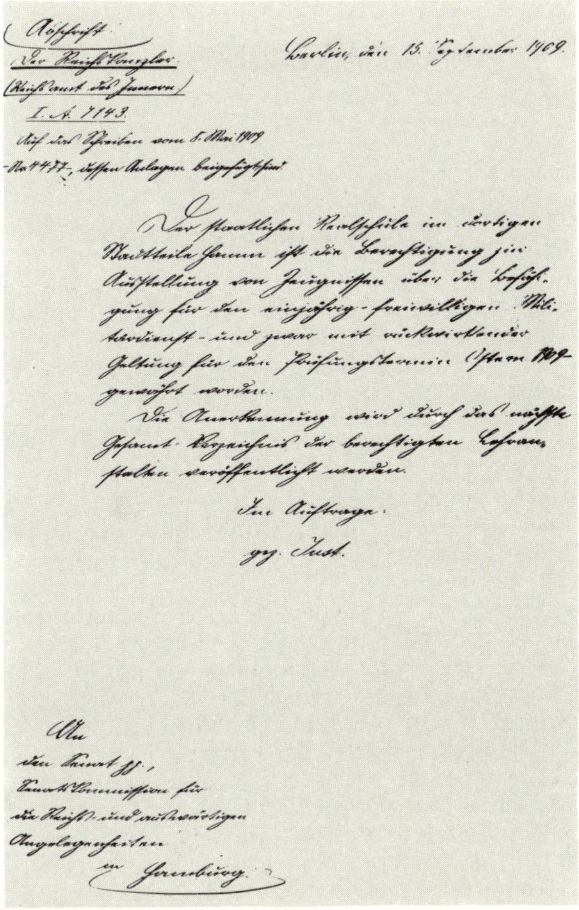

Diese Berechtigung mußte, wegen des damit verbundenen Zugangs zur Reserve-Offiziers-Laufbahn, von der Senatsabteilung für äußere Angelegenheiten beim Reichsamt des Innern in Berlin beantragt werden, belegt u. a. mit Personalangaben über Herkunft und Bildungsweg (Konfession) des Lehrkörpers. Die Genehmigung wurde mit Verfügung vom 15.9.1909 (»Der Reichskanzler. Reichsamt des Innern«) erteilt.
Die Unterlagen befinden sich bei den Akten der Oberschulbehörde im Staatsarchiv. Gegenüber und oben Faksimiles des an den Reichskanzler Fürsten von Bülow gerichteten Antrags und der bewirkten Verfügung des Reichsamts des Innern. (Der Fürst galt und fühlte sich als Hamburg verbunden und besaß einen Wohnsitz an der Elbchaussee, damals Flottbek.)
Auch in den auf das Kaiserreich folgenden Jahrzehnten blieb die mittlere Reife im Sprachgebrauch ›Das Einjährige‹, wie sich auch in den 20er Jahren allgemein der Brauch hielt, um die Schülermützen der drei Oberstufenklassen die gedrehte schwarzweiße Schnur als Zeichen des ›Einjährigen‹ zu tragen.

Stundentafeln der Real- und Oberrealschulen lt. Beschluß der Oberschulbehörde vom 17. Dezember 1925

Vorbemerkungen.

1. Die Stundentafeln machen den Versuch, die Unterrichtsverteilung nicht nach einzelnen Fächern, sondern nach Fächergruppen zu regeln und damit den Schulen eine größere Bewegungsfreiheit innerhalb der verwandten Fächer zu gewähren. Die Gesamtstundenzahl der einzelnen Gruppen gilt als Höchstzahl und darf nicht überschritten werden; sie soll möglichst nicht voll in Anspruch genommen werden.
2. Die Fächerverteilung innerhalb der Gruppen gilt als Regelfall. Verschiebungen können semesterweise, oder wenn die Fächer einer Gruppe in einer Hand liegen, auch auf kürzere Frist vorgenommen werden.
3. Als Regel wird die 45-Minuten-Stunde zugrunde gelegt; die 6. und die 5. Stunde können um 5 Minuten gekürzt werden. Bei reichlicher Bemessung der Pausen, einschl. der Turnpause, auf 60 Minuten kann die verbindliche Tagesarbeit auch in den Oberklassen in 5 Stunden und 25 Minuten erledigt werden.
4. Der Spielnachmittag oder ein entsprechender Ersatz ist in die Berechnung nicht eingeschlossen, auch nicht der wahlfreie Unterricht. Es ist dem einzelnen Schüler nur die Teilnahme an einem wahlfreien Unterrichtsfach gestattet. Ausnahmen bedürfen der Zustimmung der Klassenkonferenz.
5. Für die Anstalten mit freierer Gestaltung des Unterrichts auf der Oberstufe bleibt, soweit es sich nicht um Gruppenbildung handelt, die Verfügung der Oberschulbehörde vom 22. Februar 1922 in Gültigkeit:

   „Es können in den Primen bis zu 4 Stunden des Normal-Lehrplans fortfallen, um Raum zu schaffen für solche Fächer, deren stärkere Betonung für einzelne Schülergruppen wünschenswert erscheint, oder die im Normalplan bisher keinen Platz haben."

   Eine Vermehrung der verbindlichen Unterrichtsstunden darf nicht eintreten.
6. Für die Realschulen für die männliche und weibliche Jugend gilt der Plan der Oberrealschule VI—IIb, für die Aufbauschule der Plan der Deutschen Oberschule IIIb—Ia.
7. Für den Schreibunterricht solcher Schüler der Unterstufe, die seiner noch dringend bedürfen, muß Raum im Zeichenunterricht gewonnen werden.
8. Abweichungen von diesen Bestimmungen bedürfen der Genehmigung der Oberschulbehörde.

Hamburg, den 17. Dezember 1925.

Die Oberschulbehörde.

4. Oberrealschule und Realschule.

Gruppenplan.

	VI	V	IV	IIIb	IIIa	IIb	IIa	Ib	Ia	Zus.
Religion Deutsch Geschichte Musik Zeichnen und Werkunterricht	12	13	15	12	11	11	11	11	11	**107**
Erdkunde Mathematik und Rechnen Naturwissenschaften	9	8	9	9	13	14	14	15	15	**106**
1. Fremdsprache 2. Fremdsprache	6	6	6	10	8	8	8	7	7	**66**
Turnen	3	3	3	3	3	3	3	3	3	**27**
	30	30	33	34	35	36	36	36	36	**306**

Fächerplan.

	VI	V	IV	IIIb	IIIa	IIb	IIa	Ib	Ia	Zus.
Religion	2	2	2	2	2	2	2	2	2	18
Deutsch	6	6	5	4	4	4	3	3	3	38
Geschichte	—	—	2	2	2	2	3	3	3	17
Musik	2	2	2	2	1	1	1	1	1	13
Zeichnen und Werkunterricht	2	3	4	2	2	2	2	2	2	21
Erdkunde	2	2	2	2	2	2	—	2	1	15
Mathematik und Rechnen	5	4	5	5	5	5	5	5	5	44
Naturwissenschaften	2	2	2	2	6*)	7*)	9*)	8*)	9*)	47
1. Fremdsprache	6	6	6	4	4	4	4	4	4	42
2. Fremdsprache	—	—	—	6	4	4	4	3	3	24
Turnen	3	3	3	3	3	3	3	3	3	27
	30	30	33	34	35	36	36	36	36	306
Wahlfrei:										
Lateinisch oder Spanisch	—	—	—	—	—	—	3	2	2	
Werkunterricht	—	—	—	2	2	2	—	—	—	
Kurs (gegen Fortfall anderer Stunden)	—	—	—	—	—	—	—	4	4	Höchstzahl

Chor- und Orchesterübungen, Schulbühne.

*) Davon mindestens 2 für praktische Übungen.

Die Gestaltung des Englisch-Unterrichts bei Ernst Foerster

Die Methodik von Ernst Foersters Englisch-Unterricht wurde von allen Teilnehmern als sehr spontan, phantasievoll und oft auch willkürlich empfunden. Doch im Prinzip wich er von den Vorschriften für diesen Unterricht nicht ab, sondern legte alles darauf an, ihre Möglichkeiten voll auszuschöpfen. Diese waren denkbar weit gespannt.

In den ›Lehrplänen der Höheren Schulen Hamburgs für Englisch, Französisch und Spanisch – Grundsätzliches und Methodisches sowie Lehraufgaben‹ von 1928 (hrsg. von der Oberschulbehörde, 20 Seiten) wird angeordnet:

> »Die Unterrichtssprache ist grundsätzlich die fremde. ...
> Mündliche und schriftliche Übungen bieten sich dem Lehrer in unerschöpflicher Reichhaltigkeit an. Er kann daher den Anregungen des Lehrbuches oder einer neusprachlichen Methodik folgen oder auch der eigenen Erfindung vertrauen. ...
> Überhaupt liegt der stärkste Nachdruck auf der in der Klasse geleisteten Arbeit. Die nähere Umgebung des Schülers in Schule und Haus, das tägliche Leben geben die ersten Unterlagen für die Sprechübungen; dann schließen sie sich an die Lektüre an, ohne sich auf diese zu beschränken, und ergreifen in wachsender Freiheit alles, wozu diese Lektüre anregt, wenn auch dessen Behandlung nur in losem Zusammenhang mit dem Gelesenen steht.«

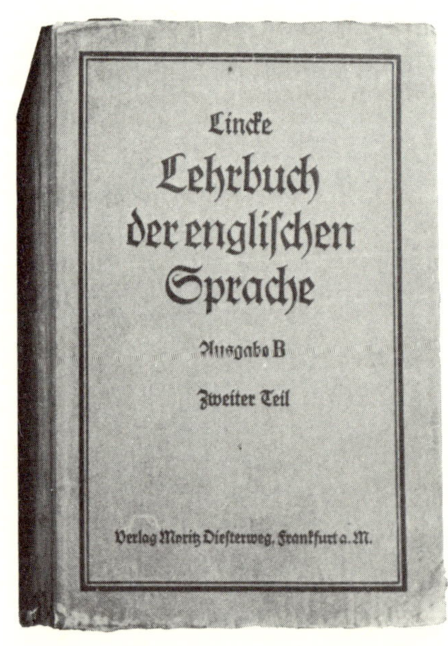

Die englischen Gedichte im Lehrbuch von Lincke

Im ›Lehrbuch der englischen Sprache für höhere Lehranstalten‹ von Prof. Kurt Lincke (Ausgabe B II, Zweites und Drittes Schuljahr, 1927, Frankfurt, Diesterweg) bringt der Appendix ›Poetry‹ zwölf Gedichte von acht Autoren, Klassikern vornehmlich der ersten Hälfte des 19. Jahrhunderts: je zwei von Longfellow, Scott, Tennyson, Wordsworth, je eines von Browning, Burns, Byron, Southey.
Es ist anzunehmen, daß dies die ersten englischen Gedichte sind, mit denen Arno Schmidt sich beschäftigte, Gedichte dieser Autoren wurden von ihm übersetzt, zu fast allen existieren vielfache Bezüge in ›Zettels Traum‹ und anderen Werken.

Die Titel der Gedichte lauten in der Reihenfolge des Appendix

Bruces Address to his Army before the Battle of Bannockburn . . *(Robert Burns)*
Nature . . . . *(William Wordsworth)*
The Daffodils . . . . *(William Wordsworth)*
Lochinvar . . . . *(Walter Scott)*
Love of Country . . . . *(Walter Scott)*
The Inchcape . . . . *(Robert Southey)*
The Castled Crag of Drachenfels . . . . *(George Lord Byron)*
A Psalm of Life . . . . *(Henry Wadsworth Longfellow)*
Azrael . . . . *(Henry Wadsworth Longfellow)*
The New Year . . . . *(Alfred Lord Tennyson)*
The Charge of the Light Brigade . . . . *(Alfred Lord Tennyson)*
Incident of the French Camp . . . . *(Robert Browning)*

So blieb im Gedächtnis haften Tennysons ›The Charge of the Light Brigade‹. Als im Stifter-Nachtprogramm ›Der sanfte Unmensch‹ bald nach Beginn der Fanfarengong ertönt und ein Schlachtenpanorama als Hintergrund von Stifters Lebenszeit heraufgerufen wird von Jena-Auerstädt bis Königgrätz, und mit ›Balaklawa‹ und ›Malenkoff‹ der Krimkrieg an die Reihe kommt, sind Zeilen aus Tennysons Gedicht zur Hand: »Half a league, half a league... All in the valley of death rode the sixhundred«.

Leseprobenaus dem ›Kumsteller‹

Die anschauliche, anekdotisch vorgehende Darstellung der alten Geschichte im Mittelstufe-Band von Bernhard Kumstellers ›Geschichtsbuch für die deutsche Jugend‹ (1924, Leipzig, Quelle & Meyer) war geeignet, sich dauerhaft einzuprägen, gleichsam als eine säkularisierte Heldenfibel aus fernen Zeiten.
Dazu trug auch die intensive Behandlung dieses Lehrstoffs durch den Lehrer bei, mit Diktaten und Aufsätzen, Anlegen tabellarischer Übersichten und emphatischem Vortrag. Die Zeit nach dem unglücklich geendeten Ersten Weltkrieg war aufnahmebereit für große vergangene Historie, vorzüglich die der mythisierbaren Antike.
Leseproben aus dem Kumsteller zur Illustration der Wirkung auf die Klassengenossen beizugeben, war für Arno Schmidt conditio sine qua non, ein Buch über jene Schuljahre ohne Kumsteller-Textproben für ihn undenkbar. Aus Kumstellers Geschichtserzählung zuerst habe sich ihm die Bühne seiner vier Erzählungen aus der Antike gebildet.

Zunächst zwei Zustandsbilder aus der vorgriechischen Geschichte:

8. Kapitel. Im Morgenlande.

Ehe noch die Griechen in Griechenland eingewandert waren, vielleicht 4000 Jahre v. Chr., bestand schon im Niltal ein blühendes Reich, *Ägypten*. Es war um das Jahr 1700 v. Chr., da fuhr ein Kaufmann nilabwärts. Er hatte Gold und Weihrauch auf seinem Schiffe geladen. Rechts und links blickte er in eine blühende Garten- und Ackerlandschaft; ihre Fruchtbarkeit war ein Geschenk des Nils. Am rechten Ufer tauchte das „hunderttorige" *Theben*, die eine Hauptstadt des Landes, auf. Hier glitt quer über den Strom eine Barke. Sie trug eine Leiche, in kostbares Linnen gehüllt und mit duftenden Salben einbalsamiert, hinüber in die Totenstadt, die in den gelben Uferfels eingehauen war. Neben dem Toten waren mit Speisen gefüllte Tongefäße und Schalen mit blanken Schmucksachen aufgestellt. Sie sollten ihm in die Grabkammer mitgegeben werden; denn die alten Ägypter glaubten, daß der Tote eine lange Wanderung in ein fernes Land antrete, um dort weiter zu leben. Da sollte es ihm an nichts fehlen, damit er sich nicht an den Lebenden für schlechte Behandlung nach seinem Tode rächte. Die Grabkammer hatte sich der Tote schon bei Lebzeiten bauen und von weiser Priesterhand mit merkwürdigen Bildzeichen schmücken lassen (Bilderschrift oder Hieroglyphen). Eine festungsähnliche, riesige Mauer, eineinhalb Kilometer lang, überragte Theben. Sie umschloß den Tempelbezirk des Sonnengottes Amon-Rê, des obersten aller ägyptischen Götter. Der Tempelbezirk war ein wahres Labyrinth von 21 Meter hohen, palmenschlanken Säulen, Höfen, Terrassen, Mauern. Vom Flusse führte zu ihm ein von steinernen Kolossen, ruhenden Löwen mit Widderköpfen, eingefaßter Weg hinauf. Diese stellten Gottheiten dar; denn die Ägypter dachten sich die Götter als Tiere, bisweilen als Tiere mit Menschenköpfen oder als Menschen mit Tierköpfen. Hier in Theben erhob sich auch über dem Wasser der parkumkränzte Palast des Pharao, des Königs, der als Sohn des Gottes verehrt wurde.

Flußabwärts gelangte der Reisende nach Memphis, in der Nähe des heutigen Kairo, der zweiten Hauptstadt. Dort ragten aus dem Wüstensand die gewaltigen Pyramiden. Sie hatten in grauen Vorzeittagen, vielleicht um 3500 v. Chr., den Königen als Begräbnisstätten gedient. Die größte von ihnen, die Cheopspyramide, war so hoch wie der Kölner Dom. An ihr sollen 100000 Arbeiter 20 Jahre lang gearbeitet haben.

Ungefähr zur selben Zeit, als das ägyptische Reich entstand, hatte ein fleißiges Bauernvolk aus der Euphrat- und Tigrisebene ein so herrliches Ackerland geschaffen, daß die Kinder Israel glaubten, hier habe am Anfang der Welt das Paradies gelegen. Hier lag Babylon, die Hauptstadt eines mächtigen Reiches, eine richtige Großstadt. Denkt euch 1200 Jahre v. Chr. zurück! In Babylon war wieder einmal Messe. Unter den Palmen vor den festen Toren der Stadt lagerten Kamelkarawanen. Buden waren aufgeschlagen. Händler aus aller Herren Ländern, aus Indien, Afrika, Arabien drängten sich. Schreiend priesen babylonische Kaufleute die weltberühmten babylonischen Gläser und buntgestickten Gewänder an. Hier wurde gerade der eine von ihnen mit einem Phönizier wegen phönizischer Purpurstoffe nach langem Feilschen handelseins. Ein schwarzer Sklave brachte eine Wage, und der Käufer wog die verlangte Silbermasse ab, um damit zu bezahlen; in Griechenland dagegen wurde noch bis zum 6. Jahrh. v. Chr. mit Sklaven oder Vieh bezahlt. An einem Tisch kauerte ein Priester mit langem Bart und hoher Mütze und ritzte eckige Zeichen in ein feuchtes Tontäfelchen (Keilschrift). Ein Kaufmann trat zu ihm: „Weiser Mann, ich will meinem Freund für 24 Wochen Geld borgen, schreibe uns das auf!" „Und ich will dem Sohn meines Geschäftsfreundes meine Tochter vermählen, schreibe uns den Ehevertrag!" rief ein anderer. Noch viele andere kamen mit ähnlichen Anliegen. Die Priester als die Schriftkundigen hatten es an solchen Messetagen nicht leicht.

Arno Schmidts Alexander, oder Was ist Wahrheit stellt die historische Größe der Figur in Frage, anders als die Darstellung im Geschichtsbuch, die ihn mit der überlieferten Alexandergestalt bekannt machte und – »sympathetisch« – die »Kulisse« für die Erzählung erzeugte. Deren Schlüsselfigur Aristoteles erscheint hervorgehoben bei Kumsteller bereits in der ersten Zeile.

Im Nachfolgenden das Alexanderkapitel aus Kumstellers › Geschichtsbuch ‹ :

13. Kapitel. Alexander der Große (336—323 v. Chr.).

1. Der Kriegsheld Alexander.

Issos (333 v. Chr.).

Philipp, selbst ohne Bildung, hatte Aristoteles, den ersten Gelehrten seiner Zeit, Geschichtsforscher, Literaturforscher, Naturforscher, Lehrer der Redekunst in einer Person, als Erzieher für seinen Sohn gewonnen. Oft setzte der Schüler seinen Lehrer durch seinen Lerneifer und seine verständigen Fragen in Erstaunen. Aber trotz seines Fleißes lockte ihn nicht das stille, beschauliche Leben des Gelehrten, sondern der Ruhm des Feldherrn. Achill war sein Vorbild.

Bereits zwei Jahre nach seiner Thronbesteigung, 22 Jahre alt, setzte er, der Liebling der Soldaten, mit nur 30 000 Mann über die Dardanellen, um den Plan seines Vaters auszuführen und den persischen Koloß zu zertrümmern. Großartige Festspiele am Heldengrabe des Achill in der Ebene von Troja leiteten den Krieg ein. Erst im Jahre 333, als Alexander bereits in Cilicien stand, stellte sich ihm der Perserkönig Dareios bei Issos zur Schlacht entgegen. Heissa, an der Spitze der mazedonischen Garde-Kavallerie stürmt die kleine, vom Sport gestählte Gestalt Alexanders auf schnaubendem braunem Streitroß, ohne Helm, die Lanze schwingend, gegen den Feind. Seine großen Augen funkeln. „Mir nach! Dort ist der Wagen des Perserkönigs!" Ein wildes Reitergetümmel um den Wagen! Persische Edle decken ihren König mit ihren Leibern. Da wendet dieser den Wagen plötzlich zu eiliger Flucht und wirft seinen Bogen fort. Das ganze Heer flieht. Die Fliehenden trampeln sich gegenseitig tot. Unerbittlich sind bis zum Sonnenuntergang die Verfolger den Flüchtigen auf den Fersen. Das Lager mit seinen Schätzen und mit der königlichen Familie fällt in ihre Hände.

Der Zug nach Indien (327 v. Chr.).

Sechs Jahre waren seit Issus verstrichen. Sämtliche Provinzen, darunter auch Ägypten, und sämtliche Hauptstädte des Perserreiches hatte Alexander nach und nach erobert. Ungeheure Schätze, in einer Stadt allein 235 Millionen gemünztes und ungemünztes Edelmetall, waren in seine Hände gefallen. Ein ehrgeiziger Großer hatte Dareios auf seiner Flucht ermordet. Tausende von Kilometern war Alexander über hohe Gebirge, durch Salzsteppen und Wüstensand marschiert und so bis nach Turkestan an das Gestade des Syr-Darja (Jaxartes) und bis nach Afghanistan an den Fuß des eisbedeckten Hindukusch gekommen, der Indien gegen Nordwesten absperrt. Jetzt lockte es ihn, auch Indien, das Wunderland, von dem er so viel Seltsames gehört hatte, selbst zu schauen und zu bezwingen; und wirklich, er stieg in das Land seiner Sehnsucht mit seinem Heere hinab. Hier trat ihm ein indischer König entgegen. Der hieß Porus. Wie staunten die Mazedonier, als sie an einem Stromufer auf weiter Grassteppe das große, buntgeputzte Heer und in seiner Mitte lebende, schnaubende Ungetüme mit langen Rüsseln sahen, die auf ihren Rücken hölzerne mit Bogenschützen bemannte Türmchen trugen. Das waren also die berühmten Elefanten des Porus! Alexanders Soldaten gingen ihnen jedoch mit ihren Lanzen furchtlos zu Leibe. Erst als der größte Teil des indischen Heeres und der Elefanten die Walstatt bedeckte, entschloß sich der heldenhafte König, aus vielen Wunden blutend, auf seinem Elefanten zur Flucht. Er wurde aber gefangen genommen und vor Alexander gebracht. Der staunte über seine reckenhafte, mehr als zwei Meter hohe Gestalt und fragte ihn, was er sich wünsche. Porus antwortete: „Daß du mich königlich behandelst." Darauf gab ihm Alexander sein Land vergrößert zurück und schloß mit ihm Freundschaft. Das mörderische Klima, tropische Wolkenbrüche und Krankheiten unter seinen Soldaten setzten aber bald seinem Vordringen nach Osten ein Ende.

So trat er unbesiegt die Rückkehr an. Mit einer schnell gebauten Flottille fuhr er den breiten Indus abwärts. Das war eine Fahrt! Oft genug versperren feindliche Stämme den Weg. Kämpfe und Überfälle! Der König selbst schwer verwundet! Voll Bangen hören die wackeren mazedonischen Berghirten den Tiger in der Tropennacht brüllen, blicken in die geheimnisvollen Bambusdschungeln; voller Bewunderung starren sie auf bunte Städte, grell bemalte Tempel mit hohen Türmen und fratzenhafte Götterbilder. Nach 10 Monaten endlich erblickten sie den endlosen Ozean. Nun gab Alexander einem Teil des Heeres den Befehl, auf dem Seeweg nach Babylon zu fahren. Ohne Kompaß, ohne Karte, in winzigen Schiffen auf den mächtigen Wogen des den Griechen bis dahin unbekannten Meeres, welch kühne Entdeckertat! Er selbst zog mit seinem Landheer durch die Wüsten und Einöden Beludschistans. Tausende von Soldaten blieben tot zurück. Wahrlich, kaum einem andern wäre es gelungen, das Heer trotz aller Schwierigkeiten glücklich nach Babylon zurückzubringen.

2. In Alexanders Residenz.

Als Alexander nach der Schlacht bei Issos nach Ägypten zog und das berühmte Heiligtum des Sonnengottes in der Oase Siwa besuchte, begrüßten ihn die Priester als Sohn des Sonnengottes. Er selbst nannte sich seit der Ermordung des Dareios König von Persien und regierte nach dem indischen Feldzug im alten Königsschloß zu Babylon genau wie die früheren persischen Großkönige. Am frühen Vormittag, nach einem Bade in rosenduftendem Wasser, beginnt sein Tagewerk. In prunkvollem Königsornat, mit der Kopfbinde geschmückt, empfängt er, auf dem Thronsessel sitzend, seine Generale zum Vortrag. Nach persischer Sitte müssen sich die alten Haudegen vor ihm zur Begrüßung niederwerfen. Sie müssen ihm berichten, wie weit die Aufstellung des persischen Gardekorps, wie weit die Rüstung für den nächsten Feldzug gediehen ist, ob seine Soldaten genügend Sold bekommen, ob ihnen der Zahlmeister ihre Schulden bezahlt hat. Er will wissen, ob seinem Wunsche entsprechend die Heiraten zwischen seinen Soldaten und persischen Frauen zunehmen. Schon melden sich bei ihm hohe Räte. Ihnen gibt er auf, neue Auswanderungslustige, namentlich Handwerker, aus Griechenland herbeizurufen. Mit einem Baumeister bespricht er die Anlage einer neuen „Alexanderstadt" (Alexandria) an einer Karawanenstraße. Jetzt kommen einige Geographen und Naturforscher. Ihnen gibt er Notizen über seine Wahrnehmungen in den von ihm durchstreiften Ländern, damit sie darüber geographische, zoologische und botanische Bücher schreiben. Dichter tragen ihm ihre neuesten Gedichte vor, in denen sie ihn als zweiten Herakles und Achill feiern. Neben ihm sitzt sein Kanzleivorsteher und schreibt seine Befehle und Erlasse sogleich auf. Dann besichtigt er seine geliebten Soldaten und bringt die üblichen Opfer dar. Kaum eine Minute ist er untätig. Erst am Abend, wenn er sich mit seinen alten Waffengefährten auf silberfüßigen Ruhebetten zum Gelage niederläßt, wenn er wieder Grieche unter Griechen ist, kommt für ihn die Erholung. Unsichtbar sind die königlichen Frauen — Alexander hat nach persischer Sitte mehrere geheiratet, darunter eine Tochter des Dareios —; sie wohnen in besonderem, im Park verstecktem Palais. Gegen das persische Gebaren Alexanders, gegen die Verwendung persischer Adliger als Offiziere und hohe Beamte bäumte sich der Stolz der mazedonischen Offiziere auf. Es kam zu Empörungen. Der König ließ treue, alte Freunde töten, einen erstach er sogar selbst im Jähzorn bei einem Gelage.

Nur zwei Friedensjahre waren dem Nimmermüden beschieden. Schon sollte der neue Feldzug, und zwar gegen Arabien beginnen, da befiel ihn die Malaria. Doch er, der stets sein Leben in die Schanze geschlagen hatte, achtete auch jetzt nicht seiner Krankheit. Als er nicht mehr sprechen konnte, ließ er sich auf die Terrasse tragen. Seine Kampfgenossen zogen an ihm in stummer Parade vorbei, mühsam richtete er den Kopf hoch und reichte, mit den Augen dankend, fast jedem die Hand. So endete ein Heldenleben.

Kaum war die Nachricht von Alexanders Tod nach Griechenland gedrungen, als Demosthenes wieder auf dem Plan war und zum Aufstand aufrief. Jedoch das Unternehmen scheiterte. Demosthenes, von gedungenen Mördern verfolgt, vergiftete sich in einem Poseidontempel. „Eine herrliche Zufluchtstätte ist der Tod. Er bewahrt vor Schande," waren seine letzten Worte.

3. Nach Alexanders Tod.

Wer sollte nun die Nachfolge Alexanders antreten? Sein einziger Sohn war ein Kind. Da erhoben die ehrgeizigen, kampfgewohnten Feldherrn Anspruch auf die Herrschaft. Der eine nahm diesen, der andere jenen Reichsteil, der eine bekämpfte den andern. Ein Menschenalter voller Krieg und Gewalttat begann. Das Söhnchen des Königs wurde ermordet, seine greise Mutter gesteinigt; zuchtlose Söldnerscharen durchzogen die Länder, bis schließlich im Jahre 301 v. Chr. das gesamte Reich in eine Reihe von Staaten geteilt wurde, von denen die größten Ägypten, Syrien und Mazedonien waren. Die griechischen Bauern befreiten nach vielen Bandenkämpfen um 250 v. Chr. ihr Vaterland von der mazedonischen Herrschaft. Aber die politische Bedeutung der griechischen Kleinstaaten war für immer dahin.

Schulreform und Utopie einer Sozialaristokratie in der Vorstellung Ernst Foersters

Zu den bei allen Klassengenossen haftengebliebenen Eindrücken von Ernst Foersters Gesamtpersönlichkeit gehört seine leidenschaftliche und bewegte Forderung einer Sozialaristokratie als pädagogischen Wunschziels.
Das auch in den Unterricht getragene Pathos des Begeisterten des alten Wandervogel und Anhängers der Freideutschen Jugend, der sich als Schüler der Marburger Neukantianer Cohen und Natorp verstand, spricht aus seiner schulreformerischen Schrift »Die Hamburger Jugendhochschulgemeinde und der Volkshochschulgedanke« von 1919 (Natorps »Sozialidealismus« erschien kurz darauf 1920).
Ernst Foerster (* Regensburg 2.4.1884, † Hamburg 3.7.1957) war stark geprägt durch den Besuch ausländischer Universitäten, an denen er sein Studium (Anglistik, Romanistik, Philosophie) absolvierte: Bern, Genf, Grenoble, Birmingham, dann Marburg und Hamburg. Diss. 1907 in Marburg über die Frauenfrage in Romanen englischer Schriftstellerinnen der Gegenwart. Später nachdrückliches Eintreten für weibliche Jugendpflege. Gründet 1916 die Hamburger Pfadfinderinnen.

(Hierzu Veröffentlichungen »Pfadfinderinnen« bei Otto Spamer, Leipzig, reich illustriert, und »Weibliche Jugendpflege« bei Richard Hermes, Hamburg. – Im Folgenden Auszüge aus der o. a. Schrift über die Hamburger Jugendhochschulgemeinde in der Fraktur des Originals. Zwischentitel vom Hrsg.)

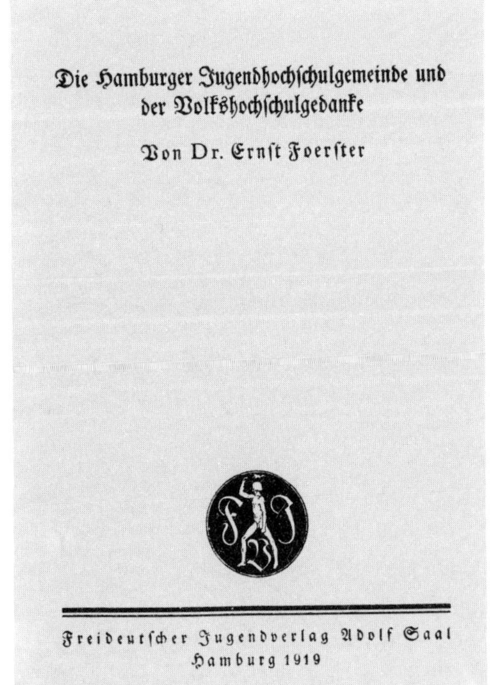

Die Hamburger Jugendhochschulgemeinde und der Volkshochschulgedanke

Von Dr. Ernst Foerster

Freideutscher Jugendverlag Adolf Saal
Hamburg 1919

Freie Bahn für Reformen:

Die deutsche Novemberrevolution hat alle Reformen ein gutes Stück vorwärtsgebracht. Es ist wieder Bewegung in unser ganzes öffentliches Leben gekommen. Dem Himmel sei Dank, das tat uns Deutschen not! An tiefgründigen Ideen hat es bei uns nie gefehlt; wohl aber vielfach an der praktischen Durchführung längst erkannter Wahrheiten. Ein verhängnisvolles Beharrungsvermögen hat unser deutsches Leben wie in einen hundertjährigen Dornröschenschlaf gebannt. Der Weltkrieg und die durch dieses Weltverbrechen geborene Revolution hat Deutschland wieder wachgerüttelt...

Mit einem Schlage sind alle sozialen Forderungen mit solcher Stärke wieder neu gestellt worden, daß trotz vieler Enttäuschungen, die uns menschliche Schwachheiten in dieser großen Zeit beschieden haben, alle Idealisten mit Begeisterung erfüllt sind. Nur jetzt nicht wieder locker lassen. Ein freies Deutschland muß wie ein Phönix aus der Asche eines unfreien Machtstaates erstehen, das ist unser Glaube.

Einheitsschule statt Kastenschule:

Die Schaffung einer Volkshochschule ist die kategorische Forderung unserer Zeit, die Universität darf unmöglich weiterhin einer kleinen Schicht vom Schicksal Begünstigter vorbehalten bleiben. Nach allem, was unser Volk durchgemacht hat, darf man sich auch nicht darauf beschränken, zu fordern: Volkshochschule neben Universität, nein, jetzt heißt es: die Universität muß zur Volkshochschule werden und aufhören, das Vorrecht bevorzugter Kasten zu sein. Welch unendliche Mengen wertvollster Kräfte sind dem deutschen Staate bisher durch die Kastenschule verlorengegangen! Während auf der privilegierten, sogenannten höheren Schule oft höchst minderwertige Elemente durch Protektion aller Art, wenn oft auch langsam, so doch sicher, von Klasse zu Klasse geschoben wurden, bis endlich das Abitur und später das Staatsexamen erreicht wurde, so blieben jährlich Hunderttausende von befähigten Kindern der unteren Bevölkerungsschichten von jeder höheren Bildung ganz ausgeschlossen. Die geringe Anzahl der durch Stipendien gehobenen Volksschulkinder war eine ganz ungenügende Entschädigung für die riesige Zahl der Entrechteten. Die Einheitsschule wird nun endlich den soliden Grundbau einer gerechten neuen Bildung geben. Wird erst die Einheitsschule durchgeführt sein, so ist als letzte Krönung die Volkshochschule der selbstverständliche Abschluß der ganzen Arbeit, und die Universität der Privilegierten – ist gewesen.

*

Die Schuld der alten Lehrerschaft:

Die Unterschätzung der Charakterbildung zugunsten einer wissenschaftlichen Schulung, die immer mehr in eine ganz übertriebene Aufhäufung von Kenntnissen ausartete, hat unsere „gebildete" Bourgeoisie zum willenlosen Spielball irgendwelcher, gerade auf sie zurzeit einwirkender äußerer Kräfte gemacht. Menschen ohne eigene Meinung kann selbst die schönste Demokratie nichts nützen, jedem Marktschreier, jedem routinierten Politiker, jedem Presseschwindel fallen diese charakterlosen Massen zum Opfer, und es entsteht ein Stimmvieh, das weitverheerenden Schaden anrichtet. In diesen Tagen ist doch nichts auffallender, als daß fast niemand aus den Reihen der Bourgeoisie die ihm angebotene Selbstbestimmung annehmen will. Jeder einzelne sträubt sich, so sehr er kann, bei der Zumutung, selbst über sein Geschick zu entscheiden. Nur nicht selbst Verantwortung tragen müssen. Das Wort „Freiheit" erscheint den meisten als das Symbol alles Schlechten. Was nur irgendwie danach klingt, wird schon wegen des verdächtigen Beigeschmacks nach Selbstentscheidung von vornherein abgelehnt. Die Schüler wollen keine Schülerräte, die Eltern keine Elternräte, die Studenten – als Krönung der gebildeten Bourgeoisie – veranstalten Protestversammlungen gegen die Zumutung, daß sie selber mit den Professoren zusammen ihr akademisches Haus neu aufbauen sollen. Ausnahmen bestätigen die Regel. Daß es jahrzehntelang in unserm Deutschland an der rechten Charakterbildung fehlte, ist die Schuld der alten Lehrerschaft. Die besten unserer heranwachsenden Jugend fühlten diesen Mangel an wahrhaften Seelenführern so stark, daß sie überhaupt an der Schule und der Familie verzweifelten. Dieses junge Deutschland wollte kein seelenloses Maschinenteil dieses unerbittlichen Riesenwerkes Staat werden, und so entstand – die Jugendbewegung. Weil die Alten versagten, haben die wertvollsten der Jungen die Arbeit der Menschwerdung selbst in die Hand genommen. Diese Jugend wußte wohl, was ihr bitter not tat, und treffend hat die Freideutsche Jugend in der Meißner-Formel ihre höchste Forderung in einfache Worte gekleidet: „Die Freideutsche Jugend will nach eigener Bestimmung vor eigener Verantwortung mit innerer Wahrhaftigkeit ihr Leben gestalten. Für diese innere Freiheit tritt sie unter allen Umständen geschlossen ein."

Keine Durchschnittsmenschen erzeugen, sondern Persönlichkeiten:

Eine Ursache der heutzutage in den gebildeten Schichten so auffallend stark hervortretenden eigenen Urteilslosigkeit ist in der autoritativen pädagogischen Vortragsform der letzten Jahrzehnte zu suchen. Überall wird der Stoff völlig fertig dem Schüler vermittelt, der ihn dann wohl zubereitet in sich aufnimmt und ihn wieder andern Menschen zukommen läßt, ohne selbst persönlich Stellung zu allem genommen zu haben. So werden systematisch Durchschnittsmenschen erzeugt, bei denen gewisse Fachkenntnisse durchaus nicht abzuleugnen sind, die als Teile der gewaltigen Arbeitsmaschine sehr brauchbare Leistungen bringen, bis eben diese Maschinerie gestört wird. Dann versagen automatisch alle Teile und es kommt zu einem Zusammenbruch, wie wir ihn jetzt erlebt haben. Persönlichkeiten gilt Es unserm Volke wieder möglichst bald zu schenken, und darum muß das alte autoritative Prinzip fallen. Der Vortrag muß wieder Anregung zur Selbsttätigkeit geben, er darf keine abgeschlossene Darbietung mehr sein. Nur so wird der so viel leichteren Reproduktivität entgegengearbeitet.

*

»Unsere Bewegung geht von der Forderung einer Sozialaristokratie aus«:

Wir müssen den Mut haben, anzuerkennen: jeder eignet sich nicht für jedes. Was allein gebessert werden kann, ist, daß die Auswahl der Führer in den Menschengemeinschaften nicht mehr von Vorurteilen abhängt wie früher. In unserer Zeit, wo man meistens die „kompakte Majorität" als ausschlaggebend ansieht, wird unser Prinzip der Auslese vielfach nicht gebilligt werden. Unsere Bewegung geht von der Forderung einer Sozial-Aristokratie aus. Wir sind der Ansicht, daß die beste Demokratie nicht eine gleichartige Vertretung der großen Massen ist. Wir stimmen Ibsens Volksfeind zu: „Die Masse hat nie Recht, stets liegt die Wahrheit, das Richtige, bei einzelnen, bei der Minorität." Eine wertvolle Demokratie muß einer Idee entsprechen, die das wahrhafte Wohl des ganzen Volkes verbürgt, und das ist die Sozial-Aristokratie. Mit Hilfe des allgemeinen, geheimen, gleichen Wahlrechts ist jedem Menschen, ob arm oder reich, ob gebildet oder ungebildet, die Möglichkeit gegeben, seine Wünsche zu äußern. Aber dann muß eine Differenzierung der Willensäußerung eintreten. Die Dummen dürfen nicht ebenso wie die Klugen, die Schwachen nicht ebenso wie die Starken gleichberechtigt als Führer des Volkes auftreten. Das Wohl des Volkes, die höchste Forderung der Demokratie, würde durch eine Führung von Durchschnittsmenschen systematisch untergraben werden. Leider schmeichelt es immer der Selbstzufriedenheit der Massen, wenn Sätze aufgestellt werden, die besagen, daß eine neue Zeit herannaht, wo alle Menschen gleich sein werden. Das ist eine Wahnidee, der entgegengetreten werden muß. Kluge und Dumme, Gute und Schlechte, Starke und Schwache wird es immer geben; die Ungerechtigkeit der Natur können wir Menschen nicht heben. Aber nur die wertvollen Menschen dürfen Volksführer werden. Wer soll hier der Richter sein, wer soll die Auslese treffen? Eins steht fest: die große Masse nicht. Mein Glaube ist: eine bedeutende, ethische Persönlichkeit wird sich durchsetzen, wenn ein neuer Staat eine wirklich freie Meinungsäußerung gewährleistet. Früher wurden gewisse linksstehende Richtungen ganz offen, in andern Zeiten wenigstens im geheimen, aber deshalb nicht minder erfolgreich, unterdrückt. Eine wirkungsvoll durchgeführte Demokratie muß vor allem Meinungsfreiheit sichern. Außer in Revolutionszeiten, in denen, wie dieser Begriff es im Gegensatz zur Evolution bedingt, gewaltsame Eingriffe die bestehenden Zustände auf schnelle und gründliche Weise ändern, darf nur das eingesetzte Recht entscheidend sein. In normalen Zeiten darf Gewalt nur zur Bekämpfung der Anwendung von Gewalt gebraucht werden. Also jede politische Richtung wird durch das demokratische Gesetz vor gewaltsamer Unterdrückung geschützt und kann sich durchsetzen, wenn sie die Kraft dazu hat. Wertvolle Ideen bzw. Persönlichkeiten, die solche Ideen verkörpern, werden schließlich siegreich sein. Die Weltgeschichte ist das Weltgericht. Auch die großen Massen werden am Ende durch Erfahrung einsehen, daß kluge, gute, energische Menschen ihre besten Führer sind und sie demgemäß zu ihren Führern machen. Eine andere Frage: macht die Umwelt den großen Menschen oder drückt der große Mensch der Umwelt sein Gepräge auf? Man mag durchaus zugeben, daß ein Mann wie Martin Luther eben nur in seiner Zeit möglich war. Sein unglücklicher Vorläufer Johann Huß wurde wegen seiner Reformideen verbrannt; Luther kam durch seine Reformen zu hohen Ehren. Luthers Zeit war schon gekommen; die Umwelt eines Huß dagegen war noch nicht reif für seine Ideen. Ihm bleibt der hohe Ruhm, ein Bahnbrecher des Neuen gewesen zu sein; sein Märtyrertum hat große Frucht gebracht; ohne seine Vorarbeit und das Wirken vieler für die Nachwelt Namenloser wäre die Welt nicht vorbereitet worden, in späterer Zeit siegreich Reformen durchzuführen. Im Grunde macht doch die Persönlichkeit die Weltgeschichte, wenn auch jeder Mensch wieder ohne seine Zeit, Umwelt und Abstammung nicht gedacht werden kann. Das geheimnisvolle Persönlichkeitsmoment des einzelnen verleiht dennoch das ausschlaggebende Gepräge, sonst müßten ja Brüder die gleiche Leistung vollbringen können.

Der Gedanke der Sozial-Aristokratie steht in direktem Gegensatz zu augenblicklich stark hervortretenden Ansichten in der Jugendbewegung. Hört man hier doch immer wieder die Losung: wir brauchen überhaupt keine Führer; wir Jungen können alles viel besser ganz allein. Als Reaktion gegen falsche, von oben herab aufgedrungene Führerbeamte ist mir diese Auffassung durchaus verständlich. Aber wie so oft geht die Abwehr des Verkehrten in der Wucht des Gegenhiebes zu weit. Die Hochschätzung des Persönlichkeitswertes darf aber andrerseits nicht dazu führen, eine Herrenmenschennatur als höchste Forderung aufzustellen. Der Ego- und Brutal-Aristokrat ist das Gegenteil des Sozial-Aristokraten. Unter Sklaven wird man zum Tyrannen, nie zum Kulturmenschen. Ein Freier ist nur unter Freien möglich. Vollendet bringt diese Idee ein Wort Professor Natorps in seiner Schrift: Volkskultur und Persönlichkeitskultur: Ein wirklich Freier erträgt es gar nicht, in einer Atmosphäre der Unzufriedenheit atmen zu sollen; er muß die Freiheit, die er für sich will, auch für den andern, für jeden andern wollen.

*

Im Anhang der Schrift über die Jugendhochschulgemeinde (H.J.-H.-G.) gibt Ernst Foerster eine Übersicht der Themenkreise seiner Vorträge und Aussprachen, von Kant, Buddha, Platon bis zu Lebensreformfragen wie Kriegsgemüsebau, Bodenreform und Schrebergarten – das weltanschauliche Werteprogramm einer Bewegung.

Um dem Außenstehenden ein klares Bild über die Arbeitsart der H.J.-H.-G. zu geben, wird es am besten sein, Themen aufzuführen, die bei uns mit anschließender freier Aussprache behandelt wurden. Ich ging von dem Gedanken aus, nicht Stoffvermittlung in erster Linie zu geben, sondern die Jugendlichen auf dem Wege der Kritik zur sittlichen Erkenntnis zu führen, also eine neue Art angewandter Philosophie zu treiben. Man soll seine geschulten Verstandeskräfte auf alle Gebiete des Lebens anwenden. Jeder muß dazu geführt werden, praktische Arbeit zu leisten. Der führerische Mensch soll nicht nur ein „Versteher", sondern auch ein „Könner" sein. Nach großen Gesichtspunkten geordnet, handelte es sich bei uns hauptsächlich um folgende Themen:

1. Politik

Die deutsche Novemberrevolution, Revolution und Evolution, Weltrevolution, Sozialismus, Die Nationalversammlung, Die neuen Parteien, Sozial-Aristokratie, Was unsere Gegner wollen, Was wir wollen.

2. Philosophie

Altgriechische Philosophie, Platos Ideenlehre, Eudämonismus (Glückseligkeitslehre oder Pflichtgesetz), Kants Bedeutung, Neukantianer, Kritik – Erkenntnis – sittliche Tat, Unfreiheit der Welt der Erscheinung und Freiheit der sittlichen Persönlichkeit, Bedeutung Humes, Die Forderung der Wahrhaftigkeit, Egoismus und Altruismus, Gerechtigkeit und Liebe, persönliche Bescheidenheit und Begeisterung für die Idee.

3. Religion

Sokrates – Buddha – Christus, Notwendigkeit der Religion, Nächstenliebe, Duldsamkeit und Glaubensstärke, Die Forderung des Glaubens, Vom Urchristentum zur Volkskirche, Faust und die Bibel.

4. Literatur

Der Kritiker Ibsen, Volksfeind, Stützen der Gesellschaft, Bund der Jugend, Peer Gynt und Brand, Die Lebenslüge, Die Romantiker, Wie stehen wir zur Romantik, Schiller der Idealist, Leonid Andrejew: Zu den Sternen, Gerhard Hauptmann: Die versunkene Glocke, Gretchen (Faust) und die Moderne, Aktivismus und Frauenfrage, Die Freideutschen und der Aktivismus, Dichter und Reimer, Oper und Operette, Was ist Humor?, Das Volkslied.

5. Volkswirtschaft

Abstinenz und Temperenz, Bodenreform, Landwirtschaftliche Hilfsarbeit, Kriegsgemüsebau, Schrebergarten, Bedeutung der Frauenfrage, Anteilnahme der Frau am öffentlichen Leben, Leidet die Weiblichkeit der Frau im Ideenkampf?, Freie Liebe, Kultur und Natur, Rousseaus Forderung: Zurück zur Natur.

6. Pädagogik

Das Ziel der Erziehung, Recht auf Persönlichkeit und Einordnung in die Gesamtheit, Gemeinschaftliche oder getrennte Erziehung der Geschlechter?, Selbstverwaltung, Künstlerische Darbietungen, Gemeinschaftserziehung, Erziehung zum Staatsbürger, Die verschiedenen Erziehungsmächte: Haus, Schule, Kirche, Beruf und Jugendpflege, Grenzen der Erziehung, Persönlichkeit – Umwelt und Abstammung.

7. Jugendbewegung und Jugendpflege

Jugendbewegung – Jugendpflege und Jugendgemeinde, Führer und Jugendvolk, Wandervogel und Pfadfinderin, Weibliche Jugendpflege, Der Reigentanz, Unsere Wanderungen, Schule und Jugendbewegung, Leidet das Familienleben durch die Jugendbewegung?, Jugendpflege und Führernot, Die soziale Forderung in der Jugendgemeinde, Weibliche Eigenart und Jugendpflege, Die Freideutsche Jugend, Gesinnungs- und Tatgemeinschaft, Schulvereinigung und Jugendbewegung, Familiengruppen oder Gruppen Gleichaltriger?, Freiheit oder Zwang, Die freiwillige Leistung.

Selbstverständlich können sich I.-H.-G. in allen größeren Städten bilden. Sie müssen überall entstehen, denn es gilt, energischen Kampf anzusagen gegen all jene Schulmeisterlichkeit, die in der Erzeugung eines Kleinspießertums Genüge findet. Bureaukratie und moderner Militarismus töten langsam aber sicher jede Persönlichkeitsentfaltung im Staate. Jurist oder Offizier zu werden, darf nicht mehr als alleiniger Höhepunkt menschlichen Ehrgeizes angesehen werden. Überhaupt jeder Kastengeist muß verschwinden, denn der Klassenkampf wird nicht eher aufhören, bis die gerechte Forderung: F r e i e B a h n d e m T ü c h t i g e n a u s j e d e r B e v ö l k e r u n g s s c h i c h t restlos erfüllt wird. Nach Weltkrieg und Revolution ist die heranwachsende Jugend zum Träger einer neuen, höheren Menschheitskultur berufen. D i e W e l t w e i s h e i t (P h i l o s o p h i e) m u ß d i e G r u n d l a g e d e r E r z i e h u n g e i n e s f r e i e n, s o z i a l i s t i s c h e n G e s c h l e c h t e s w e r d e n, u n d d e r P r o p h e t (E t h i k e r) u n d d e r K ü n s t l e r (Ä s t h e t), i m I d e a l d e r K ü n s t l e r p r o p h e t, s o l l e n s e i n e F ü h r e r s e i n.

Da ja kein Lehrer links und rechts guckte, und jeder der Meinung war, daß die ganze Schule sich eigentlich nur um sein Fach zu drehen hatte, gab es ständig zu viel auf.
(Ernst Braunschweig, S. 12)

Über die richtige Behandlung von Schattenflächen. Aus Ferdinand Bruns' ›Zeichenkunst‹

Die ungewöhnliche und originelle Persönlichkeit des Zeichenlehrers Ferdinand Bruns soll mit drei Stellen aus der zu ihrer Zeit Aufsehen erregenden ›Zeichenkunst im Dienst der beschreibenden Naturwissenschaften‹ (1922, Gustav Fischer, Jena) zu Wort kommen, die zu den Erinnerungen der Klassengenossen in Bezug stehen. Bruns' Buch selbst ist das Resümee seines jahrelangen Fortbildungsunterrichts für Hamburger Zeichenlehrer.
Arno Schmidt berichtet von ›Opa‹ Bruns (»ein Charakter, wenn je einer war«), daß er gern Aufgabenstellungen ersann wie diese: eine Wendeltreppe, reflektiert in einem schräg hängenden Spiegel, perspektivisch richtig wiederzugeben.
Die Kapitel ›Licht und Schatten‹ sowie ›Spiegelung und Reflexion‹, S. 61–75 a.a.O., erläutern die Abbildungen der Bildtafel XXXI (mittleres Bild der rechten Reihe auf S. 93 unseres Buches) im einzelnen. Ausführungen über die Behandlung der Schattenseite von Gegenständen darin belegen die anschauliche Erinnerung von Hans Riebesehl, oben S. 93, aufs schönste, hallen noch nach in Arno Schmidts Wort im Eingangsmotto vom ›*Verwischer* von Konturen‹:

Ein Grundfehler des Ungeschulten

Dem malerisch gänzlich Ungeschulten ist, wie dem Asiaten oder Afrikaner, die Darstellung breiter Licht- und Schattenflächen, die zur Unterdrückung von Einzelheiten zwingt, eher lästig als erfreulich. Er will möglichst viele Einzelheiten erkennen und hat daher vor reinen Lichtstudien unwillkürlich den Wunsch, die Gegenstände aus dem Schattenschleier heraus und ins Helle zu bringen, ähnlich, wie man einen Gegenstand aus dem dunklen Grunde des Zimmers an das Fenster trägt, um ihn genau betrachten zu können.

Wenn selbst der Gereifte Aufmerksamkeit und energische Konzentration bei der Wiedergabe von Beleuchtungserscheinungen nicht entbehren kann und in der mehr oder minder glücklichen Durchführung dieser Arbeit einen Maßstab für sein Können erblickt, wie sollte es da dem Anfänger leicht fallen, Einzelheiten zurückzudrängen, die er doch in der Licht- wie in der Schattenzone des Objektes mühelos wahrnimmt? Er hat den Wunsch, die Flächen durch möglichst viele Einzelheiten zu »beleben« und seine Arbeit dadurch dem Objekt immer »ähnlicher« zu machen.

Der Stufe des Anfängers, der das entscheidende Problem nicht erkennt, nähert sich die Arbeit des Vorgeschrittenen jedesmal dann, wenn Energie und Konzentration im Kampfe um die Bewältigung der Schwierigkeiten erlahmen. Der Zeichner versucht dann, die Wirkung, die nur durch richtige, logisch und beharrlich durchgeführte Disposition erreicht werden kann, durch Wiedergabe von Einzelheiten zu erreichen.

Wie der Zeichner vorgehen soll, um diesen Fehler zu vermeiden

Fortwährend blinzelnd, sucht der Zeichner verwirrende Kleinigkeiten im Vorbilde auszuschalten und die Schattengrenze in ihrem ... Verlaufe zu erkennen. Sie wird durch einen Strich festgelegt, der dort fest ist, wo der Übergang zwischen Licht und Schatten plötzlich und hart, aber leicht und locker dort ist, wo infolge flacherer Modellierung die Schatten weich verlaufen. Nachdem die Schattenfläche grau zugewischt worden ist, geht man noch einmal der Schattengrenze nach, beachtet sorgfältig alle kleinen Unregelmäßigkeiten in ihrem Verlaufe, verwischt leicht an den »weichsten« Stellen, verstärkt die Härten, vertieft die Dunkelheit der Schattenflächen und – sieht mit Erstaunen, daß das, was der Maler die »große Wirkung« des Objektes nennt, bereits erreicht ist. Immer wieder wird man bei der Arbeit durch den eminent illusionweckenden Charakter, der diesem Grenzgebiete innewohnt, überrascht. Es ist deshalb kein Wunder, daß die Schattengrenze auch im abgekürzten, skizzierenden Zeichnen eine wichtige Rolle spielt.

Und nochmals

Daß die Lichtfläche nicht überall gleich hell, die Schattenfläche nicht allerorten gleich dunkel ist, lehrt schon die oberflächliche Betrachtung. Da die Elemente der Lichtfläche zum einfallenden Licht verschieden geneigt sind, kann das auch gar nicht anders sein. Man ist aber stets in Gefahr, diese Helligkeitsunterschiede zu übertreiben und systemlos Einzelheiten in die Lichtfläche einzutragen, mit anderen Worten, Oberflächenstrukturen da wiederzugeben, wo nur verschiedene Helligkeitsstufen, die sogenannten »Valeurs« oder »Tonwerte«, wirksam sind.

Wir müssen uns erinnern, daß wir die »große Wirkung« des Objektes erst dann erkennen, wenn wir durch »Blinzeln« die Sehschärfe unseres Auges vermindern. Schwächen wir dieses Blinzeln nach und nach ab, so nehmen wir wahr, daß sich das Objekt in Zonen gleicher Beleuchtungsstärke zerlegen läßt. Den Grenzen dieser »Töne« mit größter Sorgfalt nachzuspüren und sie nach denselben Grundsätzen, wie früher die Schattengrenze, zu behandeln, ist nun unsere Aufgabe. Ganz wenige, strich- oder punktartig wirkende, kleinste Flächen werden erst dann eingetragen, wenn wir erkennen müssen, daß eine weitere Auflösung des Objektes in Tonwerte uns nicht möglich ist. Die Fähigkeit, Tonwerte zu erkennen und wiederzugeben, wird durch die Übung außerordentlich verfeinert. Der Maler schätzt das Können nach seiner Fähigkeit, lange »die Skizze zu halten«, ein, und macht unter Umständen eine Arbeit von Monaten durch wenige Striche »fertig«. Jede Einzelheit, die nicht in ihrem Verhältnis zum Ganzen richtig gewertet ist, mag sie an sich noch so richtig sein, zerstört die »große Wirkung«, die der Zeichner bis zuletzt seiner Arbeit erhalten muß. Wenn auch in geringerem Maße, als der Schattengrenze, wohnt jedem richtig dargestellten Bildelemente die Kraft inne, die Phantasie des Beschauers zur Tätigkeit anzuregen, also die Illusion des Durchgearbeiteten zu schaffen. Von solchen Arbeiten gilt, was schon PLINIUS von der Malerei des TIMANTHES aus Kythnos sagte: »Man erkennt stets mehr, als was eigentlich gemalt ist.«

Die Klasse 4 der Volksschule Bauerberg 44 in Hamburg-Horn, um Ostern 1924

Aus dieser Klasse wechselten Max Hannemann, Helmut Frank und Werner Fründt Ostern 1924 zur Realschule am Brekelbaumspark, vom Klassenlehrer Adolf Diersen sorgfältig auf diesen Übergang vorbereitet.
Adolf Diersens Werk »Aus der alten Landherrenschaft Hamm und Horn« 1961, Hamburg, Verlag der Gesellschaft der Freunde des Vaterländischen Schul- und Erziehungswesens, gilt als die grundlegende geschichtliche Darstellung der beiden Gemarkungen.

1. Reihe v. oben, erster v. li.: Max Hannemann
2. Reihe v. oben, dritter v. li.: Helmut Frank
3. Reihe v. oben, erster v. re.: Werner Fründt

Vorweggenommene Glossen zum ›Porträt einer Klasse‹ in frühen Texten Arno Schmidts

Die Erinnerungen an den Rumpffsweg und die beiden Schulen in Hamburg-Hamm haben Arno Schmidt nie verlassen. Schon in den um 1950 veröffentlichten Erzählungen erscheinen, wenig oder gar nicht verkleidet in den Erzählverlauf eingefügt, Rückblicke auf Kindertage und erste Schuljahre, die wie Glossen zum Porträtbuch anmuten oder funktionell von solchen nicht zu unterscheiden sind.

Die folgenden Textstellen aus Brand's Haide, Aus dem Leben eines Fauns, Schwarze Spiegel dienen zunächst, die frühe Zeit der Fixierung dieser Erinnerungen in allen drei Erzählungen festzuhalten, die Seiten aus den Schwarzen Spiegeln jedoch vor allem der Ergänzung des Bildes vom inneren Horizont des Kindes in der Wohnküche, wozu die Aufzeichnungen der Mutter, die Aussagen der Schwester nur den äußerlichen Rahmen geben. Man betrachte dazu noch einmal das »früheste« Bild auf S. 225.

Es ist hier nicht der Ort, den offenen oder versteckten Anspielungen auf die Realitäten dieser Lebenszeit aus dem Werk nachzugehen. Ein solcher Leitfaden böte sich z. B. zu Zettels Traum bereits im Stündelregister mit rd. 40 Verweisstellen unter dem Stichwort ARNO SCHMIDT (Eisenbahnfahrt, Großmutter, Hamburg, Kindheitserinnerungen, Mutter, Schule, Vater).

Glosse zu Ernst Braunschweig
(hier fälschlich Kurt)
und Max Hannemann :

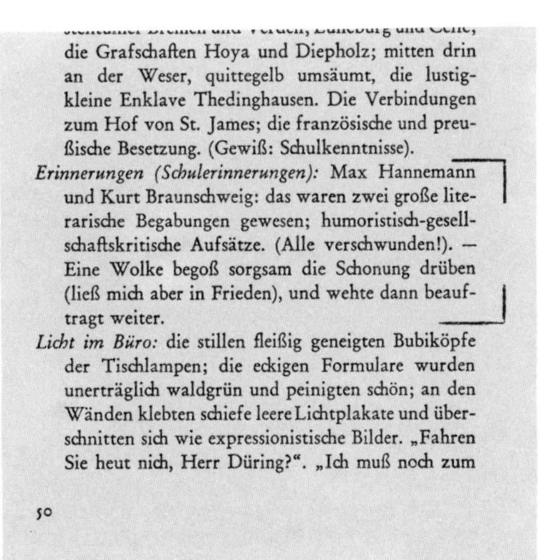

die Grafschaften Hoya und Diepholz; mitten drin an der Weser, quittegelb umsäumt, die lustig-kleine Enklave Thedinghausen. Die Verbindungen zum Hof von St. James; die französische und preußische Besetzung. (Gewiß: Schulkenntnisse).

Erinnerungen (Schulerinnerungen): Max Hannemann und Kurt Braunschweig: das waren zwei große literarische Begabungen gewesen; humoristisch-gesellschaftskritische Aufsätze. (Alle verschwunden!). – Eine Wolke begoß sorgsam die Schonung drüben (ließ mich aber in Frieden), und wehte dann beauftragt weiter.

Licht im Büro: die stillen fleißig geneigten Bubiköpfe der Tischlampen; die eckigen Formulare wurden unerträglich waldgrün und peinigten schön; an den Wänden klebten schiefe leere Lichtplakate und überschnitten sich wie expressionistische Bilder. „Fahren Sie heut nich, Herr Düring?“. „Ich muß noch zum

50

Aus: › Aus dem Leben eines Fauns. ‹ Erstausgabe 1953; hier : Fischer Taschenbuch Band 1366, Seite 50.

Glosse zu Wilhelm Elfers (vgl. u.a. Fußnote S.201 und das wiederkehrende Thema des Radios in der Wohnküche):

mal Einer mit Auferstehung oder so kommen: ich hau ihm Eine rein!)

Sie setzten mir hart zu: Vor allem Grete hatte die kleine Gelehrsamkeit rührend beisammen, und ich machte den tiefsten Eindruck („Intellektueller" betrachte ich als Ehrentitel: es ist nun mal das Auszeichnende am Menschen! Wenns Alle wären, würden die Schlägereien wenigstens nur mit der Feder ausgetragen, oder mitm Mund. Wär wesentlich besser!). Aus dem Radio sang auch Rehkämpfer, mozartisch und unter Glöckchengeplapper (Hol der Teufel den Käse!). Dann: „Blende ihn mit Deinem Schein . . .!" (Ist schon passiert!)

Wilhelm Elfers: ich erzählte von Wilhelm Elfers und dem Radio: hoho, es war 1924. Von der Volksschule Hammerweg aus gingen wir zu ihm, fröhlich, die Daumen in den Schultornistern, aus Vorstadt in noch mehr Gärtlichkeit: Gottseidank war die Mutter nicht da (Marie hieß sie; Schullehrerswitwe, abends Konzerte mit Kollegen ihres verstorbenen Mannes — oh, wo seid ihr Alle: Kurt Lindenberg, Albert Lodz, Lehrer Tonn; ich werde ihnen einmal das alte Bild zeigen, wo ich auf den Stufen stehe, weinrot und grau die Strickjacke). Nun, und da hatte er auf dem Tisch ein kleines technisches Gewirre: drahtumwickelte Spule, Detektor, ein Kupferdraht hing zur Antenne, Kopfhörer, mein Herz rannte, heut sitz ich hier in Blakenhof: ich nahm die Hörer unbeholfen um die Kleinohren — da sang eine grillenfeine Geige: heute noch seh ich den Tisch und die blöde Decke darauf. Ganz leise zisterte die Musik aus der

29

Norag (Wilhelm ging zum Klavier, konnte das Stück, wirbelte illustrierend laut in die Tasten: ich verachtete ihn unwillig, hörte nur, eine Stimme sprach Unverständliches; Musik zog fern — —). Ich nahm dann die Hörer ab; für 5 Mark 40 kauften Wirzuhause ein handgroßes braunes Kästchen, zogen Drähte, lauschten im Blaupunkt: wo ist die Zeit hin; Fluch der Vergänglichkeit! (Noch heute hab ich das Kästel, als Piggybank, 20 Mark sind drin.)

Warum kann man andere Menschen nicht an sein Gehirn anschließen, daß sie dieselben Bilder, Erinnerungsbilder, sehen, wie man selbst? (Es gibt aber auch Lumpen, die dann)

Kaffee: Ich wirbelte mit dem Löffel den saftigen Sud, Odhins Trost. Schaum lag netzig darauf, verdichtete sich beim Rühren, ich gab hohe Drehzahl, zog den Löffel durch die Trichtermitte heraus: zuerst rotierte da eine winzige Schaumscheibe, weißbraun und noch sinnlos; dann griff der Sog die fernen Teilchen: in Spiralform ordneten sie sich an, standen einen Augenblick lang still, wurden von der immerwachsenden Scheibe eingeschluckt: eine Spiralnebelform! Also rotieren die Spiralnebel: bloß ihrer Form halber! — Ich zeigte das Beispiel; erläuterte es am Weltall; bewies am Analogon Rotation und Kontraktion: soff kalt das Ganze: „Kennen Sie James Fenimore Cooper?" Niemand kannte den großen Mann; also ging ich zu Bett; 22 Uhr 17 zeigte der Wecker: meine Uhr haben die Tommys mir Gefangenem weggenommen, daß ich des Kompasses ermangeln

30

Aus: ›Brand's Haide.‹ Erstausgabe 1951; hier: Fischer Taschenbuch Band 1420, Seiten 29 und 30.

Beobachtungen, Tagträume und Phantasien des Schmidtkindes in der Wohnküche am Rumpffsweg (hier in der 3. Person erzählt, »Er«, »der Junge«):

Lampiges Fenster weht auf: ich stöhnte noch ein bißchen, händigte ihr aber dann doch die Blätter anstandslos aus, ein Mann ein Wort, und sie las (bequem im Sessel, völlig zerküßt, unter der Stehlampe: meine Erinnerungen. Ich durfte stumm zusehen).

... die gute Stube war nicht verschlossen; denn man konnte, obwohl es selten genug geschah, durch sie hindurchgehen, in der derben Dämmerung der häßlichen fleischfarbenen Vorhänge, auf den harten körnigen Balkon, der wie eine kahle Steinkiste aus dem zweiten Stock des Mietshauses ragte. So schwer und trübe war

130

Aus: ›Schwarze Spiegel.‹ Erstausgabe 1951 in ›Brand's Haide‹; hier: Fischer Taschenbuch Band 1476, ›Leviathan und Schwarze Spiegel‹, Seiten 130–135.

er mit seinen über handbreiten undurchbrochenen Seitenwänden, daß man ihn nur auf den Zehenspitzen betreten mochte, und stets noch das schnell zweifelnde Herz bekämpfen mußte, das zagend den freiwilligen Sprung in die felsige Gassenschlucht vorschlug, um nicht zwischen den rauhen klobigen Lasten hinabzupoltern.
Zwar der lange grüne Blumenkasten vorn war anziehend genug; doch er stand am Rande; mit der dürftigen Wildnis seiner winzigen Unkräuter, welche die sinnlosen Erwachsenen sorgfältig ausrissen, mit tauben Händen und ungestraft; fäustiges Volk.
So wurde der «Balkon» zum Anfang seltsamer Flugträume, in denen man die gedämpft schreienden und scheltenden Eltern hinter sich ließ, und mit wehenden Armen weit um die Häuserecken dicht über den menschenarmen nachtgrauen Straßen schräg nach unten glitt – nicht allzuweit; meist faßte man Fuß zwischen dem Kentzlers- und Louisenweg – und schritt dann schwebend unter den graulockigen Wipfelballen der vormorgendlichen Allee dahin (Richtung Schule Hammerweg) ...
... *so hell und leer* war die Welt mit großen Räumen und reinem kaltem Farbenspiel. Von breiten hölzernen Brücken sah man hinab auf die Bahngeleise, die in erregender Unerbittlichkeit schnurgerade auf den erbleichenden Himmel zu liefen; schollige Felder gingen ins fernste Blau; Mehlbeeren hingen wie traubiges Feuer in drahtstarren Dornenbüschen; vereinzelte Garben wie aus nickendem Golddraht gebündelt auf den Feldern; fliegend überall zauberfarbenes Laub und tönender Wind zwischen roten Zweigen. Weiße

ruhige Villen lagen hinter abwehrend umgitterten Gärten, an den kahlen Vorstadtstraßen; raschelnd wandelte man im kühlen Abendgold. Und wenn man eins der großen gelben Blätter am weichen kalten Stiele aufnahm, lag eine rote funkelnde Kastanie darunten: der schlanke Geist im roten Seidenmantel hatte ein edles Haus. Dann kam ein kurzer kalter Windstoß, der die schleifenden Blätter drehte, und man wußte, daß er ein Wesen für sich war, deren viele diesen großen rauschenden Vorort bewohnen mußten.
In langen Reihen zogen die Kinder, meist von den größeren Mädchen geordnet, auf den stillen blanken Straßen, vor dem grün und gelben Himmel entlang, mit den bunten Kugeln ihrer gerippten Papierlaternen, in denen kleine Wachshäufchen glimmten.
Einmal wurde der Abend fremd und eisscharf und so hoch, daß der Himmel, die schützende schöne Wölbung verschwand. Teilnahmsloser als Steine waren die unzählbaren glitzernden Sterne, die miteinander flinke spöttische Strahlnadeln tauschten: warum wechselten sie zierliche und eiserne Blicke, wenn man mit gefrorenen Händchen am Laternenpfahl stand? Alles verfremdete sich.
Oben war die Küche warm und hellgelb und es gab heißen Tee, den der Junge am flachen eisernen Ofen trank, während bei den anderen – den Erwachsenen – ruhiges Gespräch und matter Scherz wechselten. Es blieb immer seltsam genug, wie sie darüber hinwegsahen – mit basaltenen Seelen und warmen Händen – daß sie sich, um das Leben zu ertragen, von der Welt kleine Stücke – Stuben – abtrennten. Was war es, das ihnen diese entsetzliche Sicherheit,

dies gespenstische Vergessen gab, daß sie nicht hörten, wie es im Ofen heilig und singend rief (unbekannte hohe und tiefe Stimmen, die sich gelassen und schwermütig aus den Tiefen der Nacht unverständliche Zeichen gaben; höfliche und undeutbare Rufe, ablehnende); wie draußen die edlen Bäume sich im fahrenden Eiswind kummervoll und sehnig nach rückwärts warfen; wie metallene Sternpfeile in herrlichem und tödlichem Bogen abschossen aus Nichts in Nichts, from the Alone to the Alone? Sie hatten Grenzen in sich und um sich gezogen; sie maßen und wogen: Aber das Maßlose? das nicht zu Wiegende?
(Da er keine Grenzen in sich fand, haßte er alles, was Grenze und Grenzpfahl war, und wer sie errichtet hatte).
... *Nachdem er* sorgfältig den dünnen Tee, der beim letzten Schluck einen winzigen spitzen Zuckergeschmack gab, ausgetrunken hatte, stellte er die Tasse auf den Kindertisch und sah in das spärliche Feuer, in dem sich ein länglicher Brikett aus einem stumpfschwarzen bedruckten Ziegel still in ein Anderes verwandelte. Feine rote Risse drangen von allen Seiten in ihn hinein, und darüber am Außenrand lag schon eine blättrige weiße Aschenschicht, aus der sich zuweilen noch lautlos winzige bläuliche Flämmchen mit hellgelber Spitze blähten, wenn aus dem dunklen unbekannten Berginnern die Gasströme stürzten. Für einen Augenblick konnte man am Fuße der felshohen Wand stehen, und tief in die wilden stumm glühenden Klüfte schauen; auch in roten felsigen Hochländern und funkelnden Sandwüsten wandern; oder behutsam Papierschiffchen auf ein noch schwarzes

Stück Kohle setzen und mit vergehendem Herzen warten, bis das rote Meer lautlos an die verkohlenden Planken schlug, wehe der Zaubermannschaft.
Der graubraune Sofaüberzug, und er blickte an der altmodisch hohen Rückenlehne hinauf und hinunter: bei Gaslicht, wenn die kurzhaarige, an vielen Stellen abgeschabte Plüschwand mit wilden Schatten dastand, nahm er manchmal zwei drei Stecknadeln und ein fingerlanges Endchen Zwirn, und begann unten, wo Sitz und Lehne zusammenstießen, anfangend, die Nadeln emporwandern zu lassen: bald war man mitten in der unsäglichen Bergwelt allein, im donnernden Geröll, unter überhängenden Wänden, an denen klatschend das schwere Seil schwankte.
... *die große Sonne* war rein gelb und rot aufgegangen und schien durch die gefrorenen Scheiben, auf denen sich, da die Küche noch nicht recht durchheizt war, das Schauspiel entfaltete.
Einmal wandte er den Kopf und rief seine Mutter, die eifrig kochte und gelben süßen Teig in einer Schüssel drehte: „Du!"; dann wies er auf das Fenster, an dem die Eiskräuter schlank und gebogen in den silbernen Schatten standen. Sie kam hastig herbei – bis an den Grenzpfahl – sah einen Augenblick in das kleine helle Gesicht, sagte schnell: „Hm – Eisblumen." und blickte dann wieder gespannt, einen Finger am Gashahn, in das wallende Wasser. Der Kleine sah es auch, wie es mit feinen heißen Blasen aus der unergründlichen verschleierten Tiefe des großen Topfes emporstieg, mit schraubigen Wellen an den Rändern nach der Mitte zu strömte und leise brausend wieder versank.

Dann ging er wieder in den bereiften Garten, unter den wie dünne Reifen gebogenen und mächtig gefiederten Blattwedeln entlang, einen engen weißen Pfad, der – man sah es ganz deutlich – bis ans flache Ufer eines weiten gefrorenen Sees führte, auf dessen Rand die rosige Sonne rollte.
Er hätte gern gewußt, wie die stolzen fremden Pflanzen hießen – nicht, wie sie genannt wurden – das war etwas ganz verschiedenes; denn er hatte wohl gemerkt, daß man manche Dinge richtig und manche falsch rief. „Eisblumen" war falsch; sicher hatte auch jede davon ihren eigenen Namen: aber recht wohl war ihm bei dieser Vermutung nicht; denn er erinnerte sich mit Schrecken daran, daß ja auch die Blumen, Gräser, selbst die hohen Bäume des Sommers, angeblich keine eigenen Namen hatten. Oft begegnete ihm im Treppenhaus ein großer leicht warziger Mann, mit einem lauten, roten Gesicht, der Pfeiffer hieß: warum hieß er Herr Pfeiffer, und warum hatten die sechs schlanken geliebten Pappeln am Bauerberg mit ihren munteren Blättern und den langen schönen Zweigen keine Namen? Er wollte ihnen keine «geben»; er wollte nur ihre richtigen hören!
Er sah wieder auf das Fenster und bemerkte mit Erstaunen, daß er nicht mehr in dem Garten herumlief, sondern wieder auf seinem Doppelstuhle saß; steif und mattsilbern stand in der Ferne der Zauberpark und wartete ...

Die Tasse erschien in der Luft (ich hattes zuerst gar nicht gesehen) und man bewegte sie ungeduldig hin und her, ohne vom Papier aufzublicken: das hieß also «einschenken», na schön; ich arretierte die Wackelnde mit-

135

Anmerkung:
Die Schule am Hammer Weg ist Arno Schmidts Volksschule am Pröbenweg. Kentzlers Weg und Louisenweg sind Querstraßen des Pröbenwegs, also des Wegs zur Schule. ›Pfeiffer‹, ein Mitbewohner des Hauses Rumpffsweg 27.

Buchumschläge der Erstausgaben von ›Brand's Haide‹ (mit ›Schwarze Spiegel‹) und von ›Aus dem Leben eines Fauns‹, Rowohlt Verlag, Hamburg, 1951 und 1953.

Brekelbaumspark 6 – Auflösung und Ende im Bombenkrieg

Die Totalzerstörung und Nicht-Wiedererrichtung der Volksschule Pröbenweg 3 und der Real/Oberreal/Oberschule am Brekelbaumspark 6 wird als bewegendes Lebensereignis empfunden, eine Epoche abschließend. Werner Fründt blickte auf die Trümmer des Baues (S. 40) und Arno Schmidt sah, daß am Pröbenweg »nur die Südwand nach stand« (S. 82).
Bei der nicht einmal vier Jahrzehnte währenden Existenz der Schule am Brekelbaumspark war deren Ende in die im ›Porträt einer Klasse‹ geschilderte, kaum 1 bis 1½ Jahrzehnte zurückliegende Zeit noch eingebunden. Eine Darstellung wäre historisch kurzsichtig, wenn der Blick nicht noch auf diesen Schlußpunkt gerichtet würde. Hierzu bot sich eine Gelegenheit.
Der Hamburg-Autor Hermann Hinrichsen* hat als Schüler der 1. bis 6. Klasse der Hindenburg-Oberschule das Schicksal der Schule von 1938 bis 1943 / 1945 miterlebt. Er hat hierüber für das Porträt einer Klasse eine Aufzeichnung zur Verfügung gestellt, die er in sein im Entstehen begriffenes Buch über die Stadtviertel der Billeniederung und ihren Untergang im letzten Kriege übernehmen wird. Sie folgt hier als Vorabdruck.

* ›Hamm + Borgfelde‹, 120 S., Hans Christians Verlag, Hamburg 1979. – ›Eilbek-Hohenfelde‹, 115 S., M + K Hansa Verlag, Hamburg 1981. – ›Die Bille mit ihren Hamburger Wohnvierteln – Wandlung eines alten Flußidylls‹, Selbstverlag, Hamburg 1982, Druck Max Siemen, Hamburg-Rahlstedt. – Bildserie ›So sah es damals aus‹ in acht Hamburger Wochenblättern.

Hermann Hinrichsen schreibt:

Die im Jahre 1906 ins Leben gerufene Realschule in Hamm wurde 1930 zur 9-klassigen Oberrealschule aufgewertet und 1933 nach dem ehemaligen Generalfeldmarschall des Ersten Weltkrieges und Präsidenten der Weimarer Republik umbenannt in

Hindenburg-Oberrealschule.

Die Schule, später umgewandelt zur 8-klassigen Oberschule, gabelte sich in den oberen drei Klassen in einen sprachlichen und in einen mathematisch-naturwissenschaftlichen Zweig.
In dieser Form war der Anstalt nur noch ein relativ kurzes Bestehen beschieden. Die außergewöhnlichen Umstände der Auflösung dieser vorbildlichen Schule, die im Jahre 1981 ihr 75jähriges Bestehen hätte feiern können, rechtfertigen eine nachträgliche Würdigung.
Als Angehöriger des Jahrgangs 1928 trat ich im Frühjahr 1938 in die erste Klasse der genannten Anstalt. Zu jenem Zeitpunkt waren die folgenden von der neuen Reichsregierung im Rahmen einer durchgreifenden Schulreform angeordneten Maßnahmen bereits durchgeführt:

1) die privaten Lehranstalten wurden aufgehoben
2) die Oberrealschulen in Oberschulen umbenannt

3) anstelle der von Sexta bis Oberprima aufsteigenden Klassen diese von 1–8 durchnumeriert
4) die traditionellen obligatorischen Schülermützen abgeschafft
5) die jeder Höheren Lehranstalt eigenen Turnanzüge durch im gesamten Reich einheitliche ersetzt (schwarze Turnhose mit weißem Turnhemd).

Die ersten 1½ Jahre meiner Oberschulzeit verliefen noch in der vorgesehenen Form. Im Spätsommer 1939 begann der Zweite Weltkrieg. Noch im Alter von Heranwachsenden sollten wir die ganzen Schrecken eines modernen Krieges zu spüren bekommen, zumal die Schule in einem Wohngebiet gelegen war, das durch den Bombenkrieg in einem Umkreis von mehreren Kilometern vollständig ausradiert wurde.
Bereits in den ersten Kriegsmonaten zeitigten die Luftangriffe der Alliierten, die sich neben dem Ruhrgebiet auch auf die Hansestädte Hamburg, Lübeck und Bremen konzentriert hatten, besonders nachteilige Folgen für den Schulbetrieb. Die nächtlichen Schlafunterbrechungen ließen den Unterricht teilweise, mitunter auch ganz ausfallen. Die Unterbringung einer anderen Schule im Schulgebäude am Brekelbaumspark (infolge ihrer Bestimmung zum Lazarett) brachte überdies abwechselnden Vor- und Nachmittagsunterricht für beide Schulen mit sich.
Im Sommer des Jahres 1941 verlängerten sich durch die intensiver werdenden Luftangriffe die Schulferien auf vier Monate. Als man den Kindern die Belastungen durch den Bombenkrieg nicht länger zumuten zu können glaubte, wurden sogenannte KLV-Lager (Kinderlandverschickung) ins Leben gerufen. Bereits im Herbst 1940 wurde ein kleiner Teil des Einschulungsjahrgangs 1938 der Hindenburgschüler nach Schliersee in Oberbayern verschickt.
Im Sommer 1941 ging ein Teil der Jahrgänge 1926–1928 (Klassen 2–5 der Hindenburgschule, worunter auch ich) nach Eichgraben bei Zittau in Sachsen. Unter der Leitung von zwei Lehrern und mit zusätzlicher Betreuung durch vier Jungvolkführer des Jahrgangs 1925 (Klasse 6) erlebten wir zwar einige schöne Monate; der Unterricht war jedoch durch die fehlenden Lehrkräfte in Latein und den mathematisch-naturwissenschaftlichen Fächern mehr als unzureichend.
Im Jahre 1942 wurden wir im Herbst (Klassen 5 und 6) zur Kartoffelernte in den Stader Umraum abgestellt. Anfang 1943, als sich durch Stalingrad die Niederlage abzuzeichnen begann, verfügte die Reichsregierung die Einberufung der Oberschulklasse 6 (Jahrgang 1926) als sogenannte Luftwaffenhelfer in ihren Heimatorten. Die betroffenen Schüler der Hindenburg-Oberschule kamen Anfang März in Billstedt zum Einsatz.
Bereits vier Monate später folgte die Klasse 5 (Jahrgang 1927) nach Vahrendorf bei Harburg und Anfang 1944 die nächstfolgende Klasse (Jahrgang 1928), gleichfalls nach Vahrendorf. Diese überstürzten Einsätze standen bereits im Sog der herannahenden Katastrophe, mit welcher die verantwortlichen Gremien schon länger zuvor als nicht auszuschließen gerechnet hatten. Umfangreiche Maßnahmen zur Evakuierung ganzer Schulen waren bereits im Frühjahr des Jahres 1943 getroffen worden. Unter anderem hatten wir als Schüler der Klassen 5 (die Versetzungen nach Klasse 6 fanden erst nach den Sommermonaten statt) die Aufgabe, den Kindern bei der Durchführung der Räumungsverfügungen behilflich zu sein. Am Stadtdeich – ursprünglich Abfahrtsstelle der Lauenburger Dampfer – wurden ganze Schulklassen auf den Weg gebracht, wobei wir die Koffer der Schüler auf das Schiff zu transportieren hatten.
In der Nacht vom 27. auf den 28. Juli des Jahres 1943 erfolgte dann durch den schwersten Luftangriff auf die Hansestadt die vollständige Zerstörung der Stadtteile Borgfelde, Hamm Nord, Hamm Mitte, Hamm Süd, Hammerbrook (St. Georg Süd), Rothenburgsort (Billwärder Ausschlag) und Stadtdeich, und mit ihnen der Hindenburgschule am Brekelbaumspark.
Es handelte sich um praktisch das ganze

Wohngebiet der Hindenburgschüler. Nach amtlichen Berichten hatte die Hansestadt in dieser Nacht etwa 40000 Tote zu beklagen. Wie viele der Hindenburgschüler der Katastrophe zum Opfer gefallen waren, läßt sich nicht mehr feststellen. Deren Zahl wäre sicherlich erheblich größer gewesen, hätte sich nicht zu jenem Zeitpunkt der überwiegende Teil im KLV-Lager und der andere in den Lägern der Luftwaffenhelfer befunden.

Der Form nach bestand die Hindenburg-Oberschule nach der Totalzerstörung des Gebäudes weiter. In den KLV-Lagern und in den Flakstellungen wurde ein völlig unzureichender Unterricht erteilt; die Flakhelfer zum Beispiel blieben dabei in ihren Stellungen.

Die aus gesundheitlichen Gründen vom Luftwaffenhelfer-Dienst befreiten Schüler der älteren Jahrgänge (bis 1928), erhielten nach der Juli-Katastrophe 1943 ab Januar 1944 wieder Unterricht, zusammen mit Leidensgenossen aus den Oberschulen St. Georg, Rothenburgsort, Hamm (Kirchenpauer), im Schulgebäude am Westphalensweg beim Berliner Tor.

Die jüngeren Jahrgänge (1929–1932) der Hindenburg-Oberschule befanden sich ab 1943 im KLV-Lager Piesek in Böhmen.

*

Die Schülerjahrgänge 1927 und 1928, die in Vahrendorf zum Flakeinsatz gelangt waren, wurden Ende Juli 1944 entgegen der ursprünglichen Planung abgezogen und weitab ihrer Heimatstadt, sechs Kilometer von Auschwitz, eingesetzt. Als man die Nutzlosigkeit der Stellung erkannt hatte, wurden die beiden Klassen in Richtung der Beskiden weiterverlegt.

Ende November erlag einer der Betreuungslehrer, Dr. H. Wentzel, einer schweren Grippeerkrankung; hierdurch wie durch den ständigen Standortwechsel, die Unbestimmtheit der gesamten Lage, die fehlenden Unterkunftsräume für die Betreuungslehrer, die reduzierte Schülerzahl von ursprünglich 59 auf 28 war der Unterricht nahezu zusammengebrochen und wurde Mitte Januar 1945 ganz eingestellt.

Am 2. Februar 1945 wurde beim Näherrükken der Front die Ortschaft in unmittelbarer Nähe der Stellung selbst beschossen. Beim Gegenfeuer wurde durch einen tragischen Unglücksfall der Hindenburgschüler Benno Hartmann tödlich verwundet, ein anderer schwer verletzt. Dieser Vorfall war Anlaß einer Verfügung von höchster Stelle, daß Jugendliche unter 18 Jahren nicht weiterhin in der HKL (Hauptkampflinie) eingesetzt werden sollen. Die Stellung wurde aufgelöst, alle Luftwaffenhelfer innerhalb dreier Wochen zurückverlegt und Ende Februar entlassen. Die Hindenburgschüler schlugen sich in kleinen Gruppen nach Hamburg durch, wo für die meisten der Einberufungsbefehl zum Reichsarbeitsdienst bereits vorlag.

Ein halbes Jahr nach Beendigung des Zweiten Weltkrieges wurde der Unterricht für die Hindenburgschüler und jene der Oberschule Rothenburgsort in dem teilzerstörten Schulgebäude an der Armgartstraße in Hohenfelde unter starken Beschränkungen wiederaufgenommen.

*

Personalien: Von den Geburtsjahrgängen 1926–1928 waren, nach bestem Wissen, gefallen u. a. W. Borchers, W. Dünne, B. Hartmann, W. Hintz, H. U. Meyer, J. Soetebier; vermißt blieben oder keine Nachricht war erhältlich u. a. über J. Bartels, K. Bodeck, H. Hahn, E. Kock, R. Meyer, Petzold und E. Plaumann.

An der Hindenburg-Oberschule unterrichteten in den Kriegsjahren u. a. Dr. F. G. J. Stoppenbrink als Schulleiter und Dr. Th. Hoorns als Stellvertreter. In den sprachlichen und humanistischen Fächern Dr. E. Foerster, H. Ilse, Dr. K. Lahrsen, Dr. H. Lorenz, Dr. Ad. Mürmann, Dr. E. Plückhahn, H. Pohlmann, Dr. H. Wentzel; in den mathematischen und naturwissenschaftlichen Fächern F. Bade, F. Bunge, Dr. P. Schaper, Dr. W. Toedtmann.

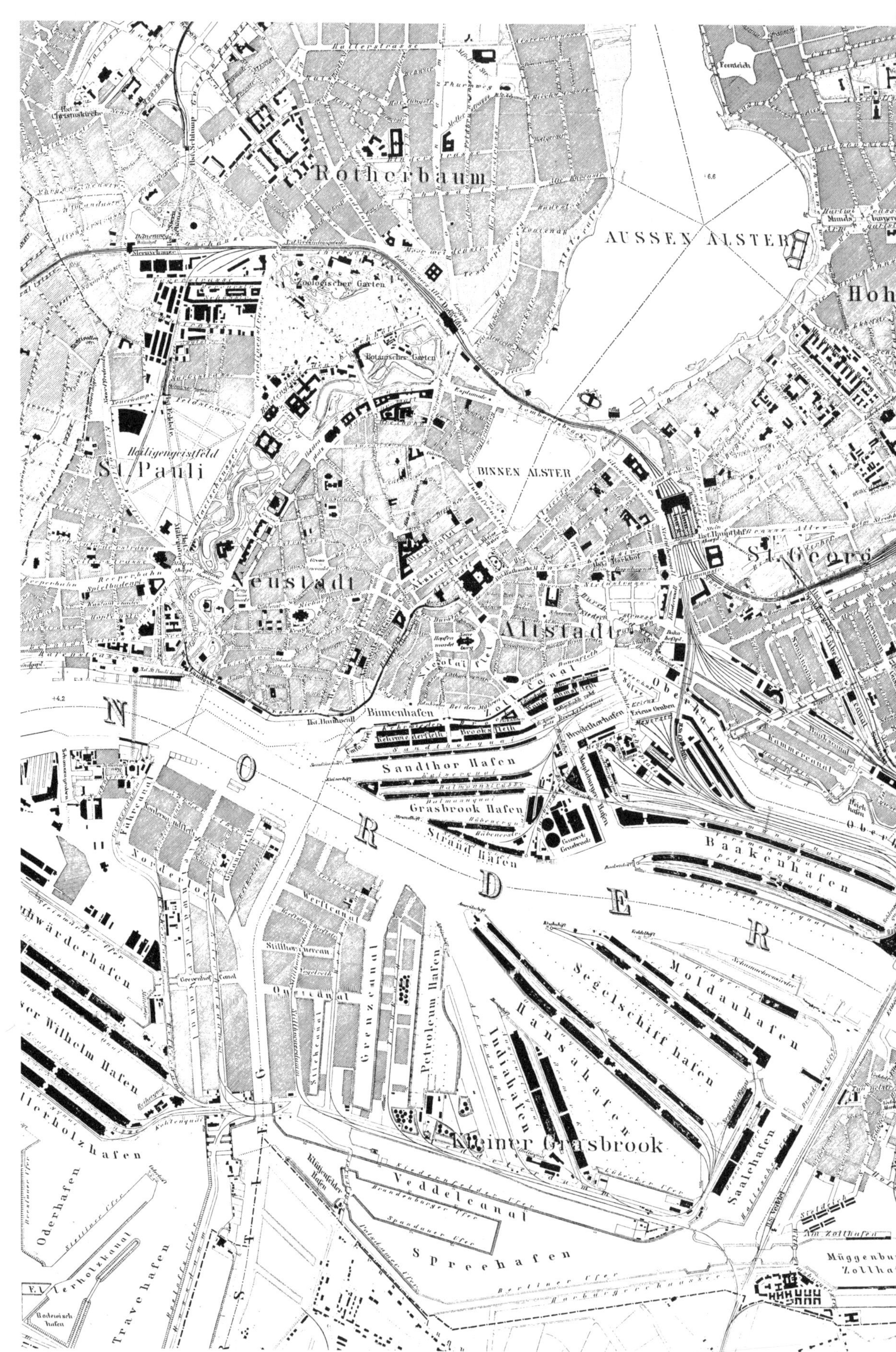

Rotherbaum
AUSSEN ALSTER
Zoologischer Garten
Botanischer Garten
Heiligengeistfeld
St. Pauli
BINNEN ALSTER
Neustadt
Altstadt
St. Georg
Binnenhafen
Sandthor Hafen
Grasbrook Hafen
Strand Hafen
Baakenhafen
N O R D E R
Segelschiff hafen
Moldauhafen
Hansahafen
Indiahafen
Petroleum Hafen
Kleiner Grasbrook
Saalehafen
Veddelcanal
Spreehafen
Oderhafen
Travehafen
Kaiser Wilhelm Hafen
Grenzcanal
Werftcanal

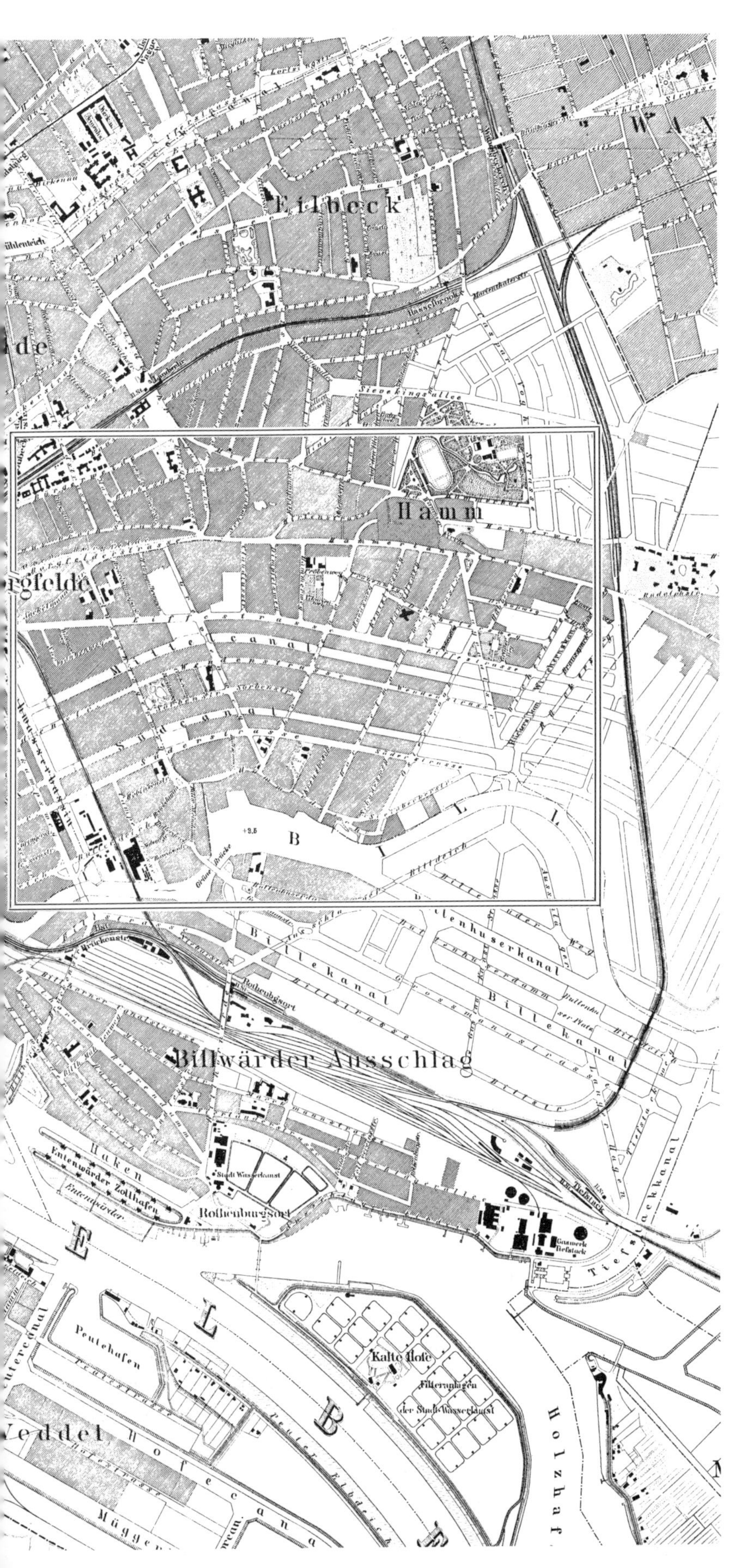

Lageplan der Hamburger Innenstadt von St. Pauli bis Horn.
Das rechts herausgehobene Rechteck umfaßt vom Hammer Park im Norden bis zum Bille-Becken im Süden den Stadtbezirk, der im Porträt einer Klasse als Ort der Schilderung erscheint.
Das schwarze Kreuz darin bezeichnet die Lage von Arno Schmidts Wohnung, zum Beleg seiner Empfindung, sie sei dem Stadtzentrum ganz fern gewesen. – Aufnahme 1 : 20000 vom Vermessungsbureau der Baudeputation 1906, Ergänzungen und Nachträge 1909 und 1922, die Stadtausdehnung nach Südosten zur Zeit des Ersten Weltkrieges und die damalige Randlage von Hamm erkennen lassend.

Die Lehrer holten aus uns heraus, was zu holen war ... mit den Hausaufgaben stand es so, daß öfter vier als drei Stunden nötig waren für einen mittleren bis guten Schüler.

(Henri Sellenschlo, S. 125)

ABBILDUNGSVERZEICHNIS

Quellennachweis

Aufnahmen von Straßenzügen und Gebäuden des Stadtteils Hamm geben soweit feststellbar einen Zustand zwischen 1905 und 1925 wieder. Auf nur unsicher belegte Jahreszahlen wurde verzichtet.

XVII Arno Schmidt um 1977. Foto: Alice Schmidt.
1 Köpfe der neun Klassengenossen im Quintaner- bzw. Tertianeralter; den Klassenfotos S. 33 und 97 entnommen.
2 Realschule Brekelbaumspark 6; Ansicht von Südost.
3 Luftaufnahme Borgfelde-Hamm 1928. Staatsarchiv Hamburg.
4 Brekelbaumspark, Straßenansicht von Süden. Foto-Archiv Fritz Lachmund.
5 Straßenansicht ›Bei der Hammer Kirche‹ und Treppenaufgang zu dieser. Archiv Baubehörde Hamburg.
7 Realschule Brekelbaumspark 6; Ansicht von Nordost.
8 Studienrat Walter Helwig und Henri Sellenschlo; dem Klassenfoto S. 73 (Heideausflug) entnommen.
11 Aufriß Schulhoffront der Realschule Brekelbaumspark 6. Bauzeichnung 1904. Archiv Baubehörde Hamburg.
13 Tischkarte mit Mickymaus. Gezeichnet von Hans Riebesehl. Privatbesitz Ernst Braunschweig.
14 Buchdeckel und Titelseite von Kumstellers ›Geschichtsbuch für die deutsche Jugend‹, Leipzig 1924.
15 Faksimile der Namenszüge von Lehrer und Schülern auf der Rückseite der Tischkarte von S. 13.
16 Pflanzenzeichnung von Ferdinand Bruns. Eigentum von Helmut Frank.
18 Adolf Diersen, Lehrer der Volksschule Bauerberg 44 in Hamburg-Horn; dem Klassenfoto S. 392 entnommen.
20 Ohlendorff'sches Palais in Hamm; Pressebild.
21 Parktor zum Ohlendorff'schen Anwesen in Hamm; Foto-Archiv Fritz Lachmund.
22 Aufrisse Straßen- und südliche Querfront der Realschule Brekelbaumspark 6. Bauzeichnungen 1904. Archiv Baubehörde Hamburg.
23 Grundrisse 1., 2. u. 3. Stock der Realschule Brekelbaumspark 6, Bauzeichnungen 1904. Archiv Baubehörde Hamburg.
25 Aufrisse, Grundriß, Querschnitt der Turnhalle Brekelbaumspark 6. Bauzeichnungen 1904. Archiv Baubehörde Hamburg.
26 Dr. Ernst Foerster, 1932. Privatbesitz Wilhelm Schulz, Erlensee. Titelseite ›Lehrbuch der englischen Sprache‹ von Lincke, Frankfurt 1927.
28 Faksimile von Helmut Franks Aufsatz ›The romantical Life of the German Youth-Movement‹.
29 Ragna Norström und Dr. Ernst Foerster auf einem Übervölkischen Liederabend mit jungen Schweden.
30 Programm zum Luciafest 1929; Zeichnung von Helmut Frank.
33 Klassenfoto mit Dr. Heinrich Michaelsen, vermutlich 1925, zweites Quintajahr.
34 Dr. Friedrich Bade, März 1927. Privatbesitz Helmut Frank.
39 Längsschnitt Aulaflügel der Realschule Brekelbaumspark, Bauzeichnung von 1904. Archiv Baubehörde Hamburg.
41 Luftaufnahme Hamburg-Horn 1929. Staatsarchiv Hamburg.
42 Schriftprobe der deutschen Schreibschrift.
43 Gehobnere Reihenhäuser auf dem Geestrand an der Hammer- und Horner Landstraße. Archiv Baubehörde Hamburg.
44 Klassen-Lageplan Erdgeschoß der Realschule Brekelbaumspark 6. Staatsarchiv Hamburg.
45 Dr. Heinrich Michaelsen mit 12 Schülern; dem Klassenfoto S. 33 entnommen.
49 Dr. Ernst Foerster vor Volkshochschulhörern nach 1945; Privatbesitz bei mehreren Klassengenossen.
51 Faksimile der Inhaltsseite des von Dr. Ernst Foerster angeregten ›Songbook‹. Privatbesitz Helmut Frank.
52 Zwei Seiten aus dem Gesamtprogramm der Ausstellung »Das Junge Deutschland« in Altona vom 1.–30. 9. 1928.
54 Grundriß Zeichensaal der Realschule Brekelbaumspark 6, Bauzeichnung 1904. Archiv Baubehörde Hamburg.
55 Titelseite der ›Pflanzenkunde‹ von Schmeil-Norrenberg, Leipzig 1925.
58 Titelseite ›Aufgabensammlung und Leitfaden der Geometrie‹ von W. Lietzmann, Leipzig 1926.
59 Klassenfoto mit Studienrat Walter Helwig anläßlich der Einjährigenprüfung 1930.

60 20-Milliarden-Geldschein vom Inflationsjahr 1923.

63 Mittelkanal zwischen Louisenweg- und Borstelmannsweg. Archiv Baubehörde Hamburg.

65 »Geschichte der alten Römer«, aus dem Index von Kumstellers ›Geschichtsbuch für die deutsche Jugend‹, Leipzig 1924.

72 Dr. Ferdinand Bruns, Pressezeichnung zum Nachruf.

73, 74 Klassenfotos vom Ausflug in die Heide mit Studienrat Walter Helwig um 1929.

76 Entwurf eines Klassenwappens, Zeichnung von Helmut Frank.

77 Programm zum Ljusets-Fest 5.11.1927, Zeichnung von Helmut Frank.

80 Luftaufnahme mit Verlauf Eiffestraße parallel zum Mittelkanal 1926. Staatsarchiv Hamburg.

82 Alte Hammer Kirche (Dreifaltigkeitskirche). Archiv Baubehörde Hamburg.

86, 87 Vier Aufrisse der Jungen-Volksschule Pröbenweg 3. Bauzeichnung 1910. Staatsarchiv Hamburg.

89 Titelseite ›Geographie‹ von E. von Seydlitz, Breslau 1926.

90 Klassenfoto vom Ausflug in den Sachsenwald mit Dr. Friedrich Bade, März 1927.

91 Titelseite ›Aufgabensammlung und Leitfaden für Arithmetik, Algebra und Analysis‹ von W. Lietzmann, Leipzig 1926.

93 Titelseite und sechs Tafeln, entnommen aus Ferdinand Bruns' ›Zeichenkunst‹, Jena 1922.

97 Klassenfoto mit Studienrat Walter Helwig, Winter 1927/28.

105 Südkanalbrücke mit Borstelmannsweg und Anchovisfabrik. Archiv Baubehörde Hamburg.

108 Wilhelm Schulz mit Wilhelm Elfers und Arno Schmidt; dem Klassenfoto S. 97 entnommen.

112 Programm zu Weihnachtsfeier und Krippenspiel 1928.

114 Klassenfoto mit Dr. Bernhard Lammert anläßlich der ersten Reifeprüfung am 27.2.1933.

116 Luftaufnahme Hammer Park mit Sportplatz- und Liegewiese, 1929. Staatsarchiv Hamburg.

117 Jungen-Volksschule Pröbenweg 3, Ansicht von der Parkanlage aus. Archiv Baubehörde Hamburg.

118 Grundriß 3. Obergeschoß der Jungen-Volksschule Pröbenweg 3. Bauzeichnung 1910. Staatsarchiv Hamburg.

119 Pröbenweg nach Osten längs der Jungen-Volksschule. Archiv Baubehörde Hamburg.

122 Zwei Schnappschüsse von den Proben zum Krippenspiel für die Weihnachtsfeier 1928. Überlassen von Wilhelm Schulz.

124 Faksimile der Eingabe Dr. Stoppenbrinks vom 29.10.1930 über die Lehrkräfteplanung für die erste Reifeprüfungsklasse. Staatsarchiv Hamburg.

126 Namenszüge der Lehrer unter den Reifezeugnissen bei der ersten Reifeprüfung vom 27.2.1933. Entnommen dem Reifezeugnis für Wilhelm Schulz.

129 Grevenweg, Straßenansicht von der Eiffestraße nach Norden. Archiv Baubehörde Hamburg.

132 Löschplatz Ecke Eiffestraße zum Grevenweg. Luftaufnahme 1928. Staatsarchiv Hamburg.

133 Badeanstalt Lübeckertor, Außenansicht, nach 1904. Fotoarchiv Fritz Lachmund.

134 Männerschwimmhalle der Badeanstalt Lübeckertor 1904. Foto aus den Bauakten, Staatsarchiv Hamburg.

136 Titelseite ›Grundzüge der spanischen Grammatik‹ von Carl Dernehl, Leipzig und Berlin 1926.

137 Klassenfoto vom Freischwimmen über 1 000 Meter im Freibad Schwanenwik 1926.

138 Freischwimmer-Urkunde für Walter Voß, Badeanstalt Lübeckertor, 5.9.1925.

139 Arno und Luzie Schmidt, Sommer 1928 in Lauban, dem Gruppenbild S. 163 entnommen. Privatarchiv Arno Schmidt.

140 Straßenkarten-Ausschnitt mit Stadtteil Hamm, um 1920. Nach Abend mit Goldrand, S. 163.

142 Nachbarskinder am Dobbelersweg mit Arno und Luzie Schmidt, um 1919. Privatarchiv Arno Schmidt.

143 Straßenkartenausschnitt mit Straßengruppe um Rumpffsweg, Dobbelersweg, Pröbenweg im Stadtteil Hamm, mit Niveauzahlen über NN, Zeit des Ersten Weltkrieges. Nach Abend mit Goldrand, S. 164.

144 Grundriß Wohnung Otto Schmidt, Rumpffsweg 27. Handzeichnung von Arno Schmidt; nach Abend mit Goldrand, S. 165.

145 Aufrißartige Außenansicht des Hauses Rumpffsweg 27. Handzeichnung von Arno Schmidt; nach Abend mit Goldrand, S. 165.

146 Borstelmannsweg von der Hammer Landstraße gegen Süden. Archiv Baubehörde Hamburg.

147 Hammer Landstraße gegen Westen ab Einmündung Borstelmannsweg. – Einmündung Borstelmannsweg in die Hammer Landstraße gegen Norden. – Archiv Baubehörde Hamburg.

148 Sportplatz zwischen Pröbenweg und Vikarienweg, gegenüber der Jungen-Volksschule Pröbenweg 3. Archiv Baubehörde Hamburg.

151 Hammer Park: Straßenkartenausschnitt mit eingetragenen Niveauzahlen über NN. – Luftaufnahme 2. Hälfte 20er Jahre. Nach Abend mit Goldrand, S. 167, und Staatsarchiv Hamburg.

153 Rudolfstraße, von Horner Landstraße nach Norden. Archiv Baubehörde Hamburg.

154 Horner Moor, Badestelle; Ansichtspostkarte um die Jahrhundertwende. Archiv Hermann Hinrichsen.

155 Lageplan Freibad Horner Moor, Mitte der 20er Jahre. Handzeichnung von Arno Schmidt; nach Abend mit Goldrand, S. 168.

156 Jungen-Volksschule Pröbenweg 3, Straßenansicht des fertigen Baues 1912. Staatsarchiv Hamburg.

157 Lageplan der Jungen- und Mädchen-Volksschule Pröbenweg und Hammer Weg. Handzeichnung von Arno Schmidt; nach Abend mit Goldrand, S. 169.

158 Klassenfoto mit Lehrer Tonn, um 1922/23. Privatarchiv Arno Schmidt.

161 Aufnahmen des Hauses Steinmetzstraße 56 in Berlin.

163 »Gruppenbild mit jungem Dichter«, Familien-Gruppenaufnahme im Sommer 1928 in Lauban. Privatarchiv Arno Schmidt.

166 Luftaufnahme Hamburg-Hamm von Mittel- und Südkanal bis zum Stadion im Hammer Park 1926. Staatsarchiv Hamburg.

169 Lageplan Realschule Brekelbaumspark 6. Handzeichnung von Arno Schmidt; nach Abend mit Goldrand, S. 172.

170 Realschule Brekelbaumspark 6. Klassenräume und Aulafenster im 3. Obergeschoß, Straßenfront.

171 Clara Gertrud Schmidt, geb. Ehrentraut, Arno Schmidts Mutter; der Gruppenaufnahme S. 163 entnommen. Privatarchiv Arno Schmidt.

172 Faksimile des Beginns des Manuskripts mit den Erinnerungen von Arno Schmidts Mutter. Privatarchiv Arno Schmidt.

174, 175 Familientafel mit Eltern, Großeltern und nächsten Verwandten Arno Schmidts, aufgestellt von Arno Schmidt. Fotos Privatarchiv Arno Schmidt.

177 Ernestine Ehrentraut, verw. Scholz, geb. Hanisch, Arno Schmidts Großmutter mütterlicherseits. Privatarchiv Arno Schmidt.

178 Johann Gottlieb Ehrentraut, Arno Schmidts Großvater mütterlicherseits. Privatarchiv Arno Schmidt.

179 Clara Gertrud Ehrentraut, Arno Schmidts Mutter, als Kind. Privatarchiv Arno Schmidt.

183 Friedrich Otto Schmidt, Arno Schmidts Vater, als Glasschleifergeselle. Privatarchiv Arno Schmidt.

185 Postkarte von Arno Schmidts Vater an seine spätere Ehefrau Clara Ehrentraut, Text- und Bildseite (Gruppenaufnahme der Wache vor der Kaserne in Lauban). Privatarchiv Arno Schmidt.

187 Porträtaufnahmen in Lauban von Arno Schmidts Vater (1910), Mutter (1912). Privatarchiv Arno Schmidt.

188 Hinterhofseite des Hauses Rumpffsweg 27 mit der Schmidtwohnung. Luftaufnahme 1929. Staatsarchiv Hamburg.

193 Unterführung der Güterumgehungsbahn zwischen Hammer- und Horner Landstraße. – Hammer Landstraße von Rumpffsweg nach Osten. – Rumpffsweg von Hammer Landstraße nach Süden. Archiv Baubehörde Hamburg.

195 Faksimile Namenszug des Polizeiobersten Danner. Staatsarchiv Hamburg.

200 Adreßbuchausschnitte mit den Bewohnern von Rumpffsweg 27 aus 1918, 1922 und 1926.

203 Straßenfront Rumpffsweg 27, Arno Schmidts Geburtshaus. Privatarchiv Heinz Dorendorf.

208 Arno Schmidts Vater als Vice-Feldwebel 1919 vor Riga. Privatarchiv Arno Schmidt.

209 Faksimile Namenszug von Arno Schmidts Vater.

212 Faksimile einer Seite des Transkriptions-Typoskripts John Woods' von der Bandaufnahme seines Gesprächs mit Lucy Kiesler.

213 Lucy Kiesler, geb. Schmidt, Aufnahme aus dem letzten Lebensjahr, 1977. Privatarchiv Arno Schmidt.

225 Drei Kinderbilder von Arno und Luzie Schmidt, der Gruppenaufnahme S. 142 (Privatarchiv Arno Schmidt) und dem Klassenfoto S. 33 entnommen.

257 Text- und Bildseite einer Ansichtskarte aus China, die Arno Schmidts Vater 1909 an einen Kameraden sandte. Privatarchiv Arno Schmidt.

283 Arno Schmidts Vater, Gewehr präsentierend, Lauban 1910. Der Gruppenaufnahme S. 185 entnommen. Privatarchiv Arno Schmidt.

298, 299 Adreßbuchauszüge der Spalten Eiffestraße und Rumpffsweg des Jahrgangs 1922 mit den Wohnungen der Familien Riebesehl und Schmidt.

307 Hammer Landstraße mit Einmündung Rumpffsweg gegen Westen. Fotoarchiv Fritz Lachmund.

312 Der Hamburger Bürgerbrief von Arno Schmidts Vater vom 12. 2. 1915. Privatarchiv Arno Schmidt.

345 Geschwisterfoto von Luzie und Arno Schmidt Hamburg 1927. Privatarchiv Arno Schmidt.

346 John E. Woods, Lucy Kieslers Gesprächspartner im Mai 1977. Foto: New York 1979.

348 Faksimile der ersten Seite von Arno Schmidts Transkript der Erinnerungen seiner Mutter. Privatarchiv Arno Schmidt.

350 Faksimile eines Rundbriefs von Hans Riebesehl an die Klassenkameraden vom 25. 11. 1975.

351 Faksimile des Briefes von Arno Schmidt an Hans Riebesehl vom 31. 10. 1976 (Begleitbrief zur Übersendung des Rundschreibens ›Liebe alte Klassenkameraden‹).

356 Arno Schmidt um 1977. Foto: Alice Schmidt.

357 Aufnahmen der neun Klassengenossen und Beiträger in ihren späteren Lebensjahren.

358–364 Ernst Braunschweig und Helmut Frank (358) – Werner Fründt und Paul Kamsties (359) – Hans Riebesehl und Kurt Lange (360) – Wilhelm Schulz und Walter Voß (361) – Henri Sellenschlo (362) – Herbert Augustin, Werner Boehm und Werner Erlach (363) – Willy Traupe (364).

366 Namenszüge von Lehrern und Klassengenossen um Ostern 1930.

368 Schulsiegel der Realschule Brekelbaumspark 6 von 1906. Staatsarchiv Hamburg.

369 Faksimile Genehmigungsschreiben für das Schulsiegel. Staatsarchiv Hamburg.

370 Schulbücher.

372 Antrag der Senatsbehörde zur Ausstellung von ›Einjährigen‹-Zeugnissen. Staatsarchiv Hamburg.

373 Erteilung der Berechtigung ›Einjährigen‹-Zeugnisse auszustellen. Staatsarchiv Hamburg.

374, 375 Stundentafeln für Real- und Oberrealschulen. Staatsarchiv Hamburg.

376 Buchdeckel Lincke, ›Lehrbuch der englischen Sprache‹, Ausgabe B II. Frankfurt am Main 1927.

378–383 Zwei Kapitel aus ›Kumstellers Geschichtsbuch für die deutsche Jugend‹. Leipzig 1924.

384 Titelkarton von Ernst Foersters »Die Hamburger Jugendhochschulgemeinde«, Hamburg, 1919.

389 Schulbücher.

392 Klassenfoto mit Lehrer Adolf Diersen, Volksschule Bauerberg 44, Ostern 1924.

393–396 Drei autobiographische Textstellen aus ›Brand's Haide‹, ›Schwarze Spiegel‹, ›Aus dem Leben eines Fauns‹, Hamburg 1951 und 1953.

396 Buchumschläge von ›Brand's Haide‹ und ›Aus dem Leben eines Fauns‹, Hamburg, 1951 und 1953.

400, 401 Hamburger Stadtplan von St. Pauli bis Horn mit Situationsrahmen der Stadtteile Borgfelde–Hamm–Hamm-Süd. Staatsarchiv Hamburg.

402 Schulbücher.

406 Herausgeber Ernst Krawehl, Aufnahme 1981.

REGISTER

Da das Porträt einer Klasse ganz unterschiedliche Nennungsbereiche umfaßt, wurde das Register soweit möglich nach systematischen Gruppen gegliedert. Die Gliederung wird vorangesetzt, um das Auffinden zu erleichtern. Bei der Zusammenstellung hatten Vorrang Personen und Gegebenheiten der örtlichen oder geographischen Lage. Doppelte Aufnahme wurde zumeist vermieden: Brackdamm und Hammerbrookstraße erscheinen nur unter der zuständigen Volksschule bzw. Polizeiwache, Bauerberg sowohl als Straße wie als Volksschule, da in beiden Zusammenhängen vorkommend. Mitschüler der Realschule erscheinen auch mit den Verweisen auf ihre Volksschuljahre nur unter der Realschule. Das Register schließt den Materialienanhang nicht mit ein.

Übersicht

Die *kursiven* Seitenzahlen verweisen auf Abbildungen, wobei es auf diesen Seiten außerdem auch im Text Bezugsstellen geben kann; die **halbfetten** Verweiszahlen beziehen sich auf die Hauptbeiträge und Lebenswege der Klassengenossen.

A. Mitschüler

1) Realschule in Hamm, später Hindenburg-Oberrealschule

2) Volksschulen

3) Sonstige Schulen

B. Lehrer

1) Realschule in Hamm, später Hindenburg-Oberrealschule

2) Volksschulen

3) Sonstige Schulen und Schulbehörden

C. Hamburg

10) Straßenbahnen

11) Zeitungen

12) Sonstiges

D. Otto Schmidt, Arno Schmidts Vater

1) Bekannte

2) Nachbarn

3) Nachbarskinder

4) Gastwirte

E. Verwandte Arno Schmidts väterlicher- und mütterlicherseits

Als ›Vater‹ ist in den Klammerergänzungen bezeichnet Otto Schmidt, der Vater Arno Schmidts.

Alle hier Genannten sind verzeichnet auf der Familientafel Seite 174/175.

F. Sonstiges

1) Allgemeines

2) Kinder- und Unterhaltungsspiele

3) Orte, Landschaften u. ä.

4) Personen

5) Schulsitten

6) Soziale und politische Lage und Bewegungen

ZUM HERAUSGEBER

Ernst Krawehl wurde 1909 in Essen geboren und ist dort aufgewachsen. Beides bestimmt das zeitgeschichtliche Erinnerungsbild seiner Jugendjahre gegenüber dem des um ein halbes Jahrzehnt jüngeren Arno Schmidt. Sein Vater, Otto Krawehl (Dr.-Ing. e.h., Bergassessor, vorausschauender Förderer von Kohleveredlung und Kohleverflüssigung), 1875–1936, war vielfältig in der Montanwirtschaft tätig.

Studium 1927–1930 und 1932–1934 in Köln, Königsberg, Münster, Berlin, Leipzig (Volkswirtschaft, Gesellschaftswissenschaften, Philosophie). Vorlesungen u.a. bei von Beckerath (Erwin), Kromphardt, Plenge, Plessner, Sombart, Scholz (Heinrich), Nicolai Hartmann. Volkswirtschaftliches Staatsexamen. Wissenschaftlicher Hilfsarbeiter der Landesplanungsstelle beim Oberpräsidium Ostpreußen. 1936–1966 aktiver Gesellschafter eines Familienunternehmens der Einfuhr überseeischer Textilrohstoffe. Geschäftsführer einer Verwaltungs-GmbH.

1950 mit Dr. Ingeborg Stahlberg und Gerhard Heller Gründung der Stahlberg Verlag GmbH in Karlsruhe, um beizutragen, nach der Zwangspause nationalsozialistischer Herrschaft, den Wiederanschluß an zeitgenössische moderne Literatur der westlichen Welt zu gewinnen. Übersetzungen von Malaparte, Bartolini, Parise, Milena Milani, Romains, Queneau, Chevallier, Peyrefitte, Audiberti, Troyat, Veraldi, Caplain, Perec, Lanzmann, Perrin, Plisnier, Curvers, Horne Burns, Ben Hecht, Isherwood, Nicolas Mosley, Maria Dombrowska und anderen. Zwei Bücher von Roger Peyrefitte erscheinen in seiner Übertragung.

1955 Bekanntschaft mit Arno Schmidt, vermittelt durch Alfred Andersch und Ernst Wilhelm Eschmann, die für das ›Steinerne Herz‹ einen Verleger suchen, der bereit ist, sich des wachsenden Werkes Arno Schmidts ohne auf Augenblickserfolge zu setzen anzunehmen, nachdem bisherige Verlagsbindungen abgebrochen oder in Sorge gekommen waren.

Zweitägiger Besuch bei Arno Schmidt in Kastel/Saar im August 1955. Formlose Verabredung der Bereitschaft, künftige Werke Arno Schmidts alsbald nach Fertigstellung in Verlag zu nehmen und herauszubringen, beginnend mit dem ›Steinernen Herzen‹, dessen Manuskript übernommen wird.

Diese Zusammenarbeit, die von Titel zu Titel bis Arno Schmidts Tode anhielt und in der Planung auch für die nächsten Jahre vorbereitet war, erweist sich als dauerhaft. Ab 1956 erscheinen in regelmäßiger Folge 15 Erstausgaben, die ganze mittlere und spätere Periode von Arno Schmidts Schaffen umfassend, ab 1970 auch alle neuen Übersetzungen englischer und amerikanischer Literatur.

Während dieser Zeitspanne eines Vierteljahrhunderts wird der Stahlberg Verlag 1968 in den Goverts-Krüger-Stahlberg Verlag übergeführt, dieser 1971 vom S. Fischer Verlag übernommen, ohne daß die Herausgebertätigkeit und Betreuung durch Ernst Krawehl, bislang Verleger, nunmehr freier Lektor im Auftrag dieser Verlage, für das Schmidtsche Werk eine Unterbrechung erfährt.

Ein grundsätzlicher Einschnitt erfolgt im Werk Arno Schmidts, als seit 1970 eine durchaus neuartige Textform, das großformatige Typoskriptbuch, von den Lesern zu bewältigen, vom Hersteller in eine ebenso neuartige Buchgestalt zu bringen, vom Verlag unter Zweifelnden zu verbreiten ist.

Im Stahlberg Verlag waren bis zu diesem Zeitpunkt bereits erschienen:

1956 ›Das steinerne Herz‹; 1957 ›Die Gelehrtenrepublik‹; 1958 ›Dya na sore‹; 1958 die einmalige Lizenzausgabe der ›Fouquébiographie‹ in spatiösem Satz; 1959 ›Rosen & Porree‹; 1960 ›KAFF auch Mare Crisium‹; 1961 ›Belphegor‹; 1963 ›Sitara und der Weg dorthin‹; 1964 ›Kühe in Halbtrauer‹; 1965 ›Die Ritter vom Geist‹; 1966 ›Trommler beim Zaren‹; 1969 ›Der Triton mit dem Sonnenschirm‹.

Auf diese 12 Veröffentlichungen folgt 1970 als atlasgroßer Faksimile-Druck ›Zettels Traum‹. Der Autor übergibt am 15. Mai 1969 an Ernst Krawehl das während eines Jahrzehnts entstandene monumentale Manuskript von 1334 Seiten im DIN A 3-Format.

Die Bauform eines Zusammenspiels von Textblöcken, Textpartikeln (Schmidtscher Schreibart) auf der Großseite erschien wie eine andere Erfüllung der Forderung Johann Plenges nach »Beteiligung des Auges am Denken« (›Plengesche Tafelmethode‹), rief sogleich das Einleuchtende der Leistungsfähigkeit einer Entgrenzung des Textfeldes ins Gedächtnis, überzeugte a priori von der Rationalität des Verfahrens. Letztere war, unbeschadet aller anderen, zukunftweisenden literarischen Aspekte, für die verlegerische Beurteilung entscheidend.

In der sicheren Überzeugung, daß diese Form eines mehrgleisigen, mit hoher Intelligenz durchgeführten Textprozesses nach einer Schockpause angenommen werde, weil dem in ihr liegenden rationalen Reiz sich rationale Rezeption schwerlich werde entziehen können.

Daher Mut zu einer freimütigen, Zutrauen weckenden Ankündigung des Werkes als einer natürlichen, erschließbaren, in sich logischen Gegebenheit. Wobei die bildhafte Tektonik des Textes an einem Beispiel vor Augen zu führen und für den ersten Zugriff durch einfache Transskription zu erklären war – vor einer Annäherung an die unendlichen Sinngeflechte. Ein Weg, der bei der Ausgabe aller drei Typoskriptbücher eingehalten wurde.

In der Erscheinensfolge wechseln nach 1969 die eigenen Texte Arno Schmidts im großen Typoskriptformat ab mit den fünf Übersetzungen nach Edward Bulwer-Lytton und James Fenimore Cooper. Diese werden mit Arno Schmidt so verabredet, daß ihre Herstellung den Zeitraum für Sammlung und Aufbereitung der ›Zettel‹ für das nächstgeplante Typoskriptbuch »unterfüttert«: die beiden Bulwer-Lytton-Romane je für die ›Schule der Atheisten‹ und ›Abend mit Goldrand‹, Coopers drei Littlepage-Romane für die begonnene aber nicht mehr vollendete ›Julia‹.

So wird in dem mit ›Zettels Traum‹ beginnenden Jahrzehnt besorgt das Erscheinen einer zweiten Serie von Veröffentlichungen:

1970 ›Zettels Traum‹; 1971 BULWER-LYTTON ›Was wird er damit machen?‹; 1972 ›Die Schule der Atheisten‹; 1973 BULWER-LYTTON ›Dein Roman‹; 1973 ›Zettels Traum‹, Studienausgabe in 8 Heften; 1975 ›Abend mit Goldrand‹, 1. u. 2. Aufl.; 1976 J. F. COOPER ›Satanstoe‹; 1977 J. F. COOPER ›Tausendmorgen‹; 1977 ›Vorläufiges zu Zettels Traum‹, 2 Langspielplatten (Textheft hrsg. von Alice Schmidt); 1977 ›Zettels Traum‹, 3. Aufl.; 1978 J. F. COOPER ›Die Roten‹; 1978 ›Die Schule der Atheisten‹, Neuausgabe; 1981 ›Abend mit Goldrand‹, 3. Aufl.

Hinzu treten herausgeberische Folgearbeiten wie die Besorgung fast aller Buchveröffentlichungen Arno Schmidts der Jahre 1949 bis 1969 in 17 Fischer-Taschenbüchern mit einer Verbreitung von mehr als 500000 Stück. Herausgabe von mit Abbildungen versehenen Einführungsheften zu den Übersetzungen nach Bulwer-Lytton, nebst Übersetzungsvergleich, zu jenen nach J. F. Cooper Beigabe von zeitgenössischem Hintergrundmaterial nebst Originaltraktat über den Antirenteraufstand. Betreiben und Betreuung von rd. 20 Übersetzungen in sieben Sprachen, darunter die Übertragung von ›Abend mit Goldrand‹ in ein amerikanisches Typoskript und die gemeinsam mit der Londoner Verlegerin Marion Boyars unternommene Redaktion und Herausgabe der Übersetzung der ›Gelehrtenrepublik‹ in werkgerechter Gestalt ins Englische.

Mitte und Ausgangspunkt dieses Werkverhältnisses bleiben die fortgeführten Langfristüberlegungen und -abreden für die Veröffentlichungen im Zuge weiterer Werkentstehungen. Im Rahmen dieser Zeitplanung zum Ende der 70er Jahre, die unter anderem zwei weitere Typoskriptbücher einschließt, erfolgt auch die Betrauung mit der Herausgabe des ›Porträt einer Klasse‹, die sich aus den seit 1976 geführten Gesprächen über Möglichkeit, Aufbau und Anbringung dieses Buchplans als nächste Realisierung ergibt.